無題有標所以出此也之書所用之精
蘊無不有無不有要非一定無要也
挑其無要而無要則一切之釋氣
而超然於方之内外即無派程靈
之不窗易矣然何以掌變為博
以為博而非博不無所為罪
於儒也若今涂章張洪陽
而有要其可謂偏之通方者
百家吐納萬有目所披閱篇籥

于慎行研究

范知欧／著

人民出版社

序

杜泽逊

　　范知欧同志半年前自杭来济,随我做访问学者,虽仅一学期,但商榷之乐,深慰我心。前月电告其《于慎行研究》即将付梓,嘱为序。

　　余滕人,早岁助王介人师辑《渔洋读书记》,知明人李流芳有"谷城山晓青如黛,滕县花开白似银"之句,为钱牧斋称赏。约在 1988 年,山东大学古籍所同事游平阴,观玫瑰,尝随霍旭东师至谷山下。霍师云此明代于慎行读书处,余谓其人有《谷山笔麈》,师微笑点头。师主编《历代辞赋鉴赏辞典》,余奉命到山东省馆检阅《谷城山馆文集》,万历刊本,装一楠木盒,盖刻"于文定公所著书"、"诗文集、笔麈、读史漫录"、"海源阁杨氏珍藏"。旋购明刊《读史漫录》,泛览一过,知其文章治事俱有可称,非清人所谓明人束书不读者也。

　　近年与辑《山东文献集成》,《谷城山馆诗集》、《谷城山馆文集》、《于文定公读史漫录》及《东阿于文定公年谱》,尽数收入。再加浏览,弥增仰慕。知欧既来从游,论于慎行,许为明代后期文化巨子,品质高洁,于政治、文学、史学诸端,卓有建树,名位声望,当世甚隆,乃一时之选。嗣读其博士论文《于慎行研究》,条分缕析,粲然可观,实为第一部全面研究于慎行的学术专著。其后数易其稿,倍增内容,总四十余万字。用功之勤,讨论之深,见解之精,堪慰慎行于九原,洵启后学于来世。

　　概而论之,本书特点有三:

　　首先,内容丰富,纵经横纬,涉及多门学科。在一般人的心目中,于慎行的形象大概不出阁臣、诗人、史家的定位。本书则不限于此，对于慎行的生平行实、政坛活动、实学思想、文史成就、兴趣爱好等作了系统深入的研究，因此，能够不为成见所囿，不为枝叶所蔽，全方位、多视角地发潜阐幽，展现出于慎行的真面貌、全人格。"文章经济"是奠定于慎行不朽的历史地位的主要因素，这也构成作者论述的重点所在。对于于慎行杰出的文学、史学成就，作者从多个维度进行了归纳阐发，如论析于慎行的文学理论、诗文创作、治史特点、主要史著及其流传与影响等，对于氏在我国文学史、史学史上的地位重加评价，多有新见胜义。至于于慎行与文学复古流派"后七子"的关系问题，所论尤为精辟。尤可注意者，作者着力阐扬于慎行的实学思想，不仅时时表其忧愤之怀，更充分见其经济之才。盖于慎行生前虽究心经世大业，致位台辅，惜天不假年，未竟其用而卒。夷考于氏存世作品，其精思力践、卓有发明之处，实以有关经济者为多。只是长期以来，其经世才具却隐没不彰，鲜为人知。作者深体于慎行之苦心孤诣，考述其学术谱系，更从政治、经济、民族、佛道等方面备论其实学思想，能得其宗旨，曲尽幽微，可谓别开生面。此外，书中还一一阐述了于慎行的家世、生平、交游、爱好乃至其为人为官之道、砥节砺行、幽默风趣等，俱深刻而饶有意味。此书读竟，恍然于依稀仿佛之间，不仅见到于慎行的重臣威仪、名士风度，更见其圣贤气象，然后知于氏一代鸿儒，博大雍容，其德义、文章、经济能垂于不朽，绝非偶然。

其次，本书知人论世，将于慎行置于晚明文化思潮与齐鲁地域文化的广阔背景下加以考察，以彰显其复杂多元的文化品格，表现其文学、学术之特质。明代后期，是一个大转型、大变动的时代，激扬起波澜壮阔的文化思潮，个性思潮与实学思潮是其中两股相反而又相成的社会思潮。作者从这一视域切入，纲举目张，溯源探流，深入阐发于慎行的实学思想、文史成就，并透视在其背后无往而不起作用的个性思潮与实学思潮。以于慎行对晚明个性思潮的呼应为例，作者展开了客观辩证、实事求是的论述。他认为于慎行"以中庸之道为其'内圣之学'的精义，挺立于当时反中庸的思潮中，其精神有时不免是向内收敛的"。同时，更剀切详明地阐述如下要点：于慎行注重"礼本人情"、使人乐而从之的一面，赋予礼以与时俱进的品格；积极肯定民众的物欲，高度评价商人和工商业的地位，鼓励合理的消费和休闲；在文学上，旗帜鲜明地反对复古主义,也提出过"性灵"的言论,喜爱戏曲;在史学上,热情讴歌历史人物的智慧、谋略,不拘一格地评价人才,特别是盛赞女子的聪明才智和识见,不再以贞节为衡量妇女的首要标准;屡屡表达了"重事功、轻道德"的价值观。这些都在相当程度上表现出了晚明个性思潮的新倾向。全书以大量论据充分证明:于慎行既是"个性思潮的有力推动者",也是"实学思潮的重要先驱"。他以其恢宏、通达、深刻的思想主张,对晚明个性思潮与实学思潮的发展起到了重要的推动作用。作为"晚明文化具有典型意义的代表人物之一",于慎行在明清文学、学术思潮的嬗变历程中占有承前启后的地位。本书首次对于慎行在晚明文化史的坐标上做了清晰的定位,具有重要的理论创新的意义。在另一方面,作者全面挖掘了于慎行与齐鲁地域文化之间的渊源关系。山东是孔孟故里和儒家文化的发源地,于慎行生命的大部分时光都在家乡度过。作者深度考察齐鲁文化对于慎行的人格、文学、学术所产生的深刻影响,指出其在齐鲁文化发展史上所具有的特殊的地位和贡献,给予"晚明山左地区最具代表性的士大夫"的定评。仅以文学领域而言,作者也对于慎行在山左文坛的崇高地位作出了恰如其分的评价。如其云:"小而言之,在万历年间的山左诗坛,于慎行成就既高,而又位尊年长,俨然其中祭酒。山左诗坛自边贡、谢榛、李攀龙与参'前后七子'之列,登高一呼,倡为文学复古,至后来形成'国初诗学之盛,莫盛于山左'的局面,近二百年的历程中,于慎行实扮演了一个承上启下的重要角色。"此外,又如作者全面考叙了主要基于乡谊关系而形成的与于慎行相关的多则并称——"二于"(指于慎行、于达真)、"鲁两生"(指于慎行、贾三近)、"于、邢"(指于慎行、邢侗)、"于、冯"(指于慎行、冯琦)、"山东二于"(指于慎行、于若瀛)、万历前期"山左三家"(指于慎行、公鼐、冯琦),其人皆为山左士人。于慎行核心朋友圈之形成,齐鲁地域文化的影响是最显而易见的。考虑到长期以来,学术界在晚明文化与文学研究领域中,多聚焦于深受商品经济洗礼的江南士人,而对于北方士人的重视显然远远不够,如于慎行者,作为领时代风气之先的代表人物,其典型意义尤其应当凸显。在这一方面,作者的论述视野开阔,洞中肯綮,足以发人神智。

再次,本书体例严谨,考据、辞章俱佳,体现出文史结合的治学特点。作者搜罗极广,古今文献特别是明清别集、史籍、笔记,凡有所相涉者,均尽可能地加以留意,汰其沙砾,采其英华,取精用弘,庶可无遗珠之叹。本书考据精详,或道人所未道,或补史传之阙,或正他人之失,其绝大部分材料都是全新的,结论也多所创见。值得一提的是,于慎行本人邃于考据之学,时人称誉其学术"博而核,核而精",有名于当世。书中如实展现了于氏的考据学成就,更有助于人们增进对其人生侧面的了解。全书篇幅较长,蕴含量大,然结构合理,脉络分明,剪裁得当,颇有章法。文字简洁洗练,述评结合,娓娓而谈,议论风发。如关于于慎行之藏书与戏曲爱好,史不著录,近代以来,郑振铎、孙楷第等先生之论亦属寥寥。作者钩深索隐,将散落于各处文献的相关资料一一搜集并加考论,累累如珠,精心结构,由此组织成一篇既严谨缜密又舒卷自如的论文,水到渠成地得出了于慎行是一代藏书大家和戏曲爱好者的结论。有理有据,令人信服。其他佳例,往往而是,兹不胪举。正是这种微观考证与宏观阐述的巧妙结合,使得本书一气呵成,是则处处可见其匠心。

要之,《于慎行研究》是一部具有学术深度和真知灼见的力作,该书刊行,于学术之推进,自有开拓之功,而见仁见智,补阙商疑,尤企盼于海内知音。是为序。

2016 年 4 月

目　　录

序 ……………………………………………………… 杜泽逊 001

绪　论 ……………………………………………………………… 001

第一章　于慎行的生平行实 ……………………………………… 014

　　第一节　于慎行的家世 ……………………………………… 014

　　第二节　于慎行的生平 ……………………………………… 021

　　第三节　与于慎行相关的并称 ……………………………… 036

第二章　于慎行与晚明政局 …………………………………… 053

　　第一节　于慎行与张居正及其改革 ………………………… 053

　　第二节　于慎行与晚明党争 ………………………………… 074

第三章　于慎行的实学思想 …………………………………… 095

　　第一节　于慎行的政治思想 ………………………………… 112

　　第二节　于慎行的经济思想 ………………………………… 161

　　第三节　于慎行的民族思想 ………………………………… 177

　　第四节　于慎行的佛道思想 ………………………………… 197

第四章　于慎行的文学理论与创作 …………………………… 216

　　第一节　于慎行的诗歌理论与创作 ………………………… 217

第二节　于慎行的文章理论与创作 …………………………… 262

第五章　于慎行的史学成就 ……………………………………… 309

第一节　于慎行的治史特点 ………………………………… 310
第二节　《读史漫录》及其流传与影响 …………………… 332
第三节　《谷山笔麈》及其流传与影响 …………………… 343

第六章　于慎行的藏书与戏曲爱好 ……………………………… 360

第一节　于慎行的藏书 ……………………………………… 361
第二节　于慎行的戏曲爱好 ………………………………… 374

附录一　于慎行史事二则考订 ……………………………………… 385
附录二　《五七九传》及相关问题考论 …………………………… 393
主要参考文献 ………………………………………………………… 404
后　记 ………………………………………………………………… 419

绪　论

于慎行(1545—1608),字无垢,一字可远,号谷山,一号谷峰,谥文定,东阿(今山东平阴县境内)人。于慎行生于嘉靖中期,仕于隆庆、万历两朝,历官至东阁大学士,是明代后期著名的政治家、文学家、史学家。于慎行品行高洁,立朝居家,俱有风范;负经世才,久历枢要,夙孚时望;"学有原委,贯穿百家"①,著述宏富。他不仅是晚明山左地区最具代表性的士大夫,也是晚明文化的代表人物之一,甚至被志书誉为"有明一代之完人"②,在中华民族的史册中占有重要的地位。

一、学术研究回顾

晚明是一个云蒸霞蔚、人才辈出的时代,于慎行就是当时一位涉及面极广、成就颇高而对晚明文化产生过重要影响的人物。关于于慎行的研究,民国以来,即有学者加以关注,然近百年来,研究状况甚为寥落,成果也少,至最近十余年间,局面始大有改观,颇有创获。目前,国外学术界尚未有专题论文,仅散见于各类论著中。如黄仁宇在《十六世纪明代中国之财政与税收》中论及于慎行关于一条鞭法的定义时,特别指出"于慎行的观点最近被当代学者重复引用"③。

---

①　张廷玉等:《明史》卷二百十七《于慎行传》,中华书局1974年版,第5739页。
②　于慎行:《上籍江陵使者少司寇邱公书》附按语,周竹生修,靳维熙总纂:《(民国)续修东阿县志》卷十三《艺文志上》,《中国地方志集成·山东府县志辑》第92册,凤凰出版社2004年版,第351页。
③　黄仁宇著,阿风、许文继、倪玉平、徐卫东译:《十六世纪明代中国之财政与税收》,生活·读书·新知三联书店2001年版,第151页。

相关研究成果主要集中于国内学术界。除有关政治史、文学史、史学史等专著有所论述外，公开问世者，尚有各类论文数十篇。

从总体来看，迄今为止，学术界主要致力于以下五个方面的开拓。

（一）生平行实研究

《东阿于文定公年谱》由于慎行之子于纬托慎行门人、著名书法家邢侗编纂，又由其另一门人、阮大铖叔祖阮自华撰述，总二卷，约四万字，为明末钞本，现珍藏于山东省图书馆。年谱流传至今，虽稍有残缺，然绝大部分完整，是后人研究于慎行生平极具价值的参考文献，《山东文献集成》第一辑已收录影印。但该年谱笔墨晦涩，叙事简略，往往使后人不易索解。李庆立师、刘玉新的《〈于慎行年谱〉笺补》①探赜索隐，考证精详，惜未完成。此外，曹善起的《一代帝师于慎行》②、孔令才的《兰台已注史臣名》③、马文平的《帝王之师 荣耀谷城》④、崔建利的《明代聊城双璧——谢榛、于慎行》⑤诸文均简要概括了于慎行的生平经历。马文平的《官宦世家 谷城望族》⑥对东阿于氏家族作了综合考述。王春花的《明清时期东阿秦氏的合族与婚姻》⑦涉及于氏姻亲秦氏与于氏以及于氏与刘氏的联姻。

在于慎行生平专项研究方面，有王传明《于慎行与泰山》⑧一文，分析了于慎行泰山诗文的内蕴和风格特色，并对其泰山情结的心理动因作了历史文化剖析。田承军的《明国本案与泰山三阳观新考》⑨以较多篇幅探讨了于慎行与

---

① 参见李庆立、刘玉新：《〈于慎行年谱〉笺补》，《聊城大学学报》（社会科学版）2002 年第1 期。

② 参见曹善起：《一代帝师于慎行》，济南社会科学院编：《济南名士评传》，齐鲁书社 2002 年版。

③ 参见孔令才：《兰台已注史臣名》，《青年思想家》2003 年第 6 期。

④ 参见马文平：《帝王之师 荣耀谷城》，政协平阴县委员会、济南平阴于慎行研究会编：《济南平阴于慎行研究会论文与资料汇编》，2014 年。

⑤ 参见崔建利：《明代聊城双璧——谢榛、于慎行》，《聊城大学学报》（社会科学版）2005 年第 3 期。

⑥ 参见马文平：《官宦世家 谷城望族》，政协平阴县委员会、济南平阴于慎行研究会编：《济南平阴于慎行研究会论文与资料汇编》，2014 年。

⑦ 参见王春花：《明清时期东阿秦氏的合族与婚姻》，《农业考古》2004 年第 1 期。

⑧ 参见王传明：《于慎行与泰山》，《泰山研究论丛》第四集，青岛海洋大学出版社 1991 年版。

⑨ 参见田承军：《明国本案与泰山三阳观新考》，《历史档案》2005 年第 4 期。

三阳观之关系,并对其背后所牵连的国本案作了深入论证。

(二)思想主张研究

对于慎行思想的研究主要集中在政治领域,这一部分的研究成果相对比较单一。张显清、林金树主编的《明代政治史》①从对"夷狄"及其统治的肯定和称赞、对"以夏变夷"的效果进行反思两个方面对于慎行的民族思想进行分析,加以高度评价。此书并称赞其关于限制君权的思想及厘清臣职的言论,认为"视之为实学之先声亦是合适的"②,所论深中肯綮。张仁玺的《于慎行的君道观与臣道观述评》③对于慎行在评价历史上一些知名君臣的过程中所反映的君道观和臣道观进行了细致的分析。孙锋、郑秀喜的《于慎行政治思想述评》④、杨东、孙锋的《于慎行人才管理思想述评》⑤分别对于慎行丰富的政治思想、人才管理思想作了探讨。

(三)诗文理论与创作研究

这一方面得到历来研究者最大的注意,研究成果也最值得重视。

自民国以来,即有一些著名学者在文学史、文学批评史中对于慎行给予高度赞誉。郭绍虞先生在《中国文学批评史》⑥中指出公安派文学主张的形成,于慎行、公鼐等山左诗人的"言论与作风也不能没有一些影响",积极肯定于慎行反复古、主神化的诗歌主张,认为于慎行、公鼐、冯琦诸人的论调"至少也可说是公安派的羽翼"。⑦ 宋佩韦先生的《明代文学》⑧肯定于慎行的反复古主张,并认为其"说话婉转,又不自以为是,其风度尤为人所难及"⑨。郭、宋二

①　参见张显清、林金树主编:《明代政治史》,广西师范大学出版社 2003 年版。

②　张显清、林金树主编:《明代政治史》,广西师范大学出版社 2003 年版,第 1066—1067 页。

③　参见张仁玺:《于慎行的君道观与臣道观述评》,《山东师范大学学报》(人文社会科学版)2005 年第 6 期。

④　参见孙锋、郑秀喜:《于慎行政治思想述评》,《聊城大学学报》(社会科学版)2006 年第 4 期。

⑤　参见杨东、孙锋:《于慎行人才管理思想述评》,《青年文学家》2009 年第 3 期。

⑥　参见郭绍虞:《中国文学批评史》,上海古籍出版社 1979 年版。

⑦　郭绍虞:《中国文学批评史》,上海古籍出版社 1979 年版,第 399、415 页。

⑧　参见宋佩韦:《明代文学》,宋佩韦等:《中国大文学史》,上海书店出版社 2001 年版。

⑨　宋佩韦:《明代文学》,宋佩韦等:《中国大文学史》,上海书店出版社 2001 年版,第 757 页。

先生之论独具只眼,字字珠玑。

20世纪90年代以来,相关文学研究专著循此方向,也对于慎行给予相当程度的注意和肯定。袁震宇、刘明今著《中国文学批评通史》(明代卷)①将于慎行归入"万历时期七子派、公安派之外的其他诸家",与焦竑、邹迪光、冯梦祯、孙鑛、赵南星、缪昌期、鹿善继等人并列,对其提倡神情的论文主旨进行了阐发,深有所见。李圣华著《晚明诗歌研究》②以专节论述了于慎行和公鼐、冯琦等人的诗歌主张与创作。乔力、李少群主编《山东文学通史》上卷③和李伯齐主编《山东分体文学史》(诗歌卷)④、王琳主编《山东分体文学史》(散文卷)⑤均对于慎行的诗文主张与创作进行了阐发,肯定其作为万历前期山左诗坛三大家之一的地位。李伯齐主编《山东分体文学史》(诗歌卷)并认为于慎行"本人可算是复古派的外围成员"⑥,与历来学者之见不同。卢兴基著《失落的"文艺复兴"——中国近代文明的曙光》⑦将于慎行与徐渭、李贽、焦竑、汤显祖等人并列,认为这些著名的文人学者、文学家在批评复古主义的文学思想已形成社会声势的情况下,都站出来公开表明自己与"前后七子"不同的态度。赵琪、唐尧的《略论于慎行及其诗文创作》⑧和周潇的《于慎行文学主张及其诗文创作简论》⑨均简要论述了于慎行的文学主张与诗文创作。周潇的《东阿于氏及其亲族苫山刘氏文学成就简论》⑩并进而对以于慎行为代表的东阿于氏及其亲族苫山刘氏的文学成就加以简要考察,拓展了对于慎行文学研

---

① 参见王运熙、顾易生主编,袁震宇、刘明今著:《中国文学批评通史》(明代卷),上海古籍出版社1996年版。

② 参见李圣华:《晚明诗歌研究》,人民文学出版社2002年版。

③ 参见乔力、李少群主编:《山东文学通史》上卷,齐鲁书社2003年版。

④ 参见李伯齐主编:《山东分体文学史》(诗歌卷),齐鲁书社2005年版。

⑤ 参见王琳主编:《山东分体文学史》(散文卷),齐鲁书社2005年版。

⑥ 李伯齐主编:《山东分体文学史》(诗歌卷),齐鲁书社2005年版,第417页。

⑦ 参见卢兴基:《失落的"文艺复兴"——中国近代文明的曙光》,社会科学文献出版社2010年版。

⑧ 参见赵琪、唐尧:《略论于慎行及其诗文创作》,《聊城大学学报》(社会科学版)2002年第6期。

⑨ 参见周潇:《于慎行文学主张及其诗文创作简论》,《聊城大学学报》(社会科学版)2002年第6期。

⑩ 参见周潇:《东阿于氏及其亲族苫山刘氏文学成就简论》,《齐鲁学刊》2012年第6期。

究的范围。此外,苗菁的《于慎行诗集中的山东地名及名胜》①、雷庆龙的《平阿风光的歌者》②分别对于慎行诗歌中所涉及的山东地名及名胜、对平阿(按:指平阴、东阿)山水的描述作了阐述。

(四)史学成就研究

进入新世纪以来,这一部分得到越来越多研究者的注意。对于慎行的三部主要史著《读史漫录》、《谷山笔麈》和《兖州府志》均有涉及,而主要围绕《读史漫录》展开。

1.《读史漫录》

朱志先的《明人汉史学研究》③以专节论述晚明时期"通史编纂中汉史评论",主要分析李贽《藏书》和于慎行《读史漫录》两书。书中认为于慎行对汉史的研究"别善恶如列眉,烛忠佞如观火",基本着眼于五个方面,即:(1)窥机察微,洞悉汉史真相;(2)"夫事有同形而异情者,不可不辨":对汉史的比较研究;(3)借汉史抒怀;(4)"在不以一己衡古人之是非,而在借古人之法鉴":对汉史的借鉴;(5)"考订多参酌,"不囿于成说。此书并从"体例"、"评点的价值尺度"、"论史的特点"三方面比较《藏书》和《读史漫录》两书"研究汉史的差异"。廉敏的《明代历史理论研究》④认为于慎行是明代史论第三阶段(正德到万历时期)中具有影响的一家,指出其在史学方法上"偏重于辨析"⑤。对于于氏在《读史漫录》中所表达的反驳王安石"天变不足畏"的言论、夏商与周朝不能一视同仁、对三代前后帝位弃取加以区分、不拘一格肯定少数民族政权中的优秀人才、批评明代职司冗杂和职守混乱的思想主张均给予高度评价。朱著以小见大,考论周详;廉著从宏观着眼,言简意赅,结论均令人信服。瞿林东的《读〈读史漫录〉琐记》特别指出于慎行读史"以'当天下事'为寄",这"正

　　① 参见苗菁:《于慎行诗集中的山东地名及名胜》,政协平阴县委员会、济南平阴于慎行研究会编:《济南平阴于慎行研究会论文与资料汇编》,2014年。
　　② 参见雷庆龙:《平阿风光的歌者》,政协平阴县委员会、济南平阴于慎行研究会编:《济南平阴于慎行研究会论文与资料汇编》,2014年。
　　③ 参见朱志先:《明人汉史学研究》,湖北长江出版集团、湖北人民出版社2011年版。
　　④ 参见廉敏:《明代历史理论研究》,中国社会科学出版社2012年版。
　　⑤ 廉敏:《明代历史理论研究》,中国社会科学出版社2012年版,第50页。

是清代四库馆臣所忽略的"①,并就其他一些问题提出了自己的看法。廉敏的《于慎行〈读史漫录〉的历史思想》②从治乱之原、决策与用人、民族关系、时势与机括四个方面论述了《读史漫录》中的历史思想,其中对"时势"与"机括"的论述,颇见胜意。孟祥才、张平的《从〈读史漫录〉对战国秦汉人物的品评看于慎行的历史眼光》③积极评价了《读史漫录》中所呈现的国家至上的价值理想,儒道互补的人生态度和治史的怀疑、求真精神。李晓鹏的硕士学位论文《〈读史漫录〉探究》④对《读史漫录》做了个案探讨。

相较于《读史漫录》,《谷山笔麈》和《兖州府志》的研究成果要少得多。

2.《谷山笔麈》

鲁仁的《于慎行笔下的晚明官场》⑤集中分析了于慎行在《谷山笔麈》中所描述的晚明官场。许洪超的硕士学位论文《〈谷山笔麈〉探究》⑥对《谷山笔麈》做了个案探讨。

3.《兖州府志》

肖秋的《略谈万历二十四年〈兖州府志〉》⑦、朱亚非的《论于慎行和他主编的〈兖州府志〉》⑧、任宝祯的《海内孤本〈兖州府志〉重新面世记》⑨对于慎行《兖州府志》的纂修及其主要特点都作了探讨。此外,则对书中所反映出的作者的政治立场和处世治学态度、此书的重新面世过程等问题,各有所论述。徐秀玲的《明代兖州地区妇女贞节现象透视》⑩、江心力的《从〈兖州府志〉看

---

① 瞿林东:《读〈史漫录〉琐记》,《学林漫录》第十四集,中华书局 1999 年版,第 210 页。

② 参见廉敏:《于慎行〈读史漫录〉的历史思想》,《文史哲》2002 年第 6 期。

③ 参见孟祥才、张平:《从〈读史漫录〉对战国秦汉人物的品评看于慎行的历史眼光》,《济南职业学院学报》2005 年第 1 期。

④ 参见李晓鹏:《〈读史漫录〉探究》,山东师范大学 2010 年硕士学位论文。

⑤ 参见鲁仁:《于慎行笔下的晚明官场》,政协平阴县委员会、济南平阴于慎行研究会编:《济南平阴于慎行研究会论文与资料汇编》,2014 年。

⑥ 参见许洪超:《〈谷山笔麈〉探究》,山东师范大学 2011 年硕士学位论文。

⑦ 参见肖秋:《略谈万历二十四年〈兖州府志〉》,《山东图书馆季刊》1982 年第 1 期。

⑧ 参见朱亚非:《论于慎行和他主编的〈兖州府志〉》,政协平阴县委员会、济南平阴于慎行研究会编:《济南平阴于慎行研究会论文与资料汇编》,2014 年。

⑨ 参见任宝祯:《海内孤本〈兖州府志〉重新面世记》,《山东图书馆季刊》2008 年第 4 期。

⑩ 参见徐秀玲:《明代兖州地区妇女贞节现象透视》,《信阳农业高等专科学校学报》2007 年第 6 期。

明代兖州府的风俗》①分别通过于慎行《兖州府志》的记载,考察了明代兖州地区的妇女贞节、风俗变化现象及其主要原因。

此外,李振聚的《方志所载碑刻资料的校勘价值》②就《(道光)东阿县志》所收于慎行撰写的碑传文数通,比校《谷城山馆文集》所载之文,论述方志中所载碑刻资料的校勘价值。

(五)综合类研究

李庆立师、崔建利的《于慎行及其著述之研究漫议》③最早呼吁学术界对于慎行展开包括作品整理、生平行实、文学和史学成就等诸多方面的研究。王传明的《于慎行著述考》④考述了于慎行的二十余种著作及其版本。尹怡朋的《于慎行学术成就述评》⑤、兰传斌的《三代帝师于慎行的文化人格》⑥分别对于慎行的学术成就、文化人格作了简要考察。陈启文、逄淑玲的硕士学位论文《于慎行的生平与学思之研究》⑦、《于慎行研究》⑧均为于慎行的个案研究。其中,台湾的陈启文之作是目前大陆以外地区仅见的于慎行研究的专题论文。

本人的博士学位论文、博士后研究工作报告均以于慎行为个案研究对象,对研究所需涉及的几个主要方面进行了探讨和总结。在此基础上,又在国内各类刊物上陆续发表《于慎行的藏曲及其戏曲爱好》(载《戏曲研究》第七十六辑)、《论于慎行关于民族交往的现实对策》(载《云南社会科学》2008 年第 5 期)、《论于慎行的工商业与消费思想》(载《学术交流》2008 年第 11 期)、《〈读

① 参见李振聚:《方志所载碑刻资料的校勘价值》,《兰台世界》2015 年第 7 期。

② 参见江心力:《从〈兖州府志〉看明代兖州府的风俗》,龙西斌、余学群编:《第八届明史国际学术讨论会论文集》,湖南人民出版社 2001 年版。

③ 参见李庆立、崔建利:《于慎行及其著述之研究漫议》,《聊城大学学报》(社会科学版)2004 年第 6 期。

④ 参见王传明:《于慎行著述考》,政协平阴县委员会、济南平阴于慎行研究会编:《济南平阴于慎行研究会论文与资料汇编》,2014 年。

⑤ 参见尹怡朋:《于慎行学术成就述评》,政协平阴县委员会、济南平阴于慎行研究会编:《济南平阴于慎行研究会论文与资料汇编》,2014 年。

⑥ 参见兰传斌:《三代帝师于慎行的文化人格》,政协平阴县委员会、济南平阴于慎行研究会编:《济南平阴于慎行研究会论文与资料汇编》,2014 年。

⑦ 参见陈启文:《于慎行的生平与学思之研究》,台湾“国立中央”大学 2010 年硕士学位论文。

⑧ 参见逄淑玲:《于慎行研究》,山东师范大学 2012 年硕士学位论文。

史漫录〉的流传和影响》(载《聊城大学学报》(社会科学版)2009 年第 1 期)、《于慎行史学著述考论》(载《史学史研究》2009 年第 1 期)、《论于慎行的佛、道思想》(载《宗教学研究》2009 年第 1 期)、《于慎行佚诗考论》(载《国学研究》第二十三卷)、《〈谷山笔麈〉的流传和影响》(载《古典文献研究》第十二辑)、《于慎行的文章理论》(载《学术探索》2010 年第 4 期)、《明于慎行未刊佚文辑录》(载《历史档案》2010 年第 4 期)、《于慎行诗论》(载《中国诗歌研究》第七辑)、《于慎行史事三则》(载《历史档案》2011 年第 1 期)、《于慎行对封建君主专制的批判》(载《中华文化论坛》2013 年第 11 期)、《于慎行生平及其相关并称考述》(载《山东师范大学学报》(人文社会科学版)2014 年第 1 期)等14 篇论文,对于慎行所涉及的多个方面作了一些研究和探讨。

综合起来,虽然于慎行的研究已开始引起学界越来越多的关注和重视,相关研究成果也呈现出向深广领域发展的趋势,达到了一定的水准;但是,毋庸讳言,到目前为止,相关研究成果多为单篇论文,或散见于学术著作中,多是针对个别问题的论述,关于于慎行的全面研究尚未充分展开,更不足以言晚明文化思潮视野观照下的综合研究。不必说李贽、汤显祖、公安三袁,就是比起与他同时代的吕坤、焦竑、胡应麟、陈继儒、顾宪成、高攀龙等人物来,于慎行也受冷落得多,以至于不得不在较长时间内承受岁月的尘封。于慎行的研究是晚明文化与文学研究中亟待开拓的领域。

二、研究的缘起与主要内容

当前,学术界对于中国古代文化与文学的研究正向纵深方向发展。吴承学、李光摩先生曾在《20 世纪晚明文学思潮研究概述》中有一段精辟的论述:

20 世纪晚明文学思潮研究的显隐起落、云谲波诡,典型地折射出 20 世纪政治、文化、意识形态的风云变幻、人事代谢,这也许印证一句名言:一切历史都是当代史。可以说,20 世纪晚明文学思潮研究的时代色彩、研究者的个人主观色彩、政治色彩都非常强烈。在许多研究中,对于价值判断的关怀远远超出而且先于对于历史真相的追求。这是一个显著特点,当然也包括着其缺陷。我们期待着,并有充分理由相信,新世纪的晚明文学思潮研究,将会在 20 世纪研究的基础上,进一步消解意识形态的偏见,走向实事求是之学,在大量的文本分析、对于众多作家、作品微观研究的基础上,还原一个更为客观、真实的晚明文学历史。①

其实,不只是晚明文学思潮研究,扩大而言,整个晚明的文化思潮研究恐亦可当作如是观。晚明本是一个王纲解纽、文化下移的时代,自来文史研究者多将注意力集中于深受江南商品经济洗礼的新思潮和新兴文化与文学的代表人物及其作品上,这个大方向自无可厚非,但历史的真相往往是立体而多面的。事实上,在晚明的士林和文坛,除了以李贽、汤显祖、公安三袁等为代表的比较纯粹意义上的新派文士外,仍存在大量服膺儒学、貌似正统的士大夫,他们与新派文人面貌有所不同,甚至也谈不上相互赞赏、推引。不过他们虽未足以引领一代风气,却也并不就是复古派、保守派的嗣响,更非今天所谓的封建卫道士。在形成晚明文化万千气象、蔚为壮观的发展进程中,他们同样是不可或缺的有力分子,而其在民族文化的传承谱系上,也自有不可替代的价值在。作为当时封建官僚体系中的重要成员和北方士大夫的代表,于慎行就是其中的重要人物。

于慎行生前名满天下,身后则未免相对寂寥,影响多集中于家乡鲁西一带。究其原因,大致有三:其一,于慎行虽然位极人臣,但"四十年老词臣"②,三黜三起,难进易退,经历单纯,行迹不广。其二,于氏为人方正持重,宽厚和平,排难解纷,调和鼎鼐,不偏不倚,中道而行。其三,在思想领域,于氏持论中和全面,凿凿可行,不为矫激之言。他虽友好、门生遍地,然不结党,少讲学,不事张扬,无门派之见。因此,不足以造成耸动人心、倾倒一世的影响。

然夷考于慎行生平,其通达古今,不拘故常,清正廉明,博大雍容,有一种圣贤气象。他是晚明士林颇负盛誉的领袖人物,牵连着庞大的社交网络,嘉言懿行,动见观瞻,处处显示出崇高的人格风范和强烈的人格魅力。于慎行曾在《谷山笔麈》中说:"人臣之望有三:有德望,有才望,有清望。"③这也是他自己

①　吴承学、李光摩:《20世纪晚明文学思潮研究概述》,吴承学、李光摩编:《晚明文学思潮研究》,湖北教育出版社2002年版,第46—47页。

②　邢侗编纂,阮自华撰述:《东阿于文定公年谱》卷末邢侗跋,《山东文献集成》第1辑第10册,山东大学出版社2006年版,第765页。

③　于慎行撰,吕景琳点校:《谷山笔麈》卷五《臣品》,王琦撰,张德信点校;于慎行撰,吕景琳点校:《寓圃杂记 谷山笔麈》,中华书局1984年版,第49页。

所追求的仕途理想。于慎行进退裕如,以其独特的为人为官之道,成为晚明政坛、士林独特的存在。

今天看来,于慎行的一生,无论在政治抑或文学、史学等领域都取得了突出的建树。不过,正如于氏生前所曾感慨的:"名利百年身易老,文章千古事难成"①,他自己更为在意的,其实还是其等身著述。他留存至今的七八种著述使其成为晚明时期的文化巨子,为其在我国文学史、史学史上赢得了千古不朽的地位。陈伯海先生主编的《近四百年中国文学思潮》认为:近 400 年的思潮变迁大致可区别为四个阶段,而"明万历初至清康熙前期(1573—1683),是从传统思想文化体系内部孕育出近代意识萌芽的阶段"②。此书中说:"实际上,认真辨析一下,列于'启蒙'名下的至少有两股不同的社会思潮,一个是晚明个性思潮,再一个是明末清初的实学(经世致用)思潮,它们各自在文学领域中留下了独特的印记,虽有交汇而又不容混淆。"③又说:"17 世纪个性思潮与实学思潮产生的社会文化背景不同,特质不同,各有优点,也各有弱点。二者须互补互济,方能塑造完善的人格,产生完美的学术与文学。17 世纪的优秀文学均体现了二者不同程度的结合。"④将这一论述移作对于慎行的考察,正有相当的契合。循其思路,可以说,研究于慎行,其更大的价值在于:晚明时期,声势浩大的个性思潮和雏形已具的实学思潮相互激荡、影响,相反而又相成,形成色彩斑斓、气象万千的文化景观,这些都在于慎行身上得到相对比较集中而生动的体现,并由此决定了他的基本文化品格。他是个性思潮的有力推动者,也是实学思潮的重要先驱,由此全面地折射出晚明时代的新文化特征,这使其成为晚明文化具有典型意义的代表人物之一。

从明代中叶起至清初,个性思潮流行了两个世纪。陈继儒称于慎行"有

---

① 于慎行:《谷城山馆诗集》卷十二《秋怀四首》其三,《山东文献集成》第 3 辑第 25 册,山东大学出版社 2009 年版,第 575 页。
② 陈伯海:《导论 自传统至现代》,陈伯海主编:《近四百年中国文学思潮》,东方出版中心 2007 年版,第 3 页。
③ 陈伯海:《导论 自传统至现代》,陈伯海主编:《近四百年中国文学思潮》,东方出版中心 2007 年版,第 4—5 页。
④ 夏咸淳:《第一章 两大思潮的激荡》,陈伯海主编:《近四百年中国文学思潮》,东方出版中心 2007 年版,第 53 页。

客半倾天下士"①,他虽然交游遍天下,可是从存世文献来看,晚明个性思潮中的核心人物如李贽、汤显祖、公安三袁等人都与他无所交接,他对李贽似乎还有所批评。朝廷大僚和道德楷模的历史定位,成为民间津津乐道的话题,却往往妨碍了人们对他的深入了解。面对晚明"士风大坏,礼教凌夷"②的景象,于慎行也时时有痛心疾首之举。甚至他回首原始儒学,以中庸之道为其"内圣之学"的精义,挺立于当时反中庸的思潮中,其精神有时不免是向内收敛的。但综合考察于慎行的一生,更为重要的是,晚明风行的个性思潮毕竟在他身上得到了相当积极和正面的回应。在强调情与礼的碰撞时,他更注重"礼本人情"、使人乐而从之的一面,而赋予礼以与时俱进的品格。于慎行积极肯定民众的物欲,提出"裕民为本"的经济主张,将保护民众的经济利益置于首要的位置。他高度评价商人和工商业的地位,提出藏富于贾的观念,并反对一味禁奢,主张促进社会游闲人员的就业,积极引导商贾和达官贵人的消费,鼓励适当的休闲游乐,这在很大程度上反映了市民阶层的心声。于慎行在文学上旗帜鲜明地反对复古,痛斥模拟恶习,是当时少数最早对"后七子"文学复古运动的流弊进行深刻反思和总结的人物之一。他以"神情"说诗,也提倡"性灵",反对务为修辞,同时主张"文以神化"。他是文坛的多面手,所作诗文各体兼备,自具风格,成就较高,比较忠实地实践了他本人的文论主张。他还好观曲艺,家多藏曲,注重对戏曲的研究,充分表明了其对俗文学的热爱。在其史著中,于慎行大胆地对正统论加以批判和消解。他以极大的篇幅热情讴歌历史人物的智慧和谋略,不拘一格地评价人才。他对于女子的聪明才智和识见赞赏不置,认为与男子相比,不一定就见得逊色,甚至时或过之,而且也不再认为贞节是衡量妇女的首要标准。于慎行认识到了善人目的之善而历史结果反恶与恶人目的之恶而历史结果反善的相对性,屡屡表达了"重事功、轻道德"的价值观,强调推动历史发展的事功价值,而反对专以道德论历史人物。这些都充分表现出了张扬自我、追求个性解放的新文化的思想倾向,无疑是值

---

① 陈继儒:《眉公诗钞》卷五《寿于谷峰》,《四库禁毁书丛刊》集部第 67 册,北京出版社 1997 年版,第 72 页。

② 于慎行:《请许张居正奔丧疏》,转引自邢侗编纂,阮自华撰述:《东阿于文定公年谱》卷一,《山东文献集成》第 1 辑第 10 册,山东大学出版社 2006 年版,第 630 页。

得我们加以重视的。

而就发端于明中叶的明清之际的实学思潮来说，一直到了与于慎行同时而稍后的以顾宪成、高攀龙为领袖的东林学派的身上，才显示出成形的标志，在短短半个世纪后，即由清初诸大儒的提倡而成为弥漫于知识界的一种普遍风气。在这中间，于慎行在实学思潮中所起到的导夫先路的作用往往被忽视，他所留名于青史的，主要是馆阁名臣、文史大家的身份。事实上，在明代实学传承的谱系中，于慎行的地位历历可考。实学为于慎行一生心力所萃。他不仅远有师承，也拥有一大批志同道合的朋友，为明代实学思潮之发展推波助澜，可谓吾道不孤。于慎行生前官至辅弼，早已超越道德践履一隅，而欲以功业自著，当时士林舆论也莫不以此相期许。若非天不假年，于慎行入阁拜相后，当振衰起弊，其相业或有可观。于氏之学术以经世为宗旨，实事求是，注重实践，力倡"有用之学"，其价值重心实已由内圣向外王倾斜。他忠君爱民，满怀忧愤，借古鉴今，视野宏阔，从政治、经济，到民族、宗教等领域，无不处在他的深切关注之下，由此建构起一个庞大的体系。针对当时社会的热点、难点问题，于慎行每每应事而发，不作高谈阔论，不为无病呻吟，动中肯綮，切实可行。他甚至进而直探骊珠，触及封建制度的某些本质方面，如君主专制、工商发展、民族平等，多有超迈前人、启迪后来之处。尤需指出的是，于慎行不仅明经致用，更是"史学经世"的忠实践行者。他与时代风气相呼应，将史学与现实政治极其密切地联系在了一起。万斯同在批评清代将学术与经济"判然分为两途"的做法时指出，通过治史，"使古今之典章法制烂然于胸中，而经纬条贯，实可建万世之长策。他日用则为帝王师，不用则著书名山为后世法，始为儒者之实学"①。这实在也是于慎行学术的绝好写照。因为精通史学，于慎行乃具有广大的视野，其对于现实的批判往往既恢宏通达，又深刻尖锐，多能道人之所未道。虽然于慎行的许多观点，与其说是思想，不如说是主张更为确切。但就其所处的时代而言，他在实学领域所达到的广度和深度仍是少见的，这正是时代呼唤的真正的"有用之学"。在明清之际实学思潮的发展历程中，我们还

---

① 万斯同：《石园文集》卷七《与从子贞一书》，《续修四库全书》第1415册，上海古籍出版社2002年版，第513页。

可以听到对于慎行的思想主张持久不绝的回响。

　　于慎行不仅在晚明的政界、文坛、士林影响卓著，更在明清时期文学、学术思潮的嬗变历程中，占有承前启后、不可或缺的地位。因为集多方面成就于一身，这使得于慎行颇具典型意义。对这样一位人物展开个案研究，将其置于晚明文化思潮的新视角下加以深入探讨，既可以对其生平行实、政坛活动、实学思想、文学和史学成就、兴趣爱好等进行全方位的系统梳理，重新评价其历史地位和影响。同时，也可借此作为时代精神的一面镜子，进一步知人论世，考察晚明士风与文化思潮。本课题将提供崭新翔实的个案研究成果，呈现人物及其所处时代鲜活生动的真实状况，以期能进一步促进晚明文化与文学的研究。

第一章　于慎行的生平行实

于慎行集德义、文章、经济于一身，毕生孜孜追求实现"立德、立功、立言"的三不朽，是中华民族历史长河中一位杰出的仁人志士。

第一节　于慎行的家世

于慎行祖居登州府文登县赤山盘龙村（今山东文登市境内），系西汉名臣于定国后裔，是所谓"东海高门裔"①，然数世以来，门第不显，于慎行自称"寒门薄祜"②。一世祖于深于明洪武年间奉诏徙东阿之杨柳渡（今属山东东阿县姚寨镇）。深生忠，为邑三老。忠生隆、盛、时。于时（1465—1537），为于慎行祖父，字世和，号翠峰，为人敦节侠，乐于助人，以高年赐爵一级。于时时移家东阿县城。于时有五子：玺、璧、莹、瑶、玭。于玭最末，是为慎行之父。东阿于氏家族发展至于玭，渐成当地望族，并开始在山左文坛崭露头角。

于玭（1507—1562），字子珍，号册川，"天质颖慧，十岁能文，一时目为圣童"③，"锐意博学，工文词"④。嘉靖七年（1528），弱冠举于乡，五上春官不第，

①　邢侗编纂，阮自华撰述：《东阿于文定公年谱》卷一，《山东文献集成》第 1 辑第 10 册，山东大学出版社 2006 年版，第 601 页。

②　于慎行：《谷城山馆文集》卷十二《冲白斋存稿叙》，《四库全书存目丛书》集部第 147 册，齐鲁书社 1997 年版，第 443 页。

③　于慎行：《兖州府志》卷三十六《人物志七·国朝》，齐鲁书社 1985 年版。

④　岳濬等监修，杜诏等编纂：《（乾隆）山东通志》卷二十八之三《人物志·人物三·明》，《景印文渊阁四库全书》第 540 册，台湾商务印书馆 1986 年版，第 807 页。

谒选授河南许州知州,历陕西静宁州知州,升任同凉府同知,摄府事,"明习吏治,声称甚著"①,为当世循吏,著有《册川先生集》六卷。于慎行《先考遗集跋语》云:"(于玭)少负才名,数奇不偶,薄游关陇,宦业萧条,平生赋咏撰述,遂多散佚残编,旧箧间余二三,未尽其大都也。……同年张子阳氏来索全稿,刻于安州,始幸有成集矣。"②此系《册川先生集》初版,今已失传。于慎行致仕家居后,乃"取安州旧本,重加校定,锓而藏诸祐,使子子孙孙永有遵奉"③。据《东阿于文定公年谱》,万历二十六年(1598),"九月,重刻太公文集",④即云此事。此刻本今藏山东省图书馆,仅存第四、五、六卷。山东省图书馆又藏《于氏家藏诗略》手抄本,总四卷,收录于玭诗二卷和其子慎思、慎言诗各一卷。《山东省珍贵古籍名录》(第一批)著录上述两书。《于氏家藏诗略》为邢侗所刻,然流传绝少,清人宋弼编选《山左明诗钞》时,即云:"《诗略》刊板亦毁,求得钞本。"⑤于玭虽说一官辛楚,名微位薄,生前不以诗名,但在其逝后不久,李先芳编《明隽》和朱观㷆编《海岳灵秀集》哀集海岱名家,已均加采录。《山左明诗钞》引朱观㷆语云:"册川诗高洁清修,不减古人,爽慨近于工部。"⑥宋弼评云:"司马诗极清刚,人当孤介,根柢浣花,不屑晚季一语。"⑦于慎行亦称其父"文宗《国》、《左》,以冲和典奥为体,而不尚浮夸。歌诗雅澹湛深,取法韦、杜,视促数绮丽之调,若将浼焉。盖能自得于古人之矩矱,而非求

---

　　① 岳濬等监修,杜诏等编纂:《(乾隆)山东通志》卷二十八之三《人物志·人物三·明》,《景印文渊阁四库全书》第540册,台湾商务印书馆1986年版,第807页。
　　② 于慎行:《谷城山馆文集》卷三十四《先考遗集跋语》,《四库全书存目丛书》集部第148册,齐鲁书社1997年版,第189页。
　　③ 于慎行:《谷城山馆文集》卷三十四《先考遗集跋语》,《四库全书存目丛书》集部第148册,齐鲁书社1997年版,第189页。
　　④ 邢侗编纂,阮自华撰述:《东阿于文定公年谱》卷二,《山东文献集成》第1辑第10册,山东大学出版社2006年版,第722页。
　　⑤ 宋弼选:《山左明诗钞》卷十五《于玭》,《四库全书存目丛书》集部第412册,齐鲁书社1997年版,第150页。
　　⑥ 转引自宋弼选:《山左明诗钞》卷十五《于玭》,《四库全书存目丛书》集部第412册,齐鲁书社1997年版,第150页。
　　⑦ 宋弼选:《山左明诗钞》卷十五《于玭》,《四库全书存目丛书》集部第412册,齐鲁书社1997年版,第150页。

合于流俗者",而他自己与众兄弟则是"黾勉艺文,各具一体",①深受其父的影响。

于慎行之母刘淑人(1506—1555),幼好学,静慈孝恭,抚子女慈而教以礼。博通载籍,工吟咏,是当时山左地区不多见的才女。刘淑人随夫任秦、雍、河、洛间,所至之处,多所题咏,但不喜作冶丽语,故虽善文藻,而"谓非女工所敦,成辄去草,煨烬之余,所遗无几"②,仅于《册川先生集》中附录四首。查继佐《罪惟录》谓其"工诗歌,有集传世"③,实误。《列朝诗集》、《明诗综》均收录其作。

刘淑人出身于苫山(今属山东东阿县刘集镇),其家族两代三进士,满门风雅,为东阿望族。于慎行外曾祖刘约,字博之,号黄石,成化二十三年(1487)进士,累官礼部郎中,出为河南右参政,为人修伟有仪,器识超越。平生手不释卷,为诗文不尚雕琢,而思致清逸,有《黄石吟稿》。刘约有七子一女。七子分别为:田、谷、隅、阶、牧、垣、冈。刘田为刘约长子,系于慎行外祖,字伯耕,号东溪,弘治十八年(1505)进士,授元氏知县,召为户部主事,迁员外郎,为人俊爽玉立,豪宕磊落,为治严明,不阿权贵,有《东溪存稿》。时人苏祐《刘氏家藏集叙》云:"令嗣茂才一农(按:指刘隅之子刘一农)以公诗文集托校正,予刻之濮上。黄石翁暨东泉诗如干首附录,各为一册,总名《刘氏家藏集》云。……黄石翁、东泉公所作,质璞浑成,自为一家。"④据此,《黄石吟稿》和《东溪存稿》或即收入《刘氏家藏集》而各自成册。两书山东相关方志均加著录,今已佚。东阿刘氏家族中声名最著者为于慎行外叔祖刘隅。刘隅(1490—1566),字叔正,号范东,刘约第三子,嘉靖二年(1523)进士,拜福建道御史,督南直学政,出为四川按察司金事,迁都察院右金都御使、巡抚保定,晋

① 于慎行:《谷城山馆文集》卷三十四《先考遗集跋语》,《四库全书存目丛书》集部第148册,齐鲁书社1997年版,第189页。

② 于慎行:《谷城山馆文集》卷三十四《先考遗集跋语》,《四库全书存目丛书》集部第148册,齐鲁书社1997年版,第190页。

③ 查继佐:《罪惟录》列传卷二十八《闺懿列传·文词》,《四部丛刊三编》第120册,上海商务印书馆1935年版。

④ 刘隅:《范东文集》卷首苏祐《刘氏家藏集叙》,《续修四库全书》第1339册,上海古籍出版社2002年版,第395—396页。

都察院右副都御使,沉毅有大略,善用兵。刘隅"风流韫籍,海内所推一代名人也。博极群书,文词沉雅,号为名家"①。著有《范东诗钞》、《范东文集》、《奏议》、《治河通考》、《古篆分韵》等书。《范东诗钞》和《范东文集》殆即合为于慎行所云"《家藏》十六卷"②,《千顷堂书目》及山东相关方志均著录。《范东文集》十二卷为明隆庆二年(1568)苏祐刻《刘氏家藏集》本,今藏上海图书馆,《续修四库全书》收录影印。《范东诗钞》当有四卷,今已亡佚。王兆云《皇明词林人物考》评价刘隅:"为文无勮说,无习见,清逸峻拔。诗意气安闲,辞旨沈快。要之,盖有杜陵遗意。"③刘淑人自幼失双亲,由叔父刘隅抚养成人,于批亦受教其门下。刘隅晚年家居期间,慎行兄弟多人得以亲炙教诲,获益实多。于慎行曾深情地怀念道:"先宗伯之少而婆也,匪公则无师;先淑人之生而孤也,依公则有父。诞承大造,启我嗣人。咸自婴提,胥蒙顾复。"④东阿于氏家族之兴盛,刘隅实是关键人物,有发轫之功。此外,于慎行两位抚育其母亲刘淑人长大的外叔祖母麻氏、王氏亦"夙娴书史,……又咸治文史"⑤。刘约之孙刘一成,字终韶,"少负奇气,年十六七,为歌诗风骨遒逸,凌藉一时。叔父中丞隅自以为不及"⑥。闭关山楼,拥书万卷,苦心讨究,至忘寝食,可惜年未满二十就去世了,所著有《终韶诗稿》四卷。刘约曾孙刘荃,字孟鳞,别号鳌矶,为学功苦心沉,以濂洛为宗,有声诸生间,"杜门著书,以终天年,有《四书摘要》、《尚书要旨》、《禹贡便览》、《绿云滩诗草》、《柯亭乐府》行世"⑦。

于批有子五人:慎动、慎思、慎言、慎行、慎由,女二人:长嫁侯之胄,幼嫁李

① 于慎行:《兖州府志》卷三十六《人物志七·国朝》,齐鲁书社1985年版。
② 于慎行:《明都察院右副都御史刘公墓表》,李贤书修,吴怡纂:《(道光)东阿县志》卷二十二《艺文志八》,《中国地方志集成·山东府县志辑》第92册,凤凰出版社2004年版,第258页。
③ 王兆云辑:《皇明词林人物考》卷七《刘叔正》,《四库全书存目丛书》史部第112册,齐鲁书社1997年版,第65页。
④ 于慎行:《谷城山馆文集》卷三十三《外叔祖中丞刘公乡祠告文》,《四库全书存目丛书》集部第148册,齐鲁书社1997年版,第170页。
⑤ 于慎思:《庞眉生集》卷九《寿刘母麻、王二太夫人同登七袠序》,《四库全书存目丛书》集部第148册,齐鲁书社1997年版,第361页。
⑥ 李贤书修,吴怡纂:《(道光)东阿县志》卷十四《人物志下·文学》,《中国地方志集成·山东府县志辑》第92册,凤凰出版社2004年版,第138页。
⑦ 李贤书修,吴怡纂:《(道光)东阿县志》卷十四《人物志下·文学》,《中国地方志集成·山东府县志辑》第92册,凤凰出版社2004年版,第139页。

文兰孙。刘淑人产四男一女,于慎由、李氏妻则出于毗侧室黎氏。东阿于氏家族父子辉映,长稚齐名,所谓"以文史发家,彬彬多宿儒才士"①,至此崛起为山左地区的一个重要的文学世家。于氏家族虽然天才勃发,只延续短短两代,但在当时也几乎可上追临朐冯氏、新城王氏家族。只是于氏家族的主要成员除了于慎行外,多数僻处乡里,名位不显,文学活动大都只限于家乡一带,而其著述历经人事代谢,又多有亡佚,故尔在生前身后多隐没不彰,很少为文学史研究者所注意。

于慎思(1531—1588),字无妄,号庞眉生,人称航隐先生,国子监生,慎行二兄,生有异质,跌宕负奇气。工为文赋,尤嗜《离骚》,亦好兵家,学问博通,著述繁富,有《剑术说林》、《兵略》、《八阵图解》、《诸家要略》、《论文博采》、《群书题跋》等书,因不能尽梓,均佚,今有诗文集《庞眉生集》十六卷存世。万历二十七年(1599),"夏四月,……(于慎行)刻《庞眉生集》成"。② 于慎行述刊刻缘起云:"先生遗稿自题《庞眉生集》者,尚可二三十卷。及行归田,颇多暇日,乃从于縈(按:指于慎思之子)索之,亦多散佚。于残编断简中定其可读者若干首,付縈梓之家塾,使世守焉。"③此书又名《于仲子集》,《千顷堂书目》、《传是楼书目》及山东相关方志均著录。上海图书馆、运城县图书馆等有藏,《四库存目丛书》收录影印。东阿于氏成员的文学成就,于慎行之外,当推慎思为最高。王士禛曾有志辑录山左明诗五十家,后未克成事,但其开列的名单中即有刘隅、于慎行、于慎思三家。④ 于慎思各体兼善,是一位文坛的多面手。于慎行称:"先生渔猎最博,论议最豪,然其为文,茹古涵今,自立机轴,气骨本迁史,体裁出昌黎氏,雄浑渊博,苍然古色。……诗善古歌行,好常楼居、孙太白之调,骏发踔厉,有足喜者。近体不纯于唐,亦不落宋,至傍人口吻,龃齿效颦,亦薄不为也。……其为骚体甚富,……先生又工为宋、元词曲,深

---

① 冯琦:《宗伯集》卷八《寿于长公六十序》,《四库禁毁书丛刊》集部第 15 册,北京出版社 1997 年版,第 126 页。

② 邢侗编纂,阮自华撰述:《东阿于文定公年谱》卷二,《山东文献集成》第 1 辑第 10 册,山东大学出版社 2006 年版,第 724 页。

③ 于慎行:《谷城山馆文集》卷十二《庞眉生集叙》,《四库全书存目丛书》集部第 147 册,齐鲁书社 1997 年版,第 442 页。

④ 王士禛:《香祖笔记》卷十,上海古籍出版社 1982 年版,第 189 页。

研其声病。"①朱观㷫高度评价:"集中《望岳吟》、《河平谣》诸篇,天才跌宕,笔阵激跃,有太白风骨。不特甲科之遗才,亦东方之隽品。"②王士禛推崇于慎思"诗才情过文定,尤工古赋"③。《四库全书总目》云:"是集诗七卷,杂文八卷,乐府一卷,皆有纵横排奡之气,而颇涉粗豪。"④所可怪者,黄虞稷《千顷堂书目》、万斯同《明史·艺文志》及《四库全书总目》均误称于慎思为慎行之弟,王士禛也时有误称,当是错误相沿,未加深究尔。

于慎言(1536—1564),字无择,号冲白,资性颖敏,迥绝常人,为人修长玉立,风骨矫矫,不逐流俗。嘉靖三十一年(1552),年十七,举为东省魁,工于诗,篆、隶皆臻妙境,壮年而殁。著有《冲白斋存稿》三卷,已佚。万历二十七年(1599)六月,即《庞眉生集》刻成后两月,于慎行又"刻《冲白集》成"。⑤其述刊刻缘起云:"先生平生为文,未尝起草,或以卷衮乞言,且书且撰,辄付其人,不复省记。间有从容削牍,留在巾箱,及鹏上承尘,二子幼,无为藏之者。兹维残策断简,稍余一二尔。以先生之才,假令仅得下寿,有所撰述,近则石渠天禄,远则名山大都,且暮古人,亦复何有而胡夺之速也!"⑥于慎言生前既文名不播,死后又著述无传,寂寥无闻,除山东相关方志外,各类公私书目均未著录其著述。以王士禛藏书之富,又是山左人士,其著述往往将慎言与慎思混为一谈。于慎行称:"先生才高而俊,学博而精,发为文辞,探源《国》、《左》,托体六朝,埒近世黄五岳、皇甫司勋之法,然自谓应世之作,非其至也。歌诗春容遒雅,取裁盛、中。以为学杜不成,且落宋人恶趣,此固卓有所

---

① 于慎行:《谷城山馆文集》卷十二《庞眉生集叙》,《四库全书存目丛书》集部第147册,齐鲁书社1997年版,第442页。

② 转引自宋弼选:《山左明诗钞》卷二十《于慎思》,《四库全书存目丛书》集部第412册,齐鲁书社1997年版,第197页。

③ 王士禛著,张宗柟纂集,戴鸿森校点:《带经堂诗话》卷六,人民文学出版社1963年版,第152页。

④ 永瑢等:《四库全书总目》卷一百七十九《集部三十二·别集类存目六·庞眉生集十六卷》,中华书局1965年版,第1609页。

⑤ 邢侗编纂,阮自华撰述:《东阿于文定公年谱》卷二,《山东文献集成》第1辑第10册,山东大学出版社2006年版,第725页。

⑥ 于慎行:《谷城山馆文集》卷十二《冲白斋存稿叙》,《四库全书存目丛书》集部第147册,齐鲁书社1997年版,第443页。

见，非拾人咳唾者。而存稿寥寥若此，其故难言矣。"①在于慎行之外，只有时人贾三近、邢侗在序《于氏家藏诗略》时曾对于慎言的诗歌创作一并叙及。贾三近云："两郎君（按：指于慎思和于慎言）并有英气，目无六朝、宋人语，奴视之矣。"②邢侗则云："今览兹集，即言不相袭，格以类殊，而究厥体裁，率沈雄朗润，妙入元解，盖缘本乎天趣，发之性灵，是以机动神随，意无乏绪。"③

整个东阿于氏家族具有高度的文化素养，弥漫着浓厚的文艺气息，其成员中可述者尚有数人。于慎行长兄慎动（1528—1588），字无咎，号阜泉，礼部儒士，隐于乡里。"不乐学书，……及读稗官小史，入耳辄记，终不复忘也"④，尤喜醉中"口占词曲，与客和而歌，且歌且占，数百言立就"⑤，对通俗文学显然别有所爱。于慎行五弟慎由（1550—1586），诸生，貌清而慧，"文声翘然"⑥。于慎行大姐嫁贵州总兵官侯之胄为妻，当发覆额之年，已"倚柱能吟鲁女诗，临文亦写班姬籍"⑦。于慎思之妻陈氏则"淑资雅自耽章句"⑧。诸人虽未有著述传世，但这种喜好文艺的家族氛围，即求之作为文教之区的山左地区，也是不可多见的。

---

①　于慎行：《谷城山馆文集》卷十二《冲白斋存稿叙》，《四库全书存目丛书》集部第 147 册，齐鲁书社 1997 年版，第 443 页。

②　贾三近：《于氏家藏诗略序》，李贤书修，吴怡纂：《（道光）东阿县志》卷十八《艺文志四》，《中国地方志集成·山东府县志辑》第 92 册，凤凰出版社 2004 年版，第 206 页。

③　邢侗：《于氏家藏诗稿后序》，李贤书修，吴怡纂：《（道光）东阿县志》卷十八《艺文志四》，《中国地方志集成·山东府县志辑》第 92 册，凤凰出版社 2004 年版，第 206 页。

④　于慎行：《谷城山馆文集》卷二十四《亡兄阜泉处士墓志铭》，《四库全书存目丛书》集部第 147 册，齐鲁书社 1997 年版，第 713 页。

⑤　冯琦：《宗伯集》卷八《寿于长公六十序》，《四库禁毁书丛刊》集部第 15 册，北京出版社 1997 年版，第 126 页。

⑥　于慎行：《谷城山馆文集》卷二十四《亡弟稚川茂才墓志铭》，《四库全书存目丛书》集部第 147 册，齐鲁书社 1997 年版，第 720 页。

⑦　于慎思：《庞眉生集》卷四《七歌》之七，《四库全书存目丛书》集部第 148 册，齐鲁书社 1997 年版，第 318 页。

⑧　于慎思：《庞眉生集》卷四《七歌》之五，《四库全书存目丛书》集部第 148 册，齐鲁书社 1997 年版，第 318 页。

第二节 于慎行的生平

东阿于氏的中心人物是于慎行,他于家中排行第五。《东阿于文定公年谱》载:"太淑人(按:指于慎行母亲)一日梦庵摩罗果,悬实丰硕,食之,遂有娠。"①嘉靖二十四年(1545)"秋九月己丑(1545 年 11 月 3 日)",于慎行"应梦而生"。② 其出生蒙上了神秘的色彩。于慎行的一生,按出处进退大致可以分为三个时期:求学时期(嘉靖二十四年 1545—隆庆二年 1568)、官宦生涯(隆庆二年 1568—万历十九年 1591)和乡居岁月(万历十九年 1591—万历三十五年 1607、1608)。

于慎行"德宇渊涵,天骨挺拔"③。他自幼即凝重笃学,敏慧绝伦,故"蒲衣专圣童之誉"④。张岱《快园道古》卷五《夙慧部》记载于慎行八岁时,看邻家造新房,"有老人出一句,呼慎行对之,曰:'磨砖砌地。'于即应之曰:'炼石补天。'"张岱赞其"出口即有宰辅气象"。⑤ 于慎行的父母十分重视对慎行兄弟的教育,他的母亲尤其"辛勤长自写遗编,教儿灯下不停口"⑥,深刻地影响了于慎行的一生。他晚年"每思太淑人课灯下,辄废食"⑦。于慎行八岁随父从平凉(今甘肃、宁夏境内)归乡,次年起,先后受书于邑人周南、张某、贺甲。十一岁时,刘淑人不幸逝世,于慎行"哭踊朝夕,如成人",私属《先慈言行录》,

---

① 邢侗编纂,阮自华撰述:《东阿于文定公年谱》卷一,《山东文献集成》第 1 辑第 10 册,山东大学出版社 2006 年版,第 601 页。

② 邢侗编纂,阮自华撰述:《东阿于文定公年谱》卷末邢侗跋,《山东文献集成》第 1 辑第 10 册,山东大学出版社 2006 年版,第 761 页。

③ 郑廷瑾增修,苏日增增纂:《(康熙)东阿县志》卷七《人物志下·明人物志补遗》,清康熙五十六年(1717)刻本。

④ 邢侗:《来禽馆集》卷十六《先师谷城于文定公碑》,《四库全书存目丛书》集部第 161 册,齐鲁书社 1997 年版,第 589 页。

⑤ 张岱著,高学安、佘德余点校:《快园道古》卷五《夙慧部》,浙江古籍出版社 2013 年版,第 71 页。

⑥ 于慎思:《庞眉生集》卷四《七歌》之四,《四库全书存目丛书》集部第 148 册,齐鲁书社 1997 年版,第 318 页。

⑦ 邢侗编纂,阮自华撰述:《东阿于文定公年谱》卷一,《山东文献集成》第 1 辑第 10 册,山东大学出版社 2006 年版,第 602 页。

以悼念母亲,识者誉为"童史",①是为其生平最早的著作。次年,已能自构时文,"语益多奇"。② 于慎行十三岁时,即"居刘氏(按:指于慎行外家)之北楼,毕经史及诸代文集,克意尚行,遂屹然成儒者"③,奠定了一生学问的基础。十四岁,于慎行试童子科,郡、县及学使者三试,皆第一人。此年冬,有东平州同知某来摄邑,心仪于慎行之才,"以侧理、隃糜及他物饷之",慎行不拜。其父于玭问故,对曰:"此分宜(按:指严嵩)客也,儿凉德,无迩炎矣。"④嘉靖三十八年(1559),山东布政使朱衡招之馆下,使与其子朱维京及济南于达真共学。在济南三年期间,于慎行先后师事闽人郑日休、张天衢、黄应麟等,其人皆饱学宿儒。于氏与朱维京、于达真诸同窗"进同笔研,相与命牍割毡,俛仰千古,固各超然怀不朽之图矣"⑤。当时朱衡曾以书抵于玭,谓:"季(按:指于慎行)器宇凝重,异时鸿钜儒也。"⑥可谓有识人之鉴。朱衡多藏书,"善持议论,上下千古,包罗百氏。……其学无所不窥"⑦,又负经世大才,为世名臣,他教诲少年于慎行,潜移默化,对奠定其思想学术的基础不容小觑。于慎行即说:"生我者父,成我者师。……炉锤日化,埏埴维均。"⑧于慎行在济南时已崭露头角,名儒蔡汝楠一见大奇之,私下曰:"我辈,我辈人。"⑨嘉靖四十年(1561),于慎

---

① 邢侗编纂,阮自华撰述:《东阿于文定公年谱》卷一,《山东文献集成》第 1 辑第 10 册,山东大学出版社 2006 年版,第 603 页。

② 邢侗编纂,阮自华撰述:《东阿于文定公年谱》卷一,《山东文献集成》第 1 辑第 10 册,山东大学出版社 2006 年版,第 603 页。

③ 邢侗编纂,阮自华撰述:《东阿于文定公年谱》卷一,《山东文献集成》第 1 辑第 10 册,山东大学出版社 2006 年版,第 604 页。

④ 邢侗编纂,阮自华撰述:《东阿于文定公年谱》卷一,《山东文献集成》第 1 辑第 10 册,山东大学出版社 2006 年版,第 604 页。

⑤ 于慎行:《谷城山馆文集》卷十一《朱光禄集叙》,《四库全书存目丛书》集部第 147 册,齐鲁书社 1997 年版,第 428 页。

⑥ 邢侗编纂,阮自华撰述:《东阿于文定公年谱》卷一,《山东文献集成》第 1 辑第 10 册,山东大学出版社 2006 年版,第 604 页。

⑦ 于慎行:《谷城山馆文集》卷二十八《明故荣禄大夫太子太保工部尚书镇山朱公行状》,《四库全书存目丛书》集部第 148 册,齐鲁书社 1997 年版,第 94 页。

⑧ 于慎行:《谷城山馆文集》卷三十二《祭宫保镇山朱师文》,《四库全书存目丛书》集部第 148 册,齐鲁书社 1997 年版,第 142 页。

⑨ 邢侗编纂,阮自华撰述:《东阿于文定公年谱》卷一,《山东文献集成》第 1 辑第 10 册,山东大学出版社 2006 年版,第 605 页。

行举山东省试第六,时年十七岁。鹿鸣宴上,御史等诸公欲为其行冠礼,慎行以未奉父命辞。此后,于慎行结束在济南的学习,讲读于家乡。嘉靖四十一年(1562)六月,与同邑秦氏完婚。次月,于玭逝世,时慎行家"贫甚,问木于秦。竭蹶成礼"①。次年十二月,于慎行与五弟慎由分家。他"分盂盎各十余事,米才数升"②,生活极为潦倒困顿。嘉靖四十一年(1562)、四十四年(1565),于慎行曾两次入都会试,均不第而归。隆庆元年(1567)时,有数月居时任工部尚书兼理河漕的朱衡幕下,为其视草。

隆庆二年(1568)春,于慎行应试登第,赐进士出身,二甲六十有一名,从此开始登上历史舞台。是科人才于有明一代称最盛,沈德符《万历野获编》卷十六《科场·戊辰公卿之盛》谓:"惟戊辰一榜,……先后宰相七人,真是极盛。若尚书则十八人。亚卿、中丞、三品京堂,则五十二人。"③于慎行由是得以结交当世英杰,同年关系对他此后的政治、文学、学术生涯都产生了深巨的影响。四月,于慎行办事御史台,日随常朝。五月改翰林院庶吉士,八月入馆,业师为殷士儋、赵贞吉,深得其器重。殷、赵二人,一为齐鲁礼学大儒,一为泰州学派的重要人物,后皆入阁。《东阿于文定公年谱》记载当时学习的情况云:

> 馆师更日进。殷公士儋至,则课《文选》、诸修辞之书,以资著作。赵
> 公贞吉至,则集之堂上,讲《庄》、《老》、诸子,令读古今经济书者,曰:"成
> 材之学,贵识其大。"其指不同如此,然皆以实教,故人得其益云。④

吕坤为于慎行所作诔辞称:"赵文肃公,寔惟馆师,课以相业,不独文词。公于是时,精心孔孟,天下国家,身心性命。"⑤与于慎行同时在馆的邵陛说:"赵先生博我以经济之文,而殷先生约我以身心之礼。虚而往,实而归,盖三岁所,而

① 邢侗编纂,阮自华撰述:《东阿于文定公年谱》卷一,《山东文献集成》第1辑第10册,山东大学出版社2006年版,第607页。

② 邢侗编纂,阮自华撰述:《东阿于文定公年谱》卷一,《山东文献集成》第1辑第10册,山东大学出版社2006年版,第608页。

③ 沈德符:《万历野获编》卷十六《科场·戊辰公卿之盛》,中华书局1959年版,第415页。

④ 邢侗编纂,阮自华撰述:《东阿于文定公年谱》卷一,《山东文献集成》第1辑第10册,山东大学出版社2006年版,第612页。

⑤ 吕坤:《去伪斋集》卷九《于文定公诔辞》,吕坤撰,王国轩、王秀梅整理:《吕坤全集》,中华书局2008年版,第537页。

千古不朽之业已绪修也。"①殷言词章,赵言经济,虽趣操不同,而能相得益彰,其旨归则在实学,不以空言为质。于慎行回忆当年刻苦攻读的情景说:"诸吉士各务强学稽古,以称塞师法。馆中灯火荧荧,或至丙夜。"②有明一代,庶吉士始进之时,已群目为储相,而在翰林院学习这一阶段,于于慎行本人而言,实是其思想学术勇猛精进、基本成型的关键时期。

隆庆四年(1570)三月,于慎行授翰林院编修。五月,入史馆预修《世庙实录》,由此开始了他一生引以为豪的史官生涯。隆庆五年(1571)六月,于慎行因"邸中贫甚,不能给朝夕,遂病"③,次月更是"病甚"④,因此于八月予告归家。一直到万历改元(1573),因朝廷启史馆预修《穆宗实录》,才于是年四月北发,六月抵京。是为其第一次归隐时期。次年二月,充会试天下举人同考试官。七月,因《穆宗实录》成,擢翰林院修撰。万历三年(1575)三月,直起居注,同时与选者尚有五人:王家屏、张位、沈一贯、沈懋孝、徐显卿,皆于慎行戊辰同年,"创设异数也"⑤。四月,入起居馆。《东阿于文定公年谱》记载当时工作情况云:

> 日纂诸司章奏,辰入申出,不予急。三、六、九日随常朝,日更一人,及编修三人侍从,与尚宝卿班。月之十日入东阁藏史。⑥

次年六月,于慎行充纂修《大明会典》官,寻充日讲官,直起居注如故。《明史》本传谓:"故事,率以翰林大僚直日讲,无及史官者。慎行与张位及王家屏、沈

① 殷士儋:《金舆山房稿》卷末邵陛《金舆山房稿后叙》,《四库全书存目丛书》集部第115册,齐鲁书社1997年版,第856页。

② 于慎行:《谷城山馆文集》卷二十八《明故光禄大夫少保兼太子太保礼部尚书武英殿大学士赠太保谥文庄棠川殷公行状》,《四库全书存目丛书》集部第148册,齐鲁书社1997年版,第80页。

③ 邢侗编纂,阮自华撰述:《东阿于文定公年谱》卷一,《山东文献集成》第1辑第10册,山东大学出版社2006年版,第615页。

④ 邢侗编纂,阮自华撰述:《东阿于文定公年谱》卷一,《山东文献集成》第1辑第10册,山东大学出版社2006年版,第615页。

⑤ 邢侗编纂,阮自华撰述:《东阿于文定公年谱》卷一,《山东文献集成》第1辑第10册,山东大学出版社2006年版,第620页。

⑥ 邢侗编纂,阮自华撰述:《东阿于文定公年谱》卷一,《山东文献集成》第1辑第10册,山东大学出版社2006年版,第620—621页。

一贯、陈于陛咸以史官得之,异数也。"①于慎行直讲前后十四年,一直到万历十七年(1589)升任礼部尚书始解其事,所谓"早侍讲幄,启沃之功最多"②。凡"渥承恩顾,凡郊祀、陵祭、幸天寿山、阅寿宫,无不扈从"③。此时,年轻的明神宗正勤政励学,日御经帷,早出晚休,孜孜不倦。于慎行的"经筵敷奏,莫非沃主德而抑邪萌"④,"极意开陈,大有补益"⑤。他"主讲唐史,每至成败得失之际,未尝不反覆论说,上辄为竦听"⑥。神宗称:"于先生朗朗超著,一字朕所会心,此岂咄嗟偶合者?"⑦对其赞赏有加。《东阿于文定公年谱》记载了于慎行其时忙碌的日程安排:"朔、望、三、六、九日随常朝,更直则侍从,余日直讲。戴人星而入,率以为常。六日一入史馆注启居,月一入东阁藏史,造请宴会皆罢。"⑧年底,于慎行迁翰林院侍讲。

万历五年(1577)正月,户科都给事中光懋上疏反对一条鞭法,并弹劾东阿知县白栋。次月,于慎行为之辨白于张居正,认为白栋甚贤,一条鞭法在东阿行之甚便,并请定东阿一条鞭法于朝。三月,于慎行充廷试弥封官。十月,张居正遭父丧而夺情留职,朝议大哗。于慎行先是通宵草疏,未奏。后又随同僚替先行上疏的吴中行、赵用贤向张居正求情,居正声色俱厉。于慎行不为所慑,又与同僚赵志皋、张位、习孔教、张一桂、田一俊、李长春等六人

①　张廷玉等:《明史》卷二百十七《于慎行传》,中华书局 1974 年版,第 5737—5738 页。

②　《万历起居注》第八册"万历三十五年十一月二十三日壬子"条,北京大学出版社 1988 年版,第 862 页。

③　叶向高:《苍霞续草》卷十《太子少保礼部尚书兼东阁大学士赠太子太保谥文定于公墓志铭》,《四库禁毁书丛刊》集部第 125 册,北京出版社 1997 年版,第 101 页。

④　邢侗编纂,阮自华撰述:《东阿于文定公年谱》卷末邢侗跋,《山东文献集成》第 1 辑第 10 册,山东大学出版社 2006 年版,第 761 页。

⑤　郑廷瑾增修,苏日增增纂:《(康熙)东阿县志》卷七《人物志下·明人物志补遗》,清康熙五十六年(1717)刻本。

⑥　叶向高:《苍霞续草》卷十《太子少保礼部尚书兼东阁大学士赠太子太保谥文定于公墓志铭》,《四库禁毁书丛刊》集部第 125 册,北京出版社 1997 年版,第 99 页。

⑦　邢侗编纂,阮自华撰述:《东阿于文定公年谱》卷末邢侗跋,《山东文献集成》第 1 辑第 10 册,山东大学出版社 2006 年版,第 762 页。

⑧　邢侗编纂,阮自华撰述:《东阿于文定公年谱》卷一,《山东文献集成》第 1 辑第 10 册,山东大学出版社 2006 年版,第 620—621 页。

具疏谏。① 阁臣吕调阳格之，不得上。于慎行乃投疏揭于张居正。居正闻知于氏是此次馆阁反对夺情风潮的领导者，于是索其代草。于慎行乃示草于张居正。居正责曰："子吾所厚，亦为此耶！"于慎行对曰："正以公见厚故耳。"张居正怫然。② 于慎行从此失欢于对自己有知遇之恩的张居正，但馆阁诸公却对他大加赞扬："吾子岳岳如此，吾党幸矣。"③夺情事件后不及一月，于慎行同僚习孔教、张位、赵志皋诸人即在内计中相继迁谪。张居正以于慎行年少，又是讲官，因此姑置以待。万历六年（1578）二月，朝廷本有大礼加恩，依例讲官拟进一阶，因张居正作梗而中罢。于慎行本体弱多病，在朝既不得志，遂于万历七年三月称疾，得旨准回籍调理，四月归至乡里，开始其第二次家居。这期间，大约张居正也间接向于慎行表达了善意，但他委婉地拒绝了。万历十年（1582）六月，张居正去世的消息传来，于慎行知悉，悲痛难抑，作《祭太师张文忠公文》以悼知己。于慎行家居期间，往往会见亲朋好友，畅游故乡山水，又与邑人孟一脉合纂《东阿县志》。万历十年（1582）十二月，朝廷陆续起忤张居正者官复原职。

于慎行于万历十一年（1583）正月补日讲官，二月正式复出。此时，其同僚陈经邦、沈鲤、朱赓、王家屏、沈一贯等人均已陆续升迁，而于氏"独为殿如旧"。④ 三月，于慎行充《会典》纂修官，不久，又分订累朝训录。十月，于慎行迁左春坊左谕德兼翰林院侍读。万历十二年（1584）四月，诏令查抄张居正家产，于慎行寓书规劝使者丘橡手下留情。此信恳挚感人，天下传诵，清人陆陇其誉为"最是有关系文字"⑤。十一月，于慎行视左春坊印务。万历十三年（1585）八月，于慎行与同僚李长春赴南京主持应天乡试。自此年起，朝廷新

---

① 此疏即《请许张居正奔丧疏》，《东阿于文定公年谱》收录。参见邢侗编纂，阮自华撰述：《东阿于文定公年谱》卷一，《山东文献集成》第 1 辑第 10 册，山东大学出版社 2006 年版，第628—631 页。

② 参见张廷玉：《明史》卷二百十七《于慎行传》，中华书局 1974 年版，第 5738 页。

③ 邢侗编纂，阮自华撰述：《东阿于文定公年谱》卷一，《山东文献集成》第 1 辑第 10 册，山东大学出版社 2006 年版，第 632 页。

④ 邢侗编纂，阮自华撰述：《东阿于文定公年谱》卷一，《山东文献集成》第 1 辑第 10 册，山东大学出版社 2006 年版，第 648 页。

⑤ 陆陇其：《三鱼堂剩言》卷十一，《景印文渊阁四库全书》第 725 册，台湾商务印书馆 1986 年版，第 615 页。

例,考试官不得自为程义及论策,于是取中式者改之,因此,于慎行颇悴心力。此次南京之行,在慎行生平为远涉,从此江南的嘉丽山水常常使其魂牵梦萦。万历十四年(1586)三月,于慎行充廷试读卷官。六月,推礼部右侍郎。七月,甫莅任,即复试举人。时有人上疏检举举人制义违式者,有诏六人试于午门。礼部大臣欲将责任推诿于都察院,于慎行身任其责,罢黜违式者贺生,众皆帖服,这是他在具体衙门任内的锋芒初试。十一月,于慎行充《会典》副总裁官。万历十五年(1587)十二月迁礼部左侍郎,兼筵讲如故。

万历十七年(1589)二月,因顺天戊子(1588)乡试中阁臣王锡爵之子王衡举首,首辅申时行女婿李鸿亦中举,礼部郎中高桂因摘中式可疑者八人,并及王衡,请求复试。于慎行因"代摄部事",主持此次复试。这八人中有举人屠大壮,文章独劣,于慎行"拟乙置之。都御史吴时来等不可"[1]。慎行力主之,二更始成奏。次日,于慎行疏请查核试卷,《东阿于文定公年谱》谓:"时以稍及末卷,自是颇府怨矣。"[2]这次事件对于慎行与王锡爵的友谊虽无大影响,但他却得罪了申时行。是月,于慎行摄知贡举,旋摄提调官,充读卷官。六月,迁吏部右侍郎,掌詹事府,莅任当日,即推礼部尚书。据《东阿于文定公年谱》,"至后,十九乃得报可,盖摄部时,中官多惮忌之。然六卿不报,自此始"[3]。七月,迁礼部尚书。八月,于慎行正式出任礼部尚书,第一件事即是疏请神宗朝讲。十二月,廷臣以科场事与申时行、王锡爵之党反复攻讦。

万历十八年(1590),王恭妃所生皇长子朱常洛已满九岁,神宗因宠爱郑贵妃,一直迟迟不立常洛为太子,致使朝野纷传神宗将废长而立爱。在贯穿万历朝的最大争论点立国本——立太子的问题上,于慎行态度鲜明,请求尽快行立太子之礼,成为立国本最有力的人物之一。万历十八年(1590)正月,于慎行疏请早建东宫,出阁讲读,此后又十余次上疏,叶向高谓于氏"册立最恳,章无虑十余上",又谓"时上意已默定,而不欲人言,屡旨责公,公持之愈坚,至自

---

①　张廷玉等:《明史》卷二百三十《饶伸传》,中华书局1974年版,第6013页。

②　邢侗编纂,阮自华撰述:《东阿于文定公年谱》卷二,《山东文献集成》第1辑第10册,山东大学出版社2006年版,第687页。

③　邢侗编纂,阮自华撰述:《东阿于文定公年谱》卷二,《山东文献集成》第1辑第10册,山东大学出版社2006年版,第690页。

劾乞罢"，①这愈发招惹了神宗的不悦，"责以要君疑上，淆乱国本，及僚属皆夺俸"②。由于于慎行在其任内秉公执法，不徇私情，又多次以直谏取忤，侵害了后宫、宦官及皇亲国戚们的利益，结果使得"主上稍示厌之，已氏冷齿相加，中常侍欲甘心数矣"③。

万历十九年（1591）三月，朝廷一改由御史主持乡试，而试官仅仅充位的旧规，听遣廷臣出典省事。御史何出光具以请，于慎行拒绝其要求，由是开罪于台谏诸臣，种下了祸根。《东阿于文定公年谱》载：七月，"丙子，疏遣兖、冀典试官，省臣李周策辞"。原注："兖州典试官也。有飞语，部先泄试官名，御史李某许之，故省臣请辞。"④何出光遂劾于慎行，以为有所私。诏责部臣，于慎行及礼部侍郎夺俸三月，仪部诸郎一年。据《东阿于文定公年谱》，先是，六月间，"沈府及庆成王府事发，执之"。原注："时辅执多为怂恩，先生坚拒不听，然亦以是及于机矣。"⑤于慎行"自为宗伯，屡以职事廷争，屡引疾。上时而慰留，时而诮让，严旨与温纶错下。公虽感激主恩，而于义度不能留，业坚去志"⑥。如今一再经历官场险恶，遂杜门力请，引罪九疏乞休，乃报允。沈德符《万历野获编补遗》卷二《科场·预传考官》谓："时于方负时望，且夕且大拜，坐是事诘责之。未逾月，即允致仕归。于非行奸作弊者，第不密则有之，然被白简，则难解释矣。"⑦明末大学士黄景昉对于于慎行的遭遇深致惋惜，他一再在《国史唯疑》中说：

> 于文定铮铮贤者，后大用，又疑为个中关窍致然。深文巧诋，先不以

① 叶向高：《苍霞续草》卷十《太子少保礼部尚书兼东阁大学士赠太子太保谥文定于公墓志铭》，《四库禁毁书丛刊》集部第 125 册，北京出版社 1997 年版，第 100 页。

② 张廷玉等：《明史》卷二百十七《于慎行传》，中华书局 1974 年版，第 5739 页。

③ 邢侗编纂，阮自华撰述：《东阿于文定公年谱》卷末邢侗跋，《山东文献集成》第 1 辑第 10 册，山东大学出版社 2006 年版，第 763 页。

④ 邢侗编纂，阮自华撰述：《东阿于文定公年谱》卷二，《山东文献集成》第 1 辑第 10 册，山东大学出版社 2006 年版，第 700 页。

⑤ 邢侗编纂，阮自华撰述：《东阿于文定公年谱》卷二，《山东文献集成》第 1 辑第 10 册，山东大学出版社 2006 年版，第 699 页。

⑥ 叶向高：《苍霞续草》卷十《太子少保礼部尚书兼东阁大学士赠太子太保谥文定于公墓志铭》，《四库禁毁书丛刊》集部第 125 册，北京出版社 1997 年版，第 100 页。

⑦ 沈德符：《万历野获编·万历野获编补遗》卷二《科场·预传考官》，中华书局 1959 年版，第 862 页。

正直忠厚自居,元气善机,所伤非浅!①

礼卿一席颇难处:沈归德(按:指沈鲤)以持正不阿见憾政府,于文定偶云诣朝房向辅臣一商,亦滋悠悠之议,守己、徇人皆讥,事安适从乎？李文节署部时,明告之阁曰:"如题覆不当,径票驳,勿顾惜部体。"此最有见,究亦无甚相左。②

黄景昉感慨"礼卿一席颇难处",即使"铮铮贤者"如于慎行,也不免为人"深文巧诋","滋悠悠之议",今虽无法确定黄氏所指何事,然必有所见。

万历十九年(1591)十月,于慎行离京南归,重回故乡怀抱,开始其长达近十七年的第三次家居生活。他的日常生活,以读书著述为主。其门人郭应宠称于氏"山居谢客,左图右史,翻阅恒至丙夜不休,当其欣合,几忘寝饭"③。除了创作大量的诗文作品,于慎行主要的史著如《兖州府志》、《读史漫录》、《谷山笔麈》等也陆续完成于此期,皆能"抒平生之志,勒一家之言。戢黼当朝,摧扬千古"④。此外,于慎行"时与亲故谈说生平以为快,时往来郊野观稼课耕以自娱。间或出游,蹑屩跨蹇,率童仆三五,岱宗、灵岩、邹、峄,远至华不注及泗上诸泉,皆有咏述。乘兴而出,兴尽而返,意恬如也"⑤。于慎行古道热肠,情系桑梓,关心民瘼。叶向高为其所作墓志铭称:

……而敦伦好施,所得俸赐多分给群从族属,益置祠田,缓急交游知交,及其子弟,故橐中尝无余财。自宗伯谢政归,始构数椽,仅仅中人居耳。居恒爱,片言如柳下惠、仲由,而为人排难急困,往往不吝。至乡邑大利害,如条编、徭役、灾眚诸事,抵掌论说,无所讳避。⑥

---

① 黄景昉著,陈士楷、熊德基点校:《国史唯疑》卷九《万历》,上海古籍出版社 2002 年版,第 271 页。

② 黄景昉著,陈士楷、熊德基点校:《国史唯疑》卷九《万历》,上海古籍出版社 2002 年版,第 271 页。

③ 于慎行著,黄恩彤参订,李念孔等点校:《读史漫录》附录五郭应宠《郭应宠编次序言》,齐鲁书社 1996 年版,第 528 页。

④ 于慎行:《兖州府志》卷末于慎行《府志自叙》,齐鲁书社 1985 年版。

⑤ 郑廷瑾增修,苏日增增纂:《(康熙)东阿县志》卷七《人物志下·明人物志补遗》,清康熙五十六年(1717)刻本。

⑥ 叶向高:《苍霞续草》卷十《太子少保礼部尚书兼东阁大学士赠太子太保谥文定于公墓志铭》,《四库禁毁书丛刊》集部第 125 册,北京出版社 1997 年版,第 101 页。

不仅如此,于慎行还重视培养人才,以经学、时文教授家乡子弟。在经学方面,"邑文学弟子络绎投诚,请先生,弗拒也。……此十四年中,非大风雨至不可已事,靡不与诸生经义相周旋"①。在时文方面,于慎行的两位外甥(按:指侯之胄之子)及邻邑士子赵岱都曾得到于氏的悉心点拨,得以日益精进。② 于慎行言传身教,遗爱播于家乡,流风余韵,至今不绝。在另一面,如时人所评价的,于慎行"正色岩廊心独赤,忧时草野鬓俱斑"③,"在朝在野忧宁细,怀古怀今涕不任"④,并不曾一日忘怀天下,而天下想望其风采,他所隐居的谷城山,也俨然成为当时士人心目中的"东山"之地,"四方冠盖过阿城,无不造庐请谒"⑤。

"安石不出,如苍生何。"万历三十五年(1607)五月,廷推阁臣七人,首慎行,神宗点用于慎行、叶向高、李廷机三人,诏加慎行太子少保兼东阁大学士,入参机务。又起王锡爵为首辅,加上唯一在阁的朱赓,天下深庆得人,而有"五老"之目。万历丁未(1607)内阁班子的组成曾一度给朝野带来极大的希望。于慎行同年李乐至谓:"此主上至公至明,定自宸衷,登极以来,第一举动,四海风闻,莫不欣欢叹羡。"⑥《东阿于文定公年谱》云:"先生家食十有七年,廷推直阁者三,起原官五,推南京大宗伯者二,推教习庶常者再,起率更,命仍日讲,得请,皆不就。"⑦此次入阁,《明史》等史书笔记俱云于慎行"再辞不

---

① 邢侗:《来禽馆集》卷九《大宗伯尊师东阿于公六十寿序》,《四库全书存目丛书》集部第161册,齐鲁书社1997年版,第472—473页。

② 分别参见:于慎行:《谷城山馆诗集》卷十四《夏日访侯兄东山别业,因阅两甥行卷》,《山东文献集成》第3辑第25册,山东大学出版社2009年版,第610页。李敬修纂修:《(光绪)平阴县志》卷四《人物·仕宦》,《中国地方志集成·山东府县志辑》第65册,凤凰出版社2004年版,第330页。

③ 鲍应鳌:《瑞芝山房集》卷十三《东阿道中,将谒于师大宗伯,仰德书怀,敬呈二律》之二,《四库禁毁书丛刊》集部第141册,北京出版社1997年版,第269页。

④ 吴稼竳:《玄盖副草》卷十七《投赠大宗伯于可远先生四首》之三,《四库全书存目丛书》集部第186册,齐鲁书社1997年版,第717页。

⑤ 叶向高:《苍霞续草》卷十《太子少保礼部尚书兼东阁大学士赠太子太保谥文定于公墓志铭》,《四库禁毁书丛刊》集部第125册,北京出版社1997年版,第100页。

⑥ 李乐:《见闻杂记》卷十,上海古籍出版社1986年版,第856页。

⑦ 邢侗编纂,阮自华撰述:《东阿于文定公年谱》卷二,《山东文献集成》第1辑第10册,山东大学出版社2006年版,第755页。

允"。然据《万历起居注》可知,是年九月,王锡爵命已下而于慎行、叶向高二疏尚未批发,朱赓、李廷机两度上疏催请神宗及时批发。① 黄景昉《国史唯疑》云:"沈归德与朱山阴同拜命。时俱里居,沈再辞,疏留中不下。四明为具揭请,始发。其后于东阿亦然。虽圣意渊微难测,倘亦鱼水未洽之一端欤?"②叶向高也曾说:"其为宗伯,固以直谏取忤。至于被构而去,去而久不复召。说者谓公或别有所枘凿,公终不自言。"③则于慎行此次出山,即使为神宗皇帝所圣衷独断,他的不被皇帝亲近之人所喜亦可知矣,大概迫于国事日非的形势,加之氏在朝野的崇高威望,故不得不起用之。于慎行赴任前,曾与门人邢侗有过深入的交谈。他说:

> 诸言事臣,吾当以死诤;阉宦采权,吾当以赤诚回照;蜀洛愤典,吾当以平等引至公;元元临命,吾当以图画情形奏。④

可知于慎行在心中对施政蓝图已有所擘画。于慎行既与叶向高相约入京,乃于十月抱病就道,次月抵京。及次日廷见,蹶倒不能成礼。御史邓澄不欲纠,于慎行曰:"吾疾本甚,千里赴召,不敢不拜,而蹶宜也。方欲以至诚事主,何先自欺为?"乃具疏称罪以辞。有旨:"昨卿见朝,朕心喜悦,拜起偶未中节,不必引咎。"⑤十天后,于慎行因末疾(按:指四肢病)去世,时为万历三十五年十一月二十二日(1608 年 1 月 9 日),享年六十三岁。死前一日,草遗疏,惓惓以"亲大臣,录遗逸,补言官"⑥为请,呼所善门人唐君平、郭应宠润色数语。⑦

---

① 分别参见:《万历起居注》第八册"万历三十五年九月十日庚子"条、"万历三十五年九月十二日壬寅"条,北京大学出版社 1988 年版,第 821—822、823—824 页。

② 黄景昉著,陈士楷、熊德基点校:《国史唯疑》卷十《万历》,上海古籍出版社 2002 年版,第 293—294 页。

③ 叶向高:《苍霞续草》卷十《太子少保礼部尚书兼东阁大学士赠太子太保谥文定于公墓志铭》,《四库禁毁书丛刊》集部第 125 册,北京出版社 1997 年版,第 101 页。

④ 邢侗编纂,阮自华撰述:《东阿于文定公年谱》卷末邢侗跋,《山东文献集成》第 1 辑第 10 册,山东大学出版社 2006 年版,第 767 页。

⑤ 邢侗编纂,阮自华撰述:《东阿于文定公年谱》卷二,《山东文献集成》第 1 辑第 10 册,山东大学出版社 2006 年版,第 756 页。

⑥ 张廷玉等:《明史》卷二百十七《于慎行传》,中华书局 1974 年版,第 5739 页。

⑦ 《东阿于文定公年谱》收录于慎行遗疏。参见邢侗编纂,阮自华撰述:《东阿于文定公年谱》卷二,《山东文献集成》第 1 辑第 10 册,山东大学出版社 2006 年版,第 757—758 页。

已,伏枕长叹:"吾终不能报国矣!"①于慎行"未即登朝,遽尔凋谢"②,中外一片叹息。朝野著名人士如邢侗、公鼐、吕坤、李维桢、于若瀛、汤宾尹、陈与郊、黄克缵等均作文以沉痛悼念。《东阿于文定公年谱》载:"壬午,内阁以讣闻,及遗书上。上震惜,诏治丧。……礼部条上恤典,答有优。"原注:

> 该部疏曰"本官纯诚体国,博大匡时,学贯天人,德和上下。方翼成千秋之泰交,同心同德;庶几偕一世于大道,无党无偏。雅志未酬,舆情共轸。临纩厪史鱼之谏,云亡深司马之悲"云云。有旨:"于慎行启沃功深,寅清望重,简召辅弼,尽瘁公朝,准照一品例给与祭葬。差官护送丧枢还乡,仍与他谥。"盖二十年来辅臣眷遇之盛云。③

神宗钦定谥策曰"文定",赠太子太保,荫一子中书舍人,敕建专祠,春秋祀焉,盖备极殊锡云。这是封建朝廷对于慎行一生的盖棺定论。于慎行灵柩归葬于故乡天柱峰下,洪范池北。

综观于慎行一生,淡薄荣禄,凡三黜三起,而难进易退。通籍后,出仕和家居的时间几乎相半。邢侗云:"先生凡三在告,有难于对人言者。官不负人,总之,人不负官为难能耳!我稽人迅,人巧我拙,迟速哀序,可以观世道焉。"④于慎行虽然甫大用而遽卒,勋业未竟,留下了无尽的遗憾,如黄景昉所云"于文懿(按:当作"于文定",此系黄景昉误记。)赴召,甫见朝,病卒,竟未一履阁任也。其人学问才识俱佳,俾当国,必有可观者"⑤。但他少入词林,人即以公辅期之,执掌礼部后,又负相望近二十年,立朝公忠直亮,有雅量有胆识,清才伟望,蔚然一代纯臣。在万历一朝,于慎行享有崇高的地位,《明史钞略》称其

---

① 叶向高:《苍霞续草》卷十《太子少保礼部尚书兼东阁大学士赠太子太保谥文定于公墓志铭》,《四库禁毁书丛刊》集部第 125 册,北京出版社 1997 年版,第 101 页。

② 陈田辑撰:《明诗纪事》庚签卷八《于慎行》,上海古籍出版社 1993 年版,第 2362 页。

③ 邢侗编纂,阮自华撰述:《东阿于文定公年谱》卷二,《山东文献集成》第 1 辑第 10 册,山东大学出版社 2006 年版,第 758 页。

④ 邢侗编纂,阮自华撰述:《东阿于文定公年谱》卷末邢侗跋,《山东文献集成》第 1 辑第 10 册,山东大学出版社 2006 年版,第 765 页。

⑤ 黄景昉著,陈士楷、熊德基点校:《国史唯疑》卷十《万历》,上海古籍出版社 2002 年版,第 304 页。

"深沉劲挺,不为町畦,大为正人所倚信"①,俨然是当时最有能力调和鼎鼐的人物之一。时人多将于慎行比作谢安、文彦博、司马光一流人物,而最常见的是将他与司马光相提并论,盖合并两人的史学成就而言之。黄体仁至谓:"相业以久暂差池,隐显亦微有间,而二公(按:指于慎行和司马光)之正直忠厚、博大光明,并为千载人,易地而更置之,又不知谁为古而谁为今矣!"②于慎行的一生,相对比较单纯,他从幼年到青年,有幸接受到了当时所能得到的最好的教育。他没有出身郡县,由翰林而礼部而内阁,走的是一条最典型的馆阁之臣的仕途。他身处晚明腐败污浊的官场,而砥砺风节,矞然不滓,完名全节走完人生的历程,以"有明一代之完人"③定格于中华民族的历史长廊中。他是明代最少争议的历史人物之一,却也常常因此而容易被人忽视。

于慎行之妻秦淑人出生于东阿世族。其父秦柏,字大贞,聪敏多材,治经通解,未冠补邑诸生。侠节好游,不视作业,曾为衍圣公府家丞,典庙庭礼乐。其母张孺人贤淑有材,能综家政,"少尝受书,多览古今图策,亦工为韵语"④。秦淑人幼有至性,处闺阁竟日不闻笑语,贤惠仁慈,"简穆自将,与先生相庄,先生白首无违言。后先生一岁没"⑤,是于慎行的贤内助。于慎行曾娶妾,似乎是因为无子嗣的缘故。同年好友、后任大学士的沈一贯在于慎行纳妾时,曾以《新月戏赠于可远纳姬》一诗相戏:

> 三叶数尧蓂,钩金铸水精。曲眉才隐见,纤耳半丹青。忌满辞终夕,分光及小星。吐生方此始,仙孕几时灵。⑥

①　庄廷鑨:《明史钞略·显皇帝本纪三》,《四部丛刊三编》第 64 册,上海商务印书馆 1935 年版。

②　于慎行著,黄恩彤参订,李念孔等点校:《读史漫录》附录四黄体仁《于文定公〈读史漫录〉序》,齐鲁书社 1996 年版,第 527 页。

③　于慎行:《上籍江陵使者少司寇邱公书》附按语,周竹生修,靳维熙总纂:《(民国)续修东阿县志》卷十三《艺文志上》,《中国地方志集成·山东府县志辑》第 92 册,凤凰出版社 2004 年版,第 351 页。

④　于慎行:《谷城山馆文集》卷二十一《明故衍圣公府家丞东村秦翁暨配张老孺人合葬墓志铭》,《四库全书存目丛书》集部第 147 册,齐鲁书社 1997 年版,第 629 页。

⑤　邢侗编纂,阮自华撰述:《东阿于文定公年谱》卷一,《山东文献集成》第 1 辑第 10 册,山东大学出版社 2006 年版,第 602 页。

⑥　沈一贯:《喙鸣诗集》卷八《新月戏赠于可远纳姬》,《四库禁毁书丛刊》集部第 176 册,北京出版社 1997 年版,第 492 页。

诗中即暗示慎行求子的心切。时人王同轨《耳谈类增》卷三十六《雅谑篇上·秦字诗》载：

> 大宗伯于公夫人秦姓，有二媵。王对南相公作《秦字诗》嘲之曰："二大能将二小容，三人齐把小余攻。若把小余攻出去，三人无日不春风。"工致可入织锦回文。①

王对南者，即大学士王家屏，系于慎行知交，可以想见两人清谈戏谑之状。后周亮工《字触》卷五《谐部·秦字诗》曾转引此则记载，文字稍有出入，又加首句介绍云："大宗伯于公慎行夫人秦氏贤而能文词，又有二妾亦慧。"②可见于慎行家中妻妾相得，都具有较高的文化素养。

于慎行独子于纬（1577—?）字长文，号小谷，官生，以父荫中书舍人，历户部主事、员外、郎中，官终广东雷州府知府。于纬本系慎行五弟慎由次子，因慎行无子，遂过继与其家。于慎行夫妇生前十分重视对于纬的教育。于慎行晚年家居期间，"日披经史，自校读以授长公（按：指于纬）"③，并曾先后延请门人施天性、郭应宠为于纬馆师。于纬读书京师时，于慎行赋诗谆谆教诲：

> 炎风吹去马，几日到长安。要识人间路，休怀膝下欢。凤宵常展卷，凉燠自加餐。世业余丛桂，还从上苑看。④

"而（秦）淑人课纬，当之咸有绪。疾濒危，未尝出一纸谬语，指所遗田宅俸余，襦绔綦綎，分贻内外亲。端坐命纬，谆谆以好修为德，无陨颓其家声。故譬淑人之造于也，犹夫文定公之造于国也。"⑤于纬成长于家风如此优美的家庭，故

① 王同轨：《耳谈类增》卷三十六《雅谑篇上·秦字诗》，《续修四库全书》第 1268 册，上海古籍出版社 2002 年版，第 222 页。

② 周亮工：《字触》卷五《谐部·秦字诗》，《四库未收书辑刊》第 3 辑第 24 册，北京出版社 2000 年版，第 490 页。

③ 邢侗编纂，阮自华撰述：《东阿于文定公年谱》卷二，《山东文献集成》第 1 辑第 10 册，山东大学出版社 2006 年版，第 755 页。

④ 于慎行：《谷城山馆诗集》卷十《寄儿纬京师》，《山东文献集成》第 3 辑第 25 册，山东大学出版社 2009 年版，第 551 页。

⑤ 萧大亨：《大明资政大夫太子少保礼部尚书兼东阁大学士赠太子太保谥文定于公元配诰封淑人秦氏合葬墓志铭》，拓片。

长成后，"有文行，能继公志"①。于纬生平事迹已无可详考，唯时人赞誉他"胸中富江海，落笔生波涛"②，"趋跄周礼乐，挥洒汉文章"③，可见也是富于文学修养、能济美家声的。于纬虽政绩不显，又无著述传世，但在文化史上，却也有他的一席之地。于纬曾参与校阅其父修撰的《兖州府志》，此后更刊刻其父主要著作《谷城山馆诗集》、《谷城山馆文集》、《谷山笔麈》、《读史漫录》等近百卷，为于慎行著作流传的第一大功臣。于慎行生前的宏富藏书由于纬继承，部分藏曲经由赵琦美抄缮而得以保存于《脉望馆钞校本古今杂剧》中，辗转流传至今，多有珍本。对于元明杂剧的传播，于纬功不可没。

于慎行另有一女名嫆，适邑人乔嗣启。

于纬先后娶王氏、梁氏，有三子：元煐、元琰、元煜，又有二女。元煐字伯彦，官生，官河南南阳府通判。元煜字郎叔，号认斋，恩贡，初授陕西崇信县（今属甘肃平凉市）知县，有惠政于民，升广西上思州知州。于纬长女适崔璞玉，幼女早卒。

明清易祚，天地变色，东阿于氏家族成员前赴后继，参加抵抗清兵的行列，殉国殉难者不乏其人。《（道光）东阿县志》卷十四《人物志下·列女》载：

> 恭人赵氏，生员于绥继室，元烨继母也。赋性端严，能晓大义，闻崇祯帝崩，遂命子元美勤王。谋不成，乃赴南都，以图恢复。天兵南下，或劝之投诚。恭人曰："吾闻忠臣不事二主，来此非图安身也。"及元烨以言不用，时势莫挽告。勖之曰："臣子之分，有死无二。只悉心料理国事，勿以我为念。"元烨出，遂自缢。

> 贾氏，于元烨继妻。南都陷，元烨自刎，贾遂姑赵恭人及女自经。以上贞烈④

---

① 叶向高：《苍霞续草》卷十《太子少保礼部尚书兼东阁大学士赠太子太保谥文定于公墓志铭》，《四库禁毁书丛刊》集部第 125 册，北京出版社 1997 年版，第 101 页。

② 吴稼竳：《玄盖副草》卷七《麟凤辞赠于长文》，《四库全书存目丛书》集部第 186 册，齐鲁书社 1997 年版，第 608 页。

③ 丁绍轼：《丁文远集》卷十六《答同使于小谷中翰二律》其一，《四库未收书辑刊》第 5 辑第 25 册，北京出版社 2000 年版，第 583 页。

④ 李贤书修，吴怡纂：《（道光）东阿县志》卷十四《人物志下·列女》，《中国地方志集成·山东府县志辑》第 92 册，凤凰出版社 2004 年版，第 151 页。

于元烨者,系于慎由之孙,是于慎行孙辈中地位最高者。元烨字仲华,中书舍人,历迁常州、顺天二府通判,刑部员外郎中,贵州黎平府知府,官终兵部尚书兼七省督师,赐尚方剑。于元烨身当国破家亡之时,虽行事颇受争议,然最后能自杀殉国,也可算大节无亏了。《(道光)东阿县志》传于慎行曾侄孙于继善,称其"十六补弟子员,时值鼎革,身家狼狈,卒以柔道自立"①,正点明了东阿于氏家族在明清易代之际的艰难处境。由于明清鼎革的时代巨变所带来的致命打击,于氏家族付出了极其惨痛的代价,从此渐渐淡出了历史舞台,但世泽流衍,仍人才辈出,影响不绝。② 曾在山东境内广泛流传的《四言杂字》云:"家业易败,功名长传。你若不信,东阿去看。于氏阁老,至今体面。"③于慎行可谓不朽!

第三节　与于慎行相关的并称

于慎行为人宽宏大度,厚道高风,济困扶危,排难解纷,礼贤下士,"有知人鉴"④,是晚明深孚众望的士林领袖,所谓"乔木当朝望,龙门多士攀"⑤。作为谱录学研究的一个重要方面,对与于慎行相关的并称资料加以搜集研究,不仅可以深入了解于氏文学、学术、思想的旨趣、特点及其交游关系,即晚明时代

---

① 李贤书修,吴怡纂:《(道光)东阿县志》卷十四《人物志下·政绩》,《中国地方志集成·山东府县志辑》第92册,凤凰出版社2004年版,第143页。

② 据马文平:《官宦世家 谷城望族》,"在其后至今的三百多年中,于氏后裔未达到于慎行及父子兄弟们的显赫地位,但也不乏官宦、学者、名士之辈。据统计,明末至清,八品以上入仕为官的如:奉政大夫、知县、文林郎、鸿胪寺、六品军功、修职郎、登士郎、奎文阁典籍,圣庙书写官等共二十八人;把总、拔贡、文武庠生、廪生等五十五人;太学生、儒学训导、奉祀生、贡生等五十一人"。民国以降,于氏子弟在各行各业也多有优异的表现。参见马文平:《官宦世家 谷城望族》,政协平阴县委员会、济南平阴于慎行研究会编:《济南平阴于慎行研究会论文与资料汇编》,2014年,第249—250页。

③ 佚名编撰:《四言杂字》,蒲松龄等编撰,李国庆校注:《杂字俗读》,齐鲁书社1998年版,第37页。

④ 孙光祀著,魏伯河点校:《孙光祀集》上编《文集·行状·先考行状》,齐鲁书社2014年版,第200页。

⑤ 赵秉忠:《寿谷峰于大宗伯》,转引自栾绪夫主编:《青州文史资料——[明]状元赵秉忠〈峡山集·诗歌卷〉》第十二辑,1996年,第52页。

的背景和习尚亦于焉可以概见。龙潜庵等先生编著的《历代名人并称辞典》①虽以搜罗宏富称，但也未能收录与于慎行相关的并称资料。兹汇集与于氏相关并称七则——"二于"、"鲁两生"、"于、邢"、"于、冯"、"山东二于"、"七相"、万历前期"山左三家"，结合其生平，一一详考如次。

一、二于

指于慎行、于达真(1547—1592)。稍晚于于慎行的朱国祯《涌幢小品》卷十三《二于》载：

> 于达真字子冲，历城(按：今属山东济南市历城区)人，丁丑进士，以泽州知州为兵部员外郎。兵部未满岁，升山西佥事，饬兵昌平。神宗阅寿工，昌平孔道，以才选择，三年中，车驾四出，应之沛然。后官至参政殁，人咸惜之。初第以诗文名，诸生时，与于文定公俱为我郡吴竣伯(按：指吴维岳)所拔，称"二于"。又善骑射，总兵董一元兄弟较猎，数数胜之。天与之年，必为名制阃。②

是于慎行少年时即初露锋芒，与于达真这位最亲密的少年同窗以诗文齐名，"二于"为其最早的并称。

于慎行的《谷城山馆诗集》、《谷城山馆文集》中保存着四十余篇关于两人交往的深情文字。在为于达真所作墓志铭中，于慎行追忆两人结交情形称：

> 嘉靖己未，故大司空朱公开府东省，为郎君除舍，求诸生年相若者，与同研席。学使孝丰吴公曰："吾有两于生，皆国士也，请置馆下。"而子冲及予从府中执业矣。其时可大年十一岁，子冲长二岁，予又长子冲二岁，皆以总角操函，伊吾应和，辄能上下千古，旁及百家，交相得也，居三年而别。③

吴维岳为"后七子"复古派外围的重要成员"广五子"之一，拔识于慎行和于达

---

① 参见龙潜庵、李小松、黄昏：《历代名人并称辞典》，上海辞书出版社2001年版。

② 朱国祯著，缪宏点校：《涌幢小品》卷十三《二于》，文化艺术出版社1998年版，第284页。

③ 于慎行：《谷城山馆文集》卷二十《明故亚中大夫陕西布政使司右参政完璞于公墓志铭》，《四库全书存目丛书》集部第147册，齐鲁书社1997年版，第592页。

真于诸生之中,于两人实有知遇之恩,此为"二于"称号所由来。多年后,吴维岳之子、"四十子"成员吴稼竳作《读于子冲参知诗感作,兼呈于可远先生》一诗仍追述其事:

> 先君昔秉铎,五载滞东土。……中识两于公,乃一齐一鲁。年俱在髫卯,遂以国士举。在鲁早符誉,横经班白虎。秉礼称帝师,为文力追古。齐其后鲁振,倜傥能用武。孰谓文不工,遗诗兹可睹。烨如玉剖冈,灿若珠出浦。既多济南法,随方自成矩。泱泱大国风,采献宁小补。①

于慎行因为其晚年批评七子派文学复古运动的言论而在文学史上广为人所称道,所谓"庆、历间,李于鳞诗派盛行海内,无垢独心非之"②,而其与以李攀龙为首的"后七子"复古派的一段渊源向来为人所忽略。嘉靖三十八年(1559)至四十年(1561),少年于慎行负笈济南,及十七岁中举后,又回归故里。其时,李攀龙正优游林下,隐居于白雪楼,于氏恩师朱衡、吴维岳都与他过从亲密。于慎行是否有过向李攀龙亲炙其教的机会,今已不得考知。但据于慎行说,自己"方卒业词馆",于达真"已从其邑李沧溟先生游。李先生于当世士少所许可,独进子冲与语,若将以不朽托之。而一时名家如王长公辈,亦从李先生所识子冲而奇焉。子冲虽为诸生,名已大噪海内"。"平生所心服者,惟其师李先生一人而已。其为文舣规意象,本诸李公,而不纯用其体,稍按事实,更为平易。歌诗沉雄淡雅,即未至李公,而能不失其法。要其所已得,业足称雄一世。"③于达真几乎成了李攀龙文学事业的继承人,这也正是吴稼竳所称道的"既多济南法,随方自成矩"。可惜于达真英年早逝,著述未广,少所流传,加之功业未竟,让慎行不胜感伤。在很大程度上,于慎行心折李攀龙,每每加以揄扬,在其本人作品中也留下了学习李攀龙的深刻印记。叶向高为于慎行所作墓志铭称:"其诗则服膺李于鳞,骨力、气格,大足相方。"④此论人所

---

① 吴稼竳:《玄盖副草》卷四《读于子冲参知诗感作,兼呈于可远先生》,《四库全书存目丛书》集部第 186 册,齐鲁书社 1997 年版,第 577 页。

② 汪端辑:《明三十家诗选》卷六上《李攀龙附于慎行》,清道光二年(1822)刻本。

③ 于慎行:《谷城山馆文集》卷二十《明故亚中大夫陕西布政使司右参政完璞于公墓志铭》,《四库全书存目丛书》集部第 147 册,齐鲁书社 1997 年版,第 592、594 页。

④ 叶向高:《苍霞续草》卷十《太子少保礼部尚书兼东阁大学士赠太子太保谥文定于公墓志铭》,《四库禁毁书丛刊》集部第 125 册,北京出版社 1997 年版,第 101 页。

未发,就于慎行一生尤其是前、中期的诗歌创作来看,的确已揭示出于氏作为如钱钟书先生所言"曾受'七子'影响的一位过来人"①而非仅仅是七子派反对者的一面。"二于"并称正可为此作一注脚。

二、鲁两生

指于慎行、贾三近。贾三近(1534—1592)字德修,号石葵,山东峄县人,隆庆二年(1568)进士,官终兵部右侍郎。三近淡薄荣禄,负经济才,立朝有直声。于慎行在为贾三近所作墓志铭中称:"器宇轩豁,风神俊朗,魁然伟丈夫也。持己当官,端方霍落,无所阿曲,而温厚坦夷,不为峭岸深机以自崖异。其谈说世故,上下古今,口若悬河,风生四座。即一笑一谑,皆有旨趣,令人慕思。自为诸生,淹贯群籍,无所不窥。作为歌诗,清爽疏宕,咳唾立成。同游诸君皆服其敏捷,自谓不如也。所刻有《先庚生传》、《宁鸠子》、《东掖奏草》、《峄志》诸书。"②对贾三近的为人、著作情况作了生动的描述。

于慎行的诗文集中保存有十余篇与贾三近相关的作品,其中述及两人亲密无间的关系云:

> 世所称心知莫逆,欢如兄弟,若吾与贾公,岂有两耶?生同州域,第而同进,同肄词馆,趣操志行,无弗同者。归而同隐,公处南境,我处北境,号为"两鲁生"也。③

于慎行在诗中一再咏及:"鲁国相看自两生"④,"鲁国当年并两生"⑤,又于祭文中称:"而况生同国域,出并簪绅。缀笋班于禁阙,参笔彩于词林。如君与

---

① 钱钟书:《序》,钱钟书:《宋诗选注》,生活·读书·新知三联书店2002年版,第11页。

② 于慎行:《谷城山馆文集》卷二十《明故嘉议大夫兵部右侍郎石葵贾公墓志铭》,《四库全书存目丛书》集部第147册,齐鲁书社1997年版,第588页。

③ 于慎行:《谷城山馆文集》卷二十《明故嘉议大夫兵部右侍郎石葵贾公墓志铭》,《四库全书存目丛书》集部第147册,齐鲁书社1997年版,第585页。

④ 于慎行:《谷城山馆诗集》卷十二《山中述怀寄石葵贾丈》,《山东文献集成》第3辑第25册,山东大学出版社2009年版,第583页。

⑤ 于慎行:《谷城山馆诗集》卷十三《哭贾德修司马二首》其二,《山东文献集成》第3辑第25册,山东大学出版社2009年版,第600页。

我者,不亦埒双龙之比翼,称两璧之同茵者乎?"①于慎行曾为贾三近删改的《霑县志》作序。贾三近序于慎行编纂的《东阿县志》,又序《于氏家藏诗略》,赞许于慎行"蔼然骚坛,海内推毂"。贾氏《于氏家藏诗略序》云:"比隆庆戊辰,余与翁季子太史君(按:指于慎行)并对公车,既讲业中秘,复同馆舍,号'鲁两生'。'鲁两生'朝夕相得甚欢也。自是往来长安邸中且十年,习于氏履历甚具。"②可知"鲁两生"当时颇有声于士林。贾三近的政治立场、趣操志行、文学创作都与于慎行相近。部分由于于慎行为贾三近所作墓志铭所提供的珍贵资料,贾氏被有的学者推测为《金瓶梅》的可能作者之一,而引人注意。于慎行称:"公数为予言,尝纪《左掖漫录》,多传闻时事,盖稗官之流,未及见也。"③言下颇露惋惜之意。甚至有学者推测《左掖漫录》即为"《金瓶梅》的最原始的初稿"④。关于《金瓶梅》的作者问题,本书不拟探讨。唯可注意者,于慎行曾作有《五七九传》,今已亡佚,但其好友公鼐得见此书,称"其事细鄙,称传过矣"⑤,则此传大概也近于"稗官之流",而与《左掖漫录》相类。即此一端,亦庶几可印证"鲁两生"对文艺的共同爱好。

三、于、邢

指于慎行、邢侗。邢侗(1551—1612)字子愿,号知吾,晚号来禽济源山主,世尊称来禽夫子,山东临邑人,万历二年(1574)进士,官终陕西行太仆少卿,著《来禽馆集》、《邢子愿杂著》、《泲园集》,纂《武定州志》、《临邑县志》,刻《来禽馆帖》。其文采风流,掩映一世,是晚明著名的书法家和文学家。初,邢

---

① 于慎行:《谷城山馆文集》卷三十三《祭少司马石葵贾公文》,《四库全书存目丛书》集部第 148 册,齐鲁书社 1997 年版,第 164—165 页。
② 贾三近:《于氏家藏诗略序》,李贤书修,吴怡纂:《(道光)东阿县志》卷十八《艺文志四》,《中国地方志集成·山东府县志辑》第 92 册,凤凰出版社 2004 年版,第 206 页。
③ 于慎行:《谷城山馆文集》卷二十《明故嘉议大夫兵部右侍郎石葵贾公墓志铭》,《四库全书存目丛书》集部第 147 册,齐鲁书社 1997 年版,第 588 页。
④ 张远芬:《金瓶梅新证》,齐鲁书社 1984 年版,第 43 页。
⑤ 公鼐著,赵广升点校:《问次斋稿》卷三《五七九谣》,中国戏剧出版社 2008 年版,第 35 页。

侗应殿试,于慎行时任房考,一阅其卷,即许为:"徐淮以北固无比!"①从此成为邢侗的恩师。于慎行一生门生遍天下,而求与其关系最密切且最受其激赏者,则文艺领域为邢侗,政治领域为李三才两人而已。于、邢二人晚年均退隐家居,邢侗"岁一往候之"②,交往既密,往往"剖析文心,榷谈名理"③,彼此诗文集中为对方所作者颇多。于慎行高度赞誉邢侗:"书法妙入钟王室,骚命卑陵屈宋坛。"④邢侗父事于慎行,对其道德、文艺、功业无比推崇,许为一代"石渠帝傅,山东大师"⑤,不胜仰慕。于氏去世后,邢侗以其女许配慎行长孙于元焕,并手书所作纪念恩师的《东阿尊师于文定公碑》。此碑号称"双绝",是书法史上的杰作,可惜已久佚。邢侗又与阮自华共同编撰《东阿于文定公年谱》,为后人了解于慎行提供了极可宝贵的原始材料。

邢侗名列晚明四大书法家(邢侗、张瑞图、米万钟、董其昌)之首,与董其昌并称"北邢南董",身后,其文名为书名所掩。而在当时,邢侗实也以文学名海内。李维桢序邢侗《来禽馆集》称:

> 子愿当一统全盛之朝,学士云蒸雾涌。以同郡则于鳞之后为"李、邢",以座主则东阿之后为"于、邢",以雁行则益都同时为"邢、冯",视子才之初称"温、邢",再称"邢、魏"尤难。⑥

可知邢侗当年"崛起山东"⑦,与座主于慎行并称,也是山左文坛的领军人物之一。邢侗虽深受以李攀龙为代表的乡邦诗文化的自然熏陶,但对七子派文学

---

① 转引自席文天:《明大书法家临邑邢侗》,临邑县文化体育委员会、政协临邑县文史委员会编:《邢氏兄妹》,2001 年,第 75 页。

② 李维桢:《大泌山房集》卷七十九《陕西行太仆寺少卿邢公墓志铭》,《四库全书存目丛书》集部第 152 册,齐鲁书社 1997 年版,第 374 页。

③ 邢侗:《来禽馆集》卷二十八《上东阿宗伯于尊师》,《四库全书存目丛书》集部第 161 册,齐鲁书社 1997 年版,第 730 页。

④ 于慎行:《谷城山馆诗集》卷五《寿封君邢翁九十长歌》,《山东文献集成》第 3 辑第 25 册,山东大学出版社 2009 年版,第 507 页。

⑤ 邢侗:《来禽馆集》卷十六《先师谷城于文定公碑》,《四库全书存目丛书》集部第 161 册,齐鲁书社 1997 年版,第 590 页。

⑥ 邢侗:《来禽馆集》卷首李维桢《序》,《四库全书存目丛书》集部第 161 册,齐鲁书社 1997 年版,第 340 页。

⑦ 邢侗:《来禽馆集》卷首李维桢《来禽馆集序》,《四库全书存目丛书》集部第 161 册,齐鲁书社 1997 年版,第 342 页。

复古运动的弊端多有批评,且如朱彝尊所言"盖深中时流之弊"①。四库馆臣论及邢侗《来禽馆集》时,指出:

> (邢侗)序于慎行诗集,谓李、何学唐为"化鸠之眼",而于太仓、历下,并有微词,盖能不依七子门户者,故所作大抵和平雅秀。王士禛论诗绝句亦有"来禽夫子本神清"之语。特骨干未坚,不能自成一队,文体则更近于涩矣。②

邢侗在文学上深受于慎行的影响,他不仅在文学主张上对"七子"复古派进行了修正,成为于氏的同道,即在创作实践上,其"和平雅秀"的风格,亦与于氏的"典雅和平,自饶清韵"③颇为相似,只是所造有深浅不同尔。邢侗于于慎行殁后,追忆道:"(于慎行)每谓侗:'女文章一夜郎王,耽耽自命,碑版志传,汉季魏初乎!'侗一念先生言,哀肠若抽。钟期已矣,小子何质成焉。"④即此文章知己之感,也足以让邢侗终生萦怀了。不只如此,于、邢二人还同以修志名家见重于世。

四、于、冯

指于慎行、冯琦。冯琦(1559—1603)字用韫,号琢庵,谥文敏,山东临朐人,万历五年(1577)进士,出身于著名的文学世家,为冯惟敏从孙,官至礼部尚书,是万历朝重要的政治家、文学家和史学家,仿佛于慎行而稍逊。冯琦著述如林,著有《宗伯集》、《北海集》、《两朝大事记》,编有《经济类编》、《宋史纪事本末》(未完稿)、《唐诗类韵》、《通鉴分解》、《海岱会集》等。于慎行生平交游遍海内,在其众多交往亲密的友人中,有许多是当时的巨卿名流,但真正与其志同道合,而文学、学术思想又最为接近的,不能不首推冯琦。于慎行、冯琦

---

① 朱彝尊著,姚祖恩编,黄君坦校点:《静志居诗话》卷十五《邢侗》,人民文学出版社 1990 年版,第 444 页。

② 永瑢等:《四库全书总目》卷一百七十九《集部三十二·别集类存目六·来禽馆集二十九卷》,中华书局 1965 年版,第 1613 页。

③ 永瑢等:《四库全书总目》卷一百七十二《集部二十五·别集类二十五·谷城山馆诗集二十卷》,中华书局 1965 年版,第 1512 页。

④ 邢侗编纂,阮自华撰述:《东阿于文定公年谱》卷末邢侗跋,《山东文献集成》第 1 辑第 10 册,山东大学出版社 2006 年版,第 766 页。

均自幼颖悟,少年登朝,博学宏词,经济深湛,立朝正直有大节,负相望多年。在两人身上,寄托着当时部分清流派士大夫的政治理想。不宁唯是,于、冯二人在文学、学术上主张相同,商榷诗文,绸缪经史,往来文字颇多,互许知己。于慎行与冯琦之父冯子履为进士同年,于冯琦为父执,故两人关系在亦师亦友之间。冯琦受于慎行影响极深,其致信于氏,吐露心扉道:"情则骨肉,教则严师。肝胆可披,金石可泐。"①又自称:"不肖以中才平进,非阁下训迪提携,岂其至此?"②冯琦序于慎行之父的《于宗伯集》,又分别为于慎行的重要史著《兖州府志》《谷山笔麈》作序、跋。于慎行述冯琦临终前以文稿交付友人,嘱咐:"必也东阿为叙。"又称:"行也从公于朝,相与上下艺林,颇称莫逆。"③于慎行先后为冯琦本人诗、文集及其从祖冯惟讷诗集作序,又一再为冯琦父子作墓志铭、诔辞及祭文。两人交情之深笃、意气之相投可以想见。

晚明士人以两公并为海表人望,多将其相提并论。如王锡爵《六疏外密奏》云:"记得同官于慎行、尚书冯琦皆于奄忽之中进危明之论。"④董其昌《初集序》云:"二东自《白雪楼集》以后,有东阿于文定、临朐冯文敏并建旗鼓,悬衡海内。东阿兼誉元美,临朐颛尊退之。两公皆二十登朝,金门多暇,足以大肆力于著作。"⑤王思任《周季平先生青藜馆集叙》则云:"是时,东阿于谷峰、临朐冯用韫两宗伯者,皆当代钜才。"⑥至钱谦益,始在《列朝诗集小传》中为于、冯二人先后立传,并专门作了一番精当的合论:

> 隆万之间,东阿于文定公博通端雅,表仪词垣,临朐于文定为年家子,继入史馆,声实相望。临朐早世,未及爰立。殁后五年,而东阿始大拜,一

① 冯琦:《宗伯集》卷七十五《寄于宗伯年伯》,《四库禁毁书丛刊》集部第16册,北京出版社1997年版,第214页。

② 冯琦:《宗伯集》卷七十一《候于谷山年伯》,《四库禁毁书丛刊》集部第16册,北京出版社1997年版,第161页。

③ 于慎行:《谷城山馆文集》卷十二《宗伯冯先生文集叙》,《四库全书存目丛书》集部第147册,齐鲁书社1997年版,第433页。

④ 王锡爵:《王文肃公文集》卷五十三《六疏外密奏》,《四库禁毁书丛刊》集部第8册,北京出版社1997年版,第354页。

⑤ 董其昌:《容台集》文集卷三《初集序》,明崇祯八年(1635)董庭重刻本。

⑥ 周如砥:《周季平先生青藜馆集》卷首王思任《周季平先生青藜馆集叙》,《四库全书存目丛书》集部第172册,齐鲁书社1997年版,第156页。

登政事堂，未遑秉笔，奄忽不起，人之云亡，君子于二公，有深恫焉。于有《谷城集》，冯有《北海集》，并行于世。当时士大夫入史馆者，服习旧学，犹以读书汲古为能事，学有根柢，词知典要，二公其卓然者也。丙戌己丑，馆选最盛，公安、南充、会稽，标新竖义，一扫烦芜之习，而风气则已变矣。自时厥后，词林之学，日就蹉驳，修饰枝叶者，以肥皮厚肉相夸；剥换面目者，以牛鬼蛇神自喜。东里西涯，前辈台阁之体，于是乎渐灭殆尽，而气运亦滔滔不可复反矣。吾于近代馆阁之文，有名章彻者，皆抑置而不录，录于、冯两公集，为之三叹，聊引其端如此。①

就存世文献来看，这是"于、冯"并称的最早记载。钱谦益对两人的道德文章推崇备至，而致慨于其功业未竟。万斯同《明史·于慎行传》云："时谓北人居词馆率鲜文学，惟慎行及临朐冯琦卓然冠冕一时。"②后张廷玉等《明史·于慎行传》云："神宗时，词馆中以慎行及临朐冯琦文学为一时冠。"③至此"于、冯"最终盖棺定论，名垂青史，虽则已只是强调两人的文学成就了。于、冯的文学主张与创作实践在下文"万历前期'山左三家'"部分再有论述，兹不重复。

于慎行生前通今博古，学识广赡，而尤留心于经国大计，时人也以济世相期。然勋业未竟，其身后各类文献对他的经济大略少有着意，故数百年来，知之者少。夷考冯琦一生，学有根柢，亦汲汲讲求实学，而尤以类书《经济类编》一百卷为世所知。此书自诸子百家以下，几无书不采，而尤着意于经济之言，实为后来诸"经世文编"之祖，收入《四库全书》。《四库全书总目》谓此书为冯琦"手录之稿"，由其从弟冯瑷与门人排纂定稿。④ 但时人冯梦祯《故大宗伯临朐冯公经济类编序》谓：

公没无几，而是编出于公弟民部郎瑷，盖主于经济，而杂采秦汉已下鸿儒著作、名臣奏对，旁及百家杂猥，为类二十有三目，俪之凡三百余条。盖大宗伯东阿于公尝参其画，民部所云"割截群书，手自演缀"者。因忆

----

① 钱谦益：《列朝诗集小传》丁集中《冯尚书琦》，上海古籍出版社1983年版，第549页。

② 万斯同：《明史》卷三百十《于慎行传》，《续修四库全书》第329册，上海古籍出版社2002年版，第395页。

③ 张廷玉等：《明史》卷二百十七《于慎行传》，中华书局1974年版，第5739页。

④ 永瑢等：《四库全书总目》卷一百三十六《子部四十六·类书类二·经济类编一百卷》，中华书局1965年版，第1154页。

在馆时阖扉静哦，是编寔托始矣。①

又冯瑷跋《经济类编》，述其成书过程谓云：

> 先兄琢庵先生弱冠读中秘书，则厌薄菁藻，留志经济。与同馆于公下
> 帷读史时，瑷从先生问字，间窥帷中，每有札记，必剟截至笥箧，余即弃去。
> 及读他书亦然。阅数年，笥箧渐满，遂分类目，手自缀演，成数十编，散置
> 几案间，若将更有论著。问其故，则曰："是皆钜政宏议足裨经济者。"②

可知这部近三百万言的煌煌经世学巨著也凝结着于慎行的部分心血。这对于
认识于氏的经世之学可添一重要例证。后人仅仅以"于、冯"为馆阁之臣，而
不知两人实为晚明实学思潮的重要先驱，亦浅之乎其视之也。

《明史·黄凤翔传附韩世能传》谓："馆阁文字，是科为最盛。"③即指于慎
行隆庆二年（1568）一科，当时至有"文章之道复归词林"④之说。一时馆阁同
年中，于慎行与沈一贯、李维桢过从甚密，分别齐名，虽无并称，在此亦一并述
之。《列朝诗集小传》丁集中《沈少师一贯》云："戊辰史馆大拜者七人，以词章
擅名者，东阿、鄞县（按：指沈一贯）为最。东阿之学殖，优于鄞县，鄞县之才
笔，秀于东阿，若夫相业国是，具在国史，别论可也。"⑤清人胡文学《甬上耆旧
诗》卷十八《太师沈文恭公一贯》引之。万斯同《明史·于慎行传》亦云："同
年中，与沈一贯齐名，然一贯特以笔胜，其博洽不如也。"⑥又张岱《石匮书·文
苑列传·于慎行传》云："近代馆阁，莫盛于戊辰，公与云杜李本宁（按：指李维
桢）才名相并。以诗言之，则大泌瞠乎其后矣。"⑦《列朝诗集小传》丁集中《于

①　冯梦祯：《快雪堂集》卷二《故大宗伯临朐冯公经济类编序》，《四库全书存目丛书》集部
第164册，齐鲁书社1997年版，第59页。

②　冯琦、冯瑷：《经济类编》卷首冯瑷跋，明万历三十二年（1604）刻本。

③　张廷玉等：《明史》卷二百十六《黄凤翔传附韩世能传》，中华书局1974年版，第
5701页。

④　黄道周：《黄石斋先生文集》卷七《姚文毅公集序》，《续修四库全书》第1384册，上海古
籍出版社2002年版，第182页。

⑤　钱谦益：《列朝诗集小传》丁集中《沈少师一贯》，上海古籍出版社1983年版，第550页。

⑥　万斯同：《明史》卷三百十《于慎行传》，《续修四库全书》第329册，上海古籍出版社2002
年版，第395页。

⑦　张岱：《石匮书》卷二百三《文苑列传下·于慎行传》，《续修四库全书》第320册，上海古
籍出版社2002年版，第135页。

阁学慎行》中有相同的记载。《石匮书·文苑列传》合论胡缵宗、于慎行、李维桢三人云:"馆阁之选,无过隆庆戊辰,而后以古文名世者:泰安胡孝思、东阿于无垢、京山李本宁,皆以博学宏词,为艺林翘楚。而泰安以诗案被斥,人且拟其为今之苏轼。东阿、京山,并为容台硕德。而东阿之经济鸿裁,尽见之《读史私评》(按:指《读史漫录》,此系张岱误记。)一书,然天夺之年,不究其用,天下惜之。京山高文典册,走世如鹜,年登大耋,亦止为文学侍从之臣,而功业不著。则是天下文章盛名,终无(按:"无"疑当作"为"。)造物所忌,观之三老,不洵然哉!"①(按:胡缵宗活动于嘉靖年间,与于慎行年辈悬殊,张岱取以并传,当系误记。)

由此可见,无论是"于、冯"并称,还是与沈、李齐名,于慎行在生前身后都被视作是万历朝台阁文学的代表人物。其诗文春容宏丽,出入于台阁、山林之间,而非台阁一体所能牢笼。但他在这一方面所取得的成就既大,所谓"大雅之音"乃成为后人对其诗歌风貌的概括,诚良有以也。

五、山东二于

指于慎行、于若瀛(1552—1610)。《(道光)巨野县志》卷十二《人物志·政绩》载:

> (于若瀛)至书文诗画,博洽精妙,与东阿于文定公齐名,时称"山东二于"。②

这是于慎行人生历程中第二个"二于"的并称。于若瀛,字文若,号子步,晚号念东,济宁卫(今山东巨野)人,万历十一年(1583)进士,官至右佥都御史,巡抚陕西。于若瀛为官洁己持正,政绩甚著,有人伦鉴。著有《弗告堂集》、《超阁草》,参与修撰《江宁府志》、《山东通志》、《济宁州志》。

就存世文献来看,于慎行与于若瀛交往的相关史料寥寥。于若瀛有《过东阿,于谷峰宗伯以南溪钓艇诗书扇索图,率尔赋赠》一诗云:"老臣声望满京

---

① 张岱:《石匮书》卷二百三《文苑列传下·胡缵宗、于慎行、李维桢列传》,《续修四库全书》第 320 册,上海古籍出版社 2002 年版,第 135—136 页。

② 黄维翰等修,袁传裘续纂修:《(道光)巨野县志》卷十二《人物志·政绩》,清道光二十六年(1846)续修刻本。

华,底事南溪理钓槎。暇日邀宾同载酒,有时鼓枻独临花。千章夏木亭岚翠,十里汀莎印月斜。海内于今正多事,未容高枕卧烟霞。"①据此,于若瀛曾过东阿造访于慎行,此事《东阿于文定公年谱》失载。据《东阿于文定公年谱》,万历三十三年(1605),"三月,僧默以于太仆文及书来索偈,归之"。原注:"默故俳,已为僧。于手作南溪图及诗序,行之。"②可知于若瀛当年即席赋诗,后来才"手作南溪图及诗序"。于若瀛的诗序未见收于《谷城山馆诗集》中,今已失传。于若瀛书画"顾用以自娱耳,不轻为人作也"③,盖不欲以此掩盖其经世之志,因此,他在诗中期许于慎行"海内于今正多事,未容高枕卧烟霞"。于慎行在一次南溪小集上赋诗云:"莫向时艰空指画,且将文事细评论。"④这其实是身当多事之秋的无奈之语。于慎行诗文集中仅《寄送于念东符卿南上金陵》一诗系为于若瀛而作,诗中赞誉其"两都地望符台重,一代才名艺苑先"⑤,当作于于若瀛辞别东阿、赴任南京尚宝司卿之后。于慎行逝世后,于若瀛赋诗悼之,其云:"士类方推毂,调和待秉钧。……未展匡时略,俄摧报主身。……可怜才望阙,遗疏托空陈。"⑥此诗情深意切,为于慎行的赍志而殁一撒同情之泪,盖非深知于慎行者不能发。两人的朋友圈有密切的交集,兹仅举一显例。如潘之恒评论山人许性成说:"太初(按:指许性成)不为留,而最后之济上,悦邢子愿侍御、于无垢宗伯、于文若中丞,仅得宗伯为立传。"⑦

于若瀛多才多艺,诗文书画皆善。于慎行既请于若瀛为其作画特别是诗

① 于若瀛:《弗告堂集》卷十四《过东阿,于谷峰宗伯以南溪钓艇诗书扇索图,率尔赋赠》,《四库禁毁书丛刊》集部第 46 册,北京出版社 1997 年版,第 100 页。

② 邢侗编纂,阮自华撰述:《东阿于文定公年谱》卷二,《山东文献集成》第 1 辑第 10 册,山东大学出版社 2006 年版,第 743 页。

③ 于若瀛:《弗告堂集》卷首谢陛《于文若先生弗告堂集序》,《四库禁毁书丛刊》集部第 46 册,北京出版社 1997 年版,第 7 页。

④ 于慎行:《谷城山馆诗集》卷十五《立秋,吴翁晋、郭汝承南溪小集和韵》,《山东文献集成》第 3 辑第 25 册,山东大学出版社 2009 年版,第 626 页。

⑤ 于慎行:《谷城山馆诗集》卷十五《寄送于念东符卿南上金陵》,《山东文献集成》第 3 辑第 25 册,山东大学出版社 2009 年版,第 624 页。

⑥ 于若瀛:《弗告堂集》卷十五《闻于相国讣有感十韵》,《四库禁毁书丛刊》集部第 46 册,北京出版社 1997 年版,第 105 页。

⑦ 潘之恒:《亘史钞》内篇卷六《孝友·许太初传》附按语,《四库全书存目丛书》子部第 193 册,齐鲁书社 1995 年版,第 282 页。

序,则两人在文艺方面之投契,可以想见。朱彝尊《答刑部王尚书论明诗书》云:"当嘉靖七子后,朝野附和,万舌同声,隆庆钜公稍变而归于和雅。定陵初禩,北有于无垢、冯用韫、于念东、公㬊与暨季木先生,南有欧桢伯、黎惟敬、李伯远、区用孺、徐惟和、郑允升、归季思、谢在杭、曹能始,是皆大雅不群。"①朱彝尊《静志居诗话》评价公㬊云:"……盖力攻摹拟之非。然观其七律,仍以历下为宗,故有'文章一代李沧溟'之句。同时名家者,冯用韫、于念东、王季木皆拔萃者也。"②于若瀛的诗歌,温醇雅澹,能跳脱"后七子"复古主义的牢笼,陈田《明诗纪事》称赞其"不入当时流派,矫健之篇,妙得古人气格"③。朱彝尊将于慎行、冯琦、公㬊、于若瀛等人看做是万历时期山左文坛的同道,这是符合历史真相的评价。

又据《(康熙)濮州志》卷六《艺文考》载:李先芳之孙李业"授鸿胪寺序班,习少卿教,博洽群书,为诗有《清平阁漫稿》。与东阿大学士于谷峰,临邑邢子愿、同府傅金沙二侍御往来结社,可谓有祖风矣"④。于慎行与人结社之史实,历来鲜为人知。由此看来,于慎行在其挚爱的齐鲁大地上所发挥的影响力是广泛而深巨的,留下了诸多佳话。

六、七相

指王家屏、赵志皋、张位、陈于陛、沈一贯、朱赓、于慎行。此七人均为隆庆戊辰(1568)进士,而于万历一朝先后拜相,因以并称。晚明士人对一榜"七相"这一词林盛事,羡称不已,播在人口。李维桢在为于慎行、朱赓所作多篇祭文中一再称扬"七相",如说:"进士一科七相,惟吾榜为然"⑤,"一科七相,

① 朱彝尊:《曝书亭集》卷三十三《答刑部王尚书论明诗书》,《四部丛刊初编》第 1696 册,上海商务印书馆 1922 年版。
② 朱彝尊著,姚祖恩编,黄君坦校点:《静志居诗话》卷十六《公㬊》,人民文学出版社 1990 年版,第 491 页。
③ 陈田辑撰:《明诗纪事》庚签卷十四上《于若瀛》,上海古籍出版社 1993 年版,第 2497 页。
④ 叶廷秀:《鸿胪李公墓志铭》,李先芳纂,张实斗增修:《(康熙)濮州志》卷六《艺文考》,明万历九年刻清康熙十二年(1673)增修刻本。
⑤ 李维桢:《大泌山房集》卷一百十五《祭于文定》,《四库全书存目丛书》集部第 153 册,齐鲁书社 1997 年版,第 330 页。

得人綦盛"①。沈德符于《万历野获编》中对此再三致意,述之甚详。其卷十《词林·戊辰词林大拜》云:

> 今上二十二年甲午,首揆王太仓请告,赵兰溪(按:指赵志皋)代为政,时张新建(按:指张位)为次辅,而陈南充(按:指陈于陛)、沈四明继之,同事凡四人,皆戊辰词馆中人也。本朝至今从无此盛。四公在阁凡三年,而南充卒于位。又二年而新建得罪谴归,赵、沈二公并列。又四年赵卒,至三十年壬寅,而沈归德始入,仍为乙丑科。盖戊辰诸公,在政地者几十年,更无别籍中人,尤称盛事。况前此则王山阴,后此则朱山阴、于东阿,俱登揆席。一榜七相,亦从来未有。②

卷十六《科场·一榜词林之盛》云:

> 弇州纪盛事,但述一榜中大僚,而未及词林。今按嘉靖辛丑馆中则宰相五人。……后戊辰词林,七相、五尚书、十侍郎中丞,可以继之。③

卷十六《科场·戊辰公卿之盛》复云:

> 弇州以一榜四相为盛事,此未足异。惟戊辰一榜,则赵少师志皋、张少师位、沈少师一贯、朱少保赓、陈宫保于陛、王宗伯东阁家屏、于宗伯东阁慎行,先后宰相七人,真是极盛。若尚书则十八人,亚卿、中丞、三品京堂,则五十二人。而七相中五人一品,二人赠一品,尚书中四人一品,二人赠一品,凡系玉者十三人。此制科以来,未有之盛也。④

钱谦益为李维桢作墓志铭,亦称:"穆庙戊辰,馆选聿隆。七相蝉连,猗嗟数穷。煌煌列宿,太微紫宫。"⑤万斯同《明史·于慎行传》云:"明制,辅臣必出翰苑,然惟慎行同年最盛,……凡七人,先后莫及焉。"⑥

---

①　李维桢:《大泌山房集》卷一百十五《(祭于文定)又代》,《四库全书存目丛书》集部第153册,齐鲁书社1997年版,第330页。

②　沈德符:《万历野获编》卷十《词林·戊辰词林大拜》,中华书局1959年版,第269—270页。

③　沈德符:《万历野获编》卷十六《科场·一榜词林之盛》,中华书局1959年版,第411页。

④　沈德符:《万历野获编》卷十六《科场·戊辰公卿之盛》,中华书局1959年版,第415页。

⑤　钱谦益著,钱曾笺注,钱仲联校:《牧斋初学集》卷五十一《南京礼部尚书赠太子少保李公墓志铭》,上海古籍出版社1985年版,第1299页。

⑥　万斯同:《明史》卷三百十《于慎行传》,《续修四库全书》第329册,上海古籍出版社2002年版,第395页。

"七相"既为同年,彼此交谊深厚。其中王家屏、于慎行二人最负重望,陈于陛清操自守,而赵志皋、张位、沈一贯、朱赓四人则颇受争议,惜向后结局多未有大表著者。于慎行经济大略未及施展而撒手人寰,尤可痛惜。于慎行门人、著名学者焦竑云:"于公晚虽大拜,未小展而没。其不愧上委任者,七人中自山阴王公而外无闻焉。"①这也是晚明这个狂澜既倒、国事日败的时代的无奈和悲哀。

七、万历前期"山左三家"

指于慎行、公鼐、冯琦。三人均为馆阁重臣,以诗文、学问冠名山左,而尤其是万历前期山左诗坛最重要的三位诗人,因以并称。公鼐(1558—1626)字孝与,号周庭,谥文介,山东蒙阴人,出身于一个显赫的馆阁世家,万历二十九年(1601)进士,官至礼部右侍郎,是晚明著名的文学家、政治家。公鼐"博学多闻,为时推尚","豁达有大度",②诗文淹雅,尤工绝句,著有《问次斋稿》。《静志居诗话》云:"言诗于万历,则三齐之彦,吾必以公文介为巨擘焉。"③于慎行为山左名士傅光宅作墓志铭,开篇即称:

> 东省故多才士,以予平生所友,有五人焉,年皆差后于吾。长者,历下于子冲氏,少予二岁,髫则为同舍生。次则聊城傅伯俊氏,与子冲同庚,自未第时相与,不甚狎而甚早。及甲戌分校南宫,得临邑邢子愿氏,年又稍后。无何,临朐冯用韫氏以弱冠入词林,同朝最久。而其故同舍生蒙阴公孝与氏同用韫年相若,晚乃出其门下。此五君乃一时海岱之英,而吾皆得以世谊交之,惟子冲称弟,他皆降礼,相与考德讲艺,游心竹素之林,可谓甚盛!④

① 焦竑撰,李剑雄点校:《澹园集·澹园续集》卷一《云东拾草序》,中华书局 1999 年版,第767 页。
② 邹漪:《启祯野乘一集》卷四《公侍郎僚(按:"僚"当作"鼐")》,《四库禁毁书丛刊》史部第 40 册,北京出版社 1997 年版,第 411、413 页。
③ 朱彝尊著,姚祖恩编,黄君坦校点:《静志居诗话》卷十六《公鼐》,人民文学出版社 1990年版,第 490 页。
④ 于慎行:《谷城山馆文集》卷二十二《明故中宪大夫四川按察司提学副使金沙傅公合葬墓志铭》,《四库全书存目丛书》集部第 147 册,齐鲁书社 1997 年版,第 642 页。

这不只交代了于慎行自己与于达真、傅光宅、邢侗、冯琦、公鼐等山左才士的交游，也不啻是勾勒了万历前期山左文坛的概貌。于慎行、公鼐、冯琦三人友谊笃厚，相互引重，彼此诗文集中赠送唱和、谈文说艺的文字颇多。于慎行与公鼐之公父家臣为馆阁同僚。公、冯二人为同学，且并称"齐地双彦"，均以年家子受知于慎行，知己之交，始终不渝。于、公、冯三人均以经济自负，而于诗文一道亦志同道合。三子身当"后七子"渐逝，公安方起而竟陵未兴之时，诗坛新旧交替，各家诗论主张至为纷繁复杂。因应时代诗风的新变，三子乃融会贯通，自张旗帜，标举"齐风（大国风）"，以为其诗歌创作的目标。这种目标大体而言带有浓厚的齐鲁文化特征，表现为对浑厚雅正、气魄宏大的诗歌风格的认同与追求，是对明代以李攀龙为代表的山左诗坛优秀诗歌传统的继承和弘扬。三人的诗学主张几乎如出一模，其主旨大致在于：

其一，诗主神情，归于大雅。

其二，不事模拟，自我树立。

其三，融会古今，化而不朽。

三人以各自的理论主张和创作实践对以李攀龙为首的"七子"复古派进行了批判和修正，从而丰富、深化了山左诗歌的内涵，促使其更趋合理地发展。

赵秉忠序《问次斋稿》云："余舞象时，尝读《秋兴》、《怀古》诸篇什，宗伯冯先生称为逼真老杜；文定于先生读其《蒙山赋》并《登岱》诗，友称忘年，交莫逆。其推逊延誉，虽中郎礼王粲，张华善陆机，岂复过哉！"[1]李若讷序《问次斋稿》云："当其舞象弱冠，琅琅玷韵，已妙标解。于文定、冯宗伯与之上下扬擢，其流芬播馥，已自乡国而海内。"[2]邢侗亦称："（于慎行）诗酝酿初、盛间，七子之俦及吴下阿蒙退舍矣。先生与冯用韫宗伯谈经济，无所不服膺，然不无介然，其任而媒绛、灌儃。与公孝与谈文章韵语，则鲜不合者。曰：'得失寸心，搔首问青天耳。'"[3]是在于慎行生前，于、公、冯三人已俨然齐名。清人称：

---

[1] 公鼐著，赵广升点校：《问次斋稿》卷首赵秉忠《问次斋诗稿序》，中国戏剧出版社 2008 年版，第 2 页。

[2] 公鼐著，赵广升点校：《问次斋稿》卷首李若讷《公太史孝与先生诗稿序》，中国戏剧出版社 2008 年版，第 4 页。

[3] 邢侗编纂，阮自华撰述：《东阿于文定公年谱》卷末邢侗跋，《山东文献集成》第 1 辑第 10 册，山东大学出版社 2006 年版，第 766 页。

"山东才子边(按:指边贡)与李(按:指李攀龙),公文介公相继起。一代风骚邢太仆、冯文敏、于文定,狎主齐盟执牛耳。"①这也正是当时作为北方重镇的山左诗坛的概貌。

近代以来,郭绍虞先生的《中国文学批评史》最早将于慎行、公鼐、冯琦三人相提并论。他认为公安派文学主张之所由形成,于、公、冯等山左诗人的"言论与作风也不能没有一些影响"②,"这种见解,也可能给公安派一些启示。即使说公安三袁和他们的时代并不太远,未必受他们的影响,那么这种论调至少也可说是公安派的羽翼"③,可谓慧眼独具。此后著作如李圣华《晚明诗歌研究》④、李伯齐主编《山东分体文学史》(诗歌卷)⑤,博士学位论文如周潇《明代山东作家研究》⑥等均肯定三人作为万历前期"山左三家"的历史地位,并给予高度的评价。历史最终对这三位文章知己作出了盖棺论定,三人生前即为石交,身后复齐名并称,也足称美谈了。

从上述与于慎行相关的并称资料可以考知:于氏的一生与晚明大时代休戚相关,在中华民族的历史长廊中留下了深刻的痕迹。作为一代公辅帝师,在于慎行的广泛交游中,同乡、同年、同僚、师生关系占据了至关重要的位置。与其并称的人物,总不出这几种关系之外。于慎行生前并不以文人自命,而在身后,却不免主要以馆阁典型、诗文名家为世所知,这是他自己所始料未及,也是被后人所忽视了的。

---

① 公鼐:《问次斋稿》卷末佚名《学师蒙阴公先生,出其先文介公、浮来山人两诗集,命愚选定,重刻行世,作诗纪事题后,并以奉赠》,齐鲁书社 1998 年版,第 300 页。
② 郭绍虞:《中国文学批评史》,上海古籍出版社 1979 年版,第 399 页。
③ 郭绍虞:《中国文学批评史》,上海古籍出版社 1979 年版,第 415 页。
④ 参见李圣华:《晚明诗歌研究》,人民文学出版社 2002 年版。
⑤ 参见李伯齐主编:《山东分体文学史》(诗歌卷),齐鲁书社 2005 年版。
⑥ 参见周潇:《明代山东作家研究》,上海师范大学 2006 年博士学位论文。

第二章　于慎行与晚明政局

在晚明的政坛,于慎行扮演了举足轻重的角色,享有"出处关元会,身名重鼎彝"①的美誉。兹举其荦荦大端,分别从于慎行与张居正及其改革、于慎行与晚明党争两方面述之,以见出于氏在晚明政局中的历史地位。

第一节　于慎行与张居正及其改革

作为重大历史事件的亲历者和见证人,于慎行与"宰相之杰"张居正的交往及其对张居正改革特别是一条鞭法的大力支持,都曾在历史上产生过重要的影响,需要加以重新审视和评价。

一、于慎行与张居正改革——主要基于一条鞭法的论述

于慎行生平慨然以天下为己任,隆庆二年(1568)成进士后,即以英挺之姿登上历史舞台。此时,明王朝在经历了中叶的社会危机后,通过变法改革,正迎来其又一个相对富庶强盛的时代——万历前期。

张居正的万历新政,一般认为是由高拱开其先绪的。高拱(1513—1578),字肃卿,号中玄,河南新郑人,嘉靖二十年(1541)进士,官至中极殿大学士,谥文襄,是明代中叶有作为的政治家之一。于慎行通籍后的次年七月,

---

① 叶向高:《苍霞诗草》卷四《奉寿大宗伯于谷峰先生六十》,叶向高:《苍霞草全集》,江苏广陵古籍刻印社 1994 年版,第 164 页。

首辅徐阶即致仕归里。十二月,朝廷起用前阁臣高拱以内阁兼吏部尚书领吏部事。隆庆四年(1570)至六年(1572),高拱得到穆宗的大力支持,大刀阔斧地进行了一系列改革,在清整吏治、选储人才、安边强兵等方面均颇有成效。《东阿于文定公年谱》载:"十有二月,诏故相新郑典吏部。"原注:

> 高公拱。高太公文衡时,太公(按:指于玭)及门焉。太公守许昌,与新郑邻,修问不绝。高伯兄(按:指高拱长兄高捷)为兖州牧时,先生叔兄慎言是年领乡荐,再世通家矣。高相公得政,尝语朱公(按:指朱衡)。公趣先生往谒,对曰:"政府铨衡,儒臣敢错足乎?"公默然久之。①

于慎行与高拱本有通家之谊,却能廉隅自重,刻意与之保持适当的分际。这是目前仅见的关于于氏与高拱交游情况的存世文献。于慎行晚年在《谷山笔麈》中,针对历史上聚讼不休的经权之说,提出了自己的见解:

> 汉儒以反经合道为权,此驳论也。至陆贽始正其非,谓权之为义,取类权衡,若重其所轻,轻其所重,则非权矣。程子曰:"权只是经字。"正此意也。亲亲而仁民,仁民而爱物,较量其亲疏,权也;修身而齐家,齐家而治国,斟酌其厚薄,权也。近日高少师(按:指高拱)发策会场,论轻重之义,极为了彻,可为万古不磨之见矣。②

高拱曾在《问辨录·论语》中指出:"经乃有定之权,权乃无定之经",经与权虽是"二物",却还是"一事"。③ 作为杰出的政治家和实学思想家,高拱沿用传统哲学中的"体用"范畴,建立起经权统一学说,纠正历来偏见,堪称理论创新。在经权问题上,于慎行回顾前贤之说,高度推崇高拱之论为"万古不磨之见",鲜明地表达了自己与高拱近似的学术思想立场。这种以权行经的见解,正是于氏变法改制思想的基础。

隆庆六年(1572)六月,张居正取代高拱成为内阁首辅。万历初年,张居

---

① 邢侗编纂,阮自华撰述:《东阿于文定公年谱》卷一,《山东文献集成》第 1 辑第 10 册,山东大学出版社 2006 年版,第 613—614 页。

② 于慎行撰,吕景琳点校:《谷山笔麈》卷七《经子》,王琦撰,张德信点校;于慎行撰,吕景琳点校:《寓圃杂记 谷山笔麈》,中华书局 1984 年版,第 79 页。

③ 高拱:《问辨录》卷六《论语》,《景印文渊阁四库全书》第 207 册,台湾商务印书馆 1986 年版,第 51 页。

正针对当时的社会矛盾状况,"以尊主权、课吏职、信赏罚、一号令为主"①,在政治、经济、军事等领域,进行了一系列大刀阔斧的改革,主要内容包括"考成法"、"清丈田亩"和"一条鞭法"。这场企图挽救明王朝统治危机的轰轰烈烈的改革运动,至张居正万历十年(1582)六月因病去世始告结束,历时十年,是我国封建社会后期一次全面而深刻的重大政治改革。其积极成果表现在很多方面,尤其是在整顿吏治和改革财政上成效卓著。《明通鉴》盛赞:"是时帑藏充盈,国最完富"②,"起衰振蹶,纪纲修明,海内殷阜,居正之力也"③。这使得摇摇欲坠的明王朝的统治再次暂时稳定下来。

于慎行"沉深挺劲,睪睪恢恢,不畛不町"④,此时正踌躇满志,积极进取,张居正锐意改革,慧眼识珠,对其大器深为赏识,亲加提拔。由于两人施政的理念和主张相近,于慎行坚定地站在了张居正改革阵营的一边。张居正(1525—1582),字叔大,号太岳,江陵(今湖北荆州市荆州区)人,嘉靖二十六年(1547)进士,官至太师兼太傅、中极殿大学士,赠上柱国,谥文忠,是明代伟大的政治家、改革家。除了于慎行反对张居正夺情一事为各类史书笔记所广泛记载外,于氏与张居正的具体交往,由于文献阙如,今已难详考。于慎行与张居正改革的关联,主要表现在作为最有价值和影响的重大国策的一条鞭法上。在将一条鞭法向全国范围内推广施行的过程中,于慎行奋起呼应,积极有力地加以推动,而他对于堪称我国赋役史上绝大枢纽的一条鞭法的深刻而系统的记述阐发,在其著述中更是俯拾皆是,为后人留存了许多极其宝贵的历史资料,尤其值得我们加以浓墨重彩的描述。正是在一条鞭法这一领域,于慎行最淋漓尽致地展示了其杰出的经世才具,同时也印证了其本人当年对于张居正改革的深度介入。这一历史真相将有助于还原于慎行的真实形象。

明代赋役的科则程序极为庞杂繁密,豪猾胥吏又往往上下其手,百端苛

---

① 张廷玉等:《明史》卷二百十三《张居正传》,中华书局1974年版,第5645页。

② 夏燮:《明通鉴》卷六十七《纪六十七 神宗显皇帝》,万历十年,岳麓书社1999年版,第1899页。

③ 夏燮:《明通鉴》卷六十七《纪六十七 神宗显皇帝》,万历十年,岳麓书社1999年版,第1902页。

④ 叶向高:《苍霞续草》卷十《太子少保礼部尚书兼东阁大学士赠太子太保谥文定于公墓志铭》,《四库禁毁书丛刊》集部第125册,北京出版社1997年版,第102页。

扰,随着土地的高度集中,农民破产日众,流徙异地,造成版籍紊乱、赋入无所的局面。为了挽救政治和财政危机,改变赋役征收的现状,将各州县应征收的劳役摊到地亩之中,与赋税一起征银便提到了明王朝的议事日程。一条鞭法即在此背景下应运而生。一条鞭法最初由南直隶宁国府旌德县知县甘洋在嘉靖十年(1531)实行过,此后数十年间时断时续地推行。在北方遭到保守派官员的强力抵制,如于慎行父执、户部尚书葛守礼及同年知交贾三近等反对尤力。

于慎行一生孜孜"求为有用之学"①,从小就悉心留意当世之务,自称"少居闾里,颇从父老闻赋役之大略矣"②。因此,一条鞭法的施行,很早就进入了他重点关注的领域。据黄仁生先生的《日本现藏稀见元明文集考证与提要》,今日本宫内厅书陵部藏《洞阳子集》三十二卷,尊经阁文库藏《洞阳子集》十八卷《洞阳子续集》七卷《洞阳子再续集》十卷《洞阳子笺》四卷,为万恭所撰,明万历间刻本,卷首均有于慎行所作《洞阳子集叙》,文末署"万历改元(1573)癸酉仲秋望日赐进士出身翰林院编修文林郎同修国史治下东阿于慎行顿首叙"。③ 万恭为隆、万间名臣,隆庆六年(1572)春,以兵部左侍郎兼都察院右金都御史总理邳州运河河道,治水三年,功绩颇著,竟以言者劾罢。著名经济史学家、明代赋役制度的世界权威梁方仲先生曾称赞《洞阳子集》"书中于一条鞭法推行于作者乡梓之情形屡有论及,足以补史传之阙,诚为不可多得之材料"④,"其价值又非后出史料之可以比拟也"⑤。所可注意者,于慎行此时踏入仕途不久,年不过而立,位不过编修,而万恭以一时才臣、三品大员,独独请还在家居中的于慎行为其作序,这事情本身就足以说明万恭对于氏不凡的经济之才的独具只眼。仅仅以此后于慎行与一条鞭法发生极其密切之关联的人

① 钱谦益:《列朝诗集小传》丁集中《于阁学慎行》,上海古籍出版社1983年版,第547页。
② 于慎行:《谷城山馆文集》卷三十四《与抚台宋公论赋役书》,《四库全书存目丛书》集部第148册,齐鲁书社1997年版,第184页。
③ 参见黄仁生:《日本现藏稀见元明文集考证与提要》,岳麓书社2004年版,第160—164页。
④ 梁方仲:《跋〈洞阳子集〉——兼论明隆万间江西一条鞭法推行之经过》,梁方仲:《明代赋役制度》,中华书局2008年版,第270页。
⑤ 梁方仲:《跋〈洞阳子集〉——兼论明隆万间江西一条鞭法推行之经过》,梁方仲:《明代赋役制度》,中华书局2008年版,第281页。

生轨迹来看,他也的确是为万恭《洞阳子集》作序的不二人选。

万历三年(1575),知县白栋在于慎行家乡东阿县推行一条鞭法,收到显著效果,成为明代中后期山东实施一条鞭法之最有影响者。"白栋一条鞭法,将赋役合并,力差改为银差,取消大户头役。地既计亩征银,又计亩分摊差银,人丁则只征差银。"①于慎行曾于隆庆五年(1571)八月至万历元年(1573)四月间第一次归隐家居,期间,与隆庆六年(1572)莅任的白栋结交,所以知之甚晰。于慎行是白栋推行一条鞭法最早的关注者和最有力的宣传者,其著述对此有多处忠实的反映,尤其是他在修撰的《东阿县志》、《兖州府志》中为白栋立传,大加称颂。在晚年所作《平阴姚侯役法记》中,于慎行深情追忆道:

> 此吾大夫白公法也。邑人向其利而祝之三十稔矣,今乃及于邻邑,长世之泽,固有待而兴与！夫利不百不变法,功不十不易器,有是言也。然而以书为御,不尽马之情;胶柱而弦,不尽瑟之用。故曰:制国有常,利民为本,则通变而宜之矣。②

于氏早已敏锐地预见到一条鞭法作为赋役史上的重大变革所包蕴的巨大历史意义。据《东阿于文定公年谱》,万历五年(1577),"二月,请定东阿条编法于朝"。原注:

> 给舍光公懋言条编作苦,及阿令白栋。先生为直于江陵,言:"光居瀕海,自苦条编耳。阿甚便,令甚贤。"令乃安。省中刺县令,不至量移,亦奇觏云。③

户科都给事中光懋是当时反对一条鞭法的代表人物之一。他早在万历四年(1576)八月,即曾上《条议八事》疏,对一条鞭法进行种种指责。《明神宗实录》卷五十八载光懋万历五年(1577)正月辛亥之上疏,但未录于慎行向张居正所辩白之言,故此事不为世人所知。光懋此疏选择白栋下手,对一条鞭法攻击不遗余力,甚至不惜施以诬辞。其云:

---

① 唐文基:《明代赋役制度史》,中国社会科学出版社1991年版,第307页。

② 于慎行:《谷城山馆文集》卷十三《平阴姚侯役法记》,《四库全书存目丛书》集部第147册,齐鲁书社1997年版,第462页。

③ 邢侗编纂,阮自华撰述:《东阿于文定公年谱》卷一,《山东文献集成》第1辑第10册,山东大学出版社2006年版,第625页。

> 至嘉靖末年,创立条鞭,不分人户贫富,一例摊派,不论仓口轻重,一
> 并夥收。……然其法在江南犹有称其便者,而最不便于江北。如近日东
> 阿知县白栋行之山东,人心惊惶,欲弃地产以避之,请敕有司,赋仍三等,
> 差繇户丁。并将白栋纪过劣处。①

这是继条鞭运动反对派主将葛守礼于隆庆元年(1567)上《宽农民以重根本
疏》之后,又一篇反对一条鞭法较为系统的代表作品。光懋以退为进,区别南
北方以论一条鞭法。张居正后来拟旨说:"法贵宜民,何分南北? 各抚按悉心
计议,因地所宜,听从民便,不许一例强行。白栋照旧策励供职。"②"这对正在
积极阻止条鞭运动由南而北的反对派来说,的确是及时地给了他们当头一
棒"③。据《东阿于文定公年谱》,此年六月,"令白公栋行取至都,擢御史"。
原注:"得白也。"④白栋的仕途升迁,部分原因显然是由于于慎行在张居正面
前的揄扬。白栋受光懋弹劾一事,是全国的赋役制度正当全面改革的前夜,条
鞭运动反对派与赞成派之间展开反复较量的一个集中反映。由于出身东阿,
掌握第一手资料的于慎行在此次事件中俨然成为赞成派的中坚之一,他的意
见更坚定了张居正在更大范围内推行一条鞭法的信心。

梁方仲先生在《明代一条鞭法的论战》一文中论及光懋对白栋之弹劾一
事时说:

> 按光懋对白栋之弹劾,实为诬告。……

今按《东阿县志·里甲》所载:

> 自邑侯白公定条鞭之法,民治苏息。朱公(应毂,万历九年任)减里
> 甲之费,民亦乐业。此何异于解倒悬而置之衽席之上耶? 行之数年,其归
> 业者万有余计。

同书《贡赋》云:

---

① 《明神宗实录》卷五十八"万历五年正月辛亥"条,台湾"中央"研究院历史语言研究所
1962年版,第1338页。

② 《明神宗实录》卷五十八"万历五年正月辛亥"条,台湾"中央"研究院历史语言研究所
1962年版,第1339页。

③ 张国华总主编:《中国法律思想通史》(三),山西人民出版社2001年版,第323页。

④ 邢侗编纂,阮自华撰述:《东阿于文定公年谱》卷一,《山东文献集成》第1辑第10册,山
东大学出版社2006年版,第626页。

　　　　自条鞭之法行，则夏税、秋粮、均徭、带征，确有定额。里胥无由飞洒，
　　奸豪无从规避，简易均平，尤为不刊之论也。

《均徭》云：

　　　　自条鞭法，而里胥无科派之扰；邑侯朱公又役而通融之。补偏救弊，
　　因时化裁，取民有制，额外无需，官不废事，民不知差，岂不諰諰乎硕画
　　也哉！

河道内所载，大意略同。山西《榆次县志·赋役》，亦载张鹤腾之言曰：

　　　　条鞭之法，始于大理白公栋，创之东阿。后司国计者以为便，遂著为
　　令甲。山陬海澨，罔不尽然，一囊于此法。

以上记载，可以尽推翻光懋的谰言。①

这是对白栋推行一条鞭法的历史性贡献的有力肯定。梁先生在文中未指明所
征引《东阿县志》的具体版本。于慎行第二次家居期间，曾与同乡挚友孟一脉
通力合作，于万历八年（1580）五月至九年（1581）三月，历时十月，修成《东阿
县志》十二卷。此志今已亡佚，然清康熙四年（1665）、康熙五十六年（1717）、
道光九年（1809）三度重修，仍保存了相当一部分于、孟旧志的内容，上述三种
重修县志今俱有传本。据重修诸志中文字，可以知道于慎行、孟一脉两人当年
修志时各有分工，其中，里甲、贡赋、均徭、河道等部分所属的《赋役志》为于氏
所作。然查阅今存重修诸志，俱未载梁先生所征引原文。考白栋、朱应毂先后
于隆庆六年（1572）—万历五年（1577）、万历五年（1577）—万历十一年
（1583）间出任东阿县令，政绩颇著。引文热情洋溢，透露着强烈的时代气息，
其中"白公"、"朱公"云云，显系出自他们的友人于慎行的手笔。这样说来，梁
先生所征引的，正是一向被学术界认为久已亡佚的于、孟《东阿县志》。数十
年光阴过去，这本珍贵的志书未知尚在天壤间否？

　　张居正于万历九年（1581），在清丈田地完成后，立即在全国范围推行一
条鞭法。至此，这项酝酿于明中叶的重大改革，历经百余年时行时止的命运，
最终被定为国策，作为经济改革的重头戏完全推广开来。这"意味着中国封

────────────

① 梁方仲：《明代一条鞭法的论战》，梁方仲：《明代赋役制度》，中华书局 2008 年版，第
116—117 页。

建社会长期以来施行的赋税与劳役分别征收的传统制度在明后期发生了根本变化,而且,计亩征银的规定,使赋役的征收转向了货币化,这是中国赋役制度史上的一个重要进步"①。而于慎行也在万历八年(1580)、九年(1581)间,在故乡目睹一条鞭法的实施后,以他的良史之才,在《东阿县志》这部被时人誉为"千百年之信书"②的名志中,对一条鞭法不遗余力地加以肯定和赞美。可惜此后的重修诸志中仅仅保存了小部分相关原文。尽管如此,我们今天读来,犹能感受到当时时代脉搏的跳动,想象出正值壮年的作者满腔忧国爱民的情怀。表面上,于慎行是以抵牾张居正而家居,但事实上,作为卓有远见的北方官员,他仍以在野之身,对张居正改革特别是一条鞭法一以贯之地大力支持,因此及时地为其作了舆论上的热情肯定和宣传。于氏以自己的切身行动,成为张居正改革的重要羽翼,其推动之功,实不可没。

万历十九年(1591),于慎行在第三次家居期间,应时任都察院右副都御史巡抚山东宋应昌的咨询而作《与抚台宋公论赋役书》。在这篇洋洋洒洒、长达2000余字的书信中,于慎行"先言条鞭之名,后言敝邑之所谓便,他邑之所谓不便,而后及其法之当否"。于氏关于一条鞭法的概括,在当代引起相关学者的广泛关注。他说:

> 夫条鞭者,一切之名,而非一定之名也。如粮不分厫口,总收分解,亦谓之条鞭;差不分户,则以丁为准,亦谓之条鞭;粮差合而为一,皆出于地,亦谓之条鞭;丁不分上下,一体出银,此丁之条鞭;地不分上下,一体出银,此地之条鞭。其名虽同,而其实不相盖也。③

黄仁宇先生在《十六世纪明代中国之财政与税收》中分析道:

> 在16世纪70年代,于慎行(1545—1607)指出一条鞭法是一个笼统的术语,而没有明确的定义,他认为其可以是如下的任何一项或者几项:(a)丁不分上下,一体出银,(b)粮不分仓口,总收分解,(c)差不分户,则

---

① 张显清、林金树主编:《明代政治史》,广西师范大学出版社2003年版,第852页。

② 郑廷瑾增修,苏日增增纂:《(康熙)东阿县志》卷首贾三近《东阿县志原序》,清康熙五十六年(1717)刻本。

③ 于慎行:《谷城山馆文集》卷三十四《与抚台宋公论赋役书》,《四库全书存目丛书》集部第148册,齐鲁书社1997年版,第185页。

以丁为准,(d)粮差合而为一,皆出于地。因此没有必要为满足对一条鞭法的描述,而让税收改革来符合所有这些条件。于慎行的观点最近被当代学者重复引用。梁方仲认为一条鞭法的内容也有"精粗深浅的不同",而费正清则声称一条鞭法"不过是一种合并的趋势"。①

黄先生对于慎行的说法给予了充分的肯定。(按:《与抚台宋公论赋役书》当作于万历十七年(1589)六月至二十年(1592)四月宋应昌山东巡抚任内,黄先生将此信写作时间上移至16世纪70年代,实误。)于慎行的这一描述表明"在很长的一段时间内,条编(鞭)是一种时髦的用语。在赋税改革中的应用面很宽"②,盖因各地方的赋役制度改革,各具针对性,往往就其最严重的弊端而施以改革,故虽同称"条鞭",而其实内容不一。于氏的"这个说法是符合隆、万期间无处不言条鞭的时代精神的"③。

于慎行在信中接着分析"敝邑所谓条鞭者":

> 税粮不分廒口,总收起解;差役则除去三等九则之名,止照丁地编派;丁不论贫富,每丁出银若干;地不论厚薄,每亩出银若干;上柜征收,招募应役,而里甲之银附焉。此敝邑条鞭之略也。

在此基础上,于慎行进一步对东阿县实施一条鞭法的情况晰言利弊。他认为首先产生了"不坐头役"、"不佥大户"、"不应里甲"、"不审均徭"等四方面的便利,即"官出银雇役、大户免除妄费、解消见年里长、无诡寄请托"④,这事实上是相对平均和减免了民众的赋役负担,也减免了民众的实际科差。于慎行注意到一条鞭法也产生了新的社会问题:由于"今去其门银,而以地银易之。惟计其产,不科其赀",导致"农病而逐末者利",由于"上八则人户旧有丁银、门银,今去其门银,令丁银与上八则等,而易以地银",导致"下户病而中人以上利"。只按田亩数、丁数来一体征收这一事实反映了国家编征徭役的重心已从户丁转向田亩,增派的徭役主要落在土地所有者身上。

---

① 黄仁宇著,阿风、许文继、倪玉平、徐卫东译:《十六世纪明代中国之财政与税收》,生活·读书·新知三联书店2001年版,第150—151页。

② 项怀诚主编,陈光焱著:《中国财政通史》(明代卷),中国财政经济出版社2006年版,第20页。

③ 张德信:《明朝典章制度》,吉林文史出版社2001年版,第362页。

④ 樊树志:《中国封建土地关系发展史》,人民出版社1988年版,第479—480页。

于慎行还对照山东"滨海斥卤之地"、"荒弃不耕之地",指出"敝邑所为称便者,在四弊之除而地无荒弃也;他邑所为不便者,在四弊之未除而地有荒弃也"。于慎行还具体分析了山东州邑中,"他邑之不便者,皆如敝邑之称便,则不必照地,亦自可行"的情况。他特别强调:"敝邑所以至今称便者,以十余年来长吏皆得其人,能润色而损益之也。设或不然,岂能无弊?"并解释了其中原因。于慎行还出入古今,在将"条鞭之法"与"古今旧制"加以比较后,断言:"条鞭之法,其善如彼,而名义之间,乃有谬于古而悖于今者。"当然,他也不忘指出:"统论此法,便于南者多,便于北者少;便于粮者多,便于差者少。"①这是洞见到一条鞭法主要是依据江南地区的情况制定的,南北经济情况及赋役制度存在着差异。于氏最后在信中向宋应昌表达了希望能将东阿县推行一条鞭法的经验加以推广的意愿。其见解考虑周详,条分缕析,最为平允切实。此信收入于氏《谷城山馆文集》第三十四卷中,是古代经济史上的著名文献,明末张萱将此全文移录其史著《西园闻见录》中。黄仁宇《十六世纪明代中国之财政与税收》未追溯其来源,据此征引。

于慎行于万历二十三年(1595)七月,历时三年,纂成名志《兖州府志》五十二卷。明代自洪武十八年(1385)以来,东阿一直隶属兖州府,故兖州既是孔孟故里,又是于慎行的家乡。其境内州邑是一条鞭法相对先行且成绩较著的地方。故于氏《兖州府志》中,尤其是卷十四《田赋志》、卷十五《户役志》对一条鞭法的记述剀切而翔实。其中说:"国朝赋役之制,本唐人租庸调之法。……积习既久,弊端渐生,于是一二有司更为条鞭之法,以为画一之制,见谓改弦易器,耳目一新。"②《兖州府志》因在清中期后曾一度失传,故被人注意不多。顾炎武在其名著《天下郡国利病书》中,用最重要的篇幅来探讨赋役条鞭问题,山东地区又是他写得最精彩的全国省区之一。故此书大幅采录于氏《兖州府志》的文字,并赞誉"条编法,《兖州志》论之晰矣"③。于氏《兖州府

---

① 于慎行:《谷城山馆文集》卷三十四《与抚台宋公论赋役书》,《四库全书存目丛书》集部第 148 册,齐鲁书社 1997 年版,第 187 页。

② 于慎行:《兖州府志》卷十五《户役志》,齐鲁书社 1985 年版。

③ 顾炎武:《天下郡国利病书》不分卷《山东下·东昌府志·户役论》,《四部丛刊三编》第 152 册,上海商务印书馆 1935 年版。

志》对"条编"的定义与《与抚台宋公论赋役书》大同小异。梁方仲先生对此高度称赞："由此我们可以知道《兖州府志》'户役论'所说的话,一点也不错"①,"这种广义的看法,对于条编内容的了解甚有裨益,诚不失为通论"②。

不宁唯是,于慎行还纵观千古,洞悉情势,考溯一条鞭法的历史来源。如说:

> 杨炎两税之法,即今之条编也。③

> 南唐,按民田以肥瘠,定税、调兵、兴役及他赋敛,皆以税钱为准,民间便之,此江南条鞭之法所由始也。④

> 熙宁新法,有必不可罢者,免役是也。苏轼、范纯仁皆力请复行,而司马公坚欲罢之,迄不肯从。安石闻而惊叹曰:"此法终不可罢。"见确矣!此即近代条编之法,所在多所举行,民间亦甚称便,行之得宜,亦法之善者。当时士大夫不能虚心讲究,直以相胜为功,亦迂而且偏哉!⑤

> 盖有户有口,三代以来至于今日,未有之改也,以丁为户,惟蒙古、西域之俗为然,而近日条鞭之法,不分户,则止以见丁制役,是亦以丁为户之法矣。然行之甚便,而上下相安,何也? 古今之宜亦有不同,而时变所趣,岂可以旧识胶固耶?⑥

于慎行描述由唐以降历代赋役制度的沿革,对一条鞭法溯源穷委,历历如在目前,显示出宏大的历史视野和强烈的变通意识。黄景昉《国史唯疑》即援引于氏相关言论。

另外,关于赋税是以实物形式(本色)还是以货币等形式(折色)缴纳的问题,于慎行主张以货币税为主,在考虑百姓便利的情况下,适当参以实物税。

---

① 梁方仲:《一条鞭法的名称》,梁方仲:《明代赋役制度》,中华书局 2008 年版,第 8 页。

② 梁方仲:《释一条鞭法》,梁方仲:《明代赋役制度》,中华书局 2008 年版,第 102 页。

③ 于慎行撰,吕景琳点校:《谷山笔麈》卷十二《赋币》,王琦撰,张德信点校;于慎行撰,吕景琳点校:《寓圃杂记 谷山笔麈》,中华书局 1984 年版,第 137 页。

④ 于慎行撰,吕景琳点校:《谷山笔麈》卷十二《赋币》,王琦撰,张德信点校;于慎行撰,吕景琳点校:《寓圃杂记 谷山笔麈》,中华书局 1984 年版,第 138 页。

⑤ 于慎行著,黄恩彤参订,李念孔等点校:《读史漫录》卷十二《宋神宗至徽钦》,齐鲁书社 1996 年版,第 441 页。

⑥ 于慎行撰,吕景琳点校:《谷山笔麈》卷十二《赋币》,王琦撰,张德信点校;于慎行撰,吕景琳点校:《寓圃杂记 谷山笔麈》,中华书局 1984 年版,第 138 页。

他说:

> 汉、唐后法,民有口赋,计口输钱,即今之丁银,至于租税之类,皆以谷
> 帛䌷绢等物输之于官,不尽取钱也。今别税银、差役,皆纳银钱于官,不准
> 本色,民间以谷绵布绢贱卖取银,其费倍称。如有司肯从民便,除起运钱
> 粮折色上纳,其余存留钱粮及银差工食,许以谷布等物随有上纳,纳时必
> 贱,少过数月,其价已长。民间无贱卖之累,官方有美余之积,亦赋役中之
> 平准也。惜其以避忌之心,踵因循之政,无能开其端者耳。①

赋役货币化,自然是赋税制度史的必然发展趋势。但于慎行的建议充分考虑
了如何在赋役折银的过程中,避免出现百姓遭受剥削而"以谷绵布绢贱卖取
银"的情况,以及南北方各地不同的经济发展程度,无疑较为稳健融通,更能
反映当时特别是北方一带民众的疾苦,这也能够有力堵塞部分反对派对一条
鞭法一概征银纳税加以责难的悠悠之口。

终其一生,于慎行从实践和理论两方面,始终对一条鞭法保持着高度的关
注。明清史籍对一条鞭法在各地的施行情况,向来缺少系统的论述。像于慎
行这样在其著述中不仅详尽地记载明后期东阿乃至兖州一地实施一条鞭法的
具体情况,对于涉及的时、地、人都有明确的交代,而且以其深刻的洞察力纵论
一条鞭法的利弊及其所由从来,在明清两代是很少见的,殊为难能可贵,足以
见出其不同寻常的经世之才。比较推行一条鞭法最有功的人——张居正对一
条鞭法的看法,于慎行与之相近而更为系统全面,两人可谓英雄所见略同。

于慎行全面拥护张居正的改革,但对于具体改革措施在地方的施行,则能
根据实际情况,坚持自己的政治理念,作出独立判断,而非亦步亦趋,画地为
牢。据《东阿于文定公年谱》,万历九年(1581)七月,于慎行第二次家居期间,
正值"邑大算田"。原注:"江陵欲明其俭,其子修撰发宗党之诡寄者,许罚若
干。有诏量天下田,法甚峻,所在告没。令朱公甚忧之。先生乃昼,得不
扰。"②张居正雷厉风行,清丈全国田地,共查出二亿多亩隐漏的土地,严厉打

---

① 于慎行撰,吕景琳点校:《谷山笔麈》卷十二《赋币》,王琦撰,张德信点校;于慎行撰,吕
景琳点校:《寓圃杂记 谷山笔麈》,中华书局 1984 年版,第 137 页。

② 邢侗编纂,阮自华撰述:《东阿于文定公年谱》卷一,《山东文献集成》第 1 辑第 10 册,山
东大学出版社 2006 年版,第 642 页。

击了豪强地主,扭转了财政亏损,功绩巨大,自不待言。但在政策实施时难免行之过急,导致部分地方有扰民的行为,于慎行为东阿百姓请命,因有此举。这件小事有助于我们加深对于氏作为张居正改革阵营稳健派的形象的认识。

二、于慎行与张居正的关系

于慎行的著作对自己因反对张居正夺情而致离职归隐一事既闪烁其词,时人的记载又皆语焉不详,典型者如汤宾尹称:"公为翰林也十余年,向用且及,而以不得意于江陵,乃投病以去。"①事实上,张居正夺情作为万历朝的重大政治事件,对后来朝政产生极其深远的影响,不仅是张居正本人政治生涯的转折点,也成为于慎行仕途的一个分水岭。于氏在夺情事件中的表现及此事件的始末,在《东阿于文定公年谱》中得到充分展现,可补历来史书记载之缺失。

万历五年(1577)九月,张居正父亲在家乡去世。张居正担心失去权位,不愿按照传统伦理规范回家守制。少年神宗降谕慰留,这也是两宫皇太后的意见。张居正夺情事起后,几于"无人不保,举朝如狂"②,于慎行闻知,即通宵草疏,并随王锡爵及同馆诸公为先行上疏的吴中行、赵用贤二人向张居正求情,居正声色俱厉,慎行不为所慑。又"见义勇为,持礼教、情理、名节、俗化四大端"③,偕同年僚友赵志皋、张位、习孔教、张一桂、田一俊、李长春等六人具疏反对。当有旨杖吴中行、赵用贤并削籍后,同馆诸公皆惴惴不安,于慎行独曰:"知无益二君,抑于国家益乎?"遂更服入,适遇同馆朱赓于朝,偕行至端门,而吴、赵已拜杖出。于慎行怒,疾至会极门拜疏。时司礼监秉笔太监冯保遣语阁臣吕调阳云:"幸犹未达,中有二讲官(按:指于慎行和张位)在,当作何等处? 即不报,无乃难上?"其疏遂寝。于慎行出,即投疏揭于张居正。张居正原以为诸馆职皆殿阁官属,容易对付,及"闻诸正议皆馆士,知实始先生

---

① 汤宾尹:《睡庵稿》文集卷九《于谷山先生六十寿序》,《四库禁毁书丛刊》集部第63册,北京出版社1997年版,第144页。
② 沈德符:《万历野获编》卷八《内阁·攻保公疏》,中华书局1959年版,第221页。
③ 于慎行:《请许张居正奔丧疏》附按语,周竹生修,靳维熙总纂:《(民国)续修东阿县志》卷十三《艺文志上》,《中国地方志集成·山东府县志辑》第92册,凤凰出版社2004年版,第348页。

（按：指于慎行），乃遣索代草"。于慎行乃"献草于张庐"。居正读毕称善，熟视慎行云："可远，予大望卿，卿大器，亦随人为难耶？"于慎行正容对曰："相公爱行甚深，期之甚大，所为佐末议者，念相报耳。"居正艴然。① 这是于慎行第一次身陷政治斗争的漩涡中心。

夺情事件后，张居正更加注重打击对立面，"异己者率逐去之"②。不到一月时间，与于慎行同主反对夺情的馆阁诸君子赵志皋、张位、习孔教等即在十一月的内计中相继迁谪。张居正对于慎行的表现虽大为不满，但似仍有所期待，因此软硬兼施，"谓先生年少易制耳，又讲官难径削，姑置以待"③，慎行乃得免于贬官。但万历六年（1578）二月，大礼加恩，于慎行以讲官本拟进一阶，因张居正作梗而中罢。《东阿于文定公年谱》谓："罢者，有罢之也，元辅衔先生甚。"④次月，于慎行请假归家改葬父兄，而张居正当时固欲夺情，但难于讼言，因乞请假治丧。于氏正于此时作请假改葬语，张居正因此大疑之，"瞠目曰：'上方向学，讲臣何得便己私，不过用恬退博名高耳。'不许"⑤。次年三月，于慎行称疾，得旨准回籍调理，四月归乡里。

于慎行家居期间，大约张居正也间接情人向他表示了善意，但他委婉地加以拒绝："情知相府常开阁，可奈书生自闭关。珍重故人相问讯，已甘萝薜老红颜。"⑥万历十年（1582）六月，张居正积劳成疾，死于任上。消息传来，于慎行摒弃前嫌，满怀悲痛地写下《祭太师张文忠公文》：

> 胡契于公，亲加被濯。简自词垣，参诸讲幄。俾以微忠，启心上沃。
> 既遂门墙，屏居丘海。阙奉音徽，于今四载。……所不忘公，惟寸心

① 邢侗编纂，阮自华撰述：《东阿于文定公年谱》卷一，《山东文献集成》第 1 辑第 10 册，山东大学出版社 2006 年版，第 632 页。

② 张廷玉等：《明史》卷二百十八《申时行传》，中华书局 1974 年版，第 5747 页。

③ 邢侗编纂，阮自华撰述：《东阿于文定公年谱》卷一，《山东文献集成》第 1 辑第 10 册，山东大学出版社 2006 年版，第 632 页。

④ 邢侗编纂，阮自华撰述：《东阿于文定公年谱》卷一，《山东文献集成》第 1 辑第 10 册，山东大学出版社 2006 年版，第 634 页。

⑤ 郑廷瑾增修，苏日增增纂：《（康熙）东阿县志》卷七《人物志下·明人物志补遗》，清康熙五十六年（1717）刻本。

⑥ 于慎行：《谷城山馆诗集》卷十二《答客书劝还阙》，《山东文献集成》第 3 辑第 25 册，山东大学出版社 2009 年版，第 583 页。

在。……含情未吐，负义实深。九京不作，宁知我忧。……悼往怀知，有泪如雨。①

这是其肺腑之言，对张居正的感激之情溢于言表。于慎行"悼往怀知"，在为张居正的赍志以殁而痛惜不已的同时，恐怕也已隐隐预感到一场政治风暴即将来临。张居正多年操持大权，以卓荦恢张之才，重法令，行法治，政事有时未免过于操切，一旦身亡，朝野各种政治势力遂纷纷活动，重新洗牌。由于张居正威权震主，神宗深有被夹持之感，积愤不堪，因此决意报复。原先曾受张居正打压迫害者特别是一些改革的反对派被压抑已久的情绪亦爆发出来，酝酿成一股要求清算张居正的凶猛浪潮。因为夺情事件，于慎行被朝议认为已与张居正阵营决裂而大受好评，得以于万历十一年（1583）正月补日讲官，二月正式复出。但对其本人来说，"为国而摘知己"②，实在是异常艰难痛苦的抉择。

万历十一年（1583）三月，命夺张居正赠官。八月，追夺张居正谥号。次年（1584）四月，诏令查抄张居正家产。八月，榜列张居正罪状。当时，负责籍张居正家的是刑部右侍郎丘橓。丘橓于慎行为乡前辈，其为人强直好搏击，与张居正不协。在当时朝廷否定张居正及其改革的严峻形势下，士大夫们推波助澜，鲜有人敢为张居正作平情之论。时已迁左春坊左谕德兼翰林院侍读的于慎行乃致信规劝丘橓，希冀其能宽大为怀，有所保全。此信"词极恳挚"③，"洋洋千言，是传诵一时的文字"④。其中说：

生行滥竽词林，阅有年岁，江陵始末，皆所目睹。其殚精毕智，勤劳于国家，与其阴祸深机，结怨于上下者，皆颇能窥其大概，而未易更仆数也。当其柄政之时，举朝争颂其功，而不敢知其过。至于今日既败，举朝争索其罪，而不敢举其功。皆非其情实也。……然主上愤结之日久矣，又有积怨于海内，一欲有所出之，其是非功过，卒难别白。且方此其时，论亦未

① 于慎行：《谷城山馆文集》卷三十二《祭太师张文忠公文》，《四库全书存目丛书》集部第148册，齐鲁书社1997年版，第142页。
② 于慎行著，黄恩彤参订，李念孔等点校：《读史漫录》卷三《西汉》附评语，齐鲁书社1996年版，第87页。
③ 张廷玉等：《明史》卷二百十七《于慎行传》，中华书局1974年版，第5738页。
④ 朱东润：《张居正大传》，百花文艺出版社2000年版，第445页。

定也。

……其平生显为名高而阴为厚实,以法绳天下而间结以恩。故其交深密戚则有赂,路人则不敢。债帅钜卿,一以当十者则有赂,庶吏则不敢。得其门而入者则有赂,外望则不敢。此其所入亦有限矣。且此老以盖世之功自豪,固不肯甘为洿鄙,而以传世之业期其子,又不使滥有交游。其所通关窃借者,不过范登、冯昕二三鼠辈,而其父弟家居,或以其间隙微有网罗,如此而已。则所入亦有限矣。

……今直捕空投虚,何以称塞上命,从而根究株连,全楚公私,重受其累,是江右之已事也。……江陵太夫人在堂,年八十,老矣。累然诸子,皆佻侥书生,不涉世事。籍没之后,一簪不得著身,必至落魄流离,无所栖止,此行道所为酸楚而士类伤心者也。望于事宁罪定,国法已彰,悯其孤嫠,存其血食。或为之疏请于上,乞以聚庐之居;或为之私谕有司,悯以立锥之地,使生者不至为栾、郤之族,而死者不至为若敖之鬼,亦朝廷帱盖之仁也。……生行叨尘馆局,尝受江陵知遇。已而偶有愤激,得过知己,窃不胜愧悚,自屏于田野之间,仅而获免。然当其得过之时,亦曾与相知有言,以为今日阿附相公之人,他时必至负义;今日触忤相公之人,他时必不忘德。乃今坐观其败,而不能吐一言半辞,以酬心许,私衷又愧之,幸而老伯在事,得以进言,冀有万分之一,可以保全其后。此上存圣朝之恩厚,而下以为使节之光也。①

此信“对官场的人情世故、世态炎凉刻画得鞭辟入里,流露出一派凛然正气”②,字里行间寄寓着对张居正改革政亡人息的结局的深深惋惜和同情。这

---

① 于慎行:《谷城山馆文集》卷三十四《与司寇丘公论江陵事书》,《四库全书存目丛书》集部第 148 册,齐鲁书社 1997 年版,第 182—184 页。《请许张居正奔丧疏》和《与司寇丘公论江陵事书》为揭示于慎行与张居正之间关系的两篇最重要文献。明清两代,各类史书笔记对《与司寇丘公论江陵事书》多有记载,至于《请许张居正奔丧疏》则从未见人征引。《(民国)续修东阿县志》云:“读前疏(按:指《请许张居正奔丧疏》),知公持义也正;读此书(按:即《与司寇邱公论江陵事书》,《谷城山馆文集》卷三十四收录,标题作《与司寇丘公论江陵事书》),知公钟情也深。公义私恩两无遗憾,公可谓有明一代之完人矣。”参见于慎行:《上籍江陵使者少司寇邱公书》附按语,周竹生修,靳维熙总纂:《(民国)续修东阿县志》卷十三《艺文志上》,《中国地方志集成·山东府县志辑》第 92 册,凤凰出版社 2004 年版,第 351 页。

② 樊树志:《万历皇帝传》,凤凰出版传媒集团、凤凰出版社 2010 年版,第 138 页。

种诚挚的感情、真实的心迹，也只有曾是张居正改革阵营中的成员才会如此自然流露。明末高汝拭云："此书词核义正，关国家大体，惜乎丘之不纳也。当江陵府权，四方士不指而响臻，不齿而献媚，慎行独以角忤去。其失势，莫不操戈下石。独若至亲密友，力为维救，意恳词肫，其人不可想见哉！"①高汝拭去于慎行时代不远，他显然明了于氏与张居正之间非同寻常的亲密关系。清刁包《斯文正统》著录于氏《上月林丘司寇书》（按：即《与司寇丘公论江陵事书》），评曰："读此书，功罪较然，是实录，亦是定案。至后来存恤一段，高谊更足千古。"②于慎行信中所言，虽然"时论韪之"③，产生较大的社会反响，但可惜丘橓最后仍将其置之不理。过于严苛的抄家之举，致使张居正家属蒙受大难：长子自尽，其他子孙俱发配戍边。而张居正的改革成果除了清丈田地仍在进行，一条鞭法仍在执行外，其余大部分付之东流。

于慎行晚年著《读史漫录》，对张居正的这种知遇之感犹时时形诸笔端。如云：

> 嗟夫！士之坏于知己者，亦不少矣。蔡中郎之于（董）卓，荀文若之于（曹）操，不以其知己邪？徇其知己，身名两败，可胜惜哉！然则于此奈何？曰：匡之以正，而救其失，不可，则早自贰焉，无忘其报可也。④

这显然是有所感而发的。清人黄恩彤在参订《读史漫录》时多次敏锐地指明这一点。当年上疏反对张居正夺情的名臣邹元标在其《恳赐归田疏》中说："且臣昔疏亦尝伟其（按：指张居正）才，嘉其志，后在掖垣疏中，亦言人情反覆。大学士于慎行大为击节。"⑤邹元标对张居正能有如此看法，于氏自然击节赞赏。于慎行晚年家居时，冯琦曾来信云："一切处分颇觉恇扰，举棋不定，当局者迷，新郑、江陵，安可复得！自祖宗来，未有君臣隔绝，人才缺乏如今日

---

① 高汝拭辑：《皇明续纪三朝法传全录》卷二，《四库禁毁书丛刊补编》第10册，北京出版社2005年版，第660页。

② 刁包辑：《斯文正统》卷十于慎行《上月林丘司寇书》附评语，《四库全书存目丛书补编》第34册，齐鲁书社2001年版，第440页。

③ 张廷玉等：《明史》卷二百十七《于慎行传》，中华书局1974年版，第5738页。

④ 于慎行著，黄恩彤参订，李念孔等点校：《读史漫录》卷十一《宋艺祖至英宗》，齐鲁书社1996年版，第400—401页。

⑤ 邹元标：《邹忠介公奏疏》卷五《恳赐归田疏》，《四库禁毁书丛刊补编》第23册，北京出版社2005年版，第409页。

者。蘖不恤纬,何得无忧也。"①张居正相业及其功过,于慎行自始至终都给予公正客观的评价,虽然到其晚年,对张居正的看法不免趋于严厉。冯琦所言,正当国家处于板荡之时,于于氏当也心有戚戚焉。张居正曾是于慎行仕途上的伯乐,两人虽未能自始至终保持亲密关系,但于氏能秉持公心,以德报怨,即使身处"倒张"浪潮中也不例外,可谓"仁尽义至"②,其一生正直忠厚,博大光明,风节凛然,亦不负当年张居正的识人之鉴,真足以慰其于九泉之下了。

神宗一心追仇张居正,他的态度直接左右了时人对张居正的评价,"终万历世,无敢白居正者"③,像于慎行这样的有胆有识之士,已是凤毛麟角。但是,正像张居正故宅上的题诗所云:"恩怨尽时方论定,封疆危日见才难"④,因为废弃了张居正改革而导致由治而乱、自我毁灭的明王朝欠自己的功臣一个交代。神宗一去世,两年后,即熹宗天启二年(1622),诏复张居正故官。思宗崇祯十三年(1640),张居正始获得彻底平反,恢复谥号,子孙袭职。这时,距张居正逝世已过去了将近 60 年,而明王朝也大势已去,快走到了它统治的尽头,可惜一切来得太晚。

三、于慎行论变法改制

于慎行第三次家居期间,著书不辍,对古今变法改制多有论述。他回顾平生,间接记录下曾经参加张居正改革阵营的心路历程。

于慎行的著述中自始至终贯穿着强烈的变通思想,他以变通的眼光来观察历史的发展趋向,认为这种认识对治理国家有着重要的意义。典型者如说:

　　然事有便利,不可不变通者。⑤

---

① 冯琦:《宗伯集》卷七十六《寄于谷峰宗伯》,《四库禁毁书丛刊》集部第 16 册,北京出版社 1997 年版,第 223 页。

② 高汝栻辑:《皇明续纪三朝法传全录》卷六,《四库禁毁书丛刊补编》第 11 册,北京出版社 2005 年版,第 35 页。

③ 张廷玉等:《明史》卷二百十三《张居正传》,中华书局 1974 年版,第 5652 页。

④ 朱彝尊著,姚祖恩编,黄君坦校点:《静志居诗话》卷十三《张居正》,人民文学出版社1990 年版,第 357 页。

⑤ 于慎行撰,吕景琳点校:《谷山笔麈》卷三《藩封》,王琦撰,张德信点校;于慎行撰,吕景琳点校:《寓圃杂记 谷山笔麈》,中华书局 1984 年版,第 24 页。

> 尝谓天下之事，有不可胶柱而谈者，因时制宜，在人所处耳。①

> 且夫礼有时而情有顺，古今异便，不可强也。②

> 事体局面，朝夕更易，不可执一时之见。……天下之事，有情形倏变而不可执泥者如此。③

> 穷则必变，与时宜之，亦其势然与？④

其精义有二：其一，于慎行将"变"看做是事物普遍具有的属性，而非仅仅关注于个别事物的变动。历史长河中没有一种永恒不变的东西，即使是礼也不能例外。其二，能够在变化观的基础上，原始察终注重历史的联系，以"通"的目光视之。于慎行虽然还不能揭示出历史发展的内在规律，但事实上否定了循环论和复古论的思想。

在此基础上，于慎行大胆地提出了变法改制的观点。如说：

> 夫利不百不变法，功不十不易器，有是言也。然而以书为御，不尽马之情；胶柱而弦，不尽瑟之用。故曰：制国有常，利民为本，则通变而宜之矣。⑤

> 先世之政，有可更改者，有不可更改者。……总之，事而有害于义，则损之益之，与时宜之，所谓善继人之志也；……⑥

> 官府每举一事，必称旧例，例之所有，虽觉其不宜，不得辄改；例之所无，虽知其甚便，不得轻开。此法守之所循，而事机之所以滞也。夫以文吏之守，而裁以迂儒之见，天下之受其弊者多矣！⑦

---

① 于慎行撰，吕景琳点校：《谷山笔麈》卷三《国体》，王琦撰，张德信点校；于慎行撰，吕景琳点校：《寓圃杂记 谷山笔麈》，中华书局 1984 年版，第 32 页。

② 于慎行撰，吕景琳点校：《谷山笔麈》卷十六《论略》，王琦撰，张德信点校；于慎行撰，吕景琳点校：《寓圃杂记 谷山笔麈》，中华书局 1984 年版，第 188 页。

③ 于慎行著，黄恩彤参订，李念孔等点校：《读史漫录》卷十二《宋神宗至徽钦》，齐鲁书社 1996 年版，第 456 页。

④ 于慎行：《兖州府志》卷十二《选举志上》小序，齐鲁书社 1985 年版。

⑤ 于慎行：《谷城山馆文集》卷十三《平阴姚侯役法记》，《四库全书存目丛书》集部第 147 册，齐鲁书社 1997 年版，第 462 页。

⑥ 于慎行著，黄恩彤参订，李念孔等点校：《读史漫录》卷四《东汉》，齐鲁书社 1996 年版，第 105 页。

⑦ 于慎行著，黄恩彤参订，李念孔等点校：《读史漫录》卷八《唐玄宗至宪宗》，齐鲁书社 1996 年版，第 295—296 页。

于氏以利民为本,衡之以义,认为陈法旧例,不必拘守,而应与时宜之,有所损益改革,兴利除弊。

于慎行回顾历史,对北宋时期两次重要的变法——庆历革新和熙宁变法议论尤多,他显然是借古喻今,有所寄托的。于慎行高度肯定范仲淹的庆历革新"所建白兴革,皆一代大典",对其变法内容一一评骘:

> 至是初令天下郡县皆立学校,以策论经书试士,尽罢帖括墨义,而取士之典正矣。……用欧阳修议,选择内外朝官为按察使,使巡行州县,遍见官吏,课其公帑无状,以朱墨别书,岁具以闻,察吏之典详矣。……他如立磨勘之法,以课劳绩,裁任子之恩,以清仕路,亦皆审官论材之要。至于宰相兼枢总军之大计,尤政事本原之所系也。

于慎行为庆历革新"后不能守"而深致惋惜,针对其因"有拂人情"而失败,指出:

> 夫事无大小,顾体与法何如,体法所在,虽人情未顺,行之既久,耳目相习,未有不可守者,患在以法之便否为人之去就,又以人之去就为法之兴革,而始终不可成矣。

于氏认为人情虽容易陷溺于习俗,但是可以顺导改变的,像范仲淹一样勇于任事,变法图强,才是从政者的师范。他因而批评宋儒"以规模阔大,更张无渐少之",其实是迂疏之见。①

在如何看待王安石变法的问题上,于慎行的评价要保守得多,但总体上仍给予积极的肯定。他一面囿于传统之见,不免说王安石变法"固多苛扰","如均输、方田、青苗、市易等法,乃桑、孔故智,固不可行",一面又肯定变法"利害相半,斟酌损益,可以施行者,未必尽非也"。"至于募役之法,即今之均徭,保甲之法,即今之坊保,保马之法,即今之种马,均税之法,即今之税粮,行之数百年,未见其弊。而以经义论策代辞赋之法,乃选士之良规,永为后法,则其所行,岂尽非哉。"②"熙宁新法,有必不可罢者,免役是也。"③于慎行大力推许王

①　于慎行著,黄恩彤参订,李念孔等点校:《读史漫录》卷十一《宋艺祖至英宗》,齐鲁书社1996年版,第410页。

②　于慎行著,黄恩彤参订,李念孔等点校:《读史漫录》卷十二《宋神宗至徽钦》,齐鲁书社1996年版,第426页。

③　于慎行著,黄恩彤参订,李念孔等点校:《读史漫录》卷十二《宋神宗至徽钦》,齐鲁书社1996年版,第441页。

安石所推行的免役法、保甲法、保马法、均税法等部分变法措施"行之数百年，未见其弊"。他更对科举新法给予高度的评价，认为"经义之法至今遵用，安石于选举之制，可谓一开创矣"①。"此即近代积分之法也。……荆公此法甚善，宋人行之，甚著得人之效，恨今不能举尔。"②

于慎行分析王安石变法之所以失败，在于"安石行之太骤，而不问其难易，诸贤持之太急，而不察其便否，两相激而求为相胜，故至于误国尔"③。于氏虽对党争背景下的变法阵营和反对阵营各打五十大板，但更对反对阵营"不能虚心讲究，直以相胜为功"颇有微词，斥为迂偏之举，④而对于王安石的处境则抱同情的态度。宋代以来，从总体上看，王安石变法是被否定的，于慎行的观点，可以称得上是大胆而持平，后来的王夫之、颜元等先进人物也抱持相似的看法。

在这里，于慎行师法前贤、勇于变革的精神表露无遗。但是，基本上，于氏是一位老成持重、稳健有为的地主阶级改革派，对于变法，持十分慎重的态度。他说过：

> 故作事议法，在慎始尔。祖宗立法，皆有深虑，非有大坏极敝，不可私更，非谓变之难也，谓复之难也。⑤

> 天下事有大坏极敝，不能骤更者，非不欲变也，谓其难而有害也。⑥

> 夫变法非难，而不求法之所以变，则其源未杜，……⑦

---

① 于慎行撰，吕景琳点校：《谷山笔麈》卷八《选举》，王琦撰，张德信点校；于慎行撰，吕景琳点校：《寓圃杂记 谷山笔麈》，中华书局1984年版，第92页。

② 于慎行撰，吕景琳点校：《谷山笔麈》卷八《选举》，王琦撰，张德信点校；于慎行撰，吕景琳点校：《寓圃杂记 谷山笔麈》，中华书局1984年版，第92页。

③ 于慎行著，黄恩彤参订，李念孔等点校：《读史漫录》卷十二《宋神宗至徽钦》，齐鲁书社1996年版，第426页。

④ 于慎行著，黄恩彤参订，李念孔等点校：《读史漫录》卷十二《宋神宗至徽钦》，齐鲁书社1996年版，第441页。

⑤ 于慎行著，黄恩彤参订，李念孔等点校：《读史漫录》卷八《唐玄宗至宪宗》，齐鲁书社1996年版，第271页。

⑥ 于慎行著，黄恩彤参订，李念孔等点校：《读史漫录》卷十《五季》，齐鲁书社1996年版，第345页。

⑦ 于慎行著，黄恩彤参订，李念孔等点校：《读史漫录》卷十二《宋神宗至徽钦》，齐鲁书社1996年版，第442页。

因此,对待变法,一定要慎之又慎,当"求法之所以变",注意循序渐进,而不可以浅中浮气,姑为了事。

这样,于慎行虽然也指出像当时一条鞭法的实施一样,名义之间,可以一空依傍,"有谬于古而悖于今者"①,但在更多的时候,他从尊重历史传统的角度,主张"由古道而变今俗"②,认为"求治不可太速,疾恶不可太严,革弊不可太尽,用人不可太骤"③。这一方面固然表明于慎行对于历史传统所抱持的脉脉温情,另一方面则说明他的变法思想是不够彻底的,无法实现与旧传统的有效切割。但在晚明社会大坏极弊的形势下,于慎行意图通过相对温和的变革,在充分考虑社会的可承受程度、不至于激化各种社会矛盾的情况下,以循序渐进的手段,实现变法图强、起衰振堕的目的,仍是值得我们大加肯定的。

于慎行晚年在朝野万众瞩望中出山,其心中对一些重大的改革举措当已有所擘画。可惜勋业未竟,不及施展经纶手,其变法主张终于也只能托之空言。

第二节　于慎行与晚明党争

晚明时期是整个明代政治斗争最为激烈的阶段,突出表现为党争。被视为正直派的东林党与被视为邪恶派的齐、楚、浙、宣、昆党壁垒森严,纷争不已,后来又先后有阉党、复社等政治势力的加入,余波荡漾,一直至于明清易祚。晚明党争实际是不同的政治派别或政治利益集团之争,其斗争程度之惨烈,涉及人员之众多,持续时间之长久,均为历朝所无。身处当时国是纷纭、结党倾轧的官场中心,于慎行却能赢得朝野一致的尊重,以至"爰立命下,人无间言"④,一生清节无亏,几乎可以算是当时政坛的一个奇迹。宣党魁首汤宾尹

① 于慎行:《谷城山馆文集》卷三十四《与抚台宋公论赋役书》,《四库全书存目丛书》集部第 148 册,齐鲁书社 1997 年版,第 187 页。
② 于慎行:《兖州府志》卷十六《学校志》小序,齐鲁书社 1985 年版。
③ 于慎行撰,吕景琳点校:《谷山笔麈》卷六《琐言》,王琦撰,张德信点校;于慎行撰,吕景琳点校:《寓圃杂记 谷山笔麈》,中华书局 1984 年版,第 186 页。
④ 伍袁萃:《林居漫录》畸集卷二,《四库全书存目丛书》子部第 242 册,齐鲁书社 1995 年版,第 538 页。

盛赞:"相臣之难,盖难其人。其人伊何,道重名尊。稍不当心,议论攒之。如我于公,不党不伐。朝野同信,则死及之。"①陆树声称颂:"顾惟公际盛朝,历华贯雅,以文采风节表仪当世,而上不结知,下不植援,侃侃穆穆,得古大臣之度。"②于慎行殁后,赵用光赋诗哀悼:"世局纷纷何不有,当机迷乱傍观丑。总来不着更为高,到底输君真国手。"③可谓于氏生平的真实写照。于慎行是晚明政坛少数最少争议的历史人物之一,然其与晚明党争这一重大政治事件之关联,关系于晚明政局及其个人仕途者实非细事。

晚明党争开始于万历十年(1582)张居正去世之后,有一个逐步发展的过程,深刻影响了当时政局的走向。顺天戊子(1588)乡试的复试,导致部分朝臣产生严重的意见分歧并相互对立攻讦,成为晚明党争早期发展阶段一个标志性的重大事件。于慎行作为主试官,无心而身不由己地卷入其中,于其后来的仕途发展影响深远。据存世文献来看,于慎行生平明显涉入具体党争事件、且在其中发挥重要作用者,此为仅有之例。而就于氏所交往之东林、齐、楚、浙、宣、昆诸党中人来看,其与东林党人显然立场相近,关系更密。

一、于慎行与顺天戊子(1588)乡试之复试

关于顺天戊子(1588)乡试之复试,明清各类史书笔记记载甚多,《明实录》、《明史》、《明通鉴》等是基本史料。然史传所记,难免阙略,这一遗憾,部分可由《谷山笔麈》、《东阿于文定公年谱》等与事件亲历者于慎行相关的著述得到弥补。《谷山笔麈》对于氏本人在此次乡试复试中的表现及相关细节,记载生动详尽;《东阿于文定公年谱》对此事始末亦有简略述及。综合上述原始资料,大致能还原当时惊心动魄的党争历史场景。由于慎行的眼中来看,顺天戊子(1588)乡试的复试在晚明早期党争演化史上无疑是具有风向标意义的重大事件,而这显然与学术界对晚明党争发展的描述有所出入,没能得到充分

① 汤宾尹:《睡庵稿》文集卷二十五《祭于文定文》,《四库禁毁书丛刊》集部第63册,北京出版社1997年版,第360页。
② 于慎行:《谷城山馆诗集》卷首陆树声《谷城山馆诗集序》,《山东文献集成》第3辑第25册,山东大学出版社2009年版,第432页。
③ 赵用光:《苍雪轩全集》卷四《于文定公旅榇东归,送城外志感》其二,《四库禁毁书丛刊》集部第182册,北京出版社1997年版,第158页。

的重视和应有的评价。

万历十六年(1588)二月顺天戊子乡试,取阁臣王锡爵之子王衡为榜首,第十名李鸿又系首辅申时行女婿。据《东阿于文定公年谱》载:次年,"二月戊寅,命覆试京兆举人。"原注:"仪郎列之也。……"①先是,得旨不必复试。申时行等乞准复试。而由于礼部尚书朱赓在上月"请病",时任礼部左侍郎的于慎行遂"摄部事",②因此成为此次复试的主试者。

《明史·饶伸传》述此事始末甚为明晰,因征引如下:

> 礼部主事于孔兼疑举人屠大壮及鸿有私。尚书朱赓、礼科都给事中苗朝阳欲寝其事。礼部郎中高桂遂发愤谪可疑者八人,并及衡,请得覆试。锡爵疏辨,与时行并乞罢。帝皆慰留之,而从桂请,命覆试。礼部侍郎于慎行以大壮文独劣,拟乙置之。都御史吴时来及朝阳不可。桂直前力争,乃如慎行议,列甲乙以上。时行、锡爵调旨尽留之,且夺桂俸二月。衡实有才名,锡爵大愤,复上疏极诋桂。伸乃抗疏言:"张居正三子连占高科,而辅臣子弟遂成故事。洪宪更谓一举不足重,居然置之选首。子不与试,则录其婿,其他私弊不乏闻。覆试之日,多有不能文者。时来罔分优劣,蒙面与桂力争,遂朦胧拟请。至锡爵讦桂一疏,剑戟森然,乖对君之体。锡爵柄用三年,放逐贤士,援引憸人,今又巧护己私,欺罔主上,势将为居正之续。时来附权蔑纪,不称宪长,请俱赐罢。"

> 疏既入,锡爵、时行并杜门求去。而许国以典会试入场,阁中遂无一人。中官送章奏于时行私第,时行仍封还,帝惊曰:"阁中竟无人耶?"乃慰留时行等而下伸诏狱。给事中胡汝宁、御史林祖述等,复劾伸及桂以媚执政。御史毛在又侵孔兼,谓桂疏其所使,孔兼奏辨求罢。于是诏诸司严约所属,毋出位沽名,而削伸籍,贬桂三秩,调边方。孔兼得免。③

夏燮《明通鉴》与《明史》所记大致相同。

---

① 邢侗编纂,阮自华撰述:《东阿于文定公年谱》卷二,《山东文献集成》第1辑第10册,山东大学出版社2006年版,第687页。

② 邢侗编纂,阮自华撰述:《东阿于文定公年谱》卷二,《山东文献集成》第1辑第10册,山东大学出版社2006年版,第686页。

③ 张廷玉等:《明史》卷二百三十《饶伸传》,中华书局1974年版,第6013—6014页。

据《谷山笔麈》，顺天乡试的试卷呈送礼部时，礼部尚书朱赓命郎吏检阅，于孔兼因摘其两卷以呈，其一为李鸿。"朱公语予其状，予谓：'郎吏既闻，公即当奏，不奏，即当密止，亦不可向予道也。'朱公犹豫久之，密以白吴门，因寝其事。于复封送礼科，令其参劾，礼科苗给事朝阳，吴门之客也，亦寝不奏。于见形骸已露，不可中止，因风郎中高桂，桂，抗直人也，遂上疏劾黄及太仓公子、吴门东床，凡八人。诏下礼部查核，且会都察院及科道覆试。"①这就清楚交代了此次乡试复试的由来。

《谷山笔麈》又载：

> 试毕阅卷，予先阅毕，稍定次序，以送吴公，吴公即送台省诸君，令其校定，而所指屠大壮者次为第八，与予所定相合。予因谓吴公曰："甲子举场覆试，丙戌午门覆试，皆分二等定去取以闻，今奉旨覆阅，虽不定去取，亦宜分作二等，请自上裁。"乃召郎吏具草，以七人为"平通"，一人为"亦通"，其人即屠也。旧例，"亦通"者黜。②

左都御史吴时来会同主试，因素与申时行、王锡爵厚善，故而委蛇其间反对对复试结果区分优劣。礼科给事中苗朝阳亦附和吴时来。于慎行的主张得到部分台谏官员的支持。他排除干扰，果断"厉声命吏书奏，即可印封，俟阙门开即上，时已三鼓矣"③。《东阿于文定公年谱》简述此事云："试已，御史大夫吴公（按：指吴时来）稍有所主，台省误于廷，先生力居，二更乃成奏。"④于慎行"甫抵舍盥漱，即入候讲，黎明在文华直庐，三相（按：指许国、申时行、王锡爵）已至，延予问状，相顾失色，新都曰：'奏可追否？'曰：'已上矣。纵未上，众印封，亦不可改。'二相公（按：指申时行、王锡爵）曰：'然。'退而大怒，谓予曰：'如屠生文义，可作程式，奈何黜之。'予笑谓曰：'郎中云不通亦过，老先生云

---

① 于慎行撰，吕景琳点校：《谷山笔麈》卷八《选举》，王琦撰，张德信点校；于慎行撰，吕景琳点校：《寓圃杂记 谷山笔麈》，中华书局 1984 年版，第 94 页。

② 于慎行撰，吕景琳点校：《谷山笔麈》卷八《选举》，王琦撰，张德信点校；于慎行撰，吕景琳点校：《寓圃杂记 谷山笔麈》，中华书局 1984 年版，第 94 页。

③ 于慎行撰，吕景琳点校：《谷山笔麈》卷八《选举》，王琦撰，张德信点校；于慎行撰，吕景琳点校：《寓圃杂记 谷山笔麈》，中华书局 1984 年版，第 95 页。

④ 邢侗编纂，阮自华撰述：《东阿于文定公年谱》卷二，《山东文献集成》第 1 辑第 10 册，山东大学出版社 2006 年版，第 687 页。

可作程式亦太矫枉。总之,非甚不通,但要京兆中式,亦属滥进。'二相默然"。次日,于慎行疏请查核试卷,"大略云:连日查访,关节未有明据,事属暧昧,遽难指名。但科场去取原凭文艺,今诸生试卷既经多官会阅,无甚相悬,可知当日科场未必有弊云云。二相以其辞微,亦不悦也。而吴、詹二公以不能全胜,复有从臾,滋不见与云"。① 申时行等调旨保留了屠大壮的资格,俱准入试。据《明神宗实录》,同月丁亥,"礼部左侍郎于慎行因饶伸以党蔽之罪攻吴时来,言:'阅卷之事,部臣攸司;会题之疏,宪臣居后。臣心何敢自安,乞察始末,则事在时来与否自明。'疏入,报已有旨。"②

这是于慎行继万历五年(1577)领导馆阁反对张居正夺情之风潮后,再次被迫陷入政治斗争的漩涡中心。于慎行后来总结说:"自是,高、吕、王、张诸子皆二相所切齿,而吴、詹、黄、苗诸君皆为公论所扼腕。其持二相或末次于黄,而衔予者次于高、于矣。"③《东阿于文定公年谱》谓:"时以稍及末卷,自是颇府怨矣。"④于慎行本是秉公行事,罢黜滥进者,并不欲激化事态,朝廷中这种分门别户、党同伐异的局面的出现,为其所始料未及。从《谷山笔麈》所记来看,于慎行对其两位僚属于孔兼、高桂的举动,也不尽认可。他想有所调和水火,但毕竟无补于事。

同月,于慎行摄知贡举,旋摄提调官,充读卷官。六月,于氏迁吏部右侍郎,掌詹事府。莅任当日,即推礼部尚书。据《东阿于文定公年谱》,"至后,十九乃得报可。盖摄部时,中官多惮忌之。然六卿不报,自此始"⑤。此后朝政愈发败坏,渐至不可收拾。八月,于慎行正式出任礼部尚书。《明通鉴》载:

---

① 于慎行撰,吕景琳点校:《谷山笔麈》卷八《选举》,王琦撰,张德信点校;于慎行撰,吕景琳点校:《寓圃杂记 谷山笔麈》,中华书局 1984 年版,第 95 页。

② 《明神宗实录》卷二百八"万历十七年二月丁亥"条,台湾"中央"研究院历史语言研究所1962 年版,第 3895 页。

③ 于慎行撰,吕景琳点校:《谷山笔麈》卷八《选举》,王琦撰,张德信点校;于慎行撰,吕景琳点校:《寓圃杂记 谷山笔麈》,中华书局 1984 年版,第 95 页。

④ 邢侗编纂,阮自华撰述:《东阿于文定公年谱》卷二,《山东文献集成》第 1 辑第 10 册,山东大学出版社 2006 年版,第 687 页。

⑤ 邢侗编纂,阮自华撰述:《东阿于文定公年谱》卷二,《山东文献集成》第 1 辑第 10 册,山东大学出版社 2006 年版,第 690 页。

十二月,己丑,谕"诸臣遇事毋得忿争求胜"。

时廷臣以科场事,与王锡爵相攻讦,饶伸既罢,攻者益不已,并侵首辅申时行,而时行、锡爵之党复反攻之,乃有是谕。①

《明史·王锡爵传》载:"然时行柔和,而锡爵性刚负气。……锡爵连章辨讦,语过忿,伸坐下诏狱除名,桂谪边方。御史乔璧星请帝戒谕锡爵,务扩其量,为休休有容之臣,锡爵疏辨。以是积与廷论忤。"②《明神宗实录》详细记载了廷臣互相持辩、屡疏交击的情形。《东阿于文定公年谱》载:"是月,诸大老互讪于朝,久之乃息。廷臣相轧自此始。"③事实上,自此次乡试的复试举行以来,双方阵营一直相互攻讦,未有停歇,至十二月矛盾酝酿而有一个阶段性的总爆发。所谓"廷臣相轧自此始",应当就是于慎行本人的切身感受,这一概括无疑是一位重大历史事件的亲历者回望来时路时所作出的总结之论,让人触目惊心。于慎行晚年俯仰古今,回顾此次乡试复试,对于因为科场而引起朝臣结党相轧犹感慨不已:"唐时牛、李之党起于对策,成于覆试。……由是宗闵、德裕各分朋党,更相倾轧,垂四十年,其机括所发,惟借科场一事以倾之耳。古今事体,大略不远如此。"④

明末各类典籍于顺天戊子(1588)乡试之复试多有评论。如高汝拭《皇明续纪三朝法传全录》卷三指出:"于慎行调剂其间","时科部高、吕、张、王攻击二相,院中吴、詹,台谏黄、苗皆左袒之,为公论所扼腕。于慎行委曲其间,犹有相衔者"。⑤ 黄景昉《国史唯疑》卷九云:

> 高桂、饶伸二疏,固属疑揣,省台诸公遂交章论劾之,则明有阿比辅臣形迹,又杨巍、高启愚前事矣。即覆试八人中,文理非尽纯中,量镌一二人,未为不可,概称入縠,并弥封官亦免罚,失太宽纵,何以谢言者! 时惟

① 夏燮:《明通鉴》卷六十九《纪六十九 神宗显皇帝》,万历十七年,岳麓书社1999年版,第1943页。

② 张廷玉等:《明史》卷二百十八《王锡爵传》,中华书局1974年版,第5751页。

③ 邢侗编纂,阮自华撰述:《东阿于文定公年谱》卷二,《山东文献集成》第1辑第10册,山东大学出版社2006年版,第692页。

④ 于慎行撰,吕景琳点校:《谷山笔麈》卷八《选举》,王琦撰,张德信点校;于慎行撰,吕景琳点校:《寓圃杂记 谷山笔麈》,中华书局1984年版,第95页。

⑤ 高汝拭辑:《皇明续纪三朝法传全录》卷三,《四库禁毁书丛刊补编》第10册,北京出版社2005年版,第680页。

于东阿宗伯稍持正议,余竟靡然矣。于竟以是觝牾归。①
高汝拭、黄景昉二人身丁明季,习知故事,所论亦算中肯。

二、于慎行与申时行、王锡爵、黄洪宪的交游

在晚明恶劣的政治环境下,于慎行虽然无法完全在党争中超然其外,自己在某种程度上也不幸成了党争的无谓牺牲品,但他仍以高风亮节,展现了最大的胸怀和诚意,来努力消弭党争的门户之见和消极影响,这使其能成为当时政坛一个特殊的存在。申时行、王锡爵、黄洪宪三人是顺天戊子(1588)乡试的复试中属同一阵营的利害关系方。兹简述于慎行与他们的交游,以为代表。

申时行(1535—1614),字汝默,号瑶泉,长洲(今江苏苏州)人,嘉靖四十一年(1562)状元,官至少师兼太子太师、中极殿大学士,赠太师,谥文定。于、申二人早年交情尚好,申时行颇为赏识于慎行,从《东阿于文定公年谱》中所记万历十一年(1583)间关于书信署名和上朝位次的两则小事可以见之。其一云:"六月,……元辅申公更刺。"原注:"美元辅也。故事:馆职于元辅称晚生,申公以先生同年,亟绍于朱公(按:指朱赓),使更之。是后刺先生如常。"②其二云:"八月,……及光禄少卿徐公(按:指徐元春)诤拜次于朝。质于元辅,先讲读。"原注:

> 殿朝,徐公元春曰:"吴、赵宫坊当逊阶,奈何九列逊讲读。"先生曰:"否。故事,宫坊六品尚在讲读后。讲读五六品,在京堂上。"诤于班。咸请于三老,元辅婉辞,应之曰:"戊辰诸公资地甚隆,宜让之。"徐公喻,先讲读。③

申时行对于时任翰林院侍读的于慎行是青眼相看的。于氏《谷城山馆文集》卷二十九收录《贺申瑶泉相公进爵宫保及两公子登第启》,为其万历十年

---

① 黄景昉著,陈士楷、熊德基点校:《国史唯疑》卷九《万历》,上海古籍出版社2002年版,第266页。

② 邢侗编纂,阮自华撰述:《东阿于文定公年谱》卷一,《山东文献集成》第1辑第10册,山东大学出版社2006年版,第650页。

③ 邢侗编纂,阮自华撰述:《东阿于文定公年谱》卷一,《山东文献集成》第1辑第10册,山东大学出版社2006年版,第650—651页。

（1582）时所作。

于慎行与申时行的关系因顺天戊子（1588）乡试之复试而产生明显裂痕。此后，围绕万历一朝的最大争论点——立国本问题，二人更发生重大分歧。于慎行力主册立皇长子，屡次上疏，而申时行则揣摩上意，依阿自守。两人矛盾的公开化，在朝廷人士，已经不是秘密。谢廷谅在万历二十一年（1593）"三王并封"事件谢幕后，致信座师于慎行，回顾当年立国本之事云："然窃恨旧相（按：指申时行）之不能不慑于师之正议，而不能使吾师一日安于其位，又不欲以建储行，岂以建储为捷径也乎哉？人之趋此，为沽名；师之诤此，为职掌。且此径一开，师为举首，其谁能泯之，而抗疏存交，保全善类，为社稷计，端良被此名也。"①

《万历起居注》载万历十九年（1591）四月间事云：

> 五日庚子，大学士申时行等题：先该礼部尚书于慎行六疏乞休，臣等见其情词恳切，不忍强留，又以大臣去留宜出宸断，不敢专决，谨拟二票进览，今日已旬日余，未蒙批发。臣等看得该部事体最重且繁，目今有王府册封及题差、京考各项事务。掌印官既候旨不出，佐贰官又不敢专行，未免停阁废弛。伏乞圣明特垂省览，或准其回籍，或仍令在任，于二票中裁用一票，即赐批发。庶官无缺员，国无废事，谨具以闻。②

细味申时行上疏的语气，并无多少挽留于慎行留任之意。

万历十九年（1591）七月，山东乡试预传典试者姓名，已而果然。与于慎行有隙的御史何出光遂借机弹劾，于氏以礼部尚书受责，上书力辩。申时行抓住把柄，意欲严惩，但"许公（按：指许国）、王公（按：指王锡爵）拟罚司官。……两公乘元辅在告，力解之，得薄罚"③。时负相望的于慎行于是以疾屡疏乞休，至九月"戊寅报可"，而申时行也于三天前被策免了。

于慎行的无奈归隐，于其个人的仕途生涯固然为一关键的转折，而对于晚

---

① 谢廷谅：《薄游草》卷十五《于座师书》，《四库全书存目丛书》集部第 177 册，齐鲁书社 1997 年版，第 163 页。

② 《万历起居注》第三册"万历十九年四月五日庚子"条，北京大学出版社 1988 年版，第 553 页。

③ 邢侗编纂，阮自华撰述：《东阿于文定公年谱》卷二，《山东文献集成》第 1 辑第 10 册，山东大学出版社 2006 年版，第 700 页。

明的政坛,亦实为一重大的损失。

于慎行曾作《五七九传》,描写万历朝首辅张居正、申时行、王锡爵"三相公用事奴"游七(名守礼)、宋九(名徐宾)、王五(名王佐)的行事。沈德符《万历野获编》推测于慎行"其时正负相望,以小嫌失欢于吴县(按:指申时行)。不荐之入阁,及辛卯冬被白简,拟旨又不固留之",因而"以此描写宋九,以实主人之墨,而五、七则干连犯人也"。① 主要意在讽刺申时行。黄景昉《国史唯疑》谓:

> (于慎行)他日又论华亭(按:指徐阶)之富,埒于分宜;吴门之富,过于江陵,由经营生息致然,意恨恨徐、申,微亦有南北之见。②

沈德符、黄景昉二人俱熟谙先朝掌故,其所言或可备一说。

于慎行、申时行二人家居期间,天各南北,不通音问。于慎行六十大寿时,朝野同贺,优游林下的申时行也"遣诗来寿"③。这四首诗今存申氏《赐闲堂集》卷六中,似乎都写得情真意切。其中说于慎行当年"无心縻爵遽归田"④,现在则是"漫道林泉堪稳卧,须知密勿待论思"⑤,颇值得玩味。万历三十五年(1607),于慎行拜相后,申时行致信称:"顷者爱立大庆,未及专承而先拜翰贶之辱,率尔报谢,殊愧不虔,极耿耿耳。"可知两人此时尚有书信往来。申时行在信函中又称:"天扶国运,默启圣衷,简任忠贤,置之密勿,此朝野之同忻,非鄙人之私幸也。"⑥随着时光的流逝,想来于、申二人已渐渐冰释前嫌,彼此善意的流露,恐怕不尽是出于客套。另外,据《明史·吴达可传附李鸿传》,申时行之婿李鸿"万历十六年(1588)举北闱乡试,为吏部郎中高桂所攻。后七年

---

① 沈德符:《万历野获编》卷九《内阁·五七九传》,中华书局1959年版,第240页。
② 黄景昉著,陈士楷、熊德基点校:《国史唯疑》卷九《万历》,上海古籍出版社2002年版,第255页。
③ 邢侗编纂,阮自华撰述:《东阿于文定公年谱》卷二,《山东文献集成》第1辑第10册,山东大学出版社2006年版,第741页。
④ 申时行:《赐闲堂集》卷六《寄寿于宗伯谷峰六十四首》之二,《四库全书存目丛书》集部第134册,齐鲁书社1997年版,第124页。
⑤ 申时行:《赐闲堂集》卷六《寄寿于宗伯谷峰六十四首》之三,《四库全书存目丛书》集部第134册,齐鲁书社1997年版,第124页。
⑥ 申时行:《赐闲堂集》卷三十八《寄于谷峰相公》,《四库全书存目丛书》集部第134册,齐鲁书社1997年版,第795页。

成进士。至是,抗相(按:指潘相),以强直称"①。潘相为税使。可见,李鸿也当有真才实学,颇讲操守。

王锡爵(1534—1610),字元驭,号荆石,江苏太仓人,嘉靖四十一年(1562)进士第二名,官至太子少傅兼太子太保、吏部尚书、建极殿大学士,赠太保,谥文肃。于慎行与王锡爵、王衡父子有通家之好,锡爵之弟鼎爵又是于氏的进士同年。虽然发生过王衡科举复试的不快事件,但于慎行既是秉持公心,原无可议,所以于、王二人的交谊也不曾受到多少影响。当于氏因山东预传乡试典试官姓名而受责时,王锡爵曾欲为其开脱。于慎行第三次家居期间,王锡爵曾取道相访。据《东阿于文定公年谱》,万历二十一年(1593)正月,"娄江阁学王公(按:指王锡爵)起入都,至阿,飨之黄石山楼"。原注:"王公自云:'吾欲善藏其用,子房吾师也。'"②于慎行生平最仰慕张良行事,自称"行踪半慕留侯"③。于、王二人在黄石山边把酒畅饮,袒露怀抱,可见志趣相近,交谊深厚。今日可见的两人往来文字都集中于他们家居期间。王锡爵为于慎行祖父于时作《明翠峰于公墓志铭》,于慎行则为王锡爵亡妻朱氏作《一品朱夫人传》。于慎行六十大寿时,王衡代其父替于氏在太仓的门人作序致贺。④ 而据王衡致于慎行书信所言,于氏也曾作文为王锡爵称寿。⑤ 今于氏《谷城山馆文集》尚收有《谢王荆石相公志文启》,王锡爵《王文肃公文集》收其致于氏书信更多至5通,有4通为两人万历三十五年(1607)拜相后所作。其中"捧教至第三摺,高谊可以薄云天,苦语可以镌金石"⑥云云,可见于慎行当时与王锡爵

① 张廷玉等:《明史》卷二百二十七《吴达可传附李鸿传》,中华书局1974年版,第5973页。

② 邢侗编纂,阮自华撰述:《东阿于文定公年谱》卷二,《山东文献集成》第1辑第10册,山东大学出版社2006年版,第708页。

③ 于慎行:《谷城山馆诗集》卷十九《夏日村居四十二首》其十五,《山东文献集成》第3辑第25册,山东大学出版社2009年版,第664页。

④ 参见王衡:《缑山先生集》卷八《贺大宗伯谷峰于公六十序代父》,《四库全书存目丛书》集部第178册,齐鲁书社1997年版,第708—710页。

⑤ 参见王衡:《缑山先生集》卷二十六《于谷峰宗伯》,《四库全书存目丛书》集部第179册,齐鲁书社1997年版,第237页。

⑥ 王锡爵:《王文肃公文集》卷三十《于谷峰相公》,《四库禁毁书丛刊》集部第7册,北京出版社1997年版,第688页。

书信往来颇密,只是未收录于其文集中。当时内阁班子成员共有五人,王锡爵为首,而于慎行为三辅。但王锡爵在信中托病不欲入阁,因而极力怂恿于氏出山,对其寄予厚望。

王衡(1561—1609),字辰玉,号缑山,为王锡爵独子,是晚明著名的杂剧家。王衡素号多才,虽举乡试第一,却因是阁臣之子,受党争的牵连,在其父执政期间没再参加进士考试,偃蹇多年,一直到万历二十九年(1601),在其父已致仕数年后,始以一甲第二名及第,授翰林院编修,后辞官归隐。于慎行以"国器"①看待王衡,认为其"雅有家学",当年"即非黄典试举首,亦其分内"。② 王衡也曾向于氏表白"仰负深知,瘝瘵为叹"③。据《东阿于文定公年谱》,万历二十九年(1601)十月,"太仓王公子箸作使过,来谒"。原注:"衡。"④这次会面使王衡大为倾倒,他后来致信于慎行称:"仪奉谈谦,玄言如屑,不觉引膝至前。……则盛德之至,自游大人以来未之睹也。"⑤王衡《缑山先生集》收录致于氏书信 3 通,又有《代寿于宗伯三首》,当是其代父所作。

沈德符《万历野获编》卷十三《礼部·吴仙居夺谥再见》载:

> 时东阿以左侍郎代朱大宗伯监试,东阿素不乐典试者,谓屠大壮卷,文理不通当斥。吴仙居(按:指吴时来)力争,始得置亦通中,既而奉旨俱准入试。⑥

沈德符所云"典试者",即黄洪宪。黄洪宪(1541—1600),字懋中,号葵阳,浙江嘉兴人,隆庆五年(1571)进士,官至少詹事兼翰林院侍读学士。陈田《明诗纪事》庚签卷十《黄洪宪》载:"碧山学士,万历戊子主顺天试,……为言者攻

① 于慎行:《谷城山馆文集》卷二十七《一品朱夫人传》,《四库全书存目丛书》集部第 148 册,齐鲁书社 1997 年版,第 72 页。

② 于慎行撰,吕景琳点校:《谷山笔麈》卷八《选举》,王琦撰,张德信点校;于慎行撰,吕景琳点校:《寓圃杂记 谷山笔麈》,中华书局 1984 年版,第 94 页。

③ 王衡:《缑山先生集》卷二十六《于谷峰宗伯》,《四库全书存目丛书》集部第 179 册,齐鲁书社 1997 年版,第 237 页。

④ 邢侗编纂,阮自华撰述:《东阿于文定公年谱》卷二,《山东文献集成》第 1 辑第 10 册,山东大学出版社 2006 年版,第 732 页。

⑤ 王衡:《缑山先生集》卷二十五《于谷峰宗伯》,《四库全书存目丛书》集部第 179 册,齐鲁书社 1997 年版,第 229 页。

⑥ 沈德符:《万历野获编》卷十三《礼部·吴仙居夺谥再见》,中华书局 1959 年版,第 351 页。

许,朝命覆试,文皆如格。学士疏十上,乃得归。后言者犹以为口实,在籍听勘。"①今阅黄洪宪《碧山学士集》,中有《启于谷山诸公》、《柬于谷山》、《柬于谷山又》、《启于谷山》等四封致于慎行的书信,均为其被劾而去职家居期间所作。从书信内容来看,黄洪宪一再竭力向于慎行表白心迹,力辩当年无辜而屡被弹章,并感谢于氏为其辩白,同时对其子出自于氏门下并得到其奖掖揄扬而感怀在心。如说:

> 一朝被酬,竟成贝锦,虽九天为正,心实无瑕,而取衅招尤,或多自取,故今退藏丘壑,而逝梁发笱之辈,犹断断无已时也。惟门下洞采苓之谮,众恶必察。已复体谅短疏,公正发愤,情见乎词。此曾参所不能得之慈母者。感激铭衷,笔舌难罄矣。②

> 儿曹少不解事,滥竽河干。徼有天幸,获在相公宇下,蒙长者以通家厚谊,忘其朱愚而曲为奖借。璀璨雄篇,宠逾华衮,似非卑末所敢当。③

据黄洪宪信函中"飞翰自天,阳春在握。三肃展诵,若拜丰采"④云云,于慎行与黄氏当有书信往来。就上述诸信来看,于慎行与黄氏的交往,似乎也心无芥蒂,推诚相待。可举一相似的例子:著名戏曲家陈与郊亦曾以吏科都给事中的身份,在顺天戊子(1588)乡试的复试中看阅具奏。陈与郊是申时行、王锡爵的门生亲信,后被御史参奏,受"冠带闲住"处分,被迫退休。其政治立场、交游网络、人生经历都与黄洪宪相近。在陈与郊晚年,其家庭官司缠身之时,于慎行曾出手相助,让陈氏感激铭衷。⑤ 因此,可以合理地推想:黄洪宪深陷党争的漩涡之中,尤其又"在籍听勘",在政坛深具影响力的于慎行对他的理解和帮助应该起过很大的作用。

---

① 陈田辑撰:《明诗纪事》庚签卷十《黄洪宪》,上海古籍出版社 1993 年版,第 2424 页。
② 黄洪宪:《碧山学士集》卷十七《启于谷山》,《四库禁毁书丛刊》集部第 30 册,北京出版社 1997 年版,第 400 页。
③ 黄洪宪:《碧山学士集》卷十七《柬于谷山》,《四库禁毁书丛刊》集部第 30 册,北京出版社 1997 年版,第 397 页。
④ 黄洪宪:《碧山学士集》卷十七《柬于谷山》,《四库禁毁书丛刊》集部第 30 册,北京出版社 1997 年版,第 397 页。
⑤ 分别参见:陈与郊:《隅园集》卷十六《祭阁老于谷峰文》,《四库全书存目丛书》集部第 160 册,齐鲁书社 1997 年版,第 630 页。陈与郊:《蒇川集》卷七《东阿于公子》,《四库全书存目丛书》集部第 160 册,齐鲁书社 1997 年版,第 789 页。

　　黄洪宪信中所提及的"儿曹"当指其长子黄承玄。黄承玄(1564—1614),字履常,号与参,万历十四年(1586)进士,官至巡抚福建副都御使。于慎行于万历十四年(1586)三月充廷试读卷官,故与黄承玄有师生之谊。据《东阿于文定公年谱》,于慎行与黄承玄颇有交往。黄承玄于万历二十一年(1593)以工部都水清吏司驻张秋镇主事身份出理河道。而张秋镇正好分属东阿、寿张、阳谷三县管辖。六月,"大霖雨,无麦。秋七月,张秋水部将决五空桥,(于慎行)止之"。① 万历二十四年(1596)闰八月,"张秋黄水部承玄以岁满来别,归驯鹤二、驯鹿二"。② 万历二十七年(1599)七月,"兵使黄公承玄至济,以其父太史洪宪书来问"。③ 更值得重视的是,黄承玄于万历二十四年(1596)纂成《张秋志》,是年闰八月,于慎行应邀为作《安平镇志叙》,今见录《谷城山馆文集》卷十一。黄洪宪说"璀璨雄篇,宠逾华衮,似非卑末所敢当",当即指于氏为黄承玄作序一事。

　　综合各类存世文献特别是龚肇智先生的《嘉兴明清望族疏证》④,可以考知,沈德符家族与黄洪宪、申时行、王锡爵及屠大壮、李鸿等家族之间存在着千丝万缕的密切联系。沈德符系出嘉兴望族,其姐沈凤华"许字给谏黄承昊,年十八,将婚而夭"⑤。黄承昊即黄洪宪次子,曾上书辨父冤。后沈德符长孙沈萼辈又娶黄承玄之曾孙女为妻。而那位文理不通的屠大壮,也系嘉兴人士,出自平湖世家。黄洪宪家族与屠大壮家族数代联姻,其中黄洪宪之妹黄观桥嫁屠大壮之弟屠中孚,黄承玄娶屠大壮堂兄弟屠谦之女。沈德符之妹沈瑶华适项鼎铉,而鼎铉之母屠氏即屠大壮之妹。沈德符再从妹沈翠华嫁屠懋和,屠懋和与屠大壮可能为族人。秀水朱大观之孙朱彝辅娶屠懋和之女,朱大观的岳父即申时行之婿李鸿。不仅如此,进一步考证可知:沈德符长子沈过庭娶吴嘉

<hr>

① 邢侗编纂,阮自华撰述:《东阿于文定公年谱》卷二,《山东文献集成》第1辑第10册,山东大学出版社2006年版,第710页。

② 邢侗编纂,阮自华撰述:《东阿于文定公年谱》卷二,《山东文献集成》第1辑第10册,山东大学出版社2006年版,第718页。

③ 邢侗编纂,阮自华撰述:《东阿于文定公年谱》卷二,《山东文献集成》第1辑第10册,山东大学出版社2006年版,第726页。

④ 参见龚肇智:《嘉兴明清望族疏证》,方志出版社2011年版。

⑤ 罗炌、黄承昊:《(崇祯)嘉兴县志》卷十四《人物志·附闺秀》,书目文献出版社1991年版,第614页。

征之女,即陈继儒之外孙女,而王锡爵三女又嫁吴嘉征。黄承玄次女适申时行之孙申传芳,黄承昊次子则娶申时行孙女。这种错综复杂的姻亲关系显然为人所忽视了。

沈德符为晚明野史大家,他小于慎行33岁,两人不相闻问,无所交接。沈氏《万历野获编》多处提及于慎行,间有指摘,然往往失实。这在涉及于慎行的晚明笔记中实不多见,盖于氏蔚然一代名臣,其形象已深入人心。即如前引《吴仙居夺谥》条,沈德符亦在字里行间为黄洪宪当年科场事抱不平。其云"东阿素不乐典试者",可能只是沈德符根据《谷山笔麈》中"先是,戊子,京兆都试黄宫庶洪宪主考,黄游申、王二相君间甚欢,……而榜中多黄所厚士,关节居间,都人悬书于衢"[1]的记载而下的臆测之语,未必得到黄洪宪本人的证实。而于慎行的这一记载大体上也只是对当时群议沸腾的局面的描述,很难说有个人强烈的爱憎色彩。至于说左都御史吴时来之赐谥"忠恪",而不久被夺谥,是由礼部仪制郎中于孔兼"以职掌上言",于慎行虽"甫去位"而"实主其事",时王家屏"一人在阁,竟允其议",继任礼部尚书者又为"东阿至厚同年"李长春,[2]"盖于宗伯授遗计,以伸其夙志也";又说"于宗伯虽心衔吴","故二于(按:指于慎行和于孔兼)俱恨仙居次骨云",[3]则是沈德符这个终身未从仕进的晚明党争局外人的耸人听闻的疑似之辞。要知道,吴时来身后夺谥之时,于慎行已卸任礼部尚书。以于氏正直忠厚、光明磊落的为人,自不会有"授遗计"以报复已故之吴时来的举动。如果我们明了沈德符与黄洪宪、申时行、王锡爵甚至屠大壮、李鸿诸人间的特殊关系,就可以知道即使严肃史家如沈德符,在看待晚明政坛的是非恩怨时,也无法完全持平情之论,而不免有所偏颇,因此对其记载也就不足为怪了。

由以上于慎行与申时行、王锡爵、黄洪宪三人的交游来看,其度量和城府,真有非常人所能堪、所能测者,他能成为士林领袖,跻身万历政坛的权力核心层,也就容易理解了。

---

① 于慎行撰,吕景琳点校:《谷山笔麈》卷八《选举》,王琦撰,张德信点校;于慎行撰,吕景琳点校:《寓圃杂记 谷山笔麈》,中华书局1984年版,第93—94页。
② 沈德符:《万历野获编》卷十三《礼部·吴悟斋夺谥》,中华书局1959年版,第350页。
③ 沈德符:《万历野获编》卷十三《礼部·吴仙居夺谥再见》,中华书局1959年版,第351页。

三、于慎行与东林党人

于慎行生平交游遍天下,所谓"有客半倾天下士"①。以他公辅帝师的重要地位,加之平正宽博、不偏不党的个人性格,与当时齐、楚、浙、宣、昆诸党中人都有所交接,也自是情理中的事。如浙党领袖赵志皋、沈一贯、朱赓诸人即是他要好的进士同年,友谊维持终生,而宣党魁首汤宾尹更是对其推崇备至。但身处当时经纬万端的社交网络之中,于慎行毕竟不能无所好恶,而要有所取舍,与东林党人的关系,相对而言,显然是于氏交游的一个重点所在。

于慎行第三次家居期间,特别是自沈一贯当政后,朝廷党争愈演愈烈。万历三十二年(1604),东林书院落成,顾宪成、高攀龙等讲学其中,自此四方闻名。以东林书院为主体的东林学派遂应运而生。作为学术团体的东林学派,又逐渐扩大而形成一个政治派别。至此,所谓"东林党",正式登上政治舞台。而晚明党争也由此进入实质性的阶段。随着政治斗争的深入发展,那些不与邪恶势力合作的朝野官员,都一律被指为东林党。东林党于是成为正直势力共有的名字。当然,在东林党形成之前,正直派与邪恶派的阵营对立即已显现,只是其时尚无"东林"等名称而已。② 于慎行虽然对党争深恶痛绝,但是作为政治上积极进取的稳健派,他与东林党中的骨干人物保持着良好的关系。《明史钞略》称其"大为正人所倚信"③,部分当系据此而言。于慎行与顾宪成、邹元标、孙鑨等东林党的领袖人物都交谊深厚,于孔兼是他的礼部僚属,李三才、安希范、鲍应鳌是他的得意门生,倪元璐更是其门生之子。至于历来同情和支持东林党人的沈鲤、叶向高、冯琦、公鼐、李化龙、魏允中、王象乾、吕坤等当世名臣都与他过从亲密,沈、叶、冯、公诸人更是其至交。

---

① 陈继儒:《眉公诗钞》卷五《寿于谷峰》,《四库禁毁书丛刊》集部第 67 册,北京出版社 1997 年版,第 72 页。

② 参见张显清、林金树主编:《明代政治史》,广西师范大学出版社 2003 年版,第 804—805 页。

③ 庄廷鑨:《明史钞略·显皇帝本纪三》,《四部丛刊三编》第 64 册,上海商务印书馆 1935 年版。

于慎行不畏权贵,直道而行,"立朝粹然无瑕类"①。早在万历四年(1576)正月,巡按辽东御史刘台因论劾首辅张居正专恣不法,被逮遭廷杖,"朝绅故人皆匿不敢过,先生(按:指于慎行)独视之广慧寺中,与朝夕"②。于慎行的忠厚仁恕,交友有始终,为其在清流派士大夫中赢得崇高的威望。《东阿于文定公年谱》中保存了于慎行与后来成为东林党重要成员的人物的相互交游的珍贵史料,可补其诗文著述所记之未备,语虽简略,然可管窥两者关系之一斑。兹胪列如下:

万历十一年(1583)三月,"御史魏公上书被谪,户部郎李公救之,亦谪,送之"。原注:"魏公允贞、李公三才,书送,先生独也。"③

万历十三年(1585)九月,"壬午,门人黄起部门、李祠部三才、倪比部冻观于牛首循祖堂,及献花岩而下"。④

万历十五年(1587)三月,"吏部郎顾公言事,谪归。送顾公"。原注:"顾公宪成。"⑤

万历二十年(1592),"五月,姚江太宰孙公入都,至阿"。原注:"孙公鑨。""孙公来,病,不见。遣归孙公菜二笞"。原注:"孙公甚感。"⑥

万历二十一年(1593),"夏四月,于仪部孔兼左迁,至阿来谒"。⑦

万历二十二年(1594)十一月,"抚台孙公荐(于慎行)于朝"。原注:"孙公鑛。"⑧

---

① 于慎行著,黄恩彤参订,李念孔等点校:《读史漫录》附录六黄恩彤《重刻于文定公〈读史漫录〉序》,齐鲁书社1996年版,第530页。

② 邢侗编纂,阮自华撰述:《东阿于文定公年谱》卷一,《山东文献集成》第1辑第10册,山东大学出版社2006年版,第622页。

③ 邢侗编纂,阮自华撰述:《东阿于文定公年谱》卷一,《山东文献集成》第1辑第10册,山东大学出版社2006年版,第649页。

④ 邢侗编纂,阮自华撰述:《东阿于文定公年谱》卷一,《山东文献集成》第1辑第10册,山东大学出版社2006年版,第664页。

⑤ 邢侗编纂,阮自华撰述:《东阿于文定公年谱》卷一,《山东文献集成》第1辑第10册,山东大学出版社2006年版,第674页。

⑥ 邢侗编纂,阮自华撰述:《东阿于文定公年谱》卷二,《山东文献集成》第1辑第10册,山东大学出版社2006年版,第705页。

⑦ 邢侗编纂,阮自华撰述:《东阿于文定公年谱》卷二,《山东文献集成》第1辑第10册,山东大学出版社2006年版,第709页。

⑧ 邢侗编纂,阮自华撰述:《东阿于文定公年谱》卷二,《山东文献集成》第1辑第10册,山东大学出版社2006年版,第713页。

万历二十四年(1596)五月,"歙门人鲍户部应鳌过谒白庄"。①

万历二十五年(1597)四月,"驹卿杨公时乔,通参、门人李公三才书来"。②

万历二十六年(1598)九月,"送修上人南,因问邹尔瞻吏部、吴客卿箸作"。③

万历二十六年(1598)十月,"门人李公廷尉三才至张秋,来,馆于孟氏。"④

万历二十八年(1600)六月,"门人淮中丞李公三才遣启居"。⑤

万历三十一年(1603),"五月,门人鲍兵使过谒"。原注:"应鳌。""秋七月,门人李中丞使来起居。"原注:"李公三才。"⑥"九月,……南乐中丞魏公子来乞志。"原注:"魏公允贞。"⑦

万历三十二年(1604)三月,"门人淮南李中丞使起居"。⑧ 五月,"门人鲍仪部使毕归,过谒"。原注:"应鳌。""为仪部白于少宗伯"。原注:"先是,授教习驸马,以使出,未莅。无何,都尉杨止之私家,上震怒,遂削鲍籍。少宗伯得先生书,为讼之。"⑨"九月丁丑,六十初度,远近毕贺。"原注:"……万安朱氏以吏部邹公元标序,门人安希范、吴礼部正志及(阮自)华各遣诗轴。……毕至。"⑩

① 邢侗编纂,阮自华撰述:《东阿于文定公年谱》卷二,《山东文献集成》第 1 辑第 10 册,山东大学出版社 2006 年版,第 717 页。

② 邢侗编纂,阮自华撰述:《东阿于文定公年谱》卷二,《山东文献集成》第 1 辑第 10 册,山东大学出版社 2006 年版,第 720 页。

③ 邢侗编纂,阮自华撰述:《东阿于文定公年谱》卷二,《山东文献集成》第 1 辑第 10 册,山东大学出版社 2006 年版,第 722 页。

④ 邢侗编纂,阮自华撰述:《东阿于文定公年谱》卷二,《山东文献集成》第 1 辑第 10 册,山东大学出版社 2006 年版,第 723 页。

⑤ 邢侗编纂,阮自华撰述:《东阿于文定公年谱》卷二,《山东文献集成》第 1 辑第 10 册,山东大学出版社 2006 年版,第 728 页。

⑥ 邢侗编纂,阮自华撰述:《东阿于文定公年谱》卷二,《山东文献集成》第 1 辑第 10 册,山东大学出版社 2006 年版,第 736—737 页。

⑦ 邢侗编纂,阮自华撰述:《东阿于文定公年谱》卷二,《山东文献集成》第 1 辑第 10 册,山东大学出版社 2006 年版,第 737 页。

⑧ 邢侗编纂,阮自华撰述:《东阿于文定公年谱》卷二,《山东文献集成》第 1 辑第 10 册,山东大学出版社 2006 年版,第 739 页。

⑨ 邢侗编纂,阮自华撰述:《东阿于文定公年谱》卷二,《山东文献集成》第 1 辑第 10 册,山东大学出版社 2006 年版,第 740 页。

⑩ 邢侗编纂,阮自华撰述:《东阿于文定公年谱》卷二,《山东文献集成》第 1 辑第 10 册,山东大学出版社 2006 年版,第 740—741 页。

"十有二月,疾已。门人淮南中丞李公遣令以文及门坊来寿"。①

万历三十四年(1606)二月,"门人歙鲍仪部_{应鳌}以诗来寿"。②

万历三十五年(1607)四月,"门人安南诠_{希范}遣书谢志铭"。③

关于万历十一年(1583)魏允贞、李三才被谪一事,高汝栻《皇明续纪三朝法传全录》卷二载:

> 以魏允贞为吏部员外,李三才为南京礼部员外。允贞论张(按:指张四维)、申内阁公子中式,故贬及。四维以忧去。于慎行谓时行曰:"近来直言之士不乏,相国亦能攸容。但科场事鲜有摘及者,今允贞奋言及之,比得严旨,各各袖手,而三才独抗疏以救。两人直言,于此攸容,方是真攸容。"又为言于选司,孙矿即日具疏擢之。④

此则与于慎行有关的记载未见于其他典籍,可与《东阿于文定公年谱》所记互相发明。

但检明清之际的《东林党人榜》、《东林点将录》、《东林同志录》、《东林朋党录》、《东林胁从》、《东林籍贯录》、《盗柄东林夥》、《夥坏封疆录》、《东林列传》、《东林书院志》诸书,俱未载于慎行其名,可知其毕竟不是东林党社中人,历史真相如此。在晚明政坛要人中,像于慎行这样作为正直势力的骨干,能避免深深卷入派系斗争的漩涡之中,与东林党人保持微妙而合适的距离,并一直维持重要政治影响力的,不说绝无仅有,也是寥寥可数的。尽管如此,对东林党人而言,于慎行作为当世重臣,其一些政治理念和主张与他们接近,因此仍是引于氏为其重要奥援的。黄宗羲《明儒学案》卷五十八《东林学案一》:"乃言国本者谓之东林,争科场者谓之东林,攻逆奄者谓之东林,以至言夺情奸相

① 邢侗编纂,阮自华撰述:《东阿于文定公年谱》卷二,《山东文献集成》第1辑第10册,山东大学出版社2006年版,第742页。

② 邢侗编纂,阮自华撰述:《东阿于文定公年谱》卷二,《山东文献集成》第1辑第10册,山东大学出版社2006年版,第745页。

③ 邢侗编纂,阮自华撰述:《东阿于文定公年谱》卷二,《山东文献集成》第1辑第10册,山东大学出版社2006年版,第749页。

④ 高汝栻辑:《皇明续纪三朝法传全录》卷二,《四库禁毁书丛刊补编》第10册,北京出版社2005年版,第663页。

讨贼,凡一议之正,一人之不随流俗者,无不谓之东林。"①在万历一朝许多重大政治事件上,于慎行与东林党人显然可称同道。如围绕万历朝册立法定嗣君皇长子为皇太子一事,于慎行曾是主张最有力的大臣之一,而这也一直是东林党人十分关注的问题,他们为此甚至付出二十多年的努力。万历二十九年(1601),皇长子朱常洛终于被册立为太子。国本之争最终以包括东林党人和于慎行在内的朝臣的胜利而告终。以东林党魁首李三才为例。李三才是最为于慎行所赏识的政界门人。他于万历二十七年(1599)以右佥都御史总督漕运,巡抚凤阳诸府。"挥霍有大略,在淮久,以折税监得民心。及淮、徐岁侵,又请振恤,蠲马价。淮人深德之。"②李三才在其任内曾致书于慎行,表露心迹云:"时事棘矣! 一介孤臣,仰已无亲,俯幸有子。不以身负吾师,必报国恩,有死无二。"③于慎行为李三才作《李中丞抚淮奏草叙》,高度评价其抚淮功绩。于慎行《寄李中丞总理河漕》云:

> 阳九终疑数未真,江淮保障属贞臣。风霆立破千妖胆,雨露能销万里尘。泽国方多沉后灶,河堤更少负余薪。东南半壁归军府,珍重艰危报主身。④

对李三才大力抑制矿监税使的活动而保境安民寄予了厚望。于慎行殁后,李三才为作行状。⑤ 两人之深相投契,不难想见。更进一步说,于慎行的经世之学曾对作为学术团体的东林学派产生过一定的影响。两者的思想主张在政治、经济、民族等多个方面存在不少相近之处。

于慎行与东林党人相互之间也倾倒、赞赏、推引,虽然他反对结成党社,也不尽认同东林党人的施政理念和行事。如于慎行在《谷山笔麈》卷五《臣品》

① 黄宗羲著,沈芝盈点校:《明儒学案》卷五十八《东林学案一》,中华书局 1985 年版,第1375 页。

② 张廷玉等:《明史》卷二百三十二《李三才传》,中华书局 1974 年版,第 6064 页。

③ 于慎行:《谷城山馆文集》卷十二《李中丞抚淮奏草叙》,《四库全书存目丛书》集部第147 册,齐鲁书社 1997 年版,第 437 页。

④ 于慎行:《谷城山馆诗集》卷十五《寄李中丞总理河漕》,《山东文献集成》第 3 辑第 25册,山东大学出版社 2009 年版,第 628 页。

⑤ 参见叶向高:《苍霞续草》卷十《太子少保礼部尚书兼东阁大学士赠太子太保谥文定于公墓志铭》,《四库禁毁书丛刊》集部第 125 册,北京出版社 1997 年版,第 98 页。

中虽肯定吏部尚书孙丕扬"清谨品也,平生建树表仪,取信海内,及掌天曹,甚副人望",但也批评他"一二举动,颇失大体",尤其是"大选外官,立为掣签之法","而不知其非体",认为"从古以来,不闻此法"。① 后顾炎武《日知录》、赵翼《陔余丛考》均采录于氏言论。门生赵南星与于慎行的关系颇值得推敲。这位东林党的领袖为于慎行分校礼闱时所取士,与李三才并为甲戌科(1574)进士同门之最著者。然于慎行的著作中只字未提赵南星,《东阿于文定公年谱》也未载其与赵氏的交往,至于赵南星的著作中,也不见有为于氏所做的文字。赵南星曾在致邢侗的信函中说:"昨程君大约书来,云于宗伯与仁兄以文章许弟。弟高邑酒徒,何文章之有,然不能无感。"②赵南星虽有文才,而平生"慨然以整齐天下为任"③,然于慎行与邢侗却以文章推许,而未道其事功。其中的微妙,恐怕值得玩味。冯琦在少詹事兼翰林院侍读学士任上曾致信于慎行云:

> 赵考功计典,公而太激,当事处之,不为无意。假令一二论救,亦不为过,而数十人连翩上奏,备极诋诃,则几于党矣。赵虽高品,终是郎官,岂有处一人而满朝倾动之理。盖此事宜救不宜多,所谓离之则双美,合之则两伤者也。从此又当是又一番局面。盖自甲申之议起,士大夫角而争,二年始息。今岁事颇似之,十年必复,倘亦天道乎!④

在这篇致于氏的书信中,冯琦批评时任吏部考功司郎中的赵南星于万历二十一年(1593)主持癸巳京察时"公而太激","几于党矣",表达不满。癸巳京察是晚明党争演化过程中的一次标志性事件,从此政治阵营分野更为明显,门户之见更加牢不可破。"东林党的形成应该追溯到这时。"⑤以于、冯二人相知之契,冯琦对赵南星的看法,可能在很大程度上也代表了于慎行本人的意见。早

---

① 于慎行撰,吕景琳点校:《谷山笔麈》卷五《臣品》,王琦撰,张德信点校;于慎行撰,吕景琳点校:《寓圃杂记 谷山笔麈》,中华书局1984年版,第54—55页。

② 赵南星:《赵忠毅公诗文集》卷二十三《与邢子愿》,《四库禁毁书丛刊》集部第68册,北京出版社1997年版,第708页。

③ 张廷玉等:《明史》卷二百四十三《赵南星传》,中华书局1974年版,第6298页。

④ 冯琦:《宗伯集》卷七十八《寄于谷山宗伯》,《四库禁毁书丛刊》集部第16册,北京出版社1997年版,第237页。

⑤ 张宪博:《第八章 东林党、复社与晚明政治》,万明主编:《晚明社会变迁问题与研究》,商务印书馆2005年版,第520页。

在万历十七年(1589)十月,时任吏部文选司员外郎的赵南星上疏陈天下四大害,参论吴时来、詹仰庇、黄洪宪等人。① 此疏颇有影响,进一步激化了当时因顺天戊子(1588)乡试之复试而分门别户的双方阵营的矛盾。黄洪宪的求罢去职,赵南星此疏是直接原因之一。对赵南星的如此举措,于慎行恐怕是不以为然的。于氏与赵南星的绝少交往,当在一定程度上与此有关。

总体上讲,于慎行交游极广,但仔细考察其社交网络,可知其交往的核心圈子并非东林党人。现今可以考知,与于慎行并称"二于"、"鲁两生"、"于、邢"、"于、冯"的于达真、贾三近、邢侗、冯琦等人皆为山左士人。此外,山左地区尚有如公鼐、傅光宅、萧大亨、孟一脉、葛曦、沈渊诸人,亦是于氏挚友。除了同乡、同年、同馆关系也对于于慎行的交游具有深巨影响。如同年王家屏、张位、陈于陛、沈一贯、李维桢、张一桂、刘东星、李长春、沈懋孝等,同馆沈鲤、叶向高等,均为当世名公巨卿,皆是于氏深交。叶向高在为于慎行所作墓志铭中特别提及"而当公之末年,所投分推毂惟余,方相期以匡济之业",又说"其最相知契者,无如归德沈公"。②

于慎行拜相后,沈懋孝曾来信称:"一时五老,并是名德耆儒,同心协赞,若合下便能消融党类,坦怀开诚,撤尽从前南北异同形格,便是宇内一家,廓廓无一事矣。"③这的确道出了于氏念兹在兹的心事。"牛李猜嫌元似雪,玄黄战斗本如蜩"④,这是明末大臣倪元璐对于慎行在晚明党争中的遭遇处境的盖棺论定。但在另一面,于慎行又是幸运的。在晚明党争日趋白热化之际,于慎行得以隐居多年,而当东林党成形时,又已在其人生的最后时期。这样,于氏终于保持完名,全身而退,成就了一段政坛佳话。

---

① 参见张廷玉等:《明史》卷二百四十三《赵南星传》,中华书局 1974 年版,第 6297—6298 页。

② 叶向高:《苍霞续草》卷十《太子少保礼部尚书兼东阁大学士赠太子太保谥文定于公墓志铭》,《四库禁毁书丛刊》集部第 125 册,北京出版社 1997 年版,第 98 页。

③ 沈懋孝:《长水先生文钞·水云绪编》卷二《于谷山学士书》,《四库禁毁书丛刊》集部第 160 册,北京出版社 1997 年版,第 178 页。

④ 倪元璐:《倪文贞集》诗集卷下《拜于文定公墓》,《景印文渊阁四库全书》第 1041 册,台湾商务印书馆 1986 年版,第 366 页。

第三章 于慎行的实学思想

于慎行不仅以万众瞩目之姿活跃于晚明的政坛和士林,同时也以其富有卓见的实学思想在我国古代思想史上留下了浓墨重彩的一页。

明代中叶以来,王守仁心学所掀起的狂飙、所催生的新思潮是当时思想界最值得重视的划时代大事。泰州学派出于王学而又不同于王学,旨趣大异,以"赤手搏龙蛇"、"掀翻天地"之势①,公然与传统思想对立,在下层社会滋生广流,而王学也随之渐趋式微。于慎行所处的时代,王学的流衍及对它的反省互为交织,构成当时思想界斑驳陆离的图景,历史再前行一步,就过渡到明末清初对心学的批判总结阶段。

在今天于慎行的著述里,已难觅王守仁心学影响的踪迹,但是作为一位兼收并蓄、不拘故常的人物,于氏其实是受到过心学的一定程度的影响的。于慎行在其著述中,凡提及王守仁,往往尊称"越中先生"。明代的山左地区,是北方王学流传的重镇。于慎行称其三兄慎言"平生清修庄慎,步趋绳矩,潜心理性,雅慕越中先生语,与茌平孟我疆氏(按:指孟秋)同事陈铁峰公。陈铁峰公者,名职,里中耆宿,府君(按:指于玭)所善友也,好学嗜古,与先生为忘年交,讲业汶水之上"②。陈职即于慎行长兄慎动的岳父,为当地王学名儒。于慎行负笈济南时,所师事的两位恩师朱衡和张天衢,亦均是有心学渊源的人物。朱

---

① 黄宗羲著,沈芝盈点校:《明儒学案》卷三十二《泰州学案一》,中华书局 1985 年版,第 703 页。

② 于慎行:《谷城山馆文集》卷二十四《亡兄乡贡进士冲白先生墓志铭》,《四库全书存目丛书》集部第 147 册,齐鲁书社 1997 年版,第 718 页。

衡"中年厌薄词章,潜心理性,从邹(按:指邹守益)、罗(按:指罗从先)二先生谈性命之学,盖有得也"①,平生喜好讲学,又与邹守益家两代通婚。张天衢"少时及见蔡虚斋(按:指蔡清)先生,蔡先生器重之。后过南粤,执贽谒湛甘泉公(按:指湛若水)。甘泉公避席,引与语。大司空(按:指朱衡)著《道南录》,属先生考索,成一家言,其师友渊源有自"②。其间,心学名宿蔡汝楠尝过朱衡官邸,一见于慎行,遂引为"我辈人"③。于氏中年时期作有《上坤山月岩寺,陈铁峰、孟我疆诸君会讲处也》一诗,其云:"因怀莲社客,惆怅讲堂前。"④孟秋是北方王学的重要代表,于慎行在他们的会讲处徘徊久之,含吐之间,似乎也在表明他在年青时代与心学之间曾经有过的某种关联。

于慎行通籍之时,王守仁心学正以在野之姿向朝廷挺进,争取思想的主导权。自席书、张璁、方献夫之后,徐阶、李春芳、赵贞吉、申时行等王门弟子先后入阁秉政。"自嘉、隆以来,秉国钧作民牧者,孰非浸淫于其教者乎? 始也倡之于下,继也遂持之于上。始也为议论,为声气,继也遂为政事,为风俗礼法。"⑤顾炎武《日知录》谓:"嘉靖中,姚江之书虽盛行于世,而士子举业尚谨守程、朱,无敢以禅窜圣者。自兴化(按:指李春芳)、华亭两执政尊王氏学,于是隆庆戊辰《论语程义》首开宗门,此后浸淫,无所底止。科试文字大半剽窃王氏门人之言,阴诋程、朱。"⑥就科举史上学术思想的分野来看,隆庆戊辰(1568)无疑是具有指标性意义的,而于慎行恰好于此科成进士。于慎行选庶吉士后,入馆师事殷士儋、赵贞吉二人。赵氏是泰州学派的著名人物,为学务

---

① 于慎行:《谷城山馆文集》卷二十八《明故荣禄大夫太子太保工部尚书镇山朱公行状》,《四库全书存目丛书》集部第 148 册,齐鲁书社 1997 年版,第 94 页。

② 于慎行:《谷城山馆文集》卷十九《明故广西洛容县训导月洲先生张公合葬墓志铭》,《四库全书存目丛书》集部第 147 册,齐鲁书社 1997 年版,第 579 页。

③ 邢侗编纂,阮自华撰述:《东阿于文定公年谱》卷一,《山东文献集成》第 1 辑第 10 册,山东大学出版社 2006 年版,第 605 页。

④ 于慎行:《谷城山馆诗集》卷十《上坤山月岩寺,陈铁峰、孟我疆诸君会讲处也》,《山东文献集成》第 3 辑第 25 册,山东大学出版社 2009 年版,第 552 页。

⑤ 陆陇其撰,侯铨编:《三鱼堂文集》卷二《学术辨下》,《景印文渊阁四库全书》第 1325 册,台湾商务印书馆 1986 年版,第 18 页。

⑥ 顾炎武著,黄汝成集释,栾保群、吕宗力校点:《日知录集释》(全校本)卷十八《举业》,上海世纪出版股份有限公司、上海古籍出版社 2006 年版,第 1055 页。

在"廓摧俗学,发明本心,以天下为己任"①。于氏早期诗作《馆课雪夜讲庄义》记述了赵贞吉雪夜讲《庄子》的情景,其云:"有伟高堂上,宗工陈榘度。抠衣侍绛帷,悬河启谆谕。"②出现于诗中的赵贞吉的形象,是让于氏颇为之倾倒的。入馆期间,于慎行会受到赵贞吉泰州学派学说的某种影响,也是情理中的事。但在馆时间既短,赵贞吉又于隆庆四年(1570)十月罢相归蜀,从此师徒千里隔阻,南北相望,而对于氏这样一位深受齐鲁文化熏陶的人物而言,他与心学的渊源也可以说至此就画上了句点。当然,于慎行周围交往密切的同年如赵志皋、沈一贯、陈于陛、朱赓、刘东星诸人均是心学的支持者,但于氏本人此后却基本上是以心学的批判者至少不是支持者的面目示人的。而仔细考察于慎行生平交游,可知与其情好更密的知交如王家屏、沈鲤、叶向高、冯琦诸人无不对心学有所批判。

对于程、朱理学,于慎行大致持肯定的态度。因王朝功令和考试进身之需而读程、朱之训,也是他自己的主张。他说过:"诚令讲解经旨,非程、朱之训不陈,敷衍文辞,非六籍之语不用,此培根疏源之方也。"③在于氏的著述中,对于邵雍、程颐、吕祖谦、朱熹、真德秀、魏了翁、许衡等宋元大儒每有高度的评价。甚至他曾向叶向高表白心迹道:"时事大难,如有不可,远而蔡刚成,近而薛河东,皆吾师也。"④可见于慎行对蔡清、薛瑄这两位明代理学家的服膺推许。但是对于道学家之流,于慎行却是深恶而痛绝。他称赞二兄于慎思"性行豪爽,不修城府,持己应物,动法古人,而不好讲学,常曰:'宁为真士夫,不为假道学。'"⑤。在《谷山笔麈》卷五《臣品》中,于慎行更是记载了"朝退点查"和"贡生见朝"两事,对时任刑部侍郎、所谓"道学名流"魏时亮给以毫不留

① 彭绍升撰,张培锋校注:《居士传校注·居士传三十九·赵大洲传》,中华书局2014年版,第329页。

② 于慎行:《谷城山馆诗集》卷二《馆课雪夜讲庄义》,《山东文献集成》第3辑第25册,山东大学出版社2009年版,第463页。

③ 于慎行撰,吕景琳点校:《谷山笔麈》卷八《诗文》,王琦撰,张德信点校;于慎行撰,吕景琳点校:《寓圃杂记 谷山笔麈》,中华书局1984年版,第86页。

④ 叶向高:《苍霞续草》卷十《太子少保礼部尚书兼东阁大学士赠太子太保谥文定于公墓志铭》,《四库禁毁书丛刊》集部第125册,北京出版社1997年版,第102页。

⑤ 于慎行:《谷城山馆文集》卷二十四《亡兄太学都讲航隐先生墓志铭》,《四库全书存目丛书》集部第147册,齐鲁书社1997年版,第717页。

情的嘲笑。

理学是宋明时期思想学术的主体,发展至末流,往往耽于佛、老,而尤其是王学的禅化,使得谈性说理、虚空应世之习弥漫于整个学术思想界,造成晚明社会严重的空虚颓废风气的泛滥。常乃惪先生批评说:

> 程、朱、陆、王之学,虽然门户不同,但其为空谈心性不务实际则一。从宋到明,这六百年中的中国思想界都可以说都在空谈玄妙的时代。我们还可以再扩大一步说,从魏、晋到明,这一千多年中,中国的思想界也都在空谈玄妙的时代。①

对于此种颓风弊习,于慎行一再痛心疾首地加以指斥,此类言论在其著述中随处可见。杨国荣先生称:"儒学演变到宋明时期,内圣逐渐成为主导的价值目标,儒学在某种意义上取得了心性之学的形态。"②晚明以降,明王朝更趋腐化,内忧外患多重矛盾相互交织,衰败没落之态毕现。在此背景下,心性之学已失去昔日的积极意义,只剩下回光返照般的光彩。"历史地看,儒家的价值体系在其形成之时便已包含内圣和外王双重路向,尽管儒家一开始即把重心放在内圣一侧,但外王的观念并未因此而泯灭。"③从后世理学返归原始儒学,在不废内圣之学的同时,重开外王事功一脉,乃成为时代的迫切要求。但是在于慎行的时代,在明清之际诸大儒出世之前,这种回归原始儒学的呼声并没有产生重要的反响,还不足以蔚成滚滚的时代洪流。正是从这一点上讲,于慎行作为先驱人物,其思想才显得弥足珍贵。于氏门人鲍应鳌称:"先生巀嶪千仞之标而汪洋万顷之度,斧藻群言,经纬区宇,炳然内圣外王之学,一溯孔氏之源流而蕴姬吕之休美也。"④这一评价恰当地揭橥出于氏生平的理想人格,即服膺周孔之道,达致内圣与外王的完美统一。就于慎行本人而言,也正是在肯定

---

① 常乃惪撰,葛兆光导读:《中国思想小史》,世纪出版集团、上海古籍出版社 2005 年版,第113 页。

② 杨国荣:《善的历程——儒家价值体系研究》,世纪出版集团、上海人民出版社 2006 年版,第 260 页。

③ 杨国荣:《善的历程——儒家价值体系研究》,世纪出版集团、上海人民出版社 2006 年版,第 262 页。

④ 鲍应鳌:《瑞芝山房集》卷七《寿大宗伯于老师滇岳发祥册序》,《四库禁毁书丛刊》集部第 141 册,北京出版社 1997 年版,第 147 页。

内在仁义与外王事功的统一中,对宋明理学的末流展开了针锋相对的斗争,从道德践履、外在实践两方面提出了自己完整的思想主张。

于慎行一生清风高节,以道自任,注重以涵养为内容的践履。明代中后期,伴随着心性之学特别是狂禅之风的流衍天下,个性思潮涌动,人生价值观念转向,狂士人格被士林广泛认可,大批狂人狂士应运而生。个性思潮的流行本是文化思想史上具有积极意义和深远影响的大事件。目无礼法,行不随俗,在高明之士行之,出于自我意识的觉醒,反对虚伪软熟的乡愿作风,挑战生硬僵化的旧道德秩序,虽有出格之行,也未尽可厚非。但其末流则一任狂诞,不知收敛,变而为无端的轻狂和矫情的造作,与传统意义上温柔敦厚、中庸和平的君子风范实已大相径庭了。当此背景下,于慎行独能躬行践履,中道而行,不骇人耳目,不随波逐流,尤其显得与众不同。邢侗谓"先生完名全节,衾影无惭。然不为吊奇炫异事。彼夫托为大言而寄踪人外,任荒唐而废耳目之近,先生谓:'非伦常庸行,不与为徒矣。'"①对于《中庸》"道不远人"章,于慎行这样阐释:

> "道不远人"章意亦一串,只是忠恕。……盖以责人之心责己,即以恕己之心恕人,又不啻如执柯以伐柯者矣。然则人之为道,岂必远人以为之哉?惟于庸言庸行之间致其进修而不为虚伪之学,即已矣,所谓不远人以为道也。②

于氏强调"于庸言庸行之间致其进修而不为虚伪之学",实际上是向原始儒学取资,而一以传统中庸之道为准则。于慎行一再批评:

> 世儒高谈名理,动称先王,夷考其行而不掩焉,甚或假贤圣之学,济而成其私。③

> 今世论士人操行,率取崎岖为名高,举群趣之,至履方尚实之士,诎而

---

① 邢侗编纂,阮自华撰述:《东阿于文定公年谱》卷末邢侗跋,《山东文献集成》第1辑第10册,山东大学出版社2006年版,第766—767页。

② 于慎行撰,吕景琳点校:《谷山笔麈》卷七《经子》,王琦撰,张德信点校;于慎行撰,吕景琳点校:《寓圃杂记 谷山笔麈》,中华书局1984年版,第72页。

③ 于慎行:《谷城山馆文集》卷二十六《故明经铁峰先生陈公墓表》,《四库全书存目丛书》集部第148册,齐鲁书社1997年版,第42页。

不称。……舍轨迹而冯虚，俪规矩而错巧，谓世道何？①

他因而在《兖州府志》卷三十七《人物志八·孝义》中深有感慨地评论道："斯以知士行之难，而人物之征，视古加少焉，可不为世道畏哉！"②家乡"邹鲁之教，唯笃修躬行，廪廪名实之际"③的优良传统，让于氏深感自豪，他每每称许齐鲁士人的"质行"，以为可法，希望能有"先民之典刑"④可挽救士风。

在为本朝前贤、著名思想家王廷相所作的墓表中，于慎行表明了自己的道德践履的理想原则和境界：

> 世与道之交相丧也，孔子以中为至德，而曰："过犹不及"，其敝犹之质尔。后之学者异甚：智者过之，愚者以其知入焉；贤者过之，不肖者以其行参焉，是以过文其不及也。语道则持论要渺，土苴六艺，游心象罔之原。夷考其行，务为绝世离俗，超然物表，若将朴规绳而斫之，此遵何法哉？其始以不及为过，究之，过亦归于不及，非天地之中矣。⑤

于氏拈出一"中"字为"至德"，作为自己心向往之的道德践履的精义。柳诒徵先生谓："实则儒者自有其要，曰中曰和，为自古相传之通术。"⑥于氏没有止步于此，出于对当时士人道德的深深失望，他将目光投向广大的群众，认为群众的道德实践"继善所发"，自然而然，甚于所谓"君子"远矣。于慎行在《节善碑记》中说：

> 乃若愚夫愚妇，目不披书记，身不闲拱揖，师友无规，钩绳无考，入而孝友，出而廉让，不知其美，安知名实，此真继善所发矣。世之君子，高谈性命，究极天人，至于惝怳玄虚，意相俱泯，推极其用，无不苞络三极，一体万物，皇王之轨，皆为秕糠，不既大且深哉。考其衷素，庸言庸行，子臣弟

---

① 于慎行：《谷城山馆文集》卷二十《明故南京太仆寺卿进阶通议大夫木泾周公墓志铭》，《四库全书存目丛书》集部第 147 册，齐鲁书社 1997 年版，第 589 页。
② 于慎行：《兖州府志》卷三十七《人物志八·孝义》，齐鲁书社 1985 年版。
③ 于慎行：《谷城山馆文集》卷二十六《明故通议大夫南京大理寺卿竹阳王公墓表》，《四库全书存目丛书》集部第 148 册，齐鲁书社 1997 年版，第 37 页。
④ 于慎行：《谷城山馆文集》卷二十《明故南京太仆寺卿进阶通议大夫木泾周公墓志铭》，《四库全书存目丛书》集部第 147 册，齐鲁书社 1997 年版，第 589 页。
⑤ 于慎行：《谷城山馆文集》卷二十六《明故太子太保兵部尚书都察院左都御使赠少保谥肃敏浚川先生王公墓表》，《四库全书存目丛书》集部第 148 册，齐鲁书社 1997 年版，第 30 页。
⑥ 柳诒徵：《国史要义》，世纪出版集团、上海古籍出版社 2007 年版，第 225 页。

友之间，无所为而为者，能几何人。夫其精蕴所含，圣神功化，皆在筌蹄之表，而言行动天地，孝弟通神明，或不若愚夫愚妇之为真也，吾窃怪焉。故道之极致，至于上天之载，无声无臭，而其端始于为己不言不动之地，义之所由集也。集而不已，塞乎天地之间，奈之何其驰远而近遗乎！①

于氏认为高明之极，仍不应离于中庸，不应违于夫妇之愚。钱穆先生谓：

> 窃尝本此意，研寻中国传统思想，知其必本诸身，征诸庶民，考诸三王。考诸三王则治史。征诸庶民，则潜求博求之社会之礼俗，群众之风习。本诸身，则躬行体验，切问近思。乃知中国传统思想，不当专从书本文字语言辩论求，乃当于行为中求。中国传统思想乃包藏孕蕴于行为中，包藏孕蕴于广大群众之行为中，包藏孕蕴于往古相沿之历史传统，社会习俗之陈陈相因中。②

这段话，移作诠释于慎行生平为人为学的宗旨，正是最恰当不过，可以充分见出于氏所受传统思想特别是原始儒学的影响之大。

明至万历时期，王学内部的混斗，东林学派对王学的抨击，都助长了反中庸思潮的高涨。作为一个齐鲁大儒，于慎行上溯孔孟，以中庸之道为其"内圣之学"的精义，挺立于当时反中庸的思潮中，其精神有时是向内收敛的，这使他不免与汹涌的个性思潮有着某种程度的矛盾与冲突，虽然他也相当自觉地反映和倡扬了个性思潮的部分内容，这一点是勿庸讳言的。但是探讨于氏在学术史上的地位，其重点不在于此。于慎行本有"经纬区宇"的才略，从开物成务、济世安邦的时代需要出发，在他的"内圣外王"的理想人格中，对外王事功的追求已经压倒了内圣之学，转向外部的广阔世界，其精神又是向外发舒的。赵园先生说："'经世'之为人生目标，原即组织在儒者的人格建构中，即'内圣外王'中的'外王'。此'内'、'外'落实于'出一处'这一组更具体的生存情境，即出为帝王师，处为天下万世师。"③至于于慎行个人，其素抱经世之

---

① 于慎行：《谷城山馆文集》卷十五《节善碑记》，《四库全书存目丛书》集部第 147 册，齐鲁书社 1997 年版，第 500 页。

② 钱穆：《自序》，钱穆：《中国思想通俗讲话》，生活·读书·新知三联书店 2002 年版，第 5 页。

③ 赵园：《制度·言论·心态——〈明清之际士大夫研究〉续编》，北京大学出版社 2006 年版，第 28 页。

略,却志未尽酬,才未尽用,不能不说是绝大的遗憾,而道德的名声,却使他成为一代纯臣,载之简册,播之人口,实在也是无可奈何的事情。于慎行殁后,叶向高一人独相多年,苦撑残局,愈发思念亡友,恨不能与之共济时艰,力挽国势。他深情地说:"至于今,每独居深念,辄恨不能起公九京,而与之提挈也。……傥令公少延岁月,则斡旋约纳,当必有感动圣明,匪夷所思者,乃竟不慭遗,独使余仰屋叹也。此余之所以愈思公而不置也。"①但另一面,叶向高也不得不感慨大厦将倾,国事难为:"而今日政地展布实难,即公无恙而居此,能不苦心张弛赢缩之间,夫庸知非天之所以爱公而全其名欤!"②于氏个人的不幸,也正折射着大时代的悲哀和无奈!可是于慎行"经世"未尽成功,却以其思想长久影响于后世,推动着学术的发展,这才是其真正的意义和价值所在!

于慎行曾在《闲云馆集叙》中表明自己心目中理想的"通方之儒"的形象:

> 夫所谓通方者,通乎方之内外也,方之内以有含无,设所以经世之具;方之外以无显有,标所以出世之宗,皆所谓天地人之精蕴,无不有博,无不有要,无非是博,无非是要也。执其要而御其博,则可以挥斥八极,磅礴六气,而超然于方之内外,即众派群流,并苞而兼总之,不啻易矣,奈何以寡要为博乎。夫非要固无以为博,非博亦无所为要,则岂独汉人之昧于儒也。③

执要御博、通乎方之内外的儒者才是于慎行心中高悬的理想人格,而他以博大为特色,归一于经世致用的治学宗旨,也就统一于这一理想人格之中。龚鹏程先生推测晚明主张经世致用的一类学风的来源时,指出:

> 一是王学本身即可能发展出经世学风,如罗近溪就是;二是复古的思潮也会逐渐导生出复古经世的学说,如颜元欲复井田、封建、肉刑之类;三则是明代另有一种博雅之学的传统,这一学术传统讲究博极群经子史术艺,与清初通经服古、考文正史之学风实有甚深之渊源。……晚明此类文

---

① 于慎行著,黄恩彤参订,李念孔等点校:《读史漫录》附录二叶向高《〈读史漫录〉题辞》,齐鲁书社1996年版,第522页。

② 叶向高:《苍霞草》卷八《谷城山馆全集序》,《四库禁毁书丛刊》集部第124册,北京出版社1997年版,第220页。

③ 于慎行:《谷城山馆文集》卷十一《闲云馆集叙》,《四库全书存目丛书》集部第147册,齐鲁书社1997年版,第417页。

士学人,所在多有,举黄宗羲,便可例其余也。①

由于慎行本人来看,博雅和经世不仅密不可分,而且是形成其学术思想的两大显著特点,即博雅是根基,而经世是目的。

齐鲁素有为文物之邦,是中国文化学术和教育的重要发源地。宋元以来,中国文化格局发生深刻变化,江浙一带后来居上,逐渐发展成为人文渊薮。从整体上看,山东已无法与江浙地区相比,但仍能保持着北方传统文化区的地位,在文学、学术方面每有可观的成就。明朝中期以来,伴随着社会经济的发展,山东文化呈现全面复苏、蓬勃发展之势。据王绍曾、沙嘉孙先生著《山东藏书家史略》,单以有明一代的私家庋藏而言,山东得藏书家84人,少于江苏的160人,而多于浙江的80人,文教之盛,于此可想。② 龚鹏程先生在分析明代学者博雅一派时,说"但地域学术传统也不能泥看,例如吴地学风以博雅好古是尚,其他地区未必即无博雅好古者"③,又说"在明代中叶以后,除了讲理学心学的程朱与阳明学者、讲性灵的公安派、讲情教的汤显祖之外,尚有一大批学尚博洽者,他们收辑文献、考订校刊图籍、广泛涉猎学术之各个领域。因为人数甚多,为学形态又很近似,故亦成为一种学术传统,而王世贞就是在这个传统中颇具影响力的人物。清初博古通经之学,讲究读书及考订校刊之道,真正的渊源即在于此,并不是由王学或程朱学发展出来的"④。认识转向中的晚明地域文化,认识作为齐鲁之儒的于慎行,这是一种合适的思考路向。嵇文甫先生说:"在不读书的环境中,也潜藏着读书的种子;在师心蔑古的空气中,却透露出古学复兴的曙光。世人但知清代古学昌明是明儒空腹高心的反动,而不知晚明学者已经为清儒做了些准备工作,而向新时代逐步推移了。"⑤于慎行的时代,学风正由虚向实,悄然发生变化,承杨慎、陈耀文诸子之后,当时以读书稽古著称的,稍早有王世贞,同时则有胡应麟、焦竑(按:焦竑祖籍山东日照)、陈第等人。然诸人均为南方人士,求之北方,尤其是山左地区,不得不

---

① 龚鹏程:《自序》,龚鹏程:《晚明思潮》,商务印书馆2005年版,第14页。
② 参见王绍曾、沙嘉孙:《山东藏书家史略》,山东大学出版社1992年版,第10页。
③ 龚鹏程:《晚明思潮》,商务印书馆2005年版,第300页。
④ 龚鹏程:《晚明思潮》,商务印书馆2005年版,第320页。
⑤ 嵇文甫:《晚明思想史论》,东方出版社2013年版,第140页。

推于慎行为代表。

在于慎行的家人、师长和友好之间，弥漫着浓厚的博雅好古的气氛，他私心爱好而赞赏不置，一再笔之于著述。其父于玭"博学工文"①。二兄慎思更是意气感荡，"遍读群书，日课一帙"②，"博物闳览，贯穿百家"③。三兄慎言也是"文江学海，苞络人流"④的人物。外叔祖刘隅"博综今古，书穷四部之藏；吐咀英华，学综六家之要"⑤。姐夫之父侯钺"资质殊绝，读书日以卷计，率三数过，终身不忘"⑥。于慎行的恩师和座主中，朱衡"其学无所不窥，……善持议论，上下千古，包罗百氏"⑦；郑日休"上下数千载，无所不窥"⑧，"酣饫缥湘，沈冥图史"⑨；殷士儋"并苞百氏，囊括群言"⑩。至于于慎行的友人中，这种博学多识的人物更多。如"博闻强志，贯串百家"⑪的傅光宅，"博极群书"⑫的沈渊，"博及群书，于诸子百家无不涉猎，至六书乐律、天文医卜之术，皆钩其要指"⑬

① 于慎行：《兖州府志》卷三十六《人物志七·国朝》，齐鲁书社1985年版。
② 于慎行：《兖州府志》卷三十六《人物志七·国朝》，齐鲁书社1985年版。
③ 于慎行：《谷城山馆文集》卷二十四《亡兄太学都讲航隐先生墓志铭》，《四库全书存目丛书》集部第147册，齐鲁书社1997年版，第717页。
④ 于慎行：《谷城山馆文集》卷十二《冲白斋存稿叙》，《四库全书存目丛书》集部第147册，齐鲁书社1997年版，第443页。
⑤ 于慎行：《谷城山馆文集》卷三十三《外叔祖中丞刘公乡祠告文》，《四库全书存目丛书》集部第148册，齐鲁书社1997年版，第170页。
⑥ 于慎行：《兖州府志》卷三十六《人物志七·国朝》，齐鲁书社1985年版。
⑦ 于慎行：《谷城山馆文集》卷二十八《明故荣禄大夫太子太保工部尚书镇山朱公行状》，《四库全书存目丛书》集部第148册，齐鲁书社1997年版，第94页。
⑧ 于慎行：《谷城山馆文集》卷十八《明故文林郎惠州府推官舒轩先生郑公墓志铭》，《四库全书存目丛书》集部第147册，齐鲁书社1997年版，第549页。
⑨ 于慎行：《谷城山馆文集》卷三十二《祭业师郑舒轩先生文》，《四库全书存目丛书》集部第148册，齐鲁书社1997年版，第149页。
⑩ 于慎行：《谷城山馆文集》卷三十二《祭座师殷文庄公文》，《四库全书存目丛书》集部第148册，齐鲁书社1997年版，第141页。
⑪ 于慎行：《谷城山馆文集》卷二十二《明故中宪大夫四川按察司提学副使金沙傅公合葬墓志铭》，《四库全书存目丛书》集部第147册，齐鲁书社1997年版，第644页。
⑫ 于慎行：《谷城山馆文集》卷二十六《明故国子监司业澄川沈先生合葬墓表》，《四库全书存目丛书》集部第148册，齐鲁书社1997年版，第34页。
⑬ 于慎行：《谷城山馆文集》卷十八《明故南京户部主事前翰林院编修东塘公先生墓志铭》，《四库全书存目丛书》集部第147册，齐鲁书社1997年版，第544页。

的公家臣,"好观古今典故,练习朝章"①、"洽闻多识,则腹笥汗牛"②的朱维京,"博闻强识,涉猎百家"③、"理彻言筌,学穷书库"④的张一桂,"博而有要,……沉浸百家,吐纳万有,目所披览,殆穷二酉之藏,心所经营,将周六合之际"⑤的张位,"好考览国家故实及前代治乱所繇"⑥的余继登,"遐苞艺苑,博总言筌"⑦的王家屏,"猎穷艺薮,涉极言筌。雕龙满帙,倚马成篇"⑧的贾三近等等。这些友人,主要是于氏的同乡和同年,而以北方人士为主,他们遐览文献,学识广博,人数甚多,兴趣相投,似亦自成一种学术传统,由此也约略可觇当时北方士人由虚向实的学风转向。这对于清初的博古通经之学,当有启发的意义。

这种出身、师承和交游,使于慎行蒙有至深至巨的影响,为其成长为一代鸿儒提供了最为有利的条件。于氏对于此种博雅学风,深嗜而笃好,并将其发扬光大。他在诗中说:"风雅久沦替,学海多狂澜。众目徒荧荧,谁为旷古观。……时俗贱文史,世事多艰难"⑨,"一任骚坛定霸,争教学海穷源"⑩,平生治学旨趣,可以概见。在于慎行一生的各个重要时期,他都是好学不倦,广

①　于慎行:《谷城山馆文集》卷二十三《明故光禄寺丞讷斋朱公墓志铭》,《四库全书存目丛书》集部第 147 册,齐鲁书社 1997 年版,第 670 页。

②　于慎行:《谷城山馆文集》卷三十三《祭光禄寺丞朱讷斋公文》,《四库全书存目丛书》集部第 148 册,齐鲁书社 1997 年版,第 172 页。

③　于慎行:《谷城山馆文集》卷二十八《明故通议大夫礼部左侍郎兼翰林院侍读学士玉阳张公行状》,《四库全书存目丛书》集部第 148 册,齐鲁书社 1997 年版,第 100 页。

④　于慎行:《谷城山馆文集》卷三十三《祭少宗伯玉阳张公文》,《四库全书存目丛书》集部第 148 册,齐鲁书社 1997 年版,第 165 页。

⑤　于慎行:《谷城山馆文集》卷十一《间云馆集叙》,《四库全书存目丛书》集部第 147 册,齐鲁书社 1997 年版,第 417—418 页。

⑥　于慎行:《谷城山馆文集》卷二十二《明故资政大夫礼部尚书兼翰林院学士赠太子少保谥文恪云衢余公墓志铭》,《四库全书存目丛书》集部第 147 册,齐鲁书社 1997 年版,第 637 页。

⑦　于慎行:《谷城山馆文集》卷三十三《祭少保王文端公文》,《四库全书存目丛书》集部第 148 册,齐鲁书社 1997 年版,第 164 页。

⑧　于慎行:《谷城山馆文集》卷三十三《祭少司马石葵贾公文》,《四库全书存目丛书》集部第 148 册,齐鲁书社 1997 年版,第 165 页。

⑨　于慎行:《谷城山馆诗集》卷三《冬夜方胥成过访》,《山东文献集成》第 3 辑第 25 册,山东大学出版社 2009 年版,第 478 页。

⑩　于慎行:《谷城山馆诗集》卷十九《夏日村居四十二首》之二十二,《山东文献集成》第 3 辑第 25 册,山东大学出版社 2009 年版,第 664 页。

泛涉猎学术的各个领域的。他十三岁时，已"毕经史及诸代文集"①。其后就学济南，二兄慎言赠诗曰："齐城开府名公右，巨汇应知学海宽。"②不以科举功名相期，而以成就学问来砥砺，这一方面，确可见出其家族的博雅学风。在济南期间，于氏与诸同窗"上下千古，旁及百家"③。释褐后，他"在史馆，穷年矻矻，以读书为事"，晚年山居谢客，左图右史，"网罗搜抉，蕴籍益富"。④ 由此可见其一生治学的宗向。

于慎行根柢经史，学重有据，以博大为特色，纵贯百家而通其源流，带来一种清新健实的治学风气。冯琦盛赞其治学"博而核，核而精"⑤，代表了晚明士林的普遍看法。《明神宗实录》谓其"在词林有声，多识故事"⑥。《国榷》谓其"在词林夙有声，多识故事"⑦。张岱《石匮书》、钱谦益《列朝诗集小传》均称赞其"读书贯穿经史，通晓掌故"⑧。《石匮书》又推许其"以博学宏词，为艺林翘楚"⑨。其后，《明史》本传以"学有原委，贯穿百家"⑩来概括于慎行的学术品格，其"赞曰"谓"若……慎行之博闻，亦足称羽仪廊庙之选矣"⑪，这才成为

① 邢侗编纂，阮自华撰述：《东阿于文定公年谱》卷一，《山东文献集成》第 1 辑第 10 册，山东大学出版社 2006 年版，第 604 页。

② 于慎言：《香山寺送四弟读书济上》，于慎行：《兖州府志》卷四十九《艺文志十一》，齐鲁书社 1985 年版。

③ 于慎行：《谷城山馆文集》卷二十《明故亚中大夫陕西布政使司右参政完璞于公墓志铭》，《四库全书存目丛书》集部第 147 册，齐鲁书社 1997 年版，第 592 页。

④ 钱谦益：《列朝诗集小传》丁集中《于阁学慎行》，上海古籍出版社 1983 年版，第 547 页。

⑤ 于慎行撰，吕景琳点校：《谷山笔麈》卷首冯琦《笔麈题辞》，王琦撰，张德信点校；于慎行撰，吕景琳点校：《寓圃杂记 谷山笔麈》，中华书局 1984 年版，第 3 页。

⑥ 《明神宗实录》卷四百四十"万历三十五年十一月壬申"条，台湾"中央"研究院历史语言研究所 1962 年版，第 8351 页。

⑦ 谈迁著，张宗祥校点：《国榷》卷八十《神宗万历三十五年》，中华书局 1958 年版，第 4983 页。

⑧ 张岱：《石匮书》卷二百三《文苑列传下·于慎行传》，《续修四库全书》第 320 册，上海古籍出版社 2002 年版，第 134 页。钱谦益：《列朝诗集小传》丁集中《于阁学慎行》，上海古籍出版社 1983 年版，第 547 页。

⑨ 张岱：《石匮书》卷二百三《文苑列传下·胡缵宗、于慎行、李维桢列传》，《续修四库全书》第 320 册，上海古籍出版社 2002 年版，第 136 页。

⑩ 张廷玉等：《明史》卷二百十七《于慎行传》，中华书局 1974 年版，第 5739 页。

⑪ 张廷玉等：《明史》卷二百十七《王家屏、陈于陛、沈鲤、于慎行、李廷机、吴道南列传》，中华书局 1974 年版，第 5744 页。

他最好的盖棺定论。

于慎行对于平生著述的名山事业可谓情有独钟,他曾说:"古人不用于世,退而著书,以传不朽,知不以彼而易此也"①,"盖经术艺文,乃儒者分内事,与权势之地不同,去要就闲,去炎就冷,正自有味"②。于慎行的一生,闳文博物,渔猎多方,笔耕不辍,著述宏富。其著述广涉四部,约有近 20 种 200 卷左右,亡佚之余,存世者尚有七八种近 150 卷。于慎行治学所涉足的领域之广,著述门类和卷帙之多,并世可比者也并不多见。正如于氏生前所感慨的,"名利百年身易老,文章千古事难成"③,即使不论经济大略,等身著述也足以使他"文章千古"了。黄恩彤以"学冠东方"④推许于慎行,诚然,其博涉该通是足为有明一代山左士人之代表的,直接影响到明清之际学风的转向。

渊抱宏深的于慎行并不只以醇儒自律,更以豪杰自命,他的视野已远远超越了伦理之域,关注的重心首先指向了外王事功。学术界一般认为,"实学"作为学术思想形态而崭露于世,是在十六世纪初的明中叶之后,是中国后期封建社会总危机的爆发和资本主义生产萌芽的产生的历史时期的产物。步近智、张安奇先生在《顾宪成、高攀龙评传》中认为当时伴随着内忧外患的加剧,在朱学的分化中,出现了关注现实、提倡务实并修正、改造朱学的一派,经薛瑄开启,"由明中叶的罗钦顺、王廷相、吴廷翰、吕坤等人倡导发展为'实学',至晚明而蔚为大观,以顾宪成、高攀龙为首的东林学派则开启了明清实学思潮之端绪"⑤。并指出"明清之际的实学思潮是我国特定时期的产物,是含有特定历史内容的学术思想形态,是一股进步的思想潮流"⑥。葛荣晋先生在《中国实学文化导论》中指出:"从明中叶到清代乾嘉时期,是中国实学思想发展的

---

① 于慎行著,黄恩彤参订,李念孔等点校:《读史漫录》卷十三《宋高宗至帝昺》,齐鲁书社 1996 年版,第 482 页。

② 于慎行著,黄恩彤参订,李念孔等点校:《读史漫录》卷十四《辽金元》,齐鲁书社 1996 年版,第 498 页。

③ 于慎行:《谷城山馆诗集》卷十二《秋怀四首》其三,《山东文献集成》第 3 辑第 25 册,山东大学出版社 2009 年版,第 575 页。

④ 于慎行著,黄恩彤参订,李念孔等点校:《读史漫录》附录六黄恩彤《重刻于文定公〈读史漫录〉序》,齐鲁书社 1996 年版,第 530 页。

⑤ 步近智、张安奇:《顾宪成 高攀龙评传》,南京大学出版社 1998 年版,第 89 页。

⑥ 步近智、张安奇:《顾宪成 高攀龙评传》,南京大学出版社 1998 年版,第 54 页。

鼎盛时期。"①又谓:"从它的社会价值看,明清实学思潮是继先秦诸子百家争鸣、魏晋玄学思潮、宋明理学思潮之后又一次空前的学术高潮。"②这样一股思想潮流,在于慎行的时代雏形已具,声势渐大,他敏锐地领风气之先,相为呼应,并为之注入了新鲜的内容,而给后来者以有益的启迪。惜乎长期以来,于慎行以名臣、诗人、学者见称于世,而他作为明清之际实学思潮的重要先驱的一面却蛛网尘封,隐没不彰。晚清大臣周天爵即称:"(于慎行)诚南轩(按:指张栻)所谓晓事者与? 而史但称其智典制,词学与冯琦为北方一时冠,何其浅也!"③正是为于氏的经世之学不被世人知晓而深感不平。

于慎行的父亲于玭、二兄慎思及外叔祖刘隅都悉心留意当世之务,刘隅并有《治河通考》一书存世。于慎行自幼耳濡目染,得益于家教处不少。如他曾说:

> 余读《河渠书》:泰山下引汶水,穿渠溉田万余顷。今汶入于漕,其支流出东平,以往者居人不以溉,岂古今地异宜邪,亦其法不讲然与? 河之为利害有日矣。宣房瓠子之歌,至今悲之,而邑乃其故迹。予每问父老河脉所由曲折,远眺遐览,历古今之事,未尝不抵掌叹也!④

这则于氏《东阿县志》中的佚文为顾炎武《天下郡国利病书》所征引。短短一段文字,而于氏的经世精神已俱见之矣,千载之下,犹令人读之动容。于慎行后来所师事的朱衡、殷士儋、赵贞吉三位恩师,都是以天下为己任的一代重臣,其所谆谆教诲于氏的,也正是经世之略。李维桢曾为冯琦诗文集作序云:

> 往余承乏史局,万安朱司空先生(按:指朱衡)尝教之曰:"翰苑所贵在经济,不在诗文,犹武臣所贵在谋勇,不在骑射。"蜀赵文肃先生(按:指赵贞吉)为馆师,又教之曰:"文章家所贵四端:经明道,史垂宪,封事通下情,诏令宣上德耳。课花鸟而评风月,壮夫羞为也。"

---

① 葛荣晋:《中国实学文化导论》,中共中央党校出版社 2003 年版,第 16 页。
② 葛荣晋:《中国实学文化导论》,中共中央党校出版社 2003 年版,第 143 页。
③ 周天爵:《读史漫录序》,周竹生修,靳维熙总纂:《(民国)续修东阿县志》卷十四《艺文志下》,《中国地方志集成·山东府县志辑》第 92 册,凤凰出版社 2004 年版,第 367 页。
④ 顾炎武:《天下郡国利病书》不分卷《山东上·东阿县志》,《四部丛刊三编》第 150 册,上海商务印书馆 1935 年版。

……因推明文肃、司空两先生之论，为于宗伯更端，此两先生言，亦于宗伯所稔闻也。①

于慎行的学术思想大体奠定于青年时期。

于慎行生前究心经世大业，当时士人也无不以此期许。但是，他的一生平和低调，不事张扬，既不可能像泰州学派那样接近中下层群众，又未如东林党人那样组织同志会社，这使其许多富于新见的思想主张不能为更多的世人所知晓。时移世易，于慎行身后，各类官、私史传尤其是《明史》、《明实录》，对他的经世之学多略而不提。《明神宗实录》不过说他"多识故事"，张岱眼光卓绝，其史著《石匮书》为于慎行立传，高度评价于氏"读书贯穿经史，通晓掌故，以求为有用之学。凡所援据驳正，具有源委，皆可施行。谢部事，居谷城山中，十有七年，网罗搜抉，蕴籍益富，甫大用而遽卒，天下惜之"②。钱谦益《列朝诗集小传》中有相同记载。

考察学术谱系，于慎行的学术旨趣可得而言。其于有明一代人物中，最推崇王廷相。于慎行的父亲曾受教王廷相门下。慎行为王廷相作墓表，于中寄其敬慕之忱：

先生记问该博，学术纯正，于百家之籍无不沉酣，而不涉异教。文辞详赡古雅，可为典刑。……吾读王先生所著《慎言》、《雅述》诸篇，于天人性命之蕴，多所发明，自谓不以成说牿其真知，然皆切于身心，无坚白玄眇之谈，与世所称说异趣矣。其行以伦纪为宗，操修为实，兢兢礼法之中，蹁然不淬，而未尝矫性拂人，以滑耀于世，又岂与声闻过情者同乎哉！

于氏吐露心扉道："私淑先生之日久矣，九原可作，所执鞭而御者，匪异人哉。"③这种评价，就于慎行对本朝人物的评骘来说，是无以复加的。王廷相是宋、元、明时期反理学最有成就的思想家，也是明清实学思潮的重要先驱。在

---

① 冯琦：《宗伯集》卷首李维桢《宗伯冯先生全集序》，《四库禁毁书丛刊》集部第 15 册，北京出版社 1997 年版，第 10、13 页。

② 张岱：《石匮书》卷二百三《文苑列传下·于慎行传》，《续修四库全书》第 320 册，上海古籍出版社 2002 年版，第 134 页。

③ 于慎行：《谷城山馆文集》卷二十六《明故太子太保兵部尚书都察院左都御使赠少保谥肃敏浚川先生王公墓表》，《四库全书存目丛书》集部第 148 册，齐鲁书社 1997 年版，第 30—31 页。

对王氏的赞美中,于慎行十分鲜明地表露了自己学术思想的宗向。于慎行殁后,吕坤为作诔辞,谓:

> 公于是时,精心孔孟,天下国家,身心性命。……典礼六年,臣心如水,磊磊铮铮,百折不悔。……其在林屋,端居静默,贤圣主宾,古今几席。……世情险谲,异语喧豗,家贤人圣,调剂者谁?俾公主可,国是攸归。……公之经济,太平余事,脱也生存,当亦贵志。……匪以哭公,为世道哭。①

吕坤自称"匪以哭公,为世道哭",作为政治改革家和思想家,他是引于慎行为同路人的。在众多的友人中,于慎行与冯琦并称"于、冯",尤称莫逆。冯琦一生以经济自负,致力于经世实学,亦是当时重要的政治家和实学思想家。

于慎行学术思想的鲜明品格是在与宋明理学的末流针锋相对的斗争中逐步形成并日臻完善的,事实上,这也是明清之际实学思潮所由产生的路径。于慎行"尚实",强调"实用",注重"实践"、"实行",提倡实证,以经世致用为宗旨,反对空谈心性,力倡务实之风,举凡政治、经济、民族、宗教等广阔领域,无不洞悉时局,深加探讨。但是于慎行一生职任清显,晚年家居期间又正负相望,加之身处风云激荡、四方多难的时代环境,这使得他的著述往往无暇建立缜密的体系,而服从于实用的目标,明显具有针对时弊、就事论事的特点,在一定程度上妨碍了其思想的深度,也不利于体系的完整建构。他的一些观点,与其称是思想,不如说是主张更为确切。在另一面,由于博览史册,于史学深有心得,于氏的"有用之学"着眼于社会沿革、历史兴亡的探讨,"借鉴千秋,旁镜当代"②,不仅从广大的现实中来,也从悠久的历史中来,因而兼有恢廓的历史视野和鲜明的时代精神,在其所处的时代显得尤为突出。

作为杰出的政治家,于慎行的相关思想并没有及身而绝。由于在晚明政坛和士林所处的特殊地位,于慎行的经世之学,实际上对东林党人,从而间接对作为学术团体的东林学派产生过一定程度的影响,而后者一般被认为是明

---

① 吕坤:《去伪斋集》卷九《于文定公诔辞》,吕坤撰,王国轩、王秀梅整理:《吕坤全集》,中华书局 2008 年版,第 537—538 页。

② 于慎行著,黄恩彤参订,李念孔等点校:《读史漫录》附录二叶向高《〈读史漫录〉题辞》,齐鲁书社 1996 年版,第 522 页。

清之际实学思潮成形的标志。在政治、经济、民族等多个领域，于慎行的思想与以顾宪成、高攀龙为领袖的东林学派都存在不少"互通声气"、遥相呼应之处，已领时代风气之先。明末清初诸大儒如王夫之、黄宗羲、钱谦益、张岱、方以智、陆陇其、谈迁等人，对于于慎行的文学、史学、学术等方面每有高度的推崇和不同程度的继承，而主要集中于文学方面。就政治、经济、民族层面的思想而言，当时实学的代表人物顾炎武最明显地承接了于慎行端绪。以顾氏最具代表性的两部著作《日知录》和《天下郡国利病书》为例，其中征引于氏《谷山笔麈》、《谷城山馆文集》、《兖州府志》、《东阿县志》等各种著述共近 30 处，涉及政治、经济、民族等多个方面。如张显清、林金树先生主编《明代政治史》即举顾炎武《日知录》中《京官必用守令》条及其《郡县论》中重守令之意，与于慎行相关言论相同为例，认为"于慎行与顾炎武之相同一睹可知也"，并认为"视之为实学之先声亦是合适的"。① 事实上，黄恩彤在参订《读史漫录》时，便多引顾炎武的言论以相发明，正是看出了于、顾二人在思想上的先后继承关系。顾炎武等诸大儒以倡扬实事实功，实证实行，而将明清之际实学思潮推向了高潮，在这方面，于慎行无疑是起了导夫先路的作用的。

宋明理学所讨论的，主要以天道性命为中心，涉及本体论、心性论、认识论等问题，如论性、心、气、理、诚、知行、涵养、宇宙、鬼神等。《宋明理学史》谓："宋明时期的理学家把这些范畴、命题和问题，分析论究到精深微密，辨析毫芒。黄宗羲谓明代理学，'牛毛茧丝，无不辨析，真能发先儒之所未发'（《明儒学案·凡例》）。"② 而明代理学比宋代理学高明之处，就是明儒能对各种概念的细微差别作出辨析。就这一方面而言，于慎行的著作不说无所发明，也是卑之无甚高论，他的志趣本不在此，已不尽为宋明理学的藩篱所囿，体现着学术思潮的巨大历史性转向，因此，自来的理学史著作中都不会有他的一席之地。于慎行在学术史上的定位，还当从其经世之学中求之，即便是他的史学，也带着鲜明的"以史经世"的特点，在很大程度上成为其经世之学的具体展开和落实之处。在形成明清之际气象万千、波澜壮阔的实学思潮过程中，于慎行也产

---

① 　张显清、林金树主编：《明代政治史》，广西师范大学出版社 2003 年版，第 1066 — 1067 页。

② 　侯外庐、邱汉生、张岂之主编：《宋明理学史》上卷，人民出版社 1984 年版，第 20 页。

生了一定的影响,起到推波助澜的作用。与东林党、复社、几社诸君子尤其是清初诸大家等人的官位不显或在野之身不同,于慎行是以公辅帝师的身份,将其经世之略形诸笔端,欲求施行于当世,而且如假以天年,也确乎有一展抱负的可能,因此,他的思想,相比于上述诸子,在体系的博大、思想的邃密和论点的警策等方面或容有不逮,而在切实可行,不作偏激、蹈空之论方面倒是时或过之呢!从这一点上讲,正是时代呼唤的真正的"有用之学"。于慎行的这种"有用之学",从广大的方面深刻、及时地反映了时代的心声,总结了时代的趋势,更时时以高瞻远瞩、恢宏通达的识见,走在了时代的前列。他是晚明实学思潮的代表人物之一,也是明清之际实学思潮的重要先驱。

于慎行的实学思想以历史为参照,在极其广阔的领域中深刻地批判了现实,尖锐地揭露了矛盾,已经触及封建制度的某些本质方面,如君主专制、工商发展、民族平等等等,多有超越前人、启迪后来之处,在我国古代实学思想史上占有重要的地位。兹从政治思想、经济思想、民族思想、佛道思想等四大方面分论之。

第一节 于慎行的政治思想

于慎行的政治思想极为丰富,在在闪烁着真知灼见,突出表现在对君主专制及其相关政治现象的批判上,这是其政治思想中最富于价值的部分。于氏生活的嘉靖、隆庆、万历三朝,正是步入封建社会晚期的明王朝开始发生巨变的大转折时期。存在了两千余年的专制主义皇权至此已极度膨胀,而专制君主的社会功能却出现了一定程度的不适和弱化,其弊害已清晰可见。在当时的思想界,对君主专制制度作理论上的清算,已逐渐成为时代的要求。于慎行感愤时事,敏锐地承担起了这一新时代向思想界先进人物提出的历史使命。

一、论"仁"与"礼"

作为孔孟乡人,于慎行是以相当纯粹的儒者形象出现于世的。说他有名士风度,毋宁说他更具圣贤气象。吕坤曾称赞:"公于是时,精心孔孟,天下国家,身心性命。"①清人罗惇衍有诗赞曰:"北方史职知多少,我爱东阿品格优。"②于氏既无法认同王守仁心学,对程、朱理学也不尽满意,于是回首原始儒学,追踪孔孟,上溯周公,以为取资的对象。于慎行编纂《兖州府志》,修订《陋巷志》,对圣贤故里特表关注,倾注满腔热情。谢廷谅为于氏《兖州府志》作序,盛赞:"周孔之精神,班马之作述,晖映于一时。"③于慎行的文章,如时人所赞誉的,具有"浑厚不斫,居然谟典"④、"渊然道德,溢于神情"⑤的鲜明特征,其中如《阙里重修孔庙碑》、《阙里重修三庙碑》、《邹县重修孟庙记》、《重修颜庙碑》、《游鲁城记》诸篇可称代表。于氏的著作在表明宗经征圣的主张,字里行间流露出对周孔之道、孔孟之学深切服膺、赞叹不置的真诚感情。他自豪地说:

> 紧志者,一方之史也。职一方而天下宗焉,莫备于鲁矣,何也? 三代而上,皇舆帝轨,莫不会于周公;三代而下,道篇言枢,莫不宗乎孔子。二圣者,百王之贯也,皆于斯地焉发之,是故鲁之于天下也,其犹岱岳之俯群山,沧溟之内百谷者乎。生乎此者,以周公、孔子之邦而溯周公、孔子之教;吏乎此者,以周公、孔子之道而治周公、孔子之民,非志者之心与!⑥

> 大哉先师,苞乾坤之灵,应贞元之运,以为万世教主也。邹鲁之墟,圣迹所兴,四方瞻仰而宗依之,盖与天壤共敝矣。……生孔孟之里,而不以孔孟淑其身,非知学也;治邹鲁之邦,而不以邹鲁望其民,非敷化也,其亦胥念之矣。⑦

① 吕坤:《去伪斋集》卷九《于文定公诔辞》,吕坤撰,王国轩、王秀梅整理:《吕坤全集》,中华书局 2008 年版,第 537 页。

② 罗惇衍:《集义轩咏史诗钞》卷五十八《于慎行》,《续修四库全书》第 1543 册,上海古籍出版社 2002 年版,第 512 页。

③ 谢廷谅:《薄游草》卷十六《兖州府志序》,《四库全书存目丛书》集部第 177 册,齐鲁书社 1997 年版,第 170 页。

④ 邢侗编纂,阮自华撰述:《东阿于文定公年谱》卷末邢侗跋,《山东文献集成》第 1 辑第 10 册,山东大学出版社 2006 年版,第 765—766 页。

⑤ 吕坤:《去伪斋集》卷九《于文定公诔辞》,吕坤撰,王国轩、王秀梅整理:《吕坤全集》,中华书局 2008 年版,第 537 页。

⑥ 朱泰、游季勋、包大爟等纂修:《兖州府志》卷首于慎行《兖州府志序》,明万历元年(1573)刻本。

⑦ 于慎行:《兖州府志》卷六《圣里志上》小序,齐鲁书社 1985 年版。

挺立于晚明时代的万千士人中,"学冠东方"①的于慎行无疑是一位典型的齐鲁之儒。

"仁"与"礼",一为内心之情感,一为外部之礼文,是原始儒学的核心命题,也是构成齐鲁文化的核心内容。作为一代仁人志士和礼学家,"仁"与"礼"的思想不仅为于慎行所终生身体力行,也被他赋予时代的新意,在很大程度上指向了政治,非常典型地代表了这位"石渠帝傅,山东大师"②的学术品格。

(一)论"仁"

"仁"是整个儒学思想体系的核心和根本,其基本精神就是"爱人"。"立爱自亲始"③。孔子云:"仁者,人也,亲亲为大。"④孟子亦云:"仁之实,事亲是也。"⑤"仁"体现于家庭之中就是孝悌之爱。善事父母为孝,善事兄长为悌,故孝悌实为仁之本。而将孝悌之爱推广到血缘关系以外的社会成员中,即是"泛爱众而亲仁"⑥。

邢侗在《东阿于文定公年谱》跋语中盛赞于慎行一生的为人:

> 平生所重在伦彝,已事彰彰可考。孝为百行首。先生之于太公、太夫人,终身孺慕,言必汍澜,曰:"行嗛焉禄养,有死不自宁!"谁无父母?执此证九原,真无愧色也哉。群从族属,居诸为生活、为婚稼、为死丧。孤则收,失职则振跳而逸为保全地。先生之衷良苦矣。沾沾门故,率导周行,而响洙无斓容。……先生所亟在三,而隆师敦友,皇皇若不及,谱灼然具矣。⑦

---

① 于慎行著,黄恩彤参订,李念孔等点校:《读史漫录》附录六黄恩彤《重刻于文定公〈读史漫录〉序》,齐鲁书社1996年版,第530页。

② 邢侗:《来禽馆集》卷十六《先师谷城于文定公碑》,《四库全书存目丛书》集部第161册,齐鲁书社1997年版,第590页。

③ 郑玄注,孔颖达疏,龚抗云整理,王文锦审定:《礼记正义》(《十三经注疏》)卷四十七《祭义第二十四》,北京大学出版社2000年版,第1540页。

④ 郑玄注,孔颖达疏,龚抗云整理,王文锦审定:《礼记正义》(《十三经注疏》)卷十六《中庸第三十一》,北京大学出版社2000年版,第1683页。

⑤ 赵岐注,孙奭疏,廖名春、刘佑平整理,钱逊审定:《孟子注疏》(《十三经注疏》)卷七下《离娄章句上》,北京大学出版社2000年版,第248页。

⑥ 何晏注,邢昺疏,朱汉民整理,张岂之审定:《论语注疏》(《十三经注疏》)卷一《学而第一》,北京大学出版社2000年版,第8页。

⑦ 邢侗编纂,阮自华撰述:《东阿于文定公年谱》卷末邢侗跋,《山东文献集成》第1辑第10册,山东大学出版社2006年版,第764—765页。

叶向高为于氏所作墓志铭也高度赞誉：

> 直讲前后十四年，渥承恩顾，凡郊祀、陵祭、幸天寿山、阅寿宫，无不扈从。锡赉精镠、宝楮、金符、文绮、彩扇、绣带诸物无算。而敦伦好施，所得俸赐，多分给群从族属，益置祠田，缓急交游知故及其子弟，故橐中尝无余财。自宗伯谢政归，始构数椽，仅仅中人居耳。居恒爱，片言如柳下惠、仲由。而为人排难急困，往往不吝。至乡邑大利害，如条编、徭役、灾眚诸事，抵掌论说，无所讳避。①

钱穆先生在谈到"仁"时，曾说："其初发而可见者为孝弟，故培养仁心当自孝弟始。而孝弟之道，则贵能推广而成为通行于人群之大道。"②对于孝悌仁爱之人，于慎行每每不遗余力加以表彰。而他自己也终生修身砥行，仁而爱人，正是实践儒家孝悌之爱和"泛爱众而亲仁"的精神的典范。一部《东阿于文定公年谱》中，多有相关记载。

郭学信先生说：

> ……而当把这种宗法社会的孝亲原则再推行于国家社会时，这种家庭道德规范的亲，又和社会政治领域中的"忠"巧妙地吻合了，这又产生了忠君爱国的思想。因为血缘宗法制的主要特征是家国一体，家国同构，个人、家庭与国家是有机联结在一起的整体，家庭是国家的缩影，国家是家庭关系的扩大，国家关系、君臣关系不过是家庭关系、父子关系的一种延伸。③

故古语云：求忠臣必于孝子之门。于慎行敦修实践，正是兼备忠孝之道的人。

于慎行开始登上历史舞台的明代后期，国执危重，王纲解纽，封建王朝的向心力已渐趋弱化。他批评明王朝世风浇薄，士气人心日以委靡。他在著述中一方面表现出深沉的忧患意识，另一方面则流露出对于国家、君主浓浓的忠爱之情。于慎行出入千古，对于历代忠义之士热情讴歌，推崇备至。至于那些对国家、君主不忠不义之辈，则遭到他无情的谴责和唾弃。如他这样痛斥东汉

---

① 叶向高：《苍霞续草》卷十《太子少保礼部尚书兼东阁大学士赠太子太保谥文定于公墓志铭》，《四库禁毁书丛刊》集部第 125 册，北京出版社 1997 年版，第 101 页。

② 钱穆：《论语新解》上编《学而篇第一》，巴蜀书社 1985 年版，第 5 页。

③ 郭学信：《范仲淹与中华民族精神》，《杭州研究》2010 年第 2 期，第 159 页。

大臣胡广：

> 胡广周流四公，历事六主，史称其练达故事，明习朝章，想其才必有可采。至于流品之卑，则上下数百年，罕其俦俪。……前有胡广，后有冯道，俯仰千古，令人短气！①

语气是很强烈的。相比之下，对于少数民族的"忠义之性"，于慎行则不吝赞美之辞，大加肯定。

于慎行家风优美，他入仕后不久，即在祖墓前自誓云："惟有守清白之规，以追遗训；厉忠赤之志，以报国恩，必不敢为温饱之谋，慕纷华之染，此则可自保者耳。"②邢侗言及于慎行立朝大节云：

> 初不附江陵，明目猖弹。事卒之，江陵败而百方营救，所上丘司寇书，传之四远，即东鳒西鲽之域，无不忠信伏焉。至心所如往，天日为昭，何言人世哉！正位礼曹，封事数十上，无非丽明妙善计，且屡驳正王国非干请。主上稍示厌之，己氏冷齿相加，中常侍欲甘心数矣。③

邢侗说于氏"心小而胆决迈万夫，人不得而亲疏，事惟视理。理所不可，贲育莫夺"④。于慎行忠诚体国，奉公履正，国有大事，以身任之，早将个人荣辱置之度外。他曾说"大臣忘身以为国，则分内事不可模稜"⑤，又说"大臣之义在于体国"⑥。在《读史漫录》中，于氏有如下一段议论：

> 任延对光武曰："忠臣不和，和臣不忠"，"上下雷同，非陛下之福"。光武深服其言。愚以为此延阿世之语也。光武明察御下，方以制御为权，

---

①　于慎行著，黄恩彤参订，李念孔等点校：《读史漫录》卷四《东汉》，齐鲁书社1996年版，第125页。

②　于慎行：《谷城山馆文集》卷三十二《辛未展墓告文》，《四库全书存目丛书》集部第148册，齐鲁书社1997年版，第155页。

③　邢侗编纂，阮自华撰述：《东阿于文定公年谱》卷末邢侗跋，《山东文献集成》第1辑第10册，山东大学出版社2006年版，第762—763页。

④　邢侗编纂，阮自华撰述：《东阿于文定公年谱》卷末邢侗跋，《山东文献集成》第1辑第10册，山东大学出版社2006年版，第764页。

⑤　于慎行撰，吕景琳点校：《谷山笔麈》卷十六《琐言》，王琦撰，张德信点校；于慎行撰，吕景琳点校：《寓圃杂记 谷山笔麈》，中华书局1984年版，第183页。

⑥　于慎行撰，吕景琳点校：《谷山笔麈》卷十六《琐言》，王琦撰，张德信点校；于慎行撰，吕景琳点校：《寓圃杂记 谷山笔麈》，中华书局1984年版，第183页。

而延语适合之耳。夫和者未必不忠，而不和者未必忠，顾其公私何如。不忠者，和与不和，其机一也。其和也，以权利相比唱附和，以蒙主之聪，和亦不忠也；其不和也，争权怙宠，相挤相倾，以盗主之柄，不和亦不忠也。忠臣则不然：其和非雷同，心无所竞耳；其不和非忿戾，志有所持耳。此同名而异情，不可不察也。嗟夫！光武以汤武之仁，而延挟商韩之余沥以浇之，何其细哉！①

守己以正、事上以忠如于慎行，宜乎有此言论。于氏立朝当官，不可想见耶？

于慎行行己处世，即处处高悬"仁"为标准，而对于"仁"，也有一些比较详细的阐述。在《邹县重修孟庙记》中，他俯仰古今，梳理了"孟子之道"与"孟子之祀"的历史脉络以及明代儒学的兴衰：

> 窃惟孟子之道，至唐韩愈氏而明；孟子之祀，至宋孔道辅氏而显。著在谍记，无庸术矣。惟是祀之兴隊，关乎道之晦明；道之晦明，兆乎世之隆替，有不可不详者。彼韩愈氏溯道统之传，自尧、舜、禹、汤、文、武至于周公、孔子，而直以孟子承之，则不以周公、孔子所传者，二帝三王之道，而孟子明之与！夫二帝三王之道，天地之道也。立天之道曰阴与阳，立地之道曰柔与刚，立人之道曰仁与义。故仁义者，参三才而两之。上古帝王至于周、孔，世相授守，若篆图焉。而杨朱、墨翟者出，以为我、兼爱之说充塞仁义，其敝至于无父无君，则立人之道或几乎绝矣。于是，孟子辞而辟之，使其灿然复明，如日中天，马迁所谓"遵夫子之业而润色之"者。即进而与平成埒烈，岂让功哉！

> 杨、墨之说方熄于前，而佛、老之教复炽于后。其号愈侈，其义愈精，其尊信而归依者愈易且广。自汉及唐，湛浸曼延，沦肌浃髓，与吾儒分道而驰。韩愈氏有忧之，故推尊孟子，而附之周、孔之后。宋人赖其拥翊，有所承藉，得以表章六艺，垂之无穷。盖孟子之祀显于宋之景祐，而周公、孔子之道亦于其时大明矣。

> 国家恢崇儒术，尽黜百家，纳诸圣轨。自庙朝论议、闾里服习，非邹鲁

---

① 于慎行著，黄恩彤参订，李念孔等点校：《读史漫录》卷四《东汉》，齐鲁书社1996年版，第104页。

之教、六艺之指，口不得谈，牍不得书，则可谓极纯至粹，大一统之风矣。家传户诵，渐渍既久，见谓布帛菽粟，不充嗜好，乃始崇慕空玄，冥心象罔，阔略实践，糟粕训言，于是二氏之教若将复入肌髓而不可救药。高明特达之士，探其玄机秘藏，以默镳于吾儒之间，而不尸其名；操觚讲业之伦，摭其斧藻英华，以缘饰经艺，而不窬其非。盖汉唐之季，流家可分，而今之颓风，主客罔辨，则亦吾道之阳九百六也。盖必有如孟子者，辞而辟之，拨而反之正，斯圣教中兴之会矣。故即孟子之祀大兴于今，而有以卜周公、孔子之道将益明而不至于晦。周公、孔子之道明而不至于晦，而仁义之效可几睹于世也。则是庙之新，所关于世之隆替，不渺小哉！①

于慎行认为"孟子之道"所继承的，乃是二帝三王以至周公、孔子以来一贯相承的道统，其核心和本质即"仁"与"义"，"故仁义者，参三才而两之。上古帝王至于周孔，世相授守若箓图焉"。然纵观数千年历史，前有杨朱、墨翟者"为我、兼爱之说充塞仁义"，后有佛、老之教"自汉及唐，湛浸曼延，沦肌浃髓，与吾儒分道而驰"。入明以来，士人"崇慕空玄，冥心象罔，阔略实践，糟粕训言，于是二氏之教若将复入肌髓"，已到了"不可救药"、"主客罔辨"的地步，是儒学的"阳九百六"，于慎行希冀能有所拨正，而其旨归所在，则欲使"仁义之效"复睹于世。

于慎行主张施仁政，行王道，实行恤民政策。他在《贺肥城随侯考绩叙》中说：

天生兆人而树之后，使父母之。其能惠养而奠厥生，天锡之福，福及四海。后有兆人而树之国邑之长，使父母之。其能惠养而奠厥生，后锡之福，福及二人。皆惟子民之。以曰：乐只君子，民之父母。曰：岂弟君子，民之父母。乐与岂，仁之象也。仁者，天地之心，而后王体之，国邑之长承焉，所繇保赤子而有之矣！世之吏者，岂不亦明于所保，而徒上观下获，取绳约期会，毋负大吏，以藉岁月之资。即而称卓，无不有所兴建规画，以新民之耳目，至间阎墟里、扶老长幼、罢癃疾苦呻吟之状，年谷丰凶、赋更增

---

① 于慎行：《谷城山馆文集》卷十四《邹县重修孟庙记》，《四库全书存目丛书》集部第 147 册，齐鲁书社 1997 年版，第 468—469 页。

减之故,原隰坟衍、垦辟树艺之方,风俗美恶之原,百里之内,辽于异域矣。三年而告于朝,主爵按籍而请,下尺一而褒之,其辞无不甚侈。问诸在野,而民未有闻焉,父母之于我何也?①

于氏强调"仁"是天地之心,上至君主,下至地方官员,都应体之承之,充分保护民众的利益,以使其能够安居乐业。他批评当今的地方官员只会碌碌于"上观下获,取绳约期会,毋负大吏以藉岁月之资",即使是卓异之辈,也无非是"有所兴建规画,以新民之耳目"。至于百姓疾苦、地方民情则漠不关心,在所不问。在为兖州府推官周御所作考绩叙中,他高度赞誉周御在兖州所施行的仁政:

> 使君才有所能为而志有所不欲为,力有所可尽而情有所不欲尽,盖纯然以仁人长者之心,调宽猛之宜,酿太和之气。三年有成,荷天之宠,不亦称哉!嗟夫,今之鲁犹昔之鲁也,其势有不同者。理之长曰守,其上有监司焉,错而临之者以十余数;又其上有部使焉,错而临之者以三五数;又其上则主爵执法之卿,待其殿最,以复于朝。即欲操纵张弛,自取于绳之内外,其将能乎!此一时也,宁独势然?政亦有不同者。河渠之役,不问诸水而问诸陆;海外之师,不征诸裔,而征诸国。山泽之藏,罄于地中而衰于地上;关梁之税,舐诸境上而刳诸境中。夫民也,睆睆然在緪缴,眄眄然蹈汤火,其散久矣。噢而咻之,犹不知命,奈之何其以刑也。故以司法之权,寓长民之略,斯使君所为继二父而大造东与,抑司法之难也!已操其名而人居其实,长民之难也;已累其实而人制其名,不相入也。要以平心赋政,调宽猛而酿太和,其轨一尔。②

于慎行忧心忡忡地描述了兖州一地的施政,为处在水深火热之中的百姓大声疾呼,这其中容有乡曲情深的成分,但的确也是当时地方弊状的一个典型的缩影。因此,于氏认为周御能"以仁人长者之心,调宽猛之宜,酿太和之气",造福于一方百姓,尤其难能可贵。

---

① 于慎行:《谷城山馆文集》卷八《贺肥城随侯考绩叙》,《四库全书存目丛书》集部第 147 册,齐鲁书社 1997 年版,第 387 页。

② 于慎行:《谷城山馆文集》卷六《贺郡理益我周侯考绩叙》,《四库全书存目丛书》集部第 147 册,齐鲁书社 1997 年版,第 354 页。

于慎行在《兖州府志》卷二十六《宦迹志》小序中,交代修撰《宦迹志》的由来云:

> 叙曰:兖之置吏,从其沿革,尚矣。名卿良牧,树迹当时,声烈皎皎,至今不沫,史谍所传,一何炳哉。是故究宣德泽,以敷吏治,州部之任也;班布科条,以率长吏,守相之绩也;怀保小民,以固邦本,令长之职也;奔走夙夜,以奉簿书,佐吏之事也。崇卑广狭,其道非一,而奉公循理,系爱民之思,则无弗同矣,是用采而录之,以志遗爱,而以旧志所述,昭代之循良续焉。大贤过化,事虽无征,亦并存之,然其所散佚,亦已多矣。嗟夫,其棠勿翦,陈南国之风;烝尝著思,遗桐乡之爱。仁人之泽,民所怙恃,何可谖也。岂其肆于民,上以从其俗如外传所述,千载之下,有衮钺矣。君子于此而知长民者之不易也,作《宦迹志》。①

这篇短短的序言,贯注着于慎行对黎民百姓的无限同情之心和对吏治清明的深切期盼,其实是他关于地方官施行仁政最好的宣言。

(二)论"礼"

礼乐文化是中华文明的核心。在古代中国,礼既是国家制度、行为规范,也是修身的工具。传统的观点是将仁义(道德)礼乐看做"体"或"本",而以政与法的实际措施为"用"或"末"。齐鲁大地自古称"礼乐之邦",以诗书礼乐名闻天下。于慎行在《兖州府志》中为其父于玭立传,谓其"为人矜慎好礼,博学工文,居家孝友,处乡退让。教训诸子,以行谊为先,出入起居,皆有绳度,冠婚丧祭,参用古礼,不随世俗"②。乡邦文化的熏陶和庭训的耳濡目染,使于慎行成长为一位礼治主义者。他在《读史漫录》中说:

> 自古有国家者,以诗书礼义为基,元气深厚,以之进取,未必兼人,以之退守,可以永世,未有勃焉而兴,忽焉而亡者也。及鸷悍者为之,鼓其英略雄才,虽可以侥一时之胜,而深根固本之道,则有不能者矣。诗书为甲胄,礼义为干橹,儒者之效如是!③

---

① 于慎行:《兖州府志》卷二十六《宦迹志一》小序,齐鲁书社 1985 年版。
② 于慎行:《兖州府志》卷三十六《人物志七·国朝》,齐鲁书社 1985 年版。
③ 于慎行著,黄恩彤参订,李念孔等点校:《读史漫录》卷十《五季》,齐鲁书社 1996 年版,第 370 页。

孔孟乡人的特殊身份,使得于慎行对于礼尤其有不同寻常的体会和理解,所谓"典坟三五上,礼乐后先因"①。他自豪地表示:

> 国家应运而兴,以仁义礼乐陶育万区,遐陬海隩,彬彬向风,邹鲁之间,实号青蘋之末,所谓一变至道,几不虚矣。②

早在张居正夺情时,于慎行即"持礼教、情理、名节、俗化四大端"③草疏反对。疏中说:

> 然臣独以为圣人所以扶植乾坤、主宰民物者,不过以纲常伦理,故社稷之关系在一时,纲常之关系在万世。……诚以纲常伦理寄之士大夫之身,以为社稷之卫,不可一日无也。而况位冠百僚,身为矩范?若使先亏礼典,何以表率人流?④

年轻的于慎行以"纲常伦理"为关系万世的"社稷之卫",因此抗疏继进。

当然,于慎行怀抱经世之具,固非封建卫道士之流可比,但是他身处一个礼崩乐坏、僭礼逾制的时代,作为社稷大臣,出于维护国家长治久安的考虑,他的确是欲有所建树于礼教的,尤其是他又曾典礼乐之司。他在《谷山笔麈》中表露心志道:

> (许衡)尝谓,士大夫进而在位,当以政教率天下,退而里居,当以礼教率乡人,即在上者有以任之,在下者从而助之,未为非美也。乃今风会日流,俗尚日浇,叙位于朝,无尊卑之分,征年于乡,无长幼之节,即在上之人,不能以纪纲法度力挽颓波,况在下者乎?⑤

于慎行一生修身洁行,秉礼树风,悠游于礼法之间,蔚为道德的楷模。明王朝

---

① 方弘静:《素园存稿》卷七《大宗伯谷峰于公六袭寿章》,《四库全书存目丛书》集部第121 册,齐鲁书社 1997 年版,第 122 页。

② 于慎行:《兖州府志》卷四《风土志》小序,齐鲁书社 1985 年版。

③ 于慎行:《请许张居正奔丧疏》附按语,周竹生修,靳维熙总纂:《(民国)续修东阿县志》卷十三《艺文志上》,《中国地方志集成·山东府县志辑》第 92 册,凤凰出版社 2004 年版,第 348 页。

④ 于慎行:《请许张居正奔丧疏》,转引自邢侗编纂,阮自华撰述:《东阿于文定公年谱》卷一,《山东文献集成》第 1 辑第 10 册,山东大学出版社 2006 年版,第 629—630 页。

⑤ 于慎行撰,吕景琳点校:《谷山笔麈》卷十六《论略》,王琦撰,张德信点校;于慎行撰,吕景琳点校:《寓圃杂记 谷山笔麈》,中华书局 1984 年版,第 190 页。

于他去世后褒扬其"出处无愧乎古人,回翔动依于名教。典型具在,芳范如存"①。即使到今天,也仍是民间津津乐道的话题。

在晚明经世之风渐兴的背景下,礼被视为经世之资,得到当时士人越来越多的重视。因应时代风气的变化,作为政治家,于慎行对于礼的关注,虽也重视其修身的一面,却更侧重于"国家典章制度掌故"②的层面,而这一部分正是与当代政治息息相关的内容。《明史》本传称于氏"明习典制,诸大礼多所裁定"③,即据此而言之。于慎行所强调的礼制是其经世之学的重要组成部分,可以称得上是经学渐兴背景下的新兴学术,其基本精神即所谓的"通经致用"。因此,于慎行的关注点就不只是个人的道德实践,而更从经世的目的出发,强调整体的社会、政治实践,这是在新时代下对齐鲁礼学的重要发展。于氏曾批评"汉儒通经据古,议礼如讼,然有政体大谬,不闻持议者"④。就他本人来说,对于封贡、日朝、谥号、祀典、御殿见群臣、朝官乘车、中官服色、宣麻推毂、诰勅、册封、封赠、赏赐、赐葬赐祭、经筵之制、官制、月俸、公主下嫁、选法、亲王食邑、体貌等朝章国纪的方方面面,都提出了值得重视的意见。所谓"凡所援据驳正,具有源委,皆可施行"⑤。对于明王朝的礼制建设,于慎行是有突出的贡献的,这也是其实学经世的重要组成部分。

需要特别指出的是,即便像于慎行这样一位一代纯臣,从来也没有将礼视为"历世不可变"的准则。他从中国与少数民族彼此间王公将相之号各不相晓的事实,认识到"共生天壤,各有方域,而通贵之名,尚不相晓如此,何况六合之外,生民之初乎?故贵贱之名,非所以定至大之倪也"⑥。在论及汉高祖、

---

① 《万历三十六年谕祭太子少保礼部尚书兼东阁大学士赠太子太保谥文定于慎行文》,李贤书修,吴怡纂:《(道光)东阿县志》卷十六《艺文志二》,《中国地方志集成·山东府县志辑》第92册,凤凰出版社2004年版,第183页。

② 于慎行撰,吕景琳点校:《谷山笔麈》卷一《制典上》,王琦撰,张德信点校;于慎行撰,吕景琳点校:《寓圃杂记 谷山笔麈》,中华书局1984年版,第3页。

③ 于慎行:《明史》卷二百十七《于慎行传》,中华书局1974年版,第5738页。

④ 于慎行著,黄恩彤参订,李念孔等点校:《读史漫录》卷四《东汉》,齐鲁书社1996年版,第114页。

⑤ 钱谦益:《列朝诗集小传》丁集中《于阁学慎行》,上海古籍出版社1983年版,第547页。

⑥ 于慎行著,黄恩彤参订,李念孔等点校:《读史漫录》卷十四《辽金元》,齐鲁书社1996年版,第513页。

唐太宗的未央上寿之仪时,于氏感慨于唐太宗的虚情假意,引《老子》语"礼者忠信之薄,而乱之首也"以斥之。① 在阐释《史记》引《庄子》语"侯之门,仁义存"时,于慎行批评解者之谬,指出其"本意谓窃钩者诛,窃国者侯,侯则为仁义矣,何言窃哉! 盖言是非无定,成则为是,仁暴无常,贵则称仁,甚愤之词也"②。这些都表明他对于礼有相当通达大胆的认识。

晚明时期由于社会活力的空前增长,思想情感日趋解放,礼仪风习与传统大异,呈现出一副道德沦丧、纪纲荡然的叔世景象。在这样一个历史大转型的时期,像以泰州学派为代表的当时士人一样,公然向名教礼法挑战,于慎行自然会加以反对,但他原是"不为町畦"③、勇于任事的人物,并不会拘拘于寻常绳墨之间,在他对于礼的阐发中,也没有拘泥不化之弊,而是富含着时代的新意。

1. 礼本人情

"情"与"礼"的碰撞冲突,是于慎行关注并思考的一个大课题。他感慨"情之在礼,固有难兼"④,但是,情与礼并不在同一位阶上,情是礼所由产生的根源和基础。他以"称庆之仪"、"祝嘏之颂"为例,指出:"夫礼之生,其本诸人情乎,凡人之情固必有所爱慕而不能自已,先王因而文之,于是有称庆之仪,以饰其鼓舞;有祝嘏之颂,以声其讴吟,此礼之所由生也。……此非出于人情之所不能已,假以法制束之,能使然哉",因此"礼生于愿,愿生乎乐,故曰本乎人情"。⑤ 于慎行与历史上的一些进步人物一样,高举起"礼本人情"的大旗,强调礼使人乐而从之的一面。在论及"古者父在为母服期,武后改服三年,开元中,卢履冰、褚无量请复其旧"时,于氏批评道:"夫礼有厌降,其义甚深,然非

① 于慎行著,黄恩彤参订,李念孔等点校:《读史漫录》卷七《唐高宗至玄宗》,齐鲁书社1996年版,第212页。

② 于慎行著,黄恩彤参订,李念孔等点校:《读史漫录》卷二《战国至秦楚之际》,齐鲁书社1996年版,第33页。

③ 庄廷鑨:《明史钞略·显皇帝本纪三》,《四部丛刊三编》第64册,上海商务印书馆1935年版。

④ 于慎行:《谷城山馆文集》卷三十三《祭诰封礼部侍郎冯公仰芹文》,《四库全书存目丛书》集部第148册,齐鲁书社1997年版,第169页。

⑤ 于慎行:《谷城山馆文集》卷八《代兖部大夫上府主石侯生辰叙》,《四库全书存目丛书》集部第147册,齐鲁书社1997年版,第385页。

人情也。怙恃之恩,等于天地,而人子之服,乃有所隆杀其间,圣人制礼之初,恐不如是,殆习礼者过尔。"①他婉转地批评为父母服制不同,并"非人情",恐有悖于"圣人制礼之初",是习礼者之过。于慎行持"礼本人情"的观点来审视北宋的"濮园之议",指出:

> 天下之事,有情所必至,而礼所不能裁者,固非可以力争也。士君子于此,因其情而为之,以裁抑之方寓于顺导之内,可矣。濮园之议,欧、韩二公谓"礼不忘本,请加尊礼",自不为过;而吕、范诸贤,至劾其"专权导谀,首开邪议",则太涉于激矣。何也?此情之所必至,而礼之所不可裁也。至于孝宣、光武,时势不同,情礼亦异,固有难于概例者。②

于氏强调情之所至,有礼所不能裁者,当时言者纷纷,也无济于事。这事实上也是对纷扰嘉靖一朝的"大礼议"的反思,他已不再拘守陈见,当然也不会认同议礼诸臣之论。

于慎行论及汉高祖令郡国立太上皇庙,是后高、文诸庙,相继而立,由于非古制,被匡衡、贡禹建议罢之。戾太子庙亦因不在九庙之列,同时被毁。于氏认为"有其举之,莫或废之,犹为制礼者泛言耳。况仁人孝子之心,宁失于过而不可失于不及。祖宗庙貌,祀之几二百年,所在臣民,皆有瞻仰,虽于礼经不合,而劝忠教敬之道,不为无补,一旦举而废之,其何忍哉"。他因此大胆断言:

> 夫《礼》有"协诸义而协"者,非协诸义也,协诸情也,故曰"礼本人情",又曰"返其所自始",二公所议,揆之于《礼》,固已失其大归矣。而区区世数之间,以为损益,无乃得其数而不得其情邪!③

于慎行以"非协诸义也,协诸情也"来解释《仪礼》中的"协诸义而协",直接以"情"来代"义",这就极大充实了"礼本人情"的内涵,是需要很大的理论勇气的。黄恩彤眉批此条谓:"汉儒笃信师说,其守经往往有泥古之弊,文定此论,

---

① 于慎行著,黄恩彤参订,李念孔等点校:《读史漫录》卷七《唐高宗至玄宗》,齐鲁书社1996年版,第240页。

② 于慎行著,黄恩彤参订,李念孔等点校:《读史漫录》卷十一《宋艺祖至英宗》,齐鲁书社1996年版,第420页。

③ 于慎行著,黄恩彤参订,李念孔等点校:《读史漫录》卷三《西汉》,齐鲁书社1996年版,第84页。

千古不易。"①

2. 礼随世变

于慎行在考察历代礼制变化时,始终贯穿着强烈的随世进化的意识。他说"故先王制礼,必本人情,理有经常,情以事异"②,既然情随事异,各各不同,那么,本于情生的礼也无一定之规。他指出礼是与时俱进、日臻完善的,因此,不必拘执文义,曲为之解。他批评后儒拘守礼文,不知变通:"三代养老之礼,远不及考,《记》所传者,多汉人拟议之词,东京、西周仿而行之,未必三代之旧也。后周以于谨为三老,……此拘《礼经》之文而不达其意者也。……谨何人哉,猥以不经之礼尊之,陋亦甚矣! 宋儒徒取其能行周礼而不察其是否,不亦诬耶",因此强调:"且夫礼有时而情有顺,古今异便,不可强也。古之人君立而听朝,今有立者乎? 古之升车者或立而乘,今有立者乎?"③古今之礼不同,于慎行认为是自然不过的事情。在论及宋代"先朝御容"时,他说:

> 宋时先朝御容,皆藏于景灵宫,各为一殿,文臣执政、武臣节度以上,并图于两庑,此亦礼之协诸义者也。凡礼有古所未备,而后世始出者,非先王之不欲为也,古风简朴,情文固有未备者尔。古人之祭以尸,后世既已废不能行,则以真容代尸,宜亦无不可者。古不修墓,而后世有墓祭,令古人见之,亦必不忍废也。儒者泥古文义,而不知变通,至谓像设而不经,则迂矣。④

于氏反对复古论者的言论,认为古代社会简朴,礼有所未备,而随着社会的发展,后出转精。黄恩彤认同于氏之说,指出:"顾亭林以为'陵之崇,庙之杀,礼之渎,敬之衰',而讥蔡邕之议为非,则仍执'古不墓祭'之说,以谒陵为违礼。"⑤

---

① 于慎行著,黄恩彤参订,李念孔等点校:《读史漫录》卷三《西汉》附评语,齐鲁书社 1996 年版,第 84 页。

② 于慎行著,黄恩彤参订,李念孔等点校:《读史漫录》卷六《六朝南北》,齐鲁书社 1996 年版,第 181 页。

③ 于慎行撰,吕景琳点校:《谷山笔麈》卷十六《论略》,王琦撰,张德信点校;于慎行撰,吕景琳点校:《寓圃杂记 谷山笔麈》,中华书局 1984 年版,第 187—188 页。

④ 于慎行著,黄恩彤参订,李念孔等点校:《读史漫录》卷十二《宋神宗至徽钦》,齐鲁书社 1996 年版,第 439 页。

⑤ 于慎行著,黄恩彤参订,李念孔等点校:《读史漫录》卷十二《宋神宗至徽钦》附评语,齐鲁书社 1996 年版,第 439 页。

在这一点上,于慎行的确比顾炎武还要来得高明。

礼本人情,礼随世变,在传统儒学中原已有类似主张,但在后世陋儒手中却遭逢被忽视乃至曲解的命运。于慎行以一代大儒于新时代再次揭橥其精义,有其值得重视的地方。

二、论君主专制

形成于春秋战国时期的民本思想是对作为被统治者的"民"给予格外的重视,将其视作政治核心的一种古代政治理论,是我国传统文化的精华部分。明自中叶以来,思想界的先进人物如丘浚、黄绾、王廷相等继承其优良传统,进一步重视和强调人民的地位,凸显其在现实政治生活中的重要性。于慎行在新的历史条件下,继承和发展了这种思想,对此有丰富的论述。兹举其著者:

> 王者以民为天,民以食为天。民得有其天以奉大君,而后王者得有其天以享大物。①

> 抑吾闻太古之时,民自为生,及其后也,上导之生,及其末也,上戕之生,及其更也,有代其上而卫之生。民自为生,则其乐忘矣;上从而导之,则知有乐矣;又从而戕之,则知有苦矣;或戕之而又或卫之,则苦而得乐矣。夫从苦而得乐,则其悦而和也,不滋甚乎哉!嗟乎!今之时政几于戕民矣。②

> 窃闻民为化原,食为民命,古之圣王,抵璧捐珠,五谷为宝,重所天也。③

> 其有兆庶也,犹木之有本根也。……根本不可伤,伤则不殖。④

于氏此类以民为主的精言颇多,涉及以民为本的原因和如何体现民本等诸多方面,每每让人有似曾相识之感,可以充分见出其与传统民本思想的一脉相

---

① 于慎行:《谷城山馆文集》卷六《送郡理周侯上民部郎叙》,《四库全书存目丛书》集部第147册,齐鲁书社1997年版,第359—360页。

② 于慎行:《谷城山馆文集》卷八《代兖部大夫上府主石侯生辰叙》,《四库全书存目丛书》集部第147册,齐鲁书社1997年版,第385页。

③ 于慎行:《谷城山馆文集》卷十五《兖州新建嘉禾馆记》,《四库全书存目丛书》集部第147册,齐鲁书社1997年版,第498页。

④ 于慎行:《兖州府志》卷十八《驿传志》小序,齐鲁书社1985年版。

承。由这种民本思想出发,于慎行主张充分实行仁政。他一再强调"仁"是天地之心,上至君主,下至地方官员,都应体之承之,疏阔政令,轻徭薄赋,充分保护民众的利益,以使其能安居乐业。

在民本思想的基础上,于慎行展开关于封建君主的相关论述。君主作为封建专制政治的核心人物,其言行对国家政治至关重要。由于在明代的政治结构中几乎不存在能有效制约专制君主滥用权力的政治因素和权力机制,导致皇权不断恶性膨胀,高度垄断。君主往往为所欲为,肆无忌惮,于氏所事的明神宗尤其是个典型。因此,于慎行对君主专制的关注,就集中表现为对皇权神圣的消解和对君主专制加以制约的思想,这是其高度重视民本的思想的合理延伸。

(一)对皇权神圣的消解

于慎行以史家之身,上下千古,目光如炬,对于皇权神圣的消解是颇为大胆的。三皇五帝作为传说中远古时代的明君,是后世人君功业道德的典范和楷模。于氏却一再指出:"世之传古帝王者,类多诡异不经,想皆春秋、战国时好事者所为,其谬不可尽辨"①,"三皇之事,若有若无;五帝之事,若存若亡,故自中州、秦、晋以往,咸有遗迹,世代绵邈,蔑得而稽也"②。他甚至引《史记》"周武王为天子,其后世贬帝号为王"之语,认为"其时曰帝曰王,亦随时称号不同,非以为王卑于帝,帝卑于皇也。《史记》记事,多所舛误"③。在封建士人的传统观念里,"上古天子称皇,其次称帝,其次称王"④。于氏的大胆怀疑精神和历史主义的观念在此表露无遗。

早在先秦时代,所谓王朝授受系统,是用天命来解释的。之后,"统"的观念作为一个政治神话而被历代统治者不断加以阐发利用,如秦始皇即最早引用邹衍五行学说来论证其政权的合理性。但是,于慎行极其冷静地戳穿了君权天授这一历代统治者编造的神话:

---

① 于慎行著,黄恩彤参订,李念孔等点校:《读史漫录》卷一《宓羲至东周 齐晋附》,齐鲁书社 1996 年版,第 1 页。

② 于慎行:《兖州府志》卷五《帝迹志·帝王》附按语,齐鲁书社 1985 年版。

③ 于慎行著,黄恩彤参订,李念孔等点校:《读史漫录》卷一《宓羲至东周 齐晋附》,齐鲁书社 1996 年版,第 5 页。

④ 司马迁:《史记》卷八《高祖本纪第八》,中华书局 1959 年版,第 379 页。

尧舜之禅代，非后之禅代也，事不同也；汤武之放伐，非后之放伐也，势不同也。何以言之？夫尧、舜、禹皆黄帝之世，虽族属疏远，其实同姓也，尧之授舜，舜之授禹，即是求宗人贤者立之，非禅异姓也。后世以草莽之臣，据权窃势，眈眈孤寡，盗人社稷，无论德义不同，所由亦异矣，故曰事不同也。古之所谓天子诸侯者，非如后世之相悬也，其实各有民社，以国之大小、德之厚薄，相为君臣耳。天下归之，则诸侯之国可以为天子，天下去之，则天子之国降而为诸侯，非如后世，不阶尺土可以王天下，而宗社一夷，则子孙无聚庐也。汤武之兴，与桓文之在春秋固无以异，惟诚伪不同，所就有大小耳。夏商未亡，汤武固诸侯也，汤武既伐，夏商犹诸侯也，但其大势既去，不可复为，而汤武遂为天下主，夏商之宗社未尝灭也。后世一夫操戈，夷人九庙，较诸放伐，不亦远乎？故曰势不同也。①

于慎行以对历史事势变化的认识为基础，客观地揭示了古代皇权演变的微妙的历史事实，暴露出皇权转移的残酷无情，事实上动摇了正统论所赖以附丽的基础。在论及隋唐之交的史事时，于氏尤多大胆的论断。如说：

唐兵之起也，诸将劝以拥立代王，高祖曰：此"如掩耳盗铃；然逼于时事，不得不尔"。及有相国九锡之命，又曰：此"皆繁文伪饰，欺天罔人，孤常非笑"。又曰："尧、舜、汤、武，各因其时，取与异道，皆推其至诚以应天顺人，未闻夏、商之末，必效唐、虞之禅也。"观此数语，真帝王之言，自汉高以来，无此器度，太宗不及也。惜其时佐命诸臣，无王佐之才为之夹辅，故所以处此者未善耳。……要之，取天下者亦因民之耳目，夏、商之末固不可同于唐、虞，而隋之末亦不可同于秦世。何也？六国之后，天下习于纵横，故汉以六国之众伐秦；六朝之末，天下习于禅代，故唐以晋阳之甲入辅，不然，则民之耳目未可愚也。②

于氏高度评价唐高祖的言论，以为"真帝王之言"，可谓"以子之矛，攻子之盾"，破除了向来以美好面目示人的王朝授受的神圣性，这在整个封建社会都

---

① 于慎行著，黄恩彤参订，李念孔等点校：《读史漫录》卷一《宓羲至东周 齐晋附》，齐鲁书社 1996 年版，第 5—6 页。

② 于慎行著，黄恩彤参订，李念孔等点校：《读史漫录》卷七《唐高宗至玄宗》，齐鲁书社 1996 年版，第 201—202 页。

算得上是相当大胆的言论。清人贺裳在其史著《史折》中专列《唐高祖》一条，批评于氏之说"此何言也"，认为容易使人"疑其不端"。①

于慎行既剥掉了历代专制君主身上所披的神圣的合法性外衣，明确指出："世之治也，得乎丘民则为天子；世之乱也，得乎士卒则为天子。"②成王败寇，帝王之统尚不可靠，帝王之位更无神圣可言。对于历史上的农民起义及其领袖，他因此每每能够一反传统偏见，给予极高的评价，尤于陈胜、窦建德两人身上见之。他这样评价陈胜：

> 自上古以来，天子、诸侯皆以神明之胄，藉有土之基以立国家，未有以布衣称王者，有之自陈胜始；未有以布衣帝天下者，有之自汉高帝始也。彼胜亦人豪矣哉！③

他高度肯定陈胜首事的巨大历史意义，许为"人豪"。至于窦建德，于氏更是一篇之中三致意焉，为他的英雄末路表示出无比的惋惜：

> 隋末群雄鼎沸，……至如建德，真有帝王之略，其措置规模，不在唐氏之下，第才与势不侔耳。……惟使建德有过人之才，据形胜之地，唐之为唐未可知也。世安可以成败论人哉？④

> 建德，隋之编民耳，犹能仗义执言，雪君父之恨；唐祖，身为大臣，受其茅土，乃取而代之，不有愧于建德邪！……尝以为建德之才，不逮项羽，而德义过之，即帝业不成，亦草昧英雄之冠也。⑤

> 窦建德行事，煞有过人处，……第无论其成败，英识伟度，迥出群雄矣！⑥

---

① 贺裳：《史折》卷下《唐高祖》，《四库全书存目丛书》史部第 291 册，齐鲁书社 1997 年版，第 132—133 页。

② 于慎行著，黄恩彤参订，李念孔等点校：《读史漫录》卷十《五季》，齐鲁书社 1996 年版，第 347 页。

③ 于慎行著，黄恩彤参订，李念孔等点校：《读史漫录》卷二《战国至秦楚之际》，齐鲁书社 1996 年版，第 28 页。

④ 于慎行著，黄恩彤参订，李念孔等点校：《读史漫录》卷七《唐高宗至玄宗》，齐鲁书社 1996 年版，第 202 页。

⑤ 于慎行著，黄恩彤参订，李念孔等点校：《读史漫录》卷七《唐高宗至玄宗》，齐鲁书社 1996 年版，第 204 页。

⑥ 于慎行著，黄恩彤参订，李念孔等点校：《读史漫录》卷七《唐高宗至玄宗》，齐鲁书社 1996 年版，第 205 页。

于氏推许窦建德为"草昧英雄之冠",在将其与李渊父子所作的对比中,鲜明地流露出自己的情感和态度。稍前的李贽也在其史著《藏书》中将陈胜、项羽、窦建德等农民起义领袖列入《世纪》,而与历代帝王并列。

(二)"天人感应"和高尚其道

在对皇权神圣进行一定程度的消解的同时,于慎行试图通过对君主和大臣提出不同的要求来达到对君主专制有所制约的目的。

从积极方面讲,于慎行充分取资传统思想,引入"天人感应"的目的论,通过强调"天"与君主之间的感应关系,确立人君法天、屈君伸天的原则。

于慎行指出:"人君奉天地之祀,承祖宗之统,其精神命脉,无一不相流通,而休咎祸福,无一不相感召。"①在《人主和德于上》一文中,他具体阐释道:

> 天地以太和之气周流六虚,絪缊万品,而人主代为之运。……而国家之元气,即天地之元气,故人主必求和德于天。……天地之大德曰生生者,和之原也。……故人主之德,天地之德也。何也? 人主者,天地之宗子也,其权足以枢万化,其政足以柄四时。言脱于口,而恩可以翔海甸;志萌于心,而精可以通鬼神;行成于身,而效可以感象纬,然则天地之德,非是其孰体之? 人主暗于天所以立君之意,又不知国家之元气与天地之气相为流通,故国与民之根本往往置诸度外,而惟广侈厌纵是务。于是,君娱乐于上,民怨咨于下,九阍之外,言有所壅阏而不通;朝廷之上,政有所偏诐而不举;闾阎之间,情有所郁轸而弗宣,使人主之德,与天地之气不相流贯。辟之人身,若痿痹然,其四肢非不附于心膂,而血脉经络不相摄属,则和安从生? 由是,则有骄阳亢旱,以应其纡结间阻、恩不下逮之象;由是,则有悽风苦雨,以应其怨抑无聊、情不上通之象;由是,则有彗孛飞流、山童水涸,以应其乖戾穷极、政多疵疠之象。是何也? 则人主之德不和而元气伤也。明主知其然,是故视天地犹一身,而和其德于上,以和天下。

---

① 于慎行:《谷城山馆文集》卷三十七《庚寅请祭郊庙疏》,《四库全书存目丛书》集部第148册,齐鲁书社1997年版,第212页。

然必求端于心。①

于慎行将自然之天地塑造成有意志之天地，不仅支配着自然界，也是社会人事的主宰，而君主作为"天地之宗子"，受命于"天"来运行元气，统治人民，其行为好坏，直接从"天"得到反应。于氏几乎不提祥瑞，而是特别强调了天降灾异进行谴告，以此作为对君主的警醒和约束。

于慎行在《兖州府志》卷五十一《灾祥志》小序中阐发了自己对以董仲舒为代表的汉儒"天人感应"的目的论的认识。他说：

> 余读汉史《天官》《五行》二书，所推合天人之际，甚可惮也。先王奉若天道，顾畏民岩，察变授时，贞示不忒，故有保章之守，有冯相之占，有南正之司，有太史之纪，凡以考得失而察善败也。汉世诸儒好推衍《春秋》，说灾异之变，若近于机祥畏忌，而其时英主谊辟，克谨天戒，罔敢怠遑，至以策免三公，告归郡国，有王者之政矣。自时而降，或以类泥，或以远忽，而事天之实斁焉，其不至咸侮五行，狎弃三正，亦几何哉？②

于慎行审慎地吸收了汉儒的"天人感应"说，虽认为其不免"机祥畏忌"，但充分肯定其能使君主"克谨天戒，罔敢怠遑"的一面。

于慎行在《读史漫录》中评论王安石的思想，明确阐释了皇权应受到制约的观点。他认为王安石的思想已得罪孔、孟，而其"三不足"之说更是"丧邦"之言，其中以"天变不足畏"为"尤其甚者"。对此，他解释说：

> 夫人君尊居九五，臣妾亿兆，咸命灵爽，侔于造化，惟天监在上，临下有赫，可以慑服其心，而不敢肆于民上。若以灾异变怪，归之天数，则天壤之间，更有何事可畏？何言可感？其不至于败亡者几希！商受之言曰："我生不有命在天。"是犹知有天，而以人无如何也。若安石之言，则天亦不得制人主之命，而惟其所为，无复有宰之者矣。其与宋王偃之射天相去几何？③

---

① 于慎行：《谷城山馆文集》卷四十一《人主和德于上》，《四库全书存目丛书》集部第 148 册，齐鲁书社 1997 年版，第 248—249 页。
② 于慎行：《兖州府志》卷五十一《灾祥志》小序，齐鲁书社 1985 年版。
③ 于慎行著，黄恩彤参订，李念孔等点校：《读史漫录》卷十二《宋神宗至徽钦》，齐鲁书社 1996 年版，第 425 页。

于慎行认为君主地位至尊，权力至大，如果不思有以制约，就会导致其为所欲为，肆虐于民众之上，最后自取灭亡的局面出现。因此，以"天"来"制人主之命"，对君权加以适当制约，使之有事可畏，有言可感，而不能"惟其所为"，就显得十分必要。张显清、林金树先生主编的《明代政治史》据此高度评价："他能较明确地提出'君主之命'应受制约的观点，是很有价值的，也是很宝贵的。对他的这一观点，我们过去在讨论明代反对专制君权问题时没有给予应有的重视。"①

于慎行虽然还不能充分思考从完善体制上对皇权进行有效限制，只好求助于带有神秘色彩的"天"，这是其局限所在。尽管如此，在他的时代，能够这样明确表达制约皇权的观点已属少见。

从消极方面讲，于慎行希望能通过大臣的高尚其道来赢得君主足够的尊重，使其知所收敛，从而间接达致对君主专制有所制约的目的。

君臣之礼是体现君臣关系的一个重要方面，于慎行深有感慨地指出本朝"上下之分太严，……堂陛日隔"②，待臣之礼极轻，"未能复古"③，而辱臣言行，更足以令事君者气短。对于这种"君臣之际，情礼荡矣"④的局面的形成，于氏认为君主固然要负最大的责任，但是他对当时贪恋官位、寡廉鲜耻的士风也大为不满，认为"士大夫以趋仕逐利，不重于人主，而上以敝屣弁髦视其臣也"⑤，士人自己也是难辞其咎的。他在评价宋代名臣钱若水时，表明了自己的向慕之情：

> （钱）若水真高品也。盖人臣有嗜进慕宠之心，为人主所轻，则人与官俱轻；有高蹈远引之念，为人主所敬，则人与官俱重。人与官俱轻，则有损于士风，而无益于治体，何也？其言必不见信，其志必不得行也。人与

---

① 张显清、林金树主编：《明代政治史》，广西师范大学出版社 2003 年版，第 1056 页。
② 于慎行撰，吕景琳点校：《谷山笔麈》卷十《谨礼》，王琦撰，张德信点校；于慎行撰，吕景琳点校：《寓圃杂记 谷山笔麈》，中华书局 1984 年版，第 109 页。
③ 于慎行撰，吕景琳点校：《谷山笔麈》卷三《恩泽》，王琦撰，张德信点校；于慎行撰，吕景琳点校：《寓圃杂记 谷山笔麈》，中华书局 1984 年版，第 27 页。
④ 于慎行著，黄恩彤参订，李念孔等点校：《读史漫录》卷十二《宋神宗至徽钦》，齐鲁书社 1996 年版，第 432 页。
⑤ 于慎行著，黄恩彤参订，李念孔等点校：《读史漫录》卷三《西汉》，齐鲁书社 1996 年版，第 80 页。

官俱重,则下可以全士节,而上可以裨化机,何也? 居则士有所矜式,出则

上有所倚仗也。奈何驰骛荣宠之徒,比迹于世,而以见轻于上哉!①

于慎行认为钱若水能够高蹈远引,人与官因之俱重,不惟可为士之楷模,且能为皇上所倚仗,可裨化机。黄体仁序《读史漫录》,指出:"乃公之孤标劲节,养之能定,持之能坚,尤于论钱若水窥公底里。"②

于慎行为王家屏作传,引述其语云:"古之人主,惟所欲为,皆以大臣持禄,小臣畏罪,有轻下心尔。吾意大臣不爱爵禄,小臣不畏诛罚,事宜有济。"他称赞:"善夫公之论人臣也,能不爱官爵,见重人主,天下事岂有难易哉!"③于氏提升大臣的道德标准,试图以此使君主有所敬重,知所收敛,而事实上,这不过是他作为一代纯臣,在极端膨胀的君主专制面前一厢情愿而又无可奈何的想法。

当然,由于本人出身孔孟故里和贵为辅弼元老的特殊经历,于慎行在现实生活中每每深感皇恩浩荡,是一位眷眷忠君的大臣楷模。如朝廷每有"服食时鲜"之赐,即使是"一鱼一疏",他也必"顿首拜受,焚香献之祖考,乃敢尝尔",④其恭谨事君于此可见。于慎行在其著述中,一再以父子之义比君臣关系,并说"在礼善则称君,过则称己,人臣之义也"⑤,"君父之喜,自必以为荣,君父之怒,自必以为辱,乃臣子之常耳"⑥,甚至也说过"夫'社稷为重,君为轻'之言,为人君设也,非为人臣权衡于送往事居之间可以是语决也"⑦的话。

---

① 于慎行著,黄恩彤参订,李念孔等点校:《读史漫录》卷十一《宋艺祖至英宗》,齐鲁书社1996年版,第385—386页。

② 于慎行著,黄恩彤参订,李念孔等点校:《读史漫录》附录四黄体仁《于文定公〈读史漫录〉序》,齐鲁书社1996年版,第526页。

③ 于慎行:《谷城山馆文集》卷二十七《少保王文端公传》,《四库全书存目丛书》集部第148册,齐鲁书社1997年版,第65页。

④ 于慎行撰,吕景琳点校:《谷山笔麈》卷十《谨礼》,王琦撰,张德信点校;于慎行撰,吕景琳点校:《寓圃杂记 谷山笔麈》,中华书局1984年版,第109页。

⑤ 于慎行著,黄恩彤参订,李念孔等点校:《读史漫录》卷七《唐高宗至玄宗》,齐鲁书社1996年版,第222页。

⑥ 于慎行撰,吕景琳点校:《谷山笔麈》卷十六《琐言》,王琦撰,张德信点校;于慎行撰,吕景琳点校:《寓圃杂记 谷山笔麈》,中华书局1984年版,第184页。

⑦ 于慎行撰,吕景琳点校:《谷山笔麈》卷三《迎銮·二》,王琦撰,张德信点校;于慎行撰,吕景琳点校:《寓圃杂记 谷山笔麈》,中华书局1984年版,第23页。

《东阿于文定公年谱》特别提及,在万历三年(1575)十二月,神宗"御冠以后",于氏"以史官每侍出入,归有深庆焉"。① 在其笔底,于慎行对君主时有脉脉温情的流露,如他曾在诗中说"江村风雨孤臣泪,清梦犹能识圣颜"②。但是,当于氏一旦以独立学者的身份遨游于历史长河时,他就远远地超越了这种狭隘的忠君思想,而嘉靖以来尤其是万历中期后朝政日败、中外解体的局面使得他这样的朝廷大僚对于君主专制不能不有较诸他人更为深刻而清醒的切肤之痛。综观于氏的全部著作,我们不得不说,在其表面看似温和的语句中,实包涵着对君主专制深刻批判的思想。虽然由于时代的限制,于慎行还无法从完善政治体制的高度来看待对皇权的制约,但他的言论代表了历史发展的趋势,已预示着明清之际君主专制批判思潮的到来。

于慎行在其著述中还以相当大的篇幅对相权、宦官及地方相对自治等决定当时政局走向的政治问题深加探讨,而其旨归所在,又莫不与对君主专制的批判息息相关。

三、论相权及臣职

(一)论相权

明洪武十三年(1380)罢置中书省、废除丞相制度,是中国封建社会传统政治结构的一个重大转折,明代的君主专制因之而达到顶点。相权是于慎行所关注的一个中心问题。于氏十分重视对历代丞相制度特别是"今之内阁"的历史沿革的考察,在其著作中展开了十余处溯源穷流的考证,方以智《通雅》即有所征引,而如下一条可说最为精核,也最具代表性:

> 汉、唐以来,执政之任,其初皆在外朝,已而渐移之禁近,故宰相之权,皆以内制外。汉初以丞相、御史、太尉为三公,故丞相柄国。其后,武帝游宴后庭,决事禁中,霍光、张安世辈,受遗托孤,皆以将军司马入禄尚书,则禄尚书者柄国,而丞相受其制矣。江左相沿,以禄公为相国,而因有尚书

① 邢侗编纂,阮自华撰述:《东阿于文定公年谱》卷一,《山东文献集成》第 1 辑第 10 册,山东大学出版社 2006 年版,第 622 页。

② 于慎行:《谷城山馆诗集》卷十一《癸酉春日闲居四首》其三,《山东文献集成》第 3 辑第 25 册,山东大学出版社 2009 年版,第 567 页。

省之设。唐初左右仆射，在中书令、侍中之上，盖以三省为执政，而仆射其
首相也。其后宰相之权，颇归于中书门下，而仆射受其制矣。故其时真授
侍中、中书令者，谓之宰相；六部侍郎、谏议大夫等官，同中书门下三品，亦
谓之宰相；至于中书舍人等官，官资尚浅，不同三品，而但同平章者，亦谓
之宰相。故自贞观以后，左右仆射即改为左右丞相，而人亦不以宰相事
之，惟以平章为宰相耳。至宋沿其制，以平章为宰相，参政为执政，而不知
平章之名。其始固甚轻也。夫汉不任三公，而政归于尚书，唐以尚书为省
官，而归政于中书，始以实为其名，而终以名离其实。总之，丝纶所出，权
任即重，势使然矣。①

于慎行看出了规律性的东西，即历代君主为了强化专制集权，总是将中枢权力
从既有权力机构向一个便于自己掌控的新机构转移，而其总趋势是"其初皆
在外朝，已而渐移之禁近，故宰相之权，皆以内制外"。所谓"丝纶所出，权任
即重"，正是表明由于皇权的充分扩张，传统政治结构中相对独立于皇权并对
其具有某种制约作用的丞相制度已逐渐丧失其作为行政权力中心的实体地
位，而被置于皇权的绝对控制之下。

于慎行对于相权的论述，往往结合以皇权代表的身份出现的宦官集团而
展开。如说：

今之内阁，则汉之尚书令、唐之中书省，而司礼中官，则汉之中书
令也。②

汉之中书令，本宦官也，至江左而为宰相；唐之枢密使，本宦官也，至
五代而属外朝。官名之沿革如此。③

于氏觉察出一个惊人的现象：即相权不仅与宦官势力互为消长，在一定的
历史条件下，更是由宦官机构发展演变而来。而明自中叶以来，内阁和宦官成
为政坛上最活跃的两股势力，但是伴随着宦官集团与皇权关系的愈趋紧密，内

---

① 于慎行著，黄恩彤参订，李念孔等点校：《读史漫录》卷十一《宋艺祖至英宗》，齐鲁书社
1996 年版，第 388 页。

② 于慎行撰，吕景琳点校：《谷山笔麈》卷九《官制》，王琦撰，张德信点校；于慎行撰，吕景
琳点校：《寓圃杂记 谷山笔麈》，中华书局 1984 年版，第 97 页。

③ 于慎行撰，吕景琳点校：《谷山笔麈》卷九《官制》，王琦撰，张德信点校；于慎行撰，吕景
琳点校：《寓圃杂记 谷山笔麈》，中华书局 1984 年版，第 103 页。

阁势力则日渐萎缩。于氏一再总结道："国朝既罢丞相,大臣体轻,以故权归宦竖,士鲜廉节"①,"中贵日倨,堂陛日隔,即密勿大臣,无坐对之礼矣。"②今昔对比,不禁感慨系之。他说:"宋时宰相权重,宦官秩卑,禁中之事,犹得与闻。……故国有危疑,而上下无恐也。若如近时之制,宰相问起居,内中以片言应之,即不敢诘问。外廷入直内殿,非有故事,必不敢。"③在论及唐宣宗因宰相马植交通宦官而加以处置之事时,于慎行更是义愤填膺地指出:"后世相权日轻,秦交日隔,至使柄国之臣,皆由奄人而进,天下事何可言者。悲夫! 壮夫有逾山蹈海,裹足而遁耳!"④后世宰相权轻,至由宦官而进,这真是让于氏气短而徒呼奈何的。黄恩彤看出了其立言的深意,眉批云:"前明中叶以后,阁臣之权日重,宰执之任日轻,乱兆已萌,内讧将作。文定盖目击江河之下,而莫之挽回也,故每言及之,辄为歔欷。"⑤

于慎行在其著作中,与同时代的士人一样,多称阁臣为"相"、"相臣"、"宰执",或直呼为"宰相",这种称谓其实并不能真实地反映内阁大学士的职掌和权力,但在于氏心中,阁权仍然是传统相权的复活,是应该拥有"上佐人主,下总万国"⑥的实权的,因而他一再为其理想中的阁权张目。如他论唐宋时宰相,员数既冗,进退极轻,体貌不隆,认为"以论道经邦之任,其冗滥轻忽如此,何以责辅导燮理之功,而为安危寄哉? 三代以下,惟西汉及本朝为得体尔"⑦。又如论本朝卿相罢官,以为其官名礼体不少贬,有"尊尊贵贵"之义,为汉、唐

① 于慎行撰,吕景琳点校:《谷山笔麈》卷六《阉伶》,王琦撰,张德信点校;于慎行撰,吕景琳点校:《寓圃杂记 谷山笔麈》,中华书局 1984 年版,第 64 页。
② 于慎行撰,吕景琳点校:《谷山笔麈》卷十《谨礼》,王琦撰,张德信点校;于慎行撰,吕景琳点校:《寓圃杂记 谷山笔麈》,中华书局 1984 年版,第 109 页。
③ 于慎行著,黄恩彤参订,李念孔等点校:《读史漫录》卷十一《宋艺祖至英宗》,齐鲁书社 1996 年版,第 415 页。
④ 于慎行著,黄恩彤参订,李念孔等点校:《读史漫录》卷九《唐宪宗至僖昭》,齐鲁书社 1996 年版,第 322 页。
⑤ 于慎行著,黄恩彤参订,李念孔等点校:《读史漫录》卷九《唐宪宗至僖昭》附评语,齐鲁书社 1996 年版,第 322 页。
⑥ 于慎行著,黄恩彤参订,李念孔等点校:《读史漫录》卷三《西汉》,齐鲁书社 1996 年版,第 77 页。
⑦ 于慎行著,黄恩彤参订,李念孔等点校:《读史漫录》卷七《唐高宗至玄宗》,齐鲁书社 1996 年版,第 236 页。

以来所不及。① 贺裳在《史折》中专列《宰相罢政》一条，批评"此正弊法，今制之不如也。……吾未见其为崇国体也"，又说"大臣当怀知止之戒，明主遏忘器使之义"，②其实是未察慎行深衷。于慎行还进而表示："进而受命，则以其职布国家之典宪，历诸群工，以辅翊主之明圣；处而遵晦，则以其意调护于绳法之外，以植国家之命脉，二者皆相道也。"③这是于氏为阁权规划的蓝图。

阁权问题，是于慎行和志趣相投的友人所关注的一个中心话题。他在晚年为挚友、前吏部尚书杨巍所作的赠序中指出：

> 一日，先生以书讯予曰："自吾与若之归田，朝廷有十大事，皆治乱所关，君知其解未？"予河汉其言，思之累月，未有获也。念独有最要且钜者一端，岂即其十之一与。夫自古立国，固必有相，而本朝独无，何也？有而不以名也。执政操宰相之权于内，而不能行之下；太宰任宰相之职于外，而不能得之上。二官者，合而为一，则有相之重，而无相之难。夫二官者，合而为一，则相比而为重，不可也；竞而相轻，不可也；畸有所重，畸有所轻，不可也。故必相有而成其重，然后上可以得君，下可以得众，而朝廷之体尊。……夫天官不能独密勿之要领，而顾欲骧其体，不中而以职随之；政府不能伸铨衡之请，而又欲寄径焉，以纷其涂，不中而借辞于上，共为浮湛，求得当以抵报，而朝廷之体遂轻，安得不归于下而使倒持乎。④

于慎行认为"自古立国，固必有相，而本朝独无"其"朝廷有十大事"中"最要且钜者一端"。他探讨了内阁和吏部的权力分配问题，清楚地意识到当时内阁"操宰相之权于内，而不能行之下"的窘境，内阁毕竟不是国家最高一级行政实体，而只是辅助皇帝处理政务的议政咨询机构，无法承担决策和行政执行上

---

① 于慎行著，黄恩彤参订，李念孔等点校：《读史漫录》卷八《唐玄宗至宪宗》，齐鲁书社1996年版，第290页。

② 贺裳：《史折》卷下《宰相罢政》，《四库全书存目丛书》史部第291册，齐鲁书社1997年版，第122页。

③ 于慎行：《谷城山馆文集》卷二《寿座师棠川殷相公六十叙》，《四库全书存目丛书》集部第147册，齐鲁书社1997年版，第285页。

④ 于慎行：《谷城山馆文集》卷八《贺太宰梦山杨老先生九十存问叙》，《四库全书存目丛书》集部第147册，齐鲁书社1997年版，第375—376页。

的功能。他希望内阁和吏部能"相有而成其重",然后上而得君,下而得众,使朝廷政令畅通无阻,但是即便是这样一点退而求其次的希望,也无法得到体制上的保障,终于也只是托诸空言而已。于氏对于阁权的强调,只有从其寄希望于阁权能相对独立于皇权并对此加以制约的角度去理解,才庶几近之。这样,于慎行不仅明白表示阁臣不可由谏官而进,更不可由宦官而进,以此确保阁权的独立性,而且更肯定阁权对于皇权的适当制约,认为张居正用事,与冯保相倚,"共操大权,于君德夹持不为无益"①。但是封建政权的权力结构既无法从根本上完善,政治发展的不平衡就会加剧,阁权屈从于皇权也是势所必然。

(二)论臣职

在对相权展开探讨的基础上,于慎行试图对吏治士风进行改革,尝试对大小官员的职责、作风及素质提出了新的要求,带着深刻的时代烙印。今举其荦荦大者。

1. 各守职责

明代后期政坛讲究流品,盛行谏风,大小官员沽名钓誉,慢隳官守,在以道事君的旗帜下,往往惟谏是务,而于本职反不讲求。于慎行认为"守官有体,莅政有宜"②,对于近代上至内阁,下至地方职掌紊乱的局面一一提出了批评:如指出"首相掌铨曹,次相掌宪台",是"所谓侵有司之事"。③ 兵部、礼部职掌不明,是"所谓溺其职者也"④。"抚按之体日隆",而布政司无权是"卑于设官之初"。⑤ 于慎行本人不幸成为当时台谏斗争的牺牲品,由于有切肤之痛,故对谏官御史、六科给事中以及六部郎吏的恶劣谏风一再批判:

① 于慎行撰,吕景琳点校:《谷山笔麈》卷四《相鉴》,王琦撰,张德信点校;于慎行撰,吕景琳点校:《寓圃杂记 谷山笔麈》,中华书局 1984 年版,第 42 页。

② 于慎行:《谷城山馆文集》卷二《送抚台汝泉赵公召晋少宰叙》,《四库全书存目丛书》集部第 147 册,齐鲁书社 1997 年版,第 289 页。

③ 于慎行著,黄恩彤参订,李念孔等点校:《读史漫录》卷八《唐玄宗至宪宗》,齐鲁书社 1996 年版,第 284 页。

④ 于慎行撰,吕景琳点校:《谷山笔麈》卷十一《筹边》,王琦撰,张德信点校;于慎行撰,吕景琳点校:《寓圃杂记 谷山笔麈》,中华书局 1984 年版,第 124 页。

⑤ 于慎行著,黄恩彤参订,李念孔等点校:《读史漫录》卷十四《辽金元》,齐鲁书社 1996 年版,第 501 页。

御史按察郡邑，本以刺奸肃纪贞度，非有守土之责也。今下至米盐琐细，吏卒徭役，御史一一察之，非法也。①

又台谏诸臣，建言不急之务，苟以塞责，尚书辄为覆请，以下郡邑，朝更夕改，徒为文具，无益于治。……欲天下少事，莫如省建白之覆。②

台谏之体，止当论列，荐举人材，非其所职。③

谏官御史有所论列，先白宰相，非体也；六曹郎吏有所建白，不关长官，亦非体也。……台谏不白宰相谓之尽职，郎吏不白长官谓之越职，相似而实不同。④

本朝六科给事中，沿门下旧僚，主于封驳，各道御史，沿台官之旧，主于弹击，今皆以纠劾为事，亦非设官意也。⑤

这种恶劣谏风，于慎行直斥为"非法"、"非体"。黄恩彤称赞："（于慎行）于前明台谏恶习，言之真切乃尔，真千古之药石。"⑥

基于上述认识，于慎行进而对臣职进行新的阐述，旨在分清大小内外职责，以利国事。他明确指出：

国家大政，备在六官，陈殷置辅，各有司存，无非事者。⑦

国家设官分职，各有司存，惟循名责实，万不失一，能称其官，即流品之所在也。⑧

---

① 于慎行著，黄恩彤参订，李念孔等点校：《读史漫录》卷三《西汉》，齐鲁书社 1996 年版，第 87 页。

② 于慎行著，黄恩彤参订，李念孔等点校：《读史漫录》卷三《西汉》，齐鲁书社 1996 年版，第 90 页。

③ 于慎行著，黄恩彤参订，李念孔等点校：《读史漫录》卷十一《宋艺祖至英宗》，齐鲁书社 1996 年版，第 408 页。

④ 于慎行撰，吕景琳点校：《谷山笔麈》卷十《建言》，王琦撰，张德信点校；于慎行撰，吕景琳点校：《寓圃杂记 谷山笔麈》，中华书局 1984 年版，第 112 页。

⑤ 于慎行撰，吕景琳点校：《谷山笔麈》卷十《建言》，王琦撰，张德信点校；于慎行撰，吕景琳点校：《寓圃杂记 谷山笔麈》，中华书局 1984 年版，第 112 页。

⑥ 于慎行著，黄恩彤参订，李念孔等点校：《读史漫录》卷十一《宋艺祖至英宗》附评语，齐鲁书社 1996 年版，第 391 页。

⑦ 于慎行：《谷城山馆文集》卷十一《河漕通考叙》，《四库全书存目丛书》集部第 147 册，齐鲁书社 1997 年版，第 423 页。

⑧ 于慎行著，黄恩彤参订，李念孔等点校：《读史漫录》卷九《唐宪宗至僖昭》，齐鲁书社 1996 年版，第 325 页。

于慎行指责当时大小官员尸位素餐，"非其职，思而蓄誉之，图高者负奇吐气，勤其责之所不及"，以博声名，否则，寻章摘句，"以自附于修辞之列"，但"有如询其法守"，则都茫然不能对答。① 他痛切地批评如果以此种"慢其官常，隳其政业，日惟养名钓誉，以求月旦之推"的行为为流品，那么，流品之误人国家，"祸及苍赤，毒痛四海"，汉、唐末造，已为明鉴。②

于慎行明白表示："大臣之义在于体国，小臣之分在于守官。"③换言之，即"大臣忘身以为国，则分内事不可模棱，小臣奉官以守法，则分外事不必越俎，天下事乃可言矣"④。他具体解释道：

> 大臣位尊寄重，与君国同其休戚，非一官之守能尽。而上之所以责之者，亦不止于所守之官而止也。如吏、兵之会推，礼曹之会议，刑曹之会审，凡大赏罚、大典礼，无不使六卿共之，非若寻常政体一部可得专也。奈何以一官自画而秦、越？国家之安危，噤不出声，非大臣之义矣。至于部司之臣，本无言责，凡钱谷、甲兵、礼乐、刑名，各守其官以承其长，夙夜在公，不懈于位，其官尽矣。上之所以责之，亦止于其官之内，未尝以钱谷责之吏兵，以礼乐责之法官也。后世士风日漓，趋名嗜进，往往舍其官之所当守而忧其责之所不及，非小臣之事矣。此何以故？大臣以长厚为体，而不思义所当重，小臣以建白为名，而不思职有所专也。夫使大臣不忧国而小臣不守官，国家之事，必有难言者矣。⑤

于慎行认为，大臣"位尊寄重，与君国同其休戚"，其职责"非一官之守能尽"，凡国家安危所系，无所不当议。至于部司之臣，则惟应恪守本职，不可自任"言责"，舍其官守，而出位建白。于氏看出当时谏风盛行的深层原因："小臣

---

① 于慎行：《谷城山馆文集》卷十一《河漕通考叙》，《四库全书存目丛书》集部第 147 册，齐鲁书社 1997 年版，第 423 页。

② 于慎行著，黄恩彤参订，李念孔等点校：《读史漫录》卷九《唐宪宗至僖昭》，齐鲁书社 1996 年版，第 325 页。

③ 于慎行撰，吕景琳点校：《谷山笔麈》卷十六《琐言》，王琦撰，张德信点校；于慎行撰，吕景琳点校：《寓圃杂记 谷山笔麈》，中华书局 1984 年版，第 183 页。

④ 于慎行撰，吕景琳点校：《谷山笔麈》卷十六《琐言》，王琦撰，张德信点校；于慎行撰，吕景琳点校：《寓圃杂记 谷山笔麈》，中华书局 1984 年版，第 183 页。

⑤ 于慎行撰，吕景琳点校：《谷山笔麈》卷十六《琐言》，王琦撰，张德信点校；于慎行撰，吕景琳点校：《寓圃杂记 谷山笔麈》，中华书局 1984 年版，第 183 页。

出位建言,则诚好名之累,然所以激其言者,则大臣不言之过也。"①他认为只有大小官员"举能职思其居,而廪廪于名实之际"②,才可以确保国事无忧。

于慎行为大小官员区划不同职责,是与其对他们的不同才能的认识相联系的,于氏指出:"辅导之器,与吏才不同。……大抵辅弼左右之臣,以德为才;奉法守职之吏,以才为才",这是"论人者不可不知"的。③

2. 民主议事

于慎行主张大小官员在决策政事的过程中,应充分发挥民主议事的精神,他批评近世的一种"积习之弊":

> 长官奏署,僚佐不见而列名者有之,府部会议,别司不见而列名者有之。及有谯责让谴,以次连及,而属草定议,未尝与交一言,固相沿之例,其实非法。

于氏认为"当事者皆须照管",不可以粗心浮气,谓为当然。④ 他以六部、内阁为例,指出:"本朝六部奏疏,例皆三堂同署,而谋画源委,左右二卿往往不得与闻,惟奏牍已成,吏衔纸尾请署,二卿以形迹顾避,亦不问所从",而吏部"进退人才,颇关要秘",亦惟尚书一人与选郎决之。至于"内阁本揭署名,体亦类此,往往复有密揭,则更无从与闻矣"。他认为这是"台衡之地,遂树荆榛",令人慨叹。⑤

于慎行具体探讨了相权的民主议事问题,包括两方面的内容。

一是与众共之。

于慎行反对首相专权,他引周必大语,考证宋朝"首相之权,至南渡而始重",认为真、仁二朝,并不如是。因此断言:

---

① 于慎行著,黄恩彤参订,李念孔等点校:《读史漫录》卷十二《宋神宗至徽钦》,齐鲁书社1996年版,第452页。

② 于慎行:《谷城山馆文集》卷十一《河漕通考叙》,《四库全书存目丛书》集部第147册,齐鲁书社1997年版,第423页。

③ 于慎行著,黄恩彤参订,李念孔等点校:《读史漫录》卷三《西汉》,齐鲁书社1996年版,第82—83页。

④ 于慎行著,黄恩彤参订,李念孔等点校:《读史漫录》卷八《唐玄宗至宪宗》,齐鲁书社1996年版,第270页。

⑤ 于慎行撰,吕景琳点校:《谷山笔麈》卷四《相鉴》,王琦撰,张德信点校;于慎行撰,吕景琳点校:《寓圃杂记 谷山笔麈》,中华书局1984年版,第34页。

大抵权势之成,非一朝一夕之渐,而揆路轻重,原无定体,必有一二权宠之臣,势焰薰灼,同事之臣,莫敢与伍,其后相寻,遂为故事,而不详其始之不然也。为首揆者,求其始之所以是,而勿循其终之所以失,则和德之风,可几见矣。①

他认为在宰相之间,最初权力相当,权势之成,都有一个长期的发展过程,首揆应慎重对待权力,以使"和德之风"再现。他指出"朝廷防宰相之专,设参知以为陪贰,而不与省阅,职守安在"②,批评"次相之体,取拱默为容,引嫌自避",不涉可否,"相沿成俗,牢不可破",其实是"叔季之风",③认为次相应勇于任事,承担责任。于慎行指出要防范首相专权,莫过于政务"以公示人",而使宰相"皆于公堂见客,诸司有所质请,使皆对众面陈,各以所见商榷,则柄事者不得颛主,而同事者不至相疑",④不失为处末世之一法。

二是集思广益。

于慎行认为宰相在决策的过程中,如果权力能够适当地分享,那么,"同心为国,所争者意见不合,非为私也"⑤,原也是题中之义。他认为宰辅同堂议政,"同心一德,甲可乙否,不失为和",不必"取此琐琐形迹为也"。⑥ 即使"意见不叶","然犹有所问难往覆,以开人主之听","若乃容容默默,无所建明,此真伴食之徒",⑦这才是无益于国。

于慎行以宋人为鉴,指出"宋人议论烦多,原是败局,所幸大臣之心,多出

① 于慎行著,黄恩彤参订,李念孔等点校:《读史漫录》卷十三《宋高宗至帝昺》,齐鲁书社1996年版,第477页。

② 于慎行撰,吕景琳点校:《谷山笔麈》卷四《相鉴》,王琦撰,张德信点校;于慎行撰,吕景琳点校:《寓圃杂记 谷山笔麈》,中华书局1984年版,第34页。

③ 于慎行撰,吕景琳点校:《谷山笔麈》卷四《相鉴》,王琦撰,张德信点校;于慎行撰,吕景琳点校:《寓圃杂记 谷山笔麈》,中华书局1984年版,第35页。

④ 于慎行著,黄恩彤参订,李念孔等点校:《读史漫录》卷十一《宋艺祖至英宗》,齐鲁书社1996年版,第382页。

⑤ 于慎行著,黄恩彤参订,李念孔等点校:《读史漫录》卷十三《宋高宗至帝昺》,齐鲁书社1996年版,第468—469页。

⑥ 于慎行撰,吕景琳点校:《谷山笔麈》卷四《相鉴》,王琦撰,张德信点校;于慎行撰,吕景琳点校:《寓圃杂记 谷山笔麈》,中华书局1984年版,第35页。

⑦ 于慎行著,黄恩彤参订,李念孔等点校:《读史漫录》卷九《唐宪宗至僖昭》,齐鲁书社1996年版,第300页。

于至公,而少偏私之见,故不至于大坏"①,而今日则不然,因此,他认为"为国之臣,以异见为同心;而为私之臣,以小郄误大计"②,此是国家安危所系,不可不慎。在这种时候,主事者的作用就很重要,所谓"自古大臣共事,意见多有不同,在当轴者主持何如"③。于慎行认为"揆路大臣,第能同心一德,不为形迹所间,而首事之臣,兼取众人之长,以资化理"④,虽有意见不同,亦能收致相辅相成甚至是相反相济之效,而天下之治,始可言成。

3. 重阅历与博闻

于慎行十分强调实行的作用,他认为"天下之事,当之者难,谈之者易,好名之士,空言则辩,实用则疏"⑤,"天下之事,百闻不博一见,百知不及一行。虽有圣人于此,使以己之所闻而制人之所见,以己之所知而裁人之所行,必不及矣"⑥。于氏高度肯定实践的重要性,认为即使是圣人,若不实践,也没有发言权。他的主导思想是要将知、行结合起来。

以此为基础,在论及近世"论官升贤"、"仕人之俗"时,于慎行批评士人有厌苦欲速之心,而不能纡徐容与,积资累劳,认为"公卿大僚任天下之重,必出于阅历而后可耳"。对此,他解释道:

> 事经于闻见,则耳目易周;遇习于繁难,则机宜易运。故其进而任天下之重,动有所考据,而毋能困之以所不知;事有所匡持,而毋敢摇之以所未试,则非出于阅历,乌能乎?⑦

① 于慎行著,黄恩彤参订,李念孔等点校:《读史漫录》卷十一《宋艺祖至英宗》,齐鲁书社1996 年版,第 408 页。
② 于慎行著,黄恩彤参订,李念孔等点校:《读史漫录》卷九《唐宪宗至僖昭》,齐鲁书社1996 年版,第 309 页。
③ 于慎行著,黄恩彤参订,李念孔等点校:《读史漫录》卷十一《宋艺祖至英宗》,齐鲁书社1996 年版,第 408 页。
④ 于慎行著,黄恩彤参订,李念孔等点校:《读史漫录》卷十二《宋神宗至徽钦》,齐鲁书社1996 年版,第 418 页。
⑤ 于慎行著,黄恩彤参订,李念孔等点校:《读史漫录》卷十三《宋高宗至帝昺》,齐鲁书社1996 年版,第 476 页。
⑥ 于慎行著,黄恩彤参订,李念孔等点校:《读史漫录》卷三《西汉》,齐鲁书社 1996 年版,第 77 页。
⑦ 于慎行:《谷城山馆文集》卷四《送藩伯楚筑傅公上南京光禄卿叙》,《四库全书存目丛书》集部第 147 册,齐鲁书社 1997 年版,第 324 页。

在具体论及宰相之职时,于慎行主张一定要"亲历民事,知钱谷刑名之详,然后可以赞理万机,不涉悬断"。他指出汉、唐以来的宰相往往起家郡邑,不似近日以文学侍从,不出禁门,而可入阁拜相,"任天下之重"。他认为"故一邑一郡之事,即天下之事也,非若一官之长,司其所守而已。人有历一郡一邑,则天下之事,无不出其所历,其视握六寸之管,而悬制万里之命者,相去何如哉"。① 孙承泽《春明梦余录》征引之。这一看法,为顾炎武所继承,其《日知录》卷九《京官必用守令》条,即是此意。李塨《平书订》云:"夫宰相,天下安危之所寄也。当取洞悉国体民情者,岂可徒取文辞之士乎。明代大学士即相臣也,不用历练礼乐兵农、亲尝民事之官为之,而但以科举高第,选入翰林,弄笔磨墨,坐至馆阁。高拱、于慎行等身为学士而即非之矣。"② 肯定了于氏的看法。

于慎行同样重视间接经验的作用,强调"士之处世,不可无学,不可无志"③,认为官员"不博闻习事,欲谈天下利害,真妄论也"④,"士不通当世之宜,而欲谟谋庙朝,建不世之业,鲜不殆哉"⑤,常常以历史上的将相大臣不学无术而坏大事为鉴,因此,他主张"军国大事遇有疑难",固当"虚心博考,以求故实",⑥就是平时"国家典章制度掌故",亦决不能出现"不肯深考参稽"的情况。⑦ 于氏在这里所强调的,主要不外乎商榷典籍,咨询时事,即国家故实和历代治乱。

---

① 于慎行著,黄恩彤参订,李念孔等点校:《读史漫录》卷三《西汉》,齐鲁书社 1996 年版,第 77 页。

② 李塨:《平书订》卷三《建官第三上》,《续修四库全书》第 947 册,上海古籍出版社 2002 年版,第 52 页。

③ 于慎行著,黄恩彤参订,李念孔等点校:《读史漫录》卷六《六朝南北》,齐鲁书社 1996 年版,第 178 页。

④ 于慎行著,黄恩彤参订,李念孔等点校:《读史漫录》卷六《六朝南北》,齐鲁书社 1996 年版,第 174 页。

⑤ 于慎行著,黄恩彤参订,李念孔等点校:《读史漫录》卷十二《宋神宗至徽钦》,齐鲁书社 1996 年版,第 435 页。

⑥ 于慎行著,黄恩彤参订,李念孔等点校:《读史漫录》卷十二《宋神宗至徽钦》,齐鲁书社 1996 年版,第 435 页。

⑦ 于慎行撰,吕景琳点校:《谷山笔麈》卷一《制典上》,王琦撰,张德信点校;于慎行撰,吕景琳点校:《寓圃杂记 谷山笔麈》,中华书局 1984 年版,第 3 页。

于慎行回顾历史,指出姚崇、宋璟为相时,中书舍人高仲舒、齐瀚分别博通典籍,练习时政,姚、宋每坐二人以质疑,他认为这是"姚、宋相业第一过人事也"①。于氏还特别称赞:

> 欧阳公(按:指欧阳修)在政府,以官吏兵民财利之要,集为总目,遇事即取视之,不复求诸所司,此最得法。近日一、二元老,亦能效而行之,六曹之政,颇知要领。然必其平时留心世务,预有储蓄,必非取办于临时者也。②

博闻在政事中的作用可以如此之大,这是一般士人少所认识到的。于慎行对于阅历与博闻的强调,乃是对晚明实学经世之风的呼应。

四、论宦官与党争

(一)论宦官

李渡先生指出:"宦官作为一种畸形政治势力而言,是中国封建宗法制度与高度发展的封建专制主义政治形态相结合的产物,所谓'阉宦之祸'在中国封建社会迭出不穷。"③而尤以明代为烈。于慎行洞悉历代宦官机构的历史沿革,对于司礼监、东厂、西厂等明代特有的机构,往往与汉、唐时期相对照而言之。如说:

> 而司礼中官,则汉之中书令也。④

> 唐时神策将军,即今锦衣之在东厂者,而权位过之。⑤

> 唐时,金吾卫属内衙,即今之锦衣,羽林卫属北衙,即今之东厂。……鱼朝恩专权,亦于北军置狱,使坊市恶少年罗告富室,没其家赀,则成化间之西厂矣。⑥

---

① 于慎行著,黄恩彤参订,李念孔等点校:《读史漫录》卷七《唐高宗至玄宗》,齐鲁书社1996年版,第239页。

② 于慎行著,黄恩彤参订,李念孔等点校:《读史漫录》卷十一《宋艺祖至英宗》,齐鲁书社1996年版,第419页。

③ 李渡:《明代皇权政治研究》,中国社会科学出版社2004年版,第59页。

④ 于慎行撰,吕景琳点校:《谷山笔麈》卷九《官制》,王琦撰,张德信点校;于慎行撰,吕景琳点校:《寓圃杂记 谷山笔麈》,中华书局1984年版,第97页。

⑤ 于慎行撰,吕景琳点校:《谷山笔麈》卷六《阉伶》,王琦撰,张德信点校;于慎行撰,吕景琳点校:《寓圃杂记 谷山笔麈》,中华书局1984年版,第66页。

⑥ 于慎行撰,吕景琳点校:《谷山笔麈》卷九《官制》,王琦撰,张德信点校;于慎行撰,吕景琳点校:《寓圃杂记 谷山笔麈》,中华书局1984年版,第104页。

唐末，两枢密使及左右中尉柄事禁中，与宰相表里，号为中贵，亦称内
大臣，枢密即今司礼，中尉即今东厂也。①

于慎行对于整个宦官集团及制度整体持批判的态度，虽然他不否认宦官集团
中个别贤者如高力士、杨复光、张承业等人的功绩，并且也认为"夫寺人之役，
自三代以来，所不能废，但不当重其事权，使操国柄耳！朱温、崔胤乃尽举而废
之，至瞽御百司，皆以士人易之，则非计也"②，反对朱温、崔胤废除宦官制度的
做法，认为能使宫禁肃然，以合于《周礼》宫尹之法，也就应适可而止了。但是
鉴于长期以来宦官集团与皇权之间存在着的特殊密切的依存关系及其对国家
所产生的深巨影响，于慎行在政治、经济、军事等各个方面都对这一极端腐朽
的政治势力展开了猛烈的抨击。

赵翼曾谓"东汉及唐、明三代宦官之祸最烈"③。于慎行每引汉、唐之宦官
专政为戒，指出宦官寄生和依附于皇权之中，为专制君主所宠信重用，得以盗
弄国柄，干涉朝政，擅作威福，势凌百官，成为特殊的权势集团。他认为宦官虽
是皇帝的家奴，但一旦"朝廷政令，制于阉寺"④，就会使人主坐拥虚器，甚至出
现任意废立君主的局面，这是"乾纲不正，太阿倒持"的景象，⑤国事一旦至此，
必无可为。因此，"观治乱之原，不可不深求其本也"⑥，"欲察天下之治乱，舍
纪纲其奚以哉"⑦，认为认识宦官专政也是了解一国治乱的根本。

明代君主对宦官的倚重信任和宦官对国政的干预程度，都超过以往历代

---

① 于慎行撰，吕景琳点校：《谷山笔麈》卷九《官制》，王琦撰，张德信点校；于慎行撰，吕景
琳点校：《寓圃杂记 谷山笔麈》，中华书局 1984 年版，第 104 页。

② 于慎行著，黄恩彤参订，李念孔等点校：《读史漫录》卷十《五季》，齐鲁书社 1996 年版，
第 346 页。

③ 赵翼撰，曹光甫校点：《廿二史劄记》卷五《后汉书·宦官之害民》，凤凰出版传媒集团、
凤凰出版社 2008 年版，第 74 页。

④ 于慎行著，黄恩彤参订，李念孔等点校：《读史漫录》卷九《唐宪宗至僖昭》，齐鲁书社
1996 年版，第 327 页。

⑤ 于慎行著，黄恩彤参订，李念孔等点校：《读史漫录》卷四《东汉》，齐鲁书社 1996 年版，
第 120 页。

⑥ 于慎行著，黄恩彤参订，李念孔等点校：《读史漫录》卷四《东汉》，齐鲁书社 1996 年版，
第 120 页。

⑦ 于慎行著，黄恩彤参订，李念孔等点校：《读史漫录》卷九《唐宪宗至僖昭》，齐鲁书社
1996 年版，第 316 页。

王朝。黄宗羲曾说："奄宦之祸，历汉、唐、宋而相寻无已，然未有若有明之为烈也。"①余英时先生指出"十六世纪以来，明代专制皇权的最大特色是宦官在皇帝默许甚至怂恿之下广泛地滥用权力"②。于慎行秉公行事，与当时的宦官集团进行了不懈的斗争，如邢侗所言"抚公议，则阉尹宁置于冰炭；狥国是，则平津弗计其凿枘"③。因为有切肤之痛，于氏强烈主张应当将宦官集团排斥于中枢决策层之外，一再说"惟妇与寺，无非无仪，使其有功，非国家之福也"④，"与其使之有功，不若使之无罪"⑤，因而对于宦官集团，应当加以防范牵制，而不可轻易以国柄授之，以致势不可回，所谓"天下之事，难于作始，一有变易，遂为祸先，予夺之权，其可易视哉"⑥。万历二十年（1592），四川安绵兵备副使张世则以所著《貂珰史鉴》进呈。此书备载明以前历代宦官的善恶，有评有考有论。其善可为法、恶可为戒者，都一一论列。因此，礼部请求以此书为小内侍的教材。时已归隐的于慎行为《貂珰史鉴》作序，称："仆昔谬典邦礼，曾虑及此，惜有志未逮焉。"并高度称誉："寺人有此《史鉴》，犹士人之有经书也。俾寺人也，人人诵法，此孰不仰首信眉，争沥心腹，咸勤职宫闱，莫肯顾其私。是《史鉴》也者，不亦诸貂珰之先资之正鹄乎哉！"⑦于氏用心之良苦，俱可见之矣。

　　于慎行意识到明代以内阁大学士为代表的官僚士大夫集团已日渐失去制约、平衡统治集团内部其他各种政治势力的作用，甚至开始完全依附于作为皇

---

　　①　黄宗羲：《明夷待访录·奄宦上》，《续修四库全书》第 945 册，上海古籍出版社 2002 年版，第 491 页。

　　②　余英时：《士商互动与儒学转向——明清社会史与思想史之一面相》，余英时：《士与中国文化》，世纪出版集团、上海人民出版社 2003 年版，第 551—552 页。

　　③　邢侗：《来禽馆集》卷十六《先师谷城于文定公碑》，《四库全书存目丛书》集部第 161 册，齐鲁书社 1997 年版，第 589 页。

　　④　于慎行著，黄恩彤参订，李念孔等点校：《读史漫录》卷四《东汉》，齐鲁书社 1996 年版，第 117 页。

　　⑤　于慎行著，黄恩彤参订，李念孔等点校：《读史漫录》卷七《唐高宗至玄宗》，齐鲁书社 1996 年版，第 237 页。

　　⑥　于慎行著，黄恩彤参订，李念孔等点校：《读史漫录》卷七《唐高宗至玄宗》，齐鲁书社 1996 年版，第 237 页。

　　⑦　张世则：《貂珰史鉴》卷首于慎行《貂珰史鉴序》，《四库全书存目丛书》史部第 98 册，齐鲁书社 1997 年版，第 696 页。

权代表的大宦官势力。他以南唐刘鋹宠信宦官为戒,沉痛地呼吁:"后之人主,无使士人为门外人哉?"①他具体分析道:

> 国朝既罢丞相,大臣体轻,以故权归宦竖,士鲜廉节。如成化之间,汪直用事,至使卿佐伏谒,尚书跪见,书之简策,贻笑千古。嗟夫!士气所关甚重,惟在主上振作,平时若不甚要,一旦缓急,为害不浅。今上御极六日,顾命元臣以片言谴罢,如叱一奴。平时辅弼重臣,多夤缘中官,进退在手,积为所轻,故敢以片言易置耳。今廷中品阶,如奉命出使,公、侯、师、保皆在中官之下,不知起何时,决非高皇帝之法。中官之秩,极于四品,其腰玉服蟒,皆出特赐,非其官品所得,奈何以师保重臣反出其下?《周礼》:奄人巷伯,皆属太宰。汉法:丞相位诸侯王上。今之公孤,即古太宰、丞相,何至列于奄人之下?若曰,王人虽微,列于诸侯之上,则在廷公孤不但王人而已,岂有于阙廷之间自分内外者耶?②

于慎行敏锐地觉察出明代宦官实执宰相之权,而官僚士大夫集团为宦官集团所驱使利用,已沦为皇权政治的仆从。这一点,不仅于明中叶以后的多数内阁大学士身上可以见出,更被于氏身后兴起的"阉党"之祸所证实。小野和子在《明季党社考》中说:"明朝,与其说是亡于党争,不如说亡于阉党之手。"③于慎行在这一问题上的确是有先见之明的。

如周天爵在《读史漫录序》中所指出的,于慎行认真分析了"宦竖裁抑之方略"④。他一再探讨历代谋诛宦官的成败,强调:

> 盖方域之征虽远,而将相之权可施;近习之横虽小,而城社之凭有据。
>
> 故"格虎兕于原野,则壮夫奋腕;薰狐鼠于城社,则巧匠血指",势使然也。⑤

---

① 于慎行撰,吕景琳点校:《谷山笔麈》卷六《阉伶》,王琦撰,张德信点校;于慎行撰,吕景琳点校:《寓圃杂记 谷山笔麈》,中华书局1984年版,第66页。

② 于慎行撰,吕景琳点校:《谷山笔麈》卷六《阉伶》,王琦撰,张德信点校;于慎行撰,吕景琳点校:《寓圃杂记 谷山笔麈》,中华书局1984年版,第64页。

③ (日)小野和子著,李庆、张荣湄译:《明季党社考》,上海世纪出版股份有限公司、上海古籍出版社2006年版,第376页。

④ 周天爵:《读史漫录序》,周竹生修,靳维熙总纂:《(民国)续修东阿县志》卷十四《艺文志下》,《中国地方志集成·山东府县志辑》第92册,凤凰出版社2004年版,第367页。

⑤ 于慎行著,黄恩彤参订,李念孔等点校:《读史漫录》卷九《唐宪宗至僖昭》,齐鲁书社1996年版,第302页。

宦官集团作为皇帝的家奴,依附于皇权的羽翼之下,有恃无恐,机关重重,若欲除之,一定不可轻举妄动,而应积极规划方略,"计定而发,得其肯綮"①,始有可为。他指出阳球之诛王甫,元载之诛鱼朝恩,都以成功告终。于慎行分析了东汉陈蕃、窦武和何进两次谋诛宦官失败的事件,认为其根本原因在于诸人"欲尽其种类,至以外兵除之,天下岂有此理"②。至于唐代李训、郑注之谋诛宦官,于氏更认为"其术迂疏不通,有绝可笑者"③,首要点亦在于欲尽诛宦官。在他看来,"以城社之奸,据韬钤之重,岂如一二迂儒可得而袭也"④。

于慎行对比了明代宦官集团与汉、唐时期的不同,谆谆告诫:

> 如汉末中官权势虽盛,然其盘踞根柢,尚不如近世之密。……古今事势不同,近代锦衣环卫,即司隶之职,反受制于中宫,若其门下,即(阳)球安所施耶?⑤

> 唐时宦官之权,人主不能制,人臣得而除也。……然而,不在左右,故外廷之臣,得以乘间入奏,设法驱除,以彼无凭社之势,而此无忌器之虞也。……使其常在左右,布列腹心,君臣之间,一有言动,无不与闻,则宰相之谋,何由而奏?即有密议,先发而泄矣。彼时官寺之权虽盛,其防尚疏,未至如后世之密也。⑥

于氏认为汉、唐时期宦官权势虽盛,但都不如近代盘根错节,已到了无孔不入的地步,要解决其专政问题,极为棘手。他提出了一个对付宦官的策略:

---

① 于慎行著,黄恩彤参订,李念孔等点校:《读史漫录》卷四《东汉》,齐鲁书社1996年版,第126页。

② 于慎行著,黄恩彤参订,李念孔等点校:《读史漫录》卷四《东汉》,齐鲁书社1996年版,第126页。

③ 于慎行著,黄恩彤参订,李念孔等点校:《读史漫录》卷九《唐宪宗至僖昭》,齐鲁书社1996年版,第313页。

④ 于慎行著,黄恩彤参订,李念孔等点校:《读史漫录》卷九《唐宪宗至僖昭》,齐鲁书社1996年版,第313—314页。

⑤ 于慎行著,黄恩彤参订,李念孔等点校:《读史漫录》卷四《东汉》,齐鲁书社1996年版,第126页。

⑥ 于慎行著,黄恩彤参订,李念孔等点校:《读史漫录》卷八《唐玄宗至宪宗》,齐鲁书社1996年版,第268页。

> 天下惟有二事,着手不得。以外廷攻宦官,其势不入,必有入之者而后可行,辟捕黄羊,必用夜猴。……故能诛宦官者,必宦官之党;……此形便也。①

这种以宦官攻宦官的策略可以说是于氏由于意识到明代宦官集团特殊的身份地位,而对日益专政的宦官集团所采取的一种不得已的妥协。

(二)论党争

晚明党争与"阉宦之祸"相为结合,迅速激化了明王朝统治阶级的内部矛盾,在边族侵略、农民起义的压迫下,统治阶级内部的脆弱平衡被打破,明朝不可避免地走上覆亡的道路。正如晚明谢肇淛所指出的,于慎行在其著作中深入探讨了"党锢宦官夷狄之祸"②。作为亲历过晚明党争风暴而仍心有余悸的人,党争问题无疑成为于氏所关注的主要问题之一。

"党"在中国传统社会一直被视为一种不正当的团体结合,于慎行对于"党"的认识,也仍然是带有贬义的。他将参与国家和社会政治活动的主体限定在官僚集团内部,认为"士君子出处语默,自有定体,不可分毫易也。……以为当仕,不必辞疾,以为当隐,不必论事,身既隐矣,言于何有?……若乃元老世臣,告归田里,朝廷有大政事,遣使临问,国家有大利害,上书陈言,则情礼所不忍废者,不可以此例矣"③。因此,对于历来被视为气节楷模的东汉党人,于氏颇有微词:

> 范滂对狱辞云:"欲使善善同其清,恶恶同其污","不悟更以为党"。此数语正党人中祸根本也。夫士顾所处耳,善善恶恶,当其任则为之,空言横议,非圣贤法也。内而在位,如李固、杜乔,外而守土,如成瑨,刘瓆,即挑贵强之衅,蹈死亡之诛,庸得辞乎! 而滂等以一介之士,无民社之责,横为高议危言,互相称引,至于骈首就戮,毒流缙绅,斯不亦过矣! 郭林

---

① 于慎行著,黄恩彤参订,李念孔等点校:《读史漫录》卷九《唐宪宗至僖昭》,齐鲁书社1996年版,第314页。

② 于慎行著,黄恩彤参订,李念孔等点校:《读史漫录》附录三谢肇淛《〈读史漫录〉序》,齐鲁书社1996年版,第523页。

③ 于慎行著,黄恩彤参订,李念孔等点校:《读史漫录》卷八《唐玄宗至宪宗》,齐鲁书社1996年版,第294页。

宗、申屠蟠何如人?①

他认为范滂等人"无民社之责"而空言横议,难辞其咎。

与东汉、唐、宋历朝的所谓"党"不同,明末东林党是一个具有某种松散组织形式的广泛的政治组织。他们代表着中小地主、商人和市民阶层的利益,提出了一些带有近代色彩的反传统的思想主张,影响空前。东林党人由于具有较为强烈的相对独立的社会群体意识,更为积极自觉地参与政治活动,因而是不讳言"党"的。如高攀龙即说:"党者,类也。欲天下无党,必无君子小人之类而后可,如之何讳言党也。……故君国者,不患党,要在明辨其党。"②钱一本甚至说:"后世小人,动以'党'字倾君子,倾人国,不过小人成群,而欲君子孤立耳。或有名为君子,好孤行其意,而以无党自命者,其中小人之毒亦深。"③他们认为小人可以有党,君子亦可以有党,不必"患党",更不必"以无党自命"。身处历史转型时期,于慎行仍然视所谓君子"群而不党"为士大夫应有的一种操守,一方面固然与他"国家艰难多事之秋,须得持重深谋之人可以济事,若以喜事之心,而附以好名之党,必无幸矣"④的认识密不可分,另一方面也说明,于氏晚年隐居东阿,清操自守,对于脱胎于江南地域文化的处于萌芽状态的近代政党意识实有着相当大的疏隔。以"罢官废吏"为主体的东林党人谪居林下,结成党社,讽议朝政,裁量人物,也当为于氏所不许。

于慎行对于"党"的看法,仍然不能摆脱传统的君子、小人之辨。他引李德裕对唐文宗、滕甫对宋神宗之语,比君子为松柏,比小人为藤萝蔓草,认为小人竞为朋党,而君子则无党。他具体阐发原因:君子特立不倚,无恩无怨,"无所用其好恶,而大公之道立矣"⑤。那么,"进退决之礼义,用舍听之君相,浮沉

---

① 于慎行著,黄恩彤参订,李念孔等点校:《读史漫录》卷四《东汉》,齐鲁书社 1996 年版,第 122—123 页。

② 高攀龙撰,陈龙正编:《高子遗书》卷十二《题跋杂书类·题三太宰传》,《景印文渊阁四库全书》第 1292 册,台湾商务印书馆 1986 年版,第 704 页。

③ 钱一本:《龟记》卷三《戊申》,《四库全书存目丛书》子部第 14 册,齐鲁书社 1995 年版,第 615 页。

④ 于慎行著,黄恩彤参订,李念孔等点校:《读史漫录》卷八《唐玄宗至宪宗》,齐鲁书社 1996 年版,第 254 页。

⑤ 于慎行著,黄恩彤参订,李念孔等点校:《读史漫录》卷九《唐宪宗至僖昭》,齐鲁书社 1996 年版,第 316 页。

付之命数,建树度之技能,故职业相与,则同心共济,出入相友,则同道为朋,非有固结之欢,唇齿之援也,何以党为"①。而小人则不然,"利害得失之念"日萦于心,而立身行己,又不能无所趋避,其势必至于竞为朋党。② 于慎行进一步分析道:

> 党何为而成? 成于私,私何为而起? 起于利。利者,得失之心也。有得失之心,则爱憎之情入;有爱憎之感,则恩怨之迹明;有恩怨之分,则胜负之形立;有胜负之较,则倾轧之机出矣。原其所自,不过一念之得失,而使士类荼毒,宗社丘墟,祸乱一成,不可复救。③

于氏对于党祸的认识,一言以蔽之,曰:结党营私。

于慎行回顾唐、宋党争的历史,对于因党争而对国家和朝廷造成的严重后果飒然心惊:

> 牛、李之构党也,人主(按:指唐文宗)叹曰:"去河北贼易,去朝廷朋党难。"此虽无可奈何之辞,而事理实有然者。河北之贼,所伤在支干,朝廷之党,所伤在腹心。去河北之贼,所资者兵、马、钱、谷,难办而易筹;去朝廷之党,所仗者纪纲、法度,易知而难行也。④

> 安石之变成法,偏而为国者也,不知其反而为元祐也。司马之变新法,正而为国者也,不知其激而为绍圣也。章惇之绍述,私而为己者也,又不知其反而为元符也。韩忠彦之反正,正而为国者也,又不知其激而为崇宁也。蔡京之绍述,私而为己者也,又不知其酿而为靖康也。一事之兴废,再三反覆,而宋已不国矣。⑤

于氏指出"去朝廷之党",需要仰仗纪纲、法度的整肃,因此唐王朝"易知而难

---

① 于慎行著,黄恩彤参订,李念孔等点校:《读史漫录》卷十二《宋神宗至徽钦》,齐鲁书社1996年版,第427页。

② 于慎行著,黄恩彤参订,李念孔等点校:《读史漫录》卷十二《宋神宗至徽钦》,齐鲁书社1996年版,第427页。

③ 于慎行著,黄恩彤参订,李念孔等点校:《读史漫录》卷九《唐宪宗至僖昭》,齐鲁书社1996年版,第310页。

④ 于慎行著,黄恩彤参订,李念孔等点校:《读史漫录》卷九《唐宪宗至僖昭》,齐鲁书社1996年版,第310页。

⑤ 于慎行著,黄恩彤参订,李念孔等点校:《读史漫录》卷十二《宋神宗至徽钦》,齐鲁书社1996年版,第447页。

行"，甚于除藩镇之割据。而所谓君子一旦介入党争，虽其心与小人公私不同，其行为却不免为误国之举，必至于坏国事而后已，宋亡可为殷鉴。

这样，于慎行尝试对消弭党争提出自己的看法。一方面，他仍然严守君子、小人之辨，痛斥近世执政者以"调停"、"作用"四字为救时良方：

> 进退人材用"调停"二字，区画政机用"作用"二字，此非圣贤之教也。
> 夫贤则进，否则舍，何暇调停？ 政可则行，不可则止，何烦作用？ 君子以调停为名，而小人之朋比者托焉；君子以作用为才，而小人之弥缝者借焉。
> 四字不除，太平不可兴也。①

其所针对的对象，殆指阁臣申时行、沈一贯等人。于慎行批评"吕大防、范纯仁当国，欲为调停之方，以兼用熙、丰之党"②，认为这种"以不废之言，施于不赦之辜"的所谓"调停"，是"诛赏不明，恩威或爽"的表现，"此名一出，而后之巧于处世者，阴借其言，以为牢笼之具，而天下之事，遂至大坏而不可救矣"。③于慎行又论及"（宋）徽宗即位，时议以元祐、绍圣之党均有所失，欲以大公至正消释朋党"，认为"此即前日调停之说"。他明白表示：

> 夫是非不两存，忠佞不并立，宁使是者不行，不当以非者疑之，宁使忠者不用，不当以佞者参之，是虽有所不行，天下犹知其为是也，忠虽有时不用，天下犹知其为忠也，疑之以非而参之以佞，则事无所质，而人无所品矣。④

于氏认为原则所在，是非、忠佞，不得不分，君子、小人无参用之理。他以"绍述之祸，正人君子一网无遗"为戒，指出"去邪非难，而不绝邪之所由兴，则其流未已"。⑤ 因此，清除党祸，应有正本清源之举，而不可姑息养奸。

---

① 于慎行撰，吕景琳点校：《谷山笔麈》卷十六《琐言》，王琦撰，张德信点校；于慎行撰，吕景琳点校：《寓圃杂记 谷山笔麈》，中华书局1984年版，第182—183页。
② 于慎行著，黄恩彤参订，李念孔等点校：《读史漫录》卷十二《宋神宗至徽钦》，齐鲁书社1996年版，第443页。
③ 于慎行著，黄恩彤参订，李念孔等点校：《读史漫录》卷十二《宋神宗至徽钦》，齐鲁书社1996年版，第443—444页。
④ 于慎行著，黄恩彤参订，李念孔等点校：《读史漫录》卷十二《宋神宗至徽钦》，齐鲁书社1996年版，第449页。
⑤ 于慎行著，黄恩彤参订，李念孔等点校：《读史漫录》卷十二《宋神宗至徽钦》，齐鲁书社1996年版，第442页。

可是，于慎行毕竟是富于高超的政治手腕和技巧的政治家，在对待党争的问题上，显示出很大的灵活和变通。他一面批评范纯仁的调停之说，一面又称赞其"猛药治病之喻，深识远见"①，可为后世师法。于氏明确指出："天下之事，有士类激成者，汉、唐、宋党人之祸是也"。他分析道：

> 凡天下之事，以君子长者之心处之，去其太甚而已。夫君子长者，有休休容人之度，而无汲汲求名之心。无求名之心，则其处形迹之间，涉而不滓；有容人之度，则其御邪正之际，严而不恶。故有化而归正，无激而成奸；有因败为功，无以全求毁，天下安得多事！夫惟好名嗜进之士，以克核之心，行文深之法，惟恐形迹之不存，名声之不附，求自立于不败之地，而不顾国事之安危，故往往激成天下之乱耳！②

于慎行斥责士人偏离"中道"，过犹不及，不能使小人归化，反而激成党祸。他所揭示的"求名之心"和"容人之度"两个问题，正深刻切中晚明士人之弊。整个晚明社会，苛酷刻核已成风尚，于氏斥之为末世之风。赵园先生在《明清之际士大夫研究》中说：

> "苛"几可视为明代士人（包括明儒）的性格。这本是一个苛刻的时代，人主用重典，士人为苛论，儒者苛于责己，清议苛于论人。虽有"名士风流"点缀其间，有文人以至狂徒式的通脱、放荡不羁，不过"似"魏晋而已，细细看去，总能由士人的夸张姿态，看出压抑下的紧张，生存的缺少余裕，进而感到戾气的弥漫，政治文化以至整个社会生活的畸与病。"苛"，即常为人从道德意义上肯定的不觉其为"病"的病。③

于氏对于党争背后苛刻士风的察知，正是其眼光犀利之处。

于慎行还以"元祐初年，熙宁群小，斥逐殆尽，言者犹攻之不已"为例，认为范纯仁"录人之过，不宜太深"和吕公著"治道去其太甚，人才实难，宜使自新，岂宜使自弃"是"长者之言"，批评当时在事大臣，不以范、吕二公之心为

---

① 于慎行著，黄恩彤参订，李念孔等点校：《读史漫录》卷十二《宋神宗至徽钦》，齐鲁书社1996年版，第443页。

② 于慎行著，黄恩彤参订，李念孔等点校：《读史漫录》卷九《唐宪宗至僖昭》，齐鲁书社1996年版，第325页。

③ 赵园：《明清之际士大夫研究》，北京大学出版社2014年版，第19页。

心，而"务为攻击，不遗余力"，致使党锢之祸，重现于绍圣。因此，他打比方道："正如以水扑火，不能即灭，反激其焰，何如除去其薪之为愈。"那么，怎样才算去薪之举呢？他进而解释道："小人能坏国事者，亦必有一种才识，可倾众论，而机械内藏，党与相结，亦必有不可轻摇之势，故必以渐图之，使其潜消暗息，而无攻击之迹，乃可制其复发尔。"①于慎行对于小人结党的复杂和棘手有着充分的估计，因而认为只有"以渐图之"，"潜消暗息"，消泯攻击之迹，才可能避免其反弹。这些都表明于氏深沉劲挺、老成持重的一面。只有联系晚明党争的时代背景，再去理解于慎行"求治不可太速，疾恶不可太严，革弊不可太尽，用人不可太骤，听言不可太轻，处己不可太峻"②之语，才能明白其中实大有深意。

由封建专制政体本身不能克服的矛盾所决定，党争毕竟是无法根除的，于慎行出入古今，对于党争的结果不能不是深表悲观的。他感慨历史上党争纷扰，像"萧、曹相继，房、杜相成"③这样的局面，不可多见，认为"然君子之势必不胜小人，而小人之党，常多于君子，故小往大来之日少，而内乱外治之日多，信乎化之难成，而民之无宁日矣"④。于氏的言论反映了一位有良知的封建官僚士大夫在晚明政治极度腐败的局面下，对于前途的深重忧虑，他终于也不能开出根治党争痼疾的良方。

此外，需要在此附带提及的是于慎行在其著作中对农民起义的论述。相比于对"党锢宦官夷狄之祸"⑤的充分探讨，于慎行对于农民起义的关注要少得多。在《谷城山馆诗集》中，于氏在晚年对当时一开始就呈现出席卷全国之

---

① 于慎行著，黄恩彤参订，李念孔等点校：《读史漫录》卷十二《宋神宗至徽钦》，齐鲁书社1996年版，第440页。
② 于慎行撰，吕景琳点校：《谷山笔麈》卷六《琐言》，王琦撰，张德信点校；于慎行撰，吕景琳点校：《寓圃杂记 谷山笔麈》，中华书局1984年版，第186页。
③ 于慎行著，黄恩彤参订，李念孔等点校：《读史漫录》卷九《唐宪宗至僖昭》，齐鲁书社1996年版，第315页。
④ 于慎行著，黄恩彤参订，李念孔等点校：《读史漫录》卷十二《宋神宗至徽钦》，齐鲁书社1996年版，第448页。
⑤ 于慎行著，黄恩彤参订，李念孔等点校：《读史漫录》附录三谢肇淛《〈读史漫录〉序》，齐鲁书社1996年版，第523页。

势的流民运动有所反映,如说:"北来流离满道路,西望邑里疏人烟"①,"时艰驿路多豺虎,民力秋原半草莱"②,"即今满路逢豺虎,白简能忘万里题"③。他的忧虑溢于言表,似乎也已预感到这即将是全国农民大起义的前夜了。

大体上,于慎行于历代农民起义每能抱持同情的态度,并给予高度的评价,但他对于黄巢起义仍有污蔑之词。他指出黄巢兵败襄阳,节度使刘巨容不愿穷追,欲留之以为富贵之资,致使"贼势复振,转战两浙之间,不可复制矣"。他批评当时"强藩重兵,观望去来,上下之间,以市道相交",至于"养寇求容",是败亡之道。④ 黄恩彤眉批云:"左良玉不肯穷追张献忠,亦刘巨容之意。养寇邀功,可为浩叹!"⑤于慎行又指出黄巢起兵,转战大半个中国,但是未能建立自己的根据地,认为"此流劫之资也,岂有远略长材,不可与角者乎",但是,由于当时"朝廷政令,制于阉寺,乾纲无主,道揆不衷,方镇诸臣,互观成败",因此"坐失机宜,养成寇虐,不可扑灭耳"。他强调:"夫国之无政,大势已移,即揭竿聚钼,可以覆国,况狼虎之群哉!"⑥黄恩彤眉批云:"闯(按:指李自成)、献(按:指张献忠)以驿卒、盐徒,揭竿而起,其初尚不及黄巢,剿抚乖方,养痈遗患,始以小丑之跳梁,驯致大盗之移国。所谓坐失机宜,养成寇虐者,文定迨有先见。"⑦于慎行一再总结唐朝镇压黄巢起义的经验,考虑到唐末与晚明大致相同的时代背景,我们不得不说这确如黄恩彤所阐发的,乃是于氏对于即将到来的全国农民大起义的"先见"之言。

---

① 于慎行:《谷城山馆诗集》卷十五《忧旱》,《山东文献集成》第3辑第25册,山东大学出版社2009年版,第621页。

② 于慎行:《谷城山馆诗集》卷十五《夏日石楼夕望》,《山东文献集成》第3辑第25册,山东大学出版社2009年版,第621页。

③ 于慎行:《谷城山馆诗集》卷十五《送毕侍御印石按贵阳》,《山东文献集成》第3辑第25册,山东大学出版社2009年版,第625页。

④ 于慎行著,黄恩彤参订,李念孔等点校:《读史漫录》卷九《唐宪宗至僖昭》,齐鲁书社1996年版,第326—327页。

⑤ 于慎行著,黄恩彤参订,李念孔等点校:《读史漫录》卷九《唐宪宗至僖昭》附评语,齐鲁书社1996年版,第327页。

⑥ 于慎行著,黄恩彤参订,李念孔等点校:《读史漫录》卷九《唐宪宗至僖昭》,齐鲁书社1996年版,第327页。

⑦ 于慎行著,黄恩彤参订,李念孔等点校:《读史漫录》卷九《唐宪宗至僖昭》附评语,齐鲁书社1996年版,第327页。

五、论地方相对自治

于慎行反对中央高度集权,主张分散和下放君主权力,精简行政层级和机构,淘汰冗员,澄清吏治,给予地方相对独立的自治权力。明朝上至布政司,下至府、县等各级地方政府不只有机构设置上叠床架屋的弊端,更有在实际施政过程中责重权轻、无法有效施政的问题。于氏对此一一提出强烈批评:

> 当时郡邑之政,总之藩臬而归之铨宰,他无与也。其后大臣开府内地,以总郡邑之政,则藩臬谨守管钥,以奉要束,若部吏然,而欲以守令责之,不犹胶柱而操乎?①

> 郡守为一方师帅,其上有监司部使,交错监临,动须关决,不得稍移,其权不能使长吏,何以及民?②

> 内史(按:此为于慎行自称)曰:"淳于髡有言:'三人共牧一羊,羊不得食,人亦不得息。'此善喻也。汉时县令唯有部刺史、太守临之,轨迹夷易,易遵守也,以故吏得尽其职而无所牵制。今奈何以百里之守而十数人临其上,一有举事,文书往来,羽檄如织,即少自操纵于文法乎? 十余人者执绳而议之,即又不能同趣,故吏兢兢日不暇矣。日天子沛然下明诏,裁大使之闲者,镜古今吏治所繇同异,以惠元元,盖深计哉!"③

于慎行的这些言论曾在历史上引起反响。如第三则引文系于氏《东阿县志》佚文,为顾炎武《天下郡国利病书》所征引。顾炎武《日知录》专列《守令》一则,慨叹:"而今日之尤无权者,莫过于守令。"④事实上,于氏的议论已开其先声。

于慎行考溯历史,对州牧之"牧"解释道:"昔者舜命九官,咨于十有二牧,

---

① 于慎行:《谷城山馆文集》卷四十一《乙酉应天程策第二问》,《四库全书存目丛书》集部第148册,齐鲁书社1997年版,第256—257页。
② 于慎行著,黄恩彤参订,李念孔等点校:《读史漫录》卷三《西汉》,齐鲁书社1996年版,第89—90页。
③ 顾炎武:《天下郡国利病书》不分卷《山东上·东阿县志·秩官》,《四部丛刊三编》第151册,上海商务印书馆1935年版。
④ 顾炎武著,黄汝成集释,栾保群、吕宗力校点:《日知录集释》(全校本)卷九《守令》,上海世纪出版股份有限公司、上海古籍出版社2006年版,第541页。

周官悬治象之法,乃施典于邦国,而建其牧。牧者,养也,守令之名义盖昉此矣。"他认为州牧职在养民,只有汉代地方州郡权最为近古,而为后代所难以企及:

> 自秦罢侯置守,代有因革,惟汉制为近古焉。合邑而为郡,郡有守丞,合郡而为州,州有牧伯,上简而下烦,上疏而下密,合易行而职易考也。唐宋以降,法令滋章,监临之使日增,州郡之职日亵,治之不古,则有由然。①

在这里,于氏以汉代地方制度为法,而以唐宋以来地方制度为戒,明确指出中央应该以"简"、"疏"为事,不能也不必过分干预地方执掌,而应由其充分施政。

西汉的地方郡守权作为制约皇权无限扩张的最具代表性的政治实体之一,具有相对独立的行政权力,于慎行每每引为典范:

> 汉世良二千石,如韩、张诸公,皆历四五大郡,所至有声,徒以牧伯地重,不从旁制耳。令如今法,诸部使者用柱后惠文,交错于上,而下吏操轻重其间,何以致理效如所称云哉?②

> 史传所术,古今循吏在二千石治行最者,则无如西汉矣。其时上所委重,宣布德泽,以成大化,明与二千石共之,而诏旨饬厉,第在政平讼理,庶民亡叹息愁恨之声,不望以奇能异效也。③

于氏认为西汉郡守之所以能成功一代之治,即在于朝廷不以文法苛责,而郡守权位颇重,能与朝廷分享权力,拥有广泛的行政、司法和军事权力,故得一意施政而不必多所顾忌。因此,他大声疾呼:"故欲上德及民,莫如重郡守之权。"④希望地方政府能通过扩权,实现相对自治。

于慎行反观现实,尤其对于家乡兖州府在施政过程中的尴尬处境,一再深表同情:

---

① 于慎行:《兖州府志》卷十一《职官志》小序,齐鲁书社 1985 年版。

② 于慎行:《谷城山馆文集》卷二十《明故中顺大夫直隶河间府知府少庵王公暨配恭人韩氏合葬墓志铭》,《四库全书存目丛书》集部第 147 册,齐鲁书社 1997 年版,第 603 页。

③ 于慎行:《谷城山馆文集》卷五《赠郡侯赵庭卢公叙》,《四库全书存目丛书》集部第 147 册,齐鲁书社 1997 年版,第 339 页。

④ 于慎行著,黄恩彤参订,李念孔等点校:《读史漫录》卷三《西汉》,齐鲁书社 1996 年版,第 90 页。

至于吾兖，名虽为府，实古之一州部也。……今使二千石一人焉兼之，而以两台监司十余人者交错而临其上，广狭烦简，相去何如也。①

然部使、监司以职业临其上者，不下十余，河堤兵戎以使事驻其境者，不下五六，而以一郡之长，吏率属城而应焉。其疏密烦简，视古何如，岂但十羊九牧之敝哉？②

兖州以古代一州部之地，监司、部使、河堤兵戎多人"交错而临其上"，不只有机构重复设置之弊，更有具体施政中"广狭烦简"、动见掣肘的问题，因此要想树迹当时，惠及下民，其实是难而又难。

关于郡县制、封建制这一聚讼千年的争论，于慎行也表明了自己的主张。他以元朝为例，指出：

蒙古平定中原，诸王统兵，所下方域，各为己有，因割裂州郡，分赐诸王贵族，为汤沐邑。故当时诸王公主，分封州邑，世有其土，略如封建之法。惟张官置吏，必有朝命，租赋之外，不许征敛，以此相维而已。此亦一变局也。盖中国相承，法度风俗，因革损益，必有所循仿，欲大破藩篱而为之，势不能也。胡人有中国，蹂躏驰骋，惟其所欲，即以州郡之法，变为封建，宜亦无难者，惟其于朝廷不便，故亦不肯行矣。③

郡县制的实行，于氏认为是历史大势所趋，要更郡县制为封建制，即使是"蹂躏驰骋，惟其所欲"的元人，也意识到"于朝廷不便"，而不得更改。但是，于氏认为单行郡县制，仍有其不够完善的地方。他在《兖州府志·天潢志》中说：

夫封建之制远矣，汉承秦之孤而支庶强大，魏救汉之敝而骨肉疏薄，皆非法也。大哉皇祖之训，众建诸王，树于君公之上，使吏治其国，而纳其贡税焉，所以崇护而防卫之，可谓周矣。二百年来，列蕃拱履，敬共胪唱，北海东平之贤，日有闻也，况置之齐鲁礼义之乡哉。宜其世昭令德，弗纳于邪矣！④

---

① 于慎行：《谷城山馆文集》卷五《赠郡侯趋庭卢公叙》，《四库全书存目丛书》集部第147册，齐鲁书社1997年版，第341页。
② 于慎行：《兖州府志》卷十一《职官志》小序，齐鲁书社1985年版。
③ 于慎行著，黄恩彤参订，李念孔等点校：《读史漫录》卷十四《辽金元》，齐鲁书社1996年版，第503页。
④ 于慎行：《兖州府志》卷十《天潢志》，齐鲁书社1985年版。

于氏认为汉、魏封建,产生"支庶强大"、"骨肉疏薄"的弊端,固然"非法",而明朝众建诸王,由中央委派官吏治理,这才是周备之制。他指出应在以郡县制为主的基础上,适当变通,在少数地区改采封建制,如云南地区可率先试点:

> 高皇帝众建藩国,封二十四王,且半天下,惟吴、越不以封,以其膏腴,闽、广、滇、僰不以封,以其险远,虑至深也。然事有便利,不可不变通者。即如云南一省,上古所不臣,自入版图,即以西平世守,黔宁之烈,民吏畏服,二百余年来,声教洽暨,可谓便矣。然沐氏盘据既久,人心颇附,渐有跋扈之志,如朝弼凶残不道,自干法纪,朝廷索二妇人,至二十年而不得,非今上英明,缚而付之法吏,不几唐之中叶哉?夫沐氏强,则尾大不掉,朝廷之法不伸,沐氏衰,则屏翰不固,朝廷之威不振,皆非长计也。莫如建一亲王,开府其地,将镇守之兵改为护卫,使得统兵御吏,与国初诸王等,黔国以下,悉听节制,内可以裁沐氏不共之心,下可以坚滇人向化之志,即使僰、滇之路声教有梗,云南犹国家有也。假如交趾未弃时,建一藩国,使得握兵御吏,毋与内诸侯同,其人以为有王,不复生心,而交南长为国家有矣,孰与捐之夷狄乎?故元混一华夏,六诏、西域皆王其子弟,厥后,元帝北遁,梁王保有云南,蜀夏既平,乃入王化。其在西方者,亦竟不得剪除,则封以为王,哈密是也。此非其已效耶?或曰:王而据兵,不有江右之虑耶?此不达地势者也。宁濠据江汉之上游,谓之建瓴而下,滇南处一隅之绝徼,谓之仰面而攻,安有仰面而攻可以取胜者耶?且夫万里遐荒之徼,而欲与中国争衡,则公孙不国于白帝,尉陀不帝于南海矣。或曰:炎荒遐裔之区,以王亲子弟,不几于窜耶?此又不然。夫闽、广、滇、贵皆膏腴乐土,百物所生,而齐、鲁、燕、赵之地有不及也,其视山、陕边郡,苦乐又相悬绝,试取山、陕边郡一府宗室颇少者迁之云南有不乐就者耶?[①]

于慎行认为从国家长远利益考虑,使一亲王开府云南,给予统兵御吏的权力,

---

① 于慎行撰,吕景琳点校:《谷山笔麈》卷三《藩封》,王琦撰,张德信点校;于慎行撰,吕景琳点校:《寓圃杂记 谷山笔麈》,中华书局1984年版,第24—25页。

使与明初分封诸王相同,不仅能够有效确保国家主权的行使,而且万一国难当头,又可退作坚守之地,即使叛乱,也能加以有效遏制。其后满清入主中原的历史证明,云南等广袤的西南边陲,也的确成为南明王朝和反清复明人士据守的最后的根据地之一。于氏曾感慨"天下无事而为迂恢之谈,人必笑以为狂,且言于时禁,动虑后患,谁肯倡不急之议以骇众听? 姑记之,以备一策耳"①,到这时,却不幸言中了。顾炎武在《天下郡国利病书》中即征引于慎行此条,他所提出的"寓封建于郡县之中"②,参用封建制和郡县制的著名的分权措施,其实是受到于氏的很大启发的。

于慎行有关地方相对自治的言论,从表面上看,似乎是渊源于以黄老之学为指导的西汉地方政治,但细究其底里,其实是因应晚明君主专制的极端膨胀以及地方区域经济的高度发展的社会现实而作出的时代总结。

第二节　于慎行的经济思想

于慎行一生对于经济领域表现出极大的兴趣和关注,展开了许多深刻而周详的探讨,几乎涉及当时重要经济领域的各个方面,生动反映了晚明时代的经济状况。明清之际的《西园闻见录》、《国史唯疑》、《玉光剑气集》、《天下郡国利病书》等各类典籍均有所援引。

一、"裕民为本"的经济主张

明代中叶以后,先进的人物继承民本思想的优良传统,高度重视经济的基础性作用,进一步思考将满足百姓的物欲要求,更好地养民、富民视作君主和国家的根本任务。于慎行在新的历史条件下,赋予这种思想以崭新的内容。他鲜明地指出"生养未遂,惧民之有啼饥号寒,以塞和气,而为之利用厚生,阜

---

① 于慎行撰,吕景琳点校:《谷山笔麈》卷三《藩封》,王琦撰,张德信点校;于慎行撰,吕景琳点校:《寓圃杂记 谷山笔麈》,中华书局 1984 年版,第 25 页。

② 顾炎武:《亭林文集》卷一《郡县论一》,《续修四库全书》第 1402 册,上海古籍出版社 2002 年版,第 72 页。

财聚欲,以导乐利之原"①,因而一再强调"制国有常,而裕民为本"②,"制国有常,利民为本"③。他积极肯定民众的物欲,认为民众是天下的主体,一切政权以此为存在的基础和根本,裕民、利民与否是检验政权合理性的重要标准。从这种新视角出发,他对孟子的"为人臣者,怀利以事其君"作了全新的阐释:

> 夫所谓怀利者,非必利于己而不利于君,利于家而不利于国也,剥民以奉上,损下以益上,利于君而不利于国,利于国而不利于民,皆谓之怀利,如周之荣夷公、汉之桑弘羊是也。故曰:"亦有仁义而已矣。"④

可见在于氏心中,凡是剥削和掠夺民众的行为,无论其"利于君"或"利于国",都是"怀利"的举措。他将利民视为高过利国,更高过利君,在仁义的标准下,以利民为最终目的,突破了往往强调民利与君利一致性的传统重民思想,体现了可贵的理论创新的精神。于慎行感慨于江、淮之地在汉时"煮海为盐,百姓无赋,富甲天下",而今"朝廷设盐官榷之,以给九边,当租税之半。然法久弊生,重以水潦,其民凋瘵,逋负日多",他一面推测"岂地有盛衰邪",一面则笔锋一转,明指"将一国之用有限,而人主之经费多与"。⑤

于慎行主张"天下财力止有此数,不在此则在彼"⑥。这种观点,前乎于氏的陆楫和同时代的张居正、吕坤、郭子章等人都有所阐发。但与陆楫、郭子章从崇奢黜俭,张居正从主张节用的角度立论不同,于氏以此展开对君主专利的批判,在这一点上,他与友人吕坤正是不谋而合的。君主专利是封建时代的显著特征。在贫富问题上,君、民之间形成当时社会最悬绝的不均和最尖锐的对

---

① 于慎行:《谷城山馆文集》卷四十一《人主和德于上》,《四库全书存目丛书》集部第 148 册,齐鲁书社 1997 年版,第 250 页。

② 于慎行:《谷城山馆文集》卷四十二《乙酉应天程策第五问》,《四库全书存目丛书》集部第 148 册,齐鲁书社 1997 年版,第 266 页。

③ 于慎行:《谷城山馆文集》卷十三《平阴姚侯役法记》,《四库全书存目丛书》集部第 147 册,齐鲁书社 1997 年版,第 462 页。

④ 于慎行撰,吕景琳点校:《谷山笔麈》卷七《经子》,王琦撰,张德信点校;于慎行撰,吕景琳点校:《寓圃杂记 谷山笔麈》,中华书局 1984 年版,第 76—77 页。

⑤ 于慎行著,黄恩彤参订,李念孔等点校:《读史漫录》卷三《西汉》,齐鲁书社 1996 年版,第 45—46 页。

⑥ 于慎行撰,吕景琳点校:《谷山笔麈》卷三《恩泽》,王琦撰,张德信点校;于慎行撰,吕景琳点校:《寓圃杂记 谷山笔麈》,中华书局 1984 年版,第 29 页。

立。于慎行认为国家在一定时期内所生产的财富是一个固定的量,君、民的财富处于此消彼长的关系。

于慎行反对君主将天下财富尽归己有,而严分宫廷内库和国库之别,认为"公利之主,以内帑为外藏,而普之于民,好货之君,以外藏为私帑,而归之于盗"①。他揭露君王凭借专政肆意掠夺民财,侵占国用,其实与盗无异,是自取灭亡。他指责明世宗、神宗在籍没严嵩、张居正二相财产时,不能引唐宪宗诛李锜,而以其资财赐浙西百姓,以代田租事为例,反而"累及阖省,而所籍之财尽入内帑"②,对主德民瘼都造成了损害。

于慎行并不否定君主和朝廷正常的经费开支,但认为应限制在合理的范围之内,而不当有额外的征敛。他深切地同情民众的处境,屡屡为民请命,对当时繁重的赋役税收多所指斥,不遗余力地捍卫民众的经济利益。如他论田赋说:

> 国家田赋之制,无虑二十取一,较之《禹贡》,亦非溢也。然而田野之氓,或呻吟转徙,不任公家之租税,何哉? 法本轻而后稍滋重也。有因事加赋,或已竣而未除;有缘灾赐租,或已收而他抵。有褒益于盈虚而阴移其敝,有羡溢于铢两而明朘其膏。此赋不均平而民无告也。乃举而归之地利不辟,人有遗力焉,岂尽然哉? 迩来庙堂规画,郡邑承宣,多所损益斟酌,以求至当,而山泽之间不能悉也。③

他强烈批评当时田赋滋重,使百姓不免于"呻吟转徙"。

明神宗荒淫腐朽,爱财如命,一生聚敛财富不择手段。为着满足其靡费无度的开支,增加宫廷内库的收入,神宗向全国各地派遣太监开矿征税。于慎行强烈抨击这一现状,他将矿监税使比之为食人的猛兽,对于在任内对此加以抵制而保一方平安的各级官员如李三才、王象乾、张光纪等人都加以热情的讴歌。他论户部的财政窘境时说:"矿使嚃人膏血,以代山海之藏,割其十一,辇

---

① 于慎行著,黄恩彤参订,李念孔等点校:《读史漫录》卷八《唐玄宗至宪宗》,齐鲁书社1996年版,第271页。

② 于慎行撰,吕景琳点校:《谷山笔麈》卷十《明刑》,王琦撰,张德信点校;于慎行撰,吕景琳点校:《寓圃杂记 谷山笔麈》,中华书局1984年版,第115页。

③ 于慎行:《兖州府志》卷十四《田赋志》小序,齐鲁书社1985年版。

而输诸内,司农不有也。税使张四面之网,御人于途,割其十一,辇而输诸内,司农不有也。区区守藏之余,握算斗斛间尔。"①宫廷对于百姓敲骨吸髓的掠夺和剥削,表明"内帑"与"外藏",也正是一对不可调停的矛盾。

于慎行赞美汉文帝时,君后自奉节俭,衣着朴素,"而贾人墙屋文绣,……倡优下贱,得为后服",于风俗虽为一蠹,"然富庶承平之象,于此可想矣"。认为"惟帝身衣弋绨,而后贾人下贱,有文绣之饰"。至武帝之世,虽然"穷奢极欲","而舟车缗钱,算及毫末,贾人下贱,方且愁病无聊,何以有雍容奢丽之风邪"。② 黄恩彤眉批云:"此实损上益下,'百姓足,君孰与不足'之理。太平之世,君俭而民奢,衰叔之朝,上肥而下瘠。"③

于慎行纵观历史,指斥唐德宗、宋徽宗、元世祖等好利的君主,对于能节制君用的大臣如李泌、赵鼎诸人则赞不绝口。他意识到君主无休止的横征暴敛是造成民生凋敝的主要原因,对于君主的额外诛求,必须要有相应的制度加以约束。他说:"世之为宰相者,遇主上之求利,而能正色以谏者有乎?遇佞臣之献利,而能执法以裁者有乎?周官以太宰制国用,王宫之会计皆使与闻,其指深矣。"④他援引周官为例,希望能依靠制度的力量,借助会计的监督,来制约宫廷的收支。

鉴于明自武宗以后,宦官专横,权奸当国,在君主之外,于慎行将批判的矛头主要指向宦官贵戚乃至大官僚集团,揭露他们巧取豪夺、挥霍公私财产的罪行。他说:"古人有云,天下之财,不在官则在民。然至官民俱空,公私两竭,则财亦必有所归。"⑤于氏以盗臣和聚敛之臣来概括这些不法之徒。于慎行明言"自古宦官贵戚,富溢一时,非必尽出禄赐,皆有盗窃之法",又指责此辈"如

---

① 于慎行:《谷城山馆文集》卷六《送郡理周侯上民部郎叙》,《四库全书存目丛书》集部第147册,齐鲁书社1997年版,第360页。

② 于慎行著,黄恩彤参订,李念孔等点校:《读史漫录》卷三《西汉》,齐鲁书社1996年版,第49页。

③ 于慎行著,黄恩彤参订,李念孔等点校:《读史漫录》卷三《西汉》附评语,齐鲁书社1996年版,第49页。

④ 于慎行著,黄恩彤参订,李念孔等点校:《读史漫录》卷十三《宋高宗至帝昺》,齐鲁书社1996年版,第469页。

⑤ 于慎行著,黄恩彤参订,李念孔等点校:《读史漫录》卷四《东汉》,齐鲁书社1996年版,第121页。

朝廷有所营作,有所贸易,即以其私财养徒,榷酤取利,上下相蒙,莫能厘革,……从古以来,貂珰、戚畹以此射利者甚多",认为这是所谓"盗臣"。① 而更有贵戚权宠之臣,"往往怙宠专利,渔食小民,不入公家之租,吏不敢谁何。即有奉法之吏,摘其奸私,如卵击石,祸不旋踵"②。这些急于敛取赋税、搜括财货之人,于氏斥之为"聚敛之臣"。他谴责"近日抄没严相嵩至二百万,冯珰保亦不下此,皆天下租税之半"③,又批评徐阶"倾泻县官赋金"④,都不只是盗臣,更是聚敛之臣了。于氏认为宦官贵戚和大官僚集团要对这种"利归臣下,公家匮诎"⑤的局面的形成负最大的责任。

此外,于慎行对于一般中小地主阶级的经济剥削和掠夺虽着墨不多,但也进行了批评。如他论元朝的蠲租之令云:

> 元时浙江行省,因有蠲租之令,奏言江南贫民,佃富者之田,岁内其租,今所蠲特及田主,而佃民输租如故,是恩及富室,而不被于贫民也,宜令佃户当输田主,亦如所蠲之数,朝廷从之。此事可为后法。大抵蠲免之令,率属虚文,官吏沉阁原行,征派如故。而民间不知其由,纵使实惠及民,亦惟蠲及田主,而佃户之租,一如其旧,使富室役使贫民,以肥其家,免公家之税,甚无谓也。宜如元人之议,庶为可耳。⑥

他希望以元人为法,使蠲租之令,能够惠及佃户,而不可使地主一如其旧地剥削佃户。

于慎行形象地说:"财譬如水,欲用之省也,必求其源而塞之;欲费之裕

---

① 于慎行著,黄恩彤参订,李念孔等点校:《读史漫录》卷四《东汉》,齐鲁书社 1996 年版,第 119 页。

② 于慎行著,黄恩彤参订,李念孔等点校:《读史漫录》卷二《战国至秦楚之际》,齐鲁书社 1996 年版,第 14 页。

③ 于慎行著,黄恩彤参订,李念孔等点校:《读史漫录》卷四《东汉》,齐鲁书社 1996 年版,第 121 页。

④ 于慎行撰,吕景琳点校:《谷山笔麈》卷四《相鉴》,王琦撰,张德信点校;于慎行撰,吕景琳点校:《寓圃杂记 谷山笔麈》,中华书局 1984 年版,第 39 页。

⑤ 于慎行著,黄恩彤参订,李念孔等点校:《读史漫录》卷十四《辽金元》,齐鲁书社 1996 年版,第 501 页。

⑥ 于慎行著,黄恩彤参订,李念孔等点校:《读史漫录》卷十四《辽金元》,齐鲁书社 1996 年版,第 505 页。

也,必求其源而通之,斯不匮也。"①在对形形色色的统治阶级的专利进行批判,而希望有塞源之举后,于氏也对增进民众的收入,提出了通源的主张。他一再回顾历史,对关心民众疾苦、减轻民众负担的明君贤臣深致赞美,希望统治者能效法前朝的良法美意,做到"政令疏阔,赋税宽简"②,"轻徭薄赋,与民休息"③,以使百姓财富充裕,能够安居乐业。

于慎行一生清廉自持,据《东阿于文定公年谱》所载,其曾多次坚拒他人的行贿。他虽然痛斥官僚集团中的"聚敛之臣",但对于官员合法的俸禄所得,也深加留意。他一再感慨:"古时,将相大臣禄赐甚厚,与今相去辽绝"④,"惟本朝官仰俸薪,别无给赐,郡邑所在,田皆起科,亦不闻有公田之名。惟边方大将有养廉地土,颇收其人,以代公费,有职田之遗耳"⑤,"近代之俸可谓至薄也"⑥,因而希望能提高官员的俸禄。针对晚明官场贪贿公行、风纪败坏的恶习,于慎行认为高薪有助于养廉,希望能借此尽可能减少贪官污吏的产生,从而间接达到保护民众经济利益的目的。他回顾唐代历史说:

> 杨琯为相,奏请加京官俸,此举是也。常衮为相,欲辞堂封,此意非也。何者?天下事有当省者,有当费者,有当开者,有当塞者。官冗则当裁,有官则俸不可省,位过则当退,居位则禄不可辞。裁其常俸而使之乞贷于外官,是开其请托之门也。法为中人而设,己之俸可辞,而人之贞污不可保也,是启其赇贿之端也。故原思为宰而不受禄,子贡赎人而不取金,圣人皆无取焉。非不取其廉也,以己之廉,而成人之不廉,君子不为也。⑦

---

① 于慎行:《兖州府志》卷十八《驿传志》小序,齐鲁书社 1985 年版。

② 于慎行撰,吕景琳点校:《谷山笔麈》卷十二《赋币》,王琦撰,张德信点校;于慎行撰,吕景琳点校:《寓圃杂记 谷山笔麈》,中华书局 1984 年版,第 139 页。

③ 于慎行著,黄恩彤参订,李念孔等点校:《读史漫录》卷三《西汉》,齐鲁书社 1996 年版,第 74 页。

④ 于慎行撰,吕景琳点校:《谷山笔麈》卷三《恩泽》,王琦撰,张德信点校;于慎行撰,吕景琳点校:《寓圃杂记 谷山笔麈》,中华书局 1984 年版,第 26 页。

⑤ 于慎行撰,吕景琳点校:《谷山笔麈》卷九《月俸》,王琦撰,张德信点校;于慎行撰,吕景琳点校:《寓圃杂记 谷山笔麈》,中华书局 1984 年版,第 106 页。

⑥ 于慎行撰,吕景琳点校:《谷山笔麈》卷九《月俸》,王琦撰,张德信点校;于慎行撰,吕景琳点校:《寓圃杂记 谷山笔麈》,中华书局 1984 年版,第 107 页。

⑦ 于慎行著,黄恩彤参订,李念孔等点校:《读史漫录》卷八《唐玄宗至宪宗》,齐鲁书社 1996 年版,第 269 页。

于氏认为要有效杜绝贪污,加俸不可以少,必须依赖于法律的威慑力量,而人治则是不可靠的,这一主张洞明政事,富有深意。

二、藏富于贾的经济观念

于慎行所处的时代,是明代商品经济大发展、资本主义萌芽开始产生的关键时期,也是私人财富迅速积聚、商人地位空前提高的时期。于氏一生主要生活在京师和家乡,京师是当时全国的经济中心,自不待言,至于东阿,虽如他自己所说"民务稼穑,不通商贾"①,但毕竟处于两京孔道、大运河流贯的位置,在商品经济的流通上也自有相当的便利。如他的两位抚育其母亲刘淑人长大的外叔祖母麻氏、王氏就是"督耕织而计然之策日饶"②的。于慎行本人对于正当合理的商业活动,不但抛弃了传统的偏见,还曾偶一躬为。据《东阿于文定公年谱》,万历三十一年(1603),"三月甲子,货白庄麦于清渊"。③ 因为于氏在其田园白庄有余麦留存,故到清渊将其出售。

于慎行对于商人有着同情的理解,并加以积极的肯定和称许。其文集中保存着《赠王锦衣叙》、《明故奉直大夫尚宝司少卿北山先生李公墓志铭》、《诰封中宪大夫惠州府知府闲溪黄公墓志铭》、《鲁藩辅国将军毅斋公暨配夫人王氏合葬墓志铭》、《明故敕封监察御史邑涯邢公暨配赵万二孺人合葬墓志铭》、《明赠翰林院侍讲秋潭张公暨配封太安人刘氏合葬墓志铭》、《明故处士筠川曹公合葬墓志铭》、《明故武略将军东岩安公墓志铭》、《明敕赠文林郎河南鄢陵县知县义渠何公暨配韦太孺人合葬墓表》等多篇碑传序言,对象均为以各种身份经商致富的人物。于慎行在《谷山笔麈》卷十五《杂闻》中,记载了一个合伙经济中的无名商贾以勤劳诚实而获大利的故事。他的七古《贾客乐》,描述扬州商人经商的情形,中云:

> 五更解船大江去,鼍浪鲸风何处住。洞庭秋水接天来,五两成林夜半

---

① 于慎行:《兖州府志》卷四《风土志》,齐鲁书社 1985 年版。
② 于慎思:《庞眉生集》卷九《寿刘母麻、王二太夫人同登七裘序》,《四库全书存目丛书》集部第 148 册,齐鲁书社 1997 年版,第 361 页。
③ 邢侗编纂,阮自华撰述:《东阿于文定公年谱》卷二,《山东文献集成》第 1 辑第 10 册,山东大学出版社 2006 年版,第 736 页。

开。西登三峡立百丈,滟滪如牛不得上。环环布帆欲退飞,猿鸣一声泪沾
衣。钱刀睹快狎风色,归来金多头已白。同时陇上饭牛子,睡起烟皋夜
吹笛。①

此诗对于商贾的艰辛作了具体形象的描述,尤其是末四句,表明于氏对商贾持
积极肯定的态度,事实上抛弃了传统的"四民之中,惟农最苦"②的观念。这与
晚明《客商一览醒迷》中的《悲商歌三十首》③也正是相同的基调。

于慎行不仅懂得工商业的社会职能,对于当时工商业资本的活动也大加
赞扬。他曾浓墨重彩地描画山东商业重镇临清、安平等地的繁华景象。如
《临清儒学重修记》这样描绘临清的工商业:

> 盖尝考览方域而有概焉。画百里而国之,其俗无大不同者;营十里而
> 城之,其俗无小不同者,惟兹土也不然。会二水之缘督,控两京之子午,百
> 贾之所转徙,万货之所废居。吴之锦绮,越之绡縠,秦晋之罽毳,闽广之琼
> 玫,陆毛海错,瑰琦蒐琐,列肆而陈,侈于五都之市。玉帛冠裳之会,锦帆
> 绛空;织文苴品之输,牙樯刺日,络绎隐赈,靡有旦夜,殷于九轨之衢。游
> 闲轻诊、珠履蹑缲之客,担簦而聚关门;声歌伎艺、百工巧匠之属,叠迹而
> 趋里第,夥于原尝之馆、赵李之场,此亦天下盛丽豪华都会之区也。而士
> 也操其觚翰,以游且息于其中,神情之所游泳,耳目之所渐濡,莫不备八方
> 之珍奇,极四民之好尚,岂所谓不见异物而迁焉。故夫风俗之不同,未有
> 甚于此也。④

这篇为儒学作记的文章,却不惜笔墨,以赞叹不置的语气来展开临清工商业波
澜壮阔的画面,可以说为晚明士商融合的时代大背景作了最生动的注解。

于慎行还注意到商贾为都市民众提供各种生活资料,虽其物细小,仍得以

---

① 于慎行:《谷城山馆诗集》卷四《贾客乐》,《山东文献集成》第 3 辑第 25 册,山东大学出
版社 2009 年版,第 485—486 页。

② 司马光:《温国文正司马公文集》卷四十八《乞省览农民封事劄子》,《四部丛刊初编》第
837 册,上海商务印书馆 1922 年版。

③ 参见李晋德:《客商一览醒迷·商贾醒迷》附《悲商歌三十首》,(明)黄汴,(清)憺漪子,
(明)李晋德;杨正泰校注:《天下水陆路程 天下路程图引 客商一览醒迷》,山西人民出版社 1992
年版,第 298—301 页。

④ 于慎行:《谷城山馆文集》卷十五《临清儒学重修记》,《四库全书存目丛书》集部第 147
册,齐鲁书社 1997 年版,第 491—492 页。

积累起雄厚的财力：

> 自古都邑大贾名侠皆有称号，或以所居，或以所业，如《汉书》所谓东市贾、万城西、万章箭、张禁酒、赵放，又如《货殖传》所载：翁伯贩脂，张氏卖浆，郅氏洒削，浊氏胃脯。其所货至为纤啬，往往鼎食击钟，盖大都人众，所取宏多，故虽负贩之资，亦至不赀也。今都城如卖酱、屠沽，有千万之资，其名亦与古同，可见古今风俗亦不甚远。①

足见工商业资本不仅活动范围广阔，而且作用重大，因而于氏由衷地喊出："故善为贾者，藏之于人；善为国者，藏之于贾。"②这种国家藏富于贾的观点，与此后王夫之所说的"故大贾富民者，国之司命也"③的名言有其相似之处。

于慎行认识到封建社会的严法苛令，不仅不能有效保护正常的工商业活动，适足以束缚之。因而他以水为喻，认为政府必须网开一面，使工商业活动能在闲旷四通之地，得有相对自由的展布和发展。他说：

> 夫上之域民，犹制水也。水之为道固必浚为沟浍，遏以堤防，而后翕犹顺轨以趣于下，然其旁出羡溢，亦必得巨薮大泽而潴之，使期游波宽缓，有所休息，而后不至于溃。夫民亦然，居之郭郭，画之经界，此大纲大纪，万世不能易也。至于五方之游轶，百贾之转鬻，亦必就闲旷四通之地，使有所狝靡曼衍，而不束于有司之三尺，然后其志安焉，利可久。故圣王体国经野，亦必解其罗之一目，而有所不尽，则是地也，固亦民之薮泽乎哉！④

"网疏而民富"⑤，一千七百年前，司马迁已在《史记·平准书》中这样说了，于氏此论显然上有所承而更为具体透彻。

于慎行反对封建君主和朝廷直接参与工商业活动，谋取市利，与商人相

---

① 于慎行撰，吕景琳点校：《谷山笔麈》卷十四《杂考》，王琦撰，张德信点校；于慎行撰，吕景琳点校：《寓圃杂记 谷山笔麈》，中华书局 1984 年版，第 163 页。

② 于慎行：《谷城山馆文集》卷九《赠王锦衣叙》，《四库全书存目丛书》集部第 147 册，齐鲁书社 1997 年版，第 395 页。

③ 王夫之：《黄书·大正第六》，《续修四库全书》第 945 册，上海古籍出版社 2002 年版，第 547 页。

④ 于慎行：《谷城山馆文集》卷十一《安平镇志叙》，《四库全书存目丛书》集部第 147 册，齐鲁书社 1997 年版，第 425 页。

⑤ 司马迁：《史记》卷三十《平准书第八》，中华书局 1959 年版，第 1420 页。

争。他批评管子通过国家买卖公物和盐、铁专卖来增大国家的经济收入,以代替租税收入的做法,认为这"使民之器用服食皆仰足于上,而上无所求于民,第以市道交之,使其轻重之权在上不在下,而富商大贾无所牟利"①,但管子之法毕竟只是"霸道",可施于一国,却不可施于天下,后世理财之臣依之而不知合变,都不足以成事。于氏指出王天下者固然也离不开理财,答案却在《大学》之十章中,这才是"王道"。《大学》第十章接触到国家财政问题,其主旨是在伦理规范与物质财富的关系上得出"德者本也,财者末也"②的结论,进而表明了反对"聚敛"和培养税源的思想。朱熹注曰:"此章之义,务在与民同好恶而不专其利,皆推广絜矩之意也。能如是,则亲贤乐利各得其所,而天下平矣。"③在这里,很可以见出于氏经济思想所受儒家传统思想影响的一面,虽然它已包含着重商思想的时代新意而不尽为其所囿。

于慎行更反对朝廷对商贾动辄以苛法相绳,横征暴敛,严重束缚了工商业的发展。他痛心地指出:

> 予闻京邑富人比千户封者甚众,乃今往来长安中,大氐萧然靡敝,与所闻大异。即王君曹列肆废居,埒如古卖浆洒削者流,已称同右不多见矣,况其著者哉? 此无异故,法网密也。邑屋居民筑室一二区,守闾之卒,已牒而记之,即有所居货,尚未获其息,吏已摧酤其间,何以使自操从乎?④

> 自余少所睹记,(安平镇)生聚繁殖,廛阛充盈,比年以来,日益雕敝,文化为陋,丰化为啬,若将有索然不足之心,其故安在? 志称时讪举赢,间阎烦费,及谓新城改建,财力耗屈,此不可归之天数也。画地而守者,其亦有永思乎!⑤

---

① 于慎行撰,吕景琳点校:《谷山笔麈》卷七《经子》,王琦撰,张德信点校;于慎行撰,吕景琳点校:《寓圃杂记 谷山笔麈》,中华书局 1984 年版,第 78 页。

② 朱熹:《大学章句》,朱熹:《四书章句集注》,中华书局 2011 年版,第 12 页。

③ 朱熹:《大学章句》,朱熹:《四书章句集注》,中华书局 2011 年版,第 14 页。

④ 于慎行:《谷城山馆文集》卷九《赠王锦衣叙》,《四库全书存目丛书》集部第 147 册,齐鲁书社 1997 年版,第 395 页。

⑤ 于慎行:《谷城山馆文集》卷十一《安平镇志叙》,《四库全书存目丛书》集部第 147 册,齐鲁书社 1997 年版,第 425 页。

于氏注意到京师、安平等地工商业的由盛转衰,趋于萧条,认为主政者须对工商业加以必要的扶持和保护。

于慎行回顾唐建中、宋靖康年间,朝廷搜括富商钱财的历史,沉痛地说:

> 大抵都辇之下,必资富商大贾以为膏腴,平时文物华靡,可饰太平,万一国势至此,即出孤注下策,犹可救须臾之急,乃争以法家文吏之见,动有刻削,使之不得安业,甚者为近幸逻卒所诇,持其阴罪,一举而籍之,一有缓急,将何所恃乎? 夫括富民金帛以救急难,与饥人相啖,缓须臾之死等尔。并此无之,则坐而待毙也。①

他认为富商大贾为一国财富所系,平时可饰太平,国势危急之时,可以救急。朝廷以搜括富商钱财为事,实是取亡之道。黄恩彤阐发此条云:

> 前明内供之物,任土作贡曰"岁办",官出钱市之曰"采办"。所需既烦,召商置买,于是有铺户之役,输物于官,有终不给直者,而中官索铺垫费甚巨,所支不足相抵。万历中,下金商令,被金者贿中官乃免。有司密钩,如缉奸盗,岁计柴价银三十余万。中官得自征比诸商,酷刑恣索,商民大病。文定目击其弊,故言之酸切乃尔。迨崇祯之季,兵饷匮绌,呼吁求助,亦复不出所料。盖明至神宗,如深秋萧索霜叶,风零陨坠乃已,固可意计逆揣矣。②

黄氏看出了言外之意,他是深知于慎行之苦心的。

明代中后期,江南地区首先在手工业中萌生了资本主义的萌芽,对于这一不同于传统封建社会、具有近代社会性质的崭新的经济因素,于慎行显然表示出浓厚的兴趣。他说:"吴人以织作为业,即士大夫家,多以纺织求利,其俗勤啬好殖,以故富庶。然而可议者,如华亭相在位,多蓄织妇,岁计所积,与市为贾,公仪休之所不为也。……"③这一段话屡屡被明史研究者所引用。于氏注意到苏州、松江等地是"财赋之地,易为经营",容易积累巨大的财富,因此不

---

① 于慎行著,黄恩彤参订,李念孔等点校:《读史漫录》卷八《唐玄宗至宪宗》,齐鲁书社1996年版,第272—273页。

② 于慎行著,黄恩彤参订,李念孔等点校:《读史漫录》卷八《唐玄宗至宪宗》附评语,齐鲁书社1996年版,第273页。

③ 于慎行撰,吕景琳点校:《谷山笔麈》卷四《相鉴》,王琦撰,张德信点校;于慎行撰,吕景琳点校:《寓圃杂记 谷山笔麈》,中华书局1984年版,第39页。

免要发出"岂岁星长在吴耶？夫得地者得人,得人者得天,天亦何时定也"的感慨。①

这样,于慎行事实上在很大程度上反映了市民的心声,他扬弃了传统的重本抑末论,对于商人和工商业给予高度的重视,主张加以保护,即使还没能上升到黄宗羲工商皆本论的高度,在他的时代,也是出类拔萃,而开了后世先声的。

三、论财富与消费

于慎行再三以四时比一代之气,他总结汉、隋、唐、宋等朝的历史,认为"户口繁盛,家给人足,公私物力,百倍开国"的时期,正是所谓"丰亨豫大"之时,而盛极必衰,也是数所必至。② 他自己有幸在一生的大半时光躬逢明王朝的繁盛之时,在万历中期以后则无可奈何地目睹其由盛转衰,无情地衰败,因而其感慨尤其意味深长。如他这样论汉、唐的由秋入冬:

> 文明既盛,物力亦诎,乃始补苴衰益,制节谨度,以名法刻核,收拾煨烬,渐近敛藏,如汉之宣帝,唐之宪宗,于时秋也。浩荡之后,骨髓既空,克核之余,元和亦损,于是上下萧条,公私匮诎,朝有好利之政,人无乐生之心,如汉、唐之末,于时冬也。此皆天地自然之气,默移密运,而人事之得失从之。③

黄恩彤眉批云:"文定仕当前明中叶,目睹由盛而衰,故慨乎其言之。"④于慎行虽说还相信"斡旋化机,消息气运,在圣贤豪杰,必有参赞之机,而天运亦有可回者矣"⑤,欲将以有为,尚不至于完全的绝望,但凄凉之气,已披于全身了。

---

① 于慎行撰,吕景琳点校:《谷山笔麈》卷十一《筹边》,王琦撰,张德信点校;于慎行撰,吕景琳点校:《寓圃杂记 谷山笔麈》,中华书局 1984 年版,第 128 页。

② 于慎行著,黄恩彤参订,李念孔等点校:《读史漫录》卷十二《宋神宗至徽钦》,齐鲁书社 1996 年版,第 452 页。

③ 于慎行著,黄恩彤参订,李念孔等点校:《读史漫录》卷七《唐高宗至玄宗》,齐鲁书社 1996 年版,第 217—218 页。

④ 于慎行著,黄恩彤参订,李念孔等点校:《读史漫录》卷七《唐高宗至玄宗》附评语,齐鲁书社 1996 年版,第 218 页。

⑤ 于慎行著,黄恩彤参订,李念孔等点校:《读史漫录》卷七《唐高宗至玄宗》,齐鲁书社 1996 年版,第 218 页。

在于氏逝后次年,即万历三十七年(1609)成书的《歙志》之《风土论》中,也运用了类似的比喻,因为顾炎武《天下郡国利病书》加以征引的缘故,颇为世人所注意。①

于慎行往往今昔对比,深信"天时地利,固有转移"②。他为强汉盛唐和历史上三齐、关中、江淮、浙东等地出现过的繁盛景象不再而叹息不已,一再感慨如今物力大诎,如说:"古之物力,一何蕃盛哉"③,"古时,将相大臣禄赐甚厚,与今相去辽绝,……亦其时物力充溢,公私给足,与今不同也"④。于氏将此原因主要归结为当时社会淫靡成风,不事节用。在私德上,他不仅称赞天性淳朴、不事纷华的人意识深远,更身体力行。虽然身居高位,而廉俭自守,甚至"囊无剩钱,名田不数顷"⑤。但是于慎行虽然提倡适当的节用,却更反对一味禁奢,而后者在他的经济思想中,无疑是更为主要的方面。明代中叶以后,虽然消费观念大变,奢靡之风盛行,但是反映于知识界,崇奢的主张影响却不是很广,陆楫、叶权、郭子章、王士性等南方士人的观点可为代表。作为北方士人的代表,于氏的观点有他自己的独到之见,值得重视,大致可从以下三个方面见之。

第一,于慎行主张通过公家的"贸易"、"营为",来促进社会游闲人员的就业,实现社会财富的再分配,认为禁奢反而不利于小民生计。他说:

> 公家有所贸易,一倍常费数倍,有所营为,数倍止得一倍,此势所必至也。然在朝廷之体,亦自有不必察察者,何也? 四民之外,有一等游食之徒,仰给公家,而民间贸易,亦有一等靠公家之利以自食,此如蚤虱蚊蛀,

---

① 顾炎武:《天下郡国利病书》不分卷《凤宁徽·歙志·风土论》,《四部丛刊三编》第142册,上海商务印书馆1935年版。

② 于慎行著,黄恩彤参订,李念孔等点校:《读史漫录》卷九《唐宪宗至僖昭》,齐鲁书社1996年版,第331页。

③ 于慎行著,黄恩彤参订,李念孔等点校:《读史漫录》卷三《西汉》,齐鲁书社1996年版,第51页。

④ 于慎行撰,吕景琳点校:《谷山笔麈》卷三《恩泽》,王琦撰,张德信点校;于慎行撰,吕景琳点校:《寓圃杂记 谷山笔麈》,中华书局1984年版,第26页。

⑤ 萧大亨:《大明资政大夫太子少保礼部尚书兼东阁大学士赠太子太保谥文定于公元配诰封淑人秦氏合葬墓志铭》,转引自政协平阴县委员会、济南平阴于慎行研究会编:《济南平阴于慎行研究会论文与资料汇编》,2014年,第10页。

在豚蹄曲裸之间，不可驱逐，在朝廷视之，皆赤子也。取百姓之脂膏，以养无所聊赖之徒，亦人得人失之类尔。如今京师土旷人稀，一城之中，两县编民，百无一二，非禁旅军匠，受廪于官，即江南游贾，居货于市，皆仰公家之利者也。设使造作贸易，一如民间，此等游闲之徒，益无所赖，而都城之人迹稀矣。庙堂论事，当知大体，与有司法吏不同；若以刀锥之巧，锱铢之算，而参于宗社之谟，不其渺哉！①

贺裳在《史折》中专列《游民》一条，针对于氏此说加以反驳，大意认为"国家财力，大都出自民间，非供之田亩，即税之舟车"，于氏"第见帑藏羡溢，可充縻费"，而以其所得一掷而供游食之徒耗蠹，"且其人获利而不知感，漏网而不知戒，一时举行，后即指为定例；一事得计，他事复思作奸"。万一遭遇水旱和战争，朝廷有所征派，一定会造成刑罚日繁、盗贼蜂起的局面。因此，贺氏认为游食之徒与"疾病孤婺"者有别，"为民上者"不当"听其耗国"，而须加以禁止。②

贺裳此论，充满着对游食之徒的偏见，完全是崇本抑末论的腔调。他称于慎行"生太平之时，践清华之职。……少即上第，未经胥吏之追呼，……习闻'丰享豫大'之说"诚是，至于说他"家本素封，……不见司农之仰屋"则非。③贺氏不知，于慎行之父以廉吏终生，家徒四壁，子女不免于饥寒，使慎行至有"廉吏安可为乎"④之叹。于慎行洞晓明廷的财政危机，其《送郡理周侯上民部郎叙》一文，正是深知户部"区区守藏之余，握算斗斛间尔"的尴尬处境的。于氏所说的游食之徒包括禁旅军匠和江南游贾，他以"赤子"视之，而贺裳概以"作奸犯科"者斥之，真非通论。于慎行的言论，诚然也带着他个人生平经历的色彩，但更是他所处的晚明时代的回响。贺裳身经明清鼎革，他作《史折》时，社会百废待兴，康雍乾盛世还未真正到来，宜乎其见不及此。

---

① 于慎行著，黄恩彤参订，李念孔等点校：《读史漫录》卷十一《宋艺祖至英宗》，齐鲁书社1996年版，第399—400页。

② 贺裳：《史折》卷下《游民》，《四库全书存目丛书》史部第291册，齐鲁书社1997年版，第143页。

③ 贺裳：《史折》卷下《游民》，《四库全书存目丛书》史部第291册，齐鲁书社1997年版，第143页。

④ 于慎行：《谷城山馆文集》卷二十四《亡弟稚川茂才墓志铭》，《四库全书存目丛书》集部第147册，齐鲁书社1997年版，第721页。

第二,于慎行认为通过鼓励消费,特别是在京城形成繁荣的局面,以壮国容是必需的。他的关注对象主要是大小商贾和达官贵人。于氏在《谷山笔麈》卷三《国体》中记载其于礼部尚书任内,更改衙门作息时间,而直接影响市肆的营业,使其不得不恢复如初,也正为的是要保持国门的"丰豫之景":

> 大明门前府部对列,棋盘天街百货云集,乃向离之景也。往时五部升堂,或至午刻,予在南宫,自恐废时失事,且示急缓,令以巳时升堂,颇觉严肃。数日后,偶求一书,向部门书肆觅之,则以堂事早毕,投文人散,书肆随之而撤。予因悔曰:"误矣。"五部在天街之左,天下士民工贾各以牒至,候谒未出,则不免盘桓天街,有所贸易,故常竟日喧嚣,归市不绝。若使俱以巳刻完事,候者皆散,市肆无所交易,亦皆早撤,则日中之景反觉寥阔,非国门丰豫之景矣。因叹前人举事皆有深思,正不可以一时意见妄为更移。且部堂之政,乃朝廷大体所关,与有司法守不同,亦不必慕勤敏之名,失博大之体也。因令所司,投牒升堂一如故事云。①

于氏曾说过"大抵都辇之下,必资富商大贾以为膏腴,平时文物华靡,可饰太平"②,他深知京城繁盛局面的维系有赖于商贾尤其是富商大贾的经营和消费。

对于作为重要的消费群体的达官贵人,于慎行也有自己的看法。他感慨本朝达官贵人的消费能力严重不足。他注意到明代将相大臣的禄赐、居处不及前朝。"勋臣世爵,往颇繁华,近日窘迫已极,惟亲藩、中贵犹觉华侈,文臣位至极品,一措大居耳,寓居都市,下同齐民,元辅之居,不容旋马,其他可知。"他说"此于士风甚雅,于国容则未备也"。③ 于慎行认为达官贵人为一国观瞻所系,应当对其消费方向加以积极的引导。他指出"宫禁,朝廷之容,自当以壮丽示威,不必慕雅素之名,削去文采,以褻临下之体",因此批评近日都城"衣服器用不尚髹添(按:"添"当系"漆"之误。)",多仿吴中风气,而以雅素

---

① 于慎行撰,吕景琳点校:《谷山笔麈》卷三《国体》,王琦撰,张德信点校;于慎行撰,吕景琳点校:《寓圃杂记 谷山笔麈》,中华书局1984年版,第30页。
② 于慎行著,黄恩彤参订,李念孔等点校:《读史漫录》卷八《唐玄宗至宪宗》,齐鲁书社1996年版,第272页。
③ 于慎行撰,吕景琳点校:《谷山笔麈》卷三《国体》,王琦撰,张德信点校;于慎行撰,吕景琳点校:《寓圃杂记 谷山笔麈》,中华书局1984年版,第29页。

相高,认为"贵官达人,衣冠舆服,上备国容,下明官守,所谓昭其声名文物以为轨仪",与山林之士自有区别,如果"下从田野之风,曲附林皋之致",就不是盛时景象了。①

于慎行的这种观点与一般士人不同,是他作为朝廷重臣和礼学家的特殊视角的反映。维持国容,造成太平之象,既反映出于氏对稍瞬即逝的盛世景象的无比留恋和试图加以挽留的努力,也表明他在礼崩乐坏、文化下移的时代,希望通过达官贵人对国体的必要的讲究和坚持,来改造有所移易的风俗,维护已经松动的礼制,而这风俗和礼制正是在明中叶后兴起的僭礼逾制的奢靡之风中改变的。这不能不说是于氏思想矛盾的地方。

第三,于慎行主张通过适当的休闲游乐,使上至官僚集团,下至普通民众得以培养元气,形成生机盎然的局面。他以元宵节假为例,认为这是"唐人赐脯之遗意"。他说"一张一弛,文武之道,人臣奉官修职,夙夜在公,而以一日之逸,偿十日之劳,圣人不费焉"。他称赞明成祖"遇元宵令节,百官休沐十日,饮食快乐"。而"近年以来,上以文法束吏,下以刻核取名,今日禁宴会,明日禁游乐,使阙廷之下,萧然愁苦,无雍容之象,而官之怠于其职,固自若也"。他形象地打比方:"辟之天道,有煦妪和熙之气游于两间,而后万物发生,百昌皆遂,必使懔慄迫惨,无乐生之心,此近于秋冬敛藏之气矣,岂所以调六气之和,养熙皞之福哉!"②于氏认为适当的休闲游乐,犹如煦妪和熙之气,能使人的精神生活和审美情趣得到进一步的提升,使身心获得更为全面健康的发展。

对于郡邑之间大小官吏以"苛刻为能,朘削元元以观炫",致使民众连基本的走亲访友、弦歌、群戏的休闲游乐都被剥夺,造成民间凋敝、"乐生之气萧然"的局面,于慎行认为是重伤邦本,足以为"元气之忧"的,他痛斥官吏见不及此。③

于慎行的观点既有他服膺黄老之学、厌弃刑名法家的思想的影子,更是晚

① 于慎行撰,吕景琳点校:《谷山笔麈》卷三《国体》,王琦撰,张德信点校;于慎行撰,吕景琳点校:《寓圃杂记 谷山笔麈》,中华书局1984年版,第29页。
② 于慎行撰,吕景琳点校:《谷山笔麈》卷三《恩泽》,王琦撰,张德信点校;于慎行撰,吕景琳点校:《寓圃杂记 谷山笔麈》,中华书局1984年版,第27—28页。
③ 于慎行著,黄恩彤参订,李念孔等点校:《读史漫录》卷三《西汉》,齐鲁书社1996年版,第87页。

明社会发达的休闲文化的反映,其背后是以经济的极大繁荣和传统生活方式的改变做支撑的。

此外,在赋役、漕运、水利、驿传、盐法、马政、货币、物价、土地制度、农业政策等多个经济领域,于慎行都展开了积极深入的探讨,评论其得失利弊,充分显示出其不凡的识见和才器。而其中他对于一条鞭法的特为详载,尤具卓识。

第三节　于慎行的民族思想

终于慎行一生,他与少数民族的交往有着特殊的缘分。他三岁至八岁期间,因为父亲于玭先后担任陕西静宁州(今甘肃省静宁县、庄浪县)知州、平凉府(今甘肃、宁夏境内)同知的缘故,在"满城胡羯"[1]的边地度过了他的幼年时代。入仕后,于慎行更在主管"封贡之典"的礼部担任侍郎、尚书职务五年有余,直接参与众多重大民族事务的处理和民族政策的制定。其后又入阁,是当时"八蛮九狄老知闻"[2]的重要人物,有着"任重华夷系"[3]的美誉。于氏门下客方问孝在《塞上即事怀于宗伯》中说:"北地防胡寇,东山忆宰臣。……谁怜谷城梦,夜夜逐边尘。"[4]边疆一直是于氏魂牵梦萦的所在,他的满腹心事,方问孝是知之深切的。于慎行对民族问题多所论述,《万历野获编》《涌幢小品》《西园闻见录》《国榷》《玉光剑气集》《史折》等各类典籍均有所援引。

一、"华夷之辨"的历史反思

"华夷之辨"是儒家传统思想中一种强调汉民族与其他民族之间的区别、

---

① 于慎思:《庞眉生集》卷十六《满江红》,《四库全书存目丛书》集部第 148 册,齐鲁书社 1997 年版,第 424 页。

② 汤宾尹:《睡庵稿》诗集卷五《寿于宗伯》,《四库禁毁书丛刊》集部第 63 册,北京出版社 1997 年版,第 443 页。

③ 方弘静:《素园存稿》卷七《大宗伯谷峰于公六袠寿章》,《四库全书存目丛书》集部第 121 册,齐鲁书社 1997 年版,第 123 页。

④ 方问孝:《苍耳斋诗集》卷十一《塞上即事怀于宗伯》,《四库全书存目丛书》集部第 157 册,齐鲁书社 1997 年版,第 686 页。

突出汉民族及其政权的尊崇地位而轻视其他民族的观念。进入明代后期,由于"华夷间的界限从理论上被打破"和"以'中国'为中心的天下一体的格局遭到质疑"①,传统的"华夷之辨"已受到挑战,在此大背景下,与叶向高、瞿式穀等人在西方地理新知识的冲击下实现华夷思想的转变不同,于慎行主要是从历史的角度,进行了深刻的反思,提出了他的新认识。当然,他本人对于域外史地的了解在同时士人中也是不多见的。② 瞿林东先生认为"明代中叶以后,尽管由于现实中蒙汉民族矛盾激化而导致严辨华夷的呼声不断高涨,然而也有一些汉族士大夫能够冷静地看待历史上的各族皇朝,主张平和地对待民族关系"③,于慎行即为其中的代表人物。

(一)对"夷狄"的赞美

于慎行通悉古今,他客观地审视"夷狄"及其统治,从良风美俗和政治事功两个方面对其大加肯定和赞美。

于慎行每每将"夷狄"与中土士人两相观照,如他说:"夷狄中往往有忠义之性,如汉之金日磾,唐之执失思力、契苾何力是也。……可谓有士人之风矣"④,"夷狄之君,而有夷、齐之让,亦一奇也"⑤。这些尚是从汉民族本位出发的评价。可是,于氏身处的晚明时代,风俗人情大变,他眼中的世界是一幅道德沦丧、风气浇薄的图景。出于对明王朝的世俗薄恶的深深失望,于慎行怀有深重的道德沉沦感,只有将视线投向作为文明后进的"夷狄"时,他才时时得到道德的慰藉。于氏在由衷赞美"夷狄"的同时,难掩心中的失望,而鞭挞中华士类的丑行,这样的言论尤其让人印象深刻。如说:

---

① 张显清、林金树主编:《明代政治史》,广西师范大学出版社 2003 年版,第 1113 页。

② 张显清、林金树主编:《明代政治史》对于慎行在这一方面的思想有精到论述,本书有所参考。参见张显清、林金树主编:《明代政治史》,广西师范大学出版社 2003 年版,第 1116—1117 页。

③ 瞿林东主编,罗炳良、江湄、徐国利、刘治立著:《中国古代历史理论》下卷,时代出版传媒股份有限公司、安徽人民出版社 2011 年版,第 237 页。

④ 于慎行著,黄恩彤参订,李念孔等点校:《读史漫录》卷七《唐高宗至玄宗》,齐鲁书社 1996 年版,第 212 页。

⑤ 于慎行著,黄恩彤参订,李念孔等点校:《读史漫录》卷八《唐玄宗至宪宗》,齐鲁书社 1996 年版,第 282 页。

　　要之胡人性直,可使效死,易结以恩。……其忠诚尽力,士人不及也。①

　　(段匹磾)一志效节,之死靡悔。……中国士人,有失身事二姓者,不当愧死邪!②

　　夷人之性,鲠直劲特,有中土士人所不及者。③

　　夷狄之豪,不惟忠勇过人,且有识略如此,中华士类不及者多矣!④

　　虏俗淳朴,尚亲重年,有中国所不及者。……夫夷狄之有亲,可为中国愧矣。⑤

于慎行以"至性"⑥评价"夷狄"的性格品质,表彰其中的君主、豪杰,对其"忠诚尽力"、"一志效节"、"鲠直劲特"、"忠勇过人"等特点赞不绝口,又高度赞美其风俗,而认为"中国"士人不惟不及,且可"愧死",语气是很强烈的。

于慎行分析其中原因道:

　　夫效死之节,不见于士夫,而见于夷狄,不出于侯甸,而出于遐荒,其故何也? 大抵都会繁华之地,渐梁浇靡,驰逐声利,忠义之志消,而激奋之气微。至于遐方远徼,风气淳庞,未尝染俗骛华,有所移易,故骁健之材,忠贞之志,往往有中土士人所不能及者,其居使之然也。⑦

在于氏看来,生活环境的差异,使得"遐方远徼,风气淳庞",而都会繁华之地,由于"染俗骛华,有所移易",转有不及。作为中土士人,于慎行在"夷狄"身上

---

① 于慎行著,黄恩彤参订,李念孔等点校:《读史漫录》卷三《西汉》,齐鲁书社 1996 年版,第 64 页。

② 于慎行著,黄恩彤参订,李念孔等点校:《读史漫录》卷六《六朝南北》,齐鲁书社 1996 年版,第 160—161 页。

③ 于慎行著,黄恩彤参订,李念孔等点校:《读史漫录》卷六《六朝南北》,齐鲁书社 1996 年版,第 169 页。

④ 于慎行著,黄恩彤参订,李念孔等点校:《读史漫录》卷七《唐高宗至玄宗》,齐鲁书社 1996 年版,第 225 页。

⑤ 于慎行著,黄恩彤参订,李念孔等点校:《读史漫录》卷十四《辽金元》,齐鲁书社 1996 年版,第 492—493 页。

⑥ 于慎行著,黄恩彤参订,李念孔等点校:《读史漫录》卷六《六朝南北》,齐鲁书社 1996 年版,第 188 页。

⑦ 于慎行著,黄恩彤参订,李念孔等点校:《读史漫录》卷六《六朝南北》,齐鲁书社 1996 年版,第 160 页。

看到了颓风复振、道德复兴的希望,因此他由衷地喊出"天理民彝,不以华夷有间也"①,向"夷狄"的良风美俗表示了高度的敬意。顾炎武《日知录》卷二十九《外国风俗》开首即云:"历九州之风俗,考前代之史书,中国之不如夷狄者有之矣。"②于氏的观点可能为其所本。

于慎行对于历史上一些少数民族政权的贤明君主如北魏孝文帝、金世宗、元世祖等人的政治事功进行了积极的评价。如称:

> (北魏)孝文……庀政修刑,制礼考宪,声明文物,焕若可观。仁厚似汉文,而修之以儒术;好古似汉明,而加之以英武,盖不止用夏变夷,且有志三代之盛者矣!岂非后世令主哉?③

> 金世宗雍,虏主之令主也。……确有古帝王风,非椎结中所有也。④

> 元世祖起自北荒,雄略盖世,……帝王之略,唐宗宋祖,当拜下尘,况辽金之初乎!宜其混一函夏,功高万古也。⑤

于氏认为上述诸人的文治武功,取得了杰出的成就,与汉民族历史上的一些贤明君主相比,毫不逊色,因而高度推许。

在少数民族建立的王朝中,于慎行显然对被明朝所取代的元朝最感兴趣。他一再称赞"元人用兵,最有方略"⑥,"最有法度"⑦。由于认识到相较于元朝的辽阔疆域,中原其实不过是"一隅"⑧之地,因此对于元王朝开疆拓土、巩固

---

① 于慎行著,黄恩彤参订,李念孔等点校:《读史漫录》卷十四《辽金元》,齐鲁书社 1996 年版,第 493 页。

② 顾炎武著,黄汝成集释,栾保群、吕宗力校点:《日知录集释》(全校本)卷二十九《夷狄》,上海世纪出版股份有限公司、上海古籍出版社 2006 年版,第 1652 页。

③ 于慎行著,黄恩彤参订,李念孔等点校:《读史漫录》卷六《六朝南北》,齐鲁书社 1996 年版,第 178—179 页。

④ 于慎行著,黄恩彤参订,李念孔等点校:《读史漫录》卷十四《辽金元》,齐鲁书社 1996 年版,第 494 页。

⑤ 于慎行著,黄恩彤参订,李念孔等点校:《读史漫录》卷十四《辽金元》,齐鲁书社 1996 年版,第 503 页。

⑥ 于慎行著,黄恩彤参订,李念孔等点校:《读史漫录》卷十三《宋高宗至帝昺》,齐鲁书社 1996 年版,第 484 页。

⑦ 于慎行著,黄恩彤参订,李念孔等点校:《读史漫录》卷十四《辽金元》,齐鲁书社 1996 年版,第 496 页。

⑧ 于慎行撰,吕景琳点校:《谷山笔麈》卷十八《夷考》,王琦撰,张德信点校;于慎行撰,吕景琳点校:《寓圃杂记 谷山笔麈》,中华书局 1984 年版,第 212 页。

多民族国家所作的努力，于氏深致仰慕之情。他说："自古帝王威力之盛，幅员之广，无过于元世祖者。其地北穷沙漠，西尽蒲海，占城、琉球，开荒入贡，云南大理，尽入版图，五帝所不能兼，三王所不能并也。"①"非胡元之混一，则昆仑星宿，将如海上三山，目为荒唐之说矣。"②"而混一华夷，方制垓宇，……自五帝三王，土宇之广，不能及其二三也。"③于氏认为，从历史的角度看，元王朝的统治，不仅其合理性无庸置疑，而且其取得的超迈往代的政治业绩更是值得大加赞美的。

于慎行的广大视野，乃从历史中来，这使得他的评价能够尽可能少地掺杂政治和个人感情色彩而趋于客观。他对于"夷狄"的礼赞，事实上突破了狭隘的汉族本位思想，认为"夷狄"在各个方面都有其可歌可颂甚至优于汉民族的地方，不啻是他所处时代所发出的民族思想最强音。

（二）对"以夏变夷"的反思

传统"以夏变夷"的思想认为华夏文明居于先进之地，不断辐射，使原先落后野蛮的"夷狄"逐渐向文明社会过渡，最后两者之间的差别泯灭，"夷狄"乃转化成华夏的一部分。于慎行历观古今华夏、"夷狄"成败，却提出了自己的新见解。他反复说：

> 虏所以能胜中国者，以其法简易，所得卤获，因以予之，得人以为奴婢，故其战人人自为趣利。④

> 夷之所以能胜中国者，徒以其质朴、武健，不好文饰而已。若使解其弓剑，而习为礼文，则三尺之童可以牴角。⑤

---

① 于慎行著，黄恩彤参订，李念孔等点校：《读史漫录》卷十四《辽金元》，齐鲁书社 1996 年版，第 497 页。

② 于慎行著，黄恩彤参订，李念孔等点校：《读史漫录》卷十四《辽金元》，齐鲁书社 1996 年版，第 497 页。

③ 于慎行著，黄恩彤参订，李念孔等点校：《读史漫录》卷十四《辽金元》，齐鲁书社 1996 年版，第 514 页。

④ 于慎行著，黄恩彤参订，李念孔等点校：《读史漫录》卷三《西汉》，齐鲁书社 1996 年版，第 68 页。

⑤ 于慎行著，黄恩彤参订，李念孔等点校：《读史漫录》卷六《六朝南北》，齐鲁书社 1996 年版，第 179 页。

于氏认为"中国之于夷狄,长技不同,情势亦异"①,将"夷狄"战胜中国的因素归结为"其法简易,……故其战人人自为趣利"和"质朴、武健,不好文饰"等因素。之后,顾炎武在《日知录》中亦称:"然则戎狄之能胜于中国者,惟其简易而已,若舍其所长而效人之短,吾见其立弊也。"②

于慎行总结回纥衰败和辽灭于金、金灭于元的历史,指出:

> 夷狄慕效中国,即衰兆也。回纥有国之初,风俗朴厚,骁健无敌。及登里可汗受唐赐遗,始筑宫殿以居,妇人有粉黛文绣之饰,中国为之虚耗,而虏俗亦衰,寝弱之势成矣!……然则虏人有宫室甘饮食,与中国无异,即易与耳。③

> 契丹、金、元,皆北夷之强种,其长技非弗同也。然以辽之强,而为金所并,以金之强,而为元所灭,易于拉朽,捷于破竹,岂盛衰之际,强弱顿殊哉。夷人一入中国,习染日久,饮食起居,服饰嗜好,胥变而为华,则往往骄脆安逸,不堪劳苦,而与中国同技矣。以当方张之虏,强弱之形,不待兵交而决也。故夷而慕中国,败之道也。④

于氏认为"夷狄"学习"中国"文明后,习染日久,便会变得与"中国"同风,脆弱不堪,是败亡之道,因而批评"浅见之士,哓哓然以啖虏为失计"⑤,其实是迂腐之见。这一观点,事实上不再认为内地文明在抵御"夷狄"进攻方面具有多少优势,无疑是对华夏中心观者的当头棒喝。张显清、林金树先生主编《明代政治史》因此指出:"他的这一观点否定了中国文明的先进性,并将其列为'败之道',虽嫌严重,但却是深刻和不同凡响的。"⑥

---

① 于慎行著,黄恩彤参订,李念孔等点校:《读史漫录》卷六《六朝南北》,齐鲁书社1996年版,第179页。

② 顾炎武著,黄汝成集释,栾保群、吕宗力校点:《日知录集释》(全校本)卷二十九《夷狄》,上海世纪出版股份有限公司、上海古籍出版社2006年版,第1654页。

③ 于慎行著,黄恩彤参订,李念孔等点校:《读史漫录》卷八《唐玄宗至宪宗》,齐鲁书社1996年版,第271页。

④ 于慎行著,黄恩彤参订,李念孔等点校:《读史漫录》卷十四《辽金元》,齐鲁书社1996年版,第491—492页。

⑤ 于慎行著,黄恩彤参订,李念孔等点校:《读史漫录》卷八《唐玄宗至宪宗》,齐鲁书社1996年版,第271页。

⑥ 张显清、林金树主编:《明代政治史》,广西师范大学出版社2003年版,第1117页。

基于上述民族史观,于慎行对于传统"进夷狄"的思想实际上已不再坚持,他感慨"夷狄"是名副其实的"天之骄子",在比较两宋与金、元亡国的不同结局后,面对残酷的历史,不免要发出"夷狄天之骄子,即败亡之祸,亦未若中国之甚也。……天道茫茫,何其右夷而左夏如此乎"①的长叹。

二、民族交往的现实对策

因应错综复杂的时代形势,于慎行出入古今,提出了完整的民族交往的现实对策,其中多深中肯綮之论。

(一)以礼为本、惟恩惟信的民族交往原则

于慎行认为"国家制御四夷自有正体,封贡之典,职在礼官"②。他不仅曾执掌礼部,而且"明习典制,诸大礼多所裁定"③。在亲身参与处理民族事务和制定民族政策时,于氏也处处贯彻着其以礼为本的思想,这是他与同时代的政治家、学者的一个明显的区别。

于慎行首先强调"名言之间,礼分所寓"④。对于明朝的国体之尊,作为体国大臣,他时时感到自豪,华夏中心主义倾向溢于言表。如说:

> 三代以下,国体之尊,莫有过我朝者。如汉、唐盛时,与匈奴、乌孙犹称甥舅之礼,宋之全盛,与契丹为兄弟之国。此其最尊时也。本朝控制四夷,皆为臣妾,北虏之裔,厥角受赏,即其君长,不敢与边臣抗违,其他西域诸夷,自称奴婢,视甥舅兄弟之国,何啻霄壤?⑤

因此,在民族交往中,正名定分,尊严国体,以维持天下一体的秩序,在于氏看来,就具有首要的意义。

以下记载于《谷山笔麈》中的一个事件典型地代表了于慎行的观点。万

---

① 于慎行著,黄恩彤参订,李念孔等点校:《读史漫录》卷十四《辽金元》,齐鲁书社 1996 年版,第 492 页。

② 于慎行撰,吕景琳点校:《谷山笔麈》卷十一《筹边》,王琦撰,张德信点校;于慎行撰,吕景琳点校:《寓圃杂记 谷山笔麈》,中华书局 1984 年版,第 123 页。

③ 张廷玉等:《明史》卷二百七十七《于慎行传》,中华书局 1974 年版,第 5739 页。

④ 于慎行撰,吕景琳点校:《谷山笔麈》卷十三《称谓》,王琦撰,张德信点校;于慎行撰,吕景琳点校:《寓圃杂记 谷山笔麈》,中华书局 1984 年版,第 148—149 页。

⑤ 于慎行撰,吕景琳点校:《谷山笔麈》卷三《国体》,王琦撰,张德信点校;于慎行撰,吕景琳点校:《寓圃杂记 谷山笔麈》,中华书局 1984 年版,第 32 页。

历十九年(1591),蒙古火罗赤部落占据捏工、莽喇二川,侵扰河、湟。明廷内部分成主和、主战两派,意见不一,乃下九卿集议。时任礼部尚书的于慎行这样表明其立场:

> 惟是礼官所司在正名义。今将章奏文移中议更数字,国朝体统极尊,远过前代,况此等小夷,鞭笞可使,如许其纳款,请无曰"和",以"抚"字代之,如许用兵追讨,请无曰"战",以"剿"字代之。王者之师,有征无战,"战"字且不可轻下,况招纳犬羊就我豢哺,安得以"和"字为言?二字失体,请速更之。

结果"诸公相视而笑。自是奏疏中亦稍有改政者矣"。① 可见于氏的强调"正名义"、重国体的礼本思想对于明朝处理民族事务曾经产生过一定的影响。

于慎行认为在与边族的交往中,名器关乎国体,甚至与安危治乱密不可分,因此不可以轻授。这从他论古今事可以见之:如他论汉宣帝时,单于呼韩邪来朝,萧望之请待以不臣之礼,认为"后世当以为法。……待之以不臣,即使渝盟干纪,于国体无损,……若使一正君臣之名,则大分已定,不可复渝。万一不廷,其名为叛,纵而不讨,则国威有损,法纪不存。讨而不服,则兵连祸结,构难无已",竟然是"安危治乱之一机"了,②这的确是一般士人所不曾深究的。又如对万历二年(1574),朝廷加海西女真哈达部领袖王台"龙虎将军"称号,于慎行认为"蛮夷之长,即俨然称公卿,殊亵朝廷之体,而彼又不知为何官也,龙虎将军者,公卿无此官,以号蛮夷,彼以其名壮,必甚自喜,而与名器无损"③。在与边族的交往中,将名器的重要性上升到如此高度,反映出于氏试图对礼崩乐坏、朝政不纲的局面有所改变的努力,也表明其礼本思想中不可避免地包含着较为浓厚的华夏中心主义的观念。

作为"万历三大征"之一的御倭援朝战争是于慎行晚年着墨最多的事

---

① 于慎行撰,吕景琳点校:《谷山笔麈》卷十一《筹边》,王琦撰,张德信点校;于慎行撰,吕景琳点校:《寓圃杂记 谷山笔麈》,中华书局1984年版,第122页。

② 于慎行著,黄恩彤参订,李念孔等点校:《读史漫录》卷三《西汉》,齐鲁书社1996年版,第82页。

③ 于慎行撰,吕景琳点校:《谷山笔麈》卷十一《筹边》,王琦撰,张德信点校;于慎行撰,吕景琳点校:《寓圃杂记 谷山笔麈》,中华书局1984年版,第121页。

件。对于主事者兵部尚书石星,他痛加指责,甚至在诗中直斥"叹息愚痴石司马,枉将七尺殉和戎"①。究其主要原因在于于慎行认为当时礼部大臣推诿责任,而石星以兵部尚书越俎代庖,私下答应日本提出的和亲条件。他批评:"本朝国体之尊、国法之正,三代以下无与为比,而欲以汉、唐之辱典施于海岛之小夷,宜举国唾骂,恨不食余。"②在于氏看来,石星之败,即在于不顾事机,称引失体,欲以汉、唐和亲的辱典施于日本,而这是不可原谅的辱国大罪。

但是,民族事务经纬万端,而礼毕竟具有相对的独立性和滞后性,执一而论,势必会扞格难通。于慎行虽有时难免有自大之嫌,却不因此而盲目,他反对胶柱而谈,而赋予礼以与时俱进、因地制宜的品格。如万历四年(1575),"夏四月,吐鲁番贡千里马",当时礼部尚书以部檄却之,不为上奏,时以为得体,于慎行大不以为然,主张"越裳之义,厚往以柔之,而以马实边,示不宝"。③认为"此与朝廷之体无损,而事又两益"④,而当事者以汉文帝却马事为比,失之迂腐。他又主张朝廷对于"政所不及"的边远民族,不应干预其内政,"惟当计其顺逆之迹,不必究其授受之由",这才是"中国"之体。⑤ 因此,在涉及具体民族事务时,于氏的礼本思想就具有很大的包容性和灵活性,在在体现出其通时达变的一面。

其次,于慎行注意到"中国"和少数民族的最大不同在于能行"声教",讲求"纪纲",这是"中国"最可宝贵的地方。对于"夷狄",他主张要惟恩惟信,推诚相与。

于慎行回顾历史,赞扬西汉名将赵充国能对降羌饮食款待,推诚相与,而

---

① 于慎行:《谷城山馆诗集》卷十五《闻里中健儿归自朝鲜,述军中事,有感》,《山东文献集成》第 3 辑第 25 册,山东大学出版社 2009 年版,第 624 页。

② 于慎行撰,吕景琳点校:《谷山笔麈》卷十八《夷考》,王琦撰,张德信点校;于慎行撰,吕景琳点校:《寓圃杂记 谷山笔麈》,中华书局 1984 年版,第 209 页。

③ 邢侗编纂,阮自华撰述:《东阿于文定公年谱》卷一,《山东文献集成》第 1 辑第 10 册,山东大学出版社 2006 年版,第 622 页。

④ 于慎行撰,吕景琳点校:《谷山笔麈》卷三《国体》,王琦撰,张德信点校;于慎行撰,吕景琳点校:《寓圃杂记 谷山笔麈》,中华书局 1984 年版,第 32 页。

⑤ 于慎行著,黄恩彤参订,李念孔等点校:《读史漫录》卷十一《宋艺祖至英宗》,齐鲁书社 1996 年版,第 393 页。

非"便文自营",从而保边塞平安,以为后世可法。① 对于唐朝广州都督路元睿放任僚属侵犯胡商的正当利益,又欲系治胡商,结果招致不逞之变,则提出严厉的批评。他说:"中国之御夷狄,惟恩惟信,可以伸威,平时吏士侵渔,上不能禁,使其积忿在心,卒有不逞,所损多矣!"②于氏的言论主要是从朝廷政体的角度而发,但也包含着对弱小民族的深切同情。

于慎行晚年回忆万历十二(1584)年磔杀岳凤事说:

> 万历甲申,云南擒岳凤等九人以献,许以不死。及入京师,政府于射堂面鞫,劳以花币,曰:"且有爵赏。"明日,午门受俘,戮于西市。予以为此非体也。……盖中国制御四夷,全在恩信,不信则失恩,失恩则伤体,降而杀之,非示恩也,许而背之,非示信也,堂堂天朝,不能以兵力取胜,诱降小夷,致而杀之,不但失恩、失信,亦损威甚矣。军中机宜或用权谲,朝中政体则贵正大,不然则非体也。③

岳凤之乱,"伤残数郡,白骨青磷"④,固然于明朝为害非浅,但于慎行对于明朝出尔反尔、言而无信的做法深为不满,认为朝中政体贵在正大,与战争用权谲不同,"不信则失恩,失恩则伤体",最后破坏的是朝廷的纪纲,这正是于氏所痛心疾首的地方。谈迁在《国榷》中也援引了于氏的言论。

(二)和平共处、有效防范的民族政策

于慎行是一个强烈的和平主义者,他肯定各民族的生存权,主张和平共处,反对简单地以诉诸武力来解决民族纠纷。如他论及汉、唐对待羌族的民族政策时说:

> 汉末诸羌作乱,叛服无常,段颎、张奂在事,意见不同,颎以为狼子野心,难以恩结,势穷虽服,兵去复动,欲一烦师徒,尽灭其种。奂以为羌一

---

① 于慎行著,黄恩彤参订,李念孔等点校:《读史漫录》卷三《西汉》,齐鲁书社1996年版,第78页。

② 于慎行著,黄恩彤参订,李念孔等点校:《读史漫录》卷七《唐高宗至玄宗》,齐鲁书社1996年版,第219页。

③ 于慎行撰,吕景琳点校:《谷山笔麈》卷十一《筹边》,王琦撰,张德信点校;于慎行撰,吕景琳点校:《寓圃杂记 谷山笔麈》,中华书局1984年版,第121—122页。

④ 谈迁著,张宗祥校点:《国榷》卷七十二《神宗万历十二年》,中华书局1958年版,第4487页。

气类,不可诛尽,山谷广大,不可空静,膏血污野,伤和致灾。诏书竟从颍
议。于是先平西羌,后平东羌,……其功可谓盛矣!虽然,屠灭过多,伤和
召灾,固所不免。二君之议,当以张奂为正。①

 (宋)太宗问李继捧曰:"汝在夏州,用何道制诸部?"对曰:"羌人鸷
悍,但羁縻而已,非能制也。"此虽漫应之语,其实制伏边夷之道,不出于
此,即班超告任尚之言也。多事之徒,为苛法以扰,即决裂而去矣。②

于氏对于少数民族具有深切的同情,认为其生存权是不可剥夺的,清醒地认识
到民族战争所导致的"屠灭过多,伤和召灾"的残酷局面,而主张以宽松的"羁
縻"政策为"制伏边夷之道",反对多事之徒在少数民族地区推行繁苛的中土
法制。针对上引"汉末诸羌作乱"条,贺裳在《史折》中专列《羌夷》一条加以
反驳,其中云:

 余向尝作《段颍论》曰:纳降者逸而易就,灭贼者劳而难成。然暂安
则有反复之虞,一劳永无复发之虑。……臣子不以贼遗君父,则颍之说是
也。呜呼!后世果有实心谋国之人,则颍、奂之是非亦不待辨矣。③

段颍的谬论竟然成了贺裳大肆赞扬的对象,可见其心中充斥着对少数民族的
仇视和偏见,相比于氏的观点,是严重的倒退。

 于慎行的时代,明王朝在与边族的交往中,虽仍维持着国体的尊严,但
已处于守势,不复有开疆拓土的实力和勇气。于氏的民族观点,在很大程度
上也是他所处时代的反映。一方面,于慎行也时时洋溢着"堂堂中华正
统"④的自豪感,批判南朝、南宋等偏安政权的投降行径,鞭斥汉奸丑类,态
度严正,爱憎分明,如他批评南宋初期君臣"愚呆无知"⑤,怒斥"(宋)高宗愚

---

① 于慎行著,黄恩彤参订,李念孔等点校:《读史漫录》卷四《东汉》,齐鲁书社 1996 年版,
第 123 页。

② 于慎行著,黄恩彤参订,李念孔等点校:《读史漫录》卷十一《宋艺祖至英宗》,齐鲁书社
1996 年版,第 380 页。

③ 贺裳:《史折》卷下《羌夷》,《四库全书存目丛书》史部第 291 册,齐鲁书社 1997 年版,第
117 页。

④ 于慎行著,黄恩彤参订,李念孔等点校:《读史漫录》卷十三《宋高宗至帝昺》,齐鲁书社
1996 年版,第 487 页。

⑤ 于慎行著,黄恩彤参订,李念孔等点校:《读史漫录》卷十三《宋高宗至帝昺》,齐鲁书社
1996 年版,第 465 页。

且无耻"①。另一方面,于慎行从他的和平主义出发,主张培养元气,"以守边为长策"②,反对穷兵黩武,轻开边衅,"要功生事于蛮夷"③。在他看来,不但贺令图、童贯等人的轻邀边祸是罪不容赦,即如自来史书所羡称的范明友的东击辽左,傅介子的西斩楼兰,乃至窦宪的燕然之捷,也仍然不免是"蠲锐之士"④的举措。

于慎行既有如此的见解,对于是和是战,就能结合具体的历史时空,辩证地加以看待。他论两宋时局说:

> 甚哉宋之愚也。敌来送死,则罢勤王之师,以和自误,及其讲解而去,又为必不可成之谋,以挑其衅。⑤

> 高、孝之朝,当战不当和,而为主和之臣所误。宁、理之世,当和不当战,而为主战之臣所误。……故虆宋者非金,灭宋者非元也。⑥

他认为宋朝之亡,完全是误听愚臣之言,当战却和,当和却战,贻误时机,铸成大错。这种观点,较之历来基于民族大义而简单以投降主义指斥宋朝的言论,无疑是来得更为深刻、也更为全面的。

从明朝的现实国情出发,于慎行主张"善为国者,务实其内,不务广其外"⑦。深慨于明朝文恬武嬉,武备松懈,偷安当前,于氏告诫"实备不修,而貌为镇静,危亡之道也",但也"忌张皇"。⑧ 他认为国家承平日久,忽有意外,最

---

① 于慎行著,黄恩彤参订,李念孔等点校:《读史漫录》卷十三《宋高宗至帝昺》,齐鲁书社1996年版,第474页。

② 于慎行著,黄恩彤参订,李念孔等点校:《读史漫录》卷三《西汉》,齐鲁书社1996年版,第79页。

③ 于慎行著,黄恩彤参订,李念孔等点校:《读史漫录》卷三《西汉》,齐鲁书社1996年版,第75页。

④ 于慎行著,黄恩彤参订,李念孔等点校:《读史漫录》卷三《西汉》,齐鲁书社1996年版,第75页。

⑤ 于慎行著,黄恩彤参订,李念孔等点校:《读史漫录》卷十三《宋高宗至帝昺》,齐鲁书社1996年版,第457页。

⑥ 于慎行著,黄恩彤参订,李念孔等点校:《读史漫录》卷十三《宋高宗至帝昺》,齐鲁书社1996年版,第483页。

⑦ 于慎行著,黄恩彤参订,李念孔等点校:《读史漫录》卷八《唐玄宗至宪宗》,齐鲁书社1996年版,第262页。

⑧ 于慎行著,黄恩彤参订,李念孔等点校:《读史漫录》卷十一《宋艺祖至英宗》,齐鲁书社1996年版,第413—414页。

要以从容不迫之姿,"外示闲暇,内修实备,与情形扰乱,备御空疏者,功相万也"①,即在和平时期,最要以从容不迫之姿,积极防御。他说:

> 中国之攻夷狄,能反其策而用之,外修和而内振武,则制胜之机在我,而虏入彀中矣。而自古夷狄猾夏,皆能以此愚中国,而中国反甘为所愚者,岂其智弗若哉?夷人气锐,一行其意而无所顾忌,中国士人狃于积习而夺于议论,苟且目前之计多,而坚持军国之画少也。②

于氏认为只有外修和平,内振武备,痛改积习,坚持军国之画,才有可能操制胜之机,这对于萎靡不振、醉生梦死的晚明士人,的确是沉痛已极的忠告。

在周边诸民族咄咄逼人的攻势面前,老大的明王朝显然已捉襟见肘,力不从心。从国家的现实利益出发,于慎行希望能找到防范之道,但是残酷的现实又使他不得不像同时代的士人一样,在言论中流露出对边族的极大不信任感,而这与他时常对其良风美俗的热情赞美又几乎判若两人。他一再告诫"夷狄之情,变诈百出,虽当服从,不可忘备"③,"戎狄之心,惟利是视"④,指出要制御"夷狄","固不可不待之以诚",然"尤不可不料之以智",⑤进行有效的防范,尤其是在双边进行通贡、互市和文化交流之时。他所关注的主要集中于人才流失、借兵边族和军国机密三个方面,可以充分见出其用心之良苦。

首先是人才流失问题。于慎行十分注重人才问题,自称"余生平颇好推毂布衣隐约之士"⑥,面对朝廷以科举取士、重文轻武的现状,对于在和平交往的时代如何避免各类人才流落边族,出现楚材晋用的局面,他显然忧心忡忡,一再提醒边族性拙,本身不足为虑,只有"中国人"教之,才成大患。他说:

---

① 于慎行著,黄恩彤参订,李念孔等点校:《读史漫录》卷十三《宋高宗至帝昺》,齐鲁书社1996年版,第481页。

② 于慎行著,黄恩彤参订,李念孔等点校:《读史漫录》卷十三《宋高宗至帝昺》,齐鲁书社1996年版,第463页。

③ 于慎行著,黄恩彤参订,李念孔等点校:《读史漫录》卷三《西汉》,齐鲁书社1996年版,第96页。

④ 于慎行著,黄恩彤参订,李念孔等点校:《读史漫录》卷十《五季》,齐鲁书社1996年版,第359页。

⑤ 于慎行著,黄恩彤参订,李念孔等点校:《读史漫录》卷十三《宋高宗至帝昺》,齐鲁书社1996年版,第470页。

⑥ 郭造卿:《海岳山房存稿》卷首于慎行《海岳山房存稿序》,明万历三十五年(1607)刻本。

胡人性拙,本无能为,惟有中国人教之,乃能为患,如中行说之流是
也。……可见草泽不羁之才,当收在朝廷,若使之流落不偶,为敌国所用,
其患有不可胜言者。①

自古夷狄之入中华,必有士人为之谋主,而后建国之模,有所缔创,汉
之中行、卫律,皆其人也。故游侠无籍之流,不可使阑出边关,为虏中向
导。在承平之世,尤所当谨。②

于慎行指出"草泽不羁之才"、"游侠无籍之流",最易在"华、夷混一"③之时因
流落不偶而阑出边关,为敌国所用,为其缔创建国之模,以与"中国"相抗,又
为其向导,入侵"中国"。

于慎行又告诫也要防范奸民、叛将投入敌中,为其出谋划策,而引导入侵:

外夷入寇,乃中国奸民之利也。……自古以来,夷狄猾夏,必有华人
教之,不但阑出边关,为之谋主,即夷入中国,亦有此一等人也。④

两国相攻,敌未必知吾虚实,必有骁将谋臣,投入敌中,为之向导,如
宋之刘整、吕文焕是也。⑤

终于慎行一生,人才流入边族的问题一直严重困扰着明朝政府。如蒙古俺答
汗主政时期,许多汉族兵民为其收留,其中"(赵)全多略善谋,(李)自馨谙文
字,周元治扁仓术,刘四有膂力,能攻坚"⑥,对明廷一度产生很大危害。因此
于氏主张:在积极方面,"朝廷用人之途,不可不广"⑦,应使人才得其所用,而

---

① 于慎行著,黄恩彤参订,李念孔等点校:《读史漫录》卷三《西汉》,齐鲁书社 1996 年版,
第 73 页。
② 于慎行著,黄恩彤参订,李念孔等点校:《读史漫录》卷十《五季》,齐鲁书社 1996 年版,
第 340 页。
③ 于慎行著,黄恩彤参订,李念孔等点校:《读史漫录》卷八《唐玄宗至宪宗》,齐鲁书社
1996 年版,第 285 页。
④ 于慎行著,黄恩彤参订,李念孔等点校:《读史漫录》卷十《五季》,齐鲁书社 1996 年版,
第 364 页。
⑤ 于慎行著,黄恩彤参订,李念孔等点校:《读史漫录》卷十三《宋高宗至帝昺》,齐鲁书社
1996 年版,第 484 页。
⑥ 瞿九思:《万历武功录》卷八《俺答列传下》,《四库禁毁书丛刊》史部第 36 册,北京出版
社 1997 年版,第 49 页。
⑦ 于慎行著,黄恩彤参订,李念孔等点校:《读史漫录》卷三《西汉》,齐鲁书社 1996 年版,
第 72—73 页。

不可使其流落不偶或叛变而投敌；而在消极方面，则"边关之禁，不可不严"，不可使人才轻易阑出边关，尤其是在"开关通好，混为一家"之时。①

其次是借兵边族问题。于慎行反对借兵边族，认为不仅于"中国"体势有损，而且边族趁势纵兵，志在侵渔，结果是得不偿失，为害极大。他论唐朝借回纥兵讨伐史朝义叛军一事，认为平叛功成，未必皆回纥兵"血战之力"，而其"纵兵大掠，所至一空，甚至折辱亲王，奴戮贵近"的危害，却有甚于叛军。他告诫说："夷人之狡，自古而然。战败攻瑕，利则侥厚，名为助顺，志在侵渔，中国之愚，为其所笑，后世有借夷裔之兵以靖边围者，不可以戒乎。"②

对于御倭援朝战争中有人主张借兵于播州僚人和暹罗，于慎行痛加批评：

后世觅穷海卉服于烟波万里之外，以平岛中之寇于臂指之间，此必中国空无人，而后可也。③

播酋（按：指杨应龙）不奉汉法，阻兵拒命，朝廷遣使即讯，数年不出，此何等情形也，乃欲调其甲士出入中土，窥见虚实，纵使有功，何以善后？此岂制播酋之方？④

于氏认为借兵一时，启乱无穷，善后实难。

再次是军国机密问题。于慎行反对闭关锁国，主张民族和好，交通往来，但他也认为"中国底里不可使外夷知之"⑤，因此这种交往必须加以有效的限制，而尤其需要注意做好军国机密工作。大到纳贡往返，小至地图、奏牍、邸报乃至铁锅、火药之类，无不成为于氏关注的对象。他说：

彼以纳贡为名，往返出入，或有密图山川，潜窥虚实，即平时贡夷，

犹不可不备，况当倭房内讧，兵出境上，而容其谍使入都，使之侦探，

---

① 于慎行著，黄恩彤参订，李念孔等点校：《读史漫录》卷八《唐玄宗至宪宗》，齐鲁书社1996年版，第285页。

② 于慎行著，黄恩彤参订，李念孔等点校：《读史漫录》卷八《唐玄宗至宪宗》，齐鲁书社1996年版，第261页。

③ 于慎行著，黄恩彤参订，李念孔等点校：《读史漫录》卷十一《宋艺祖至英宗》，齐鲁书社1996年版，第414页。

④ 于慎行撰，吕景琳点校：《谷山笔麈》卷十一《筹边》，王琦撰，张德信点校；于慎行撰，吕景琳点校：《寓圃杂记 谷山笔麈》，中华书局1984年版，第122—123页。

⑤ 于慎行撰，吕景琳点校：《谷山笔麈》卷十一《筹边》，王琦撰，张德信点校；于慎行撰，吕景琳点校：《寓圃杂记 谷山笔麈》，中华书局1984年版，第127页。

可谓至愚矣。①

近日亦有类此，如建言边事，常为倭寇设谋云：由某地可至某地，不可不防；由某城可至某城，不可不守。乃至形之奏牍，播之邸报，往往出敌人意料之所不及，可使闻之而悟者，岂非黄陂之已事乎。②

近日都下邸报有留中未下先已发抄者，边塞机宜有未经奏闻先已有传者，乃至公卿往来，权贵交际，各边都府日有报帖，此所当禁也。③

边关邻虏有所要求为甲弩之用者，不可轻与，北边铁锅、火药之类是也。④

于慎行的这些主张表明他对于边塞事务有极深切、周致的关注和擘画。

于慎行生前所酸切言之的人才流失、借兵边族、军国机密等事宜，不仅洞中当日时弊，更不幸在此后满族兴起、明清鼎革的历史进程中一一再现，这不能不让人佩服他的"识微见远"⑤。如张萱的《西园闻见录》、谈迁的《国榷》均多次征引于氏相关言论，可见明清之际的士人对此有强烈的共鸣。

（三）"以夷攻夷"、重在牵制的民族战略

于慎行生活的后期，明王朝已进入"醉梦之期"⑥，民族矛盾异常尖锐。蒙古领主不断袭击边境，东北女真逐渐兴起，南方土司反抗不绝，日本又大举侵入朝鲜。于氏纵观历史，蒿目时艰，对周边诸民族的历史和现状了然于心，他忧心忡忡地总结道：

弘治以来，火筛、吉囊皆寇陕西。自嘉靖中叶，俺酋兵盛，寇代、云中。及胡酋内向，贡市既开，而土蛮及三卫寇辽左，数十年之间，其寇自西而东。⑦

---

① 于慎行撰，吕景琳点校：《谷山笔麈》卷十一《筹边》，王琦撰，张德信点校；于慎行撰，吕景琳点校：《寓圃杂记 谷山笔麈》，中华书局1984年版，第127页。

② 于慎行著，黄恩彤参订，李念孔等点校：《读史漫录》卷十三《宋高宗至帝昺》，齐鲁书社1996年版，第482—483页。

③ 于慎行撰，吕景琳点校：《谷山笔麈》卷十一《筹边》，王琦撰，张德信点校；于慎行撰，吕景琳点校：《寓圃杂记 谷山笔麈》，中华书局1984年版，第127页。

④ 于慎行撰，吕景琳点校：《谷山笔麈》卷十八《夷考》，王琦撰，张德信点校；于慎行撰，吕景琳点校：《寓圃杂记 谷山笔麈》，中华书局1984年版，第209页。

⑤ 周天爵：《读史漫录序》，周竹生修，靳维熙总纂：《(民国)续修东阿县志》卷十四《艺文志下》，《中国地方志集成·山东府县志辑》第92册，凤凰出版社2004年版，第367页。

⑥ 孟森：《明史讲义》，中华书局2006年版，第287页。

⑦ 于慎行著，黄恩彤参订，李念孔等点校：《读史漫录》卷三《西汉》，齐鲁书社1996年版，第68页。

自西虏通贡以来,惟三卫、海西诸夷假土蛮之势以扰蓟、辽,故东北多事耳。①

今缅甸诸夷梗化南土,幸而六番之夷禀我声教,可保无他,然阶、文之间生熟诸蕃为北虏所挟,绎骚边境,害亦不细矣。②

自岁壬辰以来,岛夷秀吉凭怙其险,憯为封豕雄虺,荐食朝鲜之壤,主臣播越。③

这是于慎行视野中的周边诸民族的图景。他不仅指出"中国"的辽阔边境已烽火四起,形势十分严峻,更敏锐地预见到女真即将作为新兴的力量,取代蒙古而成为明王朝的心腹大患。

"天王有道,守在四夷",固然仍是于慎行心中高悬的民族关系的理想,但是他也清楚地认识到明王朝早已从进攻态势转入全面防御。他感慨:"本朝舆图,毋论胜国,即较之汉、唐亦有不及。……较之汉、唐剪其四幅矣。"④因此,无论从历史或现实的角度出发,于氏都认为"中国之形,惟以夷攻夷,足以为算"⑤。他分析道:

晁错上言兵事,其说甚具,至谓以夷狄攻夷狄,为中国之形,千古不可易也。自汉以来,惟唐太宗能行其法,故能制服四夷,混一区宇,以其兼中国夷狄之长技也。⑥

天下惟有二事,着手不得。……以中国攻夷狄,其势不出,必有出之者而后可行,辟逐狡兔,必用韩卢。……能攻夷狄者,必夷狄之邻。

---

① 于慎行撰,吕景琳点校:《谷山笔麈》卷十八《夷考》,王琦撰,张德信点校;于慎行撰,吕景琳点校:《寓圃杂记 谷山笔麈》,中华书局1984年版,第217页。

② 于慎行撰,吕景琳点校:《谷山笔麈》卷十八《夷考》,王琦撰,张德信点校;于慎行撰,吕景琳点校:《寓圃杂记 谷山笔麈》,中华书局1984年版,第207页。

③ 于慎行:《谷城山馆文集》卷六《贺中丞丘泽万公征倭功成叙》,《四库全书存目丛书》集部第147册,齐鲁书社1997年版,第345页。

④ 于慎行撰,吕景琳点校:《谷山笔麈》卷十八《夷考》,王琦撰,张德信点校;于慎行撰,吕景琳点校:《寓圃杂记 谷山笔麈》,中华书局1984年版,第204页。

⑤ 于慎行著,黄恩彤参订,李念孔等点校:《读史漫录》卷十一《宋艺祖至英宗》,齐鲁书社1996年版,第403页。

⑥ 于慎行著,黄恩彤参订,李念孔等点校:《读史漫录》卷三《西汉》,齐鲁书社1996年版,第46页。

此形便也。①

于氏认为这是由"中国之形"所决定的千古不可易的策略方针,唯有"以夷攻夷",斯能"兼中国夷狄之长技",而有可能制服四夷,而对于"中国"本身直接与"夷狄"对抗的效果,他是不以为然的。

需要指出的是,于慎行的"以夷攻夷"策略,认为"中国有四夷之患,势在以夷攻夷,使之自毙"②,带着浓厚的和平主义的色彩,不以战争为能事,而重在牵制。他这样论北宋时吐蕃唃厮啰部落牵制西夏之功:

> 吐蕃唃厮啰以鄯州一隅,兼有回纥之众,通于青海高昌诸国,朝廷因授节钺,使背击元昊,以分其势,此制夏一奇也。唃厮啰虽未必即能抗夏,而能牵制其后,使之有所顾忌,不敢内侵,贤于中国十万师矣。③

于氏认为以"夷狄"之邻,从旁牵制,其功不在攻城掠地之下,不必"斩将搴旗,然后策效"④,这的确是高明的识见。在论及明廷对待"世葆龙门塞下"的蒙古史、车二部落的策略时,于慎行明确反对"轻材讽说之徒"沿袭西晋江统的"徙戎"主张,认为今昔形势不同,史、车二部"力能角虏,为我间",应充分发挥其"以夷攻夷"的作用。⑤ 于氏主张对待保塞边族不必尽用汉法,而应使其有相对自由的展布:

> 保塞蛮夷,惟在为国宣劳,不侵不叛。至于居处出入,固不必纯用汉法,而以三尺文施于藩篱之虏,使其狡焉有不安之心,非国之利也。⑥

于氏认为"保塞蛮夷"只要"不侵不叛",即是国家民族政策的成功,这实际上

---

① 于慎行著,黄恩彤参订,李念孔等点校:《读史漫录》卷九《唐宪宗至僖昭》,齐鲁书社1996年版,第314页。

② 于慎行著,黄恩彤参订,李念孔等点校:《读史漫录》卷十二《宋神宗至徽钦》,齐鲁书社1996年版,第450页。

③ 于慎行著,黄恩彤参订,李念孔等点校:《读史漫录》卷十一《宋艺祖至英宗》,齐鲁书社1996年版,第403页。

④ 于慎行著,黄恩彤参订,李念孔等点校:《读史漫录》卷十一《宋艺祖至英宗》,齐鲁书社1996年版,第403页。

⑤ 于慎行:《谷城山馆文集》卷十五《宣府巡抚大中丞新城王公生祠记》,《四库全书存目丛书》集部第147册,齐鲁书社1997年版,第488、490页。

⑥ 于慎行著,黄恩彤参订,李念孔等点校:《读史漫录》卷十一《宋艺祖至英宗》,齐鲁书社1996年版,第419页。

是希望"保塞蛮夷"成为"中国"与敌对民族的缓冲区,而间接达致"以夷攻夷"的功效。

这种"以夷攻夷"的策略,不仅在历史上源远流长,而且也被明王朝煞费苦心地实践着。如面对北方边族这一最大危险,终明之世,明朝先是实行"以东夷(按:指女真)制北虏(按:指蒙古)"的方针,中叶以后,又改用"以虏制夷"的方针。于慎行的这一思想,与明廷是合拍的,但是他批评明廷没有忠实地贯彻这一方针,而让蒙古与南部诸番相为联结,为害"中国"。他说:

> 今也不断其臂而又续之,其为夷计不亦工乎?何谓续其右臂?胡王南牧,假道具食,使之由河西而南,又使筑宫事佛,屯聚青海之上,以属之张猎而南合诸番,是续虏之臂也。①

在"以夷攻夷"策略的具体运用中,于慎行主张"故弱虏者,必先携其党,党携则其势孤,而制胜在我矣"②,认为分而治之,削弱其有生力量是最经济,也最切实可行的。他批评北宋王朝当元昊死后,未能因势利导,使其三大将分掌国事,各有部分,而坐失良图,因此,他总结道:"以匈奴之盛,至郅支、呼韩而弱,以分两单于也;以突厥之盛,至颉利而亡,以分两可汗也。自古制御夷狄,惟有分其国势为第一良策,而何宋之不及此邪?"③为了有效分化边族,在条件成熟的时候,即使是施行反间计,于慎行也认为是在所必行。如他批评南宋王朝当金国吴乞买初立、执政大臣粘没喝和斡离不自相倾轧时,不能"有反间之计,构二酋而斗之,就中取事"④,而为积威所劫,不敢生心,坐失制服金国的机会,遗恨千古。这种主张,完全是站在汉民族本位的立场立论,反映出于氏企图通过分化边族,达到"不战而屈人之兵"的目的。

于慎行的"以夷攻夷"策略,能够从战略高度和长远角度出发,不拘一格,

---

① 于慎行撰,吕景琳点校:《谷山笔麈》卷十一《筹边》,王琦撰,张德信点校;于慎行撰,吕景琳点校:《寓圃杂记 谷山笔麈》,中华书局 1984 年版,第 126 页。

② 于慎行著,黄恩彤参订,李念孔等点校:《读史漫录》卷七《唐高宗至玄宗》,齐鲁书社 1996 年版,第 211 页。

③ 于慎行著,黄恩彤参订,李念孔等点校:《读史漫录》卷十一《宋艺祖至英宗》,齐鲁书社 1996 年版,第 412 页。

④ 于慎行著,黄恩彤参订,李念孔等点校:《读史漫录》卷十一《宋艺祖至英宗》,齐鲁书社 1996 年版,第 459—460 页。

灵活变通,充分显示出于氏的通才练识。于氏的这一策略,仍然是以和为本,希望能通过相对平和的手段来达到制服"夷狄"、实现和平共处的目的。当然,他也不忘了告诫:

> 中国有四夷之患,势在以夷攻夷,使之自毙。然必中国之兵力,足以驱使,而后可借其奔走,以为折冲之具。如中国之力,不足使属夷,而欲专恃其力,即幸而一胜,戎且生心,是又生一敌也。然则以肘腋之警,而求助于外,知其计之左矣。①

因此,"以夷攻夷"策略的有效实施,最终仍须落实于"中国"本身的实力。从这一点来看,晚明主兵者当国力已衰、武备不修之时,不懂合理利用周边各少数民族之间的矛盾,而一再以侥幸心理邀功于边塞,反使女真得以远交近攻,各个击破,逐渐坐大,正不幸应了于氏所说的"夫以夷攻夷,乃中国之形,中国不用,而使夷狄用之以困中国,则倒置矣"。

于慎行还深刻地指出"夷狄"的盛衰,关乎"中国"的国运,但两者并非简单的此消彼长的关系。他总结汉、唐历史说:

> 汉之盛也,匈奴桀骜,辟以倒悬,至元、成之世,单于稽首,而汉业亦衰。唐之盛世,回鹘、吐蕃鼎峙西北,莫敢与抗,至武宗以来,二种残破,而唐业亦衰。何夷狄之盛衰,与中国相应如此! 譬人当壮盛之时,有痰火之症,虽元气渐损,而强阳未衰,故无恙也。及其年力衰颓,气血虚耗,疾势虽减,而形亦不留矣。善理身者,不恃疾病之可除,而恃元气之无损,善理国者,不恃强国之无警,而恃纪纲之不弛,则延年永命之道也。②

虽然孟子早就说过"出则无敌国外患者,国恒亡",但不过是借以阐发"生于忧患,而死于安乐"的道理。③ 从更大的历史视野,以辩证的眼光指出在人类的历史长河中,"中国"和"夷狄"其实更像一对命运的共同体,而"夷狄"去无可去,因此,"善理国者,不恃强国之无警,而恃纪纲之不弛"。在对外关系的处

---

① 于慎行著,黄恩彤参订,李念孔等点校:《读史漫录》卷十二《宋神宗至徽钦》,齐鲁书社1996年版,第450页。

② 于慎行著,黄恩彤参订,李念孔等点校:《读史漫录》卷九《唐宪宗至僖昭》,齐鲁书社1996年版,第320页。

③ 赵岐注,孙奭疏,廖名春、刘佑平整理,钱逊审定:《孟子注疏》(《十三经注疏》)卷十二下《告子章句下》,北京大学出版社2000年版,第408页。

理中,首先重视的是本国纪纲的建立和完善,这的确是于氏独到的精辟之见,而为同时人所不及的。

第四节　于慎行的佛道思想

中国传统文化在其长期发展演进的历程中,逐渐形成以儒为本、兼融释道的文化格局,三者既相互排斥,又相互汲取。至有明一代,儒释道三教并存融通的趋势进一步加强,最终促成集中体现于隆庆、万历年间的三教合流的时代思潮的出现。这些都在于慎行身上得到积极而生动的回应。于氏的佛道思想既是他个人特质和山左地域文化的深刻反映,也有着时代精神的生动折射,比较全面地展现了晚明时代多姿多彩的思想风貌。"幅巾方袍,匪仙匪释,自称无念道人"①,于慎行晚年在《谷山笔麈》中这样向世人描画自我的形象。而事实上,他参禅访道,兼修二氏,所谓"青鸟不归丹鹜远,仙踪佛地两徘徊"②,"游仙未觉丹霞远,浴佛初经慧日长"③,正是他自己的真实写照。

一、佛教思想

陈垣先生在《明季滇黔佛教考》中说:"万历而后,禅风浸盛,士大夫无不谈禅,僧亦无不欲与士夫结纳。"④彭际清所著《居士传》没有为于慎行立传,整个山左地区也无一人入传,盖作者关注的重点在江浙地区。于慎行生前为自己起了"谷城居士"、"毗邪居士"、"无垢居士"、"黄石居士"、"谷城山下居士"、"山中居士"等诸多别号,他的一生与佛教结下了不解之缘。其母亲刘淑

---

① 于慎行撰,吕景琳点校:《谷山笔麈》卷十六《梦语》,王琦撰,张德信点校;于慎行撰,吕景琳点校:《寓圃杂记 谷山笔麈》,中华书局 1984 年版,第 190 页。

② 于慎行:《谷城山馆诗集》卷十二《玉函山眺望即千佛山》,《山东文献集成》第 3 辑第 25 册,山东大学出版社 2009 年版,第 582 页。

③ 于慎行:《谷城山馆诗集》卷十五《四月八日约高年诸丈东园开会》,《山东文献集成》第 3 辑第 25 册,山东大学出版社 2009 年版,第 622 页。

④ 陈垣:《明季滇黔佛教考》卷三《士大夫之禅悦及出家第十·右李元阳 马继龙》,中华书局 1962 年版,第 129 页。

人"梦庵摩罗果缀实甚巨,遂生公"①·于慎行临终前,"召(于)纬侍,口诵准提咒不辍。时异香盈室,纬前曰:'大人何所念?'笑曰:'吾主人翁教吾诵持如此,庵摩罗果至是应矣。'言讫而逝。"②于慎行的出生和去世都蒙上了一层浓重的佛教色彩。他的母亲工诗博文,大约也好佛。但基本上,如于慎行自言"吾世儒家"③,他与佛教的真正结缘,还是成年以后的事。于慎行馆选后,师事赵贞吉和殷士儋。《居士传·赵大洲传》谓:

> (赵贞吉)教习庶吉士课读《楞严经》,谓曰:"诸君齿亦长矣,不以此时读此经,更何待耶?"④

大概此时佛教开始真正走进年轻于慎行的日常生活中,《楞严经》这部最受晚明居士和僧众重视的佛教经典之一也成为于氏一生的最爱。他晚年好听修上人讲经,《楞严经》是最爱的经书之一,自己有时"坐久浑无箇事,函开一卷《楞严》"⑤。隆庆五年(1571),于慎行因贫病交加,予告归家。此时,他开始乞灵于佛教,并受到较深的影响。据《东阿于文定公年谱》,隆庆六年(1572),"春二月,大司空朱公(按:指朱衡)行河至东阿,遂从行,病"。原注:"与子冲(按:指于达真)俱。时舟中寒甚,疝作,乃舁入刘氏信宿焉。过憩石佛寺,舆而归。以佛力,故病已作《石佛寺碑》。"⑥"三月,……观于灵岩,登岱宗。"⑦于慎行在陪同恩师、时任工部尚书兼理河漕的朱衡往东阿途中,疝病发作,遂过憩石佛寺。病愈后,于氏认为是佛力的缘故,故作《重修石佛寺记》以宣扬。此后,佛

---

① 叶向高:《苍霞续草》卷十《太子少保礼部尚书兼东阁大学士赠太子太保谥文定于公墓志铭》,《四库禁毁书丛刊》集部第 125 册,北京出版社 1997 年版,第 101 页。

② 邢侗编纂、阮自华撰述:《东阿于文定公年谱》卷二,《山东文献集成》第 1 辑第 10 册,山东大学出版社 2006 年版,第 757 页。

③ 于慎行:《谷城山馆文集》卷三十二《奠儿妇王氏文》,《四库全书存目丛书》集部第 148 册,齐鲁书社 1997 年版,第 160 页。

④ 彭绍升撰,张培锋校注:《居士传校注·居士传三十九·赵大洲传》,中华书局 2014 年版,第 332 页。

⑤ 于慎行:《谷城山馆诗集》卷十九《夏日村居四十二首》其二十,《山东文献集成》第 3 辑第 25 册,山东大学出版社 2009 年版,第 664 页。

⑥ 邢侗编纂、阮自华撰述:《东阿于文定公年谱》卷一,《山东文献集成》第 1 辑第 10 册,山东大学出版社 2006 年版,第 616 页。

⑦ 邢侗编纂、阮自华撰述:《东阿于文定公年谱》卷一,《山东文献集成》第 1 辑第 10 册,山东大学出版社 2006 年版,第 616—617 页。

教对于于慎行的整个人生都产生了深广的影响。

于慎行生平游历所及,往往频繁出入寺院,形诸吟咏,留下不少佳篇,单是刘侗、于奕正著的《帝京景物略》就载其诗多达十六首。至于《谷城山馆诗集》中将禅意与诗趣结合在一起的作品则更多。《谷城山馆文集》中也留下了一些涉佛的文字。于慎行广泛地结交僧侣,与雪浪、瓓悦、望峰、静堂、云松、思修、无弦、无尽、宝灯、宝藏以及修上人、怀上人、澄上人、真上人、草衣和尚等颇多过从,尚有一些不知姓名的异僧、诗僧,也在于氏的生命中留下了印痕。在于氏的友人门生中,有许多是当时有名的居士,如傅光宅、焦竑、吴应宾、董其昌等人。万历二十七年(1579)八月,于慎行更于别业附近池上一再建精舍和庵特别是"三慧庵",此后岁月,时常出入其间。所谓"上公无世味,爱隐复参禅"①,"上公无世虑,隐几日长吟"②,这是晚年于慎行留给时人的印象。

于慎行对于佛教教理颇有研究,存世文献留下不少相关记载。同年好友沈懋孝称于氏"留心内典,了达性真"③,他在来信中说:"闻欲得竺典新刻书本,若寄一品目,容时时奉致之。念兄少弟十年,及此时一切捐除,并轻文字之念,则寿棋无量。"④冯琦曾以"《白衣经》二册"相赠。⑤《东阿于文定公年谱》谓于慎行晚年"有间,则与修上人谈理性于池上,修上人亦所为闇,当深法者,人所不及也"⑥,殆非虚语。《(道光)东阿县志》卷十三《人物志上·乡贤》亦云:"(孟一脉)家居日与素心人于文定商坟典,而亦雅爱佛乘。"⑦于慎行在

---

① 方问孝:《苍耳斋诗集》卷八《秋日同于宗伯游清华阁二首》其一,《四库全书存目丛书》集部第157册,齐鲁书社1997年版,第634页。

② 方问孝:《苍耳斋诗集》卷十四《奉怀于大宗伯,兼忆南溪隐处,时旅次淮扬,飘泊有诗,凡二十韵》,《四库全书存目丛书》集部第157册,齐鲁书社1997年版,第739页。

③ 沈懋孝:《长水先生文钞·长水先生文钞》卷一《复宗伯于可远年兄》,《四库禁毁书丛刊》集部第159册,北京出版社1997年版,第187页。

④ 沈懋孝:《长水先生文钞·贲园草》卷四《谷山于学士复书》,《四库禁毁书丛刊》集部第160册,北京出版社1997年版,第110页。

⑤ 冯琦:《宗伯集》卷七十八《寄于谷山宗伯》,《四库禁毁书丛刊》集部第16册,北京出版社1997年版,第237页。

⑥ 邢侗编纂、阮自华撰述:《东阿于文定公年谱》卷二,《山东文献集成》第1辑第10册,山东大学出版社2006年版,第755页。

⑦ 李贤书修、吴怡纂:《(道光)东阿县志》卷十三《人物志上·乡贤》,《中国地方志集成·山东府县志辑》第92册,凤凰出版社2004年版,第136页。

《香山宝灯禅师塔铭》一文中记载了自己与宝灯禅师的一次对话：

> 予尝叩之曰："上人口诵弥陀，当生极乐。"应曰："孰为弥陀，孰为极
> 乐，吾心是也。声声相续，念念不忘，自然五蕴皆空，六根俱净，而宝莲花
> 现矣。西方世界，固在刹那，岂悬远哉！"其精诣如此。①

明释明河撰《补续高僧传》采之。从于慎行的著作来看，他对理论思辨兴趣不
大。以他出入百家的学术旨趣，也无意专力于佛理的探讨。在人生的各个时
期，他对于禅特别表示出浓厚的兴趣，如说："无生如可悟，吾意欲逃禅"②，
"逃禅吾不厌，病骨本维摩"③，"幸假登高会，同参最上禅"④，"禅心无去住，游
迹且浮沉"⑤。在于慎行对于世界、人生的认识里，常常包含着透脱的禅理，时
作超离之想。

于慎行虽然参禅学佛，但他的根基毕竟在儒家，对于佛教所产生的种种弊
端也多有清醒的认识和指责。于氏在六十岁前后，入佛更深，但是由于其生平
著述主要完成于万历二十七年(1599)之前，我们也只能据此论之。

明朝诸帝大多采取保护佛教的态度，而神宗之母慈圣皇太后尤其好佛，神
宗本人也对佛教多所扶植，因此于京师内外广建寺院。于慎行指出当时寺院
"金壁焜煌，略如帝居"，批评"人主之居化为佛土，不亦过哉"。⑥ 他有时将佛
寺、道观相提并论，虽然肯定其"辉映方隅，可以备祝釐，可以资眺望，可以建
国邑之标，可以播川泽之气"，但更认为其"遍溢寰区"，"穷侈极丽"，是"王政
之大蠹"，⑦而其矛头所在，主要指向佛寺。他因此大力称赞历史上王澄、韩

---

① 于慎行：《谷城山馆文集》卷二十五《香山宝灯禅师塔铭》，《四库全书存目丛书》集部第
148 册，齐鲁书社 1997 年版，第 16—17 页。
② 于慎行：《谷城山馆诗集》卷六《卧病》，《山东文献集成》第 3 辑第 25 册，山东大学出版
社 2009 年版，第 518 页。
③ 于慎行：《谷城山馆诗集》卷六《告中同可大再游摩诃庵，因赠静堂禅师》，《山东文献集
成》第 3 辑第 25 册，山东大学出版社 2009 年版，第 516 页。
④ 于慎行：《谷城山馆诗集》卷七《南曹诸友邀游祖师堂》，《山东文献集成》第 3 辑第 25
册，山东大学出版社 2009 年版，第 527 页。
⑤ 于慎行：《谷城山馆诗集》卷十七《从二太史游香山寺十韵》，《山东文献集成》第 3 辑第
25 册，山东大学出版社 2009 年版，第 644 页。
⑥ 于慎行撰，吕景琳点校：《谷山笔麈》卷三《国体》，王琦撰，张德信点校；于慎行撰，吕景
琳点校：《寓圃杂记 谷山笔麈》，中华书局 1984 年版，第 30 页。
⑦ 于慎行：《兖州府志》卷二十五《寺观志》小序，齐鲁书社 1985 年版。

愈、周世宗诸人的反佛言论。这时候，他又呈露了其粹然儒家的一面。

于慎行是提倡禅、教一致和禅、净兼修的。他批评当时的佛教现状：

> 今之谈老、庄者少矣，而为佛乘之言者，亦非其本旨也。何也？佛教之入中国，本缘经典，其后，以经教为土苴，而直指禅宗；又其后，以禅宗为葛藤，而专修净业。故有祝冕而勤礼拜，闭室而诵祇陀，若谓调御之位可以立地而成，青莲之会可以应声而至，西来之旨，岂固然哉？虽然，如是而能守律戒，犹未失也，又以为逆流之地，不事薰修，上智之根，无资戒定，至乃慕啖鸽吞针之幻，任渔行酒肆之缘，居然与屠脍伍矣。在彼法中以为何如？而称于士人之列也！①

于慎行尤其指责佛教居士摒弃经教、禅宗而专修净业已有不妥，至于不守戒律，沾染幻术和酒肉，更不足以言佛法。于氏对于作为佛法本源的经教言述不被重视的局面大为不满，特别指出：

> 近世经教、禅宗分为二途，至以达摩明心见性为教外单传，此不考其本也。诸部经典所论，字字句句皆明心见性之旨，至于维摩问疾，无有文字言说为不二门，此初祖西来之正印，迦叶拈花，龙女献珠，禅家公案已肇于此，不至初祖而有也。达摩入中国，以《楞伽》教人，未尝尽去文字，及五祖、六祖亦皆以经典衍教，但不复造立经典。是为不立文字，如所谓述而不作尔，安得以经教为糟粕而直悟禅宗耶？②

于氏认为佛教经典所论，皆明心见性之旨。达摩西来，立单传之旨，而以《楞伽》四卷教人，后起诸祖也只是述而不作，因此，禅宗虽自谓教外别传，其实仍以经教应证。

于慎行在其著述中也常常提到鬼神报应，他的鬼神观念是混乱庞杂的。在对道教神秘思想的批判中，于氏也显露出了一定程度的朴素的无神论倾向，每每引《老子》语"天下有道，其鬼不神"以申明。但在佛教领域，他终于也没

---

① 于慎行撰，吕景琳点校：《谷山笔麈》卷十七《释道》，王琦撰，张德信点校；于慎行撰，吕景琳点校：《寓圃杂记 谷山笔麈》，中华书局1984年版，第201页。

② 于慎行撰，吕景琳点校：《谷山笔麈》卷十七《释道》，王琦撰，张德信点校；于慎行撰，吕景琳点校：《寓圃杂记 谷山笔麈》，中华书局1984年版，第202页。

能将无神论贯彻到底。于慎行有时也将信将疑地讲"福田利益,果安在邪"①,"冤业之说,儒者所不信,以此观之,其殆有焉"②。但有时他又表示出一副深信不疑的样子,如说:"乱贼之报,昭昭如此,犹谓无鬼神耶"③,"天道恶杀,鬼神佑善,其报之不爽如此。"④基本上,他对于鬼神是抱持"宁可信其有,不可信其无"的态度的,所谓"天壤至大,理或有之,何必六合之外哉"⑤。

出于学者的敏锐眼光,于慎行饶有兴趣地探讨了佛经的翻译问题。他推断"佛经所载方语,皆唐时语也",并举其中的国名、人名、地名为例,因此认为"《四十二章》以后多为译者所演,设为问答,寓作名姓,以邲经旨,其非释迦时文义明矣"。⑥他又具体举例:

> 唐封回纥可汗号内有"登密施"字,译云,华言"到"意,可敦号内有"毗伽"字,译云,华言"足"意,此皆佛经字也。佛经中名字语言多是唐时字义。以此推之,古佛名号,当亦从来劫语音所撰尔。⑦

> 唐史,回鹘兵至横水,退屯释迦泊。又吐蕃有达磨替普,想亦尔时文言,未必即古佛名字。不知佛经竟出何时。⑧

于氏的这些考证对于后人更好地认识佛经的翻译和流传,有着启发的作用,显示出其精深的佛学素养。

于慎行还出入儒佛之间,援引佛经义理来诠释儒家经典。如说:

---

① 于慎行著,黄恩彤参订,李念孔等点校:《读史漫录》卷十《五季》,齐鲁书社 1996 年版,第 363 页。
② 于慎行著,黄恩彤参订,李念孔等点校:《读史漫录》卷六《六朝南北》,齐鲁书社 1996 年版,第 182 页。
③ 于慎行著,黄恩彤参订,李念孔等点校:《读史漫录》卷六《六朝南北》,齐鲁书社 1996 年版,第 184 页。
④ 于慎行著,黄恩彤参订,李念孔等点校:《读史漫录》卷六《六朝南北》,齐鲁书社 1996 年版,第 185 页。
⑤ 于慎行:《兖州府志》卷五十二《丛谈志》小序,齐鲁书社 1985 年版。
⑥ 于慎行撰,吕景琳点校:《谷山笔麈》卷十七《释道》,王琦撰,张德信点校;于慎行撰,吕景琳点校:《寓圃杂记 谷山笔麈》,中华书局 1984 年版,第 198 页。
⑦ 于慎行撰,吕景琳点校:《谷山笔麈》卷十八《夷考》,王琦撰,张德信点校;于慎行撰,吕景琳点校:《寓圃杂记 谷山笔麈》,中华书局 1984 年版,第 209—210 页。
⑧ 于慎行撰,吕景琳点校:《谷山笔麈》卷十八《夷考》,王琦撰,张德信点校;于慎行撰,吕景琳点校:《寓圃杂记 谷山笔麈》,中华书局 1984 年版,第 210 页。

博学、审问是问，慎思、明辨是思，笃行是修，其理一也。儒谓之知，佛谓之闻，儒谓之行，佛谓之修，所以贯之者，思也。①

孟子"从其大体为大人，从其小体为小人"，小体，即佛经色身；大体，即佛经法身。夫人于饮食起居之节而调护其肢体者，从其小体也，养生之说是已；于身心性命之蕴而勤修其行业者，从其大体也，无生之说是已，而吾儒之道兼焉。今蚩蚩之氓，汩没于声利以成其天和，沉酣于嗜欲以伤其元气，是尚不能从其小体矣，况大体乎？②

这反映出于慎行贯通儒佛的学术倾向，但他说"吾儒之道兼焉"，表明即便在此情况下，于氏仍对儒家表示特别的尊崇，他到底是典型的齐鲁之儒。

二、道教与道家思想

于慎行的道教与道家思想包括道教思想、黄老之学、老庄学说三大方面的内容。

（一）道教思想

于慎行好游道观，与许悟庵、昝复明、张东山、王炼师、聂炼师等许多道士交往，其中与许、昝、王三人关系尤为亲密，吟诗作记，留下不少作品，单是游仙一类题材，即有《游仙诗》、《仙人歌》、《游仙词》、《望仙吟》等多种名目。

顾炎武《日知录》谓："南方士大夫，晚年多好学佛；北方士大夫，晚年多好学仙。"③就于慎行本人而言，情况却并非如此。说起来，于氏早就和道教有密切交集。如《东阿于文定公年谱》载：隆庆六年（1572），"八月，居东流书院"。原注："迎炼师滑人王于济，与居再月。外旧、仲兄时一见也。"④这是于慎行第一次归隐期间的事。但事实上，道教对于氏的影响远不能和佛教相比。他说

---

① 于慎行撰，吕景琳点校：《谷山笔麈》卷七《经子》，王琦撰，张德信点校；于慎行撰，吕景琳点校：《寓圃杂记 谷山笔麈》，中华书局1984年版，第75页。

② 于慎行撰，吕景琳点校：《谷山笔麈》卷七《经子》，王琦撰，张德信点校；于慎行撰，吕景琳点校：《寓圃杂记 谷山笔麈》，中华书局1984年版，第76页。

③ 顾炎武著，黄汝成集释，栾保群、吕宗力校点：《日知录集释》（全校本）卷十三《士大夫晚年之学》，上海世纪出版股份有限公司、上海古籍出版社2006年版，第805页。

④ 邢侗编纂、阮自华撰述：《东阿于文定公年谱》卷一，《山东文献集成》第1辑第10册，山东大学出版社2006年版，第617页。

"今之谈老庄者少矣"①,又说"道家兴废不常,人人亦不甚深,终不能与佛教角尔"②。于慎行严格区分作为宗教组织的道教和作为学派的道家。他一再指出:

> 元世祖崇信佛法,厘正道教,诏枢密副使张易参校道书,言惟《道德经》为老子所著,余皆后人伪撰,悉焚毁之。此世间一大快也。信释而斥道,要未为大中之轨,然谓《道德经》为道家之宗,而斥其伪撰,则万世不易之论也。道之言有二,其一服食修炼,谓之全真,其术主于长生久视,神仙不死之说,而不明于大道。其一禁水符咒,谓之正一,则惟以斋醮祈祷为法,即方士之术,于老子之说,均无与也。而皆本源《道德》,以为宗祖,使太上抱不白之冤,歆非类之祀,二千余年,一旦焚而弃之,真可为李耳雪耻矣。③

> 老庄之道,本齐死生,而神仙之术,欲求不死,其道不同也。乃养生家流附会其说,以《道德》、《南华》为谈玄之祖,斯已谬矣。故刘生歆《七略》,以道家为诸子,神仙为方伎。后世又有符水禁咒之术,始于张道陵,亦附之道家,其说愈远矣。北魏时,嵩山道士寇谦之,修道陵之术,自言当(按:"当"系"尝"之误。)遇老子降,命继道陵为天师,授以辟谷轻身之术,及科式二十卷,使之清整道教,盖合服食禁咒,而一归之道家矣。④

于慎行强调道教的宗旨与老子的哲学思想体系之间的差异,认为是后人妄加攀附,因此称赞元世祖诏毁《道德经》以外的道书之举是"世间一大快","为李耳雪耻"。他批评道家的两大流派:"服食修炼"的全真教是"不明于大道",而"禁水符咒"的正一教则是"方士之术",都无与于"老子之说"。韩愈、朱熹反对佛老,然他们驳斥的道教常常混同于老庄。王夫之也批判"二氏",但在涉

---

① 于慎行撰,吕景琳点校:《谷山笔麈》卷十七《释道》,王琦撰,张德信点校;于慎行撰,吕景琳点校:《寓圃杂记 谷山笔麈》,中华书局1984年版,第201页。
② 于慎行撰,吕景琳点校:《谷山笔麈》卷十七《释道》,王琦撰,张德信点校;于慎行撰,吕景琳点校:《寓圃杂记 谷山笔麈》,中华书局1984年版,第197页。
③ 于慎行著,黄恩彤参订,李念孔等点校:《读史漫录》卷十四《辽金元》,齐鲁书社1996年版,第499页。
④ 于慎行著,黄恩彤参订,李念孔等点校:《读史漫录》卷六《六朝南北》,齐鲁书社1996年版,第173页。

及道教系统时,又往往指涉老庄哲学。于氏的言论在中国古代思想界要算是相当明晰的观点了。于慎行考溯道教源流,时有卓见。如他在《谷山笔麈》卷十七《释道》中梳理道教南、北二宗的传承谱系,朱彝尊《日下旧闻录》即采之。

就于慎行人生的绝大部分时期而言,他对于道教抱持一定程度的疏离态度。于氏在《谷城山馆诗集》的开篇之作《游仙诗》中,即表示游仙"汗漫不足道,六籍我所归"①。他一再指陈"符瑞图谶"之伪,痛斥宋真宗、王钦若、王旦辈"君臣上下公为矫诬,以欺天下",并断言"以是知道经符箓之书,效佛经而为者,皆起于真、徽之世明矣"。② 他推究龙虎山真人封号的由来,认为"盖因天书、符命之兴,粉饰道教,诞惑四海,王钦若为之奏立授箓院及上清观,历代相沿,遂为成典",是"惑之甚者"。③ 他还批评"岳镇海渎封号皆唐、宋封禅之主所为,侈大矫诬之文耳",因此高度评价明太祖朱元璋"革而正之,神谋睿见,高出万古,不亦伟哉"。④

但是,综合考察于慎行一生,六十岁前后,是其佛道思想至少是道教思想演变的一个分水岭。此时的于慎行,自称:"将世缘家累、文字交游一切谢遣,惟冥心守一,以邀余年,无他情想矣。"⑤"蓬莱试访仙人箓"⑥,"孤鹤一童生伴侣,八蛮九狄老知闻。……闲披羽服临仙窟,自著金箧翰化功"⑦,这时出现在时人笔下的于慎行,俨然是一副仙风道骨的形象,未必即是时人的揣摩之辞。这里还有一个明显的佐证,《(道光)东阿县志》卷二十四《杂记·仙释》记载

---

① 于慎行:《谷城山馆诗集》卷一《游仙诗》,《山东文献集成》第3辑第25册,山东大学出版社2009年版,第447页。

② 于慎行著,黄恩彤参订,李念孔等点校:《读史漫录》卷十一《宋艺祖至英宗》,齐鲁书社1996年版,第392页。

③ 于慎行撰,吕景琳点校:《谷山笔麈》卷十七《释道》,王琦撰,张德信点校;于慎行撰,吕景琳点校:《寓圃杂记 谷山笔麈》,中华书局1984年版,第196页。

④ 于慎行撰,吕景琳点校:《谷山笔麈》卷十七《释道·附录》,王琦撰,张德信点校;于慎行撰,吕景琳点校:《寓圃杂记 谷山笔麈》,中华书局1984年版,第202—203页。

⑤ 于慎行:《谷城山馆文集》卷三十四《年谱画册题辞》,《四库全书存目丛书》集部第148册,齐鲁书社1997年版,第187—188页。

⑥ 申时行:《赐闲堂集》卷六《寄寿于宗伯谷峰六十四首》其二,《四库全书存目丛书》集部第134册,齐鲁书社1997年版,第124页。

⑦ 汤宾尹:《睡庵稿》诗集卷五《寿于宗伯》,《四库禁毁书丛刊》集部第63册,北京出版社1997年版,第443页。

了于慎行与东阿道士张毓秀交往的轶事：

> 学士于慎行每对毓秀称西湖佳景。乃于壁上画舟，向学士吹气，慎行乃隐几卧，越时方醒，曰："予与公同登舟诣西湖，景色果甲天下，但甫至，时狂风荡舟，予甚怖。"毓秀不答而笑。迨慎行入阁，疏荐毓秀。奉诏入见，神宗封为"半仙"，御制诗旌表，年七十而卒。①

可注意者，明神宗好道教，一如乃祖世宗，于慎行对此有所批评，而他入阁时有如此之举，颇让人费解。以于氏的深明大义，恐怕不至于要以进荐道士讨好神宗，而是在他自己也深信不疑了。这可以说是其晚年道教思想的嬗变。

（二）黄老之学

在政治思想层面，于慎行一生服膺黄老之学。黄老一派，本是从老子的道家学派中分化而来，由齐稷下先生慎到、田骈、接子、环渊之徒"皆学黄老道德之术，因发明序其指意"②，并推证刑名法术，兼容儒墨各家思想，故又称黄老刑名之学，是战国晚期到西汉前期相当流行的思想派别。到汉初，更因当时君臣的政治实践而成为官方指导学说，对后世产生了深远的影响。一些法家代表曾袭用黄老刑名的若干命题，但就总体言之，黄老一派仍然是道家的分支之一。

于慎行一再批评法家学说的惨核少恩，并强调"本原之地，非出于至公至虚之心，不过以法术为治而已"，认为这是"王霸之所以分"。③ 他以法家代表人物商鞅、吴起、李斯、韩非等人虽能使国富强而一己不得善终为鉴，一再强调"刑法之学，固自戕哉"④，"名法之学，不祥之器也"⑤。他解释道："仁者，天地

---

① 李贤书修，吴怡纂：《（道光）东阿县志》卷二十四《杂记·仙释》，《中国地方志集成·山东府县志辑》第92册，凤凰出版社2004年版，第270页。

② 司马迁：《史记》卷七十四《孟子荀卿列传第十四》，中华书局1959年版，第2347页。

③ 于慎行著，黄恩彤参订，李念孔等点校：《读史漫录》卷十二《宋神宗至徽钦》，齐鲁书社1996年版，第425页。

④ 于慎行著，黄恩彤参订，李念孔等点校：《读史漫录》卷三《西汉》，齐鲁书社1996年版，第57页。

⑤ 于慎行著，黄恩彤参订，李念孔等点校：《读史漫录》卷二《战国至秦楚之际》，齐鲁书社1996年版，第20页。

之心也,好恶拂人之性者,犹受其灾,而况于拂天地之心乎?"①因此,认为法家学说"非仁者所用,且亦天道所恶也"②。于慎行为"刑名之学"正名定分,他考证说:

> 申、韩刑名之学。刑者,形也,其法在审合刑名,故曰:"不知其名,复修其形,形名参同,用其所生。"又曰:"君操其名,臣效其形,刑名参同,上下和调"也。盖以事考言,以功考事,所谓施于名实者耳。形,或作形,或作刑,其意一也。今直以为刑法之刑,过矣。所谓本于《道德》者,韩子之书有之,其言曰:"道者,万物之始,是非之纪也。明君守始以知万物之原,治纪以知善败之端,故虚静以待令。"又曰:"道在不可见,用在不可知。"又曰:"虚静无为,道之情也。"又曰:"道不同于万物,德不同于阴阳。"至如《解老》、《喻老》诸篇,大抵本虚静无为之指,第其言专主于用,非道之本体也。③

于氏考溯字义,认为"刑名"之"刑"即"形"字,虽或作"刑",其意一致,但如近日"直以为刑法之刑",则有失原意。法家之说虽然大抵本于《老子》"虚静无为之指",但专主于用,已经不是道之本体了。这样,于慎行将他理想中的黄老之学与法家学说作出了适当的区隔。黄恩彤评论于氏思想云:

> 文定雅尚黄老,而最恶名法,篇中每以为言,乃其学术宗旨之所在。昔太史公以老、庄、申、韩合传,而谓申子之学本于黄老,而主刑名,韩子喜刑名法术之学,而其归本于黄老。故论者每曰"道德之余,流为刑名",当为文定所弗许。④

黄氏此言最为精当,已揭于氏"学术宗旨之所在"。

出于对明王朝整顿法治的失望,于慎行高悬西汉初期以黄老学说为指导

---

① 于慎行著,黄恩彤参订,李念孔等点校:《读史漫录》卷二《战国至秦楚之际》,齐鲁书社1996年版,第20页。

② 于慎行著,黄恩彤参订,李念孔等点校:《读史漫录》卷二《战国至秦楚之际》,齐鲁书社1996年版,第25页。

③ 于慎行撰,吕景琳点校:《谷山笔麈》卷十七《经子》,王琦撰,张德信点校;于慎行撰,吕景琳点校:《寓圃杂记 谷山笔麈》,中华书局1984年版,第78—79页。

④ 于慎行著,黄恩彤参订,李念孔等点校:《读史漫录》卷二《战国至秦楚之际》附评语,齐鲁书社1996年版,第25—26页。

的无为政治为其政治理想，往往今昔对比，不胜唏嘘。他说：

予观世所由理乱及吏迹兴坏之由，未始不成于宁一，而以操切反缪也。汉史所纪令长，若鲁恭之治中牟，专用德化，不任刑罚，而政号为异。刘矩为雍丘，亦惟礼让为先，使民无讼，皆襄然为良吏首，位至三公，称汉名臣，何尝有殊功异能，惟是安静和平，与民休息，故政成而名不沫尔。①

他强调黄老学说清静无为、与民休息的一面，这一点，可以说把握住了汉初黄老政治的精髓。

在张居正主政十年之后，神宗和内阁都注意到了黄老之学。神宗高度集权又疏于理政，于是试图以黄老学说为自己的怠政无能找到借口。至于当时内阁，据张怡《玉光剑气集》引时人金汝谐语，谓：

尝考万历初年以后，相业凡更三局：江陵以卓荦恢张之才，其术近于申、韩，故收部院之权而握之手，其失在于揽权，揽权不已，转而怙宠，怙宠不已，转而骋威，卒之身名大败，此固一局也。吴门、四明（按：指沈一贯）以来，鉴偾辕而力矫之，其术近于黄、老，阳为避权，阴为揽权，票拟不引为己咎，而直归诿于圣意难测，且有时上通线索以售其计；几务不引为己任，而直卸担于部院知道，亦有时下笔部院以行其私。于时台谏不显弃其身，而阴弃其言，卒之缺官废政。此又一局也。……②

万历朝君臣虽学黄老，但君主不能放权，内阁至于行权术阴谋，可说都只得黄老学说之皮毛。于慎行作为大僚，自然也会受到朝廷风气的影响，但他本是"贯穿百家"的人物，对于源于家乡稷下学派的黄老学说尤其别有会心。冯友兰先生谓："汉初的黄老之学，实际上就是让老百姓在封建生产关系的范围内，自由竞争，发家致富。"③即所谓"上无为而下有为"。于氏对于汉初黄老政治的推崇，实际上是在晚明商品经济高度繁荣的时代背景下对于当时君主专制膨胀的有力批评和反拨，有其深刻而积极的意义。

---

① 于慎行：《谷城山馆文集》卷八《送金乡任侯内陟比部叙》，《四库全书存目丛书》集部第147册，齐鲁书社1997年版，第390页。

② 张怡撰，魏连科点校：《玉光剑气集》卷四《国事》，中华书局2006年版，第170页。

③ 冯友兰《中国哲学史新编》中卷，人民出版社1998年版，第23页。

（三）老庄学说

老庄学派被称为道家，是东汉时期开始的一种学派分类观念。黄老之学出于道家而又不同于道家。道家中的老子、庄子学说，对于于慎行都有深刻的影响。就老子学说而言，于慎行主要是汲取了老子的朴素的辩证法。于氏主张具体的事物都是处于不断的运动变化之中的。他认为"一元之气"生生不息，"周流六虚，氤氲万物"①，至于社会人事领域，更是兴衰无常，变动不居。于慎行强调天下事物都有它的对立面，而对立面又是经常互相转化的。于氏以之来审视社会人事领域，作为自己立身处世的准则。如说：

> 世人若不求利即无害，若不求福即无祸。何也？有利则有害，有福则有祸也。有利而无害者，无心于求利者也；有福而无祸者，无心于求福者也。祸福利害之际，惟无心焉可矣。②

黄恩彤眉批此条云：

> 《老子》云："祸兮福所倚，福兮祸所伏。"又云："不可得而利"，亦"不可得而害"。又云："物或损之而益，或益之而损。"其言皆至精至切，文定此条，即明其义。③

的确，物极必反是于氏思想的一个基本原则，他认识到政治领域的险恶复杂局面，尤其再三强调，对于深明此义的人，常常称赞其"闻《老》、《易》之旨"，合并易传的辩证法思想而言之。

于慎行在《读史漫录》中评论信陵君，认为"其平日不知远权韬晦，见忌人主，固不待秦人之间也。亢极不返，乃始沉湎，不亦晚哉"④。黄恩彤眉批云："文定颇好《老子》之学，其生平难进易退，知足知止，尤以远权韬晦为立朝之

---

① 于慎行：《谷城山馆文集》卷四十一《人主和德于上》，《四库全书存目丛书》集部第148册，齐鲁书社1997年版，第249页。
② 于慎行著，黄恩彤参订，李念孔等点校：《读史漫录》卷六《六朝南北》，齐鲁书社1996年版，第189页。
③ 于慎行著，黄恩彤参订，李念孔等点校：《读史漫录》卷六《六朝南北》附评语，齐鲁书社1996年版，第189页。
④ 于慎行著，黄恩彤参订，李念孔等点校：《读史漫录》卷二《战国至秦楚之际》，齐鲁书社1996年版，第13页。

大端，故此书每慨乎其言之，阅者最宜著眼。"①黄恩彤又曾称赞"文定邃于《道德经》"②。衡以于氏生平，黄氏之言可谓不易之论。于慎行一生，虽积极用世，却不汲汲于功名，"徘徊进退，不欲与时贤竞进。人先而我独后，劳勚深而敛然不自明焉"③。这一点，深受明清时人特别是山左士人的推崇，在历史上传为佳话。如清人陈宗妫即不胜倾倒，他说："文定生平大节，在难进易退，衡以书中所论古人进退之宜，实足以当之而无愧，余之景行而向往也久矣。"④这是于氏高风亮节的体现，也是与其对老子的朴素的辩证法的深刻领会密不可分的。

庄子学说对于于慎行的影响虽不及黄老之学和老子学说大，但也班班可考。于慎行在庶吉士入馆期间，其师赵贞吉即"集之堂上，讲《庄》、《老》、诸子"⑤。于氏《谷城山馆诗集》卷二《馆课雪夜讲庄义》谓：

> 有伟高堂上，宗工陈榘度。抠衣侍绛帷，悬河启谆谕。大道既具陈，玄史亦纷骛。载阐《南华篇》，探彼环中趣。⑥

即纪其事。在早期的古乐府《满歌行》中，他宣称："遗荣避世，师彼庄周。"⑦概括地说，《庄子》的相对主义和全真保生的思想在于氏身上留下很深的烙印。于慎行也认为客观存在的事物的差别是相对的。他说"莫小泰山，莫大秋毫"⑧，泰山、秋毫可以等视。于慎行甚至也认为作为认识的主体，人的认识

① 于慎行著，黄恩彤参订，李念孔等点校：《读史漫录》卷二《战国至秦楚之际》附评语，齐鲁书社 1996 年版，第 13 页。

② 于慎行著，黄恩彤参订，李念孔等点校：《读史漫录》附录七黄恩彤《重刻于文定公〈读史漫录〉凡例》，齐鲁书社 1996 年版，第 533 页。

③ 邢侗编纂，阮自华撰述：《东阿于文定公年谱》卷末邢侗跋，《山东文献集成》第 1 辑第 10 册，山东大学出版社 2006 年版，第 762 页。

④ 陈宗妫：《补刊读史漫录序》，周竹生修，靳维熙总纂：《（民国）续修东阿县志》卷十四《艺文志下》，《中国地方志集成·山东府县志辑》第 92 册，凤凰出版社 2004 年版，第 370 页。

⑤ 邢侗编纂，阮自华撰述：《东阿于文定公年谱》卷一，《山东文献集成》第 1 辑第 10 册，山东大学出版社 2006 年版，第 612 页。

⑥ 于慎行：《谷城山馆诗集》卷二《馆课雪夜讲庄义》，《山东文献集成》第 3 辑第 25 册，山东大学出版社 2009 年版，第 463 页。

⑦ 于慎行：《谷城山馆诗集》卷一《满歌行》，《山东文献集成》第 3 辑第 25 册，山东大学出版社 2009 年版，第 450 页。

⑧ 于慎行：《谷城山馆诗集》卷一《满歌行》，《山东文献集成》第 3 辑第 25 册，山东大学出版社 2009 年版，第 450 页。

能力是相对的。他否认梦与醒之间的界限,所谓"已悟觉时是梦,还知醉里为醒"①,因此对庄周化蝶的典故津津乐道,其《梦笑》诗云:"不知蝴蝶是庄周,开口蘧蘧笑未休。若使人生浑似梦,谁能更解许多愁。"②至于全真保生的思想,在他身上亦表现得极为明显。于氏初入仕途,乍逢官场险恶,他一再以直木先伐、熏香自烧为鉴,在诗中反复吟咏:"葆身藏名,唯有醉乡"③,"葆真缮性,含光自韬"④,"多材实身累,沉冥与道群"⑤。这是于慎行对黑暗官场无可奈何的消极情绪的集中反映。等到晚年家居,回看仕途浮沉,此种思想又潜滋暗长:"拥肿能逃大匠,支离可尽天年"⑥,"阅世惟须满腹,谋身只合藏头"⑦。在这个多种矛盾空前激化的末世,于慎行临深履薄,深感处世之不易,那么,"出世何须避世,无名不用逃名"⑧,只有"出世",只有"无名",才是保全自我的最好办法。这样,于氏在其晚年浸淫于佛道之中,以为解脱之道,也正是顺理成章的事情。

三、儒释道融合

冯琦为《谷山笔麈》作题跋,谓于慎行在书中"综二氏之异同"⑨。事实

---

① 于慎行:《谷城山馆诗集》卷十九《夏日村居四十二首》之十,《山东文献集成》第3辑第25册,山东大学出版社2009年版,第664页。

② 于慎行:《谷城山馆诗集》卷十八《梦笑》,《山东文献集成》第3辑第25册,山东大学出版社2009年版,第653页。

③ 于慎行:《谷城山馆诗集》卷一《短歌行》,《山东文献集成》第3辑第25册,山东大学出版社2009年版,第448页。

④ 于慎行:《谷城山馆诗集》卷一《满歌行》,《山东文献集成》第3辑第25册,山东大学出版社2009年版,第450页。

⑤ 于慎行:《谷城山馆诗集》卷二《感怀二十首》之十八,《山东文献集成》第3辑第25册,山东大学出版社2009年版,第460页。

⑥ 于慎行:《谷城山馆诗集》卷十九《夏日村居四十二首》其三十五,《山东文献集成》第3辑第25册,山东大学出版社2009年版,第665页。

⑦ 于慎行:《谷城山馆诗集》卷十九《夏日村居四十二首》其四十,《山东文献集成》第3辑第25册,山东大学出版社2009年版,第665页。

⑧ 于慎行:《谷城山馆诗集》卷十九《夏日村居四十二首》其三十九,《山东文献集成》第3辑第25册,山东大学出版社2009年版,第665页。

⑨ 于慎行撰,吕景琳点校:《谷山笔麈》卷首冯琦《笔麈题辞》,王琦撰,张德信点校;于慎行撰,吕景琳点校:《寓圃杂记 谷山笔麈》,中华书局1984年版,第3页。

上,不只如此,于氏在其著作中也认真探讨了儒释道三教融合的问题。他批评了历史上佛道两教之间彼此水火不相容的局面,指出"自古帝王崇重佛教则道教被斥,兴起道教则释典被汰,其势不并立如此。……两家道术原不相下,其徒宗而守之,入主出奴,至于为敌,皆非其本也"①,"皆非皇极大中之矩也"②。佛道相争固是一偏之见,至于儒者,于慎行认为应当以一种开放的心态,大度容纳融通佛道,这是他对三教融合的时代潮流的积极拥抱。他肯定儒家和佛道是相辅相成,相资为用的,所谓"王者之法,执实以御虚;圣人之教,征虚以佐实"③。他认为儒释道有其共通的地方,因此一再说:"二氏之教与圣教殊,然其大归一也。世之学者,能以不二之心精研其旨,内亦可以治身,外亦可以应世,岂遂与圣教远哉?"④又说:"二氏之教与吾道源流本不相远,特各立门户,作用不同尔。唐宋以来,贤士大夫固亦多游心内典,参悟玄宗,而不害其为儒。彼固儒者之所苞也。"⑤

于慎行进而指出了在三教融合过程中儒者普遍存在的两种弊端:一种是"舍吾儒之教而直往从之"⑥,结果是"有示辟谷之迹而不能绝念于刀锥;修离欲之基而未必息心于绂冕"。不但不被佛道之徒所认可,更非儒家之所称,他斥之为"心术之蔽"。⑦ 儒者舍儒而以佛道自处,于氏认为尚不足虑,他真正担忧的是另一种弊端:即"窜入其说以默启于吾儒之阃"⑧。在他的著作中,充满

---

① 于慎行撰,吕景琳点校:《谷山笔麈》卷十七《释道》,王琦撰,张德信点校;于慎行撰,吕景琳点校:《寓圃杂记 谷山笔麈》,中华书局 1984 年版,第 197 页。

② 于慎行著,黄恩彤参订,李念孔等点校:《读史漫录》卷十四《辽金元》,齐鲁书社 1996 年版,第 500 页。

③ 于慎行:《谷城山馆文集》卷十二《刻太上感应篇叙》,《四库全书存目丛书》集部第 147 册,齐鲁书社 1997 年版,第 441 页。

④ 于慎行撰,吕景琳点校:《谷山笔麈》卷十七《释道》,王琦撰,张德信点校;于慎行撰,吕景琳点校:《寓圃杂记 谷山笔麈》,中华书局 1984 年版,第 200 页。

⑤ 于慎行撰,吕景琳点校:《谷山笔麈》卷十七《释道》,王琦撰,张德信点校;于慎行撰,吕景琳点校:《寓圃杂记 谷山笔麈》,中华书局 1984 年版,第 201 页。

⑥ 于慎行撰,吕景琳点校:《谷山笔麈》卷十七《释道》,王琦撰,张德信点校;于慎行撰,吕景琳点校:《寓圃杂记 谷山笔麈》,中华书局 1984 年版,第 201 页。

⑦ 于慎行撰,吕景琳点校:《谷山笔麈》卷十七《释道》,王琦撰,张德信点校;于慎行撰,吕景琳点校:《寓圃杂记 谷山笔麈》,中华书局 1984 年版,第 201 页。

⑧ 于慎行撰,吕景琳点校:《谷山笔麈》卷十七《释道》,王琦撰,张德信点校;于慎行撰,吕景琳点校:《寓圃杂记 谷山笔麈》,中华书局 1984 年版,第 201 页。

着此类言论。如说：

> 为吾徒者乃或慕尚玄宗，游心内典，明取二氏之旨，缘饰经艺，以阴坏吾圣人之法，使入阙里之墟，亦可为汗颜矣哉！①

> 今之言者，抑何洸洋玄渺，犹河汉而无极也。甚或剽空玄之绪，以附儒宗，谓秘密始开，不可思议，学者疑信相参，莫之敢指。②

> 家传户诵，渐渍既久，见谓布帛菽粟，不充嗜好，乃始崇慕空玄，冥心象罔，阔略实践，糟粕训言，于是二氏之教若将复入肌髓而不可救药。高明特达之士，探其玄机秘藏，以默镬于吾儒之闻，而不尸其名；操觚讲业之伦，摭其斧藻英华，以缘饰经艺，而不窬其非。盖汉唐之季，流家可分，而今之颓风，主客罔辨，则亦吾道之阳九百六也。③

于慎行批评明儒援佛道教义入儒的倾向，认为阳托儒家之名，而阴以佛老思想掺之，破坏了儒学自身体系的纯正和完整，具有极大的欺骗性，不可等闲视之，他因而将此视为儒学的"阳九百六"，希冀能拨而反正，中兴儒学。他特别批评了王学的禅化：

> 甚哉，道术之日分也！江左以来，于吾儒之外自为异端；南宋以来，于吾儒之内自分两歧；降是而后，则引释氏之精理而阴入于吾儒之内矣；降是而后，则受释氏之明法而明出于吾儒之外矣。④

这段文字在学术史上颇为人所注意。万历三十年（1602）三月，时任礼部尚书的冯琦上《正学疏》，首先征引之，神宗纳之。此后，顾炎武的《日知录》卷十八《科场禁约》和钱大昕的《十驾斋养新录》卷十八《引儒入释》均加转引，顾炎武并亲为之注，认为指涉的是"如陈白沙、王阳明"和"如李贽之徒"两类人⑤。

在于慎行理想的儒释道三教融合的图景中，他特别强调儒家的主导地位，

---

① 于慎行：《兖州府志》卷二十五《寺观志》小序，齐鲁书社 1985 年版。

② 于慎行：《谷城山馆文集》卷十五《鲁庙祭田记》，《四库全书存目丛书》集部第 147 册，齐鲁书社 1997 年版，第 486 页。

③ 于慎行：《谷城山馆文集》卷十四《邹县重修孟庙记》，《四库全书存目丛书》集部第 147 册，齐鲁书社 1997 年版，第 469 页。

④ 于慎行撰，吕景琳点校：《谷山笔麈》卷十七《释道》，王琦撰，张德信点校；于慎行撰，吕景琳点校：《寓圃杂记 谷山笔麈》，中华书局 1984 年版，第 201 页。

⑤ 顾炎武著，黄汝成集释，栾保群、吕宗力校点：《日知录集释》（全校本）卷十八《科场禁约》，上海世纪出版股份有限公司、上海古籍出版社 2006 年版，第 1060 页。

而以之统摄佛道,这是他与同时代的一些士人一个比较明显的区别:

> 必如本朝以大圣之教,主持世法,而兼收二氏,以备方家之术。如中
> 原正朔,统御万方,而四夷八狄,拱服效顺,上下森列,不相逾越,亦万方无
> 敌之道宗哉! ①

晚明的丛林本已呈现佛教经世的思想转向,于慎行也注意强调了这一点。他
一再说:

> 盖能普度众生,乃佛菩萨之行,若修斋供佛,则沙门之职也。世之循
> 吏,有慕佛子、菩萨之名,而不免流于和尚者,尚戒之哉! ②

> 尝绎佛氏之旨,大要主于慈悲普度,欲令一切众生解脱沉苦,同证
> 极乐。③

> 然一人含之,千万人不渴,有是宝否? 试于佛经参之,必有所得。④

这样,于氏通过宣扬佛教大乘教义,其三教融合的思想最终就自然地导向并落
实于以经世为其旨归。在为同年挚友、大学士张位的《闲云馆集》所作的序言
中,于慎行描述了自己心目中的"通方之儒"的形象:

> 夫所谓通方者,通乎方之内外也。方之内以有含无,设所以经世之
> 具;方之外以无显有,标所以出世之宗,皆所谓天地人之精蕴,无不有博,
> 无不有要,无非是博,无非是要也。执其要而御其博,则可以挥斥八极,磅
> 薄六气,而超然于方之内外,即众派群流,并苞而兼总之,不啻易矣,奈何
> 以寡要为博乎! 夫非要固无以为博,而非博亦无所为要,则岂独汉人之昧
> 于儒也。……夫二氏之学,虽其言幻渺汗漫,自托于有形之表,而其本宗
> 归趣,盖亦不出于吾儒之书,故博之物虽殊,而要之理不二也。儒而诚得
> 其要,可以立于方之内,亦可以游于方之外,其为通天地人之事一尔,奈何

---

① 于慎行著,黄恩彤参订,李念孔等点校:《读史漫录》卷十四《辽金元》,齐鲁书社 1996 年版,第 500 页。

② 于慎行著,黄恩彤参订,李念孔等点校:《读史漫录》卷十《五季》,齐鲁书社 1996 年版,第 370 页。

③ 于慎行:《谷城山馆文集》卷十三《敕建慈寿寺碑文代》,《四库全书存目丛书》集部第 147 册,齐鲁书社 1997 年版,第 449 页。

④ 于慎行著,黄恩彤参订,李念孔等点校:《读史漫录》卷十四《辽金元》,齐鲁书社 1996 年版,第 506 页。

以二氏为敌，砣砣然角之哉。夫以二氏为敌，而不敢有之者，古儒之所谓
要而狭也；以二氏为宗而阴欲内之者，今儒之所谓要而离也，皆于儒无当
也。执吾之要而受彼之要，御吾之博而容彼之博，是之谓通方之儒，而先
生之所闻于洙泗也与。①

在这个"通方之儒"身上，儒释道三教密合无间，而以儒家思想为其根基和核
心，"经世之具"和"出世之宗"完美地汇于一身。

现实和历史的两相观照，独立学者和体国大臣的双重身份，这种结合，使
得于慎行的实学思想呈现出绚丽斑驳的色彩。在现实的考量中，作为社稷之
臣，于氏诚然有时也不可避免地夹杂着一些偏见，这是其实学思想中的消极方
面。但在更多的时候，他纵览古今，目光如炬，破除了拘挛之见，超越了实际利
益的狭隘视野，提出了许多至可宝贵的见解，其中部分的先进思想特别如民族
思想也已内化为我国现代思想的一个成分。于慎行的实学思想回荡着晚明时
代的声响，带有思想启蒙的色彩，不仅与同时代的吕坤、顾宪成、高攀龙诸人的
实学言论遥相呼应，而且预示着以黄宗羲、顾炎武、王夫之等诸大儒为代表的
明清之际早期民主启蒙思潮的到来，在明清政治思想史上无疑占有承前启后
的重要地位。

---

① 于慎行:《谷城山馆文集》卷十一《闲云馆集叙》,《四库全书存目丛书》集部第147册,齐
鲁书社1997年版,第417—418页。

第四章　于慎行的文学理论与创作

万斯同《明史·于慎行传》云:"时谓北人居词馆率鲜文学,惟慎行及临朐冯琦卓然冠冕。"①其后张廷玉等《明史·于慎行传》云:"神宗时,词馆中以慎行及临朐冯琦文学为一时冠。"②于慎行诗文春容宏丽,一时推大手笔,是明代后期文坛有一定影响的重要作家。他"起于历下(按:指李攀龙)之壮岁,而成于江东(按:指王世贞)之末年"③,在隆庆初年至万历中期,度过了其辉煌的创作生涯。于慎行的各类存佚文学著述,可见图表如下:

于慎行文学著述表

著作名称	卷数	署名	类别	重要版本	备注
《谷城山馆诗集》	二十卷	于慎行	诗集	1. 明万历三十二年(1604)杨令日森、杜士全刻本。 2. 明万历三十五年(1607)周时泰《谷城山馆全集》刻本。 3. 明万历三十八年(1610)于纬《谷城山馆全集》刻本。 4. 明万历于纬刻、清康熙十六年(1677)重修《谷城山馆全集》本。	《四库全书》收录

---

① 万斯同:《明史》卷三百十《于慎行传》,《续修四库全书》第 329 册,上海古籍出版社 2002 年版,第 395 页。
② 张廷玉等:《明史》卷二百十七《于慎行传》,中华书局 1974 年版,第 5739 页。
③ 邢侗:《来禽馆集》卷六《谷城山堂诗草序》,《四库全书存目丛书》集部第 161 册,齐鲁书社 1997 年版,第 434 页。

续表

著作名称	卷数	署名	类别	重要版本	备注
《谷城山馆文集》	四十二卷	于慎行	文集	1. 明万历三十五年（1607）周时泰《谷城山馆全集》刻本。 2. 明万历三十八年（1610）于纬《谷城山馆全集》刻本。 3. 明万历于纬刻、清康熙十六年（1677）重修《谷城山馆全集》本。	《四库全书》存目
《谷城山馆杂咏》		于慎行	诗选		
《于少保诗选》	不分卷	于慎行 著，雷暎选	诗选	明稿本	
《东游记》	不分卷	于慎行、朱维京、孟一脉	专题诗文集	明万历十一年（1583）刻本	
《岱畎行吟》（又名《岱畎吟编》）	二卷	于慎行	专题诗歌集	佚	

　　从声势浩大的"后七子"文学复古运动的逐渐式微,进而发展至以"性灵说"为口号的公安派的崛起文坛,这是于慎行创作生涯的大背景。其时文坛新旧交替,波谲云诡,理论批评与创作实践都呈现出兼容并包的多元化局面。于慎行的文学理论与创作能够自外于门户宗派的壁垒,独树一帜,卓然自立,在我国古代文学史上占有重要的地位。

第一节　于慎行的诗歌理论与创作

　　陈田《明诗纪事》庚签《序》曰:"显砭于鳞之失者,山左于无垢、公孝与,识虽绝特,才乏殊尤。论者遂一概抹杀,谓万历一朝,无诗可采。"①从文学史的地位来看,于慎行的诗歌创作诚然不如其诗歌理论重要和引人注意,但如陈田所说"才乏殊尤",则殊乖事实。

──────────

　　①　陈田辑撰:《明诗纪事》庚签陈田《序》,上海古籍出版社 1993 年版,第 2233 页。

一、于慎行的诗歌理论

于慎行的时代,诗人们标新立异,各有主张,造成晚明诗坛繁荣的局面。于氏的诗论能够"洞达古今流变"①,自成一家言,在当时已为人所重,山左诗坛的冯琦、公鼐、邢侗诸家自不待言,即如王肯堂、王志坚等人也都无不给予高度的评价。此后,于氏诗论更在我国诗学史上产生深远的影响,自钱谦益、张岱、谈迁、曹溶、张怡以至王士禛、朱彝尊、查慎行、金埴、宋弼、翁方纲、陈田、杜荫棠、马星翼诸人,无不称引其诗论。

(一)对七子派文学复古运动的批判

于慎行出生后两年,以李攀龙、王世贞为首的"后七子"复古主义文学流派开始形成。他们继"前七子"而起,标榜"文必西汉,诗必盛唐",主张"大历以后书勿读",②甚至公然以模拟代替创作,操柄文坛达四十年之久,天下文士趋之若鹜,以致造成万家一习、几无人敢于立异的局面。于慎行正是在这样的时代大环境中度过了他的早期创作生涯。到他晚年,"后七子"文学复古运动已步入尾声,衰态毕露。于氏在目睹其盛衰后,对其展开批判,成为少数最早对"后七子"文学复古运动的流弊进行深刻反思和总结的人物之一。于慎行于诗、文两方面俱有极精到的论述,而其中关于诗歌的言论,尤其为人称扬。于氏《谷城山馆诗集》于古乐府、五言古诗前各缀以小序云:

> 叙曰:唐人不为古乐府,是知古乐府也。辞声相杂,既无从辨;音节未会,又难于歌,故不为尔。然不效其体而时假其名,以达所欲出,斯慕古而托焉者乎。近世一二名家,至乃逐句形模,以追遗响,则唐人所吐弃矣。余尝为郊庙铙歌,可数十首,已而视之,颇涉儿戏,亦复不自了然,遂焚弃之。取其音节稍近者,仿其一二,谓之本调。至近体歌行,如唐人所假者,各从其类附焉。而不曰乐府,则诗之而已矣。夫唐人能为而不为,今之君子能为而遂为之,予奈何不能为而为也。管城游衍,聊以自娱,岂称述作哉?③

---

① 陈田辑撰:《明诗纪事》庚签卷八《于慎行》,上海古籍出版社 1993 年版,第 2361 页。
② 张廷玉等:《明史》卷二百八十七《王世贞传》,中华书局 1974 年版,第 7381 页。
③ 于慎行:《谷城山馆诗集》卷一《古乐府本调》小序,《山东文献集成》第 3 辑第 25 册,山东大学出版社 2009 年版,第 447 页。

> 叙曰：余为五言古风，好学魏晋，非其质也。夫魏晋之于五言，岂非神化？学之则迂矣！何者？意象空洞，朴而不敢琱；轨涂整严，制而不敢骋，少则难变，多则易穷，古所谓"鹦鹉语不过数声"尔。原本性灵，极命物态，洪纤明灭，毕究精韫，唐果无五言古哉？余既知其解矣，而不能舍魏晋者，取其可以藏拙，且适所便，非能遂似之也。海内赏真之士，有以吾言为是者，诗虽不视可矣。①

于慎行认为古今相距既远，古乐府的辞、声已无从分辨，而音节又难于歌唱。唐人能"不效其体而时假其名，以达所欲出"，实际上是得其精髓。他批评"七子"复古主义者"逐句形模，以追遗响"，不知此为唐人所吐弃。于氏认为魏晋五古"意象空洞"、"轨涂整严"，已臻于神化之境，但后学者往往"朴而不敢琱"，"制而不敢骋"，结果是"少则难变，多则易穷"。在他看来，五古的创作应以"原本性灵，极命物态，洪纤明灭，毕究粗蕴"为宗旨，唐人自足以当之。总之，于氏"极言乐府不当摹仿，魏晋不可强袭"②。他通过考溯乐府、五古的上下源流，直指七子派文学复古运动的症结所在，撼动了其所由立论的基础，让人不得不佩服其卓越的历史眼光。

这两篇短序被认为是于慎行对以李攀龙、王世贞为首的"后七子"复古主义的对疾针砭，在诗学史上颇为人所注意。时人王肯堂在《郁冈斋笔麈》中批评李攀龙的诗论，征引于氏五言古诗小序以为奥援：

> 李于鳞曰："唐无五言古诗，而有其古诗。陈子昂以其古诗为古诗，弗取也。"余不谓然。汉魏高古而变化易穷，六朝绮丽而情事不殚。若夫穷工极态，抉奥发扃，极胸臆之所欲言，道前人之所未道，则唐古诗又何让焉？余为此论久矣，顾不善诗而谈诗又违俗如此，将为人所唾骂，又谁信之，今见于谷峰先生自叙其五言古诗，与余意合，而后敢出之。叙曰："……"呜呼！先生业已为魏晋而不为唐矣！然犹盛推唐如此，若其不能

---

① 于慎行：《谷城山馆诗集》卷二《五言古诗》小序，《山东文献集成》第 3 辑第 25 册，山东大学出版社 2009 年版，第 458 页。

② 翁方纲纂，吴格整理：《翁方纲四库提要稿·集部·别集类·明·谷城山馆诗集二十卷》，上海科学技术文献出版社 2005 年版，第 879 页。

为者，而自以学魏晋为藏拙，此岂特识鉴之高而已哉！①
王肯堂写作《郁冈斋笔麈》时，正当万历中后期，公安派虽已兴起，而"后七子"
文学复古运动仍有余波流衍，影响不绝，宜乎其称"违俗如此"。此后，《石匮
书》、《列朝诗集小传》、《明人诗品》、《四库全书总目》等书对前引两序俱加征
引。翁方纲在撰写《四库提要稿》时，不禁称赞"不料尔时有如此通彻之
论"②。

此外，于慎行在其著述中还多次针对"后七子"及其末学诗歌创作中泥古
不化、模拟剽窃的弊病进行了深入的批评。他说：

> 开卷百年万里，连篇落日中原。一任骚坛争霸，争交学海穷源。③

> 近代一二名家，嗜古好奇，往往采掇古词，曲加模拟，词旨典奥，岂不
> 彬彬，第其律吕音节已不可考。又不辨其声词之谬，而横以为奇僻，如胡
> 人学汉语可诧，胡不可欺汉，令古人有知，当为绝倒耳。④

> 近世王、李诸公，好古钓奇，各模拟《铙歌》十八曲，历下之词旨颇近，
> 而不能自为一词，娄东稍脱落，即不甚似，然其旧曲之名与其辞不可解者，
> 即二公亦不知也。惟寄性深远，可以发难抒之情，则君子有取焉耳。⑤

孟一脉序东阿诗人赵邦彦诗集时，曾引述于氏之语云：

> 今之业诗者，争传色而勦骨，谐声而勦格，务幻词而难解，不则，交树
> 赤帜，滞古媚今，以求驰赞四方之贤豪。⑥

于氏的这些言论，连同前引两序，构成了对以李、王一派的诗歌拟古原则和方

① 王肯堂：《郁冈斋笔麈》卷四，《续修四库全书》第 1130 册，上海古籍出版社 2002 年版，
第 150 页。
② 翁方纲纂，吴格整理：《翁方纲纂四库提要稿·集部·别集类·明·谷城山馆诗集二十
卷》，上海科学技术文献出版社 2005 年版，第 879 页。
③ 于慎行：《谷城山馆诗集》卷十九《夏日村居四十二首》其二十二，《山东文献集成》第 3
辑第 25 册，山东大学出版社 2009 年版，第 664 页。
④ 于慎行撰，吕景琳点校：《谷山笔麈》卷八《诗文》，王琦撰，张德信点校；于慎行撰，吕景
琳点校：《寓圃杂记 谷山笔麈》，中华书局 1984 年版，第 88—89 页。
⑤ 于慎行撰，吕景琳点校：《谷山笔麈》卷八《诗文》，王琦撰，张德信点校；于慎行撰，吕景
琳点校：《寓圃杂记 谷山笔麈》，中华书局 1984 年版，第 89 页。
⑥ 赵邦彦：《赵元哲诗集》卷首孟一脉《赵元哲诗集序》，明万历十年（1582）刻本。

法的完整批评,诚可谓"箴历下之膏肓,对病而发药"①。

但是,对于于慎行,我们毕竟不能单纯地以复古派的反对者视之,实际的情况要复杂得多。对于当时的山左文坛而言,李攀龙是一个无可回避的巨大存在。存世文献虽未见有于慎行与李攀龙交往的记载,但其生活经历和师友圈子都与李氏发生交集。特别是少年时期曾与于慎行朝夕相处的于达真得到李攀龙的青眼相看,几乎登堂入室,承其衣钵,以至于公鼐赠诗云"一代文章李沧溟,唐室开元汉两京。今日见君操白雪,恍然身对济南生"②。于慎行、王世贞的作品集中未收录两人直接交往之作,但双方都互存善意和尊敬,世贞之子王士骐与于氏过从甚密。其他"后七子"外围的重要成员中,如"广五子"中的李先芳、吴维岳,"续五子"中的赵用贤,"末五子"中的李维桢、魏允中,以及"四十子"中的周天球、魏允贞、邢侗、王衡、梅鼎祚、吴稼竳诸人都与他交谊深厚。在其著述中,于慎行不仅推崇李梦阳、边贡等"前七子"重要人物,对王世贞、汪道昆、李先芳、吴维岳、李维桢、周天球、邢侗、王衡、吴稼竳等当世诸子的诗歌创作也多所推许,而他对李攀龙的褒扬尤可从中知其梗概。

对于这位曾经引领一代诗风的乡前辈,于慎行怀有深深的敬意,尤其当他为同乡作序和墓志铭时,每每标举李攀龙以为诗坛典型,而不吝给予高度的评价,如赞扬其诗文为"大雅音"③,推许李氏"为世宗盟"④,称赞:"海内称吾乡文学,率以济南为最。"⑤沈懋孝在《选子美、献吉、于鳞诗叙言三首》中说:

> 余同馆于东阿,历下里人,称李先生说诗,必极己才情之所诣,出古人言句外数十武不肯休。反之逾工,合之若反。异入异调,又自不同。若同

---

① 钱谦益:《列朝诗集小传》丁集中《于阁学慎行》,上海古籍出版社1983年版,第548页。

② 公鼐著,赵广升点校:《问次斋稿》卷三十《赠于子冲兵宪,时迁河南参藩未行》其一,中国戏剧出版社2008年版,第340页。

③ 于慎行:《谷城山馆诗集》卷四《寿李北山先生八十》,《山东文献集成》第3辑第25册,山东大学出版社2009年版,第494页。

④ 于慎行:《谷城山馆文集》卷十七《明故孝贡进士少虚先生赵公墓志铭》,《四库全书存目丛书》集部第147册,齐鲁书社1997年版,第536页。

⑤ 于慎行:《谷城山馆文集》卷二十三《明故陕西巩昌府通判诰封锦衣卫指挥佥事鸿石苏公墓志铭》,《四库全书存目丛书》集部第147册,齐鲁书社1997年版,第688页。

岂能入妙,若不同何以合券古之人!①

于氏熟谙山左诗坛的历史沿革,这些对李攀龙的评价,往往能得其上下条流,深有心得,在时间上一般要早于其晚年对"后七子"的批判,又包裹在浓浓的乡曲之情中,即使有所揄扬,也都显得情真意切。

于慎行多次以"大国风"、"大雅音"来概括山左诗坛自边贡、谢榛、李攀龙以来的优秀诗歌传统,充分表明其对自己所由出身的山左诗坛的认同和自豪。四库馆臣对"七子"一派的诗歌理论与创作既不概于心,又不满"竟陵、公安之学",于是取于氏晚年之论,以为"慎行于李攀龙为乡人,而不沿历城之学",②未免失之偏颇。邢侗序其诗集谓:"降而论代,屈先生与李(梦阳)、何(景明)角,则李宜逊姿,何宜逊骨。不宁惟是,假令江东以喝野喷山之势而遇先生,不能不左辟中原之固垒;即起历下而抵掌于黄石之次,历下能无爽然于御勒而推先生国步乎!"③邢侗将于慎行与李、何、王、李等"前后七子"的领袖相比较,虽未免揄扬过甚,但也决非牵强附会,实是非深知慎行者不能道。清代女诗人汪端编选《明三十家诗选》,其初编收录 13 位诗人,附录 20 位诗人。其中卷六上专录李攀龙之作,收诗 46 首,其下仅附录于慎行一人,收诗 6 首。汪端看出了于慎行与李攀龙之间的渊源关系,可谓有知人论世之识。事实上,诚如钱钟书先生所说,于慎行乃是"曾受'七子'影响的一位过来人"④,而唯其与复古派有如此关联,他的入室操戈,才显得格外有力,而且"说话婉转,又不自以为是,其风度尤为人所难及"⑤。

(二)主神情、扬性灵

在对七子派文学复古思想的批判继承中,于慎行提出了自己完整的诗学

---

① 沈懋孝:《长水先生文钞·长水先生文钞》卷二《选子美、献吉、于鳞诗叙言三首》其一,《四库禁毁书丛刊》集部第 159 册,北京出版社 1997 年版,第 210 页。

② 永瑢等:《四库全书总目》卷一百七十二《集部二十五·别集类二十五·谷城山馆诗集二十卷》,中华书局 1965 年版,第 1512 页。

③ 邢侗:《来禽馆集》卷六《谷城山堂诗草序》,《四库全书存目丛书》集部第 161 册,齐鲁书社 1997 年版,第 434 页。

④ 钱钟书:《序》,钱钟书:《宋诗选注》,生活·读书·新知三联书店 2002 年版,第 11 页。

⑤ 宋佩韦:《明代文学》,宋佩韦等:《中国大文学史》,上海书店出版社 2001 年版,第 757 页。

主张。他论诗的主旨在提倡"神情",而反对一以修辞为务,这在其为临朐冯氏家族成员冯惟讷、冯琦的诗文集所作诸序中有透彻的阐发。① 于慎行在《冯光禄诗集叙》中对比古今,痛斥弥漫于当时诗坛的片面追求修辞的形式主义倾向:

> 古之修辞者,积阅而用啬,其神常应于有余;后之修辞者,入少而出多,其力常操于不足。有余者得诸心,故不厌为醇雅和平之调,而自不能已于高华。不足者怵于目,故愈务为瑰奇亢厉之音,而终不能脱于纤靡。此不可不辨也。②

于慎行在《冯宗伯诗叙》中推崇冯琦之诗是"以神情会者也",称:

> 夫自《三百篇》以降,至于汉、魏及唐,体裁不同,要以褒然意象之表,不可楷梯,正在神情尔。世人不知,则求多于辞,辞不能超,而求助于气,大归高张急节,愈费而愈不足。窃尝譬之以词与气,求工者如画师写照,衣冠色貌,细至眉发,无一不似,令人蹴然而悚,迫而察之,了无生意。何者? 其君形不在焉,似之而失其真矣。③

于氏认为《诗经》以来的历代优秀诗作虽则体裁有异,而求其"神情"则同,即都达到了"褒然意象之表,不可楷梯"的境界。世人不务于此,而片面追求"辞"、"气",就难免"高张急节,愈费而愈不足"的弊病,他因而以绘画的"写意"、"写照"为喻,来加以说明。

这一部分,与《谷山笔麈》中的阐述正足相发明。那里说:

> 古人之诗如画意,人物衣冠不必尽似,而风骨宛然;近代之诗如写照,毛发耳目无一不合,而神气索然。彼以神运,此以形求也。汉、唐之古风,盛唐之近体,赠送酬答,不必知其为谁,而一段精神意气,非其所与者不足当之,所谓写意也;近代之诗,赠送酬答,必点出姓氏、地名、官爵,甲不可

---

① 袁震宇、刘明今先生著《中国文学批评通史》(明代卷)对此有深入论述,本书有所参考。参见王运熙、顾易生主编,袁震宇、刘明今著:《中国文学批评通史》(明代卷),上海古籍出版社1996年版,第494—495页。

② 于慎行:《谷城山馆文集》卷十《冯光禄诗集叙》,《四库全书存目丛书》集部第147册,齐鲁书社1997年版,第413页。

③ 于慎行:《谷城山馆文集》卷十一《冯宗伯诗叙》,《四库全书存目丛书》集部第147册,齐鲁书社1997年版,第427页。

乙，左不可右，以为工妙，而不知其反拙矣，此所谓写照也。①

这段有名的文字辨古今诗歌的"写意"、"写照"之别，最为剀切明晰，击中了"貌合而神离，形存而实亡"的拟古主义和形式主义的要害。时人王志坚在《四六法海》中推许"此论极妙"②，清人金埴的《不下带编》也加以征引。在这里，于氏尚沿用中国诗论传统术语"神"一词，而未使用"神情"的概念，盖《谷山笔麈》完稿于万历二十七年（1599）九月之前，而《冯宗伯诗叙》则在是年仲秋问世，这期间大约正是于氏神情说酝酿成熟的时候。

以"神情"论诗，是于慎行对我国传统诗学的一大贡献。这个"神情"，他有时又称之为"君形"，即"神"。他以王维山水画为喻，说其"平远山水，间以人物"，虽然画面"浓淡荣枯，在有无明灭之际"，却能够使人产生"望之跃然洞心，若将身游其中而不能已"的强烈感觉，取得"得其真而不必似"的效果，也正为其是"以神情会者也"。于是于氏进而提出：

> 神在象先，而辅之以气；情悬物表，而运之以辞，此所以胜尔。嗟夫，物未有不得其真而胜者也。彼以境而合人，以人而传事，不怒而发上指，无悲而涕横流，于神情何所出焉？而欲以高驰艺苑，凌驾词坛，不其左与？③

他认为"神在象先"，"情悬物表"，作诗正当以"神情"为本，而驱遣气格、文辞，离形得似，传形之神，斯为诗歌创作的"真"。否则，徒"以境而合人，以人而传事"，都不足以表现"神情"，也就难与谈诗歌的创作。

那么，"神情"的特点为若何？在同样为冯琦所作的《宗伯冯先生文集叙》中，于慎行给出了解答。此虽论文，却也在很大程度上与诗论相通。他这样说：

> 天壤之间，有形有质之物未有能不朽者，必化而后不朽。金石之坚，

---

① 于慎行撰，吕景琳点校：《谷山笔麈》卷八《诗文》，王琦撰，张德信点校；于慎行撰，吕景琳点校：《寓圃杂记 谷山笔麈》，中华书局 1984 年版，第 87—88 页。

② 王志坚编：《四六法海》卷五骆宾王《上齐州张司马启》附评语，《景印文渊阁四库全书》第 1394 册，台湾商务印书馆 1986 年版，第 482 页。

③ 于慎行：《谷城山馆文集》卷十一《冯宗伯诗叙》，《四库全书存目丛书》集部第 147 册，齐鲁书社 1997 年版，第 427 页。

沏且蚀焉而朽；土木之臞，蠹且苏焉而朽，惟毋化也。水之洋洋，代而不息，朽乎哉！火之炎炎，传而不尽，朽乎哉！何者？化也。人心之精，吐而为言，言之伦要，敷而为文，此必有变而之化者，无所变而之化，而欲高驰虎视，树千载之标，岂其质哉！……盖先秦、西京之文，化而后为眉山氏（按：指苏轼）；眉山氏之文，化而后为弇州氏（按：指王世贞）。眉山氏发秦汉之精蕴，化其体而为虚；弇州氏揽眉山之杼轴，化其材而为古，其变一也。世人不知，一以为赵宋，一以为先秦、西京，徒皮相尔。……故能不为秦汉者，而后能为秦汉，此则不可朽尔。何者？文以神化者也。

他主张"文以神化"，因此特别提出"化"的概念，其实就是变动不居、与时俱进的意思。文学创作，唯其以神化之，生生不息，斯可不朽，历代大家概莫例外。否则，"不会之以神，而合之以体；不合之以体，而模之以辞，则物之形质也。方兴方毁，方新方故，不朽何之"。离开了"神"的统摄，即便"合之以体"，"模之以辞"，仍只能是易朽的形质。他因此批评以李攀龙为首的"后七子"复古派：

顷者，先正诸公亟称拟议以成其变化，岂非名言？然拟之议之，为欲成其变化也。无所变而之化，而姑以拟议当之，所成谓何？夫酒醴成于麴蘖，而麴蘖非酒也；汤液成于药石，而药石非汤也。有如以酒醴为澂澹而酸其醋醨，以汤液为清泠而咀其渣滓，文而肖是乎哉？①

以酿酒和煮药为喻，意在强调学古须有变化出新。化与不化，是作品能否获得持久艺术生命的根本分野。于慎行一眼看尽古今文学演变，以"化"论创作，重在揭示出文学这一客观现象的内在发展规律。于是，文学古今优劣的问题得以消解，宗派门户之争失所依傍，而复古与反复古主张之间的尖锐矛盾也得以调和了，这是他眼光独到、高出同时文论家的卓越之处。

于慎行的时代，"一种反对拘执，推本自然，重视颖悟，欲因悟以求神的诗论"②，已逐渐得到诗人们的注意而获得发展，胡应麟、陆时雍等人的神韵说可

① 于慎行：《谷城山馆文集》卷十二《宗伯冯先生文集叙》，《四库全书存目丛书》集部第147册，齐鲁书社1997年版，第433—434页。

② 王运熙、顾易生主编，袁震宇、刘明今著：《中国文学批评通史》（明代卷），上海古籍出版社1996年版，第552页。

为代表。映衬在这样的诗论背景下,于氏的神情说,也每每让人有似曾相识之感。如胡应麟在《题柳河东集后》中谓:"柳州岭右诸近体,面目愈工,神情愈远,何也? 盛唐之工在神情,故愈工愈合;晚唐之工在面目,故愈工愈离。悟此数言,诗道过半矣。"①这种与于慎行神情说若合符节的见解,部分反映出于氏与其所处时代的文学复古主义之间存在着的藕断丝连的复杂关系。但是,他的神情说毕竟与复古主义的格调派有着根本的区别,也就不是神韵说所能牢笼。

值得一提的是,于慎行在其著作中开始频繁使用"意象"的概念。如说:

夫自《三百篇》以降,至于汉魏及唐,体裁不同,要以襄然意象之表,不可楷梯,正在神情耳。②

其(按:指于达真)为文觚规意象,本诸李公,而不纯用其体,稍按事实,更为平易。③

历下以气骨合神,湛涵万有,而发以雄迅,意常超于象之表;……④

(魏晋五古)意象空洞,朴而不敢琱;轨涂整严,制而不敢骋,少则难变,多则易穷,古所谓"鹦鹉语不过数声"尔。⑤

他要求"意象"能于"象外"传神,而"意象之表",可说是"意象"的超象显现,由此构成一种言有尽而意无穷的表现形式,这是对"意象"特性的一大深化和拓展。

引人注意的是,在标举神情说的同时,于慎行也提出了"性灵"的主张。"性灵"一词用于文学批评可追溯至南北朝,但迟至明代中期以后,性灵说始得以孕育而蔚成一股文学思潮,至晚明而达到高峰。在王世贞、王世懋兄弟之

---

① 胡应麟:《少室山房集》卷一百五《题柳河东集后》,《景印文渊阁四库全书》第1290册,台湾商务印书馆1986年版,第761页。

② 于慎行:《谷城山馆文集》卷十一《冯宗伯诗叙》,《四库全书存目丛书》集部第147册,齐鲁书社1997年版,第427页。

③ 于慎行:《谷城山馆文集》卷二十《明故亚中大夫陕西布政使司右参政完璞于公墓志铭》,《四库全书存目丛书》集部第147册,齐鲁书社1997年版,第594页。

④ 于慎行:《谷城山馆文集》卷二十一《明故奉直大夫尚宝司少卿北山先生李公墓志铭》,《四库全书存目丛书》集部第147册,齐鲁书社1997年版,第611页。

⑤ 于慎行:《谷城山馆诗集》卷二《五言古诗》小序,《山东文献集成》第3辑第25册,山东大学出版社2009年版,第458页。

后，于慎行同时的友人李维桢、屠隆、焦竑等也开始较多地将"性灵"应用于文学批评，已几几着公安、竟陵之先鞭了。尤需指出的是，于氏周围的山左诗人亦开始使用"性灵"一词，而且将其用于评价于氏家族成员的诗歌创作。如冯琦为于慎行之父作《于宗伯集序》，称"先生（按：指于批）才绝高，学绝富，然其为诗，一寄之冲融恬雅，发舒性灵而止"①。邢侗为《于氏家藏诗稿》作序，称许："今览兹集，即言不相袭，格以类殊，而究厥体裁，率沈雄朗润，妙入元解，盖缘本乎天趣，发之性灵，是以机动神随，意无乏绪。"②他又在《谷城山堂诗草序》中称赞于慎行"以兹地望，不以资诶达，而以穷秘检；不以广游道，而以适深衷。性灵所会，遂百同曹"③。可见对于"性灵"的强调，在新兴文学思潮高涨的背景下，已不因南北而有所区别了，而作为明代北方诗坛的重镇，山左诗人的彰扬"性灵"，尤具指标意义。

于慎行敏锐地觉察到文学思潮的新变，他在著述中多次使用"性灵"，可见如下：

> 人主好文章书画，虽于政理无裨，然较之声色狗马，雅俗不同，且从事文墨，亦可以陶冶性灵，简省嗜欲，未必非养身进德之助。④

> 四部所分，各有门户，要以阐发性灵，宣叙伦则，式垂舳范，羽翼言枢，固异派而同源者也。⑤

> 文沿器象而志意管其枢机，理寄缥缃而性灵为之橐籥。⑥

> 原本性灵，极命物态，洪纤明灭，毕究精韫，唐果无五言古哉？⑦

---

① 冯琦：《宗伯集》卷十《于宗伯集序》，《四库禁毁书丛刊》集部第 15 册，北京出版社 1997 年版，第 159 页。

② 邢侗《于氏家藏诗稿后序》，李贤书修，吴怡纂：《（道光）东阿县志》卷十八《艺文志四》，《中国地方志集成·山东府县志辑》第 92 册，凤凰出版社 2004 年版，第 206 页。

③ 邢侗：《来禽馆集》卷六《谷城山堂诗草序》，《四库全书存目丛书》集部第 161 册，齐鲁书社 1997 年版，第 434 页。

④ 于慎行撰，吕景琳点校：《谷山笔麈》卷七《典籍》，王琦撰，张德信点校；于慎行撰，吕景琳点校：《寓圃杂记 谷山笔麈》，中华书局 1984 年版，第 81 页。

⑤ 于慎行：《兖州府志》卷三十八《典籍志》小序，齐鲁书社 1985 年版。

⑥ 于慎行：《谷城山馆文集》卷十《济美堂集叙》，《四库全书存目丛书》集部第 147 册，齐鲁书社 1997 年版，第 413 页。

⑦ 于慎行：《谷城山馆诗集》卷二《五言古诗》小序，《山东文献集成》第 3 辑第 25 册，山东大学出版社 2009 年版，第 458 页。

第一则所言"性灵",大抵指一种敏于感受的情性,还偏重于个人的审美情趣,尚是"性灵"一词传统涵义上的使用。至于后三则则论到了诗文,尤其是最后一则,不啻是诗歌创作的宣言。此处的"性灵",已以真实地反映自我、自然地抒写性情为其本质,也就与公安派所宣言的"独抒性灵,不拘格套"①的创作主张相近了,只是尚未形成系统的理论阐述。通观于慎行的著作,从他早期笔下的"心灵"、"真宰"杂陈,到变而为中期的"性灵"、"神心"并用,再到晚期的强调"性灵"。这三十余年的概念演进,也适足折射出时代文学思潮发展的投影。于氏本人的诗歌创作也忠实地体现了这一文学主张,清人卢见曾称赞其"为性灵之独运,声律之首庸者"②,确有所见。

万历十九年(1591)以后,公安派开始登上历史舞台,一时倾动海内,"性灵"成为影响一代文人的口号。此时于慎行已致仕家居,隐于谷城山中,与公安三袁不通闻问,无所交接。公安派主将袁宏道曾致信其乡试座主冯琦,欲引为其文学运动的奥援,只是冯氏虽对前期的公安派颇为赏识,但当公安派旗鼓大张之后,由于文学理念的隔阂,其态度却转趋冷淡,最后不了了之。但是于、冯二人却不只在政治上,在文学上也是志同道合的知己。山左诗人渊源有自,其诗论与公安一派有相通,然亦自有别,至于竟陵派的兴起,更是于氏身后的事了。只是有一点可以肯定:反复古、主性灵的文学思潮在当时已不择地而出,为南北先进的文人所注意,开始蔚为一时的风气了。袁宏道也只是在当时"其才不难自变,其识已看定天下所必趋之壑,而其力已暗割从来所自快之情"③,从而在文坛上造成更大的影响而已。

(三)诗歌风格论

于慎行有一篇佚文《海岳山房存稿序》,黄宗羲编《明文海》著录之。此文所阐发的观点值得重视。其云:

> 今世言文章者,多谓此道上不在台阁,下不在山林,此何说也? 毋亦

---

① 袁宏道著,钱伯城笺校:《袁宏道集笺校》卷四《锦帆集之二·叙小修诗》,上海古籍出版社 1981 年版,第 187 页。

② 卢见曾:《雅雨堂文集》卷四《征选山左明诗启》,《续修四库全书》第 1423 册,上海古籍出版社 2002 年版,第 500 页。

③ 谭元春著,陈杏珍标校对:《谭元春集》卷十二《袁中郎先生续集序》,上海古籍出版社 1998 年版,第 599 页。

以台阁之文,从容典重,乏奇崛之观;山林之文,枯槁寂寥,寡宏富之蓄,用其长而不能不见其短,故为世所訾病耳。……而呶呶嚚嚚,谓台阁、山林无文,亦足慨矣![1]

似乎在他的心中,已隐然有台阁文学、山林文学与郎署文学的划分,而他作为典型的馆阁之臣,也自居于台阁文学之地,对以"前后七子"为代表的郎署文学颇致不满。至于台阁文学,于慎行则对其别有一种亲切,如他致诗馆阁僚友,即称道"馆阁先朝多故事,群公勋业踵前芳"[2]。但是于氏生平徘徊进退,优游林下凡二十余年,与不少山人交往密切,而其曾在文学上给予他重要影响的两位兄长慎思、慎言也都未仕进,以山林诗人终其一生,因此,对于山林文学,于氏每能表示同情的理解。于慎行的诗歌"典雅和平,自饶清韵"[3],出入于台阁、山林之间,风格多样,毕竟非台阁一体所能牢笼。如果台阁文学在"从容典重"之外,能不乏"奇崛之观",而山林文学可免"枯槁寂寥"之弊,在他是不以为非的。至于七子派文学复古运动所倡导的高古雄浑、宏大雅正的精神内质,又在一定程度上与他的诗歌审美取向有所契合。这样,于氏乘时而起,另辟蹊径,高悬"大雅"以为其诗歌创作所追求的理想。

于慎行曾与冯琦、公鼐等人高举"齐风(大国风)"的旗号,这是对山左诗坛优秀诗歌传统的推陈出新,其对典雅厚重、大气浑灏的诗歌风格显然情有独钟。于慎行曾自豪地说:"先子秉儒术,歌音追大雅。"[4]他自己甫登诗坛,即以"迥心托千古,大雅规翱翔"[5]自期。而当时山左诗人公鼐、冯琦、邢侗诸人的诗论与于氏又如出一模。冯琦赠诗公鼐,称:"一歌先齐风,大海扬波澜。"[6]公

① 郭造卿:《海岳山房存稿》卷首于慎行《海岳山房存稿序》,明万历三十五年(1607)刻本。
② 于慎行:《谷城山馆诗集》卷十三《九日留都瀛洲会集,呈诸馆丈》,《山东文献集成》第3辑第25册,山东大学出版社2009年版,第590页。
③ 永瑢等:《四库全书总目》卷一百七十二《集部二十五·别集类二十五·谷城山馆诗集二十卷》,中华书局1965年版,第1512页。
④ 于慎行:《谷城山馆诗集》卷二《感怀二十首》其十四,《山东文献集成》第3辑第25册,山东大学出版社2009年版,第460页。
⑤ 于慎行:《谷城山馆诗集》卷二《馆课初入翰林自述》,《山东文献集成》第3辑第25册,山东大学出版社2009年版,第462页。
⑥ 冯琦:《宗伯集》卷一《喜孝与至赋赠》,《四库禁毁书丛刊》集部第15册,北京出版社1997年版,第52页。

蕭赠诗冯琦从弟冯珣,则称:"主盟非吾事,愿君恢齐风。"①于慎行于冯琦逝世后,深情地悼念道:"南宫忽坼中台座,东海虚论大国风。"②他赠诗李先芳,则称:"当代论骚雅,公存大国风。"③这里的"大国风"即冯、公二氏所谓的"齐风",乃是对山左地域诗文化的概括,其深植于博大厚重的齐鲁文化。沈一贯即称誉于慎行:"后辈推文体,东方领大风。"④由此可见当时山左诗人试图建构乡邦诗歌体系的强烈自觉意识。

于慎行以年家子的身份与李先芳结为莫逆交,邢侗为李氏所作的行状称其"艺文而友……吾师东阿(按:指于慎行)"⑤,可知于、李二人的投契主要在诗文。在为李氏所作的序言和墓志铭中,于氏详细地阐发了他的诗歌风格论。李先芳"采国初郊庙朝会乐章,应周诗雅诵,析两畿十三省歌谣,比十五国风,命曰《明偶》,而以风体先焉"⑥。于慎行的序曰:

> 溯风之自,以北先也。夫自二南以下,十五国风皆江以北地也。降而春秋,吴越之歌吟乃出;降而战国,荆楚之骚赋始传。故江以南之声,则歌吟骚赋之流,而风之余也,非始音也。原音之始,以北先也,故曰序也。

他考溯风诗的源流,标举始音,进而曰:

> 然则南北之风同乎? 曰:"恶知其同,恶知其异?"总之,北方之音以气骨称雄,其敝伤于朴露;南方之音以才情致胜,其敝流于绮靡,此其大较也。虽然,登歌之奏,既和且平;治世之音,贵安以乐,故曰:"温柔敦厚,诗教也。"此风之正也。及夫荆卿击筑之吟,指冠流涕;师涓清徵之调,飞瓦飘帷,则激而为变声矣,非诗教也。

① 公鼐著,赵广升点校:《问次斋稿》卷五《赠冯季辊》其二,中国戏剧出版社 2008 年版,第 49 页。

② 于慎行:《谷城山馆诗集》卷十五《哭冯大宗伯四首》其二,《山东文献集成》第 3 辑第 25 册,山东大学出版社 2009 年版,第 583 页。

③ 于慎行:《谷城山馆诗集》卷八《奉寄李北山先生四首》其一,《山东文献集成》第 3 辑第 25 册,山东大学出版社 2009 年版,第 531 页。

④ 沈一贯:《喙鸣诗集》卷八《有怀十八首有序》其十六,《四库禁毁书丛刊》集部第 176 册,北京出版社 1997 年版,第 499 页。

⑤ 邢侗:《来禽馆集》卷十九《奉训大夫尚宝司少卿北山先生濮阳李公行状》,《四库全书存目丛书》集部第 161 册,齐鲁书社 1997 年版,第 644 页。

⑥ 于慎行:《谷城山馆文集》卷十一《明偶叙》,《四库全书存目丛书》集部第 147 册,齐鲁书社 1997 年版,第 416 页。

在比较南北诗歌各自优劣后,他揭橥出儒家"温柔敦厚"的诗教,认为这才是"风之正",并指出在这种诗教思想指导下编纂而成的《明偶》所呈现出的具体审美品格是:

> 直而不肆,曲而不挠,大而不亢,细而不窕,密而不底,疏而不越,抑而不沉,扬而不泛,沨沨乎,熙熙乎,足以返和平而象安乐,不诡于先王之教矣。①

诗歌创作只有"返和平而象安乐",合乎儒家"温柔敦厚"的诗教,才是正路,而以此为依归,所谓南北诗歌的分界也不复存在了。于氏此序颇为人知,谈迁的《枣林杂俎》和查慎行的《人海记》均采之。

在为李先芳所作的墓志铭中,于慎行在比较李先芳和李攀龙的诗歌风格异同后,深有感慨地说:

> 夫风会之流,日趋绮靡,而以遗世独立之标,振薄激颓,虎视千古,斯为至矣!要以温柔敦厚,不窕不撅,嗣三百之响,以考天地之中而导其和,必有觙焉!②

这就表明,于慎行对于"温柔敦厚"的诗教的强调,绝非泛泛之论,而是有所为而发,具有特定的涵义,盖于氏目击诗坛"日趋绮靡"之弊,亟思"振薄激颓",有以反拨补救。

在涉及对南北诗坛中诗人的具体评价时,于慎行说:

> 然先生(按:指赵邦彦)风骨道壮,高者谢(按:指谢榛)不及也。而济南李于鳞公,视先生又壮,故能为世宗盟。③

> 吴楚名能诗,故多靡丽,而先生(按:指周天球)所为雄劲悲惋,自近世所不多见。④

---

① 于慎行:《谷城山馆文集》卷十一《明偶叙》,《四库全书存目丛书》集部第 147 册,齐鲁书社 1997 年版,第 417 页。

② 于慎行:《谷城山馆文集》卷二十一《明故奉直大夫尚宝司少卿北山先生李公墓志铭》,《四库全书存目丛书》集部第 147 册,齐鲁书社 1997 年版,第 611 页。

③ 于慎行:《谷城山馆文集》卷十七《明故乡贡进士少虚先生赵公墓志铭》,《四库全书存目丛书》集部第 147 册,齐鲁书社 1997 年版,第 536 页。

④ 于慎行:《谷城山馆文集》卷二十七《周幼海先生小传》,《四库全书存目丛书》集部第 148 册,齐鲁书社 1997 年版,第 68 页。

可知在于氏眼中,诗坛无分南北,当以风骨遒壮、雄劲悲惋之作为胜,这也可说是对其"温柔敦厚"的诗教的补充说明。

(四)诗歌取径论

于慎行认为诗歌创作应重视对历代丰厚的传统文学、文化遗产的继承学习,这从他论李、杜诗歌中可以看得很清楚:

> 李诗似放而实谨严,不失矩矱;杜诗似严而实跌宕,不拘绳尺,细读之可知也。然皆从学问中来,杜出六经、班《汉》、《文选》而能变化,不露斧痕,李出《离骚》、古《乐府》而未免有依傍耳。①

自来论者多以为李白天才超逸,不可规摹,而看在于氏眼里,却是来历分明,不废学问。在明代诗学"排杜多于排李者"②的时代背景下,于慎行从借鉴历代文学、文化遗产的角度着眼,来评论李、杜诗歌,带着他鲜明的个人色彩,也部分透露出明诗的新变。

于慎行虽然认为诗歌代胜,各有千秋,但两汉乐府、魏晋五古,在他看来都是难以企及的高峰而私心难舍。在明代诗坛聚讼不息的有关盛、中唐诗及唐、宋诗的取径问题上,于氏也提出了自己的见解。盛唐的近体、歌行,在于氏是作为范型接受的,邢侗讲"先生律、绝、歌行等取以拟盛唐,则先生与盛唐无两负"③,也部分印证了于氏对盛唐诗歌的偏爱。"律、绝、歌行"是于氏当行,但是家学的渊源、时代的新变,与夫个人的卓越眼光,都使他不只在取径盛唐诗歌上打转。他跋父亲的遗集,称其"歌诗雅澹湛深,取法韦、杜,视促数绮丽之调,若将浼焉"。④他称赞其三兄慎言"歌诗舂容遒雅,取裁盛、中"⑤,是李贺一流人物。可见于氏家族对于中唐诗歌已能有相当的重视。于慎行在五十

---

① 于慎行撰,吕景琳点校:《谷山笔麈》卷八《诗文》,王琦撰,张德信点校;于慎行撰,吕景琳点校:《寓圃杂记 谷山笔麈》,中华书局 1984 年版,第 87 页。

② 谢肇淛撰,马嫕校:《小草斋诗话》卷二《外篇上》,张健辑校:《珍本明诗话五种》,北京大学出版社 2008 年版,第 367 页。

③ 邢侗:《来禽馆集》卷六《谷城山堂诗草序》,《四库全书存目丛书》集部第 161 册,齐鲁书社 1997 年版,第 434 页。

④ 于慎行:《谷城山馆文集》卷三十四《先考遗集跋语》,《四库全书存目丛书》集部第 148 册,齐鲁书社 1997 年版,第 189 页。

⑤ 于慎行:《谷城山馆文集》卷十二《冲白斋存稿叙》,《四库全书存目丛书》集部第 147 册,齐鲁书社 1997 年版,第 443 页。

岁、五十一岁时,分别作《石楼独坐效长庆体》《闲居效长庆体》,效仿白居易七律的流丽通俗,在拓展诗歌师法对象上进行了可贵的尝试。因此,在评价友人的诗歌创作时,他这样说:

> 可大(按:指朱维京)为诗,清英儁丽,藻采烂然,玉洁珠融,霞辉星耀,其振撅矩矱,在高、岑、钱、刘之间,而尤工近体。①

> (傅光宅)诗在盛、中之间,莹洁俊逸。②

> (朱维京)歌诗清俊婉丽,其格在盛、中间。③

> (冯琦)诗则韦、杜,文则马、班。④

朱维京、傅光宅、冯琦诸人都与慎行谈文说艺,相互引为同道,是曾经深刻影响其文艺道路的重要人物。在对他们的赞许中,也流露出于氏盛、中唐诗并重的诗学主张。于慎行与叶向高在文学、政治等领域主张极为相近。于氏生前曾特别对门人郭应宠交代:"序我文者,必福唐(按:指叶向高)。"⑤万历三十二年(1604),叶向高为于氏《谷城山馆诗集》作序。次年,他在《精注百家唐诗汇选叙》中宣称:

> 但善论诗者,问其诗之真不真,不问其诗之唐不唐、盛不盛。盖能为真诗,则不求唐、不求盛,而盛唐自在;苟徒徇盛唐之名,而概谓中、晚之不足观,则谬矣。⑥

此种观点,当必为于氏所赞赏。

唐、宋诗歌优劣的纷争贯穿有明一代,于慎行在这个问题上也表明了自己

---

① 于慎行:《谷城山馆文集》卷十一《朱光禄集叙》,《四库全书存目丛书》集部第 147 册,齐鲁书社 1997 年版,第 428 页。

② 于慎行:《谷城山馆文集》卷二十二《明故中宪大夫四川按察司提学副使金沙傅公合葬墓志铭》,《四库全书存目丛书》集部第 147 册,齐鲁书社 1997 年版,第 644 页。

③ 于慎行:《谷城山馆文集》卷二十三《明故光禄寺丞讷斋朱公墓志铭》,《四库全书存目丛书》集部第 147 册,齐鲁书社 1997 年版,第 570 页。

④ 于慎行:《谷城山馆文集》卷三十一《故大宗伯琢吾冯公诔有叙》,《四库全书存目丛书》集部第 148 册,齐鲁书社 1997 年版,第 133 页。

⑤ 叶向高:《苍霞草》卷八《谷城山馆全集序》,《四库禁毁书丛刊》集部第 124 册,北京出版社 1997 年版,第 219 页。

⑥ 李攀龙辑,陈继儒笺释:《唐诗选注》卷首叶向高《精注百家唐诗汇选叙》,明万历三十三年(1605)世美堂刻本。

的态度。他阐发了李、杜诗歌"皆从学问中来"的观点,似乎已在向宋诗招手示好了。然细究其实,并非如此。一方面,于慎行的确对杜诗推崇备至,有所偏嗜。他的外叔祖刘隅、父亲于玭都诗宗老杜,得其遗意。于慎行中年以后,以七律擅场,得力于老杜处为多。他评价冯琦"其为近体,沈浸盛唐而致极于杜,兼备众美而发于一窍"①,这也可说是表达了自己的诗歌偏好。在另一方面,于慎行对于宋诗弊端的认识又是清醒而深刻的。同样是在《谷山笔麈》中,紧接前引诗论,他这样说:

> 宋诗之芜拙,杜诗启之也。……杜之诗盛行于宋,而宋诗因杜以坏。
> 虽然,……宋诗坏于杜而杜不为之损,未得其所以诗也。嗟夫! 此岂可为
> 世人道哉! 韩、杜有知,当为点头耳。②

他自信是杜甫的知音,对宋诗学"杜"不成而导致的"芜拙"之弊大为不满。在序其兄长的诗文集时,于慎行称:"(于慎思)近体不纯于唐,亦不落宋"③,"(于慎言)以为学杜不成,且落宋人恶趣,此固卓有所见,非拾人咳唾者"④。这两篇序言均作于万历二十七年(1599),与《谷山笔麈》成书时间相近,可知在慎行心中,隐然有唐、宋诗的高低之分,而对于宋诗的流弊,他是时时警觉的。

于慎行的诗论在我国诗学理论发展史上占有独特的地位。大而言之,于慎行既不为七子派文学复古主张所牢笼,又不似"竟陵、公安之学"的矫枉过正,能够自张旗帜,拔出流俗,有力地促进了晚明诗学理论的繁荣。小而言之,在万历年间的山左诗坛,于慎行成就既高,而又位尊年长,俨然其中祭酒。山左诗坛自边贡、谢榛、李攀龙与参"前后七子"之列,登高一呼,倡为文学复古,至后来形成"国初诗学之盛,莫盛于山左"⑤的局面,近二百年的历程中,于慎

---

① 于慎行:《谷城山馆文集》卷十一《冯宗伯诗叙》,《四库全书存目丛书》集部第 147 册,齐鲁书社 1997 年版,第 427 页。

② 于慎行撰,吕景琳点校:《谷山笔麈》卷八《诗文》,王琦撰,张德信点校;于慎行撰,吕景琳点校:《寓圃杂记 谷山笔麈》,中华书局 1984 年版,第 87 页。

③ 于慎行:《谷城山馆文集》卷十二《庞眉生集叙》,《四库全书存目丛书》集部第 147 册,齐鲁书社 1997 年版,第 422 页。

④ 于慎行:《谷城山馆文集》卷十二《冲白斋存稿叙》,《四库全书存目丛书》集部第 147 册,齐鲁书社 1997 年版,第 443 页。

⑤ 卢见曾编:《国朝山左诗钞》卷首卢见曾《国朝山左诗钞序》,清乾隆二十三年刻本。

行实扮演了一个承上启下的重要角色。以主盟康熙诗坛的王士禛而言,他在《池北偶谈》中征引公鼐乐府自叙后,谓:

　　……右蒙阴公文介公孝与鼐乐府自叙也。虞山钱牧翁(按:指钱谦益),尝亟取东阿于文定公论乐府之说,不知文介此论,与文定若合符节。予尝见一江南士人拟古乐府,有"妃来呼豨豨知之"之句。盖乐府妃呼豨皆声而无字,今误以妃为女,呼为唤,豨为豕,凑泊成句,是何文理?因于论诗绝句著其说云:"草堂乐府擅惊奇,杜老哀时托兴微。元白张王皆古意,不曾辛苦学妃豨。"亦于、公二人之绪论也。①

诚如李伯齐先生主编的《山东分体文学史》(诗歌卷)所指出:"渔洋诗风、诗论绝不仅仅是古典诗史发展孕育的成果,而更与山左地域诗歌发展脉络紧密相关,不论是对诗歌趋向本身的选择、理论的内涵的形成,还是其人其诗的最初为诗坛所认可,深厚的地域诗文化透过家族文化而产生的影响,都是不可忽视的重要内因。"②而尤其是以王士禛对于慎行各种著述的熟悉和称引,于氏的诗论同样会对其"神韵"诗风、诗论产生重要影响,这当然是山左地域诗文化的应有之义。由此亦可见于慎行诗论在我国诗学史上的影响之一斑了。

二、于慎行的诗歌创作

　　于慎行的诗歌声调既远,品格亦高,独具鲜明的风格,忠实地体现了他本人的诗歌主张。于慎行作为万历前期与公鼐、冯琦并称的山左诗坛三大家之一,诗歌为他生前身后赢得了高度的评价。叶向高序《谷城山馆诗集》称:"先生之诗,虽不乏风人之致,而要以施之尊俎,播之郊庙,无焦杀繁促之音,以杂其声调,则自雅颂而后,此其继响者也。"③钱谦益评其诗:"夫惟大雅,卓尔不群。"④朱彝尊赞:"东阿格律和平,当正声微茫之时,能为是调,即以诗高选,亦

---

① 王士禛撰,靳斯仁点校:《池北偶谈》卷十一《谈艺一·公文介论乐府》,中华书局 1982 年版,第 267 页。

② 李伯齐主编:《山东分体文学史》(诗歌卷),齐鲁书社 2005 年版,第 464—465 页。

③ 叶向高:《苍霞草》卷五《谷城山馆诗序》,《四库禁毁书丛刊》集部第 124 册,北京出版社 1997 年版,第 113 页。

④ 钱谦益:《列朝诗集小传》丁集中《于阁学慎行》,上海古籍出版社 1983 年版,第 548 页。

堪作相。"①《四库全书总目》则称:"其诗典雅和平,自饶清韵,又不似竟陵、公安之学,务反前规,横开旁径,逞聪明而偭古法。其矫枉而不过直,抑尤难也。"②在晚明的诗坛,于慎行无疑有着重要的地位,足以跻身名家之列。

于慎行《谷城山馆诗集》共收各体诗歌十九卷1364首,另收赋一卷6篇。其诗歌题材内容包罗万象,极为丰富。清初著名诗人查慎行曾赋诗怀念于氏云:"馆阁论前辈,先朝一谷城。"③作为一位出身台阁的诗人,给于慎行诗歌打上最明显的身份烙印,而将他与晚明众多的山林诗人、郎署诗人明显区别开来的,无疑是其大量的应制馆课之作。朱彝尊《静志居诗话》谓叶向高"诗品在山林台阁之间,诸体皆具"④,《明诗纪事》则称"文忠(按:指叶向高)诗,和雅有节,可与东阿于文定抗行"⑤。事实上,于慎行本人长期归隐,性爱山水,也是一位"诗品在山林台阁之间"的诗人。刘敕《谷城山房全集序》云:"然文章之权,尽在馆阁,而风骚之助,实藉江山。故天禄石渠,文章之宝府也;山林皋壤,文思之兴区也。"⑥山水田园之作在于氏诗歌中占据很大的比例,诗情画意,往往引人入胜。于慎行交游既广,又笃于友道,赠答送别、忆旧悼亡也是构成其诗歌题材的重要组成部分。于氏每每咏史怀古,寄诸吟咏,一抒胸中怀抱。当然,他并不曾一日忘怀现实,国家大事乃至百姓疮痍、民间疾苦也时时形诸笔端,这部分反映当时社会现实生活的诗篇数量虽少,但很有价值。

(一)乐府诗

清人吴仰贤《小匏庵诗话》卷二云:"明人诗集,开卷必罗列古乐府各题,

---

① 朱彝尊著,姚祖恩编,黄君坦校点:《静志居诗话》卷十五《于慎行》,人民文学出版社1990年版,第434页。

② 永瑢等:《四库全书总目》卷一百七十二《集部二十五·别集类二十五·谷城山馆诗集二十卷》,中华书局1965年版,第1512页。

③ 查慎行:《敬业堂诗集》卷四十二《出都时买得于文定公谷城集,心慕其人,七月初九夜宿旧县,乃公故里也。梦公投刺见访,自叙出处本末甚悉,觉而异之,敬纪一律》,《四部丛刊初编》第1734册,上海商务印书馆1922年版。

④ 朱彝尊著,姚祖恩编,黄君坦校点:《静志居诗话》卷十五《叶向高》,人民文学出版社1990年版,第458页。

⑤ 陈田辑撰:《明诗纪事》庚签卷十四上《叶向高》,上海古籍出版社1993年版,第2496页。

⑥ 于慎行:《谷城山馆诗集》卷首刘敕《谷城山房全集序》,《山东文献集成》第3辑第25册,山东大学出版社2009年版,第443页。

句摹字仿,面目略同。"①《谷城山馆诗集》首卷即收录古乐府诗 83 首。从这一点来看,于慎行诚然也无法置身时代风气之外。但是于氏的乐府诗创作,却非乏善可陈。吕坤曾称赞:"其为乐府,初夏松柏,秀劲风骨,苍蒨色泽。"②《列朝诗集》选录于氏乐府诗多达 14 首。

于慎行的乐府诗,主要是沿袭旧题,寻求古韵古调。邢侗说:"若以乐府、古诗而侪先生于盛唐,则盛唐犹似负先生。"③邢侗的揄扬,其实在某种程度上说明了于氏向古乐府学习和借鉴的程度。当然,于慎行于古体既能"晰言本调",又"极言乐府不当摹仿,魏晋不可强袭",④在创作中,就不复以拟古为能事,而往往能寄托个人的怀抱,出之以真情实感。如《驱车上东门行》:

> 驱车上东门,回望咸阳路。郁郁五陵间,累累多墟墓。长夜号鼪鼬,秋风走狐兔。牧竖游且歌,行人四面顾。借问此何谁,昔时董与傅。车马如流水,第宅通云雾。富贵一旦空,忽如草间露。阅水日成川,阅世人非故。贤愚共一丘,千载为旦暮。嗟彼道傍子,营营胡不寤。⑤

此诗前八句极言五陵间累累墟墓的萧条之状。中四句点明墓主身份,原来系当时显赫一时的权贵之家。末八句抒发人生无常、富贵难久的深沉感慨。此诗显然是于氏结合自己的官宦生涯,有所感而发。

于慎行还有一类民歌体的乐府诗,别具江南民歌的风味。如《子夜歌十二首》(选四):

> 秋月照四壁,络纬当窗织。徒闻机杼声,终夜不成匹。(其二)
> 始欲识欢时,愿作同心结。丝线不相逢,里许暗自别。(其四)
> 枕上看月来,梦中与欢诀。月自不相离,欢心不如月。(其九)

---

① 吴仰贤:《小匏庵诗话》卷二,《续修四库全书》第 1707 册,上海古籍出版社 2002 年版,第 18 页。

② 吕坤:《去伪斋集》卷九《于文定公谏辞》,吕坤撰,王国轩、王秀梅整理:《吕坤全集》,中华书局 2008 年版,第 537 页。

③ 邢侗:《来禽馆集》卷六《谷城山堂诗草序》,《四库全书存目丛书》集部第 161 册,齐鲁书社 1997 年版,第 434 页。

④ 翁方纲纂,吴格整理:《翁方纲纂四库提要稿·集部·别集类·明·谷城山馆诗集二十卷》,上海科学技术文献出版社 2005 年版,第 879 页。

⑤ 于慎行:《谷城山馆诗集》卷一《驱车上东门行》,《山东文献集成》第 3 辑第 25 册,山东大学出版社 2009 年版,第 451 页。

侬如水中石，波至亦累累。欢如陌上尘，左右从风吹。(其十一)①
诸诗描写男女爱情，笔触生动细腻，一往情深，带有浓厚的生活气息。时人姚
旅《露书》卷三《韵篇上》云：

> 谷城于相公有诗数卷，满卷菁秀，但欲采一警语不可得。余独爱其
> 《子夜夏歌》："含桃初作花，畏恐傍人见。今日食含桃，空条谁复盼？"不
> 谓又有先道之者，晋《子夜夏歌》："春桃初发红，惜色恐侬摘。朱夏花落
> 去，谁复相寻觅？"第于语较简洁。②

同书卷六《华篇》复云：

> 谷城于相公《子夜夏歌》："含桃初作花，畏恐傍人见。今日食含桃，
> 空条谁复盼。"姚子曰：居当路吝恩泽者读此可惕然矣。③

姚旅指出于慎行《子夜夏歌》从晋代同名乐府中化出，但肯定"于语较简洁"，
并认为"居当路吝恩泽者读此可惕然矣"，可以说是对于氏这篇出蓝之作的高
度赞誉。叶向高曾称："先生不以乐府之刍狗为乐府，故能为乐府。"④由此观
之，也不算虚誉。

(二)古体诗

朱彝尊曾说："予近录明三百年诗，阅集不下四千部，集中凡古风多者，其
诗必工。开卷即七言律者，其诗必下。"⑤朱氏所言虽未免有所偏颇，然也算心
得之论。于慎行《谷城山馆诗集》收录五古二卷118首，七古二卷75首，数量
不在少数。

1.五古

于慎行的五古成熟较早，是他甫登诗坛即能运用自如的体裁。《皇明馆
课经世宏辞续集》卷十三《诗类》著录于氏早期馆课佚作《(赋得谒帝承明庐)

---

① 于慎行：《谷城山馆诗集》卷一《子夜歌十二首》，《山东文献集成》第3辑第25册，山东
大学出版社2009年版，第453—454页。
② 姚旅著，刘彦捷点校：《露书》卷三《韵篇上》，福建人民出版社2008年版，第84页。
③ 姚旅著，刘彦捷点校：《露书》卷六《华篇》，福建人民出版社2008年版，第154页。
④ 叶向高：《苍霞草》卷五《谷城山馆诗序》，《四库禁毁书丛刊》集部第124册，北京出版社
1997年版，第112—113页。
⑤ 朱彝尊：《曝书亭集》卷三十九《成周卜诗集序》，《四部丛刊初编》第1697册，上海商务
印书馆1922年版。

又》、《恭贺千秋令节有述》,眉评分别云:"森轩璀玮而逸荡可诵"①,"典雅重大,古诗之伟丽者也"。② 评价可谓颇高。

于慎行五古中的馆课之作,留下了学习《古诗十九首》的深刻痕迹。如于氏《馆课代此日不再得》:

> 秋夜一何永,北斗横西楼。客子不能寐,揽衣起行游。俯视清水波,到海无停流。仰观明月光,四五忽如钩。惊风飘白驹,岁事聿已遒。夸夫逐荣宠,日夜将焉求。志士营世业,常怀千岁忧。鹪鹩抢榆枋,鸿鹄摩天游。托心各有谓,谁能识所由。大禹古贤圣,寸阴矢远谋。千载谅吾师,努力追芳猷。不然日月迈,老大将安尤。慎旃怀令图,勿为达士羞。③

《皇明馆课经世宏辞续集》卷十三《诗类》著录此诗,标题作《(代此日不再得)又》,文字稍有出入,有眉批云:"此从古诗十九首化来,所谓锻句刻画,炼字神奇者。"④又于氏《馆课代迢迢牵牛星》:

> 漫漫银汉流,耿耿横天路。盈盈河畔女,灿灿临长渡。轧轧弄金梭,飒飒鸣如诉。展转不成章,踯躅倚谁顾。睆彼牵牛星,负轭何迟暮。旧欢谅已陈,新约期难遇。脉脉恨河梁,悠悠不得度。揽佩坐徘徊,涕泗纷交鹜。⑤

《皇明馆课经世宏辞续集》卷十三《诗类》著录此诗,标题作《(代迢迢牵牛星)又》,文字稍有出入,有眉批云:"拟古逼真,稍嫌效颦耳。"⑥由以上两诗,可略窥诗人早期诗艺之演进轨迹。

---

① 王锡爵、陆翀之辑:《皇明馆课经世宏辞续集》卷十三于慎行《(赋得谒帝承明庐)又》附评语,《四库禁毁书丛刊》集部第 93 册,北京出版社 1997 年版,第 302 页。

② 王锡爵、陆翀之辑:《皇明馆课经世宏辞续集》卷十三于慎行《恭贺千秋令节有述》附评语,《四库禁毁书丛刊》集部第 93 册,北京出版社 1997 年版,第 306 页。

③ 于慎行:《谷城山馆诗集》卷二《馆课代此日不再得》,《山东文献集成》第 3 辑第 25 册,山东大学出版社 2009 年版,第 463 页。

④ 王锡爵、陆翀之辑:《皇明馆课经世宏辞续集》卷十三于慎行《(代此日不再得)又》附评语,《四库禁毁书丛刊》集部第 93 册,北京出版社 1997 年版,第 303 页。

⑤ 于慎行:《谷城山馆诗集》卷二《馆课代迢迢牵牛星》,《山东文献集成》第 3 辑第 25 册,山东大学出版社 2009 年版,第 463 页。

⑥ 王锡爵、陆翀之辑:《皇明馆课经世宏辞续集》卷十三于慎行《(代迢迢牵牛星)又》附评语,《四库禁毁书丛刊》集部第 93 册,北京出版社 1997 年版,第 300 页。

于慎行五古的一大特点，是对当代事件的记述。这一部分诗歌虽数量极少，然有存史的价值。如万历年间沈榜《宛署杂记》卷十六《愿字·人物·一列女》载："门氏，初家城西日中坊。潘凤妻。凤嘉靖初年病故。时门年二十四岁，二子俊、杰俱在襁褓，门誓以死从，潘氏亲知以二孤责之，乃已。守节四十余年，甘贫督义。时率二子，拜夫遗像，继以泣，终身不衰。俊卒与武举，有古侠士风。隆庆四年门故。俊庐墓三年，一时士大夫多奇之，有《节孝集》。"原注：

> 礼部尚书于公慎行诗云："中庭何所有，艺彼椒与兰。椒兰披户牖，桂树罗堂端。天风西北吹，众香越以繁。借问此何居？言之辛且酸。本家东海上，羁旅寄长安。良人早见背，遗婴亦已单。秉心在冰蘗，谁能惜盛颜。杨林耀春华，柏枝凌岁寒。岂无青阳辉，良非我所观。补衣为儿襦，辍食为儿餐。儿从长者游，断发佐儿欢。以此持门户，幸不堕衣冠。我闻慕且悲，此义世所难。共姜名不沫，文母节未殚。试为贞妇吟，一唱再三叹。"①

于氏此诗即《贞妇吟为长安潘氏母赋》，见录于《谷城山馆诗集》卷三。可知此诗原有所本，并非泛泛之作。

于慎行《谷山笔麈》卷十五《杂闻》载："隆庆三年，山西静乐县丈夫李良雨为人佣工，与其侪同宿。一夕，化为女子，其侪狎之，遂为夫妇。守臣以闻，良雨自缢死。"②此事不独于氏，明清各类史书笔记记载者甚夥。于慎行据此事创作《太原男子行》。《皇明文徵》、《明诗综》均著录之。清人王培荀《乡园忆旧录》云：

> 四川夷人生男，必讳言女，否则男变为女后，能生子。边域阴气盛，不以为怪。若在中土，必载之史，五行家争言灾异矣。明隆庆己巳，太原丈夫化为女子，东阿于文定公慎行作诗纪之。论者谓当正声微茫之际，即以诗品论，亦堪作相。诗甚丽都，录之云：

---

① 沈榜编著：《宛署杂记》卷十六《愿字·人物·一列女》，北京古籍出版社 1980 年版，第185 页。

② 于慎行撰，吕景琳点校：《谷山笔麈》卷十五《杂闻》，王琦撰，张德信点校；于慎行撰，吕景琳点校：《寓圃杂记 谷山笔麈》，中华书局 1984 年版，第 177 页。

太原有男子,壮烈世所无。身长九尺余,白晳好眉须。自负良家子,募作材官徒。腰中辘轳剑,横击当路衢。并州恶少年,见之伏且趋。一朝览青镜,侘傺空堂隅。三日不出户,忽然见彼姝。绰绰芙蓉颜,盈盈玉雪肤。蛾眉娟且长,高髻堕马梳。脱我金锁甲,系我绣罗襦。挂我白貂帽,珥我明月珠。委心怀嬿婉,不惜健儿驱。昔为云中鹄,今为水上凫。昔者一何厉,常开十石弧。今者何柔曼,巧笑倾城都。仰视浮云驰,变化不须臾。茫茫窥元运,元黄无乃渝。世人但云好,不必称丈夫。

就题描写,言外感叹,不露痕迹,洵高品也。①

于氏以诗来描述奇闻异事,娓娓道来,音调流转,确如王培荀所论"就题描写,言外感叹,不露痕迹,洵高品也"。

于慎行五古的代表作,还当推早期的《感怀二十首》和《古意十二首》。如《感怀二十首》(选三):

陟彼高台上,天风吹我裳。顾见双黄鹄,浩浩摩空翔。振翮翳若木,矫翅凌扶桑。羽翼岂不修,其如天路长。横绝薄四海,中道以彷徨。如何燕雀群,追逐令人伤。(其九)

家本东海裔,樵牧东山下。先子秉儒术,歌音追大雅。一吏稍浮沉,举世无知者。眇予秉薄祜,宛洛随车马。丘陇日以遥,松柏在原野。风木无停音,雨露凄其洒。一为皋鱼叹,零涕缘缨泻。(其十四)

习习泽中鸟,斑斑五采质。天寒游石梁,十步不得食。一朝栖灵囿,羽翰生颜色。餐君玉山禾,饮君丹霞液。道旁有寒士,感之长太息。拂拭岂不怀,人养非所适。愿因晨风发,振我凌空翼。(其十六)②

《古意十二首》(选三)云:

瞻彼泰山岑,厥有孤生竹。冉冉捎云霓,亭亭上岩谷。凄凄岁欲寒,盈盈华色绿。凉风振层阿,音响如哀玉。高节抱贞心,可折不可曲。顾见女萝枝,绸缪附乔木。天霜降严威,零落成朴樕。所以君子心,邈然自结

---

① 王培荀:《乡园忆旧录》卷一,《续修四库全书》第1180册,上海古籍出版社2002年版,第514页。

② 于慎行:《谷城山馆诗集》卷二《感怀二十首》,《山东文献集成》第3辑第25册,山东大学出版社2009年版,第459—460页。

束。(其七)

　　驱车东城道,言陟崇山阿。茫茫顾四野,万木更条柯。薄云出岩岫,绿水生微波。四时更代谢,寒暑递相过。日月化颜容,华发亦已多。修名苦不早,秉烛嗟蹉跎。览镜念平生,浩叹将如何。(其九)

　　猗顿慕营殖,日夜谋钱刀。大贵多所伤,空令意气豪。鼎鼎百年内,辟海流风涛。忧煎伐天性,此生无已劳。所以古达士,四海捐鸿毛。安能为物役,长使心忉忉。仙人美门子,邈矣非吾曹。(其十一)①

诸诗篇连意属,诗旨遥深,深刻曲折地反映了出身寒门、清操自守的青年诗人于初入仕途前后,在复杂恶浊的时代环境中,内心的孤独忧愤和犹豫彷徨。《明僎》著录《感怀十首》,《山左明诗钞》则分别著录《感怀三首》、《古意三首》。《皇明诗选》收录《感怀二十首》中的第九首,有评语云:"卧子(按:指陈子龙)曰:岂有留侯四皓之思耶!"②陈子龙看出了于慎行所抒发的胸中沉郁之情。

　　马星翼《东泉诗话》卷二《评诗下》云:

　　谷山五古多隽句。如:"鼎鼎百年内,辟海流风涛。""高节抱贞心,可折不可曲。"又《感怀》一首:"家本东海裔,樵牧东山下。先子秉儒术,歌音追大雅。一吏稍浮沉,举世无知者。眇余秉薄祐,宛洛随车马。丘陇日以遥,松柏在原野。风木无停音,雨露凄其洒。一为皋鱼叹,零涕缘缨泻。"大近步兵《咏怀》。③

马星翼指出于慎行《感怀二十首》、《古意十二首》这部分风格很接近阮籍的名作《咏怀》诸诗,可说确有所见。

　　2. 七古

　　清人刘大勤编《师友诗传续录》载王士祯回答五古与七古区别之语云:

---

① 于慎行:《谷城山馆诗集》卷二《古意十二首》,《山东文献集成》第 3 辑第 25 册,山东大学出版社 2009 年版,第 462 页。

② 陈子龙等辑:《皇明诗选》卷四于慎行《感怀》附陈子龙评语,《四库禁毁书丛刊补编》第 55 册,北京出版社 2005 年版,第 70 页。

③ 马星翼:《东泉诗话》卷二《评诗下》,《中国诗话珍本丛书》第 19 册,北京图书馆出版社 2004 年版,第 187—188 页。

"……但五言以蕴藉为主，若七言则发扬蹈厉，无所不可。"①的确，"七言古诗，概曰歌行"②，"歌行之畅，必由才气"③。于慎行的七古规摹初、盛唐，尤得太白遗意，风神才藻，融合无间，而气概又足以称之。如于氏早期佚作《观上林春晓图二首》：

> 明光漏尽春寒薄，淡月疏钟出长乐。象阙平分树色开，龙旌半卷星河落。上林羯鼓何逢逢，千花万花参差红。柳色含烟分太液，莺声绕树入新丰。新丰迤逦连仙苑，芙蓉别殿香风远。晴红带日媚金铺，好鸟穿花临翠巘。招邀玉辇过天家，天家池馆得春多。驻跸有台皆绮罗，离宫无处不笙歌。笙歌缥缈随风飏，翠微深处迎仙家。磴道骖驔羽骑参，珠宫迢递接鸾台。云留五色供宸幄，香引千花入御杯。升平共乐清明届，天净游丝殿前挂。风吹杂树韵箫韶，水影层岩上图画。上林图画本天成，花有芬香水有声。愿附八龙游禁苑，何须万里访蓬瀛。

> 谁将一幅绡，写出上林图。曙光浑在眼，春色遍皇都。东风吹尽长堤草，上苑溶溶觉春好。九衢寒潦雾初收，十里烟消花正早。娇莺乳燕闹枝头，万户千门开复道。俄看初日照高林，凭栏一望树森森。珠帘乍卷惊春梦，银钥初开荡霁阴。此时玉楼龙驾转，此日金扉回凤辇。闾阖遥分羽扇齐，紫箫吹彻帝城西。翠翘忽染朝霞色，咫尺蓬莱那可得。安能作赋更游梁，何须羽猎美长杨。九重春色生幽谷，丰茸均沾日月光。④

此两诗见录于《增定国朝馆课经世宏辞》卷十二《诗类》。其眉评分别云："词调高秀，才情俊雅，风华映人，青莲之亚。""天质奇丽，运思精选，只此两篇，足为我明词人之冠。"⑤上述眉评虽不免揄扬过其，但也的确道出了于氏七古的

① 刘大勤编：《师友诗传续录》，《景印文渊阁四库全书》第 1483 册，台湾商务印书馆 1986 年版，第 899 页。

② 胡应麟：《诗薮》内编卷三《古体下·七言》，上海古籍出版社 1979 年版，第 41 页。

③ 胡应麟：《诗薮》内编卷一《古体上·杂言》，上海古籍出版社 1979 年版，第 1 页。

④ 王锡爵辑：《增定国朝馆课经世宏辞》卷十二于慎行《观上林春晓图二首》，《四库禁毁书丛刊》集部第 92 册，北京出版社 1997 年版，第 408—409 页。

⑤ 王锡爵辑：《增定国朝馆课经世宏辞》卷十二于慎行《观上林春晓图二首》附评语，《四库禁毁书丛刊》集部第 92 册，北京出版社 1997 年版，第 408 页。

主要特点。

于慎行创作的众多七古作品中,以《大堤曲》最负盛名。诗云:

> 大堤春尽花成雨,大堤女儿隔花语。扬州估客四角幡,暮泊兰桡宿江
> 渚。芙蓉宝帐绿云鬌,翠簟银缸夜色寒。倚瑟当垆春酒尽,卷帷望月晓装
> 残。《石城》一曲歌未足,日出天空江水绿。含啼送客更多愁,肠断烟波
> 万里秋。①

此诗《皇明诗选》、《列朝诗集》、《明诗评选》均著录。《皇明诗选》卷六评云:
"辕文曰:亦本太白,然已在张籍、王建境□。"②《明诗评选》于卷一《乐府》著
录此诗,评云:"转换圆浃。"③清人"蒐辑有明一代之诗,录其艳体,别为《闲
情》一集"④,其卷四即著录于氏《大堤曲》。读此诗,只觉江南无尽旖旎风情,
尽展于笔底,而起承转合,自然无间。其纵横如意,浑然天成本于李白,表现江
南女儿的柔情蜜意则似中唐张籍、王建通俗晓畅、意趣深远的诗风。翁方纲曾
评价:"张、王乐府,天然清削,不取声音之大,亦不求格调之高,此真善于绍古
者。较之昌谷奇艳不及,而真切过之。"⑤于慎行的《大堤曲》,也算有张、王之
遗风了。此外,于氏《巫山高》、《江南曲》、《采莲曲》诸诗风格亦绝似《大堤
曲》。

于慎行有一部分感叹古今人事兴废的七古,借古讽今,寄寓着深沉的感
慨。如《双林寺歌》:

> 道旁佛宫谁者筑,珠楼宝殿横山麓。僧徒指点为予说,此寺方成主人
> 逐。忆昨十载气薰天,吐纳日月挥云烟。外廷稍引三公势,内禁亲操六玺
> 权。出入钩陈留笒钥,笑谈甲观走金蝉。建寺平侵贵主第,施僧直请大官

---

① 于慎行:《谷城山馆诗集》卷四《大堤曲》,《山东文献集成》第3辑第25册,山东大学出
版社2009年版,第486页。

② 陈子龙等辑:《皇明诗选》卷六于慎行《大堤曲》附评语,《四库禁毁书丛刊补编》第55
册,北京出版社2005年版,第103页。

③ 王夫之评选,李金善点校:《明诗评选》卷一于慎行《大堤曲》附评语,河北大学出版社
2008年版,第32页。

④ 顾有孝辑,陆世楷增辑:《闲情集》卷首陆世楷《闲情集序》,《四库禁毁书丛刊》集部第
172册,北京出版社1997年版,第649页。

⑤ 翁方纲著,陈迩冬校点:《石洲诗话》卷二,赵执信著,陈迩冬校点;翁方纲著,陈迩冬校
点:《谈龙录 石洲诗话》,人民文学出版社1981年版,第64页。

钱。输来多宝堆成塔，辇尽黄金布作田。法宫梵宇何连曼，胜地名区看不
断。墓上林园学九陵，祠前楼阁成双观。落成牛酒国亲供，建醮香花天女
献。吁嗟此寺独渺小，赤刀已欲盈千万。我皇神威符世祖，距脱大奸俯地
取。郭家金穴入水衡，邓氏铜山归少府。庐儿解玉乞街衢，宅妇怀簪随卒
房。惟余此寺在郊原，虹梁绮构谁为主。蛛网空悬梵铎风，青苔自锁珑琮
雨。盛衰转盼那不有，几年翻覆看如许。君不见江陵城头土三尺，若敖馁
鬼不来食。一代贤豪此谓何，尔全首领恩亦极。①

此诗《皇明文徵》、《列朝诗集》、《明诗纪事》均加著录。陈田于《明诗纪事》庚
签卷十二著录冯琦《双林寺歌》，加按语云：

> 玄明宫，刘瑾所构。双林寺，冯保所构。李空同、何大复有《玄明宫
> 行》，余并录之。于无垢、冯用韫有《双林寺歌》，予亦并录之。当时若王
> 子衡、公孝与亦有作，俱嫌不称。②

于慎行的《双林寺歌》借描写万历初期权倾一时的大宦官冯保所营造的双林
寺，反映冯保当时气焰熏天、"吐纳日月挥云烟"的情形。孰料"盛衰转盼那不
有，几年翻覆看如许"。以张居正一代贤豪，尚且招致"若敖馁鬼不来食"的悲
惨结局，如冯保者，得保全性命，已属大幸了。当时国政日非、统治者日益腐败
的局面，让身居高位的于慎行不能不抱有强烈的忧患意识，声声长叹，无非希
冀统治者能居安思危，吸取历史教训。类似题材还有一些，如《长安道》、《武
定侯墓歌》、《卖珠行》等。这些长篇古诗洋洋洒洒，俯仰古今，开阖有法，于无
尽的感慨之中，充分展现于氏的才情。

　　于慎行诗集中，还有一部分七古，慷慨悲歌，笔势纵横，摆去拘束，表现胸
中的狂放之情、磊落不平之气，大有豪杰风概。就其诗歌风格而言，绝似二兄
于慎思，颇有"太白风骨"，可以说有着家族文学传统的深刻影响。如其《将进
酒》、《对酒行送朱廷评可大左迁汝州别驾》、《行路难送可大》、《白马篇送可
大》、《赠邬秀才汝翼》、《匡庐山人歌寄胡少白文学》、《九华山歌送施幼淳省

---

① 于慎行：《谷城山馆诗集》卷五《双林寺歌》，《山东文献集成》第 3 辑第 25 册，山东大学
出版社 2009 年版，第 499—500 页。
② 陈田辑撰：《明诗纪事》庚签卷十二于慎行《双林寺歌》附按语，上海古籍出版社 1993 年
版，第 2458 页。

元南还青阳省觐》、《日观峰歌》、《峄山歌》、《前赠李本宁歌》、《后赠李本宁歌》诸篇尤为代表。如《后赠李本宁歌》：

> 李君李君，汝今坎壈何甚哉！七命藩臣二十载，朝天又奉除书回。忆昔蓬莱开内院，翩翩二九凌霄汉。大者为相小乃卿，君乎铩羽来何晏。当代词场论作者，君及江东两司马。误杀人间白眼儿，轻言侍从无风雅。一去承明阅岁年，秦梁蜀越多逗延。道高不容岂有以，异哉造物操微权。我闻柱下之裔多才子，白也飘零贺折死，今日得君而三矣。君今不天复不贱，又无留滞安有此。李君李君，为我楚舞，我为君歌。岁云暮矣将如何，天生豪儁必有用，如君不信长蹉跎。泾水一斗泥，化为一斗谷。清者受其名，浊者食其福。翘翘常不足，碌碌常有余。人者歆其实，天者宝其虚。请君还我凌云笔，我还君家禄万石。①

马星翼《东泉诗话》卷二《评诗下》云：

> 谷山《赠李本宁歌》后段："我闻柱下之裔多才子，白也飘零贺折死，今日得君而三矣。君今不天复不贱，又无留滞安有此。李君李君，为我楚舞，我为君歌。岁云暮矣将如何，天生豪俊必有用，如君不信长蹉跎。泾水一斗泥，化为一斗谷。清者受其名，浊者食其福。翘翘常不足，碌碌常有余。人者歆其实，天者宝其虚。请君还我凌云笔，我还君家禄万石。"音节入古，是善学太白者。②

谢榛《四溟诗话》云："长篇之法，如波涛初作，一层紧于一层。"③于氏《后赠李本宁歌》以七言句为主，而以四、五、九言句"破"之，别具参差错落之美。音节长短合拍，疾徐纵横，有金石掷地之声。至后段转韵，情绪达到高潮，神色飞动，浩荡激烈。此诗不独以驰骋豪放为能事，诚可谓"是善学太白者"。

3. 近体诗

于慎行创作近体诗数量最多。《谷城山馆诗集》共收五律五卷 373 首，七

---

① 于慎行：《谷城山馆诗集》卷五《后赠李本宁歌》，《山东文献集成》第 3 辑第 25 册，山东大学出版社 2009 年版，第 506 页。

② 马星翼：《东泉诗话》卷二《评诗下》，《中国诗话珍本丛书》第 19 册，北京图书馆出版社 2004 年版，第 188 页。

③ 谢榛著，宛平校点：《四溟诗话》卷一，谢榛著，宛平校点；王夫之，舒芜校点：《四溟诗话 姜斋诗话》，人民文学出版社 1961 年版，第 25 页。

律六卷458首,五言长律一卷30首,七绝一卷171首,另有七言长律2首、六绝42首、五绝12首合为一卷。真正为于氏赢得诗坛盛名和诗史地位的,还是他创作的五律和七律。吕坤称赞:"其为声律,仙子鸣珰,萧远清越,错落玲琅。"①翁方纲盛赞于慎行:"古体则晰言本调,近体复冠冕词林,在一时诗人中自当抄存,以见明七子后有能不染时趋者,非独以其相业也。"②

（1）五律

马星翼《东泉诗话》卷二《评诗下》云:

> 谷山近体多佳句。如《陶山怀古》:"地连肥子国,路出铸乡城。"《金陵夜泊》:"地邻桃叶渡,山近石头城。"《宿香山寺》:"山深迟见月,石冷细生云。"《答常中丞》:"天迥悬卿月,山深阅岁星。"余尤爱其"世路无工拙,时名有是非","河流谁谓广,海水自知寒"。

> 冯琢庵当时与于无垢并称,或由名位相埒,诗笔殊不能作仲也。《宿栖云阁》一律"曲径穿林入,高楼面水开。鸟将云并宿,客与月同来。竹色四时雨,泉声半夜雷。乍惊衣袖湿,露下泛舟回"最佳。③

马星翼扬于慎行而抑冯琦,似乎主要是就两人的五律创作而言的。汪端辑《明三十家诗选》初集卷六上著录于氏诗作6首,除《子夜歌》一首外,余如《邵伯湖夕泊》、《秦淮》、《长干》、《白沟河》、《雨中舟行》诸诗均为五律。汪端论曰:"文定诗清新圆美,绝去纤桃。"④《山左明诗钞》著录于氏五律更多达28首。胡应麟《诗薮》外编卷四云"诗最可贵者清",又云"清者,超凡绝俗之谓,非专于枯寂闲淡之谓也"。⑤"清"是于慎行五律最重要的审美风格,他的五律创作以清新飘逸见长。

如于慎行《秦淮》一诗:

---

① 吕坤:《去伪斋集》卷九《于文定公谋辞》,吕坤撰,王国轩、王秀梅整理:《吕坤全集》,中华书局2008年版,第537页。

② 翁方纲纂,吴格整理:《翁方纲纂四库提要稿·集部·别集类·明·谷城山馆诗集二十卷》,上海科学技术文献出版社2005年版,第879页。

③ 马星翼:《东泉诗话》卷二《评诗下》,《中国诗话珍本丛书》第19册,北京图书馆出版社2004年版,第188—189页。

④ 汪端辑:《明三十家诗选》卷六上《李攀龙附于慎行》,清道光二年(1822)刻本。

⑤ 胡应麟:《诗薮》外编卷四《唐下》,上海古籍出版社1979年版,第185页。

　　　　　秋月秦淮岸,江声转画桥。市楼临绮陌,商女驻兰桡。云里青丝骑,
　　　　花间碧玉箫。不知桃叶水,流恨几时消。①

汪端评曰:"风度嫣然。"②《列朝诗集》、《明诗综》均著录此诗。于慎行的五律
明白如话,极少用典,然而下笔情深,清新活泼,别具一种风致。于氏《邵伯湖
夕泊》:

　　　　　日暮倚兰桡,秋江正寂寥。驿门斜对雨,郡郭远通潮。急橹看商舶,
　　　　寒灯见市桥。隋堤前路近,欲听月中箫。③

王夫之《明诗评选》卷五著录之,评曰:"入情不燥,故终不竭。"④此诗入情自
然,深情摇曳,而无穷之味,乃在诗外。于慎行《咏史》:

　　　　　十八侍中郎,春深侍建章。呼卢金毕侧,蹴鞠玉楼旁。夜赐离宫酒,
　　　　朝熏异国香。可怜秦殿女,向月卷罗裳。⑤

王夫之《明诗评选》卷五著录之,评曰:"逐句直,通首深,犹当在崔颢、李嘉祐
之间。"⑥《咏史》一诗逐句看似直,然而通首观则深,弦外之音不绝,风格绮靡
婉丽,具有浓郁的南朝风味。

　　五律到了于慎行的手中,几乎也可以说是随其所适,无施不可的,但以五
律来描写登山临水、闲情雅致及题画等内容,却是于氏之所擅。兹聊举其著
者。如《上隔马岭旧寺》:

　　　　　荒凉经古寺,迢递出层空。路抱千峰转,天开一窦通。残松疏雨后,
　　　　颓瓦夕阳中。犹有余僧在,逢迎问转蓬。⑦

---

　　① 于慎行:《谷城山馆诗集》卷七《秦淮》,《山东文献集成》第3辑第25册,山东大学出版
社2009年版,第527页。
　　② 汪端辑:《明三十家诗选》卷六上于慎行《秦淮》附评语,清道光二年(1822)刻本。
　　③ 于慎行:《谷城山馆诗集》卷七《邵伯湖夕泊》,《山东文献集成》第3辑第25册,山东大
学出版社2009年版,第526页。
　　④ 王夫之评选,李金善点校:《明诗评选》卷五于慎行《邵伯湖夕泊》附评语,河北大学出版
社2008年版,第299页。
　　⑤ 于慎行:《谷城山馆诗集》卷八《咏史》,《山东文献集成》第3辑第25册,山东大学出版
社2009年版,第533页。
　　⑥ 王夫之评选,李金善点校:《明诗评选》卷五于慎行《咏史》附评语,河北大学出版社2008
年版,第299页。
　　⑦ 于慎行:《谷城山馆诗集》卷九《上隔马岭旧寺》,《山东文献集成》第3辑第25册,山东
大学出版社2009年版,第539页。

此诗以简古之笔描写深山古寺，意象疏朗，不事雕琢，又融入自己的身世之感，感慨尤其深长。《杨柳青道中》：

> 鸣榔凌海月，捩舵破江烟。杨柳青垂驿，蘼芜绿刺船。笛声邀落日，席影挂长天。望望沧洲路，从兹遂渺然。①

此诗体物入微，刻画精工，"杨柳青垂驿，蘼芜绿到船"两句尤为后人所称道②，风格清新流丽，余韵袅袅。《春半》：

> 卧病忽已久，闲房鸣素琴。徘徊紫芝意，惆怅青春深。芳草乱迷径，残花空满林。凭轩送高鸟，驰思渺难任。③

春来已过半，而诗人久卧在床，偶尔置身春景，一种伤时惜春、百无聊赖的情思难以排遣。全诗以萧散之笔出之，似散而实工，充分营造出浑融一体的意境。《题画》：

> 黯淡秋湖色，涵虚望渺然。断桥横落日，远水出寒烟。雁向平沙落，鸥依折苇眠。吾家住湖上，闲杀采菱船。④

于慎行能"不粘画上发论"⑤，落笔于图画内外，虚实相生，描绘了一幅绝好的江南秋湖图，写出一番登临凭吊之意。

（2）七律

于慎行自承入词馆后"始操觚学为声病"⑥，以他诗歌世家的出身，这当然是自谦之词，但从其存世律诗以馆课诸作为最早来看，这话也未尝不能说是夫子自道。于慎行的七律成熟较晚，如其早期馆课佚诗《闻两广捷音》虽被时人

---

① 于慎行：《谷城山馆诗集》卷六《杨柳青道中》，《山东文献集成》第 3 辑第 25 册，山东大学出版社 2009 年版，第 517 页。

② 顾宗泰：《月满楼诗集》卷二十三《薇省集·杨柳青》，《续修四库全书》第 1459 册，上海古籍出版社 2002 年版，第 357 页。

③ 于慎行：《谷城山馆诗集》卷六《春半》，《山东文献集成》第 3 辑第 25 册，山东大学出版社 2009 年版，第 517 页。

④ 于慎行：《谷城山馆诗集》卷六《题画》，《山东文献集成》第 3 辑第 25 册，山东大学出版社 2009 年版，第 514 页。

⑤ 沈德潜著，霍松林校注：《说诗晬语》卷下，叶燮著，霍松林校注；薛雪著，杜维沫校注；沈德潜著，霍松林校注：《原诗 一瓢诗话 说诗晬语》，人民文学出版社 1979 年版，第 245 页。

⑥ 于慎行：《谷城山馆文集》卷二十《明故亚中大夫陕西布政使司右参政完璞于公墓志铭》，《四库全书存目丛书》集部第 147 册，齐鲁书社 1997 年版，第 592 页。

许为"健笔"①,然实不免略显幼稚,至于氏中年时期,其七律风格始定型。七律数量最多,约占《谷城山馆诗集》全部诗歌的三分之一。前人多谓于慎行诗文"舂容弘丽"。以诗言,七律最足以代表于慎行此种风格。于氏在词林的崇高地位,与其七律成就密不可分。《列朝诗集》、《诗苑天声》著录于氏七律分别多达45、38首。

《纪赐四十首》可称于慎行七律的代表之作。王夫之《明诗评选》卷六《七言律》著录《纪赐鲜笋》:

> 殊锡光生玉笋班,曾从青简赋檀栾。蒲筐乍解香盈座,锦箨初分绿满盘。一饭疑含仙禁雨,三秋犹忆北窗寒。惭无凤实仪千仞,祝有龙孙长万竿。②

王夫之评曰:"贴事处自饶风韵。"③于慎行用典多集中于七律,以使诗歌更添含蓄典雅之美。如此纪赐之作,本最易流于涩重单板,然于氏巧用典故,如水中着盐,能不露痕迹,而风韵饶然。《明诗评选》同卷著录《纪赐鲜藕》:

> 芙蓉别殿晓风凉,玉井灵根出水香。荐熟方闻开寝庙,赐鲜已见布朝堂。冰丝欲断鲛人缕,琼液疑含阆苑霜。忆昨金鳌桥上望,红衣翠盖满银塘。④

王夫之评曰:

> 用巧用缀者必至碍气,此独清通。公纪赐诸篇与唐李公垂相颉颃,而时或过之,真大手笔也。

> 一结得沈、宋所未逮。⑤

于纪赐题材的作品中用巧用缀,常易导致气脉不顺之弊。而于慎行全诗一气

---

① 王锡爵辑:《增定国朝馆课经世宏辞》卷十三于慎行《闻两广捷音》附评语,《四库禁毁书丛刊》集部第92册,北京出版社1997年版,第431页。

② 于慎行:《谷城山馆诗集》卷十六《纪赐四十首有序·赐鲜笋》,《山东文献集成》第3辑第25册,山东大学出版社2009年版,第636页。

③ 王夫之评选,李金善点校:《明诗评选》卷六于慎行《纪赐鲜笋》附评语,河北大学出版社2008年版,第385页。

④ 于慎行:《谷城山馆诗集》卷十六《纪赐四十首有序·赐鲜藕》,《山东文献集成》第3辑第25册,山东大学出版社2009年版,第636页。

⑤ 王夫之评选,李金善点校:《明诗评选》卷六于慎行《纪赐鲜藕》附评语,河北大学出版社2008年版,第385页。

贯注,从容不迫,呈现"清通"的风格,诚非大才者不办。王夫之将于慎行纪赐诸篇与李绅所作相提并论,直许为大手笔,确为卓见。王夫之曾拟作《于阁学慎行纪赐》一首,作为于氏诗风的代表,以为"非必全乎形埒,想其用笔时适如此耳"①。诗云:

> 龙胎密孕御园春,蔬署寻芳剥锦鳞。天诏正如裁玉版,臣心未敢拟霜筠。中宵酒醒香生颊,缓火羹清玉点唇。肉食承恩霑凤实,秋风忍忆故乡莼。②

王夫之知人论世,对于慎行诗歌风格的准确把握和定位,可说极有见地。

又如于慎行《丙子九月,工部奏进万历制钱式样,赐讲官六人各一锭》:

> 汉苑新成少府钱,万年宝历赤文镮。青凫出冶铜官奏,黄纸题名玉署传。赵壹囊空留暂满,东方俸薄赐常偏。五侯甲第虚成埒,未拟儒臣受宠年。③

《戊寅正月,上尚巾礼成,群臣称贺,赐白金文绮》:

> 负扆年来海岳安,春朝绣帻始胜冠。龙楼拂曙天颜近,玉座垂旒日角宽。九庙神灵应已慰,两阶环佩不胜欢。迩臣幸奉青蒲对,珍赐还看出上阑。④

《丙戌秋月,以皇次子生,赐万喜金字、彩花、金币等物》:

> 西宫送喜到宸旒,侍从恩随禁苑优。胜剪双枝花作采,金镂万喜字当头。他年茅土应藩汉,此日珪璋早颂周。共识昭陵多王气,年年春色满龙楼。⑤

------

① 王夫之:《姜斋诗集·仿体诗·仿昭代诸家体》小序,王夫之《王船山诗文集》,中华书局1962年版,第485页。

② 王夫之:《姜斋诗集·仿体诗·仿昭代诸家体·于阁学慎行纪赐》,王夫之《王船山诗文集》,中华书局1962年版,第492页。

③ 于慎行:《谷城山馆诗集》卷十六《纪赐四十首有序·丙子九月,工部奏进万历制钱式样,赐讲官六人各一锭》,《山东文献集成》第3辑第25册,山东大学出版社2009年版,第632—633页。

④ 于慎行:《谷城山馆诗集》卷十六《纪赐四十首有序·戊寅正月,上尚巾礼成,群臣称贺,赐白金文绮》,《山东文献集成》第3辑第25册,山东大学出版社2009年版,第633页。

⑤ 于慎行:《谷城山馆诗集》卷十六《纪赐四十首有序·丙戌秋月,以皇次子生,赐万喜金字、彩花、金币等物》,《山东文献集成》第3辑第25册,山东大学出版社2009年版,第637页。

范与良《诗苑天声》之《馆课集》卷五著录上述三诗,分别评曰:"典雅绝伦"①,"有燕许风致"②,"语有分寸"③,精要地概括了诸诗的风格,是将于慎行作为台阁诗人看待了。

于慎行作有《冬至南郊扈从纪述,和陈玉垒太史韵八首》,诗云:

圣后乘乾奉帝禋,日躔南陆协灵辰。九关肃启天门钥,万姓欢随御辇尘。楼雪初融丹禁晓,葭灰微动玉衡春。虚惭珥笔亲文物,实有甘泉赋未陈。

平明阊阖五门开,法驾骖騑匝地来。雷动千乘天厩选,飙驰七校羽林材。金支翠盖云中转,紫旆红幢树杪回。清跸尚喧双凤阙,前驱已戾九成台。

阳灵仙馆翠云端,竹殿清斋礼泰坛。阁道霓旌陈虎豹,宫门羽仗簇鸳鸾。亲军竞带千金剑,御马齐笼七宝鞍。总为天光依较近,温泉午夜不知寒。

玉兰东畔画帘前,到处常随豹尾旋。圣代仪文今日盛,儒臣雨露向来偏。琅函赐锦驰中骑,宝鼎分餐出御筵。斋室受釐应有问,朝回犹恐夜深宣。

绛阙阴沉启秘扃,銮舆肃穆款真庭。霜凝碧落天衣湿,月上仙坛玉树青。帝座三重开万象,云门六变走群灵。祠臣秉笏香烟里,时向珠躔望景星。

绛节氤氲上太清,紫烟缥缈冠层城。鹓行不动瑶墀影,凤幄微闻玉藻声。律应一阳璇象转,福凝五位泰阶平。礼成回跸传行漏,百尺华灯阙

① 范与良辑:《诗苑天声·馆课集》卷五于慎行《纪赐四十首有序,录三十首·丙子九月工部奏进万历制钱式样,赐讲官六人各一锭》附评语,《四库全书存目丛书补编》第38册,齐鲁书社2001年版,第314页。

② 范与良辑:《诗苑天声·馆课集》卷五于慎行《纪赐四十首有序,录三十首·戊寅正月上尚巾礼成,群臣称贺,赐白金文绮》附评语,《四库全书存目丛书补编》第38册,齐鲁书社2001年版,第315页。

③ 范与良辑:《诗苑天声·馆课集》卷五于慎行《纪赐四十首有序,录三十首·丙戌秋月以皇次子生,赐万喜金字彩花金币等物》附评语,《四库全书存目丛书补编》第38册,齐鲁书社2001年版,第317页。

下明。

灯火薰天夹路旁，属车旋处翠华张。非烟拥盖璇霄丽，若月乘轮御陌长。十里香花连泰畤，千门鼓吹彻昭阳。皇诚巳自通天贶，万祀应知宝祚昌。

紫气葱葱绕禁庐，南郊迎日履长初。皇王礼乐光前殿，侍从声华满后车。汉畤龙麟金匮纪，周台云物彩毫书。雄文亦是乡人似，齐客谈天恐不如。①

检沈一贯《喙鸣诗集》，其卷十二有《扈从南郊纪事，和朱、于、陈三馆丈八首》，可知当时于慎行同僚多人就南郊扈从一事多有酬唱。此虽系于氏应酬之作，然其能举重若轻，衍为八首，而春容典雅，不作无病之呻吟，笔力未见稍减，诚然极见功力。于氏《冬至南郊扈从纪述和陈玉垒太史韵八首》颇具馆阁风度，后世选录者众，如《明僎》、《列朝诗集》、《诗苑天声》、《天府广记》、《佩文斋咏物诗选》、《四朝诗》诸书俱是。

于慎行在他的笔底也时时流露忧国忧民之思，但是直接反映当时社会现实生活的诗篇所占比例毕竟太少，这其中又以律诗居多，而主要是七律。如《忧旱》：

五月欲过犹未雨，秋苗渐槁青可怜。白日火云但袅袅，半岩泉水空涓涓。北来流离满道路，西望邑里疏人烟。城头鼙鼓复不罢，敕使普天飞索钱。②

此诗以形象的语言，刻画了大旱之年，朝廷苛捐杂税不止，民不聊生，流浪四野的悲惨景象。又如《闻里中健儿归自朝鲜，述军中事，有感》：

从军年少说成功，道逐楼船过海东。几见蛮烟迷月黑，曾看猎火照波红。椎牛已自空夷国，赐币还应出汉宫。叹息愚瘄石司马，枉将七尺殉和戎。③

① 于慎行：《谷城山馆诗集》卷十二《冬至南郊扈从纪述，和陈玉垒太史韵八首》，《山东文献集成》第3辑第25册，山东大学出版社2009年版，第576—577页。
② 于慎行：《谷城山馆诗集》卷十五《忧旱》，《山东文献集成》第3辑第25册，山东大学出版社2009年版，第621页。
③ 于慎行：《谷城山馆诗集》卷十五《闻里中健儿归自朝鲜，述军中事，有感》，《山东文献集成》第3辑第25册，山东大学出版社2009年版，第623—624页。

此诗借从军健儿之口,评论御倭援朝战役,最后笔锋一转,直斥当时主持和议的兵部尚书石星,可谓义正词严。

陈文新先生在《明代诗学》中说:"明代的主流派诗人有着解不开的'大家情结'。而要成为'大家',从中国古典诗的传统来看,就不能只是'优游不迫',首先应当'沉着痛快'。兼重'沉着痛快'与'优游不迫',这在理论上的表达即反对一味'清逸',倡导'清刚'或'清雄奔放','清'的含义必须给'雄浑'留一席重要的位置。"①从于慎行的诗歌创作来看,除了"清新圆美"的一面,尚有一种雄浑深厚、简古劲朗的诗风,主要表现于七律中,虽不占主导地位,对于说明于氏风格的多样性,却有值得重视的地方。

于慎行中年所作《同朱可大廷平登岱八首》可为代表:

> 终古名山莫大东,遥瞻云汉倚穹崇。千峰明灭天高下,万壑晴阴气郁蓊。星土盘回元化转,仙闾缭绕百神通。真游五岳何当遍,首蹑烟萝上碧空。

> 玉阙朱楼万仞端,六龙辇道倚巑岏。悬厓翠磴云中转,垒嶂红泉树杪看。海色晓瞳三观晓,秋声萧瑟五松寒。天门只尺君应见,比似人间路更难。

> 忽出尘寰赋壮游,试从九点辨神州。浮云直上千峰色,落日长悬万里秋。紫塞东临沧海断,黄河北绕大荒流。秦封汉禅成丘土,留与人间不尽愁。

> 倚杖高临万玉峰,氤氲陆海散芙蓉。寒声半落天中雨,暝色低催涧底钟。金检谁探秦帝策,白云犹起汉时封。君看十二侯王地,能出神宫第几重。

> 绝顶秋高上帝宫,茫茫一气俯寰中。地盘河济三州尽,天入秦吴万里空。玉阙光连星斗上,丹峰影落海门东。亦知真宰多相藉,许倚烟霄两剑雄。

> 万仞瑶坛冷夕曛,斗边三十六天分。仙人洞府悬双阙,玉女神房切五

① 陈文新:《明代诗学》,湖南人民出版社 2000 年版,第 217 页。

云。游客自成梁父叹,词臣不草茂陵文。东皇旧握群生纪,海国河山翊圣君。

高丘东望气雄哉,海色遥看万里开。三岛春波涵日月,五城仙气吐楼台。酒边影吸金银动,杖底云飞紫翠来。烟水茫茫徐福去,至今不见报书回。

上宫夜色冷漫漫,月转层霄十二栏。大地河山银作海,中天楼阁玉为坛。虚无灵境箫声断,缥缈秋光练影寒。仙掌芙蓉看欲近,转从北斗识长安。①

诸诗为万历九年(1581)六月,于慎行第三次登岱,与挚友朱维京同行所作,意境开阔,气象高远,以苍凉悲慨为基调,而富于雄浑阔大的审美特质。诸诗大笔如椽,勾勒出一个奋发有为而又满怀忧患意识的诗人形象。叶向高曾评价于慎行:"其诗则服膺李于鳞,骨力、气格,大足相方。"②于氏的《同朱可大廷平登岱八首》不由得使我们想起李攀龙的代表作《杪秋登太华山绝顶四首》。试看李攀龙原诗:

华顶苕荛四望开,正逢萧瑟气悲哉。黄河忽堕三峰下,秋色遥从万里来。北极风尘还郡国,中原日月自楼台。君王傥问仙人掌,愿上芙蓉露一杯。

其 二

缥缈真探白帝宫,三峰此日为谁雄?苍龙半挂秦川雨。石马长嘶汉苑风。地敞中原秋色尽,天开万里夕阳空。平生突兀看人意,容尔深知造化功。

其 三

太华高临万里看,中原秋色更漫漫。振衣瀑布青云湿,倚剑明星白日寒。东走峰阴摇砥柱,西来紫气属长安。自怜彩笔惊人在,咫尺天门谒帝难。

---

① 于慎行:《谷城山馆诗集》卷十二《同朱可大廷平登岱八首》,《山东文献集成》第3辑第25册,山东大学出版社2009年版,第581—582页。
② 叶向高:《苍霞续草》卷十《太子少保礼部尚书兼东阁大学士赠太子太保谥文定于公墓志铭》,《四库禁毁书丛刊》集部第125册,北京出版社1997年版,第101页。

其 四

徙倚三峰峰上头，萧条万里见高秋。莲花直扑青天色，玉女常含白雪愁。树杪云霾沙漠气，岩前日晕汉江流。停杯一啸千年事，不拟人间说壮游。①

比较于慎行登岱诸诗与李攀龙《杪秋登太华山绝顶四首》，可以发现两者无论在内容、风格乃至遣词、用韵等方面都存在着极大的相似性，看得出于慎行是规摹李氏而自成面目的。事实上，就这一部分的七律而言，叶向高之论可谓发前人之所未发，揭示出于慎行与李攀龙的别有渊源。

当然，于慎行《同朱可大廷平登岱八首》的创作，有其特定的背景。朱维京当年与于慎行结伴东游登岱，各作有诗若干首，道中、登岱诸诗皆属之。朱维京是于氏少年时期的同窗至好，其人与胡应麟、屠隆等交厚，算得上是"后七子"复古派的外围成员。胡应麟《诗薮》云：

> 近日词场，自吴、楚、岭南外，江右独为彬蔚。与余交最久者，喻邦相、胡孟弢、朱可大。喻如《浙江观潮》、《雁宕》、《天台》等作，胡如《天津望海》、《匡庐》、《彭蠡》诸篇，朱如《泰岱》、《嵩高》、《两岳游稿》，皆高华雄迈，与嘉、隆相表里。②

时人查志隆《岱史》收录朱维京《登岱》诗四首。兹录其二首，以概其余：

> 日观峰头叩帝关，上方楼阁隔尘寰。暂辞载笔西清署，直上题名北斗间。十二齐州归指顾，三千天界尽追攀。高山自昔同怀仰，不叹相从梁甫艰。（其一）

> 封禅当年事若何，秦坛汉时郁嵯峨。向来二客寻仙处，曾是千官拥跸过。日色浮金摇白马，天空如带走黄河。振衣直蹑天门上，夜摘星辰浩浩歌。（其三）③

朱氏诸诗较之于慎行所作，笔力似稍逊，然其风格明显追踪白雪楼主，总不失

---

① 李攀龙著，李伯齐点校：《李攀龙集》卷八《杪秋登太华山绝顶四首》，齐鲁书社1993年版，第206—207页。

② 胡应麟：《诗薮》续编卷二《国朝下·正德 嘉靖》，上海古籍出版社1979年版，第359页。

③ 查志隆：《岱史》卷十七《登览志·朱维京〈登岱〉》，《四库禁毁书丛刊》史部第11册，北京出版社1997年版，第668页。

为"高华雄迈"之作。屠隆比较于、朱二人的东游登岱诸诗云："余读其诗：太史（按：指于慎行）深秀婉畅，骨格天成；太理（按：指朱可大）峭拔沈雄，高华绝世，方之老杜，可谓异曲同工。"①今天看来，于慎行的诗集中固然只有极小部分诗作留下了学习李攀龙的印记，但是这种印记是如此的深刻，以至于使我们能明显感受到山左诗人的先后师承关系。在古往今来无数的登岱诗文中，于慎行的《同朱可大廷平登岱八首》厕身其间，亦不遑多让，泰山三阳观中至今保存于氏《登岱六首》刻石。好友公鼐的《登岱和大宗伯于公韵八首》、门人凌志魁的《登岱八首》均为和于氏之作。赵秉忠序公鼐《问次斋稿》称："文定于先生读其《蒙山赋》并《登岱》诗，友称忘年，交莫逆。"②即由于慎行《同朱可大廷平登岱八首》，上溯李攀龙，下及公鼐，亦庶几可管窥明代山左诗坛自李攀龙以来优良传统的一脉相承。

（3）绝句、排律

于慎行于七绝用功稍少，数量不多，成就亦较律诗略显逊色。但于氏多数七绝都写得风神蕴藉，意味深长，大有唐人风致。《题忠顺夫人画像四首》可算于氏七绝中的佳作：

> 燕支山色点平芜，染出春愁上画图。一曲胡笳明月夜，边声又度小单于。

> 边城新舞柘枝辞，降得浑邪罢汉师。不道长安春色少，甘泉宫里画阏氏。

> 天山猎罢雪漫漫，绣袜斜偎七宝鞍。半醉屠酥双颊冷，桃花一片飐春寒。

> 莲花宝铗绿云鬟，不脱襜褕款汉关。枉杀白登城下画，房中原自有红颜。③

诸诗缠绵悱恻，低回柔婉，刻画了一个风华绝代的少数民族女领袖三娘子的形

---

① 屠隆：《白榆集》文集卷二《东游记序》，《续修四库全书》第 1359 册，上海古籍出版社 2002 年版，第 561 页。

② 公鼐著，赵广升点校：《问次斋稿》卷首赵秉忠《问次斋诗稿序》，中国戏剧出版社 2008 年版，第 2 页。

③ 于慎行：《谷城山馆诗集》卷十八《题忠顺夫人画像四首》，《山东文献集成》第 3 辑第 25 册，山东大学出版社 2009 年版，第 652 页。

象,具有艳丽的特征,在于慎行诗风中可称别调。清人朱琰编《明人诗钞》续集卷九著录冯琦《题阌氏画像》:

> 红妆一队阴山下,乱点驼酥醉朔野。塞外争传娘子军,边头不牧乌孙马。

原注:

> 此为忠顺夫人作,同时东阿于文定公慎行亦有诗云:"燕支山色点平芜,染出春愁上画图。一曲胡笳明月夜,边声又度小单于。"亦佳,但不甚切忠顺。①

《明人诗钞》称于慎行所作"亦佳,但不甚切忠顺",想是于氏如此艳丽的诗风让编者不免大跌眼镜,因有上述评价。《列朝诗集》、《明诗纪事》均著录《题忠顺夫人画像四首》,《本事诗》卷五则著录其中的第三首。

又如于慎行《少年行四首》其三:

> 锦带珠袍绿臂韝,相逢尽说富平侯。南山夜猎春城晚,系马新丰旧酒楼。②

《皇明诗选》、《明诗综》均著录之。此诗截取高楼纵饮这一日常生活场景,一气贯成,轻爽流利,充分表现皇帝近侍倜傥潇洒、不可一世的精神面貌。让人想起大诗人王维的名作《少年行四首》组诗,尤其是其一:"新丰美酒斗十千,咸阳游侠多少年。相逢意气为君饮,系马高楼垂柳边。"③事实上,于氏此诗从字句乃至场面的截取,意境的营造,都可以明显见出师法王维的印迹。只是前者描述皇帝近侍,语涉讽喻,似是针对时事有感而发,而出现于后者笔下的少年游侠,则以建功边疆,而赢得作者由衷、高度的赞美。又如《送张洪阳学士请告南旋四首》其二:

---

① 朱琰辑:《明人诗钞》续集卷九《题阌氏画像》,《四库禁毁书丛刊》集部第37册,北京出版社1997年版,第661页。

② 于慎行:《谷城山馆诗集》卷十八《少年行四首》其三,《山东文献集成》第3辑第25册,山东大学出版社2009年版,第658页。

③ 王维撰,赵殿成笺注:《王右丞集笺注》卷十四《少年行四首》其一,上海古籍出版社1984年版,第258页。

长河南下水曾波，吴楚青山枕上过。行到浔阳江口望，应怜秋色故园多。①

此诗几似脱口而出，清新隽永，写出了诗人与友人的一片依依惜别之情。此外，《四月一日曹常侍园看花，同冯用韫、葛仲明二馆丈赋》《题张学士闲云馆四首》《夏日过二兄石淙别业，同游洪范、东流，用韵六首》诸诗亦佳，《列朝诗集》即著录其中9首。沈懋孝曾称赞于慎行诗歌"无一语不盛唐"②，也部分道出了其"律、绝、歌行"的渊源所在。但分别诸体论之，可以说其七绝格韵、风调最近盛唐。

于慎行所作五绝数量极少，成就也不突出，其六绝则别具匠心，颇可称道。所谓"六言尤难工"③，六绝之作，自唐以来，罕见佳作。于氏的六绝《夏日村居四十二首》以宏大的组诗形式，比较完整地反映了其本人晚年家居期间的生活和心态。如云：

槛外千山过雨，阶前独树含风。座对山光晓暮，床随树影西东。（其一）

玄菟城头鼓角，白狼河北烟尘。宵旰知劳圣主，安危定有谋臣。（其七）

家住谷城山下，行踪半慕留侯。初无黄石公授，但从赤松子游。（其十五）

面面溪山缭绕，村村花树蒙笼。人在渊明记里，家居摩诘图中。（其十七）

啜茗风生瓦钵，焚香日上疏帘。坐久浑无簿事，函开一卷《楞严》。（其二十）

水绕项王冢畔，山围管子台前。万古英雄事业，斜阳衰草寒烟。（其

二十五）

　　有竹有山有水，宜烟宜雨宜晴。欲似浣花溪畔，主人背郭堂成。（其
二十九）

　　古木千章水际，香泉万斛山阿。樵客空岩鸟道，田家半夜牛歌。（其
三十三）

　　薰为含香自爇，膏因吐焰常煎。拥肿能逃大匠，支离可尽天年。（其
三十五）

　　碧竹青萝院宇，黄鸡白酒盘飧。有客聊除花径，无人自掩蓬门。（其
三十六）

　　见客端愁结袜，开门最怯梳头。赢得北窗偃卧，湘帘翠簟如秋。（其
四十二）①

诸诗摹写风景则美不胜收，抒怀布意则疏散自然，对仗工整，意境优美，引人生
发丰富的联想，在艺术上达到较高的造诣。《明诗选》《山左明诗钞》对于氏
《夏日村居四十二首》均有所选录。公鼐在自序六绝时高度评价于氏的此类
创作："顷谷城于先生以一编寄冯侍郎（按：指冯琦），又以一编寄家兄（按：指
公鼒），皆其体也。致不大远摩诘而语又类王氏矣。家兄致侍郎之语曰：'先
生诸体诗都佳，六言为最。'先生之自言又云：'六言固不佳，亦正不必佳。'则
余尾之意亦略可睹矣。"②公鼐的《六言绝句四十首》与其兄公鼒的《和于
宗伯夏日村居十二首》即师法于慎行六绝而作。由此可见于氏所谦称的
"固不佳，亦正不必佳"的六绝其实是在我国古代文学史上产生过一定的
影响。

　　排律由于限制过多，容易显得堆砌死板，历来诗人往往视为畏途。于慎行
七言排律只创作了两首，其五言排律成就则较高。如《阁试玉河冰泮六韵》：

　　春色临仙掌，龙池积素开。蛟迎新旭断，鱼逐暖波来。云影回彤阁，
风纹触绣苔。不缘分玉镜，何处见瑶台。桂楫思无限，雕阑望未回。从兹

　　①　于慎行：《谷城山馆诗集》卷十九《夏日村居四十二首》，《山东文献集成》第 3 辑第 25
册，山东大学出版社 2009 年版，第 663—665 页。
　　②　公鼒：《浮来先生诗集》卷十二《六言绝句四十首有序》，《四库禁毁书丛刊》集部第 160
册，北京出版社 1997 年版，第 638 页。

赋曲水,长奉万年杯。①

《皇明馆课经世宏辞续集》卷十四《诗类》亦著录此诗,标题作《（玉河冰泮）又》,文字稍有出入,有眉批云:"如披云睹月,清兴自流。"②于慎行以排律题材表现应制内容,而能做到"清兴自流",殊非易事。又如《恭谒孝陵有述十四韵》:

> 圣迹开玄造,神都奠旧疆。基图垂万祀,谟烈冠千王。风雨园陵闭,衣冠寝庙藏。霞标悬绛阙,云际拱雕梁。胜地盘龙虎,高丘下凤凰。石麟秋作雨,铁马汗为霜。落月铺金锁,飞花上玉床。重关陈豹旅,濡露集鸳行。扈跸群灵会,包茅九域将。长江萦阁道,叠嶂列宫墙。礼乐恢函夏,明威肃大方。治成周六典,法画汉三章。缥缈松楸路,昭回日月光。小臣歌帝则,绳武祝今皇。③

《列朝诗集》著录此诗,标题作"恭谒孝陵有述十二韵",文字有所出入。此诗记述谒陵场景,庄重浑雅,有清肃之气而无呆板之弊。

此外,于慎行的赋,在艺术上无甚突出之处,兹不赘述。

总之,于慎行的诗歌转益多师,兼善众体,独具风格,自成一家。其乐府诗虽能自出机杼,而不免模拟之痕。其五古蕴藉幽深、言外感叹,七古发扬蹈厉、纵横如意。其五律清新圆美、深情摇曳,七律春容弘丽、典雅和平,七绝则风致宛然、韵味深永。其余数量不多的六绝、五排等亦各具特点。于慎行的诗歌以情真为宗,而不以格调法度为务,故自然流畅,较少用典,使人不见斧凿痕迹。但也由于于氏不以字句锻炼为能事,故往往诗少警句,而不为主格调论者所喜。如清人沈德潜、周准编《明诗别裁集》即未著录于氏之诗,两者诗学宗旨之差异可见。于慎行诗歌的审美风格不拘一格,而其主体风格则可用一"清"字概括。所谓"夫诗,清物也"④,于氏诗歌意境极为优美,庶几可以当之。

---

① 于慎行:《谷城山馆诗集》卷十七《阁试玉河冰泮六韵》,《山东文献集成》第3辑第25册,山东大学出版社2009年版,第640页。

② 王锡爵、陆翀之辑:《皇明馆课经世宏辞续集》卷十四于慎行《（玉河冰泮）又》附评语,《四库禁毁书丛刊》集部第93册,北京出版社1997年版,第355页。

③ 于慎行:《谷城山馆诗集》卷十七《恭谒孝陵有述十四韵》,《山东文献集成》第3辑第25册,山东大学出版社2009年版,第645—646页。

④ 钟惺:《隐秀轩集·隐秀轩文昃集·简远堂近诗序》,《四库禁毁书丛刊》集部第48册,北京出版社1997年版,第285页。

《皇明馆课经世宏辞续集》称赞于氏《(抵璧捐珠)又》(按:此诗标题,《谷城山馆诗集》作"阁试抵璧捐珠",文字稍有出入。)"诗有关系,不独音韵之工也"①,又著录时人范瑋对于氏《初入翰林自述》(按:此诗标题,《谷城山馆诗集》作"馆课初入翰林自述",文字稍有出入。)的评语"情志所托,故当以意为主,以文传意,谷峰立意既远而抽其芬芳,振其金石,足称绝唱"②。的确,于慎行于诗歌声调一道颇费推敲,深有心得。所谓"音调谐畅,泖泖乎朱弦大雅之音"③,正是于氏诗歌声调的主要特点。刘敕称于慎行诗歌"情景相得,宫商自宣。吐纳卷舒,信口喷薄。拟之仅得其似,索之不见其痕,神神化化,先生擅艺苑之龙矣"④,自有过誉,然大体上尚不失为中肯之论。

第二节　于慎行的文章理论与创作

在文章理论与创作领域,于慎行同样有着深湛的修养,成就颇高,合其诗歌理论与创作,可称双美。

一、于慎行的文章理论

于慎行于文章理论多有阐发,颇具特识,可与其诗论交相发明。

(一)文章的事与理

于慎行一生留心经济,既非纯粹的理学家,也非纯粹的古文家。在其存世著作中,都未见有对传统"文"、"道"问题的系统阐发。但他有一篇见收于沈懋孝《长水先生文钞》中的佚文《长水沈幼真先生文钞叙》,其中提出的观点,值得重视:

> 余因窃有请也:"宇内著作家,轨正者或践近摹,超诣者多反常道,有

---

① 王锡爵、陆翀之辑:《皇明馆课经世宏辞续集》卷十三于慎行《(抵璧捐珠)又》附评语,《四库禁毁书丛刊》集部第93册,北京出版社1997年版,第305页。

② 王锡爵、陆翀之辑:《皇明馆课经世宏辞续集》卷十三于慎行《初入翰林自述》附范瑋评语,《四库禁毁书丛刊》集部第93册,北京出版社1997年版,第301页。

③ 陈田辑撰:《明诗纪事》庚签卷八《于慎行》,上海古籍出版社1993年版,第2361页。

④ 于慎行:《谷城山馆诗集》卷首刘敕《谷城山房全集序》,《山东文献集成》第3辑第25册,山东大学出版社2009年版,第444页。

能宗孔孟兼左马者乎！兼必混，混必不似，常患两失之，此世所以分途易轨，各相驰骛也。然则吾子之道奚繇？"

　　幼真（按：指沈懋孝）拱手曰："甚盛，吾潜心久矣。吾其宗孟轲乎！五三圣神，遗牒殊尤，其经常正大可世世守者，袁之乎仲尼。轲氏去仲尼未久，其才高朗，得仲尼之时，故陈义甚正，式道甚夷，言之入人心也，洞然甚定。六经皆典则雍容，轲氏颇有驰骋变合，故六经之文，至轲氏益昌发，令人读之改观。此又是先秦两汉前文字，何不古也？轲氏没，韩愈、欧阳修、苏轼之徒宗之以为文，程颢、程颐、陆九渊之徒宗之以为道。此两大派者，迄今学士奉为正摹。昆仑之源，皆出轲氏，即道与文若歧乎？犹之六经，仲尼指也，无异道也。今天下著作之林，舍是正摹，直从左、马、韩、庄、《骚》《选》下，自命为文章家。舍淳和，尚奇起；咈自然，尊刻削；弃恬澹，趋丽缛。以其能异，世人亦异之。此如雕塑、织染、绘画之物，岂不五文焜煌，倾瞩摇精哉？曾不几何时，好者易厌，摹者已倦，色渝神去，何灵之有？故曰：轲氏之道，正摹也。'如彼日月，终古常新。夫日月之华，五采离离，君曾见日月中间有五采乎哉！"

　　余时竦然避席，曰："此天下名言。"①

此文作于万历二十八年（1600），追忆了十五年前他与沈懋孝的一次对话，借沈氏之口，间接表明了于氏本人的文学思想。于氏认可尊奉孟子为文章的不祧之祖，对于孟子之后，"韩愈、欧阳修、苏轼之徒宗之以为文；程颢、程颐、陆九渊之徒宗之以为道。此两大派者，迄今学士奉为正摹"的局面不能满意，但他也无意攀附古文家的"文统"和道学家的"道统"，而试图消弭两者之间的对立。他的欲合文、道而为一的文学思想，乃是要达到所谓"宗孔孟兼左马"的目的，这就不能简单地视作是宋儒以来的"文道合一"论的老调重弹。于氏对文章家的雕章琢句的形式主义固有不满，而他所说的"道"，却也并非像道学家所理解的那样狭隘。他的宗经主张正是其欲合文、道而为一的文学思想的合理延伸。

---

①　沈懋孝：《长水先生文钞·长水先生文钞》卷二于慎行《长水沈幼真先生文钞叙》，《四库禁毁书丛刊》集部第 159 册，北京出版社 1997 年版，第 191—192 页。

在《读史漫录》中，于慎行评论吕公著论曾巩之语云：

> 吕公论曾巩曰："行义不如政事，政事不如文章。"巩遂不获大用。此似忌之而然，果如所言，亦未为知文章也。凡文之所以成名者，不但以华藻鬘悦为工，以其理与事在焉。出于行义，则为有德之言，出于政事，则为有用之言，焉可歧而二也。有如发理而理不明，论事而事不彻，虽有枝叶之辞，将焉用之？而亦恶得谓之文章哉！①

这个"理"与"事"，实则就是于氏所谓的"道"的具体呈现，而所谓文与道合，即要求文能发理而理明，论事而事彻，否则，离开了理与事，虽有文辞之工，仍不足以言文章。冯琦《于宗伯集序》云：

> 夫诗以抒情，文以貌事。古人立言，终不能外人情事理，而他为异；而后之作者，往往求之情与事之外。求之弥深，失之弥远，则求之者之过也。……故知诗以抒情，情达而诗工；文以貌事，事悉而文畅。……窃以为调欲远，情欲近，法在古人，事在今日。必不得已，宁不得其调与法，而无失其情与事。故里巷歌谣，协之皆可以为诗；几席谈说，次之皆可以为文。何者？其情与事近也。

冯琦此序又称："不佞私持是说，间为宗伯公言之，宗伯公以为然，则出其先赠公（按：指于批）集属为序。不佞受而卒业，亦自信也。"是知冯氏此论为于慎行所许可。他又推崇于氏谓："宗伯公之学，无所不窥，为一代著作之冠，至鸿钜矣，然不掩其情与事，总之合于古人无疑也。"②冯琦此序合并诗文而言之，认为"诗以抒情，文以貌事"，不能外于"人情事理"，而单就文章来说，必本之事理尤其是事，而非"他为异"，始能"事悉而文畅"。这表明其对文章内容的高度重视。于慎行在《读史漫录》中说：

> （唐）文宗与宰相语，患四方表奏，华而不典。李石对曰："古人因事为文，今人以文害事。"此论文要旨也。因事为文者，以文叙事也；以文害

---

① 于慎行著，黄恩彤参订，李念孔等点校：《读史漫录》卷十二《宋神宗至徽钦》，齐鲁书社1996年版，第439页。

② 冯琦：《宗伯集》卷十《于宗伯集序》，《四库禁毁书丛刊》集部第15册，北京出版社1997年版，第159页。

事者,取事就文也。今日之文,敝正在此:……①

于氏主张"因事为文",可见于、冯二人的文论如出一模。于氏对于文章所反映的事、理尤其是事的强调,是其实学经世取向的自然流露,不仅成为其与以文章自命者的分野,更使他独立于道学家的牢笼之外。

由这样的观点出发,于慎行的"文"多是包涵最广泛的文学性的文和非文学性的文而言之。如说:

> 今之文体当正者三,其一,科场经义为制举之文;其一,士人纂述为著作之文;其一,朝廷方国上下所用为经济之文。②

> 夫诏令制敕之文,朝廷所以御臣民也,……夫建白题奏之文,臣下所以弘献纳也,……夫纂述纪录之文,史局所以传信也,……符牒檄命之文,诸司所以喻官守也,……③

> 两汉文章,莫盛于武帝时,然其文有三种:如枚、邹、相如、庄助、吾丘之流,皆以词赋唱和,供奉乘舆,是词赋之文也;太史包罗诸史,勒成一家,是记事之文也;淮南宾客,摄诸家之旨,发明道术,是著述之文也。④

在第一则中,文学性的文仅仅附属于"著作之文";而在第二则中,强调文的实用性、事功性,更无文学性的文的立足之地;只是在第三则中,才有所谓文人的"词赋之文",得以与史家"记事之文"、学者"著述之文"鼎足而三,但又不是纯粹意义上的文。他的所谓"文",仍是杂文学的概念。

当然有些时候,于慎行也会强调"辨体"的重要性,而给予文学性的文以相对独立的地位。如他在《己卯江西程策第二问》中说:

> 夫文者器也,器各有体,体方圆也。彼庄生,议论之文也,故虽征之以寓言而不可谓之史;马迁,叙事之史也,故虽济之以谈说而不可谓之文。

---

① 于慎行著,黄恩彤参订,李念孔等点校:《读史漫录》卷九《唐宪宗至僖昭》,齐鲁书社1996年版,第314页。

② 于慎行撰,吕景琳点校:《谷山笔麈》卷八《诗文》,王琦撰,张德信点校;于慎行撰,吕景琳点校:《寓圃杂记 谷山笔麈》,中华书局1984年版,第84页。

③ 于慎行撰,吕景琳点校:《谷山笔麈》卷八《诗文》,王琦撰,张德信点校;于慎行撰,吕景琳点校:《寓圃杂记 谷山笔麈》,中华书局1984年版,第84—85页。

④ 于慎行撰,吕景琳点校:《谷山笔麈》卷八《诗文》,王琦撰,张德信点校;于慎行撰,吕景琳点校:《寓圃杂记 谷山笔麈》,中华书局1984年版,第86页。

今不思迁之为史也,而概模之以为文,是犹慕璧之圆而规瓒之邸也,失其裁矣。是何也? 不辨体之过也。①

又在《宗伯冯先生文集叙》中说:

且夫先秦西京之世,有以文自命者哉。漆园之洸洋,则论著之书也;韩非之精切,则长短之策也;长沙之宏赡,则陈对之牍也;龙门之逶荡,则记述之史也。皆眉山之所酿而为文者也。②

可见在于慎行心中,也未尝没有认识到文学性的文的特殊性,而认为其与"史"相比,自有其体裁,不得混淆。而先秦西京之世的文章,虽然成为后来苏轼创作富于审美性质的文章的取资对象,在当时作者,却未尝有以文自命者,这表明于氏洞彻从文章到文学的历史演变,肯定了文学性的文的应有地位。

但是在更多的场合,从内容出发,于慎行显然偏重强调文的实用性、事功性,甚至将其上升到"关乎政体"③、立言不朽的高度,认为"文章、政业,皆本诸心术,不可歧而二也"④,而主张正文体。如说:

今之文体当正者三,……制举著作之文,士风所关,至于经济之文,则政体污隆出焉,不可不亟图也。⑤

夫训命之体失,而朝廷之政不宣;奏对之体失,而臣下之志不达;纪述之体失,而一代几于无史;文移之体失,而百司几于无法。此其所关者政也,非文也。⑥

于慎行担任礼部侍郎、尚书职务五年有余,扮演过"天下文章官"的角色,因此

---

① 于慎行:《谷城山馆文集》卷四十二《己卯江西程策第二问》,《四库全书存目丛书》集部第 148 册,齐鲁书社 1997 年版,第 271 页。

② 于慎行:《谷城山馆文集》卷十二《宗伯冯先生文集叙》,《四库全书存目丛书》集部第 147 册,齐鲁书社 1997 年版,第 433 页。

③ 于慎行撰,吕景琳点校:《谷山笔麈》卷八《诗文》,王琦撰,张德信点校;于慎行撰,吕景琳点校:《寓圃杂记 谷山笔麈》,中华书局 1984 年版,第 84 页。

④ 于慎行:《谷城山馆文集》卷十《应天乡试录叙》,《四库全书存目丛书》集部第 147 册,齐鲁书社 1997 年版,第 407 页。

⑤ 于慎行撰,吕景琳点校:《谷山笔麈》卷八《诗文》,王琦撰,张德信点校;于慎行撰,吕景琳点校:《寓圃杂记 谷山笔麈》,中华书局 1984 年版,第 84 页。

⑥ 于慎行撰,吕景琳点校:《谷山笔麈》卷八《诗文》,王琦撰,张德信点校;于慎行撰,吕景琳点校:《寓圃杂记 谷山笔麈》,中华书局 1984 年版,第 85 页。

对欧阳修借主持科举改革嘉祐文风大加赞许,称:

> ……故文章之变,乃政体所关,非为文也。章句之士,入而不自知,博
> 雅之士,知而不敢救。非欧公勇往力任,不恤众怨,则波流茅靡,将无纪
> 极,世道将奈何哉? 嗟乎! 今之文体,敝亦极矣! 部科论请,累牍不休,朝
> 廷禁饬,屡旨不已,而敝日以甚也。其故安在? 无肯力任其责,身当众怨,
> 而徒以论奏申饬为了事之具,则当何时可革哉!①

于氏认为改革文风已到了刻不容缓的地步,需要朝廷政治力的介入,而主事大
臣应有"力任其责"、"身当众怨"的能力和勇气来加以执行。

明隆庆、万历年间的文体变化,是古今文章的一段变迁。传统古文的创作
此时已举步维艰,迈入低潮,而相形之下,小品散文的兴盛则成为其时文坛最
引人注目的变化之一。对于如此局面,明清时期比较正统的文人都不免屡屡
致慨于此。如王夫之即指出:

> 隆万之际,一变而愈之于弱靡,以语录代古文,以填词为实讲,以杜撰
> 为清新,以俚语为调度,以挑撮为工巧。若黄贞父、许子逊之流,吟舌娇
> 涩,如鸲鹆学语,古今来无此文字,遂以湮塞文人之心者数十年。②

于慎行身逢其时,目击文体流弊,亦颇不概于心,表述了类似的看法。他在
《谷山笔麈》中总结道:

> 文体之弊,大端有四:曰谲而不平,曰驳而不粹,曰巧而不浑,曰华而
> 不实。此皆生于不足,非有余也。③

(二)宗经和务学

针对上述"谲而不平"、"驳而不粹"、"巧而不浑"、"华而不实"的四种文
体弊端,于慎行开出了疗治之方。他说:

> 夫文者,取裁于学,根极于理。不足于学,则务剽剥以为富,纂组以为
> 奇,而谲与驳之弊生。不足以理,则以索隐为钩深,谈虚为致远,而华与巧

---

① 于慎行著,黄恩彤参订,李念孔等点校:《读史漫录》卷十一《宋艺祖至英宗》,齐鲁书社
1996 年版,第 417 页。

② 王夫之撰,戴鸿森笺注:《姜斋诗话笺注》附录《夕堂永日绪论外编》,人民文学出版社
1981 年版,第 208 页。

③ 于慎行撰,吕景琳点校:《谷山笔麈》卷八《诗文》,王琦撰,张德信点校;于慎行撰,吕景
琳点校:《寓圃杂记 谷山笔麈》,中华书局 1984 年版,第 85 页。

之弊生,卒之有跂而及,无俯而就,有鼓之而出,无按之而应,心力尽于此矣。世方慕为瑰玮之声,卓绝之调,举群趋之,何哉?①

于氏所强调的"取裁于学,根极于理",其实就是宗经和务学的主张。这一文学思想贯穿了他的整个创作生涯。在作于万历七年(1579)的早期之作《己卯江西程策第二问》中,他就指出:

> 圣明在上,诚欲还淳返朴,以成一代文明之治,则莫若使人务学,务学者何? 以博文强识为能而不以虚辞藉也。又莫若正本,正本者何? 以六经、孔孟为宗而不以百家之说间也。②

他从成功"一代文明之治"的高度来看待务学和正本(也就是宗经)主张,认为两者是不可或缺的要素。

1. 宗经

晚明时期,伴随着心学的广泛传播,思想领域呈现出多元活跃的新局面,以程朱理学为代表的儒家传统思想已遭到严重的挑战和修正,宗经的文学主张不绝如缕。在以评经著名的孙鑛之外,于慎行也旗帜鲜明地主张宗经。如说:

> 今之文体当正者三,其一,科场经义为制举之文;其一,士人纂述为著作之文;其一,朝廷方国上下所用为经济之文。制举著作之文,士风所关,至于经济之文,则政体污隆出焉,不可不亟图也。然三者亦自相因,经济之文由著作而敝,著作之文由制举而敝,同条共贯则一物也。何者? 士方其横经请业、操觚为文,所为殚精毕力,守为腹笥金籯者,固此物也,及其志业已酬,思以文采自见,而平时所沉酣濡戴入骨已深,即欲极力模拟,而格固不出此矣。至于当官奉职,从事筐篚之间,亦惟其素所服习以资黼黻,而质固不出此矣。雅则俱雅,敝则俱敝,己亦不知,人亦不知也。故欲使经济之文一出于正,必匡之于制作,欲使著作之文一出于正,必端之于制举,而欲使制举之文一出于正,反之于经训而后可也。③

---

① 于慎行撰,吕景琳点校:《谷山笔麈》卷八《诗文》,王琦撰,张德信点校;于慎行撰,吕景琳点校:《寓圃杂记 谷山笔麈》,中华书局 1984 年版,第 85 页。

② 于慎行:《谷城山馆文集》卷四十二《己卯江西程策第二问》,《四库全书存目丛书》集部第 148 册,齐鲁书社 1997 年版,第 273 页。

③ 于慎行撰,吕景琳点校:《谷山笔麈》卷八《诗文》,王琦撰,张德信点校;于慎行撰,吕景琳点校:《寓圃杂记 谷山笔麈》,中华书局 1984 年版,第 84 页。

先年士风淳雅,学务本根,文义源流皆出经典,是以粹然统一,可示章程也。近年以来,厌常喜新,慕奇好异,六经之训目为陈言,刊落芟夷,惟恐不力。陈言既不可用,势必归极于清空,清空既不可常,势必求助于子史,子史又厌,则宫而之佛经,佛经又同,则旁而及小说,拾残掇剩,转相效尤,以至踵谬承讹,茫无考据,而文体日坏矣。原其敝始,则不务经学所致尔。①

夫狂澜横发,汹涌滔天,是水之奇观,而决之兆也;开颜发艳,耀日从风,是花之缛彩,而落之端也。故文至今日可谓极盛,可谓极敝矣。川不可障则疏其源,华不可敛则培其根,亦反经而已矣。诚令讲解经旨,非程、朱之训不陈,敷衍文辞,非六籍之语不用,此培根疏源之方也。②

清人何焯《义门先生集》卷六《答陈生汝楫简》征引于慎行"先年士风淳雅"条后云:"斯言也,凡万历中之转辗迷谬,文病言妖,皆若烛照,而清空之不可常者,于今之风气亦微似相近焉。默移于未然,则常可以无坏。遇有天资高明者,足下则并以此告之。"③于慎行洞察文风流变,批评当世之文归极于清空,求助于子史、佛经及小说,而无救其日坏之弊,认为只有宗经才是培根疏源之方,而有可能使经济、著作、制举之文一出于正。他注意到其所处的时代正是文风转变的关键时期,他的批评指涉当时蓬勃兴起的小品文字,反映出个人的文章嗜好,是其文章观的保守部分。但于氏敏锐地预见到宗经主张对当时文风的反拨,这一点却为明清之际的文风转向所证实。这种文论观点仍是以儒家传统为本,代表了相当一部分正统文人的观点。于慎行的宗经主张,带着浓厚的地域和个人色彩,在他自己是终身服膺,深有心得,绝非泛泛其词。于氏的著作每每引经据典,立言有体,论有根据,表现出一种从容典重之风。吕坤

---

① 于慎行撰,吕景琳点校:《谷山笔麈》卷八《诗文》,王琦撰,张德信点校;于慎行撰,吕景琳点校:《寓圃杂记 谷山笔麈》,中华书局 1984 年版,第 86 页。
② 于慎行撰,吕景琳点校:《谷山笔麈》卷八《诗文》,王琦撰,张德信点校;于慎行撰,吕景琳点校:《寓圃杂记 谷山笔麈》,中华书局 1984 年版,第 86 页。
③ 何焯:《义门先生集》卷六《答陈生汝楫简》,《续修四库全书》第 1420 册,上海古籍出版社 2002 年版,第 211 页。

盛赞:"公起八代,还诸三坟,鸣镝大雅,振铎斯文。"①的确指明了于氏文章宗经的风格所在。

值得注意的是,晚明时期,师心的文学思潮高涨。在此背景下,于慎行在强调以儒家经典为宗时,也重视主体心灵的自由活动。在隆庆六年(1572)所作《兖州府志序》中,他已说:"(孔子)作为《春秋》,组织心灵,陶范真宰,宣朗六艺,垂之罔极。"②其后,他又说:

> 文沿器象而志意管其枢机,理寄缥缃而性灵为之橐籥。故必陶镕经诰,澡沦神心,荣悴不萦其怀,得失不缠于虑,然后酌理以富才,积学以储宝。故能策不羁之轮,轶埃壒而远御,秉烛照之匠,阅意象而运斤,追琢其章,彬彬可述者也。③

所谓"陶镕经诰,澡瀹神心",正表明宗经与主体心灵的自由活动可以是密合无间的,而文章的艺术创作并不因宗经而丧失其主体性,相反会相得益彰。这样,于氏在强调宗经的同时,也预留了文学的位置,而不至于偏废。

2. 务学

于慎行淹贯百家,其许多文章带着浓浓的学术气息,而呈现学者之文的典型特色。当他强调宗经的一面时,于氏对于为文阑入子史、佛经、小说之语大为不满,力求典正雅训,可是当他主张务学时,对于文章出入百家,上下千古,就显露了学者本色,表现出最大的兴趣。因此,他虽偏好《史记》、《汉书》的文字,却推崇《淮南子》能自成一家言,为汉代文章第一。他说:

> 尝谓此三种文章,至今为世所宗,《淮南》论道术,其言有识,不可磨灭,上也;《史记》不号为文,而其文之妙为千古绝唱,次之;至于夸丽求工,曲终奏雅,薄于技矣。④

---

① 吕坤:《去伪斋集》卷九《于文定公诔辞》,吕坤撰,王国轩、王秀梅整理:《吕坤全集》,中华书局2008年版,第537页。

② 朱泰、游季勋、包大爟等纂修:《兖州府志》卷首于慎行《兖州府志序》,明万历元年(1573)刻本。

③ 于慎行:《谷城山馆文集》卷十《济美堂集叙》,《四库全书存目丛书》集部第147册,齐鲁书社1997年版,第413—414页。

④ 于慎行撰,吕景琳点校:《谷山笔麈》卷八《诗文》,王琦撰,张德信点校;于慎行撰,吕景琳点校:《寓圃杂记 谷山笔麈》,中华书局1984年版,第86页。

他这样评价当代文坛人物的文章创作：

先生（按：指于慎思）渔猎最博，论议最豪，然其为文，茹古涵今，自立机轴，体裁出昌黎氏，雄浑渊博，苍然古色。①

先生（按：指于慎言）才高而俊，学博而精，发为文辞，探源《国》、《左》，托体六朝，……②

（傅光宅）博闻强志，贯串百家，落笔千言，词采流丽。③

（苏祐）博览群籍，游心千古，为文辞、歌诗遒丽典雅，海内以为名家。④

其（按：指朱衡）学无所不窥，为文词雄奥。⑤

这些人或是兄长，或是挚友，或是恩师，都是曾经深刻影响过于慎行人生道路的重要人物。在对他们的赞许中，也流露出于氏务学的文论主张。

于慎行十分重视对历代传统文学、文化遗产的学习，希望能在取裁于学、"沉涵百氏"的基础上，达到自成一家的目的。在《己卯江西程策第二问》中，他已说：

古之为文者，沉涵百氏，酝酿千古，茫乎泱泱，而不知其门。若夫学一先生之言，读之而可辨也，则下矣。是何也？不储学之过也。⑥

到了《谷山笔麈》中，他更指出：

古人之文如煮成之药，今人之文如合成之药。何也？古人之文，读尽万卷，出入百家，惟咀嚼于理奥，取法其体裁，不肯模拟一词，剽窃一语，泛

---

① 于慎行：《谷城山馆文集》卷十二《庞眉生集叙》，《四库全书存目丛书》集部第 147 册，齐鲁书社 1997 年版，第 442 页。

② 于慎行：《谷城山馆文集》卷十二《冲白斋存稿叙》，《四库全书存目丛书》集部第 147 册，齐鲁书社 1997 年版，第 443 页。

③ 于慎行：《谷城山馆文集》卷二十二《明故中宪大夫四川按察司提学副使金沙傅公合葬墓志铭》，《四库全书存目丛书》集部第 147 册，齐鲁书社 1997 年版，第 644 页。

④ 于慎行：《谷城山馆文集》卷二十八《明故资政大夫兵部尚书兼都察院右都御史谷原苏公行状》，《四库全书存目丛书》集部第 148 册，齐鲁书社 1997 年版，第 87 页。

⑤ 于慎行：《谷城山馆文集》卷二十八《明故荣禄大夫太子太保工部尚书镇山朱公行状》，《四库全书存目丛书》集部第 148 册，齐鲁书社 1997 年版，第 94 页。

⑥ 于慎行：《谷城山馆文集》卷四十二《己卯江西程策第二问》，《四库全书存目丛书》集部第 148 册，齐鲁书社 1997 年版，第 272 页。

而读之，不知所出，探而味之，无不有本，此如百草成煎，化为汤液，安知其味之所由成哉？今之工文者不然，读一家之言，则舍己以从之，作一牍之语，则合众以成之，甚至全句抄录，连篇缀缉，为者以为摹古，读者以为逼真，此如合和众药，萃为一剂，指而辨之，孰参、孰苓、孰甘、孰苦，可折而尽也。乃世之论文者，以渣滓为高深，汤液为肤浅，取古人之所不为，谓其未解，拾古人之所已吐，笑其未尝，不亦鄙而可怜也哉！①

于慎行以"煮成之药"与"合成之药"的区别来比喻古今人文章的不同，推崇读破万卷、不知所出而又无不有本的境界，这段文字与他的以"化"论文学创作可说同一宗旨，也为他自称在创作上"无所模拟"②作了最好的注释，充分显示出于氏开阔无比的学术视野和兼收并蓄的学术胸襟，既是他合辞章、学术为一体的个人特质的反映，更是对当时流行的拟古主义的文人之文的有力反拨。于慎行本人的文章以学殖为根，斟经酌史，通晓古今，信笔所至，往往有本有原。

这种宗经和务学的主张在晚明的文学思潮中虽一度式微，却已隐开明清之际汲古返经的文论主张的先绪。但是于慎行毕竟也是深知文章三昧的一代作手，当他有余暇"理艺文之绪③，而得以专注于文章自身的艺术性时，他就不免要发出这样的疑问：

原夫人文既兆，作者云兴。含章司契者，握笔而腐毫；覃精研机者，抱策而华首，岂不欲凌历往哲，驰骛林府，使文与星汉凝晖，而名与金石等敝哉？然或学淹群籍而辞非高儁；或华穷藻绘而理参纯驳，原其命志，气倍前人，及课成功，半折心始，其故何也？④

如何将强调宗经和务学的主张与尊重文章自身的创作规律完美地统一起来，

---

① 于慎行撰，吕景琳点校：《谷山笔麈》卷八《诗文》，王琦撰，张德信点校；于慎行撰，吕景琳点校：《寓圃杂记 谷山笔麈》，中华书局 1984 年版，第 88 页。

② 于慎行撰，吕景琳点校：《谷山笔麈》卷八《诗文》，王琦撰，张德信点校；于慎行撰，吕景琳点校：《寓圃杂记 谷山笔麈》，中华书局 1984 年版，第 90 页。

③ 于慎行：《谷城山馆文集》卷十一《郑司理文集叙》，《四库全书存目丛书》集部第 147 册，齐鲁书社 1997 年版，第 426 页。

④ 于慎行：《谷城山馆文集》卷十《济美堂集叙》，《四库全书存目丛书》集部第 147 册，齐鲁书社 1997 年版，第 413—414 页。

而不至于在创作中出现畸轻畸重的情况,这是于氏亟需解答的重要课题。这样,于慎行就因应时代文学思潮的新变,在很大程度上超越了儒家的传统文学观念,他一面对七子派文学复古思想进行全面而深刻的反思,进而显露了性灵说的萌芽;另一面则以虚论文,标举"神会",主张"文以神化",诚为卓见。

(三)反复古的主张

于慎行晚年对"后七子"文学复古运动展开批判,其中关于诗歌的言论,向来被视为于氏反复古的代表性言论,已成千古定论,而实则其论文部分,也多有可观,清代顾炎武、金埴、何焯、阮葵生、黄恩彤等人均有所援引。如说:

> 近代一二宗工,倡为复古,大振先秦西京之业,岂不斐然?而末学小夫依傍影响,醯醋铺醢,大者模拟篇章,细者摽剥字句,以为作者之剂尽于此矣,然而形腴神索,表泽中枯,溯之无源,挹之立涸,奚以称于世焉?①

> 顷者,先正诸公亟称"拟议以成其变化",岂非名言?然拟之议之,为欲成其变化也,无所变而之化,而姑以拟议当之,所成谓何?②

> 今日之文,敝正在此:取今日之官,以就古之官名;取今日之地,以就古之地名;增减今之事实,以就古之文义;改换今之法制,以就古之章程。施之章奏,则敷对不详;施之纶綍,则训谕失体;施之纪述,则事实不著;施之文移,则吏民弗从。所谓"生于其心,害于其政;生于其政,害于其事",信有之矣。原其所以,皆居今好古而过焉者也。③

> 《史》《汉》文字之佳,本自有在,非谓其官名、地名之古也,今人慕其文之雅,往往取其官名、地名以施于今,此应为古人笑也。《史》《汉》之文如欲复古,何不以三代官名施于当日,而但记其实耶?文之雅俗固不在此,徒混淆失实,无以示远,大家不为也。予素不工文词,无所模拟,至于名义之微,则不敢苟,寻常小作或有迁就,金石之文,断不敢于官名、地名

---

① 于慎行:《谷城山馆文集》卷十一《朱光禄集叙》,《四库全书存目丛书》集部第 147 册,齐鲁书社 1997 年版,第 428 页。

② 于慎行:《谷城山馆文集》卷十二《宗伯冯先生文集叙》,《四库全书存目丛书》集部第 147 册,齐鲁书社 1997 年版,第 434 页。

③ 于慎行著,黄恩彤参订,李念孔等点校:《读史漫录》卷九《唐宪宗至僖昭》,齐鲁书社 1996 年版,第 314—315 页。

以古易今。前辈名家亦多如此。①

于慎行深察古今文章之流变,强烈批评"七子"复古派拟议不化、依傍影响、厚古薄今的种种拟古弊端,认为文之雅俗固不在复古与否。

作为与"后七子"复古派有一定渊源的人物,复古与反复古的文学思想,相为纠缠斗争,贯穿了于慎行一生长长的创作生涯。他为朱维京的《朱光禄集》作序,即因此而慨叹:"艺文之绪亦难言矣。"②而早在万历二年(1574),年青的于慎行代官方发声,即宣言"复古":

> 文之以华奇为工者,学不明也,其道在尊经而复古。学术正而蚩摇之辞远;淳雅复而钩棘之调息,则文正而不陂矣。③

中期以后,于慎行已渐渐冲破"后七子"的藩篱。但是就在大约作于万历二十三年(1585)的《朱光禄集叙》中,对于"后七子"文学复古运动所起的历史作用,他也并非简单地一概抹杀,而以历史的眼光,给予肯定:"近代一二宗工,倡为复古,大振先秦西京之业,岂不斐然?"④在晚年所作的《宗伯冯先生文集叙》中,于慎行说:

> 近世名家辈出,非先秦西京,口不得谈,笔不得下,至土苴赵宋之言,目为卑浅。而眉山氏家法,亦若曰:"姑舍是云。"鄙人少而操缦,亦谓为然,久而思之,不也。⑤

在《读史漫录》中,他更是赞誉"有宋一代文章,高出前世"⑥。由此可以清晰见出于氏从"七子"复古派的旧营垒中逐渐突围而出,重新审视前代文学遗产

---

① 于慎行撰,吕景琳点校:《谷山笔麈》卷八《诗文》,王琦撰,张德信点校;于慎行撰,吕景琳点校:《寓圃杂记 谷山笔麈》,中华书局1984年版,第90页。
② 于慎行:《谷城山馆文集》卷十一《朱光禄集叙》,《四库全书存目丛书》集部第147册,齐鲁书社1997年版,第428页。
③ 于慎行:《谷城山馆文集》卷四十一《甲戌会试程策第三问》,《四库全书存目丛书》集部第148册,齐鲁书社1997年版,第254页。
④ 于慎行:《谷城山馆文集》卷十一《朱光禄集叙》,《四库全书存目丛书》集部第147册,齐鲁书社1997年版,第428页。
⑤ 于慎行:《谷城山馆文集》卷十二《宗伯冯先生文集叙》,《四库全书存目丛书》集部第147册,齐鲁书社1997年版,第433页。
⑥ 于慎行著,黄恩彤参订,李念孔等点校:《读史漫录》卷九《唐宪宗至僖昭》,齐鲁书社1996年版,第464页。

的复杂的思想嬗变过程。

不过于慎行到底眼光卓绝,在其官方色彩浓重的早期之作《己卯江西程策第二问》中,对于历代文学遗产,他实已有相当剀切的持平之论:

> 文之与时高下亦若是而已矣。是故五帝之事,若有若无;三王之事,若存若亡。论者犹谓黄唐淳而质,虞夏质而变,商、周丽而雅。又或称虞夏之书浑浑,商书灏灏,周书噩噩,盖取诸六籍,而万世文艺之渊源肇焉。春秋、战国之文,继六籍而作,而其理不及也。然而攻奇饰说,本原百物,极窈窕阂肆之谈,使后世工文者,虽出入万变,而未可得易,斯已奇矣。两汉之文,窃春秋、战国之意用之,而又不及也。然而椎雕为朴,反华为质,善叙事理,能得人情,言之精者,可以不朽,斯已伟矣。晋、宋、六朝窃汉之词用之,而又不及也。然而善镕铸古人之言,以耀光鬻采,霞驳云谲,如登赤城之峤,炫目动心,丽而不淫者矣。唐人窃六朝之体用之,而又不及也。然而沈浸醲郁,贯穿百家,其词平易尔雅,不为琦辩,虽风骨靡而不振,其韫富矣。自韩愈氏至于宋,变唐人之体而去其辞,而又不及也。然而探赜钩深,咀嚼道要,刊落华藻,而归之本根,虽时有芜陋,然其渊源正矣。①

此篇策问视野宏阔,纵论千古文章,足见在于氏心中,文学代胜,各有千秋,不必偏废。由此种观点,进而推导出反复古的文学主张,也就只有一步之遥了。

叶向高序《谷城山馆全集》,称:

> 公之文,就一篇之中,则沉雄规之秦汉,流畅出之宋唐,乃其取材于昭明之选为多。若概其生平,则少年之作以宏富为宗,故近六朝;中岁以后,以骨力为主,故参东西京;至于晚节,则陶洗铅华,自生姿态,又若在昌黎、眉山之间。②

叶序清楚地说明了于慎行一生文章创作的道路,他转益多师,视野最宽,取径最广,而才力又足以称之。事实上,于氏不仅在早年曾深受"七子"复古派的影响,也擅长四六文,到晚年,又对唐宋文章表示出偏爱。唯其如此,他的文论

---

① 于慎行:《谷城山馆文集》卷四十二《己卯江西程策第二问》,《四库全书存目丛书》集部第 148 册,齐鲁书社 1997 年版,第 270—271 页。

② 叶向高:《苍霞草》卷八《谷城山馆全集序》,《四库禁毁书丛刊》集部第 124 册,北京出版社 1997 年版,第 220 页。

主张才能洞达古今,而不至于有一偏之见。

(四)"文以神化"的主张

于慎行以"神情"说诗,见解高妙。与此相似,他的论文,在内容方面虽有崇实黜虚的特点,但一旦深入文章内部,涉及文章自身的创作特点、规律,于氏转能论之以虚,标举"神会",进而主张"文以神化"。他这样说:

> 文章亦有神会,大而天地,小而虫鱼,耳之所闻,目之所见,无不可以发人之精思,而鼓人之神魄,何必方尺之函,数寸之管哉?古之制器者,见转蓬而为车,闻风鸣而制律,岂拘拘于形声之中耶?盖必有以神契者矣。①

> 夫文者,以神会者也,得其似而未真,是胡宽之营新丰也;得其真而未化,是优孟之学叔敖也。古有以舞剑而悟书者,入神矣。若乃不求其所以言,而丹青藻绿,惟其色之是肖,不亦远哉!是何也?不会神之过也。②

于慎行重视文章的感兴问题,认为世间万物,大如天地,小如虫鱼,耳目所及,无不可以发人精思,鼓人神魄。这实际上是要求作者能摆脱形式上的束缚,自由地抒发己见。他强调作文当以"神会"为本,离形得似,传形之真,进而化之。否则,徒以词藻雕琢为工,都不足以言文章。

针对刘知几《史通》"论史之烦省"③的问题,他在驳正中,对史家文字的"神"作了更详细的说明:

> 夫史犹绘也,善绘者具人之体貌而必得其精神;善史者撮事之故实而必存其色象。是故词有繁而不杀,事有细而靡遗,欲其一披简书,千古如觌也。公索亡祭牲,录门人致问之词;子罕哭介夫,载觇者反报之语,此左氏之神也。仲连见辛垣衍,则绍介之言毕载;王生从龚渤海,则醉呼之状具陈,此《史》、《汉》之妙也。而子玄剿略榛芜,一切删去,读之索然,了无神采,是犹操公输之矩墨而裁成度索之枝,执神禹之斧斤而沟洫吕梁之水

---

① 于慎行撰,吕景琳点校:《谷山笔麈》卷八《诗文》,王琦撰,张德信点校;于慎行撰,吕景琳点校:《寓圃杂记 谷山笔麈》,中华书局 1984 年版,第 90 页。

② 于慎行:《谷城山馆文集》卷四十二《己卯江西程策第二问》,《四库全书存目丛书》集部第 148 册,齐鲁书社 1997 年版,第 272 页。

③ 刘知几:《史通》卷九《内篇·烦省第三十三》,《景印文渊阁四库全书》第 685 册,台湾商务印书馆 1986 年版,第 74 页。

也，天下之奇观，何从而睹哉？其失也浅。①
所谓"丹青难写是精神"，史传文章必于故实之中存其气象，得其神采，始能
"一披简书，千古如觏"。他批评刘知几一味强调文字的简约，会使人"读之索
然，了无神采"，失之于浅。

于慎行提出"化"的概念，以为"神"的特点，主张"文以神化"，消融了文
学古今的界限，从而调和了复古与反复古主张之间的矛盾。这一方面，详见前
文相关论述。

于慎行论文以虚，主张神会变化，这就显露出了他的文章家本色。他推崇
庄子的文章"汪洋浩渺，若断若续，常使读者未易诠解，故是文章家绝技"②，又
称赞《史记》不号为文，而其文之妙为千古绝唱"③，但是他虽不至于完全蔑
弃文法，却绝不会斤斤于法度，这使他主张的神会变化，与"唐宋派"所强调的
"神明之变化"④有了本质的区别，盖后者仍不过是将"法"定义为"神明之变
化"。

于慎行的批评《史记》文字，因此转能别具只眼，而为一般讲文章篇章布
置之法的论家所不及。如其云：

> 《太史公书》多所抵忤，即如《老子》一传，辞语自相矛盾。既曰过关
> 去，"不知其所终"，又历数其子孙，至汉文帝时仕者名字，其世系谱谍，一
> 一可指。子孙既可考如此，又以为太史儋，而"莫知其然否"，则所谓子孙
> 者，儋邪？聃邪？⑤

> 《史记·屈原传》为文章家所称，顾其辞旨错综，非叙事之正体，中间
> 疑有衍文。如论怀王事，引《易》断之曰："王之不明，岂足福哉！"即继之

---

①　于慎行：《谷城山馆文集》卷四十《刘子玄评史举正》，《四库全书存目丛书》集部第 148
册，齐鲁书社 1997 年版，第 242—243 页。
②　郭造卿：《海岳山房存稿》卷首于慎行《海岳山房存稿序》，明万历三十五年（1607）刻本。
③　于慎行撰，吕景琳点校：《谷山笔麈》卷七《典籍》，王琦撰，张德信点校；于慎行撰，吕景
琳点校：《寓圃杂记 谷山笔麈》，中华书局 1984 年版，第 86 页。
④　唐顺之：《荆川先生文集》卷十《文编序》，《四部丛刊初编》第 1586 册，上海商务印书馆
1922 年版。
⑤　于慎行著，黄恩彤参订，李念孔等点校：《读史漫录》卷一《必羲至东周 齐晋附》，齐鲁书
社 1996 年版，第 8 页。

曰:"令尹子兰闻之大怒",何文义不相蒙如此! 世之好奇者,求其故而不得,则以为文章之妙,变化不测,何其迂乎?①

在《史记》这两个聚讼不息的问题上,于氏所论,堪称大胆而精辟。清人梁玉绳的《史记志疑》即援引于氏对《屈原列传》的批评。曹聚仁先生讲:"史书残缺,事所常有,而明代古文家一定要说这段文章(按:指《屈原列传》)是太史公的神来之笔,说古文笔法是要突然而来突然而去的,那就难免受章实斋的抨击了。明清古文家实在还是受了八股文的影响,太把文章义法看得呆板了,所以闹笑话了。"②这的确是于氏比拘于"文章义法"的文论家高明的地方。

于慎行的文章理论,既不步七子派、唐宋派之后尘,也未受到年代稍后的"竟陵、公安之学"的影响,自张一军,卓有所见,促进了晚明文论的繁荣。

二、于慎行的文章创作

于慎行的文章在当时卓然名家,至有"天下文章在指南"③、"一代文章推北斗"④之美誉。于氏文集在其逝世前后始浸浸流播。叶向高《谷城山馆全集序》,盛赞:

（于慎行）发为文辞,皆春容宏丽,深至委婉,于情事曲折无所不尽,而于气格、词理、意象、色泽无所不工。……自非命世宗工,人巧天工,合流骈出,何以有此? 於乎休哉! 信著作之大成而熙朝之盛事也。⑤

刘敕在《谷城山房全集序》中所论更详:

先生应运熙朝,降神名岳,幼习严庭之训,蚤读中秘之书,谓羽人谈士,各欲代雄,朱蓝共妍,不相祖述。故文自六籍,诗自《三百》而下,以及

---

① 于慎行著,黄恩彤参订,李念孔等点校:《读史漫录》卷二《战国至秦楚之际》,齐鲁书社1996年版,第17页。

② 曹聚仁:《古文》,姜德明主编,曹雷选编:《曹聚仁书话》,北京出版社1998年版,第64页。

③ 冯琦:《宗伯集》卷五《寄寿于秩宗年伯》,《四库禁毁书丛刊》集部第15册,北京出版社1997年版,第95页。

④ 申时行:《赐闲堂集》卷六《寄寿于宗伯谷峰六十四首》其一,《四库全书存目丛书》集部第134册,齐鲁书社1997年版,第124页。

⑤ 叶向高:《苍霞草》卷八《谷城山馆全集序》,《四库禁毁书丛刊》集部第124册,北京出版社1997年版,第220页。

翰林书圃,理窟谭丛,无不澄泾辨渭,取珠弃蚌,流贯融洽,如金之出镕,药之在液也。且自通籍,家食者半。又辛卯予告,廿载于兹。选胜探幽,寻禅访道,钻貌草木之中,窥情风景之上,以此疏瀹五藏,澡雪精神,然后使独照之匠,阚意象而运斤;玄解之宰,寻声律而定墨。是以论著则庄叟之洸洋也,区画则韩氏之精切也,陈对则贾傅之宏赡也,纪述则龙门之逶荡也。①

黄体仁序《读史漫录》,盛赞:

> 东岱有文定于公,余读其全集,奏疏类贾、陆,叙记似昌黎、眉山,赋咏在沈、谢之间,龙翔虎跃,蔚然已为词林冠冕。②

历来论于慎行之文者不在少数,而言多简略,以上评价较有代表性,虽不免有所过誉,然于此可略窥于氏在当时文坛的地位。于慎行的文章主要收录在《谷城山馆文集》中,总507篇,各体兼长,兹据其主要体裁分论之。③

(一)序跋体

林纾《春觉斋论文·流别论》认为:

> 数种中,书序最难工。人不能奄有众长,以书求序者,各有专家之学。譬如长于经者,忽请以史学之序;长于史者,忽请以经学之序,门面之语,固足铺叙成文,然语皆隔膜,不必直造本人精微。……故宜平时窥涉博览,运以精思;凡求序之书,尤必加以详阅,果能得其精处,出数语中其要害,则求者亦必餍心而去。④

> 综言之,序贵精实,跋贵严洁,去其赘言,出以至理,要在平日沈酣于经史,折衷以圣贤之言,则吐词无不名贵也。⑤

于慎行博及群书,硕学淹贯,最长于作序跋。《谷城山馆文集》存书序三卷30

---

① 于慎行:《谷城山馆诗集》卷首刘敕《谷城山房全集序》,《山东文献集成》第3辑第25册,山东大学出版社2009年版,第443—444页。

② 于慎行著,黄恩彤参订,李念孔等点校:《读史漫录》附录四黄体仁《于文定公〈读史漫录〉序》,齐鲁书社1996年版,第525页。

③ 拙文散文体裁之分类,主要参考:陈必祥:《古代散文文体概论》,河南人民出版社1986年版。谢楚发:《散文》,人民文学出版社1994年版。

④ 林纾著,范先渊校点:《春觉斋论文·流别论》,人民文学出版社1959年版,第71页。

⑤ 林纾著,范先渊校点:《春觉斋论文·流别论》,人民文学出版社1959年版,第72页。

篇,另有 5 篇题跋,1 篇代拟书序。黄宗羲编《明文海》著录于氏文章 10 篇,除 4 篇为"记"外,其余 6 篇均为书序,可谓慧眼独具。

于慎行的序文中,最为明清选家所注意者,当推《太保殷文庄公文集叙》。《明文奇赏》、《明文海》、《古文辑略》、《明文案》均著录此文,惟标题作《金舆山房稿后序》。《太保殷文庄公文集叙》一文述作序缘起后,即揭橥所谓"公卿大臣之文":

> 夫所谓公卿大臣之文者,以其学术韫藉,所以经纶当世之具可载而传也。幸而得尽其用,则其文有不见于书,而见于金匮石室之藏,即诎而有所不尽,则其经纶之业,有不施于当世,而可考于著作之间者,此公卿大臣之所谓文也。

于慎行接着回顾先秦至今的"公卿大臣之文"的发展历程,批评其流弊道:

> 自六朝之敝以至于唐,为公卿大臣者,乃始务为闳侈钜衍之辞,与文人学士争长于毫颖之端,如苏颋、李峤以下,各以其文自私,而不关于世之治忽,则学术韫藉几无可载而传矣。古人有云:文章,经国之大业,不朽之盛事。独奈何隘若此哉!

于慎行笔锋一转,指出殷士儋则不然,其"学术韫藉",有"经纶当世之具",所作文章是名副其实的"公卿大臣之文":

> 先生之才,无所不宜,其学无所不窥。逸经外史、汲冢禹穴之编,玄宗内典、金经玉笈之言,阴阳医卜、百家技艺之书,当世典章文物、钱谷甲兵、山川阨塞之要,法家比谳之文,一时士人流品,山泽遗逸之材,无不蓄诸胸中,握之掌上,而其藏若虚,其朴若未兆,所谓为天下溪谷者焉。以此尽其用于世,庶几翊赞升平,比烈三代,何论汉以下哉?乃其学术韫藉,经纶当世之具,既有所不尽其用,而发之叙述歌咏之间,本原道艺,体画事情,往往露其绪余,有可考而知者,此所谓公卿大臣之文也。

殷氏既为礼学名家,又曾入阁拜相,于慎行以乡人身份师事之,关系尤其非同寻常,所谓"所悲今古知己实难,惟师与我,义存再三"①。于氏是以殷士儋文

---

① 于慎行:《谷城山馆文集》卷三十二《祭座师殷文庄公文》,《四库全书存目丛书》集部第 148 册,齐鲁书社 1997 年版,第 141 页。

章事业的继承人自居的。据《东阿于文定公年谱》，万历十一年（1583）七月，"疾甚，四明沈公代讲"。原注：

> 是月疝转厉，元辅奏沈公一贯摄讲事。一夕，梦太山元君赍一彩毫，曰："此历下殷公笔也。"病良已。殷公直阁，未几归。后颇相符。①

这个带着些许神秘色彩的故事，是作为齐鲁之儒的于慎行的心路历程的折射，也反映出于氏文章、学术的宗向。他最后在文中总结道：

> 济南自边宗伯廷实以文雅创始，先生与李于鳞氏生而承其后，相与左提右挈，力挽浇漓之习，而求复诸古。虽其中各有所负，未必相下，而有以相成。李公业已用歌诗显名当世，先生进在大位，无暇以艺文自标，世亦以为承明著作之臣，自其职业，弗为异也。今观先生之文，上缘六籍，下浸两京，沈思入玄，铿音中律，盖能挽末世而复之古者。即降而与文人学士，定从于骚雅之坛，犹将执牛耳而命之，况公卿大臣经世之业，章章如是也。岂造物者将靳其所欲用，而永其所可传耶！②

于氏话说得极委婉，其实是讲殷士儋志在用世，毕竟不以一介文人自命，与李攀龙相比，文章到底非其所长。清人徐文驹、罗景泐编《明文远》亦著录此文，评曰："议论瑰玮，有浑浑噩噩之气，而起伏照应，一笔不苟。"文中有小字批注云："笔笔伏后"，"笔笔收拾"。③

又如于慎行为李三才作《李中丞抚淮奏草叙》，开篇即云：

> 夫主之于臣，有抱独知之符而示不测之御者，此其人有不得不重也。语曰：知臣莫若君。此所谓知者，独知也。独知而不以人，则信之不贰，不贰而后不测。尝有概于季布之言"陛下以一人之誉而召臣，以一人之毁而去臣"，心诚知之，何有于誉毁，此所繇窥浅深矣。夫惟明圣之主，得忠鲠之臣而任之，群而誉之，至于国人之公，而不加亲；群而毁之，至于左右之私，而不加疏，此所谓独知也。知而欲遂亲之，而又若有所惮；惮而欲遂

---

① 邢侗编纂，阮自华撰述：《东阿于文定公年谱》卷一，《山东文献集成》第1辑第10册，山东大学出版社2006年版，第650页。

② 于慎行：《谷城山馆文集》卷十《太保殷文庄公文集叙》，《四库全书存目丛书》集部第147册，齐鲁书社1997年版，第402页。

③ 徐文驹、罗景泐编：《明文远》不分卷于慎行《金舆山房稿后序》附评语，《四库全书存目丛书》集部第407册，齐鲁书社1997年版，第590—592页。

疏之,而又若有所倚,且惮且倚,而不可亲疏,则其人不得不重,而又不欲
以重之情示,然后,不测之权寓焉。夫诚有不可亲疏之臣,而国亦重矣。

这一段开头出手不凡,有千钧之势,足称李三才为人。之后叙李三才以御史中
丞监抚淮阳时的政绩,特别指出:

> ……而其最要而伟者,则止庐江之矿,以保二陵之地脉;发徐、砀、颍、
> 亳之盗,以翦揭竿之萌。而其最艰危险阻,出万死一生之计,则禁税使之
> 虐而与之构难。彼其张弥天之罘,渔猎徐淮之野,鞭貙虎而骖獌貐,磨牙
> 吮血,甘人肉而谈齘之。烈已!乃矢不与共生,危言苦辞,极陈祸福兴亡
> 之故,冀天听之一回,而阴以其间,假便宜禽制,以渐消其爪距,吴、楚、江、
> 淮之民仗中丞之弹压,幸有宁居。而凭社负隅之徒,蚕缘釜鬵,所以媒孽
> 龆齮,穷万道而无余。

此段以生动的语言,描述李三才“禁税使之虐”而“保障江淮”的巨大功绩。最
后则以委婉的语气夹叙夹议,说明李三才与明神宗君臣之间微妙的互动:

> 上独察其繇,而不为动也,于中丞之言,示不欲受,而卒不忘于其身;
> 示不欲用,而卒不舍于所弹击根柢;示不欲尽法,而卒潜消默过,稍除其十
> 二三。天下遂以颠倒鼓舞,颂不测之恩威,而不知上之于中丞,乃若有所
> 甚倚而不肯遽亲,又若有所甚惮而不肯中疏者。辟得千金之药,既畏其苦
> 口,又冀其蠲疴,既嚬眉而却之,又裂吻而啐之尔。夫人主之情,无论勤
> 逸,畴不欲国之辑宁,亦畴不欲志之顺适。今忍其情之所不堪,制其欲之
> 所必遂,以飨贞臣之利于国。无已,而姑为不测焉。明主之为社稷,亦劳
> 矣。臣而见知若是,亦何必三锡九迁,乃称遇合乎!
>
> 往余从道路传言,得中丞保障江淮之状,固已动颜而喜,及今读其奏
> 疏,句风霜而言金石,直欲为苍生哭者,毛发悚栗,三击节而服焉。而中丞
> 以书来言:“时事棘矣,一介孤臣,仰已无亲,俯幸有子。不以身负吾师,
> 必报国恩,有死无二。”嗟乎,中丞之简在圣心,有以也。孰不为臣,而言
> 何独痛与!嗟夫,中丞于君臣之际,奇矣!繄君之知臣欲密,而臣之受知
> 欲显,顾诚何如!信则为不测,疑则为不断。不测出于不贰,不断成于贰。
> 夫不测与不断之形,非相远也,则奈何抱独知而不货。信乎!武帝知汲黯
> 为社稷臣,而弃居淮阳,不得与朝廷议,乃曰:“徒得君之重,卧而治之

尔。"夫淮阳重,则何如社稷重哉!上盖曰:"吾且召君矣!"①
文章说李三才当国家多事之秋,虽以重臣见知于神宗,而神宗以不测之御示之,在用与不用之间,其实是为神宗的昏庸无能讳言。此文议论气势磅礴,语言铿锵有力,虽是序言而绝无应酬习气,出之以沉痛之情,只有寥寥数语涉及李三才奏疏内容:"及今读其奏疏,句风霜而言金石,直欲为苍生哭者,毛发悚慄,三击节而服焉",然而李三才其人及奏疏不可想见耶!

于慎行所作书序向以识见超群、议论精实取胜,呈现学者之文的鲜明特点,然亦间有以描写优美见长者。于氏曾撰有咏泰山山水的专题诗歌别集——《岱畎行吟》,已佚,《岱畎图经》当系此书自序。此文大笔如椽,以泰山为中心,分述泰山北纪、南纪、西纪山水,展开一幅"岱宗之山周回三千里"的壮观图景。其中这样描述自己家乡的风景:

> 云翠之北,有洪范之渊,北流入于狼水,出于谷城,是为管子之邑。城北有山,上多文石。《经》曰:缟羝之首,北望谷城之山。是也。秦时老父是授留侯素书。其西为虎窟之峰,下临汶水,北为香山,其上多蕨,有梵帝之阁。

寥寥数笔,景象如画。于氏复这样勾勒自己的形象:

> 是邑也,万山环之,其中有畸人焉,厥状徐徐于于,岩石是栖,蓬藋之田是食,命曰悬解之民。其处善卧,其出善游,游于岱宗之野,三登日观之峰,以望沧海;北至于沛,南至于峄,无不周也。其游与若士为偶,左手操杯,右手操管,其止恒饮,其醉恒歌。歌声中金石之音,楮氏之子默而传之,藏诸奚氏之室,是曰《岱畎行吟》。万历阏逢敦祥之岁十月既望,有是先生自题。②

如此美文,也正与《岱畎行吟》所收诗作一样,当得上"逸兴干霄,冲襟体物,令人卧游钜丽,梦想清虚"③的评价。

---

① 于慎行:《谷城山馆文集》卷十二《李中丞抚淮奏草叙》,《四库全书存目丛书》集部第147册,齐鲁书社1997年版,第435—437页。
② 于慎行:《谷城山馆文集》卷十一《岱畎图经》,《四库全书存目丛书》集部第147册,齐鲁书社1997年版,第424页。
③ 王家屏:《王文端公尺牍》卷六《答于谷峰年丈》,《四库全书存目丛书》集部第149册,齐鲁书社1997年版,第683页。

于慎行序跋中佳作纷呈，如《河防一览叙》、《冯光禄诗集叙》、《明儁叙》、《闲云馆集叙》、《冯宗伯诗叙》、《朱光禄集叙》、《兖州府志自叙》、《宗伯冯先生文集叙》诸篇均是文质彬彬、见解精辟之作。

（二）碑志体

于慎行生平为人所作碑志体文章甚多。《谷城山馆文集》中存墓志铭最多，近九卷92篇，其他尚有禅师塔铭1篇、神道碑铭4篇、墓表15篇。叶向高曾称："（于慎行）里居日久，四方慕其名，凡碑版志传、赠送诔祝之类，无不欲得公之一言。羔雁填门，公择而应之，常有余力。"①于慎行说过："予为人传志多矣！夫固有遥闻浮慕，因响索声者乎，意常不盈其辞。即生平所欲著列，睹记甚确，惟恐失之，词又不充其意。甚哉！综术之难也。"②碑志体文章的真实性，是于慎行所一再强调的，他绝不铺张事迹，与传主本人不符。他曾说"予往来清河，及从诸大夫闻所称段公事，与状不谬"③，又说"不肖行既从公有年，号为莫逆。凡公立朝大节，皆所目睹，及其生平心曲，所自道说，有郎君不及知者，敢为著其梗概，以介于当世名公"④。于氏写作时的严谨态度可想而知。

于慎行所作的碑志体文章以其丰富的史料价值，早已为明代文史研究者所注意，而在艺术上亦有足述者。于氏此类文章多为当世巨卿名流所作，因为对象身份的关系，其文风呈现典重雄奥的特点，且于叙事中善发议论，往往为点睛之笔。如于慎行为自己景仰的前礼部尚书陆树声作墓志铭，开端即发议论云：

> 盖观乎钜公名卿，其功信烈章、谟猷毕效于国者，间或不能不自挫其身名而急流勇退，抗志尘寰，往往乏鸿渐之仪，怀石隐之介，国家不得藉其楷模，士类不得想其风采。虽身名俱永，而体用亦未全也。乃若保合太

---

① 叶向高：《苍霞续草》卷十《太子少保礼部尚书兼东阁大学士赠太子太保谥文定于公墓志铭》，《四库禁毁书丛刊》集部第125册，北京出版社1997年版，第101页。

② 于慎行：《谷城山馆文集》卷二十二《明故中宪大夫山西按察司副使同庵李公合葬墓志铭》，《四库全书存目丛书》集部第147册，齐鲁书社1997年版，第640页。

③ 于慎行：《谷城山馆文集》卷二十《明故朝议大夫陕西布政使司参议二泉段公墓志铭》，《四库全书存目丛书》集部第147册，齐鲁书社1997年版，第600页。

④ 于慎行：《谷城山馆文集》卷二十八《明故通议大夫礼部左侍郎兼翰林院侍读学士玉阳张公行状》，《四库全书存目丛书》集部第148册，齐鲁书社1997年版，第101页。

和,含贞履方,回澜倚为砥柱,平世师为仪刑,元老完人,声实并泰,则肃皇以来,惟陆公一人而已。

陆树声淡泊荣禄,难进易退,退隐日多,平生事迹殊无传奇色彩。其墓志铭如平铺直叙,必至淡然无味,于慎行以议论振起全文,遂别开生面。如此文在记述陆树声生平后,发论云:

> 公登第六十五岁,屡起屡归,中间守官两都,不及一纪,而闭门扫轨,优游相羊于云水湖山者,余五十年。先后二三权相,力皆奔走海内,而宠辱之柄,卒不得少加于公。卿衮当国,所网罗推挽,遍天下知名士,而独不得引公自近。天下仪公,以为含誉卿云,神龙威凤,异代异人,不啻松柏之郁然后凋也。壬申一出,慨然有开济之怀,竟以时事不合,奉身而退,然至闻朝廷行一善政,进一正人,辄喜动眉端,不则神情不怿者弥日。惓惓忠爱,至老不衰。乃知第以退而益重称公,使主上知当世有不爱爵禄之臣者,其亦未窥公大臣之用心矣。

于慎行以雄健之笔化静为动,将陆树声的进退行藏描写得有声有色,使陆氏一代名臣的形象跃然纸上。他于文末深情地说:"行忝词林后进,尝沐公知,又尝待罪南宫,奉公画一。生平向往,以为一代人宗,可师百世,而得附名片石,托公不朽,所忻愿焉。"①此文可与陆树声同其不朽。

又如于慎行为于达真作《明故亚中大夫陕西布政使司右参政完璞于公墓志铭》,文有法度,先述其少年文采翩翩,次述其壮年文武兼备,最后为其英年早逝寄予无限的惋惜:

> 嗟夫!以子冲之才,无论位遇,乃所就若此,惜哉!子冲为人,沉雄跌宕,器识绝人,规画事机,皆有大略,不为蠖龊之算,其才纵横,险易无所不宜,而不能为浮文小礼,以适人耳目。平生尤慕侠节,即邑里少年,斗鸡蹋鞠、鸣瑟跕屣之娱,亦无不与其间,而不能与俗士俯仰。雅以文章自命,睥睨千古,客谈艺文其侧,辄白眼仰天,为弗闻也。平生所心服者,惟其师李先生一人而已。其为文舣规意象,本诸李公,而不纯用其体,稍按事实,更

① 于慎行:《谷城山馆文集》卷二十二《明故资政大夫太子少保礼部尚书兼翰林院学士赠太子太保谥文定平泉先生陆公墓志铭》,《四库全书存目丛书》集部第 147 册,齐鲁书社 1997 年版,第 636 页。

为平易。歌诗沉雄淡雅，即未至李公，而能不失其法。要其所已得，业足称雄一世，而著述未广，少所流传，为可恨也。①

一个沉雄不羁、以文章自命的豪杰形象呼之欲出。这个人，也正是与于氏声应气求、并称于世的石交。于慎行的议论能很好地与传主融为一体，时见真情流露。

明清时期的墓碑文多拘谨，少生气，又好为尊者讳，矫饰浮夸，面目雷同。于慎行为二兄于慎思所作《亡兄太学都讲航隐先生墓志铭》则真切感人，似自肺腑中流出。此文以一声长叹开头："嗟乎！此吾兄航隐先生之墓也。吾知吾兄，吾不志吾兄，谁志吾兄者"。文中以生动的叙事和描写、满怀感情的议论概括于慎思这样一位落拓不遇、英伟不凡的奇男子的一生：

先生为人，魁梧长大，渥颜丰颐，谈说经史，擘画世事，奇伟不凡，食酒至数斗，扼腕语难，发上指冠，里儿多揶揄之，不知其有所出也。常以为经国当知大体，不为龌龊小文。行兵在明赏罚，用财如土，毋拘于苛法。慕张忠定、陈同甫之为人，而持论激昂，有苏长公之气，梦信非偶也。为文奥雅雄浑，取法迁史，而不事模拟，为一家言。诗工长歌，喜孙太白、常楼居之调。至为骚赋，沉酣楚声，尤非俗好所及。而近体声病，则时有出入焉。亦间为元人乐府，大有风韵，多从狭邪中得之。吾常欲效其体，先生笑曰："若拘拘小儒，纸上作台阁官样，安能为此？"性行豪爽，不修城府，持己应物，动法古人，而不好讲学，常曰："宁为真士夫，不为假道学。"少时有所论撰，自署屠龙子，言其无所用也。有怨家闻而诟曰："此少年子欲为不轨。"将上书告之，识者为之绝倒。于慎行曰：吾两兄皆异才也。先生博物闳览，贯穿百家，而精丽少谢无择。无择文词瑰钜，挥翰辄数千言，而多识不及先生，然皆文苑之英也。落魄不偶，未竟其业，为长恨耳！不肖未龀失恃，两兄实训成之，幸以文学致身，陆沉金马门中，而两兄怀瑾握瑜，不博一第，天之生才，诚何心哉！先生著述可十余种，校其一二梓之，他不能为也。②

文中回忆于慎思拿其"台阁官样"开玩笑，可以想见兄弟俩亲密无间的谐谑之

---

①　于慎行：《谷城山馆文集》卷二十《明故亚中大夫陕西布政使司右参政完璞于公墓志铭》，《四库全书存目丛书》集部第147册，齐鲁书社1997年版，第594页。

②　于慎行：《谷城山馆文集》卷二十四《亡兄太学都讲航隐先生墓志铭》，《四库全书存目丛书》集部第147册，齐鲁书社1997年版，第717页。

状。又述于慎思自署屠龙子,而为怨家所告,尤其令人可发一噱。此如颊上三豪,使文章增色不少。

于慎行的部分墓碑文精于结构谋篇,语言含蓄有余味。如他为李先芳所作《明故奉直大夫尚宝司少卿北山先生李公墓志铭》即是此中佳篇。李先芳原是"后七子"的前驱,其后李攀龙、王世贞踵兴,遂摈李先芳不与"后七子"之列。于氏此文记叙李先芳中进士后,诗名已著,"乃与历下殷文庄公、李宪使于鳞、任城靳少宰、临清谢山人结社赋咏,相推第也"。再叙李氏"及入为曹郎,居多暇日,而海内名能诗家吏部宗子相、张助甫,兵部张肖甫,同部王元美、徐子与辈云集阙下,先生尽与之交,朝夕倡咏,期为复古,而诸子之名大噪长安,称一代盛际矣"。复叙李氏归田之后读书著述,又以经商致富,而时时以声乐自娱。"晚以目眚,屏去声乐,游心玄晏,著《达生道人传》以自喻。"全文无一语述及李先芳与李攀龙交恶始末,然以李先芳壮年声名大噪与其晚境的落寞对比,言外自有感慨。于慎行最后高度评价李攀龙与李先芳两位乡贤的诗歌风格,认为两者异曲同工:

> 国朝之称诗赋,盛于嘉、隆之际,吾里有两李先生。两李先生者,同时同官,名相比也。其致有不同者,历下以气骨合神,湛涵万有,而发以雄迅,意常超于象之表;濮阳以才情赴调,融洽众采,而出以和平,力常蓄于法之中,此其趣操也。比以五音,历下则轩辕之鼓,素女之弦,高张急节,铿鍧骀荡,洞心骇耳,而世不能究其变;濮阳则昭华之琯,嬴台之箫,肃雍和鸣,龙吟凤下,而世不能写其真,盖所谓异曲同工者与![①]

这其实是通过将"两李先生"相提并论,委婉地为李先芳在文坛上的地位张目。于慎行乡曲情深,对李先芳、李攀龙二人不欲作左右袒,故有是语。其后,《静志居诗话》、《四库全书总目》、《明诗纪事》诸书均采录于氏的观点。总之,于氏此文为李先芳这样一位文坛名宿作传,文笔含蓄有致,曲尽其妙,生动地刻画了李氏文采风流而不免坎坷不遇的一生。

其他如《明故资政大夫南京兵部尚书赠太子少保郭康介公墓志铭》、《明

---

① 于慎行:《谷城山馆文集》卷二十一《明故奉直大夫尚宝司少卿北山先生李公墓志铭》,《四库全书存目丛书》集部第 147 册,齐鲁书社 1997 年版,第 611 页。

故嘉议大夫兵部右侍郎石葵贾公墓志铭》、《明故南京太仆寺卿进阶通议大夫木泾周公墓志铭》、《明故中宪大夫四川按察司提学副使金沙傅公合葬墓志铭》、《明故光禄寺丞讷斋朱公墓志铭》、《亡兄乡贡进士冲白先生墓志铭》、《明故太子太保兵部尚书都察院左都御史赠少保谥肃敏浚川先生王公墓表》诸篇亦是于慎行碑志体散文中的佳作。

(三)赠序体

于慎行《谷城山馆文集》首收赠序之作,存九卷81篇,有时难免为应酬所累,然佳篇杰构,亦往往错落其间。据《东阿于文定公年谱》,万历二十四(1596)年,"十有一月,平阴伍令来乞州牧文,谢之"。原注:"牧不宜民也。"[1]可见于氏于赠序亦不苟作。

如《贺大司空后山杨公加太子少保叙》以雄健突兀之势开头,不言杨一魁,而已使人想见杨氏其人:

> 天下之事,莫难于兼图其利而无所容其害,两要其益而无所受其损,此非才智之所尽也,事未有万全者也。利有所主,而或不能无害,吾从其利而规之;益有所归,而或不能无损,吾从其益而谋之。轻重多寡,惟其分量才智可为也。惟夫事机参会,职守错陈。彼亦一利害,此亦一利害;彼亦一损益,此亦一损益。衡其轻重,则钧石不相悬;量其多寡,则区釜不相盖。于此而建兼利之画,奏两益之绩,使上下皆宜,公私咸赖,此古之圣臣皇佐所为懋平,成永赖之烈而不尽出于才智者与!国家定都燕冀,漕转东南,盖其襟喉之会,故在河淮之交,嘉、隆以来,二三钜卿,躬柄畚锸,以有事于其土,至殷赈也。

中间详叙杨一魁治河始末及加封太子少保事,表其功勋,可见前论之非虚语。紧接着,复发议论云:

> 夫陵儒,国之根本也。运道,命脉也。民居,腹心也。盐策,肪腴也。此可以利而彼不可以少害,彼可以益而此不可以少损,孰能胲而成之,而无所枘凿于其间,此非有盖世之才、绝人之智,其将能乎!岱畎生曰:固

---

① 邢侗编纂,阮自华撰述:《东阿于文定公年谱》卷二,《山东文献集成》第1辑第10册,山东大学出版社2006年版,第719页。

也,公之所繇底绩,其不在是! 夫势之轻重、才之短长、数之多寡、智之小大,皆有所极,皆有所限,惟精诚之至,神天神地,无所不极,解在吕梁丈夫之厉水矣。其言曰:始吾之入也,先以忠信。及吾之出也,从以忠信。忠信错吾躯,千波流而不敢用私,故不必巧而有道术也。彼才智之士,世岂少哉! 其所谋虑经营,虽出于公而不免有用私之心,巧殚于金注,力殚于墨守,故弗全也。惟精诚之至,知国之有利害,而不知利害之在己;见事之有损益,而不见益损之在人,故能定必然之画,砺百折之锋,兼利两益而计出万全也。天下尊大禹之功,目以为神,若弗可企矣。及综其实,亦惟克勤克俭,劳身焦思,非真有珥蛇乘龙、役鬼沉符之助也,用志不分,疑于神焉尔矣。此公所为缵禹之绪,以有成功,而岂才智之所尽哉! 东省藩臬大夫分司兖土,皆有事于河功,快睹盛美,将旅进为公贺。闻之言也,以为有当,书诸大帛,庸告典谟,备外史焉。①

于慎行所深望于社稷之臣者,杨一魁所作所为足以当之。于氏赠序往往有内容相近者,然因善于议论,措辞得当,写法因人因时而异,故独具面目。如此文,即足称杨一魁为人,《皇明经世文编》著录之。

于慎行善议论,这是继承了我国古代散文发展的传统。其文风固以平易切实为主,然间有奇古博奥者,相较于其他诸体,赠序之作是非常能够表现此种文风的体裁。《贺中丞丘泽万公征倭功成叙》是其中代表。此文先简要交代作叙缘起后,即发为长篇宏论:

客有乘轺而过,以告于子。于子曰:伟哉! 中丞之伐,则信霍耀鸿庞,丕创未有之烈,於铄盛哉! 鄙人伏在薮泽,窃闻岛夷之难,星纪欲周矣! 燮纬筮枢之佐,所为周章衡决,借前箸而踌躇,拥旄建斾之臣所为鞅掌骚屑,从白羽而四鹜。慷慨忧天之士,所为干毫颍而陈;游谈喜事之俦,所为敝舌吻而议,皆是物也。圣上超然旷览,毅然独断,尽格首鼠之谋,选于有众,得公而任之,遂使蜂屯蛇引之徒,靡于峿夷之阻;鼍作鳄吞之众,烬于海若之都。悬枭獍于藁街,筑鲸鲵于狼望,此其殊尤绝迹,砰砢魁朗。绣

_____

① 于慎行:《谷城山馆文集》卷五《贺大司空后山杨公加太子少保叙》,《四库全书存目丛书》集部第147册,齐鲁书社1997年版,第334—336页。

青镂玉之简不能铺,铭彝铭钟之酬无以概矣。

客曰:唯唯。子慕公功,未睹其大也。夷之披猖而来,岂为灭貊、高句骊弹丸土哉!朝鲜既食,必轶而入辽海。辽海既踞,必猘而入卢龙,则忧在左辅矣。为左辅肩背,势不得无辽海;为辽海羽翮,势不得无朝鲜,是故功悬绝域,利归都辇,此其为宗社之福与!

于子俛而惟曰:客言似矣!虽然,徒大公功,岂喻所以大哉!夫鸿均之播,万品肖翘靡遗,非虑而施也。大亲之咻,孺婴疴痒必应,非利而仁也。王者之覆华夷,除其疾苦,遏其寇虐,非有为而为也。故曰:大德不德,是以有德。而以统一之盛,借唇齿于琐尾之墟;以太上之恩,摧便否于臣仆之国,非所以为号矣!且自三代以降,挞伐四夷,代不绝书,如汉建元之定朝鲜,则纳其地为四郡;唐显庆之平百济,则纳其地为二府。莫不因穷黩之威,遂并苞之计,恶有坛巳墟之社,城既覆之隍,取而不居,为而不有,如今日之盛与!而犹以利害商之,何其狭也,且揆诸情势,抑岂其然。国家际天极地,经纬万里,吴越闽广之郊,以海为池,与鱼服之民共之。倭从俘廓登陆,如出窦穴,谁则为藩?而卒就歼夷,靡有遗育。即辽左卢龙之塞,一堁垣尔。东胡、鲜卑,鸣笳盈耳,旃裘匝地,又谁藩之?而自受韝緤,羁縻至今也。奈何山海无间之险,丸泥可塞,而必以属国为藩乎!彼其疾痛呼天,何音之择,我弘字小之宜,亦安得不借声屏翰,以厉士心。其实未必然也。圣上为华夷共主,宠绥四方,亦越箕封之国,世在怀保,比内诸侯,蠢兹岛夷,敢为蛮尾,以螫我东服,伤鸿明之化,故不惮倾庾扫境,拯之鼎沸之中,岂有较计哉!夫患切同身,则胡越明其一体;斗关异室,则比邻重于缨冠。此人情也,而于此施不报之恩,需无心之泽,起白骨而肉之,此涿鹿之征让其晔煜,而有苗之格谢其铿訇矣。故知今日出师之名义,而后上之威德益弘;明上之威德,而后公之勋庸益大。子何算其渺小而捐夫赫赫者哉!

客闻若言,惘然告,遽会渔阳诸道大夫,来请谒贺之辞,因次所与客语,以塞使命。①

---

① 于慎行:《谷城山馆文集》卷六《贺中丞丘泽万公征倭功成叙》,《四库全书存目丛书》集部第 147 册,齐鲁书社 1997 年版,第 345—347 页。

此文借于慎行与客人的对话，往复之间，层层推进，表彰万世德所取得的御倭援朝战争的巨大功绩，同时发表自己对于处理边疆问题的看法。文笔古奥典重，风力绝尘，犹如钟鼎石鼓，足可传世。此文《皇明经世文编》、《明文授读》、《明文案》、《明文远》均著录。《明文远》评曰："立言有体，深得尊天王大一统之意，非苟作者。"①可谓中肯之语。

其他如《赠郡侯趋庭卢公叙》论州府吏治、《送郡理周侯上民部郎叙》论户部职守、《贺太宰梦山杨老先生九十存问叙》论礼部尚书职权，各有深刻之论。

（四）杂记体

姚鼐《古文辞类纂》有"杂记"一目，姚氏解释道："杂记类者，亦碑文之属。碑主于称颂功德，记则所纪大小事殊，取义各异。故有作序与铭诗全用碑文体者，又有为纪事而不以刻石者。"②后林纾又细分其类云："所谓全用碑文体者，则祠庙厅壁亭台之类；记事而不刻石，则山水游记之类。"③山水、亭台之记，以其成就突出，往往单独立类。此处杂记体散文主要指"祠庙厅壁"之记。此类文章，《谷城山馆文集》存三卷32篇。

如《重修颜庙碑》云：

> 夫圆灵上运，则七政纬其高明；方祇下凝，则岳渎经其博厚。斯两仪綵之奠位，四序所以成功也。粤自鸿濛既派，元气攸分。帝籍稍沦，皇风益邈，则始储精启运，寄命圣哲，而孔氏之统兴焉。固以模范百王，典谟万代，配乾元之资，始俪坤德之广生矣。三千及门，七十通艺，四科之首，位冠群贤。大哉，颜氏之承其绪乎！尔其陶铸圣门，步趋师矩，秉上智之质，而发以如愚；悬坐忘之符，而助以不惰。口绝谈议，而圣蕴毕彰；训阅篇籍，而师宗独著。盖为道生孔，为孔生颜，所以翊赞化原，羽仪景运。辟在天之悬象，则羲明为众阳之宗；方在地之成形，则岱宗为生物之府，斯以参玄造而不毁，历振古而如新者与。列辟相承，代修秩祀，制多沿革，礼蔑污隆。稽统业于皇王，则孔师而周圣；溯渊源于授受，则孔圣而颜师。固已

① 徐文驹、罗景泐编：《明文远》不分卷于慎行《贺中丞丘泽万公征倭功成叙》附评语，《四库全书存目丛书》集部第407册，齐鲁书社1997年版，第644页。
② 姚鼐：《古文辞类纂·序目》，《四部备要》第92册，中华书局1989年版，第6页。
③ 林纾著，范先渊校点：《春觉斋论文·流别论》，人民文学出版社1959年版，第70页。

登布素于握图，续宗祧于主器，而表章虽备，拟议非伦，至首加五等之阶，特赐元公之号，斯则假器名于人爵，援宠数于朝章，非所以全太上之尊，表无文之敬也。圣朝丕膺景历，益阐文明，严事圣师，特崇首配，较诸前代，典秩有加焉。逮我世祖，议礼更化，改创隆仪，乃厘究国之封，荐复圣之号。徽称既备，明祀益虔。祝嘏被于普天，祼献章于出日，况星躔降毓之区，云裔烝尝之地哉！①

此文极谨严凝重，古色古香。黄克缵盛赞："修颜庙碑铭自是千古一大文字，须令钟、王执笔，方可垂之琬琰，奈世鲜其人。"②固非过誉之词。吴稼竳称于慎行"文出秦碑鲁壁中"③，邢侗谓"先生文章命世，浑厚不斫，居然谟典"④，"祠庙厅壁"类杂记是很能代表于氏上述文风的。

在杂记体文章中，于慎行也显示了高超的叙事才能。如《宣府巡抚大中丞新城王公生祠记》一文，《皇明经世文编》、《明文海》、《明文案》均著录，主要记载了宣府巡抚王象乾招抚边族，决策收史、车二部，抗拒矿榷三事。其述王象乾招抚边族一事云：

……而先是，襄毅王公之与虏款，独俺酋以尊孙故，回面内向，而老把都、永邵卜诸大部直宣府边，故利卤不欲款，则属俺酋要之，且啖以厚利，乃稍肯来，而岁恫喝要挟，无已时。典市者惧祸起肘腋，率濡忍听之，以为常。万历辛卯阅视，科臣始议裁市，抚岁无过二十三余万，计画已定，乃无敢与虏言。公毅然以身往，适属市期，大虏飚集，恫喝如故，公露冕肘刃，坐市台上，呼前诸酋面谕："今有旨，切责疆吏，毋滋尔横索。我来更定约束，酋如奉命而盟我，则为政。"酋偾起，呐呐诤："那颜安得是语，穹庐千帐，投鞬与汉堞平！可使退乎！"公厉声曰："酋众，何可诖也。虏中事，我

① 于慎行：《谷城山馆文集》卷十五《重修颜庙碑》，《四库全书存目丛书》集部第147册，齐鲁书社1997年版，第484页。

② 黄克缵：《数马集》卷三十九《（柬于谷峰相公）又》，《四库禁毁书丛刊》集部第180册，北京出版社1997年版，第466页。

③ 吴稼竳：《玄盖副草》卷十七《投赠大宗伯于可远先生四首》其一，《四库全书存目丛书》集部第186册，齐鲁书社1997年版，第717页。

④ 邢侗编纂，阮自华撰述：《东阿于文定公年谱》卷末邢侗跋，《山东文献集成》第1辑第10册，山东大学出版社2006年版，第765—766页。

尽知之。今市隧之傍，有锢如雪，有币如云。听我则皆尔故物，不则，我且闭关谢尔，而以此募诸瓯脱杂夷，与尔为难，尔亦安得宴然，何可诧众也！"酋闻色动，则呼众环公而请。公故示不测，喜则分食啖之，怒则叱咤，坐而控弦，悬鹄二百武外，应声命中。酋惊服以为神。市去镇二舍而遥，公晨坐堂皇，暮挟二健儿疾驰，平明又在市台。虏嘆嗜，语曰："中国殆欲绝我，不则，何用如此人典关，而日摩厉以须为不亟。唯唯，汉物非我有矣！"遂从公盟。

又述王象乾抗拒矿榷一事云：

> ……而镇人又津津颂公拒矿榷事，以为布德宣镇，不在控虏下云。宣故有牧马场，款后无警，营卒稍垦其旁，课入当刍秣，诸将校亦各辟，并塞闲田以给私费，谓之养廉。榷珰惑奸人言，皆欲藉入少府，而畿甸税额共八万金，宣、大居二焉。珰先趋大同，大同人曰："吾视宣府。"乃趋宣府，盛气谓公云："何？"公正色曰："宣，瘠镇也。而镇城为诸路帜，闻贵人将重征于化居，市肆且罢，罢而四方粟刍皆不至，环甲鸣镝之徒，无所得食，将蜂起与贵人为难，且奈何？它若张家口垄道诸处，稍有贸易，征亦不堪重也。贵人如调剂焉，毋鱼肉吾军民，吾则戒军民，毋敢挠贵人令。若牧马场，则有高皇帝制书在，非守吏所敢徇也。军中自大将以下，皆食其故俸，诸椎牛犒士，一切供億，应尽出养廉地中，而榷以为税，令此曹枵腹而持兵乎？且上睿圣不测，贵人即工为逢，有如以饱橐受疑，又且奈何？"珰无以难，竟听公指挥，岁以四千余额解矣。珰之采矿，则先镕精镠，杂砂中，谬言某穴砂一升，可得银如干，以令有司，必中程乃已。少忤，辄罗织被逮。公约部司及大将，皆遣一使偕往，各以砂至，面镕而验之，亦不得逞而去。以故矿榷之使，貙攫虎搏，几遍天下，而宣镇独不甚苦，以有公也。①

此文描绘场面如在眼前，记述王象乾言行尤其生动，刻画出一位社稷之臣英毅慷慨、智勇双全的高大形象。全文典重而不失奇崛，从容又时见变化，不拘于

---

① 于慎行：《谷城山馆文集》卷十五《宣府巡抚大中丞新城王公生祠记》，《四库全书存目丛书》集部第 147 册，齐鲁书社 1997 年版，第 487—489 页。

寻常笔墨,神而化之,使人忘其为高文典册。于慎行自己显然对此文是有所偏爱的。《东阿于文定公年谱》载于慎行临终前,"召子纬及两君(按:指唐君平、郭汝承)曰:'君尚忆新城传之言乎?吾不见陛下,幸告同心者。'"①

其他如《甘肃开府少司马侯公纪功碑》、《新建平番堡城记》、《平地泺重建龙王庙记》诸篇亦是佳作,《皇明经世文编》、《明文海》著录之。

(五)游记体

晚明的文人,开始将游记和尺牍从边缘文体向一代文体的中心推进。于慎行创作的游记不多,今日可见者,只有著录于《谷城山馆文集》卷十六中的6篇文章,然而篇篇戛戛独造,清新可诵,颇具艺术匠心。

于慎行曾在《游云翠山泉记》中说:

> 夫山水之间,不在游而在适。适者,有与适也。往予日游诸山水,无与偕者。即有一二大夫咏歌相从,在樽俎吏人之间,方且俨然讲宾主之仪,即欲裸衣四驰,叫呼水石之上,以发予之狂,其势无与也。非吾可大,安从得之,然可大非予,亦不能发其狂。嗟乎,是恶知其解。②

这一段,该算是于氏文章中最足以表示其作为晚明士人的心态的文字。以一个朝廷大僚而"裸衣四驰",如果没有晚明普遍的社会风气做背景,的确是不免让人视为骇人之举的。于慎行用他文学家独特的眼光来观察山水景物,一往情深,表现人所未能表现,充分发掘出大自然之美。如于氏《游泗上泉林记》描绘泉林诸泉云:

> 城东有桥。过桥而东,沂水三里,则泉林也。泉出陪尾山下,其中为寺,山之左右,众泉夹寺,环之一匝。泉名二十有五,厥数倍之。寺右为山之西面,泗渊之泉出焉。泉出石洞门,高二尺许,溃瀑沸腾,如决渠堰,汇而为池,倾溶滉漾。折而西流,趵突之泉出焉。负岩直泻,埒石窦而大。又流而西,玉波之泉出焉,突起平地,如泺水之源而小,会而为渠,悠然长迈,其清见底。水中小石平布,頳丹缥碧,五色艳炽,与水斗奇。日光射

---

① 邢侗编纂,阮自华撰述:《东阿于文定公年谱》卷二,《山东文献集成》第1辑第10册,山东大学出版社2006年版,第757页。

② 于慎行:《谷城山馆文集》卷十六《游云翠山泉记》,《四库全书存目丛书》集部第147册,齐鲁书社1997年版,第509页。

之，如绘如织。泉多刻石，予庋其一梁之，解衣寝其上，水声淙淙，欻如转轮，泠如鸣球，悬如匹练，人影下窥，如入玉壶，若有若无。木叶萧森，天光沉浮，急呼大白，啸歌沉冥，不知有人间世矣。起而过寺之左，泉出平地，或三或两，布如列星，各为一溪，更相灌注，纵横交互，绮错脉分，林麓黝儵，大木千章，非楸非梧，轮囷离奇，拥肿筏虬，如芝如菌，如鸟雀巢，效奇呈巧，务为相胜。而其支干下垂，往往如虬龙盘蠕。其根上搏，又若相噬。或横架溪上，以通往来，曰浮槎渡。或出而临水，房蹲鼎跱，上坐数人，水流其下，曰蟠木矶。予与杜君坐蟠木上，二仲与客坐浮槎，或卧，命仆从上流放杯，折枝钩之。夕阳满川，藉以砂石，映为红流，与霞相混。而杜君方从一客校射林中，呼之不至，已而罢酒。佛子导余躄躃行蔓草中，遍走诸泉，如紫英、白石、莲花、鸣玉、琵琶、五星之类，皆为譬其名义，至不可记，而寺则颓矣。主人肃入使馆，饭而命榻。予不能舍泉，出卧庋石之上。水声淙淙，月光在波，如流华灯，煜烨不定，返而就寝。明旦再酌泉上，命仆取文石怀之，溯游而出，洲渚合沓，出于林中，矩旋规曲，将穷复有，林尽天开，回首茫然，如出桃花源也。①

于氏《游峄山记》描绘峄山奇石云：

> 独予不能下睫，出步坛上，观群石之胜：立者、坐者、倚者、仆者、揖者、伏且拜者、撑者、拒者、龙者、马者、群鸟飞者、狮象踞者、虎豹怒相噬者、杯者、盂者、鼓者、弹棋者、刀者、鞬橐卧者，众窍相通，各有形似，如角觝曼延，鱼龙百戏，又如琼林武库，万宝俱陈，急与之接而恐其失也。石色黝黑，苔藓附之，咸如粉绘，而隙中又多绯桃兰草，杂花成绣，斐亹可爱，因叹造物者之奇，胡为乎雕刻若是！②

于慎行以细致的观察，用生动的比喻，形象地描绘出泉林水、峄山石的千姿百态，真可谓镂心刻骨，肖貌肖神，使人领略不尽，足为千古江山增色。

《登泰山记》是于慎行游记中的代表作。此文笔力雄健，层层幽折，笔笔

---

① 于慎行：《谷城山馆文集》卷十六《游泗上泉林记》，《四库全书存目丛书》集部第 147 册，齐鲁书社 1997 年版，第 504—505 页。

② 于慎行：《谷城山馆文集》卷十六《游峄山记》，《四库全书存目丛书》集部第 147 册，齐鲁书社 1997 年版，第 506 页。

点换,使人一展卷而无边泰山风光尽收眼底。此文以一个泰山"土著"的口吻开头,这种深情流露,较之历代文人的登岱之作,至少在气势上一下子就先声夺人了:

> 盖予家岱山之下,尝再从子充游,其时率在暮秋若三四月。五方士女,登祠元君以数十万。夜望山上,篝灯如聚萤万斛,叫鏬殷赈,鼎沸雷鸣,弥山振谷,仅得容足之地以上。而其时水泉多枯,木叶或脱,故山之奇丽珍瑰,未露其十一二,露又为人众所掩。意五六月之间,水木方盛,必有瑰异之观。而居常以燀暑不能出,即出又无与偕,徒侧身东望思焉。

文中移步换景,恍惚奇变,使人应接不暇,而对于泰山顶上观日出的描写尤其精彩:

> 往闻人言,山以夜半观日出。访之羽人,五、六月间平明乃出,五更可往也。于是坐而至五更,秉烛披裘以登。顾见山中云气,从涧壑吐出,如一缕烟,稍上而大,东西聚散,车驰马奔,倏然往来,顷刻灭没。于是,可大大呼,以为平生未有,从者尽謹,东方作矣。回而东望,有山数峰,如卧牛车盖之状,而又渐没。赤霞半天,光色媚丽,间以碧绿,熠燿五色,直射衣袂。顷之,平地涌出赤盘,状如莲花,荡样波面,而烨炜不可名状,以为日耶。已,又一赤盘,大倍于先所见,侧立其上,若两长绳左右汲挽,食顷乃定。羽人告日升矣。盖先所见如莲花者,乃海中日影,非日也。日且高舂,赤霞与影皆没,而下微见一线白,溷瀁明灭。羽人曰:"海也。"又顷之,日左黑气隐隐一抹,状如连山长城。可大示予:"此真六鳌所戴矣。"羽人曰:"云也。"可大一噱,走望海石上,取酒浮白,醉而熟寐。从者咸悍且呼,予睨而心壮之。

这一段描写日出的文字,形容物态,摹绘情景,极其生动,颇为人所称道。时人陆可教《南旋与馆中诸年丈》述登岱所见云:"山灵护我耶!所见日出诚奇,然不能如谷山宗伯所摹写,惟月出绝奇。"①

《登泰山记》最后以"岱畎生曰"结束,文曰:

---

① 陆可教:《陆学士先生遗稿》卷十六《南旋与馆中诸年丈》,《四库禁毁书丛刊》集部第160册,北京出版社1997年版,第487—488页。

> 岱畎生曰：予览古图经，脉地势所由高下。盖北纪诸山，负地络之阴，
> 并太行、王屋，东逾常山，至医巫闾而止。南纪诸山，负地络之阳，连桐柏、
> 熊耳，入于瓯越，江、淮、河、济所繇东下，如建瓴矣。岱宗独立海上，西向
> 而揖群山，汶、洸、沂、泗出其支麓，旋之如带，以入于海，其状若负辰云。
> 往河流燕、齐间，由岱之北，挟济入海，今徙徐方，顾反出岱岳南，挟淮入
> 海。斯地道所变迁也。予登山巅，北望九河，故迹苍茫，与天际矣！①

此段在游览泰山所见基础上，推开一步，描绘了一幅以泰山为中心，方圆延亘
数千里的雄伟壮观的神州风光，眼界宽，立意高。如此厚重的笔墨，适与充满
深情的开头遥相呼应。与晚明文人所作登岱记相比，于慎行的《登泰山记》风
格独具，既不同于钟惺《岱记》的经营惨淡、王思任《泰山记》的活泼奇妍，又不
同于张岱《岱志》的清新空灵，然而于氏以鲁人的身份来为泰山这样一座"家
山"作记，可说最合适不过，其所作也足称登岱名作。

于慎行的游记每有考证文字，往往于文末以"于子曰"或"岱畎生曰"为开
头发表具有实地考察、学术考辨性质的议论，这种议论能很好地融为文章的有
机组成部分。如《游泗上泉林记》末云：

> 于子曰：予读《水经》，脉水所从来，盖出雷泽云。泽方数十里，春夏
> 水拍空，秋冬则涸。其涸也，如雷鸣，一夕而竭。水溢陪尾山下，为泗诸
> 泉，常有泽中器物浮出，斯已神矣。国家都冀，泗上诸泉，北接汶洸，南接
> 河淮，通漕数百里，厥功茂焉，故设都水使者主之。然其祗不列于渎，故无
> 秩祀。环堵之宇，夷于丘臻，斯河臣所宜讲也。②

王培荀《乡园忆旧录》云：

> 泗水发源处名泉林，即子在川上处。……东阿于相国慎行云：泗上诸
> 水出雷泽，泽方数十里，春夏巨浪排空，秋冬则涸。其涸也，如雷鸣，一夕
> 而渴。水溢陪尾山下，流为泗水诸泉。昔人谓泽中有雷神，鼓腹则雷鸣。
> 雷神或偶一见，岂遂以之名泽。如于所云，则居人习以为常，此其所由得

---

① 于慎行：《谷城山馆文集》卷十六《登泰山记》，《四库全书存目丛书》集部第 147 册，齐鲁
书社 1997 年版，第 512 页。
② 于慎行：《谷城山馆文集》卷十六《游泗上泉林记》，《四库全书存目丛书》集部第 147 册，
齐鲁书社 1997 年版，第 505 页。

名也。纸上据空文,不如履境者之得其实。东坡《石钟山记》则土人所传,犹不如身经目睹者之尤可信。①

由此可见,于慎行游记结尾每每以考察考辨文字添上厚重一笔,为全文增色不少。

(六)奏议体

于慎行的奏议体散文主要是奏疏。于氏原著有《春曹奏议》,今已亡佚。《谷城山馆文集》共收录诸疏 26 篇,除首篇《谢赐路费驰驿疏》为于氏翰林院侍讲任内所作外,其余诸疏均成于其礼部任内,然遗佚尚有不少。于氏此类文章都写得平正明核,典雅得体。

如《庚寅请祭郊庙疏》,首言"国之大事,莫重于祀典;祭之常经,莫先于郊庙。古先圣王,所以钦天格祖,报本追远,用是道也"。次说明朝历代皇帝相承祭郊庙,而神宗皇帝即位以来,"间三四岁,始一亲行,及自丙戌迄今,又越四年,未举亲郊之礼"。于慎行因此引经据典,联系现实,谆谆告诫道:

> 虽皇上仁孝素积,诚敬允孚,明德之馨,无假殷荐,然非钦天格祖之礼也。记曰:惟仁人为能飨帝,孝子为能飨亲。飨者,向也,向之然后能飨焉。谓之向者,言心有专向,而躬致其诚信也。若以事帝之礼而使卑者承之,则分不相及;以事亲之礼而使疏者将之,则气不相属,皆非所以向之矣,而欲望天地之居歆,冀祖考之右飨,其将能乎!孔子曰:"吾不与祭,如不祭。"正以摄祭之备文,不如亲祭之尽志也。臣等每当大祭,陪列班行,窃见代献之臣,踧踖而将事;祝嘏之史,仓皇而告成,测冲漠之降临,想穆清之对越,于皇上飨帝飨亲之心,得无有惕然而不宁者乎。且臣等闻之:古者,天地灾异,则有策告之文;年谷不登,则有祈祝之典;治军讨罪,则有类祃之仪;饮至荐勋,则有受脤之礼。何也?人君奉天地之祀,承祖宗之统,其精神命脉,无一不相流通,而休咎祸福,无一不相感召,故祭有报有祈,所以协神人之助,承上下之庥,非弥文也。
>
> 迩年以来,南北各省水旱相仍,疠疫交作,流离殍殣,所在凋残。即今

---

① 王培荀:《乡园忆旧录》卷四,《续修四库全书》第 1180 册,上海古籍出版社 2002 年版,第 669 页。

一岁之中,陇洮地震,城堞夷为丘墟;羌虏寇边,军民厄于烽燧。此皆天心仁爱,所以警告圣明,而九庙神灵亦必有戚然顾念者。皇上方将为元元请命于上帝,为国家祈祐于祖宗,而明禋大典,不躬厥事,将何以感通灵贶,赐福兆民乎!伏乞皇上暂劳起居,恪修祀事。先于孟冬朔日亲飨太庙,继以仲冬至日亲祭南郊,以答上天赐祐之仁,以慰祖宗默相之意,则三灵之祉,欢欣交通;万姓之心,鼓舞悦怿。菑害不作,嘉应骈臻。泽被绵区,庆流罔极,惟皇上少留意焉。①

于慎行发挥了"天人感应"说,强调天降灾异进行谴告,以此作为对神宗的警醒。此疏浑浑噩噩,理足情真,词婉心切,足见于氏忠君爱国之情。

又如《回籍辞朝疏》云:

今将扶疾就道,长辞阙廷,恋主怀恩,祇增涕泗。从此江湖迹远,虽永隔于瞻依;然而臣子情深,实无分于去就。举头见日,终身戴天,击壤可以歌太平,呼嵩可以祝圣寿。惟愿我皇上励忧勤于已治,周儆戒于无虞。崇护起居,以介保和之祉;常临朝讲,以宣下济之光。早建国本,昭大信于臣民;广运庙谟,布天威于塞徼,则宗社无疆之景祚,自此弥昌,而臣愚未尽之孤忠,可以少慰矣。臣不胜感激依恋之至。②

此疏情真意切,委婉得体。于慎行《谷山笔麈》卷十《谨礼》云:

翌日,具疏陈谢,又三日,具疏辞。疏中数语曰:"江湖迹远,虽稍隔于瞻依;臣子情深,实无分于去就。举头见日,终身戴天,击壤可以咏太平,呼嵩可以祝圣寿。"末缀数联,劝上讲学勤政,早正大本云云。③

此疏显然为于氏得意之笔。

此外,于慎行"册立最恳,章无虑十余上"④,而文集仅收册立诸疏7篇;他

① 于慎行:《谷城山馆文集》卷三十七《庚寅请祭郊庙疏》,《四库全书存目丛书》集部第148册,齐鲁书社1997年版,第212—213页。

② 于慎行:《谷城山馆文集》卷三十八《回籍辞朝疏》,《四库全书存目丛书》集部第148册,齐鲁书社1997年版,第226页。

③ 于慎行撰,吕景琳点校:《谷山笔麈》卷十《谨礼》,王琦撰,张德信点校;于慎行撰,吕景琳点校:《寓圃杂记 谷山笔麈》,中华书局1984年版,第111页。

④ 叶向高:《苍霞续草》卷十《太子少保礼部尚书兼东阁大学士赠太子太保谥文定于公墓志铭》,《四库禁毁书丛刊》集部第125册,北京出版社1997年版,第100页。

自称"九疏陈情,蒙恩予告"①,而文集仅收乞休诸疏 4 篇。细读各疏,自具面目,并无雷同,足见作者的用心与文章功力。晚明吴亮编《万历疏钞》卷三专收《国本》诸疏 23 篇,而独录于慎行 7 篇。②

(七)论辩体

《谷城山馆文集》存"论"、"原"、"说"、"议"等各类论辩体散文 10 余篇。其文论如析薪,逻辑严密,以质直平实、行文周密见长。如其《太庙亲王祔食议》云:

> 谨按:国初建四亲庙,以十六王祔食。十六王者,皆太祖之伯叔兄弟,祔食祖祢,礼也。然诸王之享,本祔四祖及数世之后,四祖已祧而诸王之位依然如故,则何所祔而享乎!且二祖列圣以来,亲王无后者,代代有之,即祧庙未迁,不闻祔食之礼,况祧庙之后,何以独存。诚以为太祖所祔,不敢轻议,则四亲之庙亦太祖所立也,又可祧乎。且使四祖未祧,则十六王者,属为子姓,配食其旁,统于尊也。四祖已祧,则二祖八宗皆十六王曾、玄之属,而俨然临之,使其祔享于下,恐非所以妥先灵而叙世次矣。汉高祖尝以兄武哀王、姊昭哀后祔享太上寝庙,及孝元之世,太上寝庙既毁,二祀亦罢,以其无所祔也。今即末忍遽废,宜照金山诸王事例,于凤阳墓所,四时祭飨,即园陵无考,则祔飨皇陵祖陵,亦无不可,在庙非礼也。又十六王之亲,唯寿春王乃仁祖之兄,系太祖伯父,当祔熙祖陵庙。临淮盱眙二王,乃仁祖之子、太祖之兄,当祔仁祖陵庙。其南昌王虽系仁祖之子,见有靖江为后,不应祔食。安丰以下九王,俱寿春王子孙,礼有祔祢,无祔祖,俱应罢祀。③

此文论亲王祔食,言简意赅,理直气壮,颇足以见出于氏论辩体散文的特征。《皇明经世文编》著录之。

---

① 于慎行撰,吕景琳点校:《谷山笔麈》卷十《谨礼》,王琦撰,张德信点校;于慎行撰,吕景琳点校:《寓圃杂记 谷山笔麈》,中华书局 1984 年版,第 111 页。

② 参见吴亮辑:《万历疏钞》卷三《国本类》,《续修四库全书》第 468 册,上海古籍出版社 2002 年版,第 206—215 页。

③ 于慎行:《谷城山馆文集》卷三十四《太庙亲王祔食议》,《四库全书存目丛书》集部第 148 册,齐鲁书社 1997 年版,第 195—196 页。

时人李维桢、郭孔延《史通评释》卷首于序言、刘知几传记后,复著录于慎行《史通举正论》,即《刘子玄评史举正》,见收于《谷城山馆文集》卷四十。于慎行在此文中先是肯定刘知几《史通》所取得的高度成就,认为刘氏足称一代良史。继而批评刘知几《史通》:"好奇自信,拘见深文,小则取笑于方家,大则得罪于名教,惜也。难得之才,遗此无穷之恨,省以憬然,为之太息,略而原之,其罪有二,其失有三。"之后依次胪列刘知几二罪:"侮圣之罪一","离经之罪二"。三失:"其失也浅","其失也固","其失也昧"。最后总结云:"才识特达,有如子玄,而舛错不经,彰彰若是。谅哉!史之难乎。夫磨纤毫之瑕,则完盈尺之璧;刮数寸之朽,则成合抱之材,是故表而正之,使其全书不废于世云尔。"①此文敢于批评刘知几史学巨著《史通》,说理透彻,字挟风霜,的确让人刮目相看。

其他如《馆课高帝善将将论》、《五谏论》、《练兵议》诸文亦各有特点。

(八)哀祭体

《文心雕龙·哀吊》云:"华过韵缓,则化而为赋。"②于慎行的哀祭之文固多以韵语为之,然其中佳作,往往韵散结合,声情并茂,回肠荡气,具有很强的感染力。《谷城山馆文集》存各体哀祭文三卷47篇,其中哀册文1篇,诔2篇,哀辞4篇,其余40篇均为祭文。哀祭文是反映于慎行交游和情感世界的重要内容。

如《祭于完朴大参文》云:

> 嗟乎!子冲,吾安所为辞以哭子耶!世之所甚悼于子冲者三,而吾不谓悲也。玄首未华,丹颜尚渥,辕摧中阪,芳零上春。嗟子冲乎!然而吹万同期,千龄共尽。彭聃殇子,孰知短长。此不悲也。一官远塞,吉往凶归。僮仆饭含,路人殡送。嗟子冲乎!然而人生地上,如寄如客。孰为真宅,孰为逆旅。此不悲也。汉之中郎、晋之仆射,丞尝阙主,堂构靡传。嗟子冲乎!然而聚同搏土,遗如委蜕。六卿之胄,今知为谁。此不悲也。吾

---

① 于慎行:《谷城山馆文集》卷四十《刘子玄评史举正》,《四库全书存目丛书》集部第148册,齐鲁书社1997年版,第243页。

② 刘勰著,范文澜注:《文心雕龙校注》卷三《哀吊第十三》,人民文学出版社1958年版,第141页。

所为摧肝擢肠而不能自解者有焉。惟念昔者髫龀同游，遂从庐陵定交济上，鼎足而处，雁行而趋。芬若椒兰，欢如兄弟。继登仕版，同事清朝。伯埙仲箎，叔处季处。薄萧、朱之两绥，少雷、陈之双轨，天下莫不闻也。去年阙下，参语连朝；今岁山间，偶居信宿。禅关夜醉，歌涕相看。不言少别，遂成千古。此吾之痛也。大雅不作，斯文道丧，中兴诸子，竞握骊珠。历下一儒，独执牛耳，继其后者，非子而谁！乃今校阁未闻，藏山尚阙，雷音抑郁，瓦釜喧豗，茫茫古今，谁知其故。况乎质亡郢斧，调掩牙琴，尊酒论文，忽为陈迹。此又吾之痛也。国步方艰，时才辐辏，怯夫抵掌，嫫母饰妍。如君气局，雄视当世，而深衷罕喻，大器难材。知其小者，以为一剑之雄；慕其似者，以为一官之比。方进方退，且信且疑。使翠黄牵绊于缰索，雕鹗羁栖于篝绁。未尽其用，复夺之年。人之云亡，天胡不憗。此又吾之痛也。

文中讲"世之所甚悼于子冲者三，而吾不谓悲也"。于达真英年早逝，客死他乡，下无子嗣，此世人之所甚悼者，于慎行则一一强作排遣之语云："吹万同期，千龄共尽。彭聃殇子，孰知短长"；"人生地上，如寄如客。孰为真宅，孰为逆旅"；"汉之中郎、晋之仆射。焭尝阙主，堂构靡传"。其实无一而非可深悲者。于氏更进一步说"吾所为摧肝擢肠而不能自解者有焉"。他先叙自己及朱维京与于达真少年结交，情同骨肉，志同道合，天下闻名，一朝死别，"此吾之痛也"。次叙大雅不作，斯文道丧，李攀龙崛起文坛，而于达真承其衣钵，然而著作无传，"此又吾之痛也"。再叙国步方艰，正值用人之时，而于达真英才伟略，难为人知，未尽其用，"此又吾之痛也"。层层叠进，无一而非可深痛者。于慎行最后说：

> 夫吾之能了然者，在造化炉锤之密，而吾之不能释然者，在人间悲乐之常，则亦不知其情之所至也。嗟乎，子冲其遂已耶！其为鼠肝虫臂而夷于苏壤耶，其为列星长虹而游于太清耶！深山闻讣，涕泗涟如，偕我良朋，扶病来哭。通门如旧，總帐空悬，老母悲号，稚女在抱。玄云黯黮，凄风飔飔，山川寂寥，城郭无色。吾又知其果悲耶，果不悲耶！於乎哀哉！①

---

① 于慎行：《谷城山馆文集》卷三十三《祭于完朴大参文》，《四库全书存目丛书》集部第148册，齐鲁书社1997年版，第167—168页。

此文表现自己悼念知己逝世的深哀巨痛,一唱三叹,深切往复,情真语真,哀婉感人。

再如《祭光禄寺丞朱讷斋公文》。文章开头写自己初闻至交朱维京噩耗时方骇方疑、恍惚不定的悲哀之状,极真实,极感人:

> 嗟吾可大,真长往耶!如梦如惊,其惚怳耶!前岁之春,君过我而南;去岁之夏,君访我而东。历览旧游,流连凤谊。花晨月夕,促膝论心。盖虽骨体稍癯,而情神甚王也。背夏徂秋,游轩信迈,道旁握手,相顾黯然。亦云感后会之难常,惜颓光之易迅。已矣,而孰谓其至于斯耶!春初闻讣,方骇方疑,周谍行言,未有确据,幸其误也。邑子入都,询诸旧吏,方知别后在道,易箦蘧庐,乃始于城南饮饯之亭,为位而酹焉。悲风惨日,一涕潺湲,竟不知何地何辰,含饭何状,郎君追及曾否,一诀至今,无从问也。

之后,文章以大部分的篇幅回顾自己与朱维京的交谊和感情,悲叹"凡此出入,几四十年。久或三秋,近止期月。远或隔域,迩则比邻。虽不能无离合之嗟、浮沉之感,而至其期明德于皓首,要末路于岁寒,固庶几追松羡而为伦,侣佺涯而等算也。孰意夫子乃舍我而长逝耶!燕笑嬉游,情澜在目。尺书短札,手迹盈函。绝流水之弦,未足方其沉悼;辍成风之斧,无以喻其幽思矣,而岂世之所谓欢与哀邪"。文章再哀叹以朱维京的才具,而位卑年短,赍志以殁,"遂使家□梁木,国陨连城。斯以轸行道之悲吟,结士林之永啸矣。其为痛悼,岂独同心"。这就深化了一己之悲。于慎行最后说:

> 於戏!君已反真,我犹为人。冉冉颓龄,翛翛华发。家门衰落,朋旧凋残。壬岁哭子冲,甲岁哭兴甫,曾不逾年,哭吾可大。感心触目,悲绪万端,顾非金石,何以堪此。闻讣至今,心神罔敝,不能为韵语,酹君以成一献,而第忍哀搦管,述绸缪之概,以代祝焉。少选,当传君之行业,著之钟石。若叙君之著作,列之琬琰,而今且未能也。一鸡一絮,驰三千里而渍之,生死交情,于此尽矣。含毫展纸,呜咽沾襟。君灵有知,倘其来顾。於乎哀哉![1]

---

[1] 于慎行:《谷城山馆文集》卷三十三《祭光禄寺丞朱讷斋公文》,《四库全书存目丛书》集部第 148 册,齐鲁书社 1997 年版,第 171—173 页。

此文叙知己深情,直抒胸臆,长歌当哭,字字是泪,不复以骈散为意,是其哀祭文中的代表作。

(九)笔记体

于慎行《谷山笔麈》虽向以史料性、学术性见称,然时有妙笔。《谷山笔麈》卷五《臣品》中有一则云:

> 杨公好奇,多雅致,平生宦游所历名山,皆取其一卷石以归。久之积石成小山,闲时举酒酬石,每石一种,与酒一杯,亦自饮也。予慕其事而无石可浇,山园种菊二十余本,菊花盛开,无可共饮,独造花下,每花一种,与酒一杯,自饮一杯,凡酬二十许者,径醉矣。①

于慎行此文清疏雅淡,潇洒有致,涉笔成趣。清人孔毓埏《拾籜余闲》云:

> ……(于慎行)有如此下酒物,则汉书不得专美于前矣。菊曾为风雹所伤,公作打花词吊之,至今脍炙人口。读者但知公惜花意重,殊不知为怀友情殷耳。②

孔毓埏可谓于氏的文章知己。

《谷山笔麈》卷十五《杂闻》有一则云:

> 嘉靖中,海丰有渔子数人驾一舟入海,忽为飓风所漂,泊一绝岛,险峭无人,渔子相对号泣,以为必死。因入其中,见古木蓊蔚,鸟雀啁啾,不似人境。行可里许,林木之中,微有烟火,稍见人迹。其人皆椎结袒裼,网木叶为裳,面目犁黑,肌肤如枯,睢睢盱盱。见渔子入,相顾惊笑,语不可解,稍前逼之,辄走不敢近。其居率如蘧庐,而无爨釜,其旁往往有池,池中以密浸食物,大抵黄精、薯芋之属。渔子饥甚,前取食之,其人亦不嗔,但远立而笑。已而取柏叶食之,亦将以授渔子使食。渔子始泊,舟有余鱼,已而鱼尽,苦饥不得已,从之食。食久益甘,而其人亦稍狎,相与游处,但语不通耳,如是者月余。其山涧流水处,皆文石五色,璀落可玩,渔子各收数升,置之舟中。一日,飓风大至,飘返故岸。家人以为已死,见之惊喜。已

---

① 于慎行撰,吕景琳点校:《谷山笔麈》卷五《臣品》,王琦撰,张德信点校;于慎行撰,吕景琳点校:《寓圃杂记 谷山笔麈》,中华书局 1984 年版,第 56 页。

② 孔毓埏:《拾籜余闲》,《续修四库全书》第 1386 册,上海古籍出版社 2002 年版,第 163 页。

而取所挈文石，则皆靺鞨瑟瑟诸宝也。其中有紫者，以五铢入火，间以白
金，成黄金二两，不镕，则柔甚，可屈折云。太仆丞葛君为予语状。①

此文从容悠游，以极优美的笔调描绘异域风情，历历如在眼前，可以说是明代
版的“《桃花源记》”，在于慎行文章中别具一格。

除上述各类散文体裁外，骈文也足以代表于慎行多方面的文章造诣。
《谷城山馆文集》中的骈文以“启”数量为最多，有二卷97篇，此外，尚有奏书2
篇，致语2篇，笺1篇。书启集中代表了于氏的骈文成就。沈德符《万历野获
编》卷十《词林·四六》云：

> 四六虽骈偶余习，然自是宇宙间一种文字。今取宋人所构读之，其组
> 织之工，引用之巧，令人击节起舞。本朝既废词赋，此道亦置不讲。惟世
> 宗奉玄，一时撰文诸大臣，竭精力为之，如严分宜、徐华亭、李余姚，召募海
> 内名士几遍，争新斗巧，几三十年。其中岂少抽秘骋妍可垂后世者，惜乎
> 鼎成以后，概讳不言。然戊辰庶常诸君尚沿余习，以故陈玉垒、王对南、于
> 谷峰辈，犹以四六擅名。此后遂绝响矣。②

沈德符此则提到于慎行与同年庶吉士如陈于陛、王家屏等人俱“以四六擅
名”，此后则成绝响，颇具史料价值。俞安期《启隽类函凡例十一则》云：“往江
陵秉政时，此中得一二警语，立跻显要。而福唐在中书，借此以占人之文学，亦
不宜苟焉塞白，为了事具也。”③由此可觇当时朝廷文学风气所尚。刘敕《谷城
山房全集序》称于氏“妙解文章，尤工辞翰”④，可知俞安期所言非虚。俞安期
等编《启隽类函》即收录于慎行所作书启3通。

如于慎行《谢于子冲送行床启》：

> 念此匡床，分从暮府，无胫而至，可卷以怀。弛张不掩厥长，闺阁善藏
> 其用。得之马上，宴然过枕席之师；脱诸囊中，倏尔运帏幄之胜。制惊异

---

① 于慎行撰，吕景琳点校：《谷山笔麈》卷十五《杂闻》，王琦撰，张德信点校；于慎行撰，吕景琳点校：《寓圃杂记 谷山笔麈》，中华书局1984年版，第176页。

② 沈德符：《万历野获编》卷十《词林·四六》，中华书局1959年版，第270页。

③ 俞安期等编：《启隽类函·启隽类函凡例十一则》，《四库全书存目丛书》集部第349册，齐鲁书社1997年版，第6页。

④ 于慎行：《谷城山馆诗集》卷首刘敕《谷城山房全集序》，《山东文献集成》第3辑第25册，山东大学出版社2009年版，第444页。

巧,体识同心。远道械书,恍下陈蕃之榻;虚斋解椟,疑分谢朓之坛。坐收偃息之安,适协炎凉之际。隔扶风之帐,聚蚊徒尔成雷;下江都之帷,营蝇任其棘止。清霄处月露之下,幸无席地幕天;他年在山水之间,亦足枕流漱石。解推莫拟,凭藉殊深。敬拂清风,聊裁赤牍。①

此启文采翩翩,朗朗上口。何乔远《皇明文徵》卷十六著录之。

于慎行《戏问元戎侯兄买田被讼启》:

> 伏以龙韬虎略,方图负耒之耕;雀角鼠牙,遽速穿墉之讼,堪为捧腹,未足介怀。恭惟大将军戏下,望振百蛮,威宣九塞。拂衣玉帐,敛攘夷安夏之才;袖手青山,为问舍求田之计。本觅禾麻之野,翻成烟水之乡。汪汪千顷之波,惟见浴凫而飞鹭;闵闵三农之望,虚闻佩犊而带牛。已悬磬于橐中,尚辍耕于陇上。反劳讼牒,致见比追。陶令尹之西畴,孤舟可棹;王将军之武库,束矢何充。曾无批亢之能,可效弄丸之解。料无负三尺之法律,亦何伤八面之威风。聊陈奉慰之辞,自释作中之愧。②

这篇文人的游戏笔墨显然以其文采斐然而得到后代文人的注意。朱国祯《涌幢小品》卷十八《启戏》云:

> 侯总戎(名一元)归家买田,于文定公作中,皆潜水不畔,讼于官。文定公作启戏之:(原文略)③

后清人徐复祚《花当阁丛谈》卷七《于文定》复加征引。然《涌幢小品》以侯总戎为侯一元,《花当阁丛谈》沿袭其说,实误。侯一元(1511—1585)者,乃浙江乐清人,嘉靖十七年(1538)进士,累官河南布政使,与于慎行生活时代不合。文中的"元戎侯兄"实为于氏姐夫侯之胄。此启流丽精工,于骈偶之中,恢恢有地,从中可见于氏这位朝廷大僚风趣诙谐的一面。

此外,如于慎行考辨文字《太庙祧迁考》洋洋三千余字,亦是其代表作,《皇明经世文编》、《明文案》均著录之。《明文远》评此文云:"斟经酌史,论有

---

① 于慎行:《谷城山馆文集》卷二十九《谢于子冲送行床启》,《四库全书存目丛书》集部第148册,齐鲁书社1997年版,第112页。

② 于慎行:《谷城山馆文集》卷三十《戏问元戎侯兄买田被讼启》,《四库全书存目丛书》集部第148册,齐鲁书社1997年版,第126页。

③ 朱国祯著,缪宏点校:《涌幢小品》卷十八《启戏》,文化艺术出版社1998年版,第418页。

根据。昭穆之说,聚讼纷然,以代为数,不以世为数,此理似不可易。盖昭穆者,父子之序耳。"①《明史·于慎行传》节录此文,称赞"(于慎行)引晋、唐、宋故事为据,其言辨而核。事虽不行,识者服其知礼"②。它如传记《少保王文端公传》、散体书信《与司寇丘公论江陵事书》、檄文《闽广平贼露布》诸文各具特点,允称佳作。

叶向高《丘文庄公集序》云:

> 自公后,而台阁之文浸明浸昌。长沙、内江、震泽、华亭、新郑、江陵,接踵继起。近则吴门、太仓、东阿、晋江、南北两山阴,皆斐然成一家言,遂令文章操柄,不在韦布,不在他曹,而在纶扆尺地,为千载政事堂生色。③

于慎行一科,馆阁文字最盛。"迨万历之初年,阁臣鸷起,文章之道复归词林。"④刘敕序《谷城山馆全集》时,曾语及"若馆阁之士,地在日月之际,身居清华之表,开题皆礼乐刑政之事,落纸悉诏命策檄之辞,则致大而难奇,言实而苦巧"⑤。刘敕虽许于慎行为例外,然在今天看来,于氏以馆阁之臣,发而为文章,毕竟难免此弊。黄宗羲曾评价于慎行"其文博赡经世,固是名家,时露方板处",又称其"诗文春容宏丽"。⑥ 瑕不掩瑜,确为的论。于慎行在《太保殷文庄公文集叙》中高度推许恩师殷士儋的文章为"公卿大臣之文","以其学术韫藉,所以经纶当世之具可载而传也"。于氏自己一身而兼文学家、学者、政治家等多重身份,其文章也就不是纯粹的文人之文,与同时而稍后的公安派、竟陵派等新派文人相比,面目自具,风格迥异。清乾隆时修《四库全书》,将《谷城山馆文集》存目。《四库全书总目》评云:

---

① 徐文驹、罗景泐编:《明文远》不分卷于慎行《太庙祧迁考》附评语,《四库全书存目丛书》集部第 407 册,齐鲁书社 1997 年版,第 46 页。

② 张廷玉等:《明史》卷二百十七《于慎行传》,中华书局 1974 年版,第 5738—5739 页。

③ 叶向高:《苍霞余草》卷五《丘文庄公集序》,《四库禁毁书丛刊》集部第 125 册,北京出版社 1997 年版,第 446 页。

④ 黄道周:《黄石斋先生文集》卷七《姚文毅公集序》,《续修四库全书》第 1384 册,上海古籍出版社 2002 年版,第 182 页。

⑤ 于慎行:《谷城山馆诗集》卷首刘敕《谷城山房全集序》,《山东文献集成》第 3 辑第 25 册,山东大学出版社 2009 年版,第 443 页。

⑥ 黄宗羲编:《明文授读》卷四十一于慎行《贺中丞丘泽万公征倭功成叙》附评语,《四库全书存目丛书》集部第 401 册,齐鲁书社 1997 年版,第 305 页。

此集乃所作杂文也。明中叶以后,文格日卑,学浅者蹈故守常,才高者破律坏度。慎行之文,虽不涉吊诡之习,至于精心结构,灏气流行,终未能与唐顺之、王慎中、归有光等并据坛坫。故录其诗集,而文集则附存目焉。①

四库馆臣既以为于慎行"不沿历城之学",遂以唐宋派唐顺之、王慎中、归有光诸人为评文标准,而实则于氏与唐宋派较之"后七子"更少渊源。四库馆臣对于氏的文章成就评价过低。事实上,在明清之际由文人之文向学者之文的演变过程中,于慎行已以其杰出的文章创作为之前导。

①　永瑢等:《四库全书总目》卷一百七十九《集部三十二·别集类存目六·谷城山馆文集四十二卷》,中华书局 1959 年版,第 1609 页。

第五章　于慎行的史学成就

于慎行自称"少壮弄文史,思登君子堂"①,虽然文史兼擅,但实际上,他并不沾沾以一介文人自命,而时时以史官自居。于慎行长期供职翰林、礼部,任内两次与修明世宗、穆宗实录,同时司起居注,管理六曹章奏,编订累朝训录,所谓"递纂则两皇之实录,兼董则六曹之章奏"②;又先后充《会典》纂修官、副总裁官,编纂《大明会典》。国史的编撰,为于慎行生前赢得了"一代良史"③的美誉,所谓"故在词林中最号有史材"④,但是真正奠定其在我国史学史上地位的,还是他自己的史著。章学诚《文史通义》谓:"且有天下之史,有一国之史,有一家之史,有一人之史。传状志述,一人之史也;家乘谱牒,一家之史也;部府县志,一国之史也;综纪一朝,天下之史也。"⑤于慎行著有多种史著,正是涵盖了"一人之史"、"一家之史"乃至"一国之史"、"天下之史"多个领域。

---

① 于慎行:《谷城山馆诗集》卷一《长歌行》,《山东文献集成》第3辑第25册,山东大学出版社2009年版,第447页。

② 邢侗《来禽馆集》卷十六《先师谷城于文定公碑》,《四库全书存目丛书》集部第161册,齐鲁书社1997年版,第589页。

③ 于慎行:《兖州府志》卷首张允济《兖州府志序》,齐鲁书社1985年版。

④ 于慎行:《兖州府志》卷首姚思仁《兖州府志序》,齐鲁书社1985年版。

⑤ 章学诚著,叶瑛校注:《文史通义校注》卷六外篇一《州县请立志科议》,中华书局1985年版,第588页。

第一节　于慎行的治史特点

于慎行的治史具有自己鲜明的特色,其史学是从"主于道"向"主于事"转变的晚明时代史学的产物,这使他成为晚明史学思潮中涌现出来的代表人物之一。

一、兼备众体,尤重社会经济

现考订于慎行各类存佚史学著述,编制图表如下:

于慎行史学著述表

著作名称	卷数	署名	类别	重要版本	备注
《读史漫录》	十四卷二十卷参订本	于慎行	史评	十四卷本: 1. 明万历三十七年(1609)闽建书林刻本。 2. 明万历四十二年(1614)于纬重刻本。 3. 明万历间李时馥刻本。 4. 明万历于纬刻、清康熙十六年(1677)重修《谷城山馆全集》本。 5. 清光绪二十一年(1841)东阿县谷城书院补刻本。 二十卷本: 清道光二十六年(1846)黄恩彤参订存素斋刻本。	《四库全书》存目
《谷山笔麈》	十八卷	于慎行	史料笔记	1. 明万历四十一年(1613)于纬刻本。 2. 明天启五年(1625)于纬重刻本。 3. 明天启五年(1625)沈域刻本。 4. 明万历于纬刻、清康熙十六年(1677)重修《谷城山馆全集》本。	《四库全书》存目
《兖州府志》	五十二卷	于慎行	方志	明万历二十四年(1596)刻本	
《恩命纪略》		于慎行	传记	抄本(按:此书原有清代石印本,或已亡佚。)	
《词林典故》	一卷	张位、于慎行、陈于陛	职官	明万历十四年(1586)刻本	《四库全书》存目

续表

著作名称	卷数	署名	类别	重要版本	备注
《先慈言行录》		于慎行	传记	佚	
《东阿县志》	十二卷	于慎行	方志	佚	
《春曹奏议》（又名"春曹奏疏"、"南宫奏议"）		于慎行	奏议	佚	
《五七九传》		于慎行	传记	佚	
《于氏家乘》	二卷	于慎行	家谱	佚	
《史摘》		于慎行	史评	佚	
《于文定公书目》		于慎行	目录	佚	
《枕史》		于慎行	自传	佚	
《王凤洲先生纲鉴正史全编》（附记一卷，《纲鉴图略》一卷）	二十四卷	王世贞撰，陈仁锡评，顾锡畴摘，于慎行摘，陈臣忠纂，张睿卿辑	编年纲目体	明崇祯十二年（1639）刻本	伪托
《纲鉴要编》	二十四卷	于慎行摘，陈仁锡评，陈臣忠纂，张睿卿辑	编年纲目体	1. 明万历四十五年（1617）刻本 2. 明崇祯刻本	伪托

于慎行的史著在其全部著述中占据大半，涵盖史评、史料笔记、方志、传记、职官、奏议、家谱、目录等各类史学体裁。于慎行讲经有名当时，然其经学著作今可考知者，仅有已亡佚的《经筵讲章》一书。此书虽是于氏"十四年讲幄横经"①的结晶，但恐怕很难说能自成一家之言。因此，从于慎行本人的著述考察，他对于史学的重视远远超过了经学，两类著作完全不成比例。

有明一代，方志、稗史、经济史的撰述空前繁盛，史学在通俗化和历史教育

---

① 于慎行：《谷城山馆文集》卷三十八《予告谢恩疏》，《四库全书存目丛书》集部第 148 册，齐鲁书社 1997 年版，第 225 页。

方面进一步拓展,整个史学呈现出走向社会深层的发展趋势,至晚明时期,表现尤为显著。于慎行的史学著述即鲜明地代表了时代的风向。

我国方志发展至明代进入一个新阶段。当时,十三布政使司都有志书编纂,而且府、州、县等地志也大量涌现,万历年间就已形成"郡邑莫不有志"①的局面,成书数量颇为可观。于慎行以主持、参与编撰的多种方志而成为一代大家。

明代私家修史兴盛,所谓"实录外,野史家状,汗牛充栋,不胜数矣"②。这种私人的当代史修撰的繁盛局面,实为历朝所不及。于慎行的史料笔记《谷山笔麈》因为主要保存嘉靖、隆庆、万历间史事而为世所重。

包括当代史在内的普及性史著的大为流行,是明代史学的一个主要特点。纵观明代修史队伍,私修强而官修弱。晚明以降,在传统的官员型史家之外,职业史家群体迅速崛起。这些史家不再只以谋求朝廷认可为意,而更积极地面向社会上的广大读者,进一步考虑迎合他们的品位。于慎行的《史摘》当属此类普及性史书,惜已无从确考。由于在史学领域声名远播,于慎行其人其书早已为一般的书坊主所注意,以至于坊间一再出现伪托其名的普及性史著,如《王凤洲先生纲鉴正史全编》、《纲鉴要编》等。

在对嘉靖以来特别是万历时期的史学思潮的积极回应方面,于慎行的方志学成就需要被特别地提及。由于方志记载了当时生活图景的横剖面,更多地指向当代,这对于深受通今之学和以史经世的思想影响、平素又究心乡邦文献的于慎行来说,方志事实上成为其发抒生平怀抱的一个得心应手的载体。万历九年(1581)三月,于慎行与孟一脉合纂而成《东阿县志》,始于方域,终于艺文,凡十二卷。一时海内目为信史,后人引为矜式。贾三近誉之为"千百年之信书"③。清人李光地则以为此志"纲举目张,闳博雅畅,有非他邑志所可比者"④。这部

① 张焕修:《(康熙)满城县志》卷首张邦政《〈重修满城县旧志〉序》,《故宫珍本丛刊》第70册(《河北府州县志》第8册),海南出版社2001年版,第161页。
② 张宗祥校点,谈迁:《国榷》卷首《义例》,中华书局1958年版,第7页。
③ 郑廷瑾增修,苏日增增纂:《(康熙)东阿县志》卷首贾三近《东阿县志原序》,清康熙五十六年(1717)刻本。
④ 郑廷瑾增修,苏日增增纂:《(康熙)东阿县志》卷首李光地《东阿县志序》,清康熙五十六年(1717)刻本。

名志今虽已无存,但可知在清代多次重修中仍保存了相当一部分内容。万历二十三年(1595)七月,于慎行在朱泰、包大爟等人所撰旧志的基础上,"错采百氏之籍,旁参郡邑之史,探赜补漏,提要钩玄"①,"检故实,躬校雠,蒐罗编摩"②,始纂修而成《兖州府志》五十二卷,历时凡三年。此志内容翔实,体例谨严,条目清晰,专辑纷呈,事可互见,文无重出。其中尤以圣里、人物、艺文三《志》为最工。兖州府明代辖二十七州县,境内为鲁国故地、孔孟之邦,然"历汉唐以来千余年,而纪载缺如也"③,故其修志之举,"尤旷世盛事,视它方独重焉者"④。《兖州府志》被时人认为是"继《春秋》而为史者"⑤,实"堪称明代方志中之杰作"⑥。据《东阿于文定公年谱》,万历二十八年(1600)九月,"为府君改《陋巷志》成"。⑦ 于氏当是对《陋巷志》有所加工润色。于慎行《谷城山馆文集》中尚存《岱史叙》、《岱畎图经》、《安平镇志叙》、《兖州府志自叙》等多篇方志图经的序言,此外,尚有佚文《陋巷志叙》、《兖州府志序》、《恩县旧志原序》等,这些文章对于方志学理论多有阐发。综而观之,于慎行以当代人修当代志,成就卓越,洵为大家。

于慎行的史著针砭现实,务致实用,涵盖政治、经济、民族、宗教、文化等广阔领域,在在展现出其卓尔不群的经世才具和深切的忧国忧民情怀,实为一时史家之选。对今人来说,尤其引发我们兴趣的是于氏的如椽史笔对社会经济领域的记录。由于对社会经济领域有着远超常人的系统深刻的认识,因此于慎行表现出特别的重视,在方志中,他用了大量的篇幅来记载阐释其中有关国计民生的人事和现象。万历二十七年(1599),于氏曾序《恩县志》,特别对"志"的含义进行了深刻的阐发。他说:

> 夫志者,古小史之遗也。掌之司徒,谓之训方。掌之司空,谓之土训。

---

① 于慎行:《兖州府志》卷末于慎行《府志自叙》,齐鲁书社 1985 年版。

② 于慎行:《兖州府志》卷首张允济《兖州府志序》,齐鲁书社 1985 年版。

③ 于慎行:《兖州府志》卷首冯琦《兖州府志序》,齐鲁书社 1985 年版。

④ 于慎行:《兖州府志》卷首张允济《兖州府志序》,齐鲁书社 1985 年版。

⑤ 于慎行:《兖州府志》卷首冯琦《兖州府志序》,齐鲁书社 1985 年版。

⑥ 《中国方志大辞典》编辑委员会编《中国方志大辞典》,浙江人民出版社 1988 年版,第205 页。

⑦ 邢侗编纂,阮自华撰述:《东阿于文定公年谱》卷二,《山东文献集成》第 1 辑第 10 册,山东大学出版社 2006 年版,第 728—729 页。

载在国邑,则谓之志,皆小史也。史而曰志者何?宣哲之君、明惠之长以此稽其政教,而成其心之经纬,故谓之志尔。是故君子有经国之猷,必有仁民之政;有仁民之政,必有永世之图,于是轨物可陈,方策可布,而使其心常周浃焉,故曰志也。①

于慎行认为所谓"志"是君子用来"稽其政教,而成其心之经纬"的。此序因为没有收入《谷城山馆文集》,故少有知者。可以说,于氏的方志著作对于社会经济领域的重视乃是其对理想中的"志"的具体落实,观《兖州府志》可知。于慎行对此书的编撰倾注了满腔的心血,自称是"词林之旧业,报国之涓忱"②。承《东阿县志》之后,其杰出的修志才能在《兖州府志》中得到更为充分的展现,遂使此志成为明代历史派方志的代表之作。《兖州府志》所载有沿革、建置、山川、风土、帝迹、圣里、国纪、天潢、职官、选举、田赋、户役、学校、兵戎、驿传、河渠、盐法、马政、古迹、陵墓、祠庙、寺观、宦迹、人物、典籍、艺文、灾祥、丛谈等二十八个门类,最称详备。各首附小序,以表作志之由。在职官、选举、田赋、户役、学校、兵戎、驿传、河渠、盐法、马政等十《志》中,于慎行更是积极探讨当世得失之故,为后世保存了极为丰富翔实的社会经济领域的史料。于慎行将这十《志》视为一个整体,即所谓"政典"。他在自序中说:

乃稽政典。匪地弗官,匪官弗政,帅以守丞,承以令长,断自本朝,并列里氏,以示劝绳。佐史文学,略差秩号,故志《职官》。登贤兴能,籍在天府,是实材薮,焱蚩景集,其丽不亿,故志《选举》。赋则于壤,役简于民,上有赢诎,下有登耗。蓑尔兹土,倍蓰他方,竭泽反裘,漆室所叹,故志《田赋》、《户役》。文学天性,儒术彬彬。远哉!洙、泗之间,搜乘治戎,以固疆围,并用之术,故志《学校》、《兵戎》。兖,四达之逵也。车马之迹,旁午道涂,奔萃之役,绎骚境土,民弗堪命矣,故志《驿传》、《河渠》。牢策之政,昉于盐缔,垌牧之颂,赋维丘井,东方之故也。是建二使,监于有土,略举大概,以榷盈虚,故志《盐法》、《马政》。拾志既列,政典陈矣。③

---

① 汪鸿孙修,刘儒臣、王金阶纂:《(宣统)重修恩县志》卷首于慎行《恩县旧志原序》,《中国地方志集成·山东府县志辑》第 18 册,凤凰出版社 2004 年版,第 2 页。

② 于慎行:《兖州府志》卷末于慎行《府志自叙》,齐鲁书社 1985 年版。

③ 于慎行:《兖州府志》卷末于慎行《府志自叙》,齐鲁书社 1985 年版。

于慎行在方志中对社会经济领域的洞悉窾要，使其生前就获得了高度的赞誉。如姚思仁《兖州府志序》称赞："其风土、田赋、兵戎、驿传、盐法、马政，则逼真《风俗通》、《货殖传》、《食货志》。"①这也是于氏方志至今被人所重视的一个原因所在。

二、经世致用，回响时代精神

如果说，于慎行的史学著述从体裁形式上看，是兼备众体，而以涉及当代史的部分尤见精彩，那么，就思想内涵而言，其著述的字里行间充溢着强烈的经世致用的精神，令人难忘。叶向高评价于慎行"将以其平居考究研索于古今兴衰得失之故，参伍筹剂，具为成画者，次第而施行之"②，这正是于氏以史经世的一贯宗旨。

（一）论正统

正统论是通过"统"、"行夏正"、"居中国"等观念而论证国家在历史顺序和现实政治格局中合理合法地位的一种国家政权理论。在中国古代史学领域，正统问题，千百年来一直是引人注目而备受争议的问题。

柳诒徵先生谓"自宋以来，持正统论与不持正统论者迭作"③，并举司马光、王夫之、鲁一同、周树槐诸人为例。而实则于慎行亦为"不持正统论"的重要一家。正统理论关于"君臣名分"和"夷夏之防"两方面的讨论，于慎行均有阐发。

在"君臣名分"方面，于氏表示认同司马光的"王伯"之辨，但反对其"帝魏寇蜀"的观点。他说：

> 王者王也，以天子统理天下，故谓之王，伯者伯也，以牧伯总理诸侯，故谓之伯，以势之广狭，为号之大小，而不以其德也。三代之上，有行王道而伯者，文王是也，三代以下，有行伯道而王者，汉唐是也。以其合于三王之道，故谓之王道，而不以其道号为王，以其合于五伯之道，故谓之伯道，

---

① 于慎行：《兖州府志》卷首姚思仁《兖州府志序》，齐鲁书社1985年版。

② 叶向高：《苍霞草》卷八《谷城山馆全集序》，《四库禁毁书丛刊》集部第124册，北京出版社1997年版，第220页。

③ 柳诒徵：《国史要义》，世纪出版集团、上海古籍出版社2007年版，第63页。

而不以其道称为伯。故凡言王伯者号也,非道也。三代以下,其混一九州者,皆可谓之王,而偏安一隅者,皆当谓之伯。此正统分统之辨也,故司马公之论是也。①

于慎行认可司马光以"王伯"之辨为基础的"正统分统之辨",肯定司马氏未尝以正统予魏,只是借其年以纪事,认为他的"寇蜀",也不过是因魏史旧文而不改。于氏于是主张"帝蜀而寇魏"固然是迂腐之举,但"以魏纪年,而斥吴与蜀",也失之于"混",因此"直当以七国之例,纪一甲子,而分注于下耳"。② 他对朱熹《通鉴纲目》论三国正统的义例也有微词:"至于东周公之时,与山阳何以异?而《纲目》书其合纵曰:'王命诸侯伐秦',亦不情矣。"③

这样大胆的论断,固然不同于北宋以前的一般正统论,即与宋儒出于惩恶劝善目的而主张正统有继有绝的"绝统论"也有区别,充分体现了于慎行尊重历史的公正客观的立场。黄恩彤对此观点不能认同,认为陈寿"实以正统予蜀,尝反覆其书(按:指《三国志》),得十数义焉"④,"姚牧庵谓《通鉴》帝魏主蜀,后为目录,皆书汉,或温公晚知其非,欲正之而未及,文定乃谓蜀未尝得统于献帝,以帝蜀为迂,则非矣。……且曹丕得统于献帝矣,又以帝魏为过,而创为甲子分注之例,尤于义未安也"⑤。元末明初史学家王祎的《大事记续编》,不以刘备章武年号纪年,直接建安,已先乎于慎行用"无统之例"。后来王夫之提出"治统论",而"不及正统",于氏此论可能对其有所启发。

从华夷的角度来论证历史上的正统归属,这是南宋以来正统理论演变的崭新内容。自元人修撰宋、辽、金三史以来,正统之辨曾经引发广泛的讨论,明代中叶以来,强调"夷夏之防"的传统正统观在其中产生着主导性的影响。但

---

① 于慎行著,黄恩彤参订,李念孔等点校:《读史漫录》卷五《三国》,齐鲁书社 1996 年版,第 140 页。

② 于慎行著,黄恩彤参订,李念孔等点校:《读史漫录》卷五《三国》,齐鲁书社 1996 年版,第 140—141 页。

③ 于慎行著,黄恩彤参订,李念孔等点校:《读史漫录》卷五《三国》,齐鲁书社 1996 年版,第 141 页。

④ 于慎行著,黄恩彤参订,李念孔等点校:《读史漫录》卷五《三国》附评语,齐鲁书社 1996 年版,第 141 页。

⑤ 于慎行著,黄恩彤参订,李念孔等点校:《读史漫录》卷五《三国》附评语,齐鲁书社 1996 年版,第 144 页。

是于慎行对此提出了自己的新见：

> 元人修三史，各为一书，是也。《通鉴》编年之史，不相照应，即当如《南北史》之例，不必有所低昂可也。近世文雅之士，有为《宋史新编》者，尊宋为正统，而以辽、金为列国，则名实不相中矣。彼南、北二《史》，互相诋诃，南以北为索虏，北以南为岛夷，此列国相胜之风，有识者视之，已以为非体矣。乃今从百世之后，记前代之实，而犹以迂阔之见，妄加摈斥，此老生之陋识也。辽、金绳以夷狄僭号，未克混一，而中国土宇，为其所有，亦安得不以分行之体归？而欲夷为列国，附于《宋史》之后，则不情也。且彼亦受之于天矣。辟如郡邑长吏，例用文儒，一旦有武夫胥吏，奉命出宰，亦安得以其不由科目而削之也！何也？彼既受之于君也。①

于慎行肯定元人修《宋史》、《辽史》、《金史》"各为一书"的做法，主张在体例上应援引《南史》、《北史》之例，"不必有所低昂"，批评柯维骐《宋史新编》"尊宋为正统，而以辽、金为列国"的义例是"名实不相中"的"陋识"。他认为从多民族国家的历史发展来看，应充分尊重少数民族政权存在的历史事实，主张三史平等，各为统纪。这是对元人以来的进步民族史观的继承和发扬，冲破了传统正统论的"夷夏之防"，事实上是对陈旧的正统论作出了否定。于氏的这一观点得到后人的激赏。贺裳在其《史折》中针对于氏此说专列《修史》一条，赞扬"此论人所不敢发"②。黄恩彤眉批称"此最为持平之论"③。瞿林东先生尤其在其多部著述中对此再三致意。他称赞此为"卓见"④，说自己"读了以后非常感动"⑤，并高度评价：

> 他把辽、金与两宋三个皇朝同等看待，尤其是认为辽、金立国与汉族政权一样"受之于天"，也比一般的汉族士大夫否认少数民族贵族所建皇

---

① 于慎行著，黄恩彤参订，李念孔等点校：《读史漫录》卷十四《辽金元》，齐鲁书社 1996 年版，第 511 页。

② 贺裳：《史折》卷下《修史》，《四库全书存目丛书》史部第 291 册，齐鲁书社 1997 年版，第 147 页。

③ 于慎行著，黄恩彤参订，李念孔等点校：《读史漫录》卷十四《辽金元》附评语，齐鲁书社 1996 年版，第 511 页。

④ 瞿林东：《读〈读史漫录〉琐记》，《学林漫录》第十四集，中华书局 1999 年版，第 214 页。

⑤ 瞿林东：《中国史学的理论遗产》（当代中国史学家文库 瞿林东卷），北京师范大学出版社 2005 年版，第 23 页。

朝得"天命"的狭隘见解,确实高明许多,在客观上大大提高了少数民族贵族所建皇朝的历史地位,有利于从根本上冲决夷夏之防的意识,形成华夷一体的新观念。①

于慎行还以"形势相似"的五代、六朝为例,比较其南北形势,指出:

> 六朝正统在南,而北方割裂,五代正统在北,而南方瓜分,其形一也。然有可异者。正统在南,而衣冠文物相随,北之伧父,有杂夷之俗;正统在北,而兵革扰攘不已,南之士族,有故国之风焉。正统在南,而北益空虚,正统在北,而南反生殖。三代以来,江南日实,江北日空,由此故也。以为北方刑煞之区,南方生育之府,三代以往,又胡不然?岂非以政化哉!②

可见所谓"正统",其实是无关于"政化"的。这实际上是宣告"正统"作为自身独立的政治伦理,不必也不能将文化价值的传承维系一肩扛起。

梁启超《论正统》一文谓:

> 不论正统则亦已耳,苟论正统,吾敢翻数千年之案而昌言曰:自周秦以后,无一能当此名者也。第一夷狄不可以为统,则胡元及沙陀三小族在所必摈,而后魏、北齐、北周、契丹、女真更无论矣;第二篡夺不可以为统,则魏、晋、宋、齐、梁、陈、北齐、北周、隋、后周、宋在所必摈,而唐亦不能免矣;第三盗贼不可以为统,则后梁与明,在所必摈,而汉亦如唯之与阿矣。然则正统当于何求之?曰统也者,在国非在君也,在众人非在一人也。舍国而求诸君,舍众人而求诸一人,必无统之可言。③

梁启超以为中国史家之谬,未有过于言正统者。事实上,于慎行已从"君臣名分"和"夷夏之防"两方面,完成了对封建史学中最要害的命题——正统论的批判和消解。在早于梁启超300年前,能有如此见解,在正统论的历史上不能不说是具有非同寻常的理论意义。

由于正统论的强势介入,使得"中国古代史学在历史观方面,包含着浓厚

---

① 瞿林东主编,罗炳良、江湄、徐国利、刘治立著:《中国古代历史理论》下卷,时代出版传媒股份有限公司、安徽人民出版社2011年版,第238页。

② 于慎行著,黄恩彤参订,李念孔等点校:《读史漫录》卷十《五季》,齐鲁书社1996年版,第371—372页。

③ 梁启超:《论正统》,《新民丛报》1902年第7月5日,第11号。

的道德成分,把抽象的道德看成是历史发展的最重要、最根本的动力,把封建纲常自始至终作为褒贬史事、评量人物的最主要标准"①。于慎行对于正统论的批判和消解,正是要将史学从政治附庸中解放出来,而还它以独立的地位。

(二)论历史人物

于慎行在其史论中高度重视人在历史中的地位,认为人的主观能动作用在历史发展进程中至关重要,尤其在《读史漫录》中用最大的篇幅来阐述历史人物的行为及其历史作用。

儒家的文化理想——内圣外王是于慎行评论历史人物的基本指针,作为这一文化理想实现的实体即是"圣贤豪杰"。于慎行笔下的"圣贤豪杰"寄托着他的人格理想,往往出现在朝代兴衰存亡的关头,是能够审时度势、推动历史发展的重要人物,如他说:"斡旋化机,消息气运,在圣贤豪杰,必有参赞之机,而天运亦有可回者矣。"②黄体仁称引于氏史论,即谓:"此何襟期也! 可以想公尽瘁之极思,与默回之妙用。"③但是晚明社会情势的发展,已亟需由宋明儒者的内圣之学开出外王事功,呼唤经世人才的出现,乃成为时代发展的迫切要求和必然趋势。于慎行固然也每每以"圣贤"、"豪杰"相提并论,内圣是他道德践履心向往之的境界,但是他也清楚:当艰难时世,圣贤罕遇,而豪杰之辈却是可以寄予希望的。他为豪杰倾倒,赞叹不置:"豪杰建树之伟如此,所谓非常之人,必有非常之功也"④,"草昧之中,英雄倔起,往往如此"⑤。"豪杰",于慎行在其史论中有许多的代名词:"英雄"、"人豪"、"贤豪"、"豪英"、"豪俊"、"大豪"、"豪丈夫"、"豪长者"、"倜傥豪"、"晓事之臣"等,这样频繁出现的"豪"字让人印象深刻。与此相对,于慎行对于那些谈心讲性、从事空疏无用之学的"世儒"、"文士"和"经生"则投以轻蔑的目光,痛斥他们不是"迂

---

① 王东:《正统论与中国古代史学》,《学术界》1987 年第 5 期。

② 于慎行著,黄恩彤参订,李念孔等点校:《读史漫录》卷七《唐高宗至玄宗》,齐鲁书社 1996 年版,第 218 页。

③ 于慎行著,黄恩彤参订,李念孔等点校:《读史漫录》附录四黄体仁《于文定公〈读史漫录〉序》,齐鲁书社 1996 年版,第 526 页。

④ 于慎行著,黄恩彤参订,李念孔等点校:《读史漫录》卷十三《宋高宗至帝昺》,齐鲁书社 1996 年版,第 472 页。

⑤ 于慎行著,黄恩彤参订,李念孔等点校:《读史漫录》卷十《五季》,齐鲁书社 1996 年版,第 352 页。

腐"，就是"拘挛"、"浅见"。针对"晓事之臣"，于慎行发表过一番极为大气透辟的精彩论述。他推许"国家利害安危，大机括所在，大形势所关，非晓事之臣，不能洞其几微，晰其体要"。这个"晓事之臣"，在于慎行看来，是能够洞晰"大机括"和"大形势"的真豪杰，"必须有一种识见，能知人之所不能知，有一种气魄，能断人之所不能断，而其心一出于公平正大，无所避忌，然后事至了然，不为凝滞"。否则，即使"博极古今，洞悉隐微，而一为私意所惑"，亦将"失其灵明之体，而昧于事机"，不得称"晓事"了。① 周天爵推许于慎行"诚南轩（按:指张栻）所谓晓事者与"②，可谓于氏的异代知音。

晚明是产生了《智囊》、《智品》、《益智编》等书的时代，在广大民众尤其是市民阶层中已流行着重智的风气。于慎行高度重视智谋的作用，认为"谋之于存亡亦要矣"③，"成败兴亡之机，有一言而定者，此士之所以贵智也。……谋之所系大也"④。在他看来，豪杰之所以为豪杰，即于此等处大显身手。他说:

> 夫成天下之功者，其必有一定之见也。使己之所见，人皆从而和之，则何难之有? 惟其以一人之身，横当上下之阻，出万死一生之计，而后可以立不世之功，则亦安能和于俗而悦于众哉!⑤

于氏像是高明的摄影家，常能窥机察微，摄取历史进程中的关键时刻和历史人物生平的重大决策，来突显历史人物的智谋，所谓"士当承平之世，即有殊才异能，与庸人比耦而居，无以自异，世乱乃见耳"⑥。因此，真豪杰用世，必有大

---

① 于慎行著，黄恩彤参订，李念孔等点校:《读史漫录》卷十三《宋高宗至帝昺》，齐鲁书社1996年版，第476页。

② 周天爵:《读史漫录序》，周竹生修，靳维熙总纂:《(民国)续修东阿县志》卷十四《艺文志下》，《中国地方志集成·山东府县志辑》第92册，凤凰出版社2004年版，第367页。

③ 于慎行著，黄恩彤参订，李念孔等点校:《读史漫录》卷五《三国》，齐鲁书社1996年版，第132页。

④ 于慎行著，黄恩彤参订，李念孔等点校:《读史漫录》卷七《唐高宗至玄宗》，齐鲁书社1996年版，第205—206页。

⑤ 于慎行著，黄恩彤参订，李念孔等点校:《读史漫录》卷三《西汉》，齐鲁书社1996年版，第78页。

⑥ 于慎行著，黄恩彤参订，李念孔等点校:《读史漫录》卷二《战国至秦楚之际》，齐鲁书社1996年版，第32页。

谋略,能够切中事理,深识利害,所谓"天下有识之士,与披坚执锐者功相万也"①。如"韩信说高祖于南郑,邓禹见光武于河北,孔明对先主于隆中,皆以立谈数语决天下大计。其后成败大小,皆如所策,分豪不爽。盖其胸中成画已久,出身许国,举而措之耳!豪杰用世,往往如此"②。对于张良、李密、刘知远等人的识见谋略,他赞佩不已。但是于慎行并不轻易以智谋许人,如他认为范增明于望气而暗于察人,其实不过是一"庸人"③;吕布有勇无谋,是"剑客之雄",而非"大豪";④至于刘琨,则是"忠矣,智则未也"⑤。

　　于慎行纵论历史人物在历史进程中的重要决策,必求如置身当时,接其人而亲其事,阅众议而筹善策,逆料其成败。如分析李泌相唐德宗时所决策之数事,认为"皆关天下大故,而以片言决策,较如列眉,至今读之,了然如见"。他高度评价李泌"动中肯綮,力转枢铃"的智谋,以为"智略才识,高出一世","中兴之功,卓然第一"。⑥又如记李德裕削平诸藩镇僭乱的要领,认为其"才识练达,动中机宜,李泌、陆贽以来,所不多见",其中"机权种种,皆人所不及","神机上算,发无遗策。上全国体,下震群谋,真安攘之才也"。⑦

　　虽然于慎行也讲什么"英雄亦有三昧"⑧,"英雄之智略,必有人所不能知

---

　　① 于慎行著,黄恩彤参订,李念孔等点校:《读史漫录》卷七《唐高宗至玄宗》,齐鲁书社1996年版,第205页。

　　② 于慎行著,黄恩彤参订,李念孔等点校:《读史漫录》卷四《东汉》,齐鲁书社1996年版,第101页。

　　③ 于慎行著,黄恩彤参订,李念孔等点校:《读史漫录》卷二《战国至秦楚之际》,齐鲁书社1996年版,第32页。

　　④ 于慎行著,黄恩彤参订,李念孔等点校:《读史漫录》卷五《三国》,齐鲁书社1996年版,第133页。

　　⑤ 于慎行著,黄恩彤参订,李念孔等点校:《读史漫录》卷六《六朝南北》,齐鲁书社1996年版,第160页。

　　⑥ 于慎行著,黄恩彤参订,李念孔等点校:《读史漫录》卷八《唐玄宗至宪宗》,齐鲁书社1996年版,第288—289页。

　　⑦ 于慎行著,黄恩彤参订,李念孔等点校:《读史漫录》卷九《唐宪宗至僖昭》,齐鲁书社1996年版,第318—319页。

　　⑧ 于慎行著,黄恩彤参订,李念孔等点校:《读史漫录》卷五《三国》,齐鲁书社1996年版,第133页。

者,惟英雄知之耳"①,来突显英雄豪杰的智谋,使之蒙上些许的神秘色彩,但他也强调:"天下事即危急存亡之秋,未尝无善策"②,"天下事虽甚难,处者亦必有方略,顾人不思耳"③,因此"奇谋深识,何处不有"。智谋毕竟不仅仅是英雄豪杰的专利,也可以是人民大众的产物,关键在于主事者尤其是人主"用否何如耳"。④ 计无所出固然可惜,而有谋不用岂不更足以使人扼腕!谋略的有无是一回事,其采用与否则是另一回事,必也两者结合,始能成就天下大事。如他对比曹操、袁绍两人的成败,指出根本原因在于"操能屈群策,而绍不能听至计"⑤。他因此推许:

> 曹操千古豪雄,智略盖世,其当事机之际,能用群策,如荀彧、荀攸、郭嘉、程昱辈,每得失存亡之机,以片言能救之,如石投水,故算无遗策,而功流当世。……此数事者,其得失成败在呼吸之间,而诸子揣微见远,中窾批隙,操又能虚心听纳,从谏如流,宜其克济大业,芟略群雄也。⑥

在曹操身上,寄寓着于慎行心目中豪杰的理想,即"智略盖世"和"能用群策"的完美结合。

于慎行在其史论中,不再囿于儒家的正统思想,而是展开了一幅波澜壮阔的英雄谱。活跃于其中的,除了以传统儒家思想立身的人物之外,还有信奉黄老之术的将相大臣,有纵横游谈的策士,更有农民起义领袖,下层的屠沽监门之流以及释道人物。于氏彰显他们事功的隐微不显之处,满心赞赏。如说:

---

① 于慎行著,黄恩彤参订,李念孔等点校:《读史漫录》卷二《战国至秦楚之际》,齐鲁书社1996年版,第139—140页。

② 于慎行著,黄恩彤参订,李念孔等点校:《读史漫录》卷十《五季》,齐鲁书社1996年版,第355页。

③ 于慎行著,黄恩彤参订,李念孔等点校:《读史漫录》卷四《东汉》,齐鲁书社1996年版,第126页。

④ 于慎行著,黄恩彤参订,李念孔等点校:《读史漫录》卷七《唐高宗至玄宗》,齐鲁书社1996年版,第205页。

⑤ 于慎行著,黄恩彤参订,李念孔等点校:《读史漫录》卷五《三国》,齐鲁书社1996年版,第132页。

⑥ 于慎行著,黄恩彤参订,李念孔等点校:《读史漫录》卷五《三国》,齐鲁书社1996年版,第130—131页。

　　荆轲、聂政、侯嬴、朱亥之流，皆屠沽监门，非有士君子之行，惟有感恩报主，捐生赴义，精贯白日，诚通鬼神，此为一节之极至耳。①

　　张子房言事，常不肯自任，必使人先发其端，方以一二语推其后，辄有回天之力，此子房作用也。②

　　古今自有异人，如蜀之范长生者，其踪迹亦大奇矣。……观其才略，自可雄踞一方，乃左右李氏，而不肯自为，求之于后，徐洪客之流也。③

　　吕好问之功，其心迹似狄梁公，其智略似张子房，非宋儒家数也。④

　　刘秉忠，僧也，辅佐元主平定海内；姚少师，僧也，拥翊成祖创守太平。其人地才品大略相似，亦古今之奇也。⑤

对于许多历史人物，于慎行多能不拘成见，提出公允精到的认识。

　　与早期在诗文集中对妇女贞节的赞颂不同，于慎行在史论中记载了各阶层妇女的事迹。由于注重历史人物智谋、识见的作用，于氏积极肯定女性的杰出才能，认为"妇人之才，固有大过人者"⑥，不遗余力地加以表彰。他高度评价齐国君王后、武则天的雄才大略，推许敞夫人、后汉李太后、郑夫人的智略器识，赞美唐朝郭太后、元世祖皇后宏吉剌氏的意识深远，表扬黄巢之妻、刘守光之妻的铁骨铮铮。

　　当然，由于于慎行偏重政治方面，他的关注对象主要是历代女主、将相大臣和农民起义领袖的配偶乃至普通的宫人。时代的局限，使得于慎行也未能完全摆脱男子本位的思想，但他对妇女给予了多方面的高度肯定，认为与男子

---

　　①　于慎行著，黄恩彤参订，李念孔等点校：《读史漫录》卷二《战国至秦楚之际》，齐鲁书社1996年版，第12页。
　　②　于慎行著，黄恩彤参订，李念孔等点校：《读史漫录》卷三《西汉》，齐鲁书社1996年版，第42页。
　　③　于慎行著，黄恩彤参订，李念孔等点校：《读史漫录》卷六《六朝南北》，齐鲁书社1996年版，第161—162页。
　　④　于慎行著，黄恩彤参订，李念孔等点校：《读史漫录》卷十三《宋高宗至帝昺》，齐鲁书社1996年版，第457页。
　　⑤　于慎行撰，吕景琳点校：《谷山笔麈》卷十七《释道》，王琦撰，张德信点校；于慎行撰，吕景琳点校：《寓圃杂记 谷山笔麈》，中华书局1984年版，第199页。
　　⑥　于慎行著，黄恩彤参订，李念孔等点校：《读史漫录》卷十四《辽金元》，齐鲁书社1996年版，第496页。

相比,不一定就见得逊色,甚至时或过之。他还以"迹起于牧竖私奔"的君王后为例,大胆断言妇女也是治乱所关:"天之生才,岂惟豪杰丈夫有关气运,即妇人女人与治乱相关者,其生亦必有自。"①于慎行不再将贞节作为评价妇女的首要标准,认为"失节之妇,能哺小儿,虽众所唾耻,亦不废之"②。妇女的容貌更远远无法与才智相比。他这样说:"故有呈木朴之观而负玮奇之节,谢便儇之巧而储博大之材者,此无盐之类也。"③无盐一类"负玮奇之节"、"储博大之材"的奇女子成为于慎行心仪倾倒的对象。

在另一方面,于慎行在史论中也严守君子、小人之辨,甚至有时不免有"责备贤者之说"④,周天爵《读史漫录序》以为其"备写君子、小人情状"⑤。于氏常常将朝代的盛衰兴亡归结为人事,与他认为豪杰之士可以挽救国运相对,对于历史上形形色色的小人,他突出了他们的误国殃民之罪。于氏反复强调小人可畏,不可信用:

> 夫开国承家,小人勿用,正以其心术险诐,志行卑污,足以凶家而害国也。⑥

> 一念媢疾之心,误国殃民,祸不可振,至于如此!小人之为国家,吁,可畏哉!⑦

于慎行特别分析两宋的灭亡,义愤填膺地指出:

> 自古国家成败,固系所用何如,然未有如宋之可恨者也。……忠义之

---

① 于慎行著,黄恩彤参订,李念孔等点校:《读史漫录》卷二《战国至秦楚之际》,齐鲁书社1996年版,第22页。

② 于慎行著,黄恩彤参订,李念孔等点校:《读史漫录》卷十《五季》,齐鲁书社1996年版,第345页。

③ 于慎行撰,吕景琳点校:《谷山笔麈》卷十六《杂说》,王琦撰,张德信点校;于慎行撰,吕景琳点校:《寓圃杂记 谷山笔麈》,中华书局1984年版,第181页。

④ 贺裳:《史折》卷下《张承业》,《四库全书存目丛书》史部第291册,齐鲁书社1997年版,第137页。

⑤ 周天爵:《读史漫录序》,周竹生修,靳维熙总纂:《(民国)续修东阿县志》卷十四《艺文志下》,《中国地方志集成·山东府县志辑》第92册,凤凰出版社2004年版,第367页。

⑥ 于慎行著,黄恩彤参订,李念孔等点校:《读史漫录》卷十一《宋艺祖至英宗》,齐鲁书社1996年版,第380页。

⑦ 于慎行著,黄恩彤参订,李念孔等点校:《读史漫录》卷十二《宋神宗至徽钦》,齐鲁书社1996年版,第437页。

士,数十人持之而不足;邪佞之贼,一二人坏之而有余,天壤间事有如此,可不为扼腕太息哉!①

于氏认为,宋之所以可恨在于:"谋臣良将,固未尝乏,坚甲利兵,亦不为少",而所任非人,国事"为一二小人所持","庸懦误国之臣,饮恨千古,而世主不悟",②致使忠义之士的一切努力付诸东流,国家随之灭亡。

于慎行还作诛心之论,揭露小人误国的心理原因:

> 小人贪秋毫之利,而忘丘山之祸,以至丧国亡家灭宗绝祀,皆起于一念好利之心耳!③

于氏指出小人的行为,皆不出其一己"好利"的私心,无论其或"媚疾"④,或"患失"⑤,虽会有"以一念之偏,而至于误国,以一念之私,而至于亡国"的程度轻重不同,但"小人之祸烈矣"则是一样的。⑥ 在晚明物欲横流、士人嗜欲趋利的时代背景下,于慎行能够廉隅自重,砥砺名节,其言论无论对于君主或是大臣,自然都具有相当的警醒作用。

(三)"重事功、轻道德"的价值观

向燕南、张越、罗炳良先生著《中国史学史》第五卷指出:

> 关于历史与伦理的悖论,可以说是更深层历史哲学的追问,因为在历史的发展中,始终存在着"公"与"私"、"善"与"恶"等伦理的矛盾。……这些历史与伦理的逻辑背反,曾经给中国很多史学家带来困惑。但是明代中后期的一些史学家、思想家受历史理性精神的影响,开始对这历史伦

---

① 于慎行著,黄恩彤参订,李念孔等点校:《读史漫录》卷十三《宋高宗至帝昺》,齐鲁书社1996年版,第458页。

② 于慎行著,黄恩彤参订,李念孔等点校:《读史漫录》卷十三《宋高宗至帝昺》,齐鲁书社1996年版,第456页。

③ 于慎行著,黄恩彤参订,李念孔等点校:《读史漫录》卷二《战国至秦楚之际》,齐鲁书社1996年版,第26页。

④ 于慎行著,黄恩彤参订,李念孔等点校:《读史漫录》卷十二《宋神宗至徽钦》,齐鲁书社1996年版,第437页。

⑤ 于慎行著,黄恩彤参订,李念孔等点校:《读史漫录》卷七《唐高宗至玄宗》,齐鲁书社1996年版,第248页。

⑥ 于慎行著,黄恩彤参订,李念孔等点校:《读史漫录》卷十二《宋神宗至徽钦》,齐鲁书社1996年版,第447页。

理悖论问题进行思考了。①

身处这样的史学思潮中,于慎行也发为大胆而新颖的见解,一新时人耳目。他以北宋党争为例,指出:

> 安石之变成法,偏而为国者也,不知其反而为元祐也。司马之变新法,正而为国者也,不知其激而为绍圣也。章惇之绍述,私而为己者也,又不知其反而为元符也。韩忠彦之反正,正而为国者也,又不知其激而为崇宁也。蔡京之绍述,私而为己者也,又不知其酿而为靖康也。一事之兴废,再三反覆,而宋已不国矣。

于慎行认为王安石、司马光、韩忠彦诸人虽然有为国之心,而其行为却不免为误国之举,因此总结道:"若乃以至公至正之心,懋旋乾转坤之业,徒以斟酌损益之间,有所过与不及,以为小人之口实,而其祸亦如此,人臣之谋国,固亦难哉!"②

于慎行更明确地指出:"夫意有出于私,而其法则公,人有至邪,而其事合于正者,君子有取焉。"③于氏肯定秦始皇的修筑长城、隋炀帝的开凿大运河是"为其国促数年之祚,而为后世开万世之利,可谓不仁而有功者矣"④。他评价汉武帝通西域,虽然靡敝中国,但功在后世,认为"长驾远御之主,以一身任其劳,而遗天下以安;以一身当其怨,而遗子孙以德"⑤。至于公孙弘、全义、蔡京诸人的举措,虽然是出于为己一私的恶的目的,但只要其结果是善的,于慎行都肯定其历史进步的价值。他指出公孙弘立劝学右文之典,"可谓有功于经术者矣","世徒以其曲学矫情,薄其相业,而不录其功,亦非通论哉"⑥。他认

---

① 白寿彝主编,向燕南、张越、罗炳良著:《中国史学史》第五卷,世纪出版集团、上海人民出版社 2006 年版,第 159—160 页。

② 于慎行著,黄恩彤参订,李念孔等点校:《读史漫录》卷十二《宋神宗至徽钦》,齐鲁书社1996 年版,第 447 页。

③ 于慎行著,黄恩彤参订,李念孔等点校:《读史漫录》卷七《唐高宗至玄宗》,齐鲁书社1996 年版,第 240 页。

④ 于慎行撰,吕景琳点校:《谷山笔麈》卷十二《形势》,王琦撰,张德信点校;于慎行撰,吕景琳点校:《寓圃杂记 谷山笔麈》,中华书局 1984 年版,第 131 页。

⑤ 于慎行著,黄恩彤参订,李念孔等点校:《读史漫录》卷三《西汉》,齐鲁书社 1996 年版,第 71 页。

⑥ 于慎行著,黄恩彤参订,李念孔等点校:《读史漫录》卷七《唐高宗至玄宗》,齐鲁书社1996 年版,第 63—64 页。

为全义"崎岖伪朝","廉耻扫地",然能"保辑河洛,德在一方,数十年来,生聚蕃息,皆其余惠,不可谓无功于世者矣",冯道亦与之相似。① 至于"政和之官制,其人(按:指蔡京)非也,其政是也"②。

于慎行认识到了善人目的之善而历史结果反恶与恶人目的之恶而历史结果反善的相对性,在他的史论中表达了很多"重事功、轻道德"的价值观,强调推动历史发展的事功价值,而反对专以道德论历史人物。这样,"伦理也就不能再是最高本体实在,只有历史自己才是这个'道'、'理'的本身,史学(历史意识)将替代经学(伦理教义)而成为主流"③。诚如向燕南等先生著《中国史学史》第五卷所指出:"从对客观历史认识的发展看,这种认识甚至可以说已达到了中国古代历史意识和哲学思想的空前的理论高度,并为稍后以王夫之为代表的历史理论高峰奠定了基础。"④事实上,顾炎武即在其《天下郡国利病书》中征引于慎行对秦始皇修长城、隋炀帝开运河的评价。在这一方面,于氏可以说起了先导的作用。

于慎行对于历史人物的评价,虽然往往过于强调和夸大英雄豪杰在历史进程中的重要作用,没能超越传统英雄史观的陈见,但其中表现出了张扬自我、追求个性解放、强调推动历史发展的事功价值的新文化的思想倾向,无疑是富于价值的部分。

三、博学务考,文质兼得其美

于慎行洽闻多识,涉猎百家。邢侗谓其:"若夫六经子史,油素杂篇,三唐鼓吹,汉魏椠铅,靡不疏明于胪句,遡讨其真诠。"⑤李维桢则称赞其:"淹通流

---

①　于慎行著,黄恩彤参订,李念孔等点校:《读史漫录》卷十《五季》,齐鲁书社1996年版,第345页。

②　于慎行著,黄恩彤参订,李念孔等点校:《读史漫录》卷十二《宋神宗至徽钦》,齐鲁书社1996年版,第451页。

③　李泽厚:《经世观念随笔》,李泽厚:《中国古代思想史论》,人民出版社1985年版,第288页。

④　白寿彝主编,向燕南、张越、罗炳良著:《中国史学史》第五卷,世纪出版集团、上海人民出版社2006年版,第162页。

⑤　邢侗:《来禽馆集》卷二十《祭东阿尊师于文定公文》,《四库全书存目丛书》集部第161册,齐鲁书社1997年版,第647页。

略,苞举堪舆。"①明代中期以来,受"崇实避虚"的实学思潮的影响,考据学逐渐发展起来,史学考证因之成形。于慎行在其史著中广采文献,注重掌故,强调征实考信,这在很大程度上增强了其史学的学术色彩,使其所著详核精当。求真与致用这一对史学研究宗旨上不易处理的矛盾,在于慎行的治史中,却达到了很好的统一。

于慎行《谷山笔麈》中的考证内容无所不包,向来被视为于氏的学术代表而为世所推重,然史学考证毕竟只是其中一部分内容。《读史漫录》作为读史札记,以评论为主,间有考辨,也往往见出深湛的功夫。如卷三探讨"太史公位在丞相上"②的问题。于慎行联系唐宋史官记注之制,合理解答了这一聚讼多年的疑问。当然,仅就史地、考古方面的考证而言,主要还是集中于于慎行的方志著作中。清人薛子衡在《辑志私言》中曾谈到"修史"、"修志"各有难易。就修志难于修史这一面,他这样说:"若其转有难于史者,史专纪一朝;志则统撰古今,考古每难于详备,征今每难于核实。又史必有本,按籍可稽;志或草创,惟资采访。"③于慎行主张编修方志要"右质而左文,正疑而传信,务详而忌略,崇雅而黜诬。有臧否之文,无褒贬之例,有参伍之变,无隐见之词"④。在方志的著述中,于氏得以充分展现其淹习掌故、考证详赡的本领。以《兖州府志》为例。此志体例周详,旨义精深。记载疆域变迁、古迹遗址、历史人物等,多引经据典,博采其他史籍、传说以为佐证,有时也包含了作者自己实地考察的成果。如《古迹志》《东阿县·故小谷城》条云:

> 今县治也。鲁庄公二十三年,诸侯城之,邑管仲焉。《魏土地记》云:"县有谷城山,山出文石。"《水经注》曰:"谷有黄山台,黄石公期子房处。"今城北黄石山是也。杜预曰:"小谷城中有管仲井。"今湮不存。⑤

---

① 李维桢:《大泌山房集》卷一百十五《(祭于文定)又代》,《四库全书存目丛书》集部第153册,齐鲁书社1997年版,第330页。

② 于慎行著,黄恩彤参订,李念孔等点校,《读史漫录》卷三《西汉》,齐鲁书社1996年版,第58页。

③ 转引自庄毓鋐、陆鼎翰纂修:《(光绪)武阳志余》卷七《经籍中·经籍补遗·辑志私言一卷》,《中国地方志集成·江苏府县志辑》第38册,江苏古籍出版社1991年版,第478页。

④ 于慎行:《兖州府志》卷末于慎行《府志自叙》,齐鲁书社1985年版。

⑤ 于慎行:《兖州府志》卷二十二《古迹志·东阿县·故小谷城》,齐鲁书社1985年版。

书中凡有所考辨,则于文后附加按语以申明。如《圣里志上》《敬王二年·孔子适周问礼》条附:

> 于慎行曰:《史记·世家》"孔子适周问礼,盖见老子云",其辞疑也。他书所称引,类无证据,弗敢知之矣。今独以《家语》所载一二,列之正文;而子史之杂出,《庄》、《列》之寓言,附于别志,以备考焉。示弗敢知也。①

于慎行的按语往往表述自己的学术主张,不宥于前人之说,考证精详,胜义叠出。如《祠庙志》按语云:

> 论曰:究之秩祀备是矣。其间有典礼甚重而传信失真,有遗迹可凭而肇禋未举者,是不可不知也。夫尧葬谷林,在济阴城阳,今曹州之境也,而祀于东平。曾子家于武城,今费县之境也,而祀于嘉祥。此当釐正者矣。舜耕于历山,渔于雷泽,陶于河滨,就时于负夏,皆郡境也,而祀于平阳。商之北亳与有侁之国,在曹之蒙城,亦若有据,而祀于偃师。此当核实者矣。②

其他虽于经传无可稽考,然有所影响、可资挥麈者,则作为逸闻轶事纳入全书末卷《丛谈志》。于慎行好疑求实,常能研机综微。其史学考证无论巨细,多能显示出一定的通识,殊为可贵。史学考证是成就于慎行史学地位不可分割的重要组成部分。

于慎行既邃于史例学识,又精通文章法度。他以文章作手来写史,遂使其史著文直事核,义严词工,文质能兼得其美,驰名于当世。贾三近序于氏《东阿县志》云:

> 四表八志,一取裁于马、迁,而纪事丛谈,间折衷于《左氏》。驰骋古今,包罗图史,吏治民隐,一篇之中,三致意焉,闳博雅畅,斐然成一邑全书,视旧所辑录,不啻加千百矣。……所叙述,事广而文典,词质而理尽,殚见洽闻多,有得于坟典子集之外者。③

---

① 于慎行:《兖州府志》卷六《圣里志上·先师世纪·敬王二年·孔子适周问礼》,齐鲁书社 1985 年版。

② 于慎行:《兖州府志》卷二十四《祠庙志》附按语,齐鲁书社 1985 年版。

③ 郑廷瑾增修,苏日增增纂:《(康熙)东阿县志》卷首贾三近《东阿县志原序》,清康熙五十六年(1717)刻本。

张允济序于氏《兖州府志》云：

> 其体裁本之迁、固，摛词则之《左氏》，而是非得失，总之折衷《春秋》，以期不谬于圣人。是故详而不厌，核而不俚，协而不屈，驰骋古今，囊括百氏。美哉！洋洋乎，诚大国之信史也。信则传矣，文不在兹乎。夫齐鲁之娴于文学，天性固然。①

《东阿县志》虽为于慎行壮年时所修，然言简义精，颇具体裁，有所创发。《兖州府志》后出转精，所谓"元思高步，禀裁攸存"②。两书之被推为山左方志之代表，见重于时，诚良有以也。

《（道光）东阿县志》高度评价："其（按：指于慎行、孟一脉所修《东阿县志》）志山水也，用《水经注》笔法，浑灏朴茂，泂志乘中仅见之文。惟恐不善读者，惮于探索，未免反失山川之真面目矣。"③如于慎行《山水志》原文开头云："夫泰山之西支，蜿蜒逶靡，至于邑境，得大清河而止。故邑在万山之间，而其支脉皆从东南来，环城而抱之，盖不可指数也。以方隅所在，著其名胜，由近者始。"④其"笔法之高古"⑤，确有《水经注》凝练自然、清朗疏朴的遗风。于慎行《兖州府志》中《山水志》之文风，亦与《东阿县志》相类，可说一脉相承。又《（道光）东阿县志》称赞："按：修志家滥觞八景，徒标榜近人诗句，陋习可厌，旧志不列此条，甚为得体。"⑥此亦为于氏旧志可取之处。

于慎行在修人物志时，凡遇正史有传者，皆录其全文，此亦为一创举。《（乾隆）历城县志凡例》："亭林云：'世之人能读全史者，少矣。'故各史有传者，皆录其全，此例实创于于文定公《东阿志》，盖一县之人，见于史传者固

---

① 于慎行：《兖州府志》卷首张允济《兖州府志序》，齐鲁书社 1985 年版。
② 章文华、官擢午纂修：《（光绪）嘉祥县志》卷首龚仲敏《旧序》，《中国地方志集成·山东府县志辑》第 79 册，凤凰出版社 2004 年版，第 205 页。
③ 李贤书修，吴怡纂：《（道光）东阿县志》卷三《山水志》小序，《中国地方志集成·山东府县志辑》第 92 册，凤凰出版社 2004 年版，第 38 页。
④ 李贤书修，吴怡纂：《（道光）东阿县志》卷三《山水志》，《中国地方志集成·山东府县志辑》第 92 册，凤凰出版社 2004 年版，第 38 页。
⑤ 李贤书修，吴怡纂：《（道光）东阿县志》卷首《重修东阿县志凡例》，《中国地方志集成·山东府县志辑》第 92 册，凤凰出版社 2004 年版，第 15 页。
⑥ 李贤书修，吴怡纂：《（道光）东阿县志》卷二《方域志·形胜》，《中国地方志集成·山东府县志辑》第 92 册，凤凰出版社 2004 年版，第 35 页。

无多也。"①《重修博兴志条例十则》："九曰致详以存旧。近代方志纪人物，多
不能述事实，寥寥作赞语，几无以传信后人，而于正史所载各传，又随意剺截，
谓可与己文修短相称，而不知于古人生平得失已殁其真。明安丘马中丞文炜、
东阿于文定公慎行修其邑志，皆录正史全文，本朝李南涧文藻历城诸城志亦
然。"②于慎行这种处理方式在一定程度上也提升了方志中人物志的质量，使
其有可能取法乎上。

在对《艺文志》的处理上，于慎行深厚的文学造诣与精湛的史学才能相得
益彰，遂使《艺文志》成为其方志中所占比重最大、修撰最工之部分，因而别具
特色。于氏《东阿县志》四表八志，总十二卷，而《艺文志》即占了四卷。《兖州
府志》总五十二卷，《艺文志》占了十二卷的篇幅。于慎行在《兖州府志·艺文
志》的小序中说：

> 叙曰：郡之艺文，自典籍而外，其篇章可纪者，汗牛累牍不能尽也，撮
> 其要而存之。训命祝告之文，有关典礼则录；金石纪载之文，有系舆图则
> 录；词赋歌咏之文，有纪名胜则录；颂赞箴铭之文，有资观法则录。他若四
> 方之赠遗，郡人之论著，虽文辞藻丽，斐然可传，而于境土无涉者，皆弗采
> 也，何也？此括地之书也，以地为去取，而不以人。即以人为轻重，而又不
> 以文也，异乎缥素之品题、词坛之扬榷者矣。虽然，奎娄之府实主策书，洙
> 泗之间是基风雅，而曰"文不在兹"，非所宜称矣，作《艺文志》。③

由此可见其艺文取舍之标准。《艺文志》收录"制诏"、"祝文"、"碑记"、"赋"、
"颂赞"、"箴铭"、"杂体"、"诗歌（四言、乐府、歌吟、琴操诸体）"、"歌诗（五言
古体）"、"歌诗（七言歌行）"、"歌诗（五言近体）"、"歌诗（七言近体）"、"歌诗
（五七言绝句）"等古今各类体裁作品。《艺文志》考证精确，记载详备，增加了
《兖州府志》作为善志的分量。在东阿、兖州二志的《艺文志》中，于慎行本人
的作品占了相当大的篇幅。如《兖州府志·艺文志》分别收录于慎行文 7 篇、

---

①　胡德琳修，李文藻等纂：《（乾隆）历城县志》卷首《历城县志凡例》，《中国地方志集成·
山东府县志辑》第 4 册，凤凰出版社 2004 年版，第 14 页。

②　周壬福修，李同纂：《（道光）重修博兴县志》卷一《重修博兴志条例十则》，清道光二十年
（1840）刻本。

③　于慎行：《兖州府志》卷三十九《艺文志一》小序，齐鲁书社 1985 年版。

诗 16 首,其父兄文 2 篇、诗 13 篇。这些经于慎行本人之手收人方志的作品,以今天的眼光来看,也的确是东阿、兖州历史上的重要文献,经得起历史的考验。这充分反映了于氏当仁不让、实事求是的修志态度。

于慎行作为一代史学大家,具有极为深邃的历史眼光和敏锐的现实洞察力,其治史特点是晚明史学风气的生动体现,闪烁着独特的光辉,在明清史学的发展历程中无疑占有继往开来的重要地位。

第二节　《读史漫录》及其流传与影响

一、《读史漫录》的内容及其版本

《读史漫录》和《谷山笔麈》被视为于慎行史学著述的姐妹篇。郭应宠在《读史漫录》的编次序言中认为两书"陈若左右之广,合如圭璧之章矣。溯鸿蒙以宪,当代学者,虽博及载籍,不能不考信于二编云"①,郭氏又在《笔麈跋》中说《谷山笔麈》"意旨所向,则略与《史录》同"②。这应该就是于氏的本意。清人周中孚《郑堂读书记》谓:"无垢既著《读史漫录》,评论历代史事,而于当世得失之故,尚未讨论,因旁搜博采,以成是编(按:指《谷山笔麈》)。"③可见两书各有侧重,相得益彰。

《读史漫录》是于慎行第三次家居期间"墙篱载笔,积有岁月"④而成的著作。冯琦在《笔麈题辞》中称:"比归卧东山,益得以其闲讨探当世得失之故。于是傍搜博采,属词比事,《史摘》、《漫录》、《笔麈》次第而成书。客岁,余赴

①　于慎行著,黄恩彤参订,李念孔等点校:《读史漫录》附录五郭应宠《郭应宠编次序言》,齐鲁书社 1996 年版,第 529 页。

②　于慎行撰,吕景琳点校:《谷山笔麈》卷首郭应宠《笔麈跋》,王琦撰,张德信点校;于慎行撰,吕景琳点校:《寓圃杂记 谷山笔麈》,中华书局 1984 年版,第 4 页。

③　周中孚著,黄曙辉、印晓峰标校:《郑堂读书记》卷五十三《子部十之二·杂家类二·谷山笔麈》,上海世纪出版股份有限公司、上海书店出版社 2009 年版,第 869 页。

④　于慎行著,黄恩彤参订,李念孔等点校:《读史漫录》附录五郭应宠《郭应宠编次序言》,齐鲁书社 1996 年版,第 528 页。

召,约先生晦别于岱,夜语良洽,因手《笔麈》稿以示余。"①于慎行与冯琦相约登岱,时在万历二十七年(1599)九月,可知《谷山笔麈》至迟于此时已经脱稿,则《读史漫录》的成书当会更早一些。此书在于氏生前一直秘不示人,只有郭应宠因为"昕夕抠承,乃获卒业"②。叶向高在《读史漫录题辞》中称:"公尝以其《读史漫录》属门人孝廉郭应宠编次。"③郭应宠则称:"师没,其书乃浸浸流播。第曩日有触辄书,未遑标置,又相承传写,不无鲁鱼。兹宠以会葬至,公子纬泣奉遗帙,将图剞劂,猥以不敏,尝闻绪言,属之厘次订讹,分汇为卷十四。"④此书原为读史的散稿,郭应宠因为担任于慎行之子的馆师多年,得有与于氏朝夕相处的机会,因而成为其遗著最合适的整理者。郭氏五年之中,两加编辑,始形成通行本的模样。

本书既系随笔札记,积成卷帙,故名"读史漫录"。书总十四卷,共1091条。其所评论之史事、人物,多据《史记》、《资治通鉴》,间或亦采自他书,略按时代编次,上起远古,下迄元代,算得上是一部历史评论的通史著作。郭应宠称于慎行生前曾对他说:"当天下大事,必才、量、识兼之乃济。吾才、量不能逾人,识又不欲轻许,生试读吾书(按:指《读史漫录》),当犁然有会。"⑤以"当天下大事"为寄,正是于氏经世史学的旨趣。明自正德以后,君主昏庸荒淫,宦官专横跋扈,朝臣结党倾轧,至万历中期,国事日非,衰态毕露,于慎行敏锐地感觉到叔世的来临,发愤著为此书,旨在探究历代兴衰治乱之由,与夫为君为臣之道,"冀上之一悟、俗之一改"⑥。因此,《读史漫录》主于立论,借古镜

---

① 于慎行撰,吕景琳点校:《谷山笔麈》卷首冯琦《笔麈题辞》,王琦撰,张德信点校;于慎行撰,吕景琳点校:《寓圃杂记 谷山笔麈》,中华书局1984年版,第3页。

② 于慎行著,黄恩彤参订,李念孔等点校:《读史漫录》附录五郭应宠《郭应宠编次序言》,齐鲁书社1996年版,第528页。

③ 于慎行著,黄恩彤参订,李念孔等点校:《读史漫录》附录二叶向高《〈读史漫录〉题辞》,齐鲁书社1996年版,第522页。

④ 于慎行撰,黄恩彤参订,李念孔等点校:《读史漫录》附录五郭应宠《郭应宠编次序言》,齐鲁书社1996年版,第528页。

⑤ 于慎行著,黄恩彤参订,李念孔等点校:《读史漫录》附录五郭应宠《郭应宠编次序言》,齐鲁书社1996年版,第528页。

⑥ 于慎行著,黄恩彤参订,李念孔等点校:《读史漫录》附录三谢肇淛《〈读史漫录〉序》,齐鲁书社1996年版,第524页。

今,意垂炯戒,间或才作辨误与考证。黄体仁序《读史漫录》即称:"温公(按:指司马光)主于纪事,公主于立论,烦简稍异,而抽凤毛,截麒角,词约而切峻。"①

《读史漫录》以抄本和刊本两大系统行世。抄本方面,于慎行生前已有流传,沈鲤曾得到于氏三种赠书,其中即有《读史漫录》。慎行殁后,其书乃抄写日多,浸浸流播,至清代犹有抄写者。上海图书馆、国家图书馆分别藏有明、清抄本。

《读史漫录》的刊本,又有十四卷本和二十卷本的不同,而以十四卷本为主。十四卷本先后有五种刊本。

其一,明万历三十七年(1609)闽建书林刻本。国家图书馆、山西省图书馆等有藏。

其二,明万历四十二年(1614)于纬重刻本。国家图书馆、上海图书馆等有藏。

其三,明万历间李时馥刻本。上海图书馆、山东省博物馆等有藏。

其四,明万历于纬刻、清康熙十六年(1677)宋文英重修《谷城山馆全集》本。国家图书馆、山东省图书馆等有藏。

其五,清光绪二十一年(1895)东阿县谷城书院递刊本。山东省图书馆、南京图书馆等有藏。

《读史漫录》的二十卷本,为清道光二十六年(1846)刊行的存素斋本,由黄恩彤参订。黄恩彤(1801—1883),山东宁阳人,官终广东巡抚。黄恩彤"少时即闻公有《读史漫录》",为官后,从同僚处获读此书,"喜其往往先得我心。独惜原刻雠校未精,间有讹脱漫漶,辄思为之重刊",于是"参稽诸史,讹者正之,脱者补之,应注者注之,疑者阙之"。② 更为重要的是,黄氏间有所见,辄为论述,以评论、眉批、夹注等形式附缀各条下,务与原书互相发明,不苟为异同。黄氏将原本十四卷厘为二十卷,在雠校和评论两方面都提高了《读史漫录》的

---

① 于慎行著,黄恩彤参订,李念孔等点校:《读史漫录》附录四黄体仁《于文定公〈读史漫录〉序》,齐鲁书社1996年版,第527页。

② 于慎行著,黄恩彤参订,李念孔等点校:《读史漫录》附录六黄恩彤《重刻于文定公〈读史漫录〉序》,齐鲁书社1996年版,第530页。

学术价值。此书额题"于文定公读史漫录"，又称"别本读史漫录"。国家图书馆、山东省图书馆等有藏。

《四库全书存目丛书》据《读史漫录》万历初刊本收录影印。1996年，齐鲁书社以《读史漫录》"本衙藏版"为底本，主要参考清道光二十六年（1846）存素斋本而排印。

二、《读史漫录》的流传

清初贺裳已慨叹《读史漫录》"锓于东省，未甚流播，非好事之家，不易有也"①，但与于慎行的其他著述如《谷山笔麈》等流传绝鲜的状况相比，《读史漫录》要算幸运得多了。它的明版不只流入内府，也传至东瀛，见录于《钦定天禄琳琅书目》、《昭仁殿天禄琳琅前编》和日本的《大云书库藏书目》。明清各类公私藏书目录亦有所著录，而归类多有不同。《澹生堂藏书目·史钞·摘略》、《千顷堂书目·史学类》、《明史·艺文志·史抄类》、《栋亭书目·史类》、《浙江采集遗书总录戊集·史部·史学类》等均著录此书。

乾隆年间，翁方纲纂《四库提要稿》，认为："（《读史漫录》）自宓羲氏起，历代史事逐条论说，盖读史之说部也。但其论多是人所常谈，非关于考据精要之大者。似毋庸抄录，或仅存其目可矣。"②对于将《读史漫录》收入四库还是存目，尚心存犹豫。《四库全书》最后编纂时，终于还是将此书存目。《四库全书总目》称《读史漫录》"所论无甚乖舛，亦无所阐发"③，正是本于翁氏之见。不但此也，在《四库全书》编纂期间，《读史漫录》还遭遇更大的不幸。由于语涉忌讳，为四库馆正总裁英廉奏准禁毁。《抽毁书目》之《读史漫录六本》条云：

> 书中十三卷一页"金兵将薄汴"一条，五页六页"自古国家成败"一条，"高宗初立"一条，八页"高宗主和"一条，九页"赵子祗"一条，二十三

①　贺裳：《史折》卷下《读史漫录后语小序》，《四库全书存目丛书》史部第291册，齐鲁书社1997年版，第114页。

②　翁方纲纂，吴格整理：《翁方纲纂四库提要稿·经部·史评类·读史漫录二十卷》，上海科学技术文献出版社2005年版，第460页。

③　永瑢等：《四库全书总目》卷九十《史部四十六·史评类存目二·读史漫录十四卷》，中华书局1965年版，第762页。

页"宋称臣削号"一条,三十一页"蒙古兵围江夏"一条,十四卷第一页"辽
金元"一条,俱有偏谬之语,应请抽毁。①

这样一部在明人中阐发了少见的通达深刻的民族思想的著作,竟然也无法逃
脱被查禁的命运,满清统治者的文化钳制真是无所不用其极,《四库全书总
目》对《读史漫录》有上述的评价也就不足为怪了。自四库馆臣将《读史漫录》
归入《史部·史评类》存目,之后各类书目始有所依准。《邵亭知见传本书目》
和《嘉业堂藏书志》均入《史评类》,《鸣野山房书目》则入《史之目·评论》。

晚明以降,伴随着政治和学术的时代气氛的巨大转向,对于《读史漫录》
的评价也时起时落。《读史漫录》产生于经世史学之风逐渐兴起的晚明时期,
书中所透露出的经世致用的鲜明取向,使它获得了时人一致的高度评价。郭
应宠早在万历三十七年(1609)第一次整理《读史漫录》时,即已预言:"可授梓
人,传之海内,庶尚论者得以折衷,而经世者有所考画云尔。"②叶向高为于慎
行作墓志铭,推许《读史漫录》"弘博精核,成一家言"③,期以必传。他又在
《〈读史漫录〉题辞》中称:

> 其论世超,其持衡审,殚元会之变,综得失之林,别善败如列眉,烛忠
> 佞如观火,至于军国机宜,华夷扼塞,莫不备举,盖经世之书,而非占毕之
> 业已。④

这是政治家眼中的《读史漫录》。谢肇淛则序称:

> 史者,上下数千年间纸上一陈迹耳,其中理乱兴衰之繇,天时人事之
> 变,与夫山川扼塞纪纲法度之具,日异而岁不同。世之读史者,下之以佐
> 占毕,次之以骋浮靡,又其上者,漱芳咀润,成一家言,如是止矣。未有能
> 契其要领而会通其变,溯源穷流而综核其名实,恍若身处而目遇之如文定

---

① 英廉编:《抽毁书目·读史漫录》,姚觐元编,孙殿起辑:《清代禁毁书目》(补遗),姚觐元
编,孙殿起辑:《清代禁毁书目(补遗),清代禁书知见录》,商务印书馆1957年版,第16页。

② 于慎行著,黄恩彤参订,李念孔等点校:《读史漫录》附录五郭应宠《郭应宠编次序言》,
齐鲁书社1996年版,第528页。

③ 叶向高:《苍霞续草》卷十《太子少保礼部尚书兼东阁大学士赠太子太保谥文定于公墓
志铭》,《四库禁毁书丛刊》集部第125册,北京出版社1997年版,第101页。

④ 叶向高:《〈读史漫录〉题辞》,于慎行著,黄恩彤参订,李念孔等点校:《读史漫录》,齐鲁
书社1996年版,第522页。

公者也。……我国家监于往代而损益之,其治宜与天壤无极,而承平日
久,朽蠹萌生,始犹震邻,渐且剥肤矣。故当其盛也,汉之文章、节义、唐之
诗赋,宋之理学,无所不兼,而恐其敝也,党锢宦官夷狄之祸,亦将无所不
有。文定公忧之也,上下数千年间,理乱兴衰之故,未尝不详哉其言之也;
天命之去留,人心之淑慝,与夫疆场情形、制度沿革,未尝不反覆道之也。
鉴之远、计之长,一篇之中,三致意焉,欲得一毕智力而财成辅相之,冀上
之一悟、俗之一改也。①

这是史家眼中的《读史漫录》。黄体仁则序称:

盖上自混元初开,下迄余氛闰位,悉网罗而衮斧之,凛然万世著龟兆,
而公之相业亦于是焉备。……培养之真恛,式序之朗鉴,集思之虚怀,秉
公之介性,委屈开导之訏谟,津津见于篇中,不可枚举。乃公之孤标劲节,
养之能定,持之能坚,尤于论钱若水窥公底里。②

这是循吏眼中的《读史漫录》。上述诸家都从各自不同的角度,深刻阐发了
《读史漫录》一书的丰富内蕴。

晚明的士大夫生当末世,蒿目时艰,亟思有以补救,故对于慎行的经世史
学别有会心,每能引发强烈的共鸣。祁承㸁的日记记载其于万历四十六年
(1618)正月初七,"蚤至姚江,市书七种。内有于文定公《读史漫录》,大有识
力。……舟中读之甚畅"③。这代表着晚明士人对于《读史漫录》的普遍态
度。稍后的张所望更在《阅耕余录》中推许:

《读史漫录》一书于古今治乱成败之故,多所发明,有与时事相类则
必反覆详论,如所谓"冀君之一悟、俗之一改"者,至为谆恳。此书无论学
士大夫所宜究心,君人者常当置之座侧。④

① 于慎行著,黄恩彤参订,李念孔等点校:《读史漫录》附录三谢肇淛《〈读史漫录〉序》,齐
鲁书社 1996 年版,第 523—524 页。
② 于慎行著,黄恩彤参订,李念孔等点校:《读史漫录》附录四黄体仁《于文定公〈读史漫
录〉序》,齐鲁书社 1996 年版,第 526 页。
③ 祁承㸁:《澹生堂读书记》卷下《戊午历》,祁承㸁著,郑诚整理:《澹生堂读书记 澹生堂
藏书目》,上海世纪出版股份有限公司、上海古籍出版社 2015 年版,第 109 页。
④ 张所望:《阅耕余录》卷三《读史漫录》,《四库全书存目丛书》子部第 110 册,齐鲁书社
1995 年版,第 187 页。

如此评价，已是史评类著作所能得到的最高褒扬了。

入清后很长一段时间，《读史漫录》在史学界仍占据重要的地位。张岱的《石匮书》犹谓："东阿之经济鸿裁，尽见之《读史私评》（按：《读史私评》当作《读史漫录》，此系张岱误记。）一书，然天夺之年，不究其用，天下惜之。"①吴肃公《街南续集》卷二《读书论世序》附录时人王止堂之语云："论史者多矣！惟于谷山《漫录》持论最正。他如陈用扬、金叠子不无少驳。余尝为《史畸》，以补谷山所未及，因循岁月，讫未成编。今读《论世》一书，自惭形秽，益缩涩不敢复出矣。"②都可称是明人评论之余绪。乾隆年间，沈初等撰《浙江采集遗书总录》仍高度评价："（《读史漫录》）皆杂识各史疑义。按文定熟于明代掌故，此则论古，堪比于端简（按：指郑晓）知今云。"③则是将于氏《读史漫录》与郑晓的著名笔记《今言》相提并论。乾隆十七年（1752），薛韫在《读古愚见序》中称赞："东阿于文定公著《读史漫录》，往往挈其大者，指画往事，每驳正成案，敩补古人知力之所不及，皆可致诸用而达于义，故其书足重也。"④然自《四库全书》修成，情况始发生大变。四库馆臣最不喜明人史论，称"明代史论至多，大抵徒侈游谈，务翻旧案，不能核其始终"，故对明人此类著作，动辄横加贬责，唯独朱明镐的《史纠》是个例外，但也是取其"于诸史皆钩稽参贯，得其条理，实一一从勘验本书而来"，⑤与清代考据之学最为相似，因而对于《读史漫录》这部"经世之书"产生很大的隔阂，未能究其深意所在，而以等闲视之。康熙以后至于道光年间，《读史漫录》逐渐从士人的视野中淡出。反映于刊本上，则自吴文英康熙十六年（1677）重刻《读史漫录》，至黄恩彤于道光二十六年（1846）刊行存素斋本，一百七十余年间，竟无再版。而在此期间，四库

---

① 张岱：《石匮书》卷二百三《文苑列传下·胡缵宗、于慎行、李维桢列传》，《续修四库全书》第 320 册，上海古籍出版社 2002 年版，第 136 页。

② 吴肃公：《街南续集》卷二《读书论世序》附王止堂语，《四库禁毁书丛刊》集部 148 册，北京出版社 1997 年版，第 382 页。

③ 沈初等撰，杜泽逊、何灿点校：《浙江采集遗书总录·戊集·史部·史学类·读史漫录十四卷》，上海世纪出版股份有限公司、上海古籍出版社 2010 年版，第 306 页。

④ 薛韫：《读古愚见序》，王谦益修，郑成中纂：《（乾隆）乐陵县志》卷七《艺文志上》，《中国地方志集成·山东府县志辑》第 16 册，凤凰出版社 2004 年版，第 568 页。

⑤ 永瑢等：《四库全书总目》卷八十八《史部四十四·史评类·史纠六卷》，中华书局 1965 年版，第 755 页。

馆臣对《读史漫录》的批评，映衬在政治高压和朴学兴盛的时代大背景下，颇能代表知识界的主导意见。但即便如此，仍有人对《读史漫录》青眼相看，如道光初年，汪端即赞誉于慎行"所著《读史漫录》论断亦有醇无疵，在明季不可多得也"①。

鸦片战争爆发后，内忧外患交织，国势凌替，忧时之士思有以救之，知识界经世之风再度兴起。在此背景下，《读史漫录》又引起了士人首先是山左士人的注意，且每能得到同情的理解和高度的评价。黄恩彤历时半年，倾力参订此书。他在序言中说：

> 窃维史者，古人之事也，而意存焉。论事不如论意，而意必即事以求之。不核其意，但鳃鳃焉钩考于名物字画音训之间，其失也琐。不审其事，徒为悬揣臆断，欲于千载下，忖度千载上之人之用心，其失也凿。又或掇摭陈言，稗贩剩语，连篇累牍，无异尘饭土羹，其失也肤。甚至混淆可否，颠倒是非，屈千古之公评，就一己之偏见，不顾理之可安，但冀说之得逞，其失也肆。抵触昔贤，锻炼周内，善善从其短，恶恶从其长，戈戟腾于吻颊，霜雹集于豪素，其失也贼。历观自古论史诸书，汗牛充栋，律以五失，罕得免者，而惟前明为尤甚。……文定是书，务在即事以明古人之意，考证间有疏略，持论务归平允，不惟无明人横议悖理之失，亦不蹈著作家好为高论、务伸己说之弊。其大指在究治忽之源，辨邪正之微；崇宽大之治，绝刻核之端；进廉让之节，抑贪竞之风；而于怙侈盈满之戒，尤三致意焉。观明中叶之由盛而衰，方知是书之非空言；观公生平之难进易退，方知是书之非苟作。至其立言，简而不失之晦，辨而不失之激，深识者触类以旁通，浅学者明白而易晓。盖不在以一己衡古人之是非，而在借古人之法鉴。昔吾有先正，其言明且清，读公是书，如聆謦欬矣。

黄恩彤从史学理论的高度，肯定《读史漫录》能免于一般史评类著述所易犯的"琐"、"凿"、"肤"、"肆"、"贼"等"五失"，而与前明论史诸家如唐顺之、王志坚辈有别，认为其"持论务归平允"，此真能抉出作者的用心所在，是历来评价《读史漫录》少有的深刻透彻的文字。黄恩彤可以说是《读史漫录》流传数百

----

① 汪端辑：《明三十家诗选》卷六上《李攀龙附于慎行》，清道光二年（1822）刻本。

年后遇到的新知音。尽管如此,黄氏仍不敢直接批评《四库全书总目》对《读史漫录》的评价,只好扭扭捏捏地说:"当时编纂诸臣,去取精审,自必确有所见。夫博观约采,以备一代之典章,大君子之盛业也;抱残守缺,以存昔贤之著作,乡后学之私淑也。"①黄氏仍未能脱尽清儒的成见。

在黄恩彤刊印"别本读史漫录"的同年,周天爵序《读史漫录》,开篇即推崇此书为"经世之书",盛赞于慎行"以绝世之才,种学积古,而又链之以阅世之识,衷之以至是之理,而出之以力维国之心而成是书。其立身处世皆不与所言刺谬,悉裁于义者也"。他揣摩于氏撰著此书时的背景:

> 先生当明中叶万历之年,上下否隔,外君子而内小人之时也。其君傲惰于上,其女宠日盅于内,其群奄播恶于四方,而真人方发祥崛起于东土。在廷诸臣乃意见尔我,争门户,尚不虞阴雨之窘也!独文定公识微见远。……公三黜三起,而不易其学,而宁沦于畎亩而不悔者,何也?盖不忍言者,君非改过之君,内则国本已危,肘腋之患近在目前;外则西伯勘黎,噬脐之祸又兆异日。此时欲言不语,欲默不能,不得已而著书。②

周天爵曾官居方面,又是于慎行里人,他对《读史漫录》的认识是真切而深刻的。光绪二十一年(1895),邑人陈宗妫再序《读史漫录》,大致倾倒之意,谓:"然后知公之随笔札记,皆经世之文,非无为而作,……余盖有望于善读是书者。"③之后,缪荃孙等在《嘉业堂藏书志》中指出:

> 是书评论历代史事,起伏羲氏,至辽金元,大都为明季政事立说,借古以惩今,颇有见解,为人所不言者。《提要》谓其"无所阐发",未深阅此书者也。④

一直到了缪荃孙等人这里,才对四库馆臣的观点直接加以批评,而要为《读史

---

① 于慎行著,黄恩彤参订,李念孔等点校:《读史漫录》附录六黄恩彤《重刻于文定公〈读史漫录〉序》,齐鲁书社1996年版,第530—531页。

② 周天爵:《读史漫录序》,周竹生修,靳维熙总纂:《(民国)续修东阿县志》卷十四《艺文志下》,《中国地方志集成·山东府县志辑》第92册,凤凰出版社2004年版,第367页。

③ 陈宗妫:《补刊读史漫录序》,周竹生修,靳维熙总纂:《(民国)续修东阿县志》卷十四《艺文志下》,《中国地方志集成·山东府县志辑》第92册,凤凰出版社2004年版,第370页。

④ 缪荃孙、吴昌绶、董康撰,吴格整理点校:《嘉业堂藏书志》卷二《史部·史评类·读史漫录十四卷》,复旦大学出版社1997年版,第385页。

漫录》翻案,历史已前行到了民国初年。

三、《读史漫录》对后世的影响

历代史评一门,著作多至汗牛充栋,此在晚明尤甚,于慎行的《读史漫录》即是其中重要之作。明清两代对于《读史漫录》的评价虽有起伏,但其对后世知识界一直发挥着影响,这种影响首先体现于史评领域。清人称扬本朝山左史学,每每标举《读史漫录》以为史评佳作,评论之人又不尽限于山左士人。王士禛《古夫于亭杂录》称:"史断自胡致堂《管见》而后,以东阿于文定公《读史漫录》为最。"①前乎此,孙廷铨在自序《汉史亿》称:"且汉史诸家善为论议,含吐抑扬,不甚费辞而读之令人感动。每怪今人编辑小本《纲鉴》,皆刊削殆尽,独于胡致堂诸君子'呜呼噫嘻'之说,编录无遗,令观者唯恐卧翻,不似近时于东阿《读史漫录》一集为多意绪,犹有汉人风也。"则在孙氏眼中,于慎行的《读史漫录》即是胡寅的《读史管见》亦有所不及。孙氏自称其所著《汉史亿》与《读史漫录》"意议暗合者什一",而不去之。②《四库全书总目》也指出其书"中多与于慎行《读史漫录》议论相同者"③。这种相同,黄恩彤认为是"齐鲁之儒,渊源固有自矣"④,自然也有相当的道理,但实不如视为史评类著作自身内部的继承流衍更为合适。贺裳著《史折》,"取明人评史诸书义有未当者,折衷其是,凡《史怀》、《狂夫之言》、《史说》、《赘言》、《涌幢小品》、《谈史》、《藏书》、《史裁》、《史余》、《读史漫录》、《札记外篇》等共十一家"⑤。贺氏认为钟惺的《史怀》"最能发人意智","故推为万历以来第一书",⑥但他也

---

① 王士禛撰,赵伯陶点校:《古夫于亭杂录》卷五《史断》,中华书局 1988 年版,第 119 页。

② 孙廷铨:《汉史亿》卷首孙廷铨《序》,《四库全书存目丛书》史部第 290 册,齐鲁书社 1997 年版,第 5—6 页。

③ 永瑢等:《四库全书总目》卷九十《史部四十六·史评类存目二·汉史亿二卷》,中华书局 1965 年版,第 766 页。

④ 于慎行著,黄恩彤参订,李念孔等点校:《读史漫录》附录六黄恩彤《重刻于文定公〈读史漫录〉序》,齐鲁书社 1996 年版,第 532 页。

⑤ 永瑢等:《四库全书总目》卷九十《史部四十六·史评类存目二·史折三卷续一卷》,中华书局 1965 年版,第 766 页。

⑥ 贺裳:《史折》卷上《史怀后语并序》,《四库全书存目丛书》史部第 291 册,齐鲁书社 1997 年版,第 3 页。

肯定《读史漫录》"匪徒博综雅正,而张皇补苴,几几着竟陵之先鞭矣",又称赞:"顾其书有与《史怀》合者,有与《史余》合者。与《史怀》合,多向之抚卷击节者。与《史余》合,多向之阁笔趑趄者,是可怪耳。"①在上述十一家中,贺裳所给予《读史漫录》的评价仅次于《史怀》。乾隆年间,郑锐所著之《读古愚见》论著"自皇古至于宋元,凡若干则","自放手眼,批断前史,记注得失,详究其义理而不苟为"。薛韫评论云:"嗟乎!斯其与于文定公何如哉,遇与不遇耳。是书也,知当与《读史漫录》相后先矣。"②林蒲封"退食之暇,不务词章,惟求经济有用之学,取明大学士于慎行《读史录》二十四卷(按:"《读史录》"当作"《读史漫录》","二"字为衍文),每段附以己意,于国家治乱之由、天人感应之理、人才进退之机,莫不剀切详明,可为鉴戒"③。林蒲封所著《读史录》十四卷,即取则于氏《读史漫录》而成,连名字都几乎相同。夏之蓉序《读史提要录》,于明末清初史评类著作独称六家,《读史漫录》即名列其中,其云:"往者郭青螺著《史论》,钟伯敬著《史怀》,王弇州著《札记外篇》,于文定著《读史漫录》,其后魏永叔、顾宁人诸君亦皆博览遐稽,互有品骘。"④郑锐、林蒲封、夏之蓉诸人生活年代大致相近。《读史漫录》流传不到百年,代表我国史评类著作最高成就的《读通鉴论》横空出世,繁盛的晚明史论当然会是王夫之最直接取资的遗产。事实上,《读通鉴论》中限制君权、批判正统论和强调"势"的思想,都在见出其与《读史漫录》的遥相呼应。综上,可见《读史漫录》在史评类著作中所占有的重要地位。

《读史漫录》的影响不只限于史评一门,它也成为后世各类典籍取资的对象。史学著作如《西园闻见录》、《国榷》、《三传折诸》、《史记志疑》等,学术著作如《尚论持平》、《读礼通考》等,笔记如《陶庐杂录》、《霞外攟屑》甚至文学

---

① 贺裳:《史折》卷下《读史漫录后语小序》,《四库全书存目丛书》史部第 291 册,齐鲁书社 1997 年版,第 114 页。

② 薛韫:《读古愚见序》,王谦益修,郑成中纂:《(乾隆)乐陵县志》卷七《艺文志上》,《中国地方志集成·山东府县志辑》第 16 册,凤凰出版社 2004 年版,第 568 页。

③ 李世祚修,陈伯陶纂:《(宣统)东莞县志》卷六十八《人物略十五》,民国十年(1921)铅印本。

④ 夏之蓉:《读史提要录》卷首夏之蓉《自序》,《四库未收书辑刊》第 2 辑第 30 册,北京出版社 2000 年版,第 359 页。

总集如《古文渊鉴》、日记如《郭嵩焘日记》等都有所征引。其中《史记志疑》征引 6 处，而《西园闻见录》更是征引多达 120 余处，涉及内编德行、外编政事的各个方面。在上述两书中，《读史漫录》均成为少数征引频率最高的文献之一。

作为晚明重要的史评类著作，《读史漫录》并不因时间的流逝而减损其价值。事实上，它是常读常新的。当代多位史学家如张显清、林金树、瞿林东、汪荣祖等都从不同角度肯定了《读史漫录》的宝贵价值。

第三节　《谷山笔麈》及其流传与影响

一、《谷山笔麈》的内容及其版本

《谷山笔麈》作为明代著名的史料笔记，最典型地代表了于慎行"学有原委，贯穿百家"①的学术旨趣。据前引冯琦《笔麈题辞》中所云，可知《谷山笔麈》至迟于万历二十七年（1599）已经成书，然在于慎行生前一直未版，直到万历四十一年（1613），才由郭应宠加以编摩付印。郭氏称于慎行"墙篱载笔，有触辄书，标置未遑，良亦有待也。宠窃寅缘绪言，紬绎条贯，敬厘为卷者十有八，为类者三十有五，实不能赞乎一词，亦匪敢秘其鸿宝"②。这才最后形成我们今天所见的《谷山笔麈》的模样。

《谷山笔麈》十八卷，总 716 条（含附录 2 条），包括制典、纪述、迎銮、藩封、恩泽、国体、相鉴、臣品、勋戚、阉伶、经子、典籍、诗文、选举、官制、月俸、谨礼、建言、明刑、筹边、形势、赋币、仪音、冠服、称谓、杂解、杂考、杂记、杂闻、杂说、璅言、论略、梦语、释道、夷考等 35 个门类。此书内容极为广博，涉及述事、诠论、考据等方面，而所记重点在嘉靖、隆庆、万历三朝的朝章国故。其中关于当时朝廷内幕、官场佚事、士大夫面貌以及社会、经济、文化诸状况的记载，由于多为作者亲见亲闻，故尤多史料价值。此外，此书亦兼及前明诸朝史实，又

---

① 　张廷玉等：《明史》卷二百十七《于慎行传》，中华书局 1974 年版，第 5739 页。
② 　于慎行撰，吕景琳点校：《谷山笔麈》卷首郭应宠《笔麈跋》，王琦撰，张德信点校；于慎行撰，吕景琳点校：《寓圃杂记　谷山笔麈》，中华书局 1984 年版，第 4 页。

多杂考杂记，都能考溯精当，纤悉俱备。

《谷山笔麈》以抄本和刊本两大系统流传于世。抄本方面，于慎行生前已有行世，冯琦、沈鲤都曾得到于氏的赠本。祁承爜手辑之《国朝征信丛录》收入"于文定公笔麈十二卷"①，系节录本。至清代，仍有传抄《谷山笔麈》者。

刊本方面有如下几种：

其一，明万历四十一年（1613）于纬刻本。国家图书馆、上海图书馆等有藏。

其二，明天启五年（1625）于纬重刻本。国家图书馆、北京大学图书馆等有藏。

其三，明天启五年（1625）沈域刻本。沈域系大学士沈鲤之侄，据家藏抄本刻印此书。上海图书馆、南京图书馆等有藏。

其四，明万历于纬刻、清康熙十六年（1677）宋文英重修《谷城山馆全集》本。国家图书馆、山东省图书馆等有藏。

此版以后，至于民国，二百四十余年间，《谷山笔麈》未有再版，流传不广，这在一程度上反映出知识界对《谷山笔麈》态度的生疏。黄恩彤称"（于慎行）生平所著如《笔麈》诸书，皆镂版行世，而流传绝鲜"②。民国以来，此书首先有民国十年（1921）东阿县教养工厂石印本。1984年，中华书局以万历初刊本作底本，用天启本通校后排印。《四库全书存目丛书》和《续修四库全书》均据万历初刊本收录影印。

二、《谷山笔麈》的流传

在《谷山笔麈》的流传中，有数部与之同名的著作。早在成化年间，有商辂《蔗山笔麈》一卷。商氏官至大学士，"是编杂论史事，仅三十三条"③，为史

---

① 祁承爜：《澹生堂藏书目·子部三·丛书类·国朝征信丛录》，祁承爜著，郑诚整理：《澹生堂读书记 澹生堂藏书目》，上海世纪出版股份有限公司、上海古籍出版社2015年版，第591页。

② 于慎行著，黄恩彤参订，李念孔等点校：《读史漫录》附录六黄恩彤：《重刻于文定公〈读史漫录〉序》，齐鲁书社1996年版，第530页。

③ 永瑢等：《四库全书总目》卷八十九《史部四十五·史评类存目一·蔗山笔麈一卷》，中华书局1965年版，第759页。

评类著作。而万历一朝,更有三部笔记体《笔麈》接踵问世,足称文化史上佳话。以于慎行《谷山笔麈》为中心,前乎此,则有莫是龙《笔麈》一卷。莫氏(1537—1587),字云卿,华亭(今上海松江)人,工书善画,能诗文。是书为莫氏客居长安时,"思良友,与之挥麈一谈而不可得","案头信笔,随意书得数条"①而成,多论书画诗文。后乎此,则有王肯堂《郁冈斋笔麈》四卷。王氏(1549—1613),字宇泰,江苏金坛人,万历十七年(1589)进士,官至福建布政司参政,精医善书。是书首卷论医,"皆深切微妙","其他杂论天文算术、六壬五行家言以及赏鉴书画之类,亦颇足资参考"。② 莫、王二人的《笔麈》虽不及于氏《谷山笔麈》重要,但也有相当的知名度。王肯堂在其《郁冈斋笔麈》中已征引于氏《谷城山馆诗集》中的五言古诗小序,认为"与余意合"③。书名既同,后人征引时,难免张冠李戴。清人彭元瑞《知圣道斋读书跋》卷一《文渊阁书目》载:

> 谷城于慎行《笔麈》中,载文渊阁书散佚,检讨彭肯亭典其事,多取以归。肯亭为余高伯祖,今子孙家无一卷,先人亦无言公藏书者。《笔麈》盖謷言。④

今细阅于慎行《谷山笔麈》,并无此记载。惟王肯堂《郁冈斋笔麈》卷二则有专条载文渊阁藏书,中云:

> 少顷,典籍果以书目来,仅四册,凡余所见马氏书已去其籍矣。及按目而索,则又十无一二存者,又多残缺。讯之,则曰:"丙戌馆中诸公领出未还故也。"时馆长彭肯亭烊已予告归,无从核问。⑤

彭元瑞所言本此,而误以为出自于氏《谷山笔麈》,闹了笑话。他不知道于慎

---

① 汪砢玉:《珊瑚网》卷十七《莫云卿笔麈》,《景印文渊阁四库全书》第818册,台湾商务印书馆1986年版,第263页。

② 永瑢等:《四库全书总目》卷一百二十八《子部三十八·杂家类存目五·郁冈斋笔麈四卷》,中华书局1965年版,第1103页。

③ 王肯堂:《郁冈斋笔麈》卷四,《续修四库全书》第1130册,上海古籍出版社2002年版,第150页。

④ 彭元瑞撰,窦水勇校点:《知圣道斋读书跋》卷一《文渊阁书目》,辽宁教育出版社2001年版,第19页。

⑤ 王肯堂:《郁冈斋笔麈》卷二,《续修四库全书》第1130册,上海古籍出版社2002年版,第62页。

行与其高伯祖彭烨有交,彭氏册封沈藩时,于氏有《送彭肯亭太史册封沈藩,便道过里,寿太公九十》一诗相赠,今见存《谷城山馆诗集》卷十三中。《(宣统)山东通志》的编者不察,于《艺文志第十·子部·杂家》《笔麈十八卷》条下误引彭元瑞之言,殊为无考。今天以"谷山笔麈"称呼于氏笔记,也正含有与上述同名诸书相区隔的意思。

晚明士人多看重《谷山笔麈》一书的史料价值,而以史学著作视之。叶向高在《〈读史漫录〉题辞》中称"(于慎行)作为《史摘》、《笔麈》,借鉴千秋,旁镜当代,一篇而三致意"①,将《谷山笔麈》与于氏已佚的史著《史摘》相提并论。沈德符的《万历野获编》甚至以"麈史"②称之。董其昌序《五陵注略》,则称:

> 臣尝观嘉靖朝有若《大政篇》、《识余闻见》诸录,万历朝有若《笔麈》、《邸钞》,泰昌、天启朝有若《日录》、《从信》、《纪政》,或出自侍臣随事载笔,或本之通儒有故发愤,皆可为纪述之光。③

《谷山笔麈》的内容虽然"博而核,核而精"④,但明清各主要书目在将其归类时仍产生很大分歧。《澹生堂藏书目》的《史部·国史·杂记》著录之。其后,《千顷堂书目》的《别史类》和《明史·艺文志》的《杂史类》均有著录。《红雨楼书目》、《徐氏家藏书目》均于《子部·小说类》中著录此书,《传是楼书目》、《楝亭书目》则分别于《子部·小说家》、《说部》中著录此书。但即便是《澹生堂藏书目》的主人祁承爜,也不免要在《庚申整书例略四则》中说:"其他如……于文定公之《笔麈》,虽国朝之载笔居其强半,而事理之诠论亦略相当,皆不可不各存其目以备考镜。"⑤

这种言人人殊、归属无定的局面,至《四库全书》的纂修完成始告结束。

---

① 于慎行著,黄恩彤参订,李念孔等点校:《读史漫录》附录二叶向高《〈读史漫录〉题辞》,齐鲁书社 1996 年版,第 522 页。
② 沈德符:《万历野获编》卷三《宫闱·孝宗生母》,中华书局 1959 年版,第 83 页。
③ 转引自谢国桢编著:《增订晚明史籍考》卷二《万历至崇祯上·神庙留中奏疏汇要四十卷目录一卷》,中华书局 1964 年版,第 83 页。
④ 于慎行撰,吕景琳点校:《谷山笔麈》卷首冯琦《笔麈题辞》,王琦撰,张德信点校;于慎行撰,吕景琳点校:《寓圃杂记 谷山笔麈》,中华书局 1984 年版,第 3 页。
⑤ 祁承爜:《澹生堂读书记》卷上《庚申整书例略四则》,祁承爜著,郑诚整理:《澹生堂读书记 澹生堂藏书目》,上海海世纪出版股份有限公司、上海古籍出版社 2015 年版,第 45 页。

当《四库全书》尚未纂修完成时,沈初等撰《浙江采集遗书总录》尚于《史部·杂史类》著录此书,并评价云:"(《谷山笔麈》)亦间及诗文杂类,而有关史事为多。"①然此后四库馆臣撰《四库全书总目》,则评《谷山笔麈》"所记多明代故典,亦颇及杂记"②,只有寥寥数语,而将其归入《子部·杂家类》存目,虽有其分类标准的衡量,但也多少有意无意地掩盖了《谷山笔麈》的史料价值,并非出于单纯的学术目的,而有其政治考量在。考《谷山笔麈》由于"记载违谬语,多触犯"③,为安徽巡抚闵鹗元奏缴,于乾隆四十四年(1779)十一月初三日奏准禁毁。《(宣统)山东通志》之《艺文志第十·子部·杂家》著录《笔麈十八卷》条云:"按:《禁书总目》载是书云:'删女直一条。'"④今查姚觐元编,孙殿起辑《清代禁毁书目(补遗)清代禁书知见录》(内收《禁书总目》),俱无此记载,但《禁书总目》流传至今,已有缺失,《(宣统)山东通志》所言,当有所本。细阅《谷山笔麈》,颇涉及边疆沿革与民族关系,卷十一《筹边》和卷十八《夷考》部分,尤多相关论述。全书不仅多次出现"虏"、"东虏"、"东夷"、"夷虏"、"犬羊"等字样,且考证满族源流及其文字起源,更指女真上表明廷,这就犯了大忌,和《读史漫录》一样,免不了被禁毁的命运。

其后,清代各家书目如《八千卷楼书目》、《鸣野山房书目》、《邵亭知见传本书目》、《持静斋书目》等著录《谷山笔麈》,一以四库馆臣的归类为准,再未有将《谷山笔麈》作史学著作看待者。如阮元的评价即颇具代表性,其《文选楼藏书记》云"是书杂论古今,多述掌故,间及异闻"⑤,又云"是书杂记典章、

① 沈初等撰,杜泽逊、何灿点校:《浙江采集遗书总录·丁集·史部·杂史类·谷山笔麈十八卷》,上海世纪出版股份有限公司、上海古籍出版社 2010 年版,第 190 页。

② 永瑢等:《四库全书总目》卷一百二十五《子部三十五·杂家类存目二·笔麈十八卷》,中华书局 1965 年版,第 1076 页。

③ 姚觐元编,孙殿起辑:《清代禁毁书目(补遗)·补遗二》,姚觐元编,孙殿起辑:《清代禁毁书目(补遗),清代禁书知见录》,商务印书馆 1957 年版,第 313 页。

④ 孙葆田等纂:《(宣统)山东通志》卷一百三十九《艺文志第十·子部·杂家·笔麈十八卷》,《中国地方志集成·省志辑·山东》第 7 册,凤凰出版传媒集团、凤凰出版社 2010 年版,第 47 页。

⑤ 阮元撰,王爱亭、赵嫄点校:《文选楼藏书记》卷二《笔麈十八卷》,上海世纪出版股份有限公司、上海古籍出版社 2009 年版,第 187 页。

人物、经籍、见闻"①。但清儒虽不敢反对《四库全书总目》的权威,然强调其
史料价值者亦不乏其人。如周中孚《郑堂读书记》评论此书:

> 分为三十五类,凡朝家之典章,人物之权衡,经籍子史,礼乐兵刑,以
> 至财赋阨塞之区,耳目睹闻之概,纤悉具备。即其援引旧闻,亦无不切劘
> 时事,信经国之大业,不仅资清眼之谈柄而已也。②

李慈铭则在其日记中称:"此书四库不著录,然其中载朝章国故甚为赅备,于
隆万间事尤详,足以参核史传。"③李氏又多次提及《谷山笔麈》,往往与《万历
野获编》、《国榷》诸书并称。但周中孚仍依《四库全书总目》的分类,将《谷山
笔麈》归于《子部·杂家类》的"杂学之属下",而李慈铭也并非真的要与四库
馆臣立异。现代以来,《谷山笔麈》作为重要的史料笔记而广为人知,成为明
史研究的宝贵参考资料。

三、《谷山笔麈》对后世的影响

《谷山笔麈》甫一问世,即为时人所重。于慎行于万历二十七年(1599)九
月以此书手稿交付冯琦,冯琦因此有幸成为此书的最早读者。在北往京师的
路上,冯氏展读不已。作为"于、冯"并称的一代名臣,冯琦是深知此书价值
的。他称赞道:

> 展之,则朝家之典章,人物之权衡,经籍、子史、礼乐、兵刑,以至财赋
> 阨塞之区,耳目睹闻之概,纤悉具备,而又综二氏之异同,考四裔之源委,
> 运折冲于寸管,总经纬于毫端,信经国之大业,宁尾尾詹詹资清眼之谈柄
> 已乎?④

其后,万历三十年(1602)三月,冯琦上《正学疏》,神宗纳之。这篇著名的上疏

---

① 阮元撰,王爱亭、赵嫄点校:《文选楼藏书记》卷六《谷山笔麈十八卷》,上海世纪出版股
份有限公司、上海古籍出版社 2009 年版,第 449 页。

② 周中孚著,黄曙辉、印晓峰标校:《郑堂读书记》卷五十三《子部十之二·杂家类二·谷
山笔麈十八卷》,上海世纪出版股份有限公司、上海书店出版社 2009 年版,第 869 页。

③ 李慈铭撰,由云龙辑:《越缦堂读书记·文学·杂记·谷山笔麈》,中华书局 1963 年版,
第 1001 页。

④ 于慎行撰,吕景琳点校:《谷山笔麈》卷首冯琦《笔麈题辞》,王琦撰,张德信点校;于慎行
撰,吕景琳点校:《寓圃杂记 谷山笔麈》,中华书局 1984 年版,第 3 页。

即征引《谷山笔麈》卷十七《释道》中语。叶向高推许《谷山笔麈》"弘博精核，成一家言"①，期以必传。沈域称："是编也，识力议论，传古信今，凿凿不磨，故足润色皇猷，砥砺世道，可秘而笥之不广其传乎？"②赵琦美《司马相如题桥记跋》云："观其所作《笔麈》，胸（中）泾渭了了。惜也不究厥施云。"③《谷山笔麈》中所体现的经世精神，当晚明这个多事之秋，尤其能引发士人的回响。

《谷山笔麈》的价值是多方面的，由于保存了许多当时独一无二的史料，其对明代历史的研究尤多宝贵的参考价值，成为《明史》、《明实录》、《明通鉴》、《明史纪事本末》等后世史籍的重要史料来源。日本史学家山根幸夫所编的《中国史研究入门》即著录此书。如《谷山笔麈》卷二《纪述二》中记载：

> 丁丑，行在讲筵。一日，讲官进讲《论语》，至"色，勃如也"，读作入声，主上（按：指明神宗）读作"背"字，江陵从旁厉声曰："当作'勃'字！"上为之悚然而惊，同列相顾失色。④

这一则史料，不独《明史》、《明实录》、《明通鉴》、《明史纪事本末》，甚至笔记野史如《玉光剑气集》、《蕉轩随录》、《明史演义》等俱有征引。试举《明史》为例，《明史》征引《谷山笔麈》史料达 20 余处，主要集中在卷二《纪述一》、《纪述二》，卷四《相鉴》，卷五《臣品》和卷六《勋戚》等部分。如关于明孝宗生母的记载，历代文献多有不同，《明史·后妃传》独取《谷山笔麈》之说。又《谷山笔麈》卷五《臣品》中先后记载了时任吏部尚书的宋纁与户部尚书石星以及与自己的两次对话，《明史·宋纁传》的结尾亦按此编排。由此可见《明史》所受《谷山笔麈》之影响。此外，《国史唯疑》、《国榷》、《日下旧闻考》、《十七史商榷》、《廿二史劄记》、《陔余丛考》、《（崇祯）嘉兴县志》、《（雍正）山东通志》、《历代职官表》、《皇朝词林典故》、《中书典故汇纪》等各类史籍对《谷山笔麈》

---

① 叶向高：《苍霞续草》卷十《太子少保礼部尚书兼东阁大学士赠太子太保谥文定于公墓志铭》，《四库禁毁书丛刊》集部第 125 册，北京出版社 1997 年版，第 101 页。

② 于慎行撰，吕景琳点校：《谷山笔麈》附录二沈域《刻笔麈小引》，王琦撰，张德信点校；于慎行撰，吕景琳点校：《寓圃杂记 谷山笔麈》，中华书局 1984 年版，第 221 页。

③ 转引自郑振铎：《跋脉望馆钞校本古今杂剧》，郑振铎：《西谛书话》，生活·读书·新知三联书店 1983 年版，第 464 页。

④ 于慎行撰，吕景琳点校：《谷山笔麈》卷二《纪述二》，王琦撰，张德信点校；于慎行撰，吕景琳点校：《寓圃杂记 谷山笔麈》，中华书局 1984 年版，第 19 页。

均有征引。

史籍而外,明清笔记小说征引《谷山笔麈》最为可观。《万历野获编》、《五杂俎》、《涌幢小品》等著名笔记在《谷山笔麈》问世不久已有援引。此后,取资者更是层出不穷,如《玉芝堂谈荟》、《玉光剑气集》、《书影》、《香祖笔记》、《池北偶谈》、《居易录》、《三冈识略》、《巾箱说》、《不下带编》、《陶庐杂录》、《听雨丛谈》、《剧说》、《两般秋雨盦随笔》、《茶香室丛钞》等。各类学术著作亦是征引《谷山笔麈》的一大宗,如《通雅》、《日知录》、《天下郡国利病书》、《经义考》、《读礼通考》、《尚论持平》、《尚书埤传》、《禹贡长笺》、《潜邱劄记》、《五礼通考》、《格致镜原》等均有所采录。《谷山笔麈》的影响远不只限于此。事实上,在文集如《问次斋稿》、《古欢堂集》,诗话如《五代诗话》、《带经堂诗话》,总集如《四六法海》、《明诗纪事》,甚至地理著作如《行水金鉴》,家书如《澄园家书》,医书如《本草纲目补遗》,日记如《郭嵩焘日记》中,《谷山笔麈》均成为其有机组成部分。《谷山笔麈》对后世的影响不仅广泛,而且深刻。如《日知录》引用 6 次,《国榷》引用 15 次,《通雅》引用 20 次,《廿二史劄记》引用 5 次。在上述各类名著中,《谷山笔麈》都成为少数征引频率最高的文献之一。

此外,需要指出的是,《谷山笔麈》不仅为戏剧所本,也成为诗歌的典故。焦循《剧说》引《谷山笔麈》卷四《相鉴》中所载赵文华诏谀严嵩事,指出:“《鸣凤记》《上寿》一折,本此。”[1]金埴在《巾箱说》中称其诗“归囊不著一钱行,三载真留慈父名。落得小民多许泪,包将家去作人情”[2]中的“包泪”,即用《谷山笔麈》卷五《臣品》中许应逵之典故。

在数百年的流传中,《谷山笔麈》赢得了盛誉,相应地也招致了一些批评和指责,这主要集中在三个方面。

一是史实有误。

对于《谷山笔麈》中的史料,明清以来间有提出辩驳者。沈德符、朱国祯驳之在前,全祖望继之于后。《谷山笔麈》卷二《纪述一》记载明孝宗生母事,

---

① 焦循:《剧说》卷三,古典文学出版社 1957 年版,第 60 页。
② 金埴:《巾箱说》,金埴撰、王湜华点校:《不下带编 巾箱说》,中华书局 1984 年版,第142—143 页。

沈德符《万历野获编》卷三《宫闱·孝宗生母》引尹直《謇斋琐缀录》之语，以驳《谷山笔麈》，认为：

> 孝宗庚寅生，至是已五岁矣，不止三岁也。……是时内臣乃黄赐等三人之功，怀恩惟奉上命传谕内阁耳。而纪后迁西宫亦成礼，未有遽称不活之语，亦不曾有进毒一事。至次年乙未，孝宗正位东宫，至二十三年春，则孝宗已年十八，万妃方薨，距立太子时又十三年，安得有怨不能语成疾之说也？独纪氏有病，万妃虽请以黄袍赐之，俾得生见，未几而卒，则此中暧昧致薨事必有之。所以孝宗登极后，县丞徐琐等建言，请追报母仇也，此说为稍实耳。尹謇斋虽非贤者，然此时正长禁林，亲履其事，岂有谬误？于公（按：指于慎行）起北方早贵，并本朝纪载不尽寓目，自谓得其说于今上初年老中官，不知宦寺传言讹舛，更甚于齐东，予每闻此辈谈朝家故事，十无一实者，最可笑也。

沈德符又引商辂成化十一年（1475）间上疏为证，认为："商公已颂言于朝，且归美万氏，以颂寓规，可谓苦心。今'麈史'乃云出自怀恩密奏，想于公并文毅疏未之见耳。"[1]沈德符《万历野获编》所记多平允切实，其说或可备参考。于慎行自称："万历甲戌，一老中官为予道说如此。"[2]此人很可能即宦官孙辅正，在于氏的交游中，没有人能比他可提供更多的先朝典故。孙氏死后，于慎行为作墓表，称："予数过常侍，为予言事昭圣时及正、嘉之际也，颇得闻先朝故事云，其称当时卿相名臣状貌风采，至权宠贵倖，隆赫一时，皆如旦暮，则已数十年人矣。大都风俗政化所由隆汙与人事倚伏之端可考质焉。"[3]则其言亦自有可采，沈德符一概以人废言，不免偏颇。

　　于慎行晚年密切关注御倭援朝战争。对于当时兵部尚书石星主持和议，私下答应日本提出的和亲条件，于氏痛斥其"论事建画，称引失体"，不但事机

---

　　① 沈德符：《万历野获编》卷三《宫闱·孝宗生母》，中华书局1959年版，第82—83页。

　　② 于慎行撰，吕景琳点校：《谷山笔麈》卷二《纪述一》，王琦撰，张德信点校；于慎行撰，吕景琳点校：《寓圃杂记 谷山笔麈》，中华书局1984年版，第12页。

　　③ 于慎行：《谷城山馆文集》卷二十七《常侍东滨孙公墓表》，《四库全书存目丛书》集部第148册，齐鲁书社1997年版，第57页。

不合,更甚失"名言之体",因此是不赦的"辱国之罪"。①《万历野获编》卷十七《兵部·日本和亲》载:

> 古来北虏与中国和亲,唯汉唐有之,未闻岛夷敢萌此念。……至于公主下降,则纳币赐敕,宴使定期,古来一有故事,军中安能伪饰以欺外夷?况倭奴狡猾,为诸夷第一,非沈惟敬辈所能笼络。造为此说者,皆出东征失志游棍,流谤都中。而言路一二无识者,遽登之白简,至纷纷为诸龙光讼冤,辱朝廷而羞士大夫,真可痛恨。于文定与石司马私恨,遂记之《笔麈》以为信,然失国体矣。②

日本当时欲与中国和亲,并非谣传,实有其事,中外史籍,皆班班可考。日本方面提出的所谓"'大明日本和平条件'七条",其首条即云:"作为和议成立之证,送中国皇女作为日本的后妃。"③此处显系沈德符有误。

朱国祯在《涌幢小品》卷十《留馆职》条中辨《谷山笔麈》卷五《臣品》所载陆树声借座主张治之力得以留馆职一事,以为:

> 要之,分宜虽贪,江陵虽愎,决不令会元既入馆,复为它官,彼视一编修,只是本等官。世蕃索松绫之说,亦未必真。渠眼孔尽大,罕希穷措大一丝。龙湖(按:指张治)具银币之说尤赘。林(按:指陆树声)既留,安用此?且不用于先,而今乃作谢仪耶?④

则朱氏此说原不过为以常理揣摩之语,并非别有所本。

又全祖望《句余土音》卷中《过苟庭,即赋钱氏先世故迹》之《正气堂》一诗小序云:"临江太守(若赓)直节峥嵘,遂遭一麾,诬为酷吏,满朝称枉,独于文定公(慎行)《笔麈》犹信仇人谤口,大诋之,以此知君子之言亦有误者。"⑤

---

① 于慎行撰,吕景琳点校:《谷山笔麈》卷三《国体》,王琦撰,张德信点校;于慎行撰,吕景琳点校:《寓圃杂记 谷山笔麈》,中华书局1984年版,第32页。

② 沈德符:《万历野获编》卷十七《兵部·日本和亲》,中华书局1959年版,第438页。

③ 转引自(日)小野和子著:《明季党社考》,李庆、张荣湄译,上海世纪出版股份有限公司、上海古籍出版社2006年版,第121页。

④ 朱国祯著,缪宏点校:《涌幢小品》卷十《留馆职》,文化艺术出版社1998年版,第212—213页。

⑤ 全祖望:《句余土音》卷中《过苟庭,即赋钱氏先世故迹·正气堂》,全祖望撰,朱铸禹汇校集注:《全祖望集汇校集注》,上海古籍出版社2000年版,第2415页。

钱若赓因在临江太守任上枉杀多人而以残酷死戍,这在当时已众说纷纭,莫衷一是,《谷山笔麈》的记载或可商榷。

上述诸条辩驳,间有可取,可补《谷山笔麈》之疏误。即便如此,就其记载的史料部分而言,《谷山笔麈》仍是无愧为"信史"的。所以,著名史学家邓之诚先生曾说:"阅于慎行《笔麈》所纪孝宗初生时事,经前人辩驳不可信外,余皆大致可据,盖其亲见亲闻者多也。"①

二是考据不密。

《谷山笔麈》中的考据部分,允称于慎行考据学之代表。如冯琦在《笔麈题辞》中称赞:"世言新都(按:指杨慎)博而不核,弇州核而不精,博而核,核而精,余于先生见之矣。"②即合并于氏的考据学成就而言之。举凡古今人物史事,诗文的用事、用典、文字、音韵、训诂,乃至衣、食、住、行的生活情形,于慎行无不深加考证与研究,而其最精彩处则在于典章制度的部分。李慈铭谓:

> 自卷一《制典》至卷六《阁伶》,卷九《官制》至卷十三《称谓》,皆论明代典故而上溯宋唐及汉,叙述简核,议论平允,最为可观。卷十五《杂记》、《杂闻》诸条,卷十八《夷考》,亦多可备采撷。③

山根幸夫编《中国史研究入门》亦强调:"特别应该注意有关制度的记载。"④方以智著《通雅》,纵论有明一代考据学者二十余家,其中即有于慎行。但方氏考据学既精核迥出诸家之上,又自以为"坐集千古之智,折中其间"⑤,所以对各家都不尽满意,其称于氏考据学即是"时有一端"⑥。因此,《通雅》虽引

---

① 邓之诚遗作,邓瑞整理:《五石斋文史札记》(三),《中国典籍与文化》2002 年第 1 期,第 94 页。

② 于慎行撰,吕景琳点校:《谷山笔麈》卷首冯琦《笔麈题辞》,王琦撰,张德信点校;于慎行撰,吕景琳点校:《寓圃杂记 谷山笔麈》,中华书局 1984 年版,第 3 页。

③ 李慈铭撰,由云龙辑:《越缦堂读书记·文学·杂记·谷山笔麈》,中华书局 1963 年版,第 1001 页。

④ (日)山根幸夫编,田人隆等译:《中国史研究入门》,社会科学文献出版社 1994 年版,第 539 页。

⑤ 方以智:《通雅》卷首一《音义杂论考古通说》,《景印文渊阁四库全书》第 857 册,上海古籍出版社 2002 年版,第 7 页。

⑥ 方以智:《通雅》卷首《通雅自序》,《景印文渊阁四库全书》第 857 册,上海古籍出版社 2002 年版,第 3 页。

用《谷山笔麈》多达 20 处,但有 8 处或辨正,或补充,其云:"于文定言汉赐民爵,不知其制"①;"于文定言唐宋无赐民爵事,殆未考耳"②;"今称御史为乌台,……于文定泥《颜氏家训》,以为'鸟'误作'乌'"③;"……后又谓之存抚,于文定曰:'此巡抚所由起也。'……岂必以'存抚'之名为近于'巡抚'哉"④;"督军之名起于汉,都督之名起于魏。……于文定但引质帝时已为漏矣"⑤;"于文定谓门籍始于唐,盖失考耳"⑥;"于文定但专以为捷状县之漆竿,亦未尽也"⑦;"今《一统志》:答儿密古之丹眉流国产鍮石、紫钘。于文定不解为石为铜,宜其难识矣"⑧。

　　入清后,考据之风大盛,清儒对《谷山笔麈》考据部分的批评,更可见出明清两朝学术风气的巨大转向。俞樾《茶香室续钞》中的一则记载,最能典型地表明这一点,其引《谷山笔麈》"讲官进讲《论语》"条后,谓:

　　　　考《经典释文》,勃,步忽反。则此字古读入声。《朱子集注》无音,则不知所谓读作去声者,是何本也?愚谓此乃南北口音之异,北音无入声,宫中内侍伴读者皆北人也,故读勃如背。江陵南人,则谓当作入声。于文定北人,则谓读去声者是。其实勃字当为步忽反,江陵不误也。⑨

　　① 方以智:《通雅》卷二十二《官制·爵禄》,《景印文渊阁四库全书》第 857 册,上海古籍出版社 2002 年版,第 469 页。

　　② 方以智:《通雅》卷二十二《官制·爵禄》,《景印文渊阁四库全书》第 857 册,上海古籍出版社 2002 年版,第 469 页。

　　③ 方以智:《通雅》卷二十四《官制·文职》,《景印文渊阁四库全书》第 857 册,上海古籍出版社 2002 年版,第 488 页。

　　④ 方以智:《通雅》卷二十四《官制·文职》,《景印文渊阁四库全书》第 857 册,上海古籍出版社 2002 年版,第 493 页。

　　⑤ 方以智:《通雅》卷二十五《官制·武职 兵职附》,《景印文渊阁四库全书》第 857 册,上海古籍出版社 2002 年版,第 503 页。

　　⑥ 方以智:《通雅》卷二十八《礼仪》,《景印文渊阁四库全书》第 857 册,上海古籍出版社 2002 年版,第 553 页。

　　⑦ 方以智:《通雅》卷三十一《器用·书札》,《景印文渊阁四库全书》第 857 册,上海古籍出版社 2002 年版,第 596 页。

　　⑧ 方以智:《通雅》卷四十八《金石》,《景印文渊阁四库全书》第 857 册,上海古籍出版社 2002 年版,第 899 页。

　　⑨ 俞樾撰,贞凡、顾馨、徐敏霞点校:《茶香室丛钞·茶香室续钞》卷十二《色勃如也之勃或读去声》,中华书局 1995 年版,第 719 页。

俞氏考据精密,自是胜场,但于慎行在《谷山笔麈》中早已言之:"此一字不足深辨,独记江陵震主之威,有参乘之萌而不自觉也。"①盖于氏本意在存史,初不以考据为能事。

又《谷山笔麈》卷十四《杂考》载:

> 陕西近西域处,有一种小蒲桃,号琐琐蒲桃,中土甚珍之,常疑其名所自起,以为必有正音,呼者传讹,直作琐琐。及观《西京》、《羽猎赋》:汉离宫有娑馺殿,娑馺与琐琐音相近。当是武帝得西域蒲桃,种之离宫别苑,有娑馺之名,至今相沿,遂传为琐琐耳。②

谢肇淛《五杂组》卷十一《物部三》云:"于文定《笔麈》云:琐琐即馺娑之讹。未知是否。"③尚不置可否。至清初,周亮工《书影》则认为:

> 赋中原是馺娑,非娑馺也。或是文定误记耳。然西域之音,亦非正字,强以宫名实之,未免附会。此种葡萄形质最小,正不如从俗以琐琐为当也。④

康熙年间的黎士弘则在《仁恕堂笔记》中考证:

> 琐琐蒲萄,于文定引《西京》、《羽猎赋》谓琐琐当为娑馺,固属附会,而以为别有一种,亦非。河西葡萄虽引根牵蔓不异中土,而结实大长如马乳,色深紫,味亦殊甘。一枝千百颗,大者在上,细者下垂,取而干之,大者为白蒲萄,细者名琐琐,非两种也,故俗呼为"公领孙"。⑤

仅由上述对"琐琐葡萄"的考证,也可略窥明清考据学的演进之迹了。清代考据之学远迈前朝,《谷山笔麈》的考据本非全书主体,宜乎李慈铭一面亟称《谷

---

① 于慎行撰,吕景琳点校:《谷山笔麈》卷二《纪述二》,王琦撰,张德信点校;于慎行撰,吕景琳点校:《寓圃杂记 谷山笔麈》,中华书局1984年版,第19页。

② 于慎行撰,吕景琳点校:《谷山笔麈》卷十四《杂考》,王琦撰,张德信点校;于慎行撰,吕景琳点校:《寓圃杂记 谷山笔麈》,中华书局1984年版,第157页。

③ 谢肇淛撰,傅成校点:《五杂组》卷十一《物部三》,上海世纪出版股份有限公司、上海古籍出版社2012年版,第201页。

④ 周亮工:《书影》(十卷本)卷十,上海古籍出版社1981年版,第274—275页。

⑤ 黎士弘:《仁恕堂笔记》,《丛书集成续编》第215册,台湾新文丰出版公司1989年版,第500页。

山笔麈》对典章制度的考证，一面又要说"其余考证经史，殊非所长"①。但平心而论，在明代由杨慎开其端绪，经王世贞、陈耀文、焦竑、胡应麟诸人，至方以智而达高峰的考据学历程中，于慎行仍不失为重要的羽翼。

三是恩怨过甚。

邓之诚先生认为《谷山笔麈》"唯恩怨过甚殊失厚道，此则明人习气使然"②。明人笔记多勇于批评时政，而有所褒贬，这一点于慎行的《谷山笔麈》也不例外。《谷山笔麈》的成书，晚于《史摘》、《读史漫录》诸书，其时国势危重，中外解体，此书中的忧愤乃是时政发展的结果，因而更见深广。所谓"归来时事转嚣然"③，"可惜朝廷体，休论将相权。人今思拯溺，公岂念扶颠"④，这正是于氏心迹的表露。因此，对于皇帝、内阁、宦官等明代主要政治势力，于慎行在《谷山笔麈》中的批评是严厉而不假情面的。他不仅指责嘉靖以来诸帝之御膳"皆以左右贵珰输直供应，……尝谓此事极为不雅，……是何体统"⑤，更直斥当今皇帝神宗"藏怒忿志，蓄极而发，从此惟所欲为，无复畏惮。数年以来，诛戮宦者如刈草菅，伤和损德，无可救药"⑥。对于严嵩以来的历任执政大臣，于慎行多加贬词。可注意的是，在《读史漫录》中，于氏对张居正的知遇之恩犹时时萦怀，到了《谷山笔麈》中，对张居正则多有批评。而对于执政以外的许多大臣，于氏则不吝给予高度的赞美，如说："然近世，若御史大夫德平葛端肃公（按：指葛守礼）所谓德望，若太宰蒲坂杨襄毅公（按：指杨博）所谓才望，若大宗伯华亭陆文定公（按：指陆树声）所谓清望"⑦，又称赞吴岳"清

---

① 李慈铭撰，由云龙辑：《越缦堂读书记·文学·杂记·谷山笔麈》，中华书局1963年版，第1001页。

② 邓之诚遗作，邓瑞整理：《五石斋文史札记》三，《中国典籍与文化》2002年第1期，第94页。

③ 于慎行：《谷城山馆诗集》卷十五《寿太宰二山杨老先生奉诏存问二首》其二，《山东文献集成》第3辑第25册，山东大学出版社2009年版，第627页。

④ 于慎行：《谷城山馆诗集》卷十七《上太保梦山杨公八袭生辰五十韵》，《山东文献集成》第3辑第25册，山东大学出版社2009年版，第647页。

⑤ 于慎行撰，吕景琳点校：《谷山笔麈》卷二《纪述一》，王琦撰，张德信点校；于慎行撰，吕景琳点校：《寓圃杂记 谷山笔麈》，中华书局1984年版，第12页。

⑥ 于慎行撰，吕景琳点校：《谷山笔麈》卷二《纪述二》，王琦撰，张德信点校；于慎行撰，吕景琳点校：《寓圃杂记 谷山笔麈》，中华书局1984年版，第20页。

⑦ 于慎行撰，吕景琳点校：《谷山笔麈》卷五《臣品》，王琦撰，张德信点校；于慎行撰，吕景琳点校：《寓圃杂记 谷山笔麈》，中华书局1984年版，第49页。

操绝代"①,宋纁"老成练达,有古大臣风"②,等等。

沈德符《万历野获编》认为日本与中国和亲一事乃是谣传,而"于文定公与石司马私恨,遂记之《笔麈》以为信,然失国体矣"③。万历二十年(1592)四月,日本侵入朝鲜,于慎行此时家居已有半年,沈氏不知,误以为于氏"时在春曹"④,大概因此认为他与当时主持和议的兵部尚书石星政见不同,有所私恨。但现存文献均未见有于慎行与石星交恶的记载。事实上,于氏虽在其著述中对石星主持和议多有指斥,但在《谷山笔麈》中也的确肯定石星在户部尚书任上"欲振剔奸蠹,以清储蓄,日夜焦思,不遑洗沐"⑤,又说他"平生气节名世,何其堂堂"⑥。黄景昉《国史唯疑》云:

> 洪朝选侍郎家居,为巡抚劳堪组织掠系死。按察司狱时,支大纶为吾郡推官,力争之不得。堪擅杀三品大臣,罪当抵偿,仅坐戍,恨未蔽辜。而于东阿乃谓洪在刑部尝稽留杨顺死状,几有齐桓之惨,为好还报。夫顺不尝惨杀沈炼乎? 不宜报乎? 至诬洪阿华亭旨,益属深文。⑦

黄景昉所提及于慎行之言,系出自《谷山笔麈》卷五《臣品》部分。那里说:

> (杨)顺既论死在狱,少司寇洪朝选者,华亭所善客也,又阿华亭旨,困顺令死,死时五月中,越数日方奏,奏下,已有齐桓之惨矣。又其后数年,朝选家居,为巡抚劳堪所劾,逮系狱中,缢死,其状与顺正同。天道好还,可为明诚。⑧

---

① 于慎行撰,吕景琳点校:《谷山笔麈》卷五《臣品》,王琦撰,张德信点校;于慎行撰,吕景琳点校:《寓圃杂记 谷山笔麈》,中华书局1984年版,第51页。
② 于慎行撰,吕景琳点校:《谷山笔麈》卷五《臣品》,王琦撰,张德信点校;于慎行撰,吕景琳点校:《寓圃杂记 谷山笔麈》,中华书局1984年版,第53页。
③ 沈德符:《万历野获编》卷十七《兵部·日本和亲》,中华书局1959年版,第438页。
④ 沈德符:《万历野获编》卷十七《兵部·暹罗》,中华书局1959年版,第439页。
⑤ 于慎行撰,吕景琳点校:《谷山笔麈》卷五《臣品》,王琦撰,张德信点校;于慎行撰,吕景琳点校:《寓圃杂记 谷山笔麈》,中华书局1984年版,第53页。
⑥ 于慎行撰,吕景琳点校:《谷山笔麈》卷十一《筹边》,王琦撰,张德信点校;于慎行撰,吕景琳点校:《寓圃杂记 谷山笔麈》,中华书局1984年版,第127页。
⑦ 黄景昉著,陈士楷、熊德基点校:《国史唯疑》卷九《万历》,上海古籍出版社2002年版,第256页。
⑧ 于慎行撰,吕景琳点校:《谷山笔麈》卷五《臣品》,王琦撰,张德信点校;于慎行撰,吕景琳点校:《寓圃杂记 谷山笔麈》,中华书局1984年版,第57页。

沈德符《万历野获编》卷二十八《果报·现报》云：

今詈人有现世报之说，意为俚说耳，不知竟有其事。只如嘉靖末年，宣大总督杨顺，以媚分宜之故，诬沈炼左道通房，绞之于市。及隆庆初年，顺坐前事，入狱病死。刑部侍郎洪朝选，以顺曾发华亭公子倩人入闱，为华亭公所恨，不许埋尸，致虫流于户。而朝选居乡，又为抚臣劳堪所劾，缢死狱中。数日始许领埋，亦有小白之沘。其好还如此。①

此则文献来源似出自《谷山笔麈》。又《万历野获编》卷四《宗藩·辽王贵焙罪恶》云：“按隆庆二年，刑部侍郎洪朝选，所上宪燔罪状甚详，皆罪在赦前。谈者反谓洪不阿江陵，欲存辽得罪，真说梦耳。”②劳堪罗织成狱，致洪朝选以死，后人多有为洪氏辩白者。然洪朝选其人，如当年为其开脱的支大纶所言，原是“庇正丑邪，范孟博（按：指范滂）之俦”③。于慎行生平不喜范滂为人，为其空言横议，行有偏激，而洪朝选正与其类似，宜乎于氏有此议论。总之，于慎行所论语气容有过重，而黄景昉乡曲情重，以“深文”批评于氏，又未免稍过。

于慎行为人“端方工直，宽厚和平”④，他认为“史者所以记人主之善恶，以为万世劝戒，是非褒贬，其谁敢私？……第当据事直书，以俟后哲之评”⑤。《谷山笔麈》中的批判乃是一位名臣正义良知的无奈的呐喊，原是对事而不对人的。社稷大臣既与国家同其命运，而国事糜败至此，谁任其咎？更有何地可以埋忧？于慎行在批评人事时，也不是没有考虑到自己的语气，如说“尝虚心论之”⑥，又说“予为此说，非刻也，厚也”⑦。

---

① 沈德符：《万历野获编》卷二十八《果报·现报》，中华书局1959年版，第714页。

② 沈德符：《万历野获编》卷四《宗藩·辽王贵焙罪恶》，中华书局1959年版，第124页。

③ 徐象梅：《两浙名贤录》卷四十七《文苑·文介先生支心易大纶》，《四库全书存目丛书》史部第114册，齐鲁书社1996年版，第505页。

④ 《万历三十六年谕祭太子少保礼部尚书兼东阁大学士赠太子太保谥文定于慎行文》，李贤书修，吴怡纂：《（道光）东阿县志》卷十六《艺文志二》，《中国地方志集成·山东府县志辑》第92册，凤凰出版社2004年版，第183页。

⑤ 于慎行著，黄恩彤参订，李念孔等点校：《读史漫录》卷六《六朝南北》，齐鲁书社1996年版，第174页。

⑥ 于慎行撰，吕景琳点校：《谷山笔麈》卷十《建言》，王琦撰，张德信点校；于慎行撰，吕景琳点校：《寓圃杂记 谷山笔麈》，中华书局1984年版，第112页。

⑦ 于慎行撰，吕景琳点校：《谷山笔麈》卷十《明刑》，王琦撰，张德信点校；于慎行撰，吕景琳点校：《寓圃杂记 谷山笔麈》，中华书局1984年版，第117页。

尽管如此,这种爱憎分明的强烈情绪也只有处于类似时空中的人才能引起共鸣。明末清初的人不必提,即如清人也有同情的理解,如李慈铭就曾说:"《(谷山)笔麈》于嘉靖以后辅相无不诋斥,又颇指朝廷之失,《岁钞》更显陈阙政。时当孝宗之初,而一则曰宪庙初政昏椓尤张,一则曰成化间憸邪杂进,左道论政,足见时无忌讳,直笔在人,为可法也。"①李慈铭身丁内外交困、狂澜既倒的晚清,任官时遇事敢言,宜乎其对类似《谷山笔麈》对时政的批评不仅不加责备,反而视为"直笔",许以"可法"。

上述对于《谷山笔麈》的这些批评和指责,有些是站不住脚的,有些则不乏可取之处,但大体言之,《谷山笔麈》在学术史上的地位并未因此而受到多少影响,其价值是历久而弥新的。现代以来,许多著名的学者、作家如周作人、罗常培、孙楷第、吕思勉、瞿宣颖、任半塘、冯沅君、白寿彝等人都曾征引过《谷山笔麈》中的相关材料以为自己观点服务。

---

① 李慈铭撰,由云龙辑:《越缦堂读书记·文学·杂记·双槐岁钞》,中华书局 1963 年版,第 997 页。

第六章　于慎行的藏书与戏曲爱好

　　于慎行"气识淹通,才华丰赡"①,他风趣幽默,谈笑风生,充满人格魅力,为士林所拥戴,在历史上所呈现的并不是一个正经刻板的大僚形象。郑汝璧致信于慎行云:"北征两登龙,辱款爱,清夜剧谈,闻未曾有。不敏亦遂浪言,不知骸之脱也。惟门下之洗我,善耶! 虚往寔归,每一默注,便如坐春风中,感幸亡喻。"②郑汝璧的描述,其实是晚明士人普遍的一种感受。谢肇淛曾深情地回忆:"向不佞行部时,尝获侍公谷城园中,杯酒间谈古今事,悬河不绝,退而心醉焉。于今十五年矣。读其书想见其为人,盖不胜西州之恸也。"③于慎行与他的同僚密友们谈谐笑谑,留下许多韵事。前文已引述两则王家屏、沈一贯与于氏开玩笑的故事。时人姚旅《露书》卷十二《谐篇》载:

　　沈蛟门(按:指沈一贯)与于谷峰初在馆时,沈戏于曰:"有人问丈姓作如何书,余答以作如是书,其人笑曰:'原来脚是团的,初不知,为长的。'"于知其以团鱼嘲己也。于尝托沈邀一塾师,一日,沈生子,于过访,因谬曰:"烦君觅一塾师。"沈讶问:"向已觅矣。"于曰:"其人不识字。"沈曰:"彼孝廉,何至是?"于曰:"'沈鼋产蛙'乃读作'沈鼋产圭'。"

　　①　程君房:《程氏墨苑·墨谱》卷三下《世掌丝纶颂有序》,《续修四库全书》第1114册,上海古籍出版社2002年版,第114页。
　　②　郑汝璧:《由庚堂集》卷三十一《于谷峰宗伯》,《续修四库全书》第1357册,上海古籍出版社2002年版,第32页。
　　③　于慎行著,黄恩彤参订,李念孔等点校:《读史漫录》附录三谢肇淛《〈读史漫录〉序》,齐鲁书社1996年版,第524页。

沈捧腹大笑。①

此则故事也见于清人的《玉光剑气集》、《玉剑尊闻》诸书。它使我们对作为"当朝鸿钜"②的于慎行的人生侧面有了更为深刻的认识。

"癸酉(万历元年,1573)以后,天下文治向盛"③,作为这个时代的人物,于慎行浸染着晚明士人的习气,其日常生活雅致而丰富。正、嘉之际的沈仕在《林下盟》中记载士人生活的"十供":读义理书、学法帖子、澄心静坐、益友清谈、小酌半醺、浇花种竹、听琴玩鹤、焚香煎茶、登城观山、寓意弈棋。④ 这原是为江南士大夫而发,却也一一见于于氏的闲居生活中。于慎行富有修养,爱好广泛。他收藏名画法帖,通晓书画;精于音律,能歌舞,会管弦;参禅问道,出入百家。此外,于慎行更有两大爱好,不仅与其一生相终始,而且影响于其人生既深且巨,但是他自己及时人的记载皆言之不详,三四百年来,几乎无人提及。只是由于 20 世纪赵琦美《脉望馆钞校本古今杂剧》的发现,于慎行经由赵氏之手传抄而得以保存其中的部分藏曲始呈露面目,而他作为一代藏书大家和戏曲爱好者的一面也开始被人注意。藏书与戏曲爱好生动体现了于慎行独特的人生旨趣和生活方式,从另一个方面彰显了其别具风采的精神风貌。

第一节　于慎行的藏书

于慎行的一生,无论读书、治学、创作,书籍都与他有着特殊的缘分。他一身而兼学者、文学家、藏书家的多重身份,其读书、治学、创作与晚明普遍空疏的学风迥然不同,这背后,实得益于其丰富的藏书。于慎行的藏书,依收集之途径,大致可分四类。

---

① 姚旅著,刘彦捷点校:《露书》卷十二《谐篇》,福建人民出版社 2008 年版,第 285 页。
② 邢侗:《来禽馆集》卷二十九《上谷城座师于宗伯》,《四库全书存目丛书》集部第 161 册,齐鲁书社 1997 年版,第 738 页。
③ 周亮工:《书影(十卷本)》卷一,上海古籍出版社 1981 年版,第 4 页。
④ 陶珽编:《说郛续》卷二十八《林下盟·十供》,《续修四库全书》第 1191 册,上海古籍出版社 2002 年版,第 364 页。

一是继承。

于慎行的父亲于玭"生而颖慧,十岁能为文,时中丞刘公闻其岐嶷,召置门下受业,以兄女字焉"①。刘隅抚养于慎行母亲成人,又教育其父。于慎行兄弟多人,亦深受刘隅的影响。刘隅为于氏家族的兴起做了良好的铺垫。刘隅不仅博学工文,以才名命世,而且家富藏书。于慎行称其"博综今古,书穷四部之藏"②。这些书后来当有很大一部分传给了于玭。于慎思在《寿刘母麻、王二太夫人同登七袭序》中云:"自先公没,思等尝惧内外二业之衰,幸率诸弟奉先公所传王父书而䌷绎之。"③于玭为官清廉,死后家徒四壁,藏书之外,一无所遗。于慎行兄弟大约各分得一份。慎行曾说:"惟是数卷遗书,其相砥砺。"④于慎思平时足迹不广,终生未仕,却也能致书万卷,"博物闳览,贯穿百家"⑤,自称"知己无过万卷书"⑥,"万卷儒书何有哉"⑦。据此观之,则这批由刘隅经于玭而传至慎行兄弟手中的藏书,不仅范围广泛,数量亦当可观。这乃是于慎行藏书的基础。

二是购买。

"为儒原在鲁,作客久游燕"⑧,这句诗是于慎行生平的自况。他一生游历范围不是很广,主要生活在其家乡与京师两地。明代雕版印刷、活字印刷技术更为普及,官私刻书远超前代,至万历后,臻于极盛,正如明末曹溶所说"近来

---

① 李贤书修,吴怡纂:《(道光)东阿县志》卷十三《人物志中·乡贤》,《中国地方志集成·山东府县志辑》第 92 册,凤凰出版社 2004 年版,第 135 页。

② 于慎行:《谷城山馆文集》卷三十三《外叔祖中丞刘公乡祠告文》,《四库全书存目丛书》集部第 148 册,齐鲁书社 1997 年版,第 170 页。

③ 于慎思:《庞眉生集》卷九《寿刘母麻、王二太夫人同登七袭序》,《四库全书存目丛书》集部第 148 册,齐鲁书社 1997 年版,第 361 页。

④ 于慎行:《谷城山馆文集》卷三十二《辛未展墓告文》,《四库全书存目丛书》集部第 148 册,齐鲁书社 1997 年版,第 155 页。

⑤ 于慎行:《谷城山馆文集》卷二十四《亡兄太学都讲航隐先生墓志铭》,《四库全书存目丛书》集部第 147 册,齐鲁书社 1997 年版,第 717 页。

⑥ 于慎思:《庞眉生集》卷四《七歌》其一,《四库全书存目丛书》集部第 148 册,齐鲁书社 1997 年版,第 317 页。

⑦ 于慎思:《庞眉生集》卷六《重九山中书怀十四韵,因示三弟、四弟》,《四库全书存目丛书》集部第 148 册,齐鲁书社 1997 年版,第 339 页。

⑧ 于慎行:《谷城山馆诗集》卷十七《鲁国主赐宴述谢十韵》,《山东文献集成》第 3 辑第 25 册,山东大学出版社 2009 年版,第 646 页。

雕板盛行,烟煤塞眼,挟资入贾肆,可立致数万卷"①。当时的京师乃是全国最大的书籍贸易集散地,与于慎行同时的胡应麟在《少室山房笔丛》中称:"燕中刻本自希,然海内舟车辐辏,筐篚走趋,巨贾所携,故家之蓄,错出其间,故特盛于他处。"②于慎行长期在朝为官,得有时时购书的便利。《少室山房笔丛》载:

> 凡燕中书肆,在大明门之右,及礼部门之外,及拱宸门之西。每会试举子,则书肆列于场前。每花朝后三日,则移于灯市。每朔望并下浣五日,则徙于城隍庙中。灯市极东,城隍庙极西,皆日中贸易所也。灯市岁三日,城隍庙月三日,至期百货萃焉,书其一也。③

> 凡徙,非徙其肆也。萃肆中所有,税地张幕,列架而书置焉,若綦绣错也,日昃复萃归肆中。惟会试则税民舍于场前,月余,试毕贾归,地可罗雀矣。④

清初王士禛贵为文坛祭酒,"龙门高峻,人不易见。每于慈仁庙市购书,乃得一瞻颜色"⑤。这种情景,想来于氏也会有。前引《谷山笔麈》卷三《国体》中记载了于慎行在礼部尚书任内有一次前往棋盘天街"部门书肆"购书未果的情形。因为礼部衙门作息时间的更改,直接影响到附近的"部门书肆"的营业,这使得于氏不得不尊重商业运行规律,恢复原来的作息时间,这也可算是书林中的一则佳话了。⑥ 此则以外,于慎行存世著作中再未见有其他关于购书的记载。所可知者,于氏对坊刻本颇不慨于心,他说:"徒使坊肆讹刻日滋月盛,毁瓦书墁,寝失旧本,其去秦火之灾一间耳。"⑦以于氏谨严的学术态度和对书籍的热爱,他对于刻本质量的强调,自是情理中的事。

---

① 曹溶:《流通古书约》,祁承㸁等:《澹生堂藏书约》(外八种),世纪出版集团、上海古籍出版社 2005 年版,第 35 页。

② 胡应麟:《少室山房笔丛·经籍会通》卷四,中华书局 1958 年版,第 55 页。

③ 胡应麟:《少室山房笔丛·经籍会通》卷四,中华书局 1958 年版,第 56 页。

④ 胡应麟:《少室山房笔丛·经籍会通》卷四,中华书局 1958 年版,第 56 页。

⑤ 戴璐撰,施绍文点校:《藤阴杂记》卷七《西城上》,上海古籍出版社 1985 年版,第 79 页。

⑥ 参见于慎行撰,吕景琳点校:《谷山笔麈》卷三《国体》,王琦撰,张德信点校;于慎行撰,吕景琳点校:《寓圃杂记 谷山笔麈》,中华书局 1984 年版,第 30 页。

⑦ 于慎行撰,吕景琳点校:《谷山笔麈》卷七《典籍》,王琦撰,张德信点校;于慎行撰,吕景琳点校:《寓圃杂记 谷山笔麈》,中华书局 1984 年版,第 83 页。

三是抄录。

抄录是最原始、最基本的复制方式。于慎行早登馆阁,出入承明,因而有机会翻阅稀见的文渊阁藏书。《静志居诗话》卷十二《李开先》载:"文渊阁藏书,例许抄览,先具领状,以时缴纳,世所称读中秘书,盖谓是已。"①于慎行自称"滥厕图书之府,……多人间难见之书"②,"曾闻乙夜开芝检,……浩瀚青藜阁上参"③。叶向高称于氏"固已殚二酉之藏,而穷宛委之秘矣"④,正是其读书中秘的真实写照。于慎行的友人门生中,有许多同时也是当时著名的藏书家,如茅坤、周天球、赵用贤、陈于陛、邢侗、冯琦、孙鑛、梅鼎祚、焦竑、谢肇淛、顾起元等人,周、陈、邢、冯诸人更是其知交。他们的藏书,相互之间,可能也会互通有无,于慎行得着这方面得天独厚的条件,因此,他才会说"借书酬寂寞"⑤。

刻本的质量既为于慎行所不满,而其值又至重,"诸方所集者,每一当吴中二,道远故也。辇下所雕者,每一当越中三,纸贵故也"⑥。以他的清俭,大概也不太容易接受,"况书籍中之秘本,为当世所罕见者,非钞录则不可得,……从未有藏书之家而不奉之为至宝者也"⑦。象他的友人谢肇淛的抄书就有名于世。这样,抄录当然就成了于氏藏书最理想的一种方式。于慎行生前一定抄录过为数可观的珍本秘笈,其中部分抄本赖赵琦美的传抄而得以保存于《脉望馆钞校本古今杂剧》中,为后世所宝。于慎行第三次家居期间,冯琦曾多次来信,其中保存着与于氏抄本有关的两则资料,弥足珍贵。其《寄于

① 朱彝尊著,姚祖恩编,黄君坦校点:《静志居诗话》卷十五《于慎行》,人民文学出版社1990年版,第332页。

② 于慎行:《谷城山馆文集》卷二十九《同馆会请座师殷相公启》,《四库全书存目丛书》集部第148册,齐鲁书社1997年版,第103—104页。

③ 于慎行:《谷城山馆诗集》卷十六《纪赐四十首有序·赐新刻韵府群玉》,《山东文献集成》第3辑第25册,山东大学出版社2009年版,第635页。

④ 叶向高:《苍霞草》卷八《谷城山馆全集序》,《四库禁毁书丛刊》集部第124册,北京出版社1997年版,第220页。

⑤ 于慎行:《谷城山馆诗集》卷八《告中,冯用韫宫谕、朱可大丞卿见过》,《山东文献集成》第3辑第25册,山东大学出版社2009年版,第634页。

⑥ 胡应麟:《少室山房笔丛·经籍会通》卷四,中华书局1958年版,第55页。

⑦ 孙庆增:《藏书记要》第三则《钞录》,祁承㸁等:《澹生堂藏书约》(外八种),世纪出版集团、上海古籍出版社2005年版,第38页。

谷峰宗伯》云："《起居注》俟录完另寄。"①《寄于谷山宗伯》云："使者数日即返，故未以抄书付之，俟录完专寄耳。"②昧此信中语气，当是冯琦借于慎行家藏抄本抄录。《起居注》为编写实录的绝密档案资料，既不印行，也不许随便翻阅，于慎行因为曾久居馆阁而得此抄录的便利。冯琦在信中提及的"抄书"，其名不详，已无从考知。仅此也可大致推想于家抄缮秘本之价值了。总之，以于慎行的勤奋和严谨，其家藏抄本，很可能是他自己亲力所为，而非假手于胥吏、仆人或抄手，因此价值更为可贵，可惜今日原本已不可见。

四是赠送。

于慎行交游广泛，上至宰辅公卿，下至布衣山人，以及衲子羽士，都有往来，其所得于他人的赠书数量不少。如其姐夫之父侯钺与其父经术齐名，家多藏书，所谓"四壁图书悬紫电"③，读书日以卷计。于慎行垂髫时，嬉随左右，侯钺"题以缥缃，勖以诵读"④，让他一生感怀。于慎行释褐后，得人赠书更多。当时官员间盛行赠送"书帕本"，地方官进京入觐，或中央官吏奉使出差回京，都要以一书一帕馈赠相应部门的官僚，因书与手帕同送，故名。于慎行的存世诗文集中，保存着为同僚所作的大量赠诗序文，因此可以推想，其所获赠的书帕本，为数当不少，只是"书帕本"多校刻草率，大概也难当于氏之心。又如于慎行曾任职礼部多年，而明时礼部，曾刻有《大礼集议》、《登科录》、《会试录》诸书，在其任上，亦曾刊刻《会试录》。他因了职务的缘故，也会获致一二。这些尚是官场客套，至于师生朋友之间，往来应接，赠书更是常事。如于慎行晚年家居时，好读佛典，得于友人处殆亦数量不少。沈懋孝曾在信函中云："闻欲得竺典新刻书本，若寄一品目，容时时奉致之。"⑤冯琦也在信函中云："《白

---

① 冯琦：《宗伯集》卷七十六《寄于谷峰宗伯》，《四库禁毁书丛刊》集部第 16 册，北京出版社 1997 年版，第 223 页。

② 冯琦：《宗伯集》卷七十八《寄于谷山宗伯》，《四库禁毁书丛刊》集部第 16 册，北京出版社 1997 年版，第 237 页。

③ 于慎思：《庞眉生集》卷四《高丽砚歌谢侯中丞伯丈》，《四库全书存目丛书》集部第 148 册，齐鲁书社 1997 年版，第 315 页。

④ 于慎行：《谷城山馆文集》卷三十二《祭中丞雁泉侯公入乡祠文》，《四库全书存目丛书》集部第 148 册，齐鲁书社 1997 年版，第 147 页。

⑤ 沈懋孝：《长水先生文钞·贲园草》卷四《谷山于学士复书》，《四库禁毁书丛刊》集部第 160 册，北京出版社 1997 年版，第 110 页。

衣经》二册附上。"①《谷城山馆诗集》中有《承赵国主赐问并赍刻书二种,敬因苏长史奉谢》一诗纪赠书事。《东阿于文定公年谱》记载获赠书籍多次,除赐书外,尚有其晚年友人门生的四次赠书。分别为:

万历三十二年(1604),"九月丁丑,(于慎行)六十初度,远近毕贺"。原注:"……海盐杜令士全、桐乡杨令日森以《江左名贤诗册》,毕至。"②

万历三十三年(1605),"二月,……白下王户部尧封归所刻《明诸家诗》"。原注:"昔日有编摩之约。"③

同月,"中丞黄公归所刻《明诸家诗》"。原注:"克缵。"④

万历三十五年(1607),"春正月,……王户部尧封以所辑《皇明律范》来归"。⑤

《东阿于文定公年谱》既为于慎行门人所作,则关于他人赠书,失记之处必多,只是择要记其一二罢了。

于慎行生前曾为多人整理、编选诗文集,其父兄的作品自不待言,其他可知者尚有:殷士儋《金舆山房稿》、郭造卿《海岳山房存稿》、赵邦彦《赵元哲诗集》、程君房《程幼博集》,都经本人亲付或他人转托,而由于慎行手订,有的还刊诸枣梨,有功于文苑可谓不细。此外,于慎行《谷城山馆文集》今存序言三卷,计 30 篇,内容涉及史、子、集各部而以集部为多。另据各类存世文献,可知于慎行还曾为《貂珰史鉴》、《陌巷志》、《(万历元年)兖州府志》、《(万历)恩县志》、《(万历)霑县志》、《孙武子纂注》、《洞阳子集》、《长水先生文钞》诸书作序,而未见收于文集。依例,上述诸书,于氏当会存留复本,亦是其藏书的一部分。

---

① 冯琦:《宗伯集》卷七十八《寄于谷山宗伯》,《四库禁毁书丛刊》集部第 16 册,北京出版社 1997 年版,第 237 页。

② 邢侗编纂,阮自华撰述:《东阿于文定公年谱》卷二,《山东文献集成》第 1 辑第 10 册,山东大学出版社 2006 年版,第 740—741 页。

③ 邢侗编纂,阮自华撰述:《东阿于文定公年谱》卷二,《山东文献集成》第 1 辑第 10 册,山东大学出版社 2006 年版,第 743 页。

④ 邢侗编纂,阮自华撰述:《东阿于文定公年谱》卷二,《山东文献集成》第 1 辑第 10 册,山东大学出版社 2006 年版,第 743 页。

⑤ 邢侗编纂,阮自华撰述:《东阿于文定公年谱》卷二,《山东文献集成》第 1 辑第 10 册,山东大学出版社 2006 年版,第 748 页。

尤需注意者,由于帝师元老的特殊地位,于慎行时时能得到御赐图书。他自称:"自丙子秋叨侍日讲,至己丑七月进掌春卿始解,计横经御案前后十有四年,特恩赐予,不可数计。"①其中,御赐图书是赏赐的重要部分。《谷城山馆诗集》中有《赐内府新刻经史直解》、《赐新刻击壤集》、《赐新刻韵府群玉》三首诗纪其事,后两次赐书并见于《东阿于文定公年谱》,分别是:万历五年(1577)七月,"禁中刻《击壤集》成,以赐"②。万历六年(1578)十月,"禁中刻《韵府群玉》成,以赐"。原注:"辅臣、讲官。"③至于日常家用的历书,于慎行在朝之日更是年年有赐,一次多达五十册。这些记载远不全面,从于氏《赐新刻韵府群玉》中的"子孺休称三箧记,庄生谩向五车谈"④一句来看,赐书当为数不少。如早于于慎行数任的礼部尚书汪镗即"家多赐书"⑤,而其孙汪枢得以嗜读。于慎行六十大寿时,邢侗作序称:"先生归筑别业黄石山,取赐书而旦旦精研之。"⑥此言当有相当的可信度。可知赐书亦是于氏藏书的重要部分。

通过上述收集途径,日积月累,于慎行终于成为藏书大家。他早期为官时,不过说"乡心瓦上三更雨,客计床头数卷书"⑦,藏书数量大概还很有限。等到他于万历十九年(1591)礼部尚书卸任南归,自己由朝廷专人护送,而行李则另行托运。他雨中遣使买舟,所担心的只是"行装书数卷,沾湿不无愁"⑧。这当然是自谦之词,藏书的实际数量当颇为可观。家居后,于慎行以书自娱,

---

① 于慎行:《谷城山馆诗集》卷十六《纪赐四十首有序》,《山东文献集成》第 3 辑第 25 册,山东大学出版社 2009 年版,第 632 页。

② 邢侗编纂,阮自华撰述:《东阿于文定公年谱》卷一,《山东文献集成》第 1 辑第 10 册,山东大学出版社 2006 年版,第 626 页。

③ 邢侗编纂,阮自华撰述:《东阿于文定公年谱》卷一,《山东文献集成》第 1 辑第 10 册,山东大学出版社 2006 年版,第 635 页。

④ 于慎行:《谷城山馆诗集》卷十六《纪赐四十首有序·赐新刻韵府群玉》,《山东文献集成》第 3 辑第 25 册,山东大学出版社 2009 年版,第 635 页。

⑤ 胡文学编:《甬上耆旧诗》卷二十四《汪山人枢》,《景印文渊阁四库全书》第 1474 册,台湾商务印书馆 1986 年版,第 513 页。

⑥ 邢侗:《来禽馆集》卷九《大宗伯尊师东阿于公六十寿序》,《四库全书存目丛书》集部第 161 册,齐鲁书社 1997 年版,第 472 页。

⑦ 于慎行:《谷城山馆诗集》卷十一《在告书怀柬可大》,《山东文献集成》第 3 辑第 25 册,山东大学出版社 2009 年版,第 565 页。

⑧ 于慎行:《谷城山馆诗集》卷八《雨中遣使买舟》,《山东文献集成》第 3 辑第 25 册,山东大学出版社 2009 年版,第 534 页。

屡屡形诸吟咏："荷锄分药径，散帙闭柴扃"①，"积雨不出户，空斋自检书"②，"数卷残书一杯酒，此中合作小菟裘"③，"枕上惊消宿酒，掌中闪落残书"④。万历二十四年(1596)，时任巡按山东监察御史的姚思仁为于氏《兖州府志》作序，称其"兼富二酉之藏"⑤。可知其藏书之富已为世所知。据《东阿于文定公年谱》，万历二十五年(1597)，"冬十月，……南溪书屋成"。⑥狼溪发源于东南山中，穿东阿治城而过，至城南入大清河。"溪水不盈数尺，泠泠流石间，清澈可玩，萦回二十余里。两岸桃柳，宛如画图。惟雨水暴至，常深数丈，然亦不崇朝也"。⑦其中，南门偏东一带，"水势渐廓，平流无浪，有类湖景"⑧，是为南溪。书屋亦因地命名，建于此地，当不仅因其风景如画，还有出于防火、通风的考虑。此后时光，于慎行往往读书其中。据《东阿于文定公年谱》，万历二十九年(1601)七月，"书屋椽折"。原注："先生方昼寐，若有惊，先起。"⑨于氏幸而无碍，两个月后，修葺书屋如初。书屋的建筑，大概不甚讲究，而其藏书的内容，则从未见有人提及。于慎行有谷城山馆、东园、黄石山楼、白庄等别业多处，平日接待宾客，主要在东园旧居。他在南溪亦建有别馆，颇具泉石之胜，"池上清华阁"⑩殆即建于此地。于氏也往往邀宾朋友好游玩其间，晚年更

---

① 于慎行：《谷城山馆诗集》卷十《山亭》，《山东文献集成》第3辑第25册，山东大学出版社2009年版，第557页。

② 于慎行：《谷城山馆诗集》卷十《雨中谢周师送酒》，《山东文献集成》第3辑第25册，山东大学出版社2009年版，第550页。

③ 于慎行：《谷城山馆诗集》卷十四《楼成》，《山东文献集成》第3辑第25册，山东大学出版社2009年版，第610页。

④ 于慎行：《谷城山馆诗集》卷十九《夏日村居四十二首》其五，《山东文献集成》第3辑第25册，山东大学出版社2009年版，第663页。

⑤ 于慎行：《兖州府志》卷首姚思仁《兖州府志序》，齐鲁书社1985年版。

⑥ 邢侗编纂，阮自华撰述：《东阿于文定公年谱》卷二，《山东文献集成》第1辑第10册，山东大学出版社2006年版，第720页。

⑦ 郑廷瑾增修，苏日增增纂：《(康熙)东阿县志》卷一《方域志·河渠》，清康熙五十六年(1717)刻本。

⑧ 姜汉章等纂修：《东阿县乡土志》卷七《山水·狼溪》，清光绪铅印本。

⑨ 邢侗编纂，阮自华撰述：《东阿于文定公年谱》卷二，《山东文献集成》第1辑第10册，山东大学出版社2006年版，第731页。

⑩ 参见邢侗编纂，阮自华撰述：《东阿于文定公年谱》卷二，《山东文献集成》第1辑第10册，山东大学出版社2006年版，第730页。

"作南溪之会,遂以为常"①。当世名士如吴稼遂、方问孝、于若瀛诸人都曾亲履其地,稼遂更是一住累月,追忆南溪美好风光的诗篇也留存于他们各自的诗文集《玄盖副草》、《苍耳斋诗集》、《弗告堂集》中,却未见有对南溪书屋的任何描述。叶向高称于慎行"性尤好书,常夜分诵读,至老不倦"②,又称其"尝称病谢客,……萧然一室,左右图书,吾伊之声,尝丙夜不绝"③。叶向高虽是最了解于慎行的少数人之一,又曾数过东阿造访于氏,然行色匆匆,未必有出入南溪书屋的机会。《(道光)东阿县志》卷二《方域志·风俗》称东阿的士大夫"又善自闭,耻以所有炫嚣。先达名公有所建树,著述多匿不传,子孙莫能名焉"④。这句话,可能也部分解释了于慎行的南溪书屋及其藏书不被世人注意的原因。

及至藏书已达一定数量,于慎行于是着手编制藏书目录,这是他对宏富藏书加以整理的结果,《于文定公书目》一书当即成于第三次家居期间。此书是今日可考知的晚明时期40余种私家藏书目录之一,惜已亡佚,但在明清之际却颇为目录学家所注意。晚明佚名所撰之《近古堂书目·书目类》最早著录此书,此后,钱谦益的《绛云楼书目·书目类》和黄虞稷的《千顷堂书目·谱牒类》亦加著录。《(宣统)山东通志》的《艺文志·史部·目录》有《于文定公书目》条云:"于慎行撰,慎行见经部五经总义类,是书见《绛云楼书目》。"⑤然均未著卷数。此书名中有"于文定公"字样,为后人所加,亦是古籍常例。《谷山笔麈》卷七专列《典籍》部分,于中可略知于氏对藏书及目录学之兴趣。其二兄慎思亦著有目录学著作《群书题跋》。于慎行自幼在文学、学术等方面深受

---

① 参见邢侗编纂,阮自华撰述:《东阿于文定公年谱》卷二,《山东文献集成》第1辑第10册,山东大学出版社2006年版,第730页。

② 叶向高:《苍霞续草》卷十《太子少保礼部尚书兼东阁大学士赠太子太保谥文定于公墓志铭》,《四库禁毁书丛刊》集部第125册,北京出版社1997年版,第101页。

③ 叶向高:《苍霞草》卷八《谷城山馆全集序》,《四库禁毁书丛刊》集部第124册,北京出版社1997年版,第220页。

④ 李贤书修,吴怡纂:《(道光)东阿县志》卷二《方域志·风俗》,《中国地方志集成·山东府县志辑》第92册,凤凰出版社2004年版,第35页。

⑤ 孙葆田等纂:《(宣统)山东通志》卷一百三十四《艺文志第十·史部·目录·于文定公书目》,《中国地方志集成·省志辑·山东》第6册,凤凰出版传媒集团、凤凰出版社2010年版,第657页。

二兄影响,他的编撰家藏书目,除了目录学兴盛的时代因素,也有家学渊源的影响,可说其来有自。

需要在此特别提及的是于慎行的名画法帖收藏。邢侗《再奉宗伯尊师北楼宴,出鲁藩名酒,观法书作》云:"帙散春云满,歌停堞日过。心期欣共赏,宁惜醉颜酡。"①以邢侗一代大书家的赏鉴之精,于慎行所藏的法书必有弥足珍贵者。董其昌云:"岁在己亥(1599),余北归过汶上时,于文定公以东平李室名道坤者所作《山水花卉册》见示,托路大夫求余跋。北方画学自李夫人创发,亦书家之有李卫,奇矣,奇矣!"②李道坤为于慎行同时代山左闺秀之善画者。高珩在《滴翠园雅集图序》中说:"孙(祚)[作]庭(按:指孙光祀)奉常因言:幼时曾于东阿于文定公家见所藏画卷,为吾乡先正十八人写真,内海丰杨太宰(按:指杨巍)、益都冯文敏诸公及乃祖侍御公(按:指孙玧)遗像咸在焉。"③孙光祀从于慎行家藏画卷中得到启发,因而倡议请画家创作此名画《滴翠园雅集图》。孙光祀在于家观画时,于慎行已逝世多年,然先正十八人写真当曾为其所珍藏。平阴县博物馆今珍藏于慎行《年谱画册》。此画册为于氏六十岁时,请会稽金生为其所绘。④《东阿于文定公年谱》载:万历三十年(1602),"六月,使绘金作谱"⑤。又载:"冬十月,……绘太夫人像成,祠之太公庙中"。原注:"盖先生拟命之,观者以为生。"⑥仅据有限文献来看,于慎行似乎对人物画别有兴趣。

于慎行殁后,其独子于纬尚能刊印先人遗著,保存家藏图书,济美家声。但

---

① 邢侗:《来禽馆集》卷二《再奉宗伯尊师北楼宴,出鲁藩名酒,观法书作》,《四库全书存目丛书》集部第 161 册,齐鲁书社 1997 年版,第 384 页。

② 董其昌著,邵海清点校:《容台集·容台别集》卷四《题跋·画旨》,西泠印社出版社 2012年版,第 711 页。

③ 高珩:《滴翠园雅集图序》,《平阴孙氏族谱》第四编卷三《杂记类》,民国二十九年(1940)版,济南鸿丰印刷所。

④ 参见于慎行:《谷城山馆文集》卷三十四《年谱画册题跋》,《四库全书存目丛书》集部第 148 册,齐鲁书社 1997 年版,第 488 页。

⑤ 邢侗编纂,阮自华撰述:《东阿于文定公年谱》卷二,《山东文献集成》第 1 辑第 10 册,山东大学出版社 2006 年版,第 734 页。

⑥ 邢侗编纂,阮自华撰述:《东阿于文定公年谱》卷二,《山东文献集成》第 1 辑第 10 册,山东大学出版社 2006 年版,第 734—735 页。

紧接着,明清易祚之际,天翻地覆,兵燹所及,海内藏书楼罕有存者,正如钱谦益所云"甲申之乱,古今书史图籍一大劫也"①。于氏家族成员奔走四方,积极抗清,因而付出惨重代价,身家狼狈,遭境坎坷。于慎行生前刊行的《东阿县志》"原板毁于兵燹"②,他的南溪书屋极有可能也是在明清易代的兵火中毁灭了。

如果仅如上述,在中国古代曾经涌现的成千上万的藏书家中,于慎行大概也会湮没无闻了。但是《脉望馆钞校本古今杂剧》(见录《古本戏曲丛刊》第四集)的发现,却引起我们对于氏藏书的特别注意。民国二十七年(1938),郑振铎先生于上海发现《脉望馆钞校本古今杂剧》,因其清初归钱谦益曾族孙钱曾之也是园,故又称《也是园古今杂剧》。此书为赵琦美所抄校。赵琦美(1563—1624),一名开美,字玄度,号清常道人,江苏常熟人,赵用贤长子,万历、天启年间历任太常寺典簿、都察院都事、刑部郎中等职,是晚明著名的藏书家。《脉望馆钞校本古今杂剧》后辗转传经钱谦益、钱曾、季振宜、何煌、黄丕烈、汪士钟、赵宗建、丁祖荫诸藏书家之手,最后从丁氏流出。在流传过程中,续有损失。原有杂剧 340 种,归黄丕烈士礼居时,仅存 266 种,及传至汪士钟艺芸书舍,遂仅余今天所见的 242 种。其中刻本 69 种,抄本 173 种,而元人杂剧为 92 种,总计有 132 种为仅存的孤本。郑振铎先生说:"几乎每种都是可惊奇的发现。"③又认为:"这发见,在近五十年来,其重要,恐怕是仅次于敦煌石室与西陲的汉简的出世的。"④

《脉望馆钞校本古今杂剧》分刻本和抄本两类。刻本包括《息机子元人杂剧选》15 种和《古名家杂剧》残本 54 种;抄本包括录内府本 92 种,录于小谷本 32 种和不知来历抄本 49 种。⑤"小谷"者,为于慎行嗣子于纬之别号。孙楷

---

① 钱谦益著,钱曾笺注,钱仲联标校:《牧斋有学集》卷四十六《题跋一·书旧藏宋雕两汉书后》,上海古籍出版社 1996 年版,第 1529 页。

② 郑廷瑾增修,苏日增增纂:《(康熙)东阿县志》卷末刘沛先《重修东阿志原跋》,清康熙五十六年(1717)刻本。

③ 郑振铎:《跋脉望馆钞校本古今杂剧》,郑振铎:《西谛书话》,生活·读书·新知三联书店 1983 年版,第 430 页。

④ 郑振铎:《跋脉望馆钞校本古今杂剧》,郑振铎:《西谛书话》,生活·读书·新知三联书店 1983 年版,第 422—423 页。

⑤ 参见郑振铎:《跋脉望馆钞校本古今杂剧》,郑振铎:《西谛书话》,生活·读书·新知三联书店 1983 年版,第 461 页。

第先生根据赵琦美的题记考证,认为于小谷本其实乃于小谷父于慎行本,其云:

> 如《众僚友喜赏浣花溪》万历四十三年(1615)正月跋云:"据山东于相公子中舍小谷本抄校。"《董秀英花月东墙记》四十三年(1615)二月跋云:"校抄于小谷藏本。于即东阿谷峰于相公子也。"《司马相如题桥记》四十三年(1615)七月跋云:"于相公云:'不似元人矩度,县隔一层。'信然。"息机子刊本《布袋和尚忍字记》署名"郑庭玉"下批云:"于谷峰先生作元人孟寿卿作。"此可为小谷藏本乃其父慎行遗书之证。①

稍早于此,郑振铎先生亦有类似考证,为学界所信从。

赵琦美与于纬有通家之谊。其父赵用贤与于慎行为词林同僚,交情颇好。赵用贤(1535—1596),字汝师,号定宇,官终吏部侍郎,是晚明著名的学者、藏书家。赵用贤性刚烈,重气节,锐于任事,有经济大略。据《东阿于文定公年谱》,万历五年(1577)十月,张居正"夺情"事起,赵用贤继吴中行后上疏力争,"甲辰,(于慎行)随太仓王公锡爵及同馆诸公往为吴、赵请,江陵声色俱厉"。② 次日,于慎行又与同僚具疏营救,被格不入。可见于、赵二人在政治上立场相近。万历十三年(1585)十月,于慎行主持完应天乡试北归,"己卯,及李公(按:指李长春)入都,馆职赵公、盛公、冯公、葛公候于城外"。原注:"常熟赵公用贤、潼关盛公讷、临朐冯公琦、德平葛公曦。"③冯琦、葛曦都是于氏知交,这一细节表明,他与赵用贤当有颇亲密的往来。在于慎行礼部尚书任内,赵用贤为右侍郎,兼教习庶吉士,成为其得力助手。今赵用贤《松石斋集》卷二十六收《与于谷峰》尺牍一通,中云"昨于岁杪荷先生手书宠复,兼领佳币",又云"先生旦暮且入佐密勿,所望起颓敝而还之祖宗之旧者,尚有望焉",④可知赵氏对于慎行的事功有高度的期待。赵琦美万历后期与于纬同朝为官,因

---

① 孙楷第:《也是园古今杂剧考》,上杂出版社1953年版,第106页。

② 邢侗编纂,阮自华撰述:《东阿于文定公年谱》卷一,《山东文献集成》第1辑第10册,山东大学出版社2006年版,第628页。

③ 邢侗编纂,阮自华撰述:《东阿于文定公年谱》卷一,《山东文献集成》第1辑第10册,山东大学出版社2006年版,第667页。

④ 赵用贤:《松石斋集》卷二十六《与于谷峰》,《四库禁毁书丛刊》集部第41册,北京出版社1997年版,第405页。

而得有借抄其家藏珍本的机会。如赵琦美在《张右史文集跋》中说："岁丙辰（万历四十四年，1616），东阿中舍于小谷纬，相公谷峰子也，藏有《右史集》十四册，因得借录。中间缺十一至十五，而以《同文唱和》诗抵之。"①"张右史"者，即北宋文学家张耒。这是赵琦美对于纬藏书最详细的一则记载。

当然，最引起我们兴趣的是，赵琦美从万历四十二年（1614）十二月二十日开始抄校元明杂剧的工程，至万历四十五年（1617）十二月十九日，始毕其事，整整三年，夙兴夜寐，乐此不疲。在赵琦美开始抄校的次月，于小谷本开始进入他的视线，其时距于慎行逝世不及七年，大约到万历四十五年（1617）六月七日，抄录完最后一本于小谷本，也几乎与其整个抄校工程相终始了。据孙楷第先生对《脉望馆钞校本古今杂剧》的统计，其数目与郑振铎先生有所出入，计有《息机子元人杂剧选》15 种、《古名家杂剧》残本 53 种和录内府本 95 种、录于小谷本 33 种、不知来历抄本 45 种。② 兹据孙先生所载，录于小谷本各本名称如下：

1.《女学士明讲春秋》，2.《众僚友喜赏浣花溪》，3.《十八学士登瀛洲》，4.《董秀英花月东墙记》，5.《秦月娥误失金环记》，6.《风月南牢记》，7.《月夜淫奔记》，8.《张于湖误宿女真观》，9.《司马相如题桥记》，10.《太乙仙夜断桃符记》，11.《众神圣庆贺元宵节》，12.《南极星度脱海棠仙》，13.《独步大罗天》，14.《洛阳风月牡丹仙》，15.《张天师明断辰钩月》，16.《吕翁三化邯郸店》，17.《雷泽遇仙记》，18.《庆贺长生节》，19.《庄周梦蝴蝶》，20.《好酒赵元遇上皇》，21.《卓文君私奔相如》，22.《王文秀渭塘奇遇》，23.《雁门关存孝打虎》，24.《苏子瞻风雪贬黄州》，25.《陶母剪发待宾》，26.《宋上皇御断金凤钗》，27.《郑月莲秋夜云窗梦》，28.《认金梳孤儿寻母》，29.《释迦佛双林坐化》，30.《鲁智深喜赏黄花峪》，31.《降丹墀三圣庆长生》，32.《祝圣寿万国来朝》，33.《河嵩神灵芝庆寿》。③

---

① 转引自周义敢、周雷编：《张耒资料汇编·三 明代·赵琦美》，中华书局 2007 年版，第131 页。

② 参见孙楷第：《也是园古今杂剧考》，上杂出版社 1953 年版，第 77—153 页。

③ 孙楷第：《也是园古今杂剧考》，上杂出版社 1953 年版，第 104—106 页。

前 23 种抄本,赵琦美均注明抄录时间,后 10 种则无。于小谷本中共有元剧《苏子瞻风雪贬黄州》、《董秀英花月东墙记》、《陶母剪发待宾》、《宋上皇御断金凤钗》、《郑月莲秋夜云窗梦》、《雁门关存孝打虎》、《鲁智深喜赏黄花峪》,明剧《独步大罗天》(按:即《冲漠子独步大罗天》)、《卓文君私奔相如》等 9 种为人间孤本,其价值之珍贵可以想见。①王绍曾、沙嘉孙先生著《山东藏书家史略》因此高度评价道:"这在山东藏书家中可以称得上抄曲名家。他在保存、流传元明杂剧中所做的贡献,不亚于影宋影元抄本,或且驾而上之。"②郑振铎先生推测《脉望馆钞校本古今杂剧》中来历不明的 49 种抄本亦为于氏藏本,认为:"于氏的钞本,殆有八十一种流传于今了。"③他热烈地赞扬道:"但我们都不知道他是一个戏曲的收藏者,而且对于戏曲很有研究。在山东,我们只知道李开先(开麓)家里藏词曲最多,有'词山曲海'之目,想不到在东阿还有一个于家。"④又称:"'物常聚于所好'!山东于氏、李氏和清代的孔氏都是藏曲的大家。今所见的许多重要的曲本,殆多数源出于山东。"⑤

郑振铎先生将不明来源的 49 种抄本亦归入于氏藏本,似尚缺有力佐证,然他称于慎行为"藏曲大家",却是中肯的评价。综合上述资料,可知集部书籍当是于氏藏书中内容最为丰富的部分,而戏曲则是其最具特色的专题收藏。于慎行的藏曲不仅使我们得以窥见其部分藏书内容,更引起我们对其戏曲爱好加以探讨的兴趣。

第二节 于慎行的戏曲爱好

于慎行家族一门风雅,喜好戏曲者在在有之。他的长兄慎动隐于乡里,平

---

① 参见孙楷第:《也是园古今杂剧考》,上杂出版社 1953 年版,第 206—212 页。
② 王绍曾、沙嘉孙:《山东藏书家史略》,山东大学出版社 1992 年版,第 30—31 页。
③ 郑振铎:《跋脉望馆钞校本古今杂剧》,郑振铎:《西谛书话》,生活·读书·新知三联书店 1983 年版,第 465 页。
④ 郑振铎:《跋脉望馆钞校本古今杂剧》,郑振铎:《西谛书话》,生活·读书·新知三联书店 1983 年版,第 464 页。
⑤ 郑振铎:《跋脉望馆钞校本古今杂剧》,郑振铎:《西谛书话》,生活·读书·新知三联书店 1983 年版,第 465—466 页。

居喜"拍浮笑呼,口占歌曲,顷刻数百语。左手持杯,右手击案为节,穷日夜虞乐未厌"①,好曲到了痴狂的地步。二兄慎思则"工为宋、元词曲,深研其声病。谓:'近代所为,即被之管弦,于古无当也,而成文之音亦寡,又半从狭邪得之,乃其愤邑不平之志借以抒写,有足怜者。自宋诸名家皆以乐府入集,亦文之一体,不可废尔。'"②于慎思既为词曲的地位张目,也饶有兴致地创作。今其所著而由于慎行编定的《庞眉生集》专收词曲一卷,其中词 16 首,曲 19 首。慎思的散曲尤富艺术性,慎行称赞"大有风韵"③。至于于慎行的外家、姻亲之中,亦不乏喜好戏曲者。外叔祖刘隅跋《中麓小令》称:"讽咏近调,如挹高风,接雄辨于几席间也。以不肖庸弱浅近之襟,犹轩然感慨,若于豪俊同怀者。风能动人,岂虚语也哉!"④据此,刘隅不仅与李开先有所往来,更是其小令的激赏者。岳父秦柏好"挥鞭挟弹,出入鸣瑟跕屣之间"⑤,"居多技艺而于声律之学尤所素习"⑥。

于慎行的家乡东阿富于曲艺的传统,而尤以杂技为世所知,是今天远近闻名的"杂技之乡"。旧东阿与东平山水相连,自宋以来,历金、元,皆属东平。至明洪武十八年(1385),因东平已由府降为州,东阿始改属兖州府。元代的东平是当时全国著名的戏曲重镇,为早期元杂剧四大中心之一,荟萃着许多一流的杂剧作家。仅据《录鬼簿》所载,就有高文秀、李好古、张寿卿、张时起、顾仲清、赵良弼等人。⑦ 因了境内大运河流贯的缘故,在元杂剧的流传中,东平曾扮演过其南下的桥梁的角色。明自中叶以后,杂剧已呈衰势,而南戏则大

---

① 于慎行:《谷城山馆文集》卷二十四《亡兄阜泉处士墓志铭》,《四库全书存目丛书》集部第 147 册,齐鲁书社 1997 年版,第 713—714 页。

② 于慎行:《谷城山馆文集》卷十二《庞眉生集叙》,《四库全书存目丛书》集部第 147 册,齐鲁书社 1997 年版,第 442 页。

③ 于慎行:《谷城山馆文集》卷二十四《亡兄太学都讲航隐先生墓志铭》,《四库全书存目丛书》集部第 147 册,齐鲁书社 1997 年版,第 717 页。

④ 刘隅:《中麓小令跋语》,李开先著,路工辑校:《李开先集·中麓小令》,中华书局 1959 年版,第 889—890 页。

⑤ 于慎行:《谷城山馆文集》卷二十六《明故外舅公府家丞东村秦翁墓表》,《四库全书存目丛书》集部第 148 册,齐鲁书社 1997 年版,第 44 页。

⑥ 于慎思:《庞眉生集》卷十五《原乐述赞并引》,《四库全书存目丛书》集部第 148 册,齐鲁书社 1997 年版,第 417 页。

⑦ 参见钟嗣成等:《录鬼簿》(外四种),上海古籍出版社 1978 年版。

盛。兖州一地的戏曲创作固无足述,而戏曲在社会大众中的流行,却更成风气。当时山东知名的艺人多集中于兖州一带,如善唱者:徐锁、王明、周隆等;善长弦者:安廷振、伍凤喈、周卿等。张岱在《陶庵梦忆》中载:

> 辛未(崇祯四年,1431)三月,余至兖州,见直指阅武,马骑三千,步兵七千,军容甚壮。……内以姣童扮女三四十骑,荷旃被毳,绣祛魋结,马上走解,颠倒横竖,借骑翻腾,柔如无骨。奏乐马上,三弦、胡拨、琥珀词、四上儿、密失、义儿机、偞休兜离,罔不毕集。在直指筵前供唱,北调淫俚,曲尽其妙。①

演武之时而唱时曲,也可说是一大奇观了。同书卷七《冰山记》又载:

> 是(崇祯二年,1429)秋携之(按:指《冰山记》)至兖为大人寿。一日宴守道刘半舫,半舫曰:"此剧已十得八九,惜不及内操、菊宴及逼灵犀与囊收数事耳。"余闻之,是夜席散,余填词督小侯强记之,次日至道署搬演,已增入七齣,如半舫言。半舫大骇异,知余所构,遂诣大人,与余定交。②

这部经张岱删改、曾在绍兴引来万众争看的《冰山记》传奇也正是在兖州得以续写佳话的。上述二事去于慎行逝世不过二十余年,仅此也可想见兖州当日戏曲的兴盛了。

于慎行生于斯,长于斯,对于戏曲的爱好已融入了他的生命中。他好观戏曲,而二十年在京为官,能时时得着这方面的便利。明代戏曲官班为钟鼓司和教坊司所属戏班。钟鼓司的戏班主要供应宫廷娱乐,主演传统杂剧,至万历时期,始有专习"外戏"即南戏的御用戏班。而教坊司的戏班则隶属礼部,由一支队伍庞大的乐工、优伶组成,集中了明代最优秀的表演艺术家。其职责,据《万历野获编》卷十《词林·翰苑设教坊》载:"教坊司专备大内承应,其在外廷,维宴外夷朝贡使臣,命文武大臣陪宴乃用之。……惟翰林官到任,命教坊

---

① 张岱:《陶庵梦忆》卷四《兖州阅武》,张岱撰,马兴荣点校:《陶庵梦忆 西湖梦寻》,中华书局2007年版,第46—47页。
② 张岱:《陶庵梦忆》卷七《冰山记》,张岱撰,马兴荣点校:《陶庵梦忆 西湖梦寻》,中华书局2007年版,第93页。

官俳供役,亦玉堂一佳话也。"①于慎行长期任职翰林、礼部,贵为公辅帝师,有着常人所没有的更多接触钟鼓司和教坊司戏曲表演的机会。其《谷城山馆诗集》中有《上云乐》、《杯盘舞歌》二诗,可能就是观看官班的百戏乐舞表演后而作。明代的京师,士大夫和富商的家庭戏班以及艺人的职业戏班亦盛极一时,于慎行交游既广,平素应酬,大概也会经常欣赏此类戏班的表演。如他有一次在黄姓友人的园林游玩,就曾见到"控弦天苑骑,跳剑内园儿"②的场景。《谷山笔麈》卷五《臣品》中有一则关于名臣葛守礼不好观戏的记载。于慎行虽推葛守礼为"德望",但在观戏这一点上,却大不以为然,这才笔之《谷山笔麈》。

于慎行对曲艺的爱好和熟悉,在其著述中多有流露。他平居作梦,会是"梦从化人游,虞我以奇巧"③;游览峄山时,形容群石"如角觗曼延,鱼龙百戏"④;在《谷山笔麈》中,他假托穰侯魏冉与客人的对话,借客之语,用傀儡戏来比喻穰侯在政坛的处境之危。于慎行熟悉优伶的历史,《谷山笔麈》卷六专列《阉伶》部分,其中有六则专述历代优伶的行事及其处所。此外,《谷山笔麈》另有数处述及优伶。不仅如此,对于现实生活中的优伶,于慎行尤能抱持同情的理解,而在其职责范围内,更是事实上充当起了优伶保护者的角色。《谷山笔麈》卷三《国体》中有两则述及:

> 不但有司,乃至礼部堂司,出入供需,或令教坊人役治具以从,此最不美之事。当在部时,屡欲裁革,以请告匆匆,未及设为章程,第遇公出,令所司别具资费给赏其人而已。此在必所当革而别议公费可也。后有贤者亟行之。⑤

---

① 沈德符:《万历野获编》卷十《词林·翰苑设教坊》,中华书局1959年版,第271—272页。

② 于慎行:《谷城山馆诗集》卷七《三月廿八日,葛龙池、朱讷斋二工部,冯琢吾、葛凤池二太史同游城西黄侍中园林看花四首》其三,《山东文献集成》第3辑第25册,山东大学出版社2009年版,第524页。

③ 于慎行:《谷城山馆诗集》卷三《纪梦二首》其二,《山东文献集成》第3辑第25册,山东大学出版社2009年版,第482页。

④ 于慎行:《谷城山馆文集》卷十六《游峄山记》,《四库全书存目丛书》集部第147册,齐鲁书社1997年版,第506页。

⑤ 于慎行撰,吕景琳点校:《谷山笔麈》卷三《国体》,王琦撰,张德信点校;于慎行撰,吕景琳点校:《寓圃杂记 谷山笔麈》,中华书局1984年版,第31页。

沈大宗伯(按:指沈鲤)在部,于礼教风俗锐意匡正,前后所奏禁奢抑浮不下数疏。一日,言及倡优一种,最伤风化,欲建议通行天下尽为汰除。予曰:"此恐不能为,亦不必尔。自古以来,有此一类,先王以礼防民,莫之能废,必有以也。何者?天地六气,自有一种邪污,必使有所疏通,然后清明之气可以葆完,辟如大都大邑,必有沟渠以流其恶,否则,人家门庭之内,皆为秽浊所留矣。先王救俗之微权,有不可以明喻者,存而不问可也。"沈公以为然,因止其事。①

在晚明的士大夫中,对待优伶,能有如此一番通达开明的见解,的确是常人所不及的,宜乎清初周亮工称赞"此最快论"②。而于慎行以礼部尚书之尊,因不及设立章程对教坊司优伶加以保护而耿耿于怀,尤可见出其对优伶所抱持的深切同情。

于慎行自奉甚俭,持身谨严,既不会像好友李化龙那样"纵横声伎,放诞不羁"③,又不能像同僚申时行、王锡爵,门人阮自华一般家蓄戏班,因此,在家居期间,于氏对于戏曲的热爱乃主要表现为对曲本的欣赏和考证。终其一生,大概都从事于曲本的收藏。于慎行上述转抄于《脉望馆钞校本古今杂剧》中的曲本,孙楷第先生推测与内府本有关。他说:

内阁藏书,既为人盗窃以尽;司礼监经厂库书,亦渐次沦散,……内府曲本藏之钟鼓司,其书当更不为当局所重。以意揣之,想亦散亡不少。其犹存若干种者,盖由宫庭演戏时用其本耳。其本虽藏内庭,而京官嗜曲者阅其书似甚易。如于慎行、董其昌,固皆阅其书者,慎行似曾传录,刘承禧且录其本至二百种。慎行、其昌皆达官清贵,承禧官锦衣,司门禁,其得阅内府曲本,皆无足异。至赵琦美小京官犹得借录其书,则内府曲本殆京官人人可取而阅之也。④

明代藏书首推内府,孙先生所论固然是合乎情理的推测,然在此之外,于慎行

---

① 于慎行撰,吕景琳点校:《谷山笔麈》卷三《国体》,王琦撰,张德信点校;于慎行撰,吕景琳点校:《寓圃杂记 谷山笔麈》,中华书局1984年版,第31页。
② 周亮工:《书影》(十卷本)卷一,上海古籍出版社1981年版,第107页。
③ 焦循:《剧说》卷六,古典文学出版社1957年版,第140页。
④ 孙楷第:《也是园古今杂剧考》,上杂出版社1953年版,第148页。

可能会有其他一些获致曲本的途径。于氏与当世许多著名戏曲家如张自慎、梅鼎祚、孙镶、王衡、陈与郊、谢廷谅、汪廷讷、阮大铖等有交。他与王衡有通家之好；当旧日僚友陈与郊家陷网罗时，于曾施以援手；汪廷讷是他的门生；青年阮大铖因为叔祖阮自华出自于氏门下的缘故，也曾是谷城山馆的座上客。这些人中不乏藏曲大家，尤其值得重视的是于慎行与张自慎、梅鼎祚、孙镶诸人的交游。

张自慎，字敬叔，又字诚庵，号就山，山东商河人，工诗善曲，尤以北曲为时人推重。他崇敬李开先，慕名投靠，以师事之，在章丘至少住了十年，成为其最得力的助手。李开先在《改定元贤传奇序》中说：

> 乃尽发所藏千余本，付之门人诚庵张自慎选取，止得五十种，力又不能全刻，就中又精选十六种，删繁归约，改韵正音，调有不协，句有不稳，白有不切及太泛者，悉订正之，且有代作者，因名其刻，为《改定元贤传奇》。①

李氏在后序中又称："同时编改者，更有高笔峰、弭少庵、张畏独三词客，而始终之者，乃诚庵也。"②于慎行与张自慎过从甚密，《谷城山馆诗集》中有《雪中济南道上携张就山同行，忽失所在，诗以觅之》、《张山人告行灯下言别》、《送张就山游赵园及赴萧大司马之召》、《赠张就山隐君》等四首赠张氏的诗。所谓"相逢杯酒说行藏，问字曾师李奉常（按：指李开先）。梁苑十年依幸舍，商歌一曲擅词场"③，正是张氏一生生动的写照。"幽居无与晤，殊喜故人来。秉烛频开卷，逢花数举杯。"④张自慎的到来，引起于氏如此高的兴致，两人所交谈的大概不离戏曲，而在摇摇烛光下翻阅的正是曲本吧！以于慎行对曲本的深嗜而笃好，张自慎以山人的身份往游门下，曲本一定会是其投献的最好礼

---

① 李开先著，路工辑校：《李开先集·闲居集之五·改定元贤传奇序》，中华书局 1959 年版，第 316 页。

② 李开先著，路工辑校：《李开先集·闲居集之五·改定元贤传奇后序》，中华书局 1959 年版，第 317 页。

③ 于慎行：《谷城山馆诗集》卷十三《赠张就山隐君》，《山东文献集成》第 3 辑第 25 册，山东大学出版社 2009 年版，第 597 页。

④ 于慎行：《谷城山馆诗集》卷九《张山人告行，灯下言别》，《山东文献集成》第 3 辑第 25 册，山东大学出版社 2009 年版，第 542 页。

物。李开先家中丰富的藏曲,很可能部分以复本形式经由自慎之手,传入了东阿于家。沈德符《万历野获编》卷四《宗藩·辽废王》载:

> 洪(按:指洪朝选)初抚山东,闻章丘李少卿先芳(按:小注误,应为李开先。)家富藏书,与借观不与,因起大狱,破灭其家。李以恚恨死。……于东阿《笔麈》,但记洪芳洲为少司寇时,逼死故都御史杨顺,以媚华亭,不知有章丘李中麓事也。①

此亦是沈德符想当然之语。其实,于慎行之父与李开先为嘉靖七年(1528)山东举人同年,其外叔祖刘隅又与李氏有所交往,况且李氏的得意门生张自慎时时往来谷城山馆,如确有其事,于慎行焉得不知,大概是知而不忍言吧!但李开先的藏曲却大约以复本形式流入了于家,也是"楚弓楚得",其实未出山东。郑振铎先生讲"今所见的许多重要曲本,殆多数源出于山东",也就不足为奇了。

梅鼎祚(1549—1615)早年屡试不第,以文名出入申时行、王锡爵等内阁大臣门下,与于慎行亦有交往。其《鹿裘石室集》有《送大宗伯于公告致东归》,中云"出处明完璧,亲朋散赐金"②,可能也得到过于氏的周济。梅鼎祚于万历十九年(1591)四月离家抵京,至十二月南归,其间得内府所藏曲本四百种。于慎行于同年十月致仕归家,很可能得闻此事,而有所观摩抄录。

余姚世家孙鑨(1542—1613)、孙镜(1525—1594)兄弟与于慎行交好。孙镜精通音律,王骥德《曲律》称:"词曲一道,词隐(按:指沈璟)专臺平仄,而阴、阳之辨,则先生诸父大司马月峰公(按:指孙镜)始抉其窍,已授先生,益加精核。"③其家藏金元杂剧达三百种。孙镜的大姐、同时也是吕天成祖母的孙环亦"好储书,于古今剧戏,靡不购存"④。当于慎行开始第三次家居的次年,孙镜出任山东巡抚都御史。任内曾举荐于慎行于朝。孙氏离任时,于慎行有

---

① 沈德符:《万历野获编》卷四《宗藩·辽废王》,中华书局 1959 年版,第 123 页。
② 梅鼎祚:《鹿裘石室集》卷十二《送大宗伯于公告致东归》其二,《四库禁毁书丛刊》集部第 57 册,北京出版社 1997 年版,第 713 页。
③ 王骥德著,陈多、叶长海注释:《曲律注释》卷四《杂论第三十九下》,上海世纪出版股份有限公司、上海古籍出版社 1983 年版,第 333 页。
④ 王骥德著,陈多、叶长海注释:《曲律注释》卷四《杂论第三十九下》,上海世纪出版股份有限公司、上海古籍出版社 1983 年版,第 336 页。

《送抚台月峰孙公入为少司寇叙》一文相赠。于、孙两人虽同为名臣,但相互交往中,大概也会切磋曲艺,交流藏曲。

又,臧懋循(1550—1620)"家藏杂剧多秘本",又"过黄从刘延伯(按:指刘承禧)借得二百种,云录之御戏监,与今坊本不同"。①存世文献虽未见有臧懋循与于慎行交往的记载,但臧氏的表弟、同时也是于氏恩师吴维岳之子的吴稼竳却与其过从亲密。于慎行对吴稼竳是另眼相看的,称赞他"江南才人满人口,目中如君不数有"②。据《东阿于文定公年谱》和诗文集,于慎行从不在南溪别馆留宿客人,唯独吴稼竳是个例外。吴氏于万历三十年(1602)五月来访,于慎行"馆之东园。已,又馆之南溪载月"。③所谓"先生栖我屋数椽,潇洒正在南溪边"④。以于、吴两人对文艺的喜好,吴稼竳一定经常出入南溪书屋,得见于氏藏曲,而以吴氏为绍介,臧懋循家藏的众多曲本,亦有可能为于慎行所知晓。

由于于慎行的特殊地位和经历,当世之中,罕有人能比他具备更便利的条件获致各种曲本,而他作为藏书家,使许多稀见曲本得以保存、流传,其功可谓大矣。

前文已引述《脉望馆钞校本古今杂剧》中的两个题识,其一曰:"于谷峰先生作元人孟寿卿作",再则曰:"于相公云,不似元人矩度,县隔一层。"可见于慎行在鉴赏曲本时每多考辨,充分表明其对俗文学的热爱。郑振铎先生说:"则慎行对于他的藏本必有'题识'或校记一类的东西,可惜除此清常(按:指赵琦美)引的二则外,均不可得见。"⑤这一遗憾是永远无法弥补了。所幸于慎行在《谷山笔麈》的《制典》、《仪音》、《杂解》、《杂考》、《杂记》乃至《夷考》等部分对戏曲的多个方面展开了精密的考据。他一再考溯铙歌、鼓吹的历史沿革,追溯宋、元词曲的来源,描述天宝年间音乐的盛况,又对"缠头"、"优"、"觱

① 臧晋叔编:《元曲选》卷首臧晋叔《元曲选序》,中华书局1958年版,第3页。
② 于慎行:《谷城山馆诗集》卷五《吴郎歌送翁晋北游京师》,《山东文献集成》第3辑第25册,山东大学出版社2009年版,第508页。
③ 邢侗编纂,阮自华撰述:《东阿于文定公年谱》卷二,《山东文献集成》第1辑第10册,山东大学出版社2006年版,第734页。
④ 吴稼竳:《玄盖副草》卷七《大雨后,于宗伯先生以歌见问,赋答》,《四库全书存目丛书》集部第186册,齐鲁书社1997年版,第608页。
⑤ 郑振铎:《跋脉望馆钞校本古今杂剧》,郑振铎:《西谛书话》,生活·读书·新知三联书店1983年版,第464页。

箠"、"幻人"等进行考证,在在显示出其对戏曲的浓厚兴趣,足称此中行家。尤需特别指出的是《谷山笔麈》中的如下三则材料:

> 傀儡,杜佑曰:"窟儡子,亦曰傀礧子,本丧乐也。汉末始用之于嘉会,北齐高纬尤好之。"今俗悬丝而戏,谓之偶人,亦傀儡之属也,又有以手持其末,出之帱上,则正谓之窟儡子矣。①

> 汉有鱼龙百戏,齐、梁以来,谓之散乐,有舞盘伎、舞伦伎、长蹻伎、跳铃伎、掷倒伎、跳剑伎、吞剑伎,今教坊百戏大率有之。惟掷倒不知何法,疑即翻金斗也。翻金斗,字义起于赵简子之杀中山王,后之工人以头委地而翻身跳过,谓之金斗,想其形类为名耳。②

> 优人为优,以一人幞头衣绿,谓之参军,以一人髽角敝衣如童仆状,谓之苍鹘。徐知训与吴王为优,自为参军,使王为苍鹘,总角敝衣,执帽以从,其狎侮媟嫚无君臣之礼如此。参军之法,至宋犹然,似院本及戏文装净之状,第不知其节奏耳。③

上述三则考证傀儡戏、掷倒伎、参军戏的源流演变,向称精核,是戏曲研究的宝贵资料。焦循在其专录戏曲文献的著名笔记《剧说》中已全数征引,并于第二则下按语云:

> 今之演剧者,以头委地,用手代足,凭虚而行,或纵或跳,旋起旋侧,其捷如猿,其疾如鸟,令见者目眩心惊,盖即古人掷倒伎也。④

解答了于氏所谓"惟掷倒不知何法"的问题。俞樾在《茶香室续钞》卷二十一《翻金斗》中也针对这一问题下按语称:

> 此说未知有本否?唐崔令钦《教坊记》有《筋斗裴承恩妹大娘》一条,似古作筋斗,不作金斗。⑤

---

① 于慎行撰,吕景琳点校:《谷山笔麈》卷十四《杂解》,王琦撰,张德信点校;于慎行撰,吕景琳点校:《寓圃杂记 谷山笔麈》,中华书局1984年版,第155页。
② 于慎行撰,吕景琳点校:《谷山笔麈》卷十四《杂考》,王琦撰,张德信点校;于慎行撰,吕景琳点校:《寓圃杂记 谷山笔麈》,中华书局1984年版,第159页。
③ 于慎行撰,吕景琳点校:《谷山笔麈》卷十四《杂考》,王琦撰,张德信点校;于慎行撰,吕景琳点校:《寓圃杂记 谷山笔麈》,中华书局1984年版,第159页。
④ 焦循:《剧说》卷一,古典文学出版社1957年版,第8页。
⑤ 俞樾撰,贞凡、顾馨、徐敏霞点校:《茶香室丛钞·茶香室续钞》卷二十一《翻金斗》,中华书局1995年版,第877页。

俞樾此书同卷《缠头非独施于倡伎》一条亦征引《谷山笔麈》。现代以来,《谷山笔麈》中这些有关戏曲研究的资料也成为许多著名学者如罗常培、孙楷第、瞿宣颖、任半塘、冯沅君、黄天骥等人取资的对象。

于慎行既为藏曲大家,又洞达戏曲古今流变,却不曾留下只字片语的创作。他曾在《亡兄太学都讲航隐先生墓志铭》中写道:"(于慎思)亦间为元人乐府,大有风韵,多从狭邪中得之。吾常欲效其体,先生笑曰:'若拘拘小儒,纸上作台阁官样,安能为此?'"①从这段兄弟间饶有风趣的谈话来看,于慎行一定曾创作过散曲,其《谷城山馆诗集》专收赋作一卷,小序即称:"予兄无妄好拟楚骚,予雅慕之。"②慎行自称"曲按新声度,花从静夜香"③,"乐曲临时制,花名按谱寻"④,在这些与友人宴会的场合,他大约也会染指时曲。于慎行生前志在用世,晚年家居又等待大用,流传至今的诗文集都由其亲手编定,时曲一类作品大概也就有意无意地摈而不选了。

尽管如此,根据焦循《剧说》的记载,于慎行身后却与他人创作的名剧发生了关联。《谷山笔麈》卷四《相鉴》述赵文华诏事严嵩事首末甚详:

> 分宜相在位,江右士大夫往往号之为父,其后,外省亦稍稍有效之者,赵文华者,其最也。文华既以父分宜,故位至卿佐,得上宠眷,乃稍欲结知人主,不禀其命。一日,密进药酒,方言:"授之仙,饮可不死,独臣与嵩知之。"上曰:"嵩有此方不奏,文华奏我。"分宜闻之,大惧且恨,立召文华问曰:"若何所献?"对曰:"无有。"分宜取进酒疏示之,文华长跪顿首,分宜怒叱之,不起,呼左右拽出,命门者毋敢为文华通。当时,分宜一睚眦者,立族矣。文华日夜忧惧,不知所出,从世蕃乞哀,世蕃怜之,为白夫人,夫人以其儿也,殊不忍其觳觫。一日,相君洗沐,义子皆来起居,置酒堂上,

---

① 于慎行:《谷城山馆文集》卷二十四《亡兄太学都讲航隐先生墓志铭》,《四库全书存目丛书》集部第 147 册,齐鲁书社 1997 年版,第 717 页。

② 于慎行:《谷城山馆诗集》卷二十《赋附》小序,《山东文献集成》第 3 辑第 25 册,山东大学出版社 2009 年版,第 667 页。

③ 于慎行:《谷城山馆诗集》卷十《三月廿八日饮侯六山庄四首》其四,《山东文献集成》第 3 辑第 25 册,山东大学出版社 2009 年版,第 555 页。

④ 于慎行:《谷城山馆诗集》卷十《东园牡丹小会四首》其三,《山东文献集成》第 3 辑第 25 册,山东大学出版社 2009 年版,第 555 页。

相君、夫人上座，义子及世蕃列侍，惟文华不得入，乃曲赂左右，伏于棂轩之间，酒中，夫人曰："今日一家皆在，目中何少文华?"相君嘻曰："阿奴负人，那得在此?"夫人因宛转暴白，相君色微和，文华遽走入，伏席前涕泣，相君不得已，遂留侍饮，尽欢而出。其后竟不能免也。盖分宜所杀甚多，大抵元出门下而后弃去者，此其人得罪，深于不相知。足为奔走权门者之戒矣。①

《剧说》征引之后，谓："见于文定公《笔麈》。《鸣凤记》《上寿》一折，本此。"②《鸣凤记》为明后期的著名传奇，其作者及撰著时代历来众说纷纭，迄今尚无定论。如焦循所言不误，则于慎行与戏曲真有不解之缘了，这是他自己所始料未及的，而《鸣凤记》的撰著时代亦得以添一有力佐证。

---

① 于慎行撰，吕景琳点校：《谷山笔麈》卷四《相鉴》，王琦撰，张德信点校；于慎行撰，吕景琳点校：《寓圃杂记 谷山笔麈》，中华书局 1984 年版，第 36—37 页。
② 焦循：《剧说》卷三，古典文学出版社 1957 年版，第 60 页。

附录一　于慎行史事二则考订

于慎行一生经历相对单纯，其生平的一些具体史实尚蛛网尘封，有待考稽勾勒，因择要就其史事二则进行考订，俾能有所发明。

一、于慎行属人书诗与明神宗御书"责难陈善"以赐非一事

于慎行贵为帝师元老，地位清华，所谓"圣代仪文今日盛，儒臣雨露向来偏"①，"惭负宸慈何以报，惟将丹宬效余箴"②，也的确是于氏自己馆阁生涯的真实写照。

据《明史·于慎行传》载：

> 尝讲罢，帝出御府图画，令讲官分题。慎行不善书，诗成，属人书之，具以实对。帝悦，尝大书"责难陈善"四字赐之，词林传为盛事。③

先是，万斯同《明史》及王鸿绪《明史稿》均有同样记载，唯"传"作"诩"字。但据《东阿于文定公年谱》，万历五年（1577），"三月戊子，赐御书'责难陈善'署字"。原注：

> 与南昌（按：指张位）同赐。一日，上御文华后殿正字，顾江陵曰："新补二讲官未赐字。"对曰："唯。"内臣濡墨以需，上遂索纸疾书以赐。是后

---

① 于慎行：《谷城山馆诗集》卷十二《冬至南郊扈从纪述，和陈玉垒太史韵八首》其四，《山东文献集成》第 3 辑第 25 册，山东大学出版社 2009 年版，第 577 页。

② 于慎行：《谷城山馆诗集》卷十六《纪赐四十首有序·辛卯九月，乞休得请。钦遣内使赍赐路费、宝钞，次日又遣内使赍赐白金、文绮，盖六卿日讲，各有特恩也》，《山东文献集成》第 3 辑第 25 册，山东大学出版社 2009 年版，第 638 页。

③ 张廷玉等：《明史》卷二百十七《于慎行传》，中华书局 1974 年版，第 5738 页。

希有赐者。①

万历六年(1578)正月,"己未,开讲,及五讲官应制,分咏古名绘各五"。原注:

> 凡三十幅(按:当为二十六幅,此系《东阿于文定公年谱》误记。),先生噘于书,诗成,使代,乃具实以闻。或难之,先生曰:"欲欺乎?上本命为诗也。"②

是知于慎行应制题画时属人书诗与明神宗御书"责难陈善"四字以赐实别为二事,《明史》本传疏于考证,既混淆上述两事的先后顺序,复误为一事。

证诸于慎行本人的著述,亦可发《明史》之谬。神宗御书"责难陈善"以赐,一时"词林传为盛事",于慎行一生感恩戴德,引以为荣,所谓"章句小臣,叨承日星之辉,荣宠何已"③,在其各种著述中均有记载。于氏《谷城山馆诗集》卷十六《丁丑三月,上亲洒宸翰,大书"责难陈善"四字以赐》和《谷城山馆文集》卷三十四《恭题御书卷后》即记此事。《谷山笔麈》载:

> 丙子,殿讲张公位及行补入讲帷。一日,上顾相君曰:"新讲官二人尚未赐与大字。"相君曰:"惟上乘暇挥洒。"一日,内使濡墨以俟,上遂大书二幅赐位及臣行。字画比赐诸公者稍大,而老成庄劲又若胜前岁者。盖御龄已十五矣。④

至于应制题画一事,在于慎行漫长的馆阁生涯中似亦仅此一见,故尔让他备觉荣耀,在其著作中一再提及。其《谷城山馆诗集》卷六《应制题画四首有序》云:

> 万历戊寅(1578)正月,上出内府画册二十六幅,命日讲六臣分题奏上,各赐银豆一包,时同事者:宫詹吴门申公、宫谕信阳何公、宫洗新都许公、宫赞武陵陈公、翰撰南充陈公也。予分得四题如左。⑤

---

① 邢侗编纂,阮自华撰述:《东阿于文定公年谱》卷一,《山东文献集成》第 1 辑第 10 册,山东大学出版社 2006 年版,第 625 页。

② 邢侗编纂,阮自华撰述:《东阿于文定公年谱》卷一,《山东文献集成》第 1 辑第 10 册,山东大学出版社 2006 年版,第 633 页。

③ 于慎行:《谷城山馆文集》卷三十四《恭题御书卷后》,《四库全书存目丛书》集部第 148 册,齐鲁书社 1997 年版,第 189 页。

④ 于慎行撰,吕景琳点校:《谷山笔麈》卷二《纪述二》,王琦撰,张德信点校;于慎行撰,吕景琳点校:《寓圃杂记 谷山笔麈》,中华书局 1984 年版,第 17—18 页。

⑤ 于慎行:《谷城山馆诗集》卷六《应制题画四首有序》,《山东文献集成》第 3 辑第 25 册,山东大学出版社 2009 年版,第 515 页。

于慎行所题四首均为五律,分别是:《雪景》、《烟雨》、《宣庙御笔汀鸟》、《鹌鹑》。于氏《谷山笔麈》对此有更详细记述,唯时间小有出入,当是其误记尔:

> 丁丑(1577)十二月,上出画册一函,凡二十六幅,命讲臣六人分赋。学士申公时行、宫谕何公洛文各赋五幅,宫洗许公国、宫允陈公思育、翰撰陈公于陛与行各赋四幅。奏上,赐银豆。画多虫鱼山水,半无款识,中有宣庙御笔数幅,精绝特甚。行所分者,宣庙汀鹭一幅,其三,则马远、马麟山水及鹌鹑也。[①]

此次应制题画,于氏述之已详,只是未提及属人书诗事。

考《明史·于慎行传》记载之谬,当实沿自叶向高《太子少保礼部尚书兼东阁大学士赠太子太保谥文定于公墓志铭》。那里说:

> 听讲罢,时出御府图画传观,或分命题咏。公不善临池,诗成,则倩人书之,具以质对。上又大书"责难陈善"字赐公,中外相传,诩为盛事。[②]

叶向高与于慎行虽为莫逆之交,但如叶氏自称"在词林,于公为晚进"[③],其对于氏早期生平实恐不甚了了,因有此误。叶向高以东阁大学士的身份而为于慎行作此墓志铭,故为后世各类史书笔记所采信,因致谬误流传。

需要附加说明的是:《东阿于文定公年谱》不过说"先生嗛于书","嗛"者,意有不足也,乃是自于慎行本人的主观感受言之。而向高所作墓志铭则直称"公不善临池",则是自客观方面言之了。但事实上,于慎行与邢侗、周天球、陈永年、董其昌等书画大家有交,与邢、周二人关系尤密。于氏家族成员中亦有善书者。据于慎行自己说其外叔祖刘隅"兼善书法诸体",且著有"《古篆分韵》五卷"。[④] 在为三兄慎思所作墓志铭中,于慎行又特别提到:"外叔祖中

———————

① 于慎行撰,吕景琳点校:《谷山笔麈》卷二《纪述二》,王琦撰,张德信点校;于慎行撰,吕景琳点校:《寓圃杂记 谷山笔麈》,中华书局1984年版,第19页。

② 叶向高:《苍霞续草》卷十《太子少保礼部尚书兼东阁大学士赠太子太保谥文定于公墓志铭》,《四库禁毁书丛刊》集部第125册,北京出版社1997年版,第99页。

③ 叶向高:《苍霞续草》卷十《太子少保礼部尚书兼东阁大学士赠太子太保谥文定于公墓志铭》,《四库禁毁书丛刊》集部第125册,北京出版社1997年版,第98页。

④ 于慎行:《明都察院右副都御史刘公墓表》,李贤书修,吴怡纂:《(道光)东阿县志》卷二十二《艺文志八》,《中国地方志集成·山东府县志辑》第92册,凤凰出版社2004年版,第258页。

丞刘公故善章草,先生能继其法。篆隶行楷,并皆精妙。"①于慎行为恩师朱衡所作行状称其"又善书法,有晋人风"②。由此可窥于氏书法之渊源。《东阿于文定公年谱》在于氏生命的最后一年,郑重记载了其赴商丘看望故友沈鲤,于八关斋欣赏颜真卿书法石刻的事迹:"(四月)辛巳,视微子祠、阏伯祠,游于文雅台、八关斋,读颜鲁公所书石幢而还。"③石幢所书刻的,即颜真卿之《有唐宋州官吏八关斋会报德记》。于慎行书有晋唐人法,尤善榜书。至今仍有手泽存世,且在山东多个名胜之地如泰山、平阴天柱峰、虎窟禅洞、费县枕流亭等名胜留下碑刻真迹。即使我们不以于慎行预书家之列,但称其有较深厚的书法造诣,也实足以当之而无愧。要知道,于慎行应制题画时所面对的神宗皇帝是一位精于书艺的君主,其书法瘦硬通神,"运笔之妙,有颜、柳所不逮者",其时虽当少年,而所成就则已斐然可观,"真可谓天纵多能矣"。④况且以于慎行一贯的高自要求,大概对自己的书法意有所未惬,因请人代书。而为他作年谱的邢侗,不仅是与董其昌并称"北邢南董"的一代大书家,又是其最亲密的门人和姻亲,因此称"先生嗛于书",也就不足为怪了。而此后,于慎行殆知耻而后勇,更留意于翰墨,这才有人书俱老的结果。

二、于慎行非首辅

于慎行世称"于阁老",在其家乡鲁西一带广有影响。民间及今人相关论著资料多以为其曾官拜首辅,未能正确指出于氏在内阁中的序位。

万历三十四年(1606)七月,沈一贯、沈鲤皆罢相,自此内阁惟朱赓一人在。然"(朱)赓以老,屡引疾,阁中空无人。……赓力疾请付廷推"⑤。《明神宗实录》卷四百三十三载:

---

① 于慎行:《谷城山馆文集》卷二十四《亡兄乡贡进士冲白先生墓志铭》,《四库全书存目丛书》集部第 147 册,齐鲁书社 1997 年版,第 718 页。

② 于慎行:《谷城山馆文集》卷二十八《明故荣禄大夫太子太保工部尚书镇山朱公行状》,《四库全书存目丛书》集部第 148 册,齐鲁书社 1997 年版,第 94 页。

③ 邢侗编纂,阮自华撰述:《东阿于文定公年谱》卷二,《山东文献集成》第 1 辑第 10 册,山东大学出版社 2006 年版,第 750 页。

④ 沈德符:《万历野获编》卷二《列朝·今上御笔》,中华书局 1959 年版,第 63 页。

⑤ 张廷玉等:《明史》卷二百十九《朱赓传》,中华书局 1974 年版,第 5780—5781 页。

（万历三十五年五月）己卯，吏部同九卿科道会推阁臣于慎行、赵世卿、刘元震、叶向高、杨道宾、李廷机、孙丕杨等七人。①

又载：

丁亥，……大学士赓再催请枚卜。是日会推疏下，点用于慎行、叶向高、李廷机三人矣。②

《明史·于慎行传》载：

居二年，廷推阁臣七人，首慎行。诏加太子少保兼东阁大学士，入参机务。③

是知万历三十五年（1607）五月，廷推直阁大学士，吏部会同九卿科道先推举于慎行、赵世卿、刘元震、叶向高、杨道宾、李廷机、孙丕扬七人。后于慎行及李廷机、叶向高三人被命直阁，以慎行为首。

但据《明史·王锡爵传》载：

三十五年，廷推阁臣。帝既用于慎行、叶向高、李廷机，还念锡爵，特加少保，遣官召之。三辞，不允。④

《明史·朱赓传》亦载：

赓力疾请付廷推，乃用于慎行、李廷机、叶向高，而召锡爵于家，以为首辅。⑤

又《明神宗实录》卷四百三十三载：

戊子，加于慎行太子太保（按：当作太子少保，此系《明神宗实录》误记。）、礼部尚书，叶向高、李廷机升礼部尚书，各兼东阁大学士。是日赓疏称："王锡爵德高望重，臣素所推，愿佐下风，请特加少保以隆首辅之体。于慎行二十年尚书，宜进太子少保，廷机、向高久推正卿，宜升礼部尚

① 《明神宗实录》卷四百三十三"万历三十五年五月己卯"条，台湾"中央"研究院历史语言研究所 1962 年版，第 8190—8191 页。
② 《明神宗实录》卷四百三十三"万历三十五年五月丁亥"条，台湾"中央"研究院历史语言研究所 1962 年版，第 8197 页。
③ 张廷玉等：《明史》卷二百十七《于慎行传》，中华书局 1974 年版，第 5739 页。
④ 张廷玉等：《明史》卷二百十八《王锡爵传》，中华书局 1974 年版，第 5754 页。
⑤ 张廷玉等：《明史》卷二百十九《朱赓传》，中华书局 1974 年版，第 5780—5781 页。

书。"温旨报从。①

沈德符《万历野获编》卷八《内阁·五臣》亦载：

顷丁未爱立，现任为朱山阴，起故相王太仓为首揆，而进于东阿、李晋江、叶福清，俱为东阁。②

是知点用于慎行、李廷机、叶向高之外，明神宗又起用前首辅王锡爵为首辅，加上当时唯一在阁的朱赓，实共有阁臣五人。一时天下称为"五老"③，甚至有比作"五臣"④者。众望所归，咸庆得人。后王锡爵虽坚辞不出，然尚是名义上的首辅。朱赓为于慎行亲密的同年僚友，两人均出身翰林院、礼部，朱赓资历在慎行之前，此前又当直阁，依故事，朱赓为次辅，而慎行居其后，实为三辅。叶向高《纶扉奏草》卷十四《请补阁臣第三十二疏》云："臣初受事时，阁中共有五臣，今王锡爵、朱赓、于慎行相继没矣。"⑤而考于慎行于万历三十五年十一月（1608 年 1 月）逝世，次年朱赓卒于官，又二年而王锡爵殁于家。叶向高实是依三人在内阁中的排序而言之，并非依其实际逝世时间的先后。

万历丁未（1607）内阁班子如昙花一现，迅即凋零。王锡爵阖门养重，竟辞不赴，李廷机忧谗畏讥，杜门不出。于慎行再辞不允，加之与叶向高相约各以陆、舟"相次趋朝"，而叶氏又数以"公不来，吾不敢先入国门"相邀，⑥于是坚定决心，抱病赴京，而不幸"陛见之日为陛辞之日"⑦。次年，朱赓又卒于官。最后在内阁苦撑残局的，多年来唯有叶向高一人。于慎行虽未

① 《明神宗实录》卷四百三十三"万历三十五年五月戊子"条，台湾"中央"研究院历史语言研究所 1962 年版，第 8197 页。
② 沈德符：《万历野获编》卷八《内阁·五臣》，中华书局 1959 年版，第 226 页。
③ 沈懋孝：《长水先生文钞·水云绪编》卷二《于谷山学士书》，《四库禁毁书丛刊》集部第 160 册，北京出版社 1997 年版，第 178 页。
④ 汤兆京：《灵蕙阁集》卷七《贺叶台山相公》，《四库全书存目丛书补编》第 98 册，齐鲁书社 2001 年版，第 697 页。
⑤ 叶向高：《纶扉奏草》卷十四《请补阁臣第三十二疏》，《四库禁毁书丛刊》史部第 37 册，北京出版社 1997 年版，第 109 页。
⑥ 叶向高：《苍霞续草》卷十《太子少保礼部尚书兼东阁大学士赠太子太保谥文定于公墓志铭》，《四库禁毁书丛刊》集部第 125 册，北京出版社 1997 年版，第 100 页。
⑦ 汤宾尹：《睡庵稿》文集卷二十五《祭于文定文》，《四库禁毁书丛刊》集部第 63 册，北京出版社 1997 年版，第 360 页。

官拜首辅,甚至也"未遑秉笔",而赍志以殁,但他久负相望,所谓"苍生愁抒轴,黄阁想纶丝"①,卓然为当代名臣。于慎行之出山,实欲有一番大作为,而时人也的确曾寄予最大的厚望,"于阁老"的称号他是当之无愧的。时人伍袁萃在《林居漫录》中一面肯定于慎行"醇德懿行,蔚为名臣。爰立命下,人无间言",另一面却对于氏的抱病入朝颇有微词:"然见朝之日,扶掖而行,拜起失节,为言官所纠,数日而殁。国家固当倚任老成,大臣亦当自度进退。公老矣,且病,此出独不可已乎"②。伍袁萃未察于氏深衷,所言未免有失厚道。

又,关于于慎行拜相后是否赴任及其赴任、草遗疏、去世的具体时间,据《东阿于文定公年谱》和《太子少保礼部尚书兼东阁大学士赠太子太保谥文定于公墓志铭》,记载甚明,但明清一些典籍所记多有错误。如《明神宗实录》云:"至是枚卜,趋朝甫一日,遂以遗疏告终,中外惜之。"③《明史》本传及《明通鉴》均记载于慎行死前数日草遗疏。沈德符《万历野获编》卷九《内阁·李温陵相》云:"于(慎行)抵京见朝三日而殁。"④傅恒等撰《御批历代通鉴辑览》卷一百十二云:"至京十有三日而卒。"⑤吴荣光《历代名人年谱》卷九云:"二月,以于慎行、李廷机、叶向高为东阁大学士。……至京十三日而卒,中外惜之。"⑥陈子龙等辑《皇明经世文编·姓氏爵里总目》云:"三十三年疏请册立,不报,引疾归。三十六年召入内阁,未任卒。"⑦陈建《皇明通纪集要》、张宏道等《明三元考》及庄廷鑨《明史钞略》均记载万历三十五年(1607)召于慎行入

---

① 叶向高:《苍霞诗草》卷四《奉寿大宗伯于谷峰先生六十》,叶向高:《苍霞草全集》,江苏广陵古籍刻印社1994年版,第163页。

② 伍袁萃:《林居漫录》畸集卷二,《四库全书存目丛书》子部第242册,齐鲁书社1995年版,第538页。

③ 《明神宗实录》卷四百四十"万历三十五年十一月壬申"条,台湾"中央"研究院历史语言研究所1962年版,第8350—8351页。

④ 沈德符:《万历野获编》卷九《内阁·李温陵相》,中华书局1959年版,第236页。

⑤ 傅恒等撰:《御批历代通鉴辑览》卷一百十二《明神宗皇帝》,万历三十五年,《景印文渊阁四库全书》第339册,台湾商务印书馆1986年版,第578页。

⑥ 吴荣光编:《历代名人年谱》卷九《明景宗景泰元年至明庄烈帝崇祯十七年》,上海书店出版社1989年版,第46页。

⑦ 陈子龙等辑:《皇明经世文编》卷首《皇明经世文编姓氏爵里总目》,《四库禁毁书丛刊》集部第22册,北京出版社1997年版,第95页。

阁,未赴而卒。钱保塘《历代名人生卒录》卷七云:"于慎行,嘉靖十五年生,万
历二十六年卒,年六十三。"①,更属错谬。今人各类论著资料多以于慎行卒年
万历三十五年直接对应为 1607 年,亦不确。林林总总,莫衷一是,在此一并
正之。

---

① 钱保塘:《历代名人生卒录》卷七《明》,北京图书馆出版社 2002 年版,第 170 页。

附录二　《五七九传》及相关问题考论

《五七九传》是晚明一篇重要的传记,在当时颇为士人所知,但流传不广,不久就亡佚了。兹对其作者、本事、创作背景及其他相关问题作一考证、阐发,以使对于慎行的人生能有更生动的了解。

一、《五七九传》的作者及其他

公鼐曾在其乐府《五七九谣》小序中说:

> 于文定公《笔麈》云:"东海渔人作《五七九传》。"其事细鄙,称传过矣,然其言足以戒,蒙山樵叟又从而为之谣。①

可知公鼐之创作《五七九谣》,实因"东海渔人"的《五七九传》而起,但"东海渔人"到底为何人,公氏未加指明。于慎行《谷山笔麈》卷四《相鉴》载:

> 游七、宋九,即梁氏之秦宫、霍家之冯子都也。一时侍从、台谏多与结纳,密者称为兄弟;一二大臣亦或赐坐命茶,呼为贤弟;边帅武夫出其门下,不啻平交矣。九之声势稍不及七,而能作字,颇为主人代笔,其富又过于七,求其所以得宠,皆食桃之欢也。同时有王五者,文雅不及七而富次之,第其主人未甚当事,且以清谨为名,不大烜赫耳。一日,五谓人曰:"近日有给舍过我家宋九,适一边帅遣使伺候元老,先通阿九,给舍问:'此谁也?'九对:'此某边大将,在我相公门下。'给舍即云:'烦兄通息于

---

① 公鼐著,赵广升点校:《问次斋稿》卷三《五七九谣》,中国戏剧出版社 2008 年版,第35 页。

渠,愿与交欢。'世有此等谏官,向吾辈求荐与边帅游,大可笑也。"以此言之,五之识过七、九远矣。恨嘉靖间鹤山先生不及见后辈人品。东海渔人作《五七九传》志之。①

《谷山笔麈》另有三处提及游七或宋九:

> 若徐爵以武校、游七以家奴与闻朝政,则又不啻莹中(按:指廖莹中)、应龙(按:指翁应龙)之比矣。然宋虽末叶,犹能斩莹中、应龙以正法典,而圣明之朝,乃不能明加典刑以法二竖,而使之老死狱中,姑息之政,何甚于宋乎?②

> 江陵秉事,吴(按:指吴兑)事之尤备,每有献遗,先通其舍人游七,所以事游七者亦无不至,以故两相君皆爱用之。③

> 考之近事,亦颇有之,如权相纪纲号"七"与"九"者,破其家赀,不当赡一军二年之费耶?④

于慎行显然熟知"五七九"辈行事,但隐约其辞。然则"东海渔人"何许人也?同时而稍后的沈德符给出了明确的答案。沈氏在《万历野获编》卷九《内阁》部分专列《五七九传》条目,叙之甚详:

> 近有作《五七九传》者,盖皆指今上首揆江陵、吴县、太仓,三相公用事奴也。七为游七,名守礼,署号曰楚滨,当江陵相公柄国时,颇能作威福,亦曾入赀为幕职,至冠进贤,与士大夫往来宴会。其后与徐爵同论斩,爵死已久,闻七尚至今在狱。当其盛时,无耻者自屈节交之耳。江陵驭下最严,闻七娶妾,与两黄门李姓者姻连,大怒,笞之几死,二李皆见逐矣。吴县在事,其焰已不及江陵之百一。所谓九者,本姓宋,名徐宾,从吴县初姓也,署号双山主人。先自驯谨畏祸,其仆亦能守法,第频与边将往还通

---

① 于慎行撰,吕景琳点校:《谷山笔麈》卷四《相鉴》,王琦撰,张德信点校;于慎行撰,吕景琳点校:《寓圃杂记 谷山笔麈》,中华书局1984年版,第45—46页。

② 于慎行撰,吕景琳点校:《谷山笔麈》卷四《相鉴》,王琦撰,张德信点校;于慎行撰,吕景琳点校:《寓圃杂记 谷山笔麈》,中华书局1984年版,第48页。

③ 于慎行撰,吕景琳点校:《谷山笔麈》卷五《臣品》,王琦撰,张德信点校;于慎行撰,吕景琳点校:《寓圃杂记 谷山笔麈》,中华书局1984年版,第56页。

④ 于慎行撰,吕景琳点校:《谷山笔麈》卷十《明刑》,王琦撰,张德信点校;于慎行撰,吕景琳点校:《寓圃杂记 谷山笔麈》,中华书局1984年版,第114页。

赂遗，如李宁远父子，皆尔汝交。亦有一二缙绅，留之座隅者，维援纳京卫经历，因覃恩得封其父母，以此物论归咎主人，此则吴县懵懂之过。但徐文贞当国时，其仆徐实辈，已冒功为锦衣百户矣。九死未久，其子已酷贫。五则名王佐，署号念堂。娄江当国最晚，最不久，门庭素肃，无敢以币交者。惟五与弇州仆陶正者为密友，因染其骨董之癖，颇收书画铜窑之属，邸中游棍时趋之。又曾买都下名妓冯姓者为妾，颇干娄江家法，其妓亦遂逐矣。五比九尤为小心，见士大夫扶服谨避，今胪列成三，并前二人无色矣。

此条末云"此传出东省一词林大僚笔，其时正负相望，以小嫌失欢于吴县，不荐之入阁，及辛卯冬被白简，拟旨又不固留之，以此描写宋九，以实主人之墨，而五、七则干连犯人也"。① 其实暗指作者为于慎行。同书卷七《内阁·内阁密揭》条，则已直接点明：

> 顷年娄江王相公，因上屡召不出，始以密揭进谏，遣家人王勉赍入京，勉为王五之婿，即东阿于相公作《五七九传》中之一也。②

沈德符与申时行、王锡爵有亲，其言之凿凿如此，一定曾亲见《五七九传》而有所本。

于慎行一生著述如林，"谷峰"和"谷山"是其最为人所熟知的别号，其他可见者尚有"岱畎生"、"谷山子"、"谷山主人"、"翰林主人"、"谷城居士"、"毗邪居士"、"无垢居士"、"黄石居士"、"黄石先生"、"有是先生"、"石间主人"、"北野之农"、"北鄙之老"、"北鄙人"、"济北生"、"内史氏"、"旧史氏"、"太史氏"、"内史"、"旧史"、"谷城山下居士"、"山中居士"等二十余个，至于"东海渔人"则未尝一见。但其《谷城山馆文集》卷十一中有《宫保李公奏议叙》一文，结句云："海岸之渔庶几得耳剽焉。"③又卷三十一《亡兄乡贡进士冲白先生哀辞》谓："邈东海之遐裔兮，世沉沦于渔钓。"④他自称"海岸之渔"，其

① 沈德符：《万历野获编》卷九《内阁·五七九传》，中华书局1959年版，第239—240页。
② 沈德符：《万历野获编》卷七《内阁·内阁密揭》，中华书局1959年版，第199页。
③ 于慎行：《谷城山馆文集》卷十一《宫保李公奏议叙》，《四库全书存目丛书》集部第147册，齐鲁书社1997年版，第421页。
④ 于慎行：《谷城山馆文集》卷三十一《亡兄乡贡进士冲白先生哀辞》，《四库全书存目丛书》集部第148册，齐鲁书社1997年版，第138页。

实就是"东海渔人"。东阿于氏家族系出东海,于慎行自称"列祖迁自海邦"①。这种家族的记忆深深保存于于慎行的心中,使他具有浓厚的东海情结,屡屡形诸笔端,最典型者如"家本东海裔"②、"我栖东海岸"③、"一自樵渔来海上"④、"海岸渔竿自把"⑤等句。

"五七九"的事迹,本是当日社会津津乐道的话题,久为士人所注意,当时各类野史笔记多有记载,而游七、宋九更因其招惹士怨而为正史如《明史》、《明实录》所著录,其中游七尤其广为人知,成为文艺作品中的人物。如王世贞《觚不觚录》载:

> 至江陵当国,而家人子游七司其出纳,署号曰楚滨,无不称楚滨者。
>
> 翰林一大僚为记以赠之,而二给事皆李姓,与之通婚媾,翰林诸公赠诗及文,而九卿、给事、御史投刺十至四五矣。⑥

顾炎武在《日知录》中因此感慨:"名号之轻,文章之辱,至斯而甚。"⑦陈与郊所作《樱桃梦》第三十三齣中丑角说:"我且见见七叔,央他在相公面前说箇方便。"末角说:"谁要你叫什么七叔、叔爹?"丑、净说:"如今天下都是这样叫。"⑧这个"七叔"即隐射游七。至于后世,"游七"乃作为奴仆干政的符号,成了典故。如清人昭梿在笔记《啸亭续录》中一再说:"有蓻山(按:指严嵩之

---

① 于慎行:《谷城山馆文集》卷三十二《告高祖墓文》,《四库全书存目丛书》集部第148册,齐鲁书社1997年版,第157页。

② 于慎行:《谷城山馆诗集》卷二《感怀二十首》其十四,《山东文献集成》第3辑第25册,山东大学出版社2009年版,第460页。

③ 于慎行:《谷城山馆诗集》卷四《白马篇送可大》,《山东文献集成》第3辑第25册,山东大学出版社2009年版,第486页。

④ 于慎行:《谷城山馆诗集》卷十一《癸酉春日闲居四首》其三,《山东文献集成》第3辑第25册,山东大学出版社2009年版,第566页。

⑤ 于慎行:《谷城山馆诗集》卷十九《夏日村居四十二首》其二十六,《山东文献集成》第3辑第25册,山东大学出版社2009年版,第665页。

⑥ 王世贞:《觚不觚录》,《景印文渊阁四库全书》第1041册,台湾商务印书馆1986年版,第437页。

⑦ 顾炎武著,黄汝成集释,栾保群、吕宗力校点:《日知录集释》(全校本)卷十三《奴仆》,上海世纪出版股份有限公司、上海古籍出版社2006年版,第800页。

⑧ 陈与郊:《樱桃梦》下卷《第三十三齣 逐诣》,《古本戏曲丛刊二集》第10册,商务印书馆1955年版。

仆严永年)、楚滨之风"①,"有楚滨、尊山之风"②,"有楚滨、尊山之讽"③。著名小说《歧路灯》第九回中柏永龄说:"又其甚者,则开口曰'严鹤山先生',闭口'胡楚滨(按:此处误,当作"游楚滨"。)姻家'。这都是抖能员的本领,夸红人儿手段。"④

晚明社会,豪奴悍仆,专恣暴横,倚势欺人,成为社会公害,而"五七九"辈尤其可称典型。如此富于现实意义、饶有趣味的题材,作为一代文史大家,于慎行在面对它时,当然不会只停留于泄恨讽刺的情绪发露,而可能借创作传记保存了不少当日政治、社会的风貌。公鼐评价《五七九传》"其事细鄙,称传过矣",则此传可能会有许多富于文学性的生动形象的细节描写。

沈德符以为"以此描写宋九,以实主人之墨,而五、七则干连犯人也"⑤。而阅《谷山笔麈》,动辄指责游七,又以游七与宋九并称,说"如权相纪纲号'七'与'九'者,破其家赀,不当赡一军二年之费耶",只是对于王五则笔下有所留情,沈氏之言未免有所偏颇。于慎行醇德懿行,为世名臣,自己"四十年老词臣,登位八座,门无行马,僮不曳帛,马不食粟,厅事仅仅,视太祝许"⑥,对于"五七九"辈以奴仆干政的行为,当然会深恶痛绝,而不必像沈德符所说仅仅是出于对申时行的私恨。而他的清华地位及其与张居正、申时行、王锡爵诸人的交往,又使其能够胜任《五七九传》的作者角色,"五七九"合并而言,至于慎行始首发之。据前引《万历野获编》卷九《内阁·五七九传》条,可知此篇传记的完成,当在于氏礼部尚书卸任以后。又前引《谷山笔麈》云:"同时有王五者,文雅不及七而富次之,第其主人未甚当事,且以清谨为名,不大烜赫耳。"可知所记为申时行任首辅、王锡爵为三辅时之事。于慎行于万历十九年(1591)九月获

---

① 昭梿撰,何英芳点校:《啸亭杂录·啸亭续录》卷三《刘全母》,中华书局1980年版,第441页。

② 昭梿撰,何英芳点校:《啸亭杂录·啸亭续录》卷三《安三》,中华书局1980年版,第456页。

③ 昭梿撰,何英芳点校:《啸亭杂录·啸亭续录》卷五《定恭王》,中华书局1980年版,第515页。

④ 李绿园著,李颖点校:《歧路灯》,中华书局2004年版,第70页。

⑤ 沈德符:《万历野获编》卷九《内阁·五七九传》,中华书局1959年版,第240页。

⑥ 邢侗编纂,阮自华撰述:《东阿于文定公年谱》卷末邢侗跋,《山东文献集成》第1辑第10册,山东大学出版社2006年版,第765页。

准致仕,次月离京南归,《五七九传》很可能完成于此期间,而得以在京流传,最迟也不会晚于《谷山笔麈》万历二十七年(1599)九月前脱稿之时。于慎行既为"海内文章伯,朝端社稷臣"①,生平著述流传者多关实用,《五七九传》既然"其事细鄙",且多涉讽刺,大概在于氏生前就注定了其不易流播的命运。

公鼐、沈德符尚有幸成为《五七九传》的读者,但此篇传记的流播大概相当有限,而不久就亡佚了。谢肇淛《五杂组》卷八《人部四》云:"按:江陵家奴尚有宋九、王五者,九善词翰,而权不及游。五颇有识,常笑其侪所为。时有作《五七九传》者,七即游也。"②博学多闻如谢肇淛,又曾是于慎行谷城园中的座上客,已经不知《五七九传》所云了。明清以来,《宪章外史续编》、《嘉禾徵献录》、《蓉槎蠡说》、《止园笔谈》及《骨董琐记》诸书均提及"五七九",而所征引内容都未出《谷山笔麈》、《万历野获编》二书所记之范围。俞樾《茶香室续钞》卷四《五七九》引《谷山笔麈》有关"五七九"条目后云:"按七、九皆张江陵之仆,游七即游守礼,号曰'楚滨'者也。王五则未详其主人为谁耳。"③俞氏《茶香室丛钞》征引《万历野获编》处甚多,不知何以竟疏误至此。

二、于慎行与公鼐交游考

公鼐自称"蒙山樵叟",此别号仅在其《五七九谣》小序中一见,与"东海渔人"堪称妙对,由此引起我们探讨于慎行、公鼐二人关系的兴趣。公鼐之父公家臣与于慎行交好,家臣殁后,于氏为作墓志铭,称:

> 异日,东方人士阙于词林之籍,二十年矣。乙丑而得沈司成(按:指沈渊)先生,戊辰而予滥竽,辛未而得太史(按:指公家臣)。盖三生偕计吏,同也,里人诩以为盛,乃其游亦甚欢焉。④

---

① 方弘静:《素园存稿》卷七《大宗伯谷峰于公六袤寿章》,《四库全书存目丛书》集部第121册,齐鲁书社1997年版,第122页。

② 谢肇淛撰,傅成校点:《五杂组》卷八《人部四》,上海世纪出版股份有限公司、上海古籍出版社2012年版,第143页。

③ 俞樾撰,贞凡、顾馨、徐敏霞点校:《茶香室丛钞·茶香室续钞》卷四《五七九》,中华书局1995年版,第583页。

④ 于慎行:《谷城山馆文集》卷十八《明故南京户部主事前翰林院编修东塘公先生墓志铭》,《四库全书存目丛书》集部第147册,齐鲁书社1997年版,第542页。

可见公鼐与于慎行之世谊非浅。

今于慎行《谷城山馆诗集》有《九日登三阳观与冯用韫学士、公孝与文学言别》、《寄贺公孝与吉士》两诗，即因公鼐而作。他感慨"白首论交少旧欢"①，又称赞公鼐"阁夜青藜可更探，君家文物满齐南"②。至于公鼐《问次斋稿》中更有《于宗伯席上赠江右程生》、《东阿于大宗伯相待奉高，邀临朐冯少宰同登岱山，正值九日》、《于、冯二先生同游三阳庵，庵在泰山西神霄峰下》、《灵岩寺晚到，将与于、冯二先生为别》、《哭于相国谷城先生》、《东阿过于文定公祠》等多首诗歌记载了两人交往的情形。于慎行礼部尚书任内，公鼐尚未释褐，但已北游京师，成为于家的座上客。据《东阿于文定公年谱》，万历二十七年（1599）七月，时在家居中的吏部侍郎冯琦遣约于慎行登岱，而公鼐亦在邀请之列。于慎行于本年九月初四抵达泰安，先期游览岱庙和三阳观，这是其生平第六次登岱。初七，冯琦和公鼐同至泰安。此后三日，三人遍游泰山，尽兴而别。③ 这次登岱在三人心中都留下了深刻的印象，公鼐中庶吉士后，于慎行赠诗追忆"当年聚岳是星三"④，而公鼐则于于慎行殁后，感叹"三星聚岳是何年"⑤。另据《东阿于文定公年谱》，公鼐此后特地两度前往东阿造访于氏。万历三十四年（1606）三月，"公太史鼐及华（按：指阮自华）谒于东园。送公太史及华"。⑥ 万历三十五年（1607）八月，时于氏已拜相，而尚未赴京，"癸酉，公太史鼐过谒，及张大行饮于东园"。⑦ 三个月后，于慎行病逝于京，这是他们

① 于慎行：《谷城山馆诗集》卷十四《九日登三阳观，与冯用韫学士、公孝与文学言别》，《山东文献集成》第 3 辑第 25 册，山东大学出版社 2009 年版，第 617 页。

② 于慎行：《谷城山馆诗集》卷十五《寄贺公孝与吉士》，《山东文献集成》第 3 辑第 25 册，山东大学出版社 2009 年版，第 625 页。

③ 参见邢侗编纂，阮自华撰述：《东阿于文定公年谱》卷二，《山东文献集成》第 1 辑第 10 册，山东大学出版社 2006 年版，第 726—727 页。

④ 于慎行：《谷城山馆诗集》卷十五《寄贺公孝与吉士》，《山东文献集成》第 3 辑第 25 册，山东大学出版社 2009 年版，第 625 页。

⑤ 公鼐著，赵广升点校：《问次斋稿》卷二十一《哭于相国谷城先生》其一，中国戏剧出版社 2008 年版，第 258 页。

⑥ 邢侗编纂，阮自华撰述：《东阿于文定公年谱》卷二，《山东文献集成》第 1 辑第 10 册，山东大学出版社 2006 年版，第 746 页。

⑦ 邢侗编纂，阮自华撰述：《东阿于文定公年谱》卷二，《山东文献集成》第 1 辑第 10 册，山东大学出版社 2006 年版，第 752 页。

最后一次见面。其后,公鼐过东阿,又前往于文定公祠拜谒。

《明史》本传称公鼐"好学博闻,磊落有器识"①,但在于慎行生前,公鼐蹭蹬科第,官位不显,至于氏逝后,始蔚为名臣。于慎行在为傅光宅所作墓志铭中提及自己平生所友山左才士有于达真、傅光宅、邢侗、冯琦、公鼐等五人。于氏委婉地说与傅光宅"自未第时相与,不甚狎而甚早"②,他与其他四人的关系则显然更为密切得多。如果说于慎行与冯琦在经世之学上更多相同之处,那么,就"文章韵语"而言,于慎行、公鼐二人则有更多的共同语言。邢侗称:"(于慎行)与公孝与谈文章韵语,则鲜不合者,曰:'得失寸心,搔首问青天耳。'"③于慎行与公鼐的"友称忘年,交莫逆",其主要原因即在于此。他高度评价公鼐的"《蒙山赋》并《登岱》诗",奖掖揄扬,唯恐不及。④ 公鼐在诗中说:"通家称父执,相士仰人伦。"⑤于慎行晚年创作六绝《夏日村居四十二首》,各以一编寄与冯琦、公鼐。公鼐致信冯琦云:"先生(按:指于慎行)诸体诗都佳,六言为最。"⑥这显然是独具眼光的。

今公鼐《问次斋稿》中除《五七九谣》外,尚有《登岱和大宗伯于公韵八首》、《和于宗伯夏日村居十二首》,风格、意境,都与于氏之作颇为相似,其间之一脉相承可见。公鼐用山左诗人擅长的乐府诗创作《五七九谣》,从容淹雅,音韵和谐,与于慎行的《五七九传》珠联璧合,足称美谈,使我们想起中唐元稹、白居易、白行简、陈鸿、李绅等著名文人以歌行与传奇相互配合的传统,由此亦可见于慎行在文艺上对公鼐的影响之深。《五七九谣》云:

　　五五五,昔时纪纲今奴虏。台池倾夷门生橹,鸾鹤虚无芝兰腐。搏埴

① 张廷玉等:《明史》卷二百十六《公鼐传》,中华书局1974年版,第5716页。
② 于慎行:《谷城山馆文集》卷二十二《明故中宪大夫四川按察司提学副使金沙傅公合葬墓志铭》,《四库全书存目丛书》集部第147册,齐鲁书社1997年版,第642页。
③ 邢侗编纂,阮自华撰述:《东阿于文定公年谱》卷末邢侗跋,《山东文献集成》第1辑第10册,山东大学出版社2006年版,第766页。
④ 公鼐著,赵广升点校:《问次斋稿》卷首赵秉忠《问次斋诗稿序》,中国戏剧出版社2008年版,第2页。
⑤ 公鼐著,赵广升点校:《问次斋稿·问次斋西游稿》卷四《东阿过于文定公祠》其二,中国戏剧出版社2008年版,第407页。
⑥ 公鼐:《浮来先生诗集》卷十二《六言绝句四十首有序》,《四库禁毁书丛刊》集部第160册,北京出版社1997年版,第638页。

庄严化为土,当时踽踽徒自苦。七七七,侏儒光彩耀朝日,启扉轩车纷梓比。阳迈朱提烂盈室,鸂鶒熊黑结胶漆。剖符悬印如取质,首领能免污砧锧。九九九,吴丝轻襦秃衿袖。实彀取余佐樽酒,芍药帘前称上寿。内外谇之不容口,流水游龙竞奔走。明珠白璧罗前后,花底一生世希有。①
《五七九传》亡佚的遗憾,部分由《五七九谣》得以弥补。公鼐的《问次斋稿》甫问世即逢战乱,大都散失,流传绝少。自 1998 年以来,《问次斋稿》的不同版本先后出版问世。《五七九谣》这篇湮没已久的优秀诗作这才得以为众所知。

结合《五七九谣》和《谷山笔麈》的相关记载,至少有助于认识游七入狱情况,可纠正部分文献记载之误。如王世贞《觚不觚录》称其"坐斩"②,谢肇淛《五杂组》称其"诛死"③,《罪惟录》则称万历十二年(1584),"夏四月,……籍其家,……敬修(按:指张居正之子张敬修)自缢死,家人楚滨等死者十余人"④,可谓言人人殊。考《明神宗实录》,张居正于万历十年(1582)六月去世,同年十二月,"戊戌,……有诏:……庞清、冯昕、游七,锦衣卫拏送镇抚司打问"⑤。万历十一年(1583)三月,"甲申,……上览大理寺所上游守礼、冯昕等狱词。命夺张居正上柱国、太师兼太子太师,……游守礼、冯昕、胡守元等大辟、遣戍有差"⑥。万历十二年(1584)正月,"辛巳,……山东道御史丁此吕因火灾条陈五事:'……立诛逆保朋奸之游七、徐爵等,并去故相居正之党,勿容充位。……'上纳之"⑦。三月,"癸巳,……左副都御史丘橓条陈三款:'……

---

① 公鼐著,赵广升点校:《问次斋稿》卷三《五七九谣》,中国戏剧出版社 2008 年版,第 35 页。

② 王世贞:《觚不觚录》,《景印文渊阁四库全书》第 1041 册,台湾商务印书馆 1986 年版,第 437 页。

③ 谢肇淛撰,傅成校点:《五杂组》卷八《人部四》,上海世纪出版股份有限公司、上海古籍出版社 2012 年版,第 143 页。

④ 查继佐:《罪惟录》帝纪卷十四《神宗显皇帝》,《四部丛刊三编》第 72 册,上海商务印书馆 1935 年版。

⑤ 《明神宗实录》卷一百三十一"万历十年十二月戊戌"条,台湾"中央"研究院历史语言研究所 1962 年版,第 2440 页。

⑥ 《明神宗实录》卷一百三十五"万历十一年三月甲申"条,台湾"中央"研究院历史语言研究所 1962 年版,第 2509 页。

⑦ 《明神宗实录》卷一百四十五"万历十二年正月辛巳"条,台湾"中央"研究院历史语言研究所 1962 年版,第 2700—2702 页。

其二，……朱琏则又认冯保为义父，结游七为义兄，今父充净军，兄拟斩罪，为子弟者乃止罢官，况搜剔湖广一省之脂膏，半辇载于张、王二家，是尚有纪纲乎！……'上可其奏"①。时任江西监察御史的李植在万历十二年（1584）的上疏中说："徐爵、张大受、游七见监候决之重囚也，纵令棋酒，帏帐欢呼，狱之别室。"②可知游七虽早于万历十一年（1583）三月论斩，但奇怪的是朝廷不仅迟迟未予执行，更荒谬的是，竟纵容其在狱中寻欢作乐。茅元仪在《上邹南皋少宰书二》中说：

> 故秋初至长安，即欲趋谒，而微闻洪大理欲出江陵故仆游七狱，而先生力阻之。大理君子也，岂惜一奴哉！其亦欲风励今之受顾命者欤！闻先生力阻之，然则仪之言不足采于先生也明矣！故逡巡不敢见，继而思之：锢七于狱者，明江陵之罪也。江陵之罪明，而江陵之功始见。先生其有退心乎！③

考邹元标于天启元年（1621）任吏部左侍郎。此信既称邹元标为"少宰"，则当作于其吏部任内。可知当时围绕游七出狱与否，朝廷官员形成两种不同意见并有所角力。盛枫《嘉禾徵献录》卷五《梦原》云："（项）梦原……授刑部山西主事。张居正之仆尤七黩货揽权，梦原父笃寿曾面叱于朝房。居正败，七久居囹圄。热审，原引年老例出之。"④《嘉禾徵献录》小注中征引《万历野获编》中《五七九传》条目。考沈德符之妹沈瑶华嫁项梦原之侄项鼎铉为妻，故《嘉禾徵献录》所记之游七结局当为可信。项梦原于万历四十七年（1619）成进士，授刑部山西主事。天启二年（1622），升工部都水员外郎。游七出狱的时间，应当就是在天启元年（1621）至二年（1622）项梦原任职刑部期间。如此说来，游七虽坐牢几近四十年，晚年竟得以成为漏网之鱼。此时，距离于慎行的逝世，已过去了十多年。于氏生前曾在《谷山笔麈》中严词批评："若徐爵以武

---

① 《明神宗实录》卷一百四十七"万历十二年三月癸巳"条，台湾"中央"研究院历史语言研究所1962年版，第2740—2742页。

② 李植：《大臣朋奸党逆诬上欺君，乞独断以昭臣鉴疏》，吴亮辑：《万历疏钞》卷十八《发奸类》，《续修四库全书》第468册，上海古籍出版社2002年版，第686页。

③ 茅元仪：《石民四十集》卷七十一《上邹南皋少宰书二》，《续修四库全书》第1386册，上海古籍出版社2002年版，第640—641页。

④ 盛枫辑：《嘉禾徵献录》卷六《兵部上·（项）梦原》，江苏广陵古籍刻印社1989年版。

校、游七以家奴与闻朝政,……而圣明之朝,乃不能明加典刑以法二竖,而使之老死狱中,姑息之政,何甚于宋乎?"①而公鼐也咏叹"七七七,侏儒光彩耀朝日,启扉轩车纷栉比。阳迈朱提烂盈室,鹓鹭熊罴结胶漆。剖符悬印如取质,首领能免污砧锧"。由此可见明廷法纪之不彰,这正是让于慎行和公鼐深有感慨的地方。

与于慎行的这种文字知己之感,对公鼐而言,是刻骨铭心的。他悼念于氏一再称:"殄瘁邦家应陨涕,况堪长断伯牙弦"②,"鬓齿承英盼,文章托后尘。……弦绝思知己,无闻转怆神"③。历史对这一对知己是公允的,至于今,公鼐已和于慎行、冯琦并列为万历前期山左诗坛三大诗人,为世所知,传为美谈。

---

① 于慎行撰,吕景琳点校:《谷山笔麈》卷四《相鉴》,王琦撰,张德信点校;于慎行撰,吕景琳点校:《寓圃杂记 谷山笔麈》,中华书局 1984 年版,第 48 页。

② 公鼐著,赵广升点校:《问次斋稿》卷二十一《哭于相国谷城先生》其一,中国戏剧出版社 2008 年版,第 258 页。

③ 公鼐著,赵广升点校:《问次斋稿·问次斋西游稿》卷四《东阿过于文定公祠》其二,中国戏剧出版社 2008 年版,第 407 页。

主要参考文献

书　籍
（按书名音序）

B

《白榆集》,(明)屠隆,《续修四库全书》第 1359 册,上海古籍出版社 2002 年版。

《碧山学士集》,(明)黄洪宪,《四库禁毁书丛刊》集部第 30 册,北京出版社 1997 年版。

《薄游草》,(明)谢廷谅,《四库全书存目丛书》集部第 177 册,齐鲁书社 1997 年版。

《不下带编 巾箱说》,(清)金埴撰,王湜华点校,中华书局 1984 年版。

C

《苍耳斋诗集》,(明)方问孝,《四库全书存目丛书》集部第 157 册,齐鲁书社 1997 年版。

《苍霞草》,(明)叶向高,《四库禁毁书丛刊》集部第 124 册,北京出版社 1997 年版。

《苍霞草全集》,(明)叶向高,江苏广陵古籍刻印社 1994 年版。

《苍霞续草》,(明)叶向高,《四库禁毁书丛刊》集部第 125 册,北京出版社 1997 年版。

《苍霞余草》,(明)叶向高,《四库禁毁书丛刊》集部第 125 册,北京出版社 1997 年版。

《苍雪轩全集》,(明)赵用光,《四库禁毁书丛刊》集部第 182 册,北京出版社 1997 年版。

《曹聚仁书话》,姜德明主编,曹雷选编,北京出版社 1998 年版。

《茶香室丛钞》,(清)俞樾撰,贞凡、顾馨、徐敏霞点校,中华书局 1995 年版。

《长水先生文钞》,(明)沈懋孝,《四库禁毁书丛刊》集部第 159—160 册,北京出版社 1997 年版。

《程氏墨苑》,(明)程君房,《续修四库全书》第 1114 册,上海古籍出版社 2002 年版。

《池北偶谈》,(明)王士禛撰,靳斯仁点校,中华书局 1982 年版。

《(道光)重修博兴县志》,(清)周壬福修,(清)李同纂,清道光二十年(1840)刻本。

《(宣统)重修恩县志》,(清末民初)汪鸿孙修,(清末民初)刘儒臣、(清末民初)王金阶纂,《中国地方志集成·山东府县志辑》第 18 册,凤凰出版社 2004 年版。

《春觉斋论文》,(清末民初)林纾著,范先渊校点,人民文学出版社 1959 年版。

《赐闲堂集》,(明)申时行,《四库全书存目丛书》集部第 134 册,齐鲁书社 1997 年版。

D

《大泌山房集》,(明)李维桢,《四库全书存目丛书》集部第 153 册,齐鲁书社 1997 年版。

《岱史》,(明)查志隆,《四库禁毁书丛刊》史部第 11 册,北京出版社 1997 年版。

《带经堂诗话》,(明)王士禛著,张宗柟纂集,戴鸿森校点,人民文学出版社 1963 年版。

《澹生堂藏书约》(外八种),(明)祁承爜等,世纪出版集团、上海古籍出版社 2005 年版。

《澹生堂读书记 澹生堂藏书目》,(明)祁承爜著,郑诚整理,上海世纪出版股份有限公司、上海古籍出版社 2015 年版。

《澹园集·澹园续集》,(明)焦竑撰,李剑雄点校,中华书局 1999 年版。

《貂珰史鉴》,(明)张世则,《四库全书存目丛书》史部第 98 册,齐鲁书社 1997 年版。

《丁文远集》,(明)丁绍轼,《四库未收书辑刊》第 5 辑第 25 册,北京出版社 2000 年版。

《东阿县乡土志》,(清)姜汉章等纂修,清光绪铅印本。

《(康熙)东阿县志》,(清)郑廷瑾增修,(清)苏日增增纂,清康熙五十六年(1717)刻本。

《(道光)东阿县志》,(清)李贤书修,(清)吴怡纂,《中国地方志集成·山东府县志辑》第 92 册,凤凰出版社 2004 年版。

《东阿于文定公年谱》,(明)邢侗编纂,(明)阮自华撰述,《山东文献集成》第 1 辑第 10 册,山东大学出版社 2006 年版。

《(宣统)东莞县志》,(清末民初)李世祚修,(清末民初)陈伯陶纂,民国十年(1921)铅印本。

《东泉诗话》,(清)马星翼,《中国诗话珍本丛书》第 19 册,北京图书馆出版社 2004 年版。

《读史漫录》,(明)于慎行著,黄恩彤参订,李念孔等点校,齐鲁书社 1996 年版。

《读史提要录》,(清)夏之蓉,《四库未收书辑刊》第 2 辑第 30 册,北京出版社 2000 年版。

E

《耳谈类增》,(明)王同轨,《续修四库全书》第 1268 册,上海古籍出版社 2002 年版。

F

《蘋川集》,(明)陈与郊,《四库全书存目丛书》集部第 160 册,齐鲁书社 1997 年版。

《范东文集》,(明)刘隅,《续修四库全书》第 1339 册,上海古籍出版社 2002 年版。

《弗告堂集》,(明)于若瀛,《四库禁毁书丛刊》集部第 46 册,北京出版社 1997 年版。

《浮来先生诗集》,(明)公鼐,《四库禁毁书丛刊》集部第 160 册,北京出版社 1997 年版。

G

《高子遗书》,(明)高攀龙撰,(明)陈龙正编,《景印文渊阁四库全书》第 1292 册,台湾商务印书馆 1986 年版。

《亘史钞》,(明)潘之恒,《四库全书存目丛书》子部第 193 册,齐鲁书社 1995 年版。

《缑山先生集》,(明)王衡,《四库全书存目丛书》集部第 153 册,齐鲁书社 1997 年版。

《觚不觚录》,(明)王世贞,《景印文渊阁四库全书》第 1041 册,台湾商务印书馆 1986 年版。

《古代散文文体概论》,陈必祥,河南人民出版社 1986 年版。

《古夫于亭杂录》,(清)王士禛撰,赵伯陶点校,中华书局 1988 年版。

《古文辞类纂》,(清)姚鼐,《四部备要》第 92 册,中华书局 1989 年版。

《谷城山馆诗集》,(明)于慎行,《山东文献集成》第 3 辑第 25 册,山东大学出版社 2009 年版。

《谷城山馆文集》,(明)于慎行,《四库全书存目丛书》集部第 147—148 册,齐鲁书社 1997 年版。

《顾宪成 高攀龙评传》,步近智、张安奇,南京大学出版社 1998 年版。

《国朝山左诗钞》,(清)卢见曾编,清乾隆二十三年刻本。

《国榷》,(明末清初)谈迁著,张宗祥校点,中华书局1958年版。

《国史唯疑》,(明末清初)黄景昉著,陈士楷、熊德基点校,上海古籍出版社2002年版。

《国史要义》,柳诒徵,世纪出版集团、上海古籍出版社2007年版。

H

《海岳山房存稿》,(明)郭造卿,明万历三十五年(1607)刻本。

《汉史億》,(清)孙廷铨,《四库全书存目丛书》史部第290册,齐鲁书社1997年版。

《后村先生大全集》,(宋)刘克庄,《四部丛刊初编》第1312册,上海商务印书馆1922年版。

《皇明词林人物考》,(明)王兆云辑,《四库全书存目丛书》史部第112册,齐鲁书社1997年版。

《皇明馆课经世宏辞续集》,(明)王锡爵、陆翀之辑,《四库禁毁书丛刊》集部第93册,北京出版社1997年版。

《皇明经世文编》,(明)陈子龙等辑,《四库禁毁书丛刊》集部第22册,北京出版社1997年版。

《皇明诗选》,(明)陈子龙等辑,《四库禁毁书丛刊补编》第55册,北京出版社2005年版。

《皇明续纪三朝法传全录》,(明)高汝拭辑,《四库禁毁书丛刊补编》第10—11册,北京出版社2005年版。

《黄石斋先生文集》,(明)黄道周,《续修四库全书》第1384册,上海古籍出版社2002年版。

《黄书》,(明末清初)王夫之,《续修四库全书》第945册,上海古籍出版社2002年版。

《喙鸣诗集》,(明)沈一贯,《四库禁毁书丛刊》集部第176册,北京出版社1997年版。

J

《集义轩咏史诗钞》,(清)罗惇衍,《续修四库全书》第1543册,上海古籍出版社2002年版。

《济南平阴于慎行研究会论文与资料汇编》,政协平阴县委员会、济南平阴于慎行研究会编,2014年版。

《嘉禾徵献录》,(清)盛枫辑,江苏广陵古籍刻印社1989年版。

《(光绪)嘉祥县志》,(清)章文华、官擢午纂修,《中国地方志集成·山东府县志辑》第79 册,凤凰出版社 2004 年版。

《嘉兴明清望族疏证》,龚肇智,方志出版社 2011 年版。

《(崇祯)嘉兴县志》,(明)罗炌、黄承昊,书目文献出版社 1991 年版。

《嘉业堂藏书志》,缪荃孙、吴昌绶、董康撰,吴格整理点校,复旦大学出版社 1997 年版。

《见闻杂记》,(明)李乐,上海古籍出版社 1986 年版。

《姜斋诗话笺注》,(明末清初)王夫之撰,戴鸿森笺注,人民文学出版社 1981 年版。

《街南续集》,(清)吴肃公,《四库禁毁书丛刊》集部第 148 册,北京出版社 1997 年版。

《金舆山房稿》,(明)殷士儋,《四库全书存目丛书》集部第 115 册,齐鲁书社 1997 年版。

《金瓶梅新证》,张远芬,齐鲁书社 1984 年版。

《近四百年中国文学思潮》,陈伯海主编,东方出版中心 2007 年版。

《经济类编》,(明)冯琦、冯瑗,明万历三十二年(1604)刻本。

《荆川先生文集》,(明)唐顺之,《四部丛刊初编》第 1586 册,上海商务印书馆 1922 年版。

《静志居诗话》,(清)朱彝尊著,姚祖恩编,黄君坦校点,人民文学出版社 1990 年版。

《敬业堂诗集》,(清)查慎行,《四部丛刊初编》第 1734 册,上海商务印书馆 1922 年版。

《居士传校注》,(清)彭绍升撰,张培锋校注,中华书局 2014 年版。

《剧说》,(清)焦循,古典文学出版社 1957 年版。

K

《快园道古》,(明末清初)张岱著,高学安、佘德余点校,浙江古籍出版社 2013 年版。

《快雪堂集》,(明)冯梦祯,《四库全书存目丛书》集部第 164 册,齐鲁书社 1997 年版。

L

《来禽馆集》,(明)邢侗,《四库全书存目丛书》集部第 161 册,齐鲁书社 1997 年版。

《(乾隆)乐陵县志》,(清)王谦益修,(清)郑成中纂,《中国地方志集成·山东府县志辑》第 16 册,凤凰出版社 2004 年版。

《礼记正义》(《十三经注疏》),(汉)郑玄注,(唐)孔颖达疏,龚抗云整理,王文锦审定,北京大学出版社 2000 年版。

《李开先集》,(明)李开先著,路工辑校,中华书局1959年版。

《李攀龙集》,(明)李攀龙著,李伯齐点校,齐鲁书社1993年版。

《(乾隆)历城县志》,(清)胡德琳修,(清)李文藻等纂,《中国地方志集成·山东府县志辑》第4册,凤凰出版社2004年版。

《历代名人并称辞典》,龙潜庵、李小松、黄昏,上海辞书出版社2001年版。

《历代名人年谱》,吴荣光编,上海书店出版社1989年版。

《历代名人生卒录》,钱保塘,北京图书馆出版社2002年版。

《两浙名贤录》,(明)徐象梅,《四库全书存目丛书》史部第114册,齐鲁书社1997年版。

《列朝诗集小传》,(明末清初)钱谦益,上海古籍出版社1983年版。

《林居漫录》,(明)伍袁萃,《四库全书存目丛书》子部第242册,齐鲁书社1995年版。

《灵蘐阁集》,(明)汤兆京,《四库全书存目丛书补编》第98册,齐鲁书社2001年版。

《陆学士先生遗稿》,(明)陆可教,《四库禁毁书丛刊》集部第160册,北京出版社1997年版。

《录鬼簿》(外四种),(元)钟嗣成等,上海古籍出版社1978年版。

《鹿裘石室集》,(明)梅鼎祚,《四库禁毁书丛刊》集部第57册,北京出版社1997年版。

《露书》,(明)姚旅著,刘彦捷点校,福建人民出版社2008年版。

《吕坤全集》,(明)吕坤撰,王国轩、王秀梅整理,中华书局2008年版。

《论语新解》,钱穆,巴蜀书社1985年版。

《论语注疏》(《十三经注疏》),(魏)何晏注,(宋)邢昺疏,朱汉民整理,张岂之审定,北京大学出版社2000年版。

《纶扉奏草》,(明)叶向高,《四库禁毁书丛刊》史部第37册,北京出版社1997年版。

M

《(康熙)满城县志》,(清)张焕修,《故宫珍本丛刊》第70册(《河北府州县志》第8册),海南出版社2001年版。

《眉公诗钞》,(明)陈继儒,《四库禁毁书丛刊》集部第67册,北京出版社1997年版。

《孟子注疏》(《十三经注疏》),(汉)赵岐注,(宋)孙奭疏,廖名春、刘佑平整理,钱逊审定,北京大学出版社2000年版。

《黾记》,(明)钱一本,《四库全书存目丛书》子部第14册,齐鲁书社1995年版。

《明朝典章制度》,张德信,吉林文史出版社2001年版。

《明代赋役制度》,梁方仲,中华书局 2008 年版。

《明代赋役制度史》,唐文基,中国社会科学出版社 1991 年版。

《明代皇权政治研究》,李渡,中国社会科学出版社 2004 年版。

《明代历史理论研究》,廉敏,中国社会科学出版社 2012 年版。

《明代诗学》,陈文新,湖南人民出版社 2000 年版。

《明代政治史》,张显清、林金树主编,广西师范大学出版社 2003 年版。

《明季党社考》,[日]小野和子著,李庆、张荣湄译,上海世纪出版股份有限公司、上海古籍出版社 2006 年版。

《明季滇黔佛教考》,陈垣,中华书局 1962 年版。

《明清之际士大夫研究》,赵园,北京大学出版社 2014 年版。

《明人汉史研究》,朱志先,湖北长江出版集团、湖北人民出版社 2011 年版。

《明人诗钞》,(清)朱琰辑,《四库禁毁书丛刊》集部第 37 册,北京出版社 1997 年版。

《明儒学案》,(明末清初)黄宗羲著,沈芝盈点校,中华书局 1985 年版。

《明三十家诗选》,(清)汪端辑,清道光二年(1822)刻本。

《明神宗实录》,台湾"中央"研究院历史语言研究所 1962 年版。

《明诗纪事》,(清)陈田辑撰,上海古籍出版社 1993 年版。

《明诗评选》,(明末清初)王夫之评选,李金善点校,河北大学出版社 2008 年版。

《明史》,(清)万斯同,《续修四库全书》第 329 册,上海古籍出版社 2002 年版。

《明史》,(清)张廷玉等,中华书局 1974 年版。

《明史钞略》,(清)庄廷鑨,《四部丛刊三编》第 64 册,上海商务印书馆 1935 年版。

《明史讲义》,孟森,中华书局 2006 年版。

《明通鉴》,(清)夏燮,岳麓书社 1999 年版。

《明文授读》,(明末清初)黄宗羲编,《四库全书存目丛书》集部第 401 册,齐鲁书社 1997 年版。

《明文远》,(清)徐文驹、罗景泐编,《四库全书存目丛书》集部第 401 册,齐鲁书社 1997 年版。

《明夷待访录》,(明末清初)黄宗羲,《续修四库全书》第 945 册,上海古籍出版社 2002 年版。

《牧斋有学集》,(明末清初)钱谦益著,(清)钱曾笺注,钱仲联标校,上海古籍出版社 1996 年版。

N

《倪文贞集》，（明）倪元璐，《景印文渊阁四库全书》第 1297 册，台湾商务印书馆 1986 年版。

《廿二史劄记》，（清）赵翼撰，曹光甫校点，凤凰出版传媒集团、凤凰出版社 2008 年版。

P

《庞眉生集》，（明）于慎思，《四库全书存目丛书》集部第 148 册，齐鲁书社 1997 年版。

《平书订》，（清）李塨，《续修四库全书》第 947 册，上海古籍出版社 2002 年版。

《平阴孙氏族谱》，民国二十九年（1940）版，济南鸿丰印刷所。

《（光绪）平阴县志》，（清）李敬修纂修，《中国地方志集成·山东府县志辑》第 65 册，凤凰出版社 2004 年版。

《曝书亭集》，（清）朱彝尊，《四部丛刊初编》第 1696—1697 册，上海商务印书馆 1922 年版。

Q

《歧路灯》，（清）李绿园著，李颖点校，中华书局 2004 年版。

《启隽类函》，（明）俞安期等编，《四库全书存目丛书》集部第 349 册，齐鲁书社 1997 年版。

《启祯野乘一集》，（清）邹漪，《四库禁毁书丛刊》史部第 40 册，北京出版社 1997 年版。

《青州文史资料——（明）状元赵秉忠〈峱山集·诗歌卷〉》第十二辑，栾绪夫主编，1996 年版。

《清代禁毁书目（补遗）清代禁书知见录》，（清）姚觐元编，孙殿起辑，商务印书馆 1957 年版。

《曲律注释》，（清）王骥德著，陈多、叶长海注释，上海世纪出版股份有限公司、上海古籍出版社 1983 年版。

《全祖望集汇校集注》，（清）全祖望撰，朱铸禹汇校集注，上海古籍出版社 2000 年版。

R

《仁恕堂笔记》，（清）黎士弘，《丛书集成续编》第 215 册，台湾新文丰出版公司 1989 年版。

《日知录集释》(全校本),(明末清初)顾炎武著,(清)黄汝成集释,栾保群、吕宗力校点,上海世纪出版股份有限公司、上海古籍出版社 2006 年版。

《日本现藏稀见元明文集考证与提要》,黄仁生,岳麓书社 2004 年版。

《容台集》,(明)董其昌,明崇祯八年(1635)董庭重刻本。

《容台集》,(明)董其昌著,邵海清点校,西泠印社出版社 2012 年版。

《瑞芝山房集》,(明)鲍应鳌,《四库禁毁书丛刊》集部第 141 册,北京出版社 1997 年版。

S

《三鱼堂剩言》,(清)陆陇其,《景印文渊阁四库全书》第 725 册,台湾商务印书馆 1986 年版。

《三鱼堂文集》,(清)陆陇其撰,(清)侯铨编,《景印文渊阁四库全书》第 1325 册,台湾商务印书馆 1986 年版。

《散文》,谢楚发,人民文学出版社 1994 年版。

《山东藏书家史略》,王绍曾、沙嘉孙,山东大学出版社 1992 年版。

《山东分体文学史》(散文卷),王琳主编,齐鲁书社 2005 年版。

《山东分体文学史》(诗歌卷),李伯齐主编,齐鲁书社 2005 年版。

《(乾隆)山东通志》,(清)岳濬等监修,(清)杜诏等编纂,《景印文渊阁四库全书》第 540 册,台湾商务印书馆 1986 年版。

《(宣统)山东通志》,(清)孙葆田等纂,《中国地方志集成·省志辑·山东》第 6、7 册,凤凰出版传媒集团、凤凰出版社 2010 年版。

《山东文学通史》上卷,乔力、李少群主编,齐鲁书社 2003 年版。

《山左明诗钞》,(清)宋弼选,《四库全书存目丛书》集部第 412 册,齐鲁书社 1997 年版。

《珊瑚网》,(明)汪砢玉,《景印文渊阁四库全书》第 818 册,台湾商务印书馆 1986 年版。

《善的历程——儒家价值体系研究》,杨国荣,世纪出版集团、上海人民出版社 2006 年版。

《少室山房笔丛》,(明)胡应麟,中华书局 1958 年版。

《少室山房集》,(明)胡应麟,《景印文渊阁四库全书》第 818 册,台湾商务印书馆 1986 年版。

《失落的"文艺复兴"——中国近代文明的曙光》,卢兴基,社会科学文献出版社 2010 年版。

《师友诗传续录》,(清)刘大勤编,《景印文渊阁四库全书》第 1483 册,台湾商务印书馆 1986 年版。

《诗薮》,(明)胡应麟,上海古籍出版社 1979 年版。

《诗苑天声》,(清)范与良辑,《四库全书存目丛书补编》第 38 册,齐鲁书社 2001 年版。

《十六世纪明代中国之财政与税收》,黄仁宇著,阿风、许文继、倪玉平、徐卫东译,生活·读书·新知三联书店 2001 年版。

《石匮书》,(明末清初)张岱,《续修四库全书》第 320 册,上海古籍出版社 2002 年版。

《石园文集》,(清)万斯同,《续修四库全书》第 1415 册,上海古籍出版社 2002 年版。

《石民四十集》,(明)茅元仪,《续修四库全书》第 1386 册,上海古籍出版社 2002 年版。

《拾箨余闲》,(清)孔毓埏,《续修四库全书》第 1177 册,上海古籍出版社 2002 年版。

《史记》,(汉)司马迁,中华书局 1959 年版。

《史通》,(唐)刘知几,《景印文渊阁四库全书》第 685 册,台湾商务印书馆 1986 年版。

《史折》,(清)贺裳,《四库全书存目丛书》史部第 291 册,齐鲁书社 1997 年版。

《士与中国文化》,余英时,世纪出版集团、上海人民出版社 2003 年版。

《书影》(十卷本),(明末清初)周亮工,上海古籍出版社 1981 年版。

《数马集》,(明)黄克缵,《四库禁毁书丛刊》集部第 180 册,北京出版社 1997 年版。

《说郛续》,(清)陶珽编,《续修四库全书》第 1191 册,上海古籍出版社 2002 年版。

《斯文正统》,(清)刁包辑,《四库全书存目丛书补编》第 34 册,齐鲁书社 2001 年版。

《四库全书总目》,(清)永瑢等,中华书局 1965 年版。

《四六法海》,(明)王志坚编,《景印文渊阁四库全书》第 1394 册,台湾商务印书馆 1986 年版。

《四溟诗话 姜斋诗话》,(明)谢榛著,宛平校点;(明末清初)王夫之,舒芜校点,人民文学出版社 1961 年版。

《四书章句集注》,(宋)朱熹,中华书局 2011 年版。

《宋明理学史》上卷,侯外庐、邱汉生、张岂之主编,人民出版社 1984 年版。

《宋诗选注》,钱钟书,生活·读书·新知三联书店 2002 年版。

《松石斋集》,(明)赵用贤,《四库禁毁书丛刊》集部第 41 册,北京出版社 1997 年版。

《素园存稿》,(明)方弘静,《四库全书存目丛书》集部第 121 册,齐鲁书社 1997 年版。

《睡庵稿》,(明)汤宾尹,《四库禁毁书丛刊》集部第 63 册,北京出版社 1997 年版。

《孙光祀集》，(清)孙光祀著,魏伯河点校,齐鲁书社 2014 年版。

T

《谈龙录 石洲诗话》，(清)赵执信著,陈迩冬校点;(清)翁方纲著,陈迩冬校点,人民文学出版社 1981 年版。

《谭元春集》，(明)谭元春著,陈杏珍标校对,上海古籍出版社 1998 年版。

《唐诗选注》，(明)李攀龙辑,(明)陈继儒笺释,明万历三十三年(1605)世美堂刻本。

《陶庵梦忆 西湖梦寻》，(明末清初)张岱撰,马兴荣点校,中华书局 2007 年版。

《藤阴杂记》，(清)戴璐撰,施绍文点校,上海古籍出版社 1985 年版。

《天下郡国利病书》，(明末清初)顾炎武,《四部丛刊三编》第 150—152 册,上海商务印书馆 1935 年版。

《天下水陆路程 天下路程图引 客商一览醒迷》，(明)黄汴,(清)憺漪子,(明)李晋德;杨正泰校注,山西人民出版社 1992 年版。

《亭林文集》，(明末清初)顾炎武,《续修四库全书》第 1402 册,上海古籍出版社 2002 年版。

《通雅》，(明末清初)方以智,《景印文渊阁四库全书》第 857 册,台湾商务印书馆 1986 年版。

W

《宛署杂记》，(明)沈榜编著,北京古籍出版社 1980 年版。

《晚明社会变迁问题与研究》，万明主编,商务印书馆 2005 年版。

《晚明诗歌研究》，李圣华,人民文学出版社 2002 年版。

《晚明思潮》，龚鹏程,商务印书馆 2005 年版。

《晚明思想史论》，嵇文甫,东方出版社 2013 年版。

《晚明文学思潮研究》，吴承学、李光摩编,湖北教育出版社 2002 年版。

《万历皇帝传》，樊树志,凤凰出版传媒集团、凤凰出版社 2010 年版。

《万历起居注》第三册、第八册,北京大学出版社 1988 年版。

《万历疏钞》，(明)吴亮辑,《续修四库全书》第 468 册,上海古籍出版社 2002 年版。

《万历武功录》，(明)瞿九思,《四库禁毁书丛刊》史部第 36 册,北京出版社 1997 年版。

《万历野获编》，(明)沈德符,中华书局 1959 年版。

《王船山诗文集》，(明末清初)王夫之,中华书局 1962 年版。

《王文端公尺牍》,(明)王家屏,《四库全书存目丛书》集部第 149 册,齐鲁书社 1997 年版。

《王文肃公文集》,(明)王锡爵,《四库禁毁书丛刊》集部第 7—8 册,北京出版社 1997 年版。

《王右丞集笺注》,(唐)王维撰,赵殿成笺注,上海古籍出版社 1984 年版。

《温国文正司马公文集》,(宋)司马光,《四部丛刊初编》第 837 册,上海商务印书馆 1922 年版。

《文史通义校注》,(清)章学诚著,叶瑛校注,中华书局 1985 年版。

《文心雕龙注》,(梁)刘勰著,范文澜注《文心雕龙注》,人民文学出版社 1958 年版。

《文选楼藏书记》,(清)阮元撰,王爱亭、赵嫄点校,上海世纪出版股份有限公司、上海古籍出版社 2009 年版。

《问辨录》,(明)高拱,《景印文渊阁四库全书》第 207 册,台湾商务印书馆 1986 年版。

《问次斋稿》,(明)公鼐著,赵广升点校,中国戏剧出版社 2008 年版。

《翁方纲纂四库提要稿》,(清)翁方纲纂,吴格整理,上海科学技术文献出版社 2005 年版。

《五杂组》,(明)谢肇淛撰,傅成校点,上海世纪出版股份有限公司、上海古籍出版社 2012 年版。

《(光绪)武阳志余》,(清)庄毓鋐、陆鼎翰纂修,《中国地方志集成·江苏府县志辑》第 38 册,江苏古籍出版社 1991 年版。

X

《西谛书话》,郑振铎,生活·读书·新知三联书店 1983 年版。

《闲情集》,(清)顾有孝辑,(清)陆世楷增辑,《四库禁毁书丛刊》集部第 172 册,北京出版社 1997 年版。

《乡园忆旧录》,(清)王培荀,《续修四库全书》第 1180 册,上海古籍出版社 2002 年版。

《香祖笔记》,(清)王士禛,上海古籍出版社 1982 年版。

《小匏庵诗话》,(清)吴仰贤,《续修四库全书》第 1707 册,上海古籍出版社 2002 年版。

《啸亭杂录》,(清)昭梿撰,何英芳点校,中华书局 1980 年版。

《邢氏兄妹》,临邑县文化体育委员会、政协临邑县文史委员会编,2001 年。

《(民国)续修东阿县志》,周竹生修,靳维熙总纂,《中国地方志集成·山东府县志辑》第 92 册,凤凰出版社 2004 年版。

《玄盖副草》,(明)吴稼澄,《四库全书存目丛书》集部第 186 册,齐鲁书社 1997 年版。

Y

《雅雨堂文集》,(清)卢见曾,《续修四库全书》第 1423 册,上海古籍出版社 2002 年版。

《兖州府志》,(明)于慎行,齐鲁书社 1985 年版。

《兖州府志》,(明)朱泰、游季勋、包大燧等纂修,明万历元年(1573)刻本。

《也是园古今杂剧考》,孙楷第,上杂出版社 1953 年版。

《义门先生集》,(清)何焯,《续修四库全书》第 1420 册,上海古籍出版社 2002 年版。

《隐秀轩集》,(明)钟惺,《四库禁毁书丛刊》集部第 48 册,北京出版社 1997 年版。

《樱桃梦》,(明)陈与郊,《古本戏曲丛刊二集》第 10 册,商务印书馆 1955 年版。

《甬上耆旧诗》,(清)胡文学编,《景印文渊阁四库全书》第 1474 册,台湾商务印书馆 1986 年版。

《涌幢小品》,(明)朱国祯著,缪宏点校,文化艺术出版社 1998 年版。

《由庚堂集》,(明)郑汝璧,《续修四库全书》第 1357 册,上海古籍出版社 2002 年版。

《隅园集》,(明)陈与郊,《四库全书存目丛书》集部第 160 册,齐鲁书社 1997 年版。

《玉光剑气集》,(明)张怡撰,魏连科点校,中华书局 2006 年版。

《郁冈斋笔麈》,(明)王肯堂,《续修四库全书》第 1130 册,上海古籍出版社 2002 年版。

《御批历代通鉴辑览》,(清)傅恒等撰,《景印文渊阁四库全书》第 339 册,台湾商务印书馆 1986 年版。

《寓圃杂记 谷山笔麈》,(明)王琦撰,张德信点校;(明)于慎行撰,吕景琳点校,中华书局 1984 年版。

《元曲选》,(明)臧晋叔编,中华书局 1958 年版。

《原诗 一瓢诗话 说诗晬语》,(清)叶燮著,霍松林校注;(清)薛雪著,杜维沫校注;(清)沈德潜著,霍松林校注,人民文学出版社 1979 年版。

《月满楼诗集》,(清)顾宗泰,《续修四库全书》第 1459 册,上海古籍出版社 2002 年版。

《阅耕余录》,(明)张所望,《四库全书存目丛书》子部第 110 册,齐鲁书社 1995 年版。

《越缦堂读书记》,(清)李慈铭撰,由云龙辑,中华书局 1963 年版。

Z

《杂字俗读》,(清)蒲松龄等编撰,李国庆校注,齐鲁书社 1998 年版。

《增定国朝馆课经世宏辞》,(明)王锡爵辑,《四库禁毁书丛刊》集部第 92 册,北京出版社 1997 年版。

《张居正大传》,朱东润,百花文艺出版社 2000 年版。

《张耒资料汇编》,周义敢、周雷编,中华书局 2007 年版。

《赵元哲诗集》,(明)赵邦彦,明万历十年(1582)刻本。

《赵忠毅公诗文集》,(明)赵南星,《四库禁毁书丛刊》集部第 68 册,北京出版社 1997
年版。

《浙江采集遗书总录》,(清)沈初等撰,杜泽逊、何灿点校,上海世纪出版股份有限公司、上海古籍出版社 2010 年版。

《珍本明诗话五种》,张健辑校,北京大学出版社 2008 年版。

《郑堂读书记》,(清)周中孚著,黄曙辉、印晓峰标校,上海世纪出版股份有限公司、上海书店出版社 2009 年版。

《制度·言论·心态——〈明清之际士大夫研究〉续编》,赵园,北京大学出版社 2006
年版。

《周季平先生青藜馆集》,(明)周如砥,《四库全书存目丛书》集部第 172 册,齐鲁书社
1997 年版。

《中国财政通史》(明代卷),项怀诚主编,陈光焱著,中国财政经济出版社 2006 年版。

《中国大文学史》,宋佩韦等,上海书店出版社 2001 年版。

《中国法律思想通史》(三),张国华总主编,山西人民出版社 2001 年版。

《中国方志大辞典》,《中国方志大辞典》编辑委员会编,浙江人民出版社 1988 年版。

《中国封建土地关系发展史》,樊树志,人民出版社 1988 年版。

《中国古代历史理论》下卷,瞿林东主编,罗炳良、江湄、徐国利、刘治立著,时代出版传媒股份有限公司、安徽人民出版社 2011 年版。

《中国古代思想史论》,李泽厚,人民出版社 1985 年版。

《中国史学的理论遗产》(当代中国史学家文库 瞿林东卷),瞿林东,北京师范大学出版社 2005 年版。

《中国史学史》第五卷,白寿彝主编,向燕南、张越、罗炳良著,世纪出版集团、上海人民出版社 2006 年版。

《中国史研究入门》,[日]山根幸夫编,田人隆等译,社会科学文献出版社 1994 年版。

《中国实学文化导论》,葛荣晋,中共中央党校出版社 2003 年版。

《中国思想通俗讲话》,钱穆,生活·读书·新知三联书店 2002 年版。

《中国思想小史》,常乃惪撰,葛兆光导读,世纪出版集团、上海古籍出版社 2005 年版。

《中国文学批评通史》(明代卷),王运熙、顾易生主编,袁震宇、刘明今著,上海古籍出版社 1996 年版。

《中国文学批评史》,郭绍虞,上海古籍出版社 1979 年版。

《中国哲学史新编》中卷,冯友兰,人民出版社 1998 年版。

《字触》,(明末清初)周亮工,《四库未收书辑刊》第 3 辑第 24 册,北京出版社 2000 年版。

《宗伯集》,(明)冯琦,《四库禁毁书丛刊》集部第 15—16 册,北京出版社 1997 年版。

《邹忠介公奏疏》,(明)邹元标,《四库禁毁书丛刊补编》第 23 册,北京出版社 2005 年版。

《罪惟录》,(清)查继佐,《四部丛刊三编》第 72、120 册,上海商务印书馆 1935 年版。

拓　片

《大明资政大夫太子少保礼部尚书兼东阁大学士赠太子太保谥文字于公配诰封淑人秦氏合葬墓志铭》,(明)萧大亨,拓片。

论　文

（按出版时间顺序）

一、期刊论文

梁启超:《论正统》,《新民丛报》1902 年 7 月 5 日,第 11 号。

王东:《正统论与中国古代史学》,《学术界》1987 年第 5 期。

瞿林东:《读〈读史漫录〉琐记》,《学林漫录》第十四集,中华书局 1999 年版。

邓之诚遗作,邓瑞整理:《五石斋文史札记》(三),《中国典籍与文化》2002 年第 1 期。

廉敏:《于慎行〈读史漫录〉的历史思想》,《文史哲》2002 年第 6 期。

李庆立、崔建利:《于慎行及其著述之研究漫议》,《聊城大学学报》(社会科学版)2004 年第 6 期。

郭学信:《范仲淹与中华民族精神》,《杭州研究》2010 年第 2 期。

二、学位论文

周潇:《明代山东作家研究》,上海师范大学 2006 年博士学位论文。

后　记

本书以本人的博士论文为基础,其后又断续增改深化,内容几乎倍增,直至形成今日规模。

我在川大读博期间,起意研究于慎行,乃问教于导师谢谦先生。谢师博学强识,开明通达,熟谙士大夫文化,听我道及于慎行其人其事,便以为值得深入发掘。犹忆曾在谢师家小院中,豆棚瓜架,清茶数杯,听先生畅论余英时的《朱熹的历史世界》,不禁为之神往。从此,我"颂其诗,读其书",进而知人论世,就慢慢走进了于慎行的世界。后入浙大博士后流动站,我深感于慎行研究尚有继续探讨之必要。正好合作导师周明初先生又邃于明代文学与文化的研究,我因此得以赓续前业,有所拓展,获益匪浅。参加工作后,诸事猬集,颇费心力,几乎无暇再重理旧稿。半年前,我赴山大,随杜泽逊先生做访问学者,由此得以一鼓作气,续写旧篇,粗具体制,聊为收束。杜师精通文献之学,于山东乡邦文献最为详悉。即于于慎行,亦别有一段渊源。承拨冗惠序,字里行间,足以见之。诸位恩师耳提面命,心血所注,都使拙著更趋完善。在此,我谨表最诚挚的谢意!我还要特别向硕士期间的恩师李庆立先生致以深切的缅怀之情。先生生前对我关怀备至,有所厚望,去年遽归道山,从此而后,再不得质诸先生,临风想望,何能忘怀!沈伯俊先生多年来惠我顾我,盛情可感。借此机会深致谢忱!

书稿的出版,得到本人所在单位浙江财经大学人文与传播学院的领导何华珍、姚红老师的大力支持,同事陈文辉、赵文源、吴时红等老师也热情过问。好友马国都、张秉国、肖建军、宁海林、李建军、邵怀领、陈夫龙等都曾关心有加。人民出版社洪琼先生在书稿出版的过程中不惮烦劳，辛勤付出。在此一并表示由衷的感谢！在我的治学路上，家人一直是我坚强的后盾，各位师长、亲朋、友好也多所帮助。虽未能在此一一提及，但始终心存感激。

十年著述，不过尔尔，只是在撰写中，我转历多地，拙著虽不敢自谓得江山之助，却也可算烙上了我人生的印记。因为研究于慎行，我始知其并非仅为一介文人，从其嘉言懿行、鸿篇丽制中受到深深的感动，并进而粗晓治学门径，管窥传统文化，是以知所敬畏，有所信仰，这大概才是最大的收获吧！于慎行生前交游遍天下，其间当有足述者，我本拟列专章加以探讨，奈时节如流，迄未完成，算是一大遗憾，只有留待他日再加弥补了。自问学疏才浅，兹借此书刊行，谨求证于方家。是为后记。

2016 年 4 月

责任编辑:洪 琼

图书在版编目(CIP)数据

于慎行研究/范知欧 著. —北京:人民出版社,2016.8
ISBN 978－7－01－016887－6

Ⅰ.①于⋯ Ⅱ.①范⋯ Ⅲ.①于慎行(1545—1607)-人物研究
　Ⅳ.①K827＝48

中国版本图书馆 CIP 数据核字(2016)第 255155 号

于 慎 行 研 究

YU SHENXING YANJIU

范知欧 著

人民出版社 出版发行
(100706 北京市东城区隆福寺街 99 号)

北京中科印刷有限公司印刷 新华书店经销

2016 年 8 月第 1 版 2016 年 8 月北京第 1 次印刷
开本:710 毫米×1000 毫米 1/16 印张:26.75
字数:420 千字

ISBN 978－7－01－016887－6 定价:79.00 元

邮购地址 100706 北京市东城区隆福寺街 99 号
人民东方图书销售中心 电话 (010)65250042 65289539